# Bearbeitungsentgelte in Unternehmerdarlehensverträgen

**Europäische Hochschulschriften Recht**

European University Studies in Law

Publications Universitaires Européennes de Droit

Band/Volume **6181**

Tim Fabian Walter

# Bearbeitungsentgelte in Unternehmerdarlehensverträgen

## Eine Untersuchung der AGB-Kontrolle von Entgeltklauseln im unternehmerischen Geschäftsverkehr unter besonderer Berücksichtigung der BGH-Urteile vom 04.07.2017 – XI ZR 562/15 und XI ZR 233/16

PETER LANG

**Bibliografische Information der Deutschen Nationalbibliothek**
Die Deutsche Nationalbibliothek verzeichnet diese Publikation in der Deutschen Nationalbibliografie; detaillierte bibliografische Daten sind im Internet über http://dnb.d-nb.de abrufbar.

Zugl.: Köln, Univ., Diss., 2020

Gedruckt auf alterungsbeständigem, säurefreiem Papier.
Druck und Bindung: CPI books GmbH, Leck

D 38
ISSN 0531-7312
ISBN 978-3-631-82429-0 (Print)
E-ISBN 978-3-631-82712-3 (E-PDF)
E-ISBN 978-3-631-82713-0 (EPUB)
E-ISBN 978-3-631-82714-7 (MOBI)
DOI 10.3726/b17176



Diese Publikation wurde begutachtet.

www.peterlang.com

*Meiner Mutter*

# Vorwort

Die vorliegende Arbeit wurde im Wintersemester 2019/2020 von der Rechtswissenschaftlichen Fakultät der Universität zu Köln als Dissertation angenommen. Rechtsprechung und Literatur konnten bis zum 01. März 2020 berücksichtigt werden.

Für die Verwirklichung dieses Dissertationsvorhabens gilt mein herzlicher Dank allen voran meiner Doktormutter, Frau Prof. Dr. Dr. h.c. Barbara Dauner-Lieb. Ihr möchte ich insbesondere für die engagierte Betreuung dieser Arbeit und die Gewährung der zeitlichen und inhaltlichen Freiräume bei ihrer Entstehung danken. Ebenfalls danke ich Herrn Prof. Dr. Klaus Peter Berger, LL.M. für die schnelle Erstellung des Zweitgutachtens.

Herrn Kahraman Altun, LL.M., Herrn Dr. Julian Spatz und Frau Lea Marie Vell danke ich für ihre konstruktiven Anregungen, kritischen Anmerkungen und die sorgfältige Durchsicht des Manuskripts.

Mein besonderer Dank gebührt schließlich meinen Eltern und Großeltern. Ihnen danke ich für die jahrelange und uneingeschränkte Unterstützung während der Zeit meines Studiums, der Promotion und weit darüber hinaus. Durch ihren bedingungslosen Rückhalt und ihren stetigen Zuspruch haben sie die Anfertigung dieser Arbeit erst ermöglicht.

Düsseldorf, im März 2020
Tim Fabian Walter

# Inhaltsverzeichnis

# Abkürzungsverzeichnis

| | |
|---|---|
| a.A. | anderer Ansicht |
| a.F. | alte Fassung |
| Abs. | Absatz |
| AcP | Archiv für die civilistische Praxis |
| ADAC | Allgemeine Deutsche Automobil-Club e.V. |
| AG | Amtsgericht |
| AGB | Allgemeine Geschäftsbedingungen |
| AGBG | Gesetz zur Regelung des Rechts der Allgemeinen Geschäftsbedingungen |
| AnwBl | Anwaltsblatt |
| Art. | Artikel |
| B2B | Business-to-Business |
| B2C | Business-to-Consumer |
| BAG | Bundesarbeitsgericht |
| BauR | Zeitschrift für das gesamte öffentliche und private Baurecht |
| BB | Betriebs-Berater |
| BeckOK | Beck'scher Online-Kommentar |
| BFH | Bundesfinanzhof |
| BGB | Bürgerliches Gesetzbuch |
| BGH | Bundesgerichtshof |
| BGHZ | Entscheidungen des Bundesgerichtshofes in Zivilsachen |
| BKR | Zeitschrift für Bank- und Kapitalmarktrecht |
| BSpkG | Gesetz über Bausparkassen |
| BT-Drucks. | Drucksachen des Deutschen Bundestages |
| BVerfG | Bundesverfassungsgericht |
| BVerfGE | Entscheidungen des Bundesverfassungsgerichts |
| CRR | Capital Requirements Regulation |
| DAV | Deutscher Anwaltverein |
| DB | Der Betrieb |
| ders. | derselbe |
| dies. | dieselbe/dieselben |
| DJT | Deutscher Juristentag |
| DM | Deutsche Mark |
| DNotZ | Deutsche Notar-Zeitschrift |
| DRiZ | Deutsche Richterzeitung |

| | |
|---|---|
| e.V. | eingetragener Verein |
| EGBGB | Einführungsgesetz zum Bürgerlichen Gesetzbuch |
| EONIA | Euro OverNight Index Average |
| EStG | Einkommensteuergesetz |
| EUR | Euro |
| EURIBOR | Euro Interbank Offered Rate |
| EWiR | Entscheidungen zum Wirtschaftsrecht |
| f./ff. | folgende |
| Fn. | Fußnote |
| FS | Festschrift |
| GewStG | Gewerbesteuer |
| GG | Grundgesetz |
| GmbH | Gesellschaft mit beschränkter Haftung |
| GNotKG | Gesetz über Kosten der freiwilligen Gerichtsbarkeit für Gerichte und Notare |
| GOÄ | Gebührenordnung für Ärzte |
| GVG | Gerichtsverfassungsgesetz |
| GWB | Gesetz gegen Wettbewerbsbeschränkungen |
| GWR | Gesellschafts- und Wirtschaftsrecht |
| Halbs. | Halbsatz |
| HGB | Handelsgesetzbuch |
| HOAI | Honorarordnung für Architekten und Ingenieure |
| Hrsg. | Herausgeber |
| i.S.d. | im Sinne der/des |
| i.S.e. | im Sinne einer/eines |
| i.S.v. | im Sinne von |
| i.V.m. | in Verbindung mit |
| ICC | International Chamber of Commerce |
| jurisPK | Juris Praxiskommentar |
| JZ | Juristenzeitung |
| KfW | Kreditanstalt für Wiederaufbau |
| KG | Kammergericht |
| KWG | Kreditwesengesetz |
| LG | Landgericht |
| lit. | littera |
| LMA | Loan Market Association |
| LMK | Kommentierte BGH-Rechtsprechung Lindenmaier-Möhring |
| M&A | Mergers & Acquisitions |
| MaBV | Makler- und Bauträgerverordnung |

| | |
|---|---|
| MaRisk | Mindestanforderungen an das Risikomanagement |
| MdB | Mitglied des Bundestages |
| Mio. | Millionen |
| Mrd. | Milliarden |
| m.w.N. | mit weiteren Nachweisen |
| n.F. | neue Fassung |
| NJW | Neue Juristische Wochenschrift |
| Nr. | Nummer |
| NZG | Neue Zeitschrift für Gesellschaftsrecht |
| NZM | Neue Zeitschrift für Miet- und Wohnungsrecht |
| OLG | Oberlandesgericht |
| p.a. | per annum |
| PAngV | Preisangabenverordnung |
| RG | Reichsgericht |
| RGZ | Entscheidungen des Reichsgerichts in Zivilsachen |
| Rn. | Randnummer |
| RVG | Rechtsanwaltsvergütungsgesetz |
| S. | Seite |
| sog. | sogenannt |
| SchiedsVZ | Zeitschrift für Schiedsverfahren |
| TOP | Tagesordnungspunkt |
| u.a. | und andere; unter anderem |
| VDMA | Verband Deutscher Maschinen- und Anlagenbau |
| vgl. | vergleiche |
| VOB | Vergabe- und Vertragsordnung für Bauleistungen |
| VuR | Verbraucher und Recht |
| WM | Zeitschrift für Wirtschafts- und Bankrecht |
| WoVermRG | Gesetz zur Regelung der Wohnungsvermittlung |
| WuB | Entscheidungsanmerkungen zum Wirtschafts- und Bankrecht |
| ZBB | Zeitschrift für Bankrecht und Bankwirtschaft |
| ZEuP | Zeitschrift für Europäisches Privatrecht |
| ZGS | Zeitschrift für das gesamte Schuldrecht |
| ZHR | Zeitschrift für das gesamte Handelsrecht und Wirtschaftsrecht |
| ZIP | Zeitschrift für Wirtschaftsrecht |
| ZPO | Zivilprozessordnung |

# Anlass, Gegenstand und Aufbau der Untersuchung

Die Vertragsfreiheit gewährt jedem Einzelnen das Recht, Gegenstand und Inhalt von Verträgen frei zu bestimmen und schützt zugleich vor einer nachträglichen Einflussnahme der öffentlichen Gewalt auf bereits geschlossene Verträge.[1] Inwieweit diese Ausprägung des Grundsatzes der Privatautonomie noch einen festen Bestandteil des Fundaments des privaten Vertragsrechts bildet, scheint sich in der heutigen Rechtswirklichkeit nicht mehr sicher beantworten zu lassen. Denn vollständig kontrollfreie Verträge stellen mittlerweile auch im unternehmerischen Geschäftsverkehr eine absolute Seltenheit dar; getroffene Übereinkünfte drohen ihren verbindlichen Charakter zu verlieren.[2]

Nach den §§ 305 ff. BGB unterliegen vorformulierte Vertragsbedingungen als Allgemeine Geschäftsbedingungen (AGB) einer richterlichen Inhaltskontrolle. Diese betrifft entgegen einem landläufigen Verständnis nicht nur das „Kleingedruckte" oder einen sichtbaren Aushang am Orte des Vertragsschlusses, sondern auch einzelne Klauseln in standardisierten Vertragswerken. In den Worten von *Canaris* ist die moderne Wirtschaft „kein Basar, wo über Preise und Konditionen gefeilscht wird, sondern beruht weitgehend auf festen und standardisierten Bedingungen, die grundsätzlich nicht verhandlungsfähig sind"[3]. Die Verwendung vorformulierter Vertragsbedingungen ist aus der wirtschaftlichen Realität daher nicht mehr weg zu denken und führt zu einer allgegenwärtigen Konfrontation mit AGB und ihrer Kontrolle.

Eine zwischen Kreditinstituten und Unternehmen seit jeher ohne Beanstandung vereinbarte Vertragsklausel über ein „Bearbeitungsentgelt für Vertragsschluss" erklärte der Bundesgerichtshof (BGH) in zwei Urteilen vom 04.07.2017 für unwirksam.[4] Damit weitete das Gericht seine Rechtsprechung zu Verbraucherdarlehensverträgen auf Unternehmerdarlehen aus und sorgte somit für einen Paukenschlag. Die Folgen der Unwirksamkeit seien ein „juristischer Torpedo für die Kostenkalkulation der Kreditgeber"[5], das AGB-Recht entwickle sich „immer mehr

1 BVerfG, Urteil vom 08.04.1997 – 1 BvR 48/94, BVerfGE 95, 267, 303 f. = NJW 1997, 1975, 1976.

2 Das konstatierte bereits *Dauner-Lieb*, AnwBl 2013, 845.

3 *Canaris*, AcP 200 (2000), 273, 323 sieht darin auch keinen Missstand, „sondern im Gegenteil eine selbstverständliche Voraussetzung effektiven Wirtschaftens".

4 BGH, Urteile vom 04.07.2017 – XI ZR 562/15, BGHZ 215, 172 = NJW 2017, 2986 und XI ZR 233/16, ZIP 2017, 1654. Aufgrund der parallelen Struktur und der sich weitgehend entsprechenden Entscheidungsgründe wird verallgemeinernd zusammen von „den Urteilen" gesprochen und nur bei konkretem Anlass zwischen den einzelnen Urteilen differenziert.

5 *Tröger*, NJW 2017, 2994, 2995.

zum Hemmschuh für die deutsche Wirtschaft"[6] und schädige „die internationale Wettbewerbsfähigkeit des deutschen Rechts"[7]. Die Urteilsfindung zeige, „wie der XI. Zivilsenat des BGH die Vertragsfreiheit im Darlehensrecht endgültig zu Grabe trägt und eine volkswirtschaftliche Verschwendung zum Gebot der Rechtsprechung macht"[8].

In der Unternehmensfinanzierung galten Bearbeitungsentgelte[9] bislang als übliche und gängige Praxis, wurden sie jedenfalls in der zurückliegenden Rechtsprechung seit geraumer Zeit als zulässig erachtet. Dabei verlangen Kreditinstitute[10] für den zusätzlichen Verwaltungsaufwand, der ihnen zu Beginn der Vertragsbeziehung entsteht, ein pauschales Einmalentgelt, welches zugleich zu Beginn der Vertragsbeziehung zu entrichten ist. Dieser Geschäftspraxis hat der BGH nun eine deutliche Absage erteilt, sodass die Kreditinstitute dazu aufgerufen sind, andere Wege zu beschreiten, um den tatsächlich entstandenen Bearbeitungsaufwand zu decken. Der gesamte Themenkomplex beschäftigt die Rechtswissenschaft dabei in unterschiedlichen Facetten bereits seit über dreißig Jahren und hat in der aktuellen Ausweitung der Rechtsprechung auf Unternehmerdarlehen seinen vermeintlichen Höhepunkt gefunden. Dabei wird die Entwicklung von Teilen der Literatur[11] und mitunter auch den Medien[12] insbesondere wegen ihrer rechtsökonomischen Auswirkungen zwar recht kritisch betrachtet. Sie überraschte in ihrer Argumentation nach der zum Verbraucherdarlehensrecht ergangenen Entscheidung aber nicht jeden Beobachter.[13] Durch seine Allgemeingültigkeit betreffen die Urteile vom 04.07.2017 nicht nur die Vereinbarung von Bearbeitungsentgelten, sondern beeinflussen zugleich diverse weitere Entgeltgestaltungen, die bislang einen festen Bestandteil in der Vertragsdokumentation der Kreditinstitute eingenommen haben.

---

6 *Schmid-Burgk*, BB 2018, 1799, 1802 zu BGH, Urteil vom 17.04.2018 – XI ZR 238/16, WM 2018, 1356.

7 *Maier-Reimer*, NJW 2017, 1.

8 *Bitter/Linardatos*, ZIP 2018, 1203 zu BGH, Urteil vom 13.03.2018 – XI ZR 291/16, WM 2018, 1046.

9 Die Begriffe „Bearbeitungsentgelt" und „Bearbeitungsgebühr" werden parallel zu den Urteilen gleichbedeutend verwendet. Siehe zur Transparenzanforderungen dieser Bezeichnung Fn. 920.

10 Kreditinstitute sind nach § 1 Abs. 1 Satz 1 KWG Unternehmen, die Bankgeschäfte gewerbsmäßig oder in einem Umfang betreiben, der einen in kaufmännischer Weise eingerichteten Geschäftsbetrieb erfordert, sodass Banken und Sparkassen von der Legaldefinition umfasst sind.

11 So direkt zu den Urteilen etwa *Etzbach/Janning*, DB 2017, 2275; *von Westphalen*, BB 2017, 2051; *Kräft*, GWR 2017, 377; *Tröger*, NJW 2017, 2994; *Lammeyer/Singbartl*, BKR 2017, 462; *W. Müller/Marchant/Eilers*, BB 2017, 2243; *Pfeiffer*, LMK 2017, 394827; dagegen zustimmend *Servais*, BKR 2017, 462.

12 Zu der bis in die Tageszeitung vorgedrungenen Kritik: FAZ vom 29.03.2018, 7: „International abgehängt"; FAZ vom 22.08.2017, 17: „Banken kritisieren Karlsruhe".

13 *Lammeyer/Singbartl*, BKR 2017, 462; *J. Koch*, WM 2016, 717, 719.

In Anbetracht dessen liegt der Arbeit die These zugrunde, dass weiterhin ein praktisches Bedürfnis für die rechtssichere Vereinbarung von Bankentgelten besteht und die AGB-Kontrolle im unternehmerischen Geschäftsverkehr daher auf flexible Lösungen und einen differenzierten Auslegungsmaßstab angewiesen ist. Denn „mit Recht hat der BGH die Bearbeitungsgebühr [...] noch nie nach § 9 AGB-Gesetz kontrolliert, sondern immer nur in die Prüfung nach § 138 BGB einbezogen"[14], merkte *Canaris* vor über 30 Jahren noch zur früheren Rechtsprechung an. Wie diese Aussage mit dem heutigen Verständnis des BGH und den kontemporären Bedürfnissen der unternehmerischen Darlehenspraxis korrespondiert, unterliegt der näheren Betrachtung.

Für den Gang der Untersuchung ist eine allgemeine Einordnung von Entgeltklauseln in den Kontext der AGB-rechtlichen Kontrolle ebenso unerlässlich, wie die Darstellung der historischen Entwicklung im Umgang mit Bearbeitungsentgelten in Darlehensverträgen. Dabei wurde die schrankenlose Vertragsfreiheit bisweilen als „eine furchtbare Waffe in der Hand des Starken, ein stumpfes Werkzeug in der Hand des Schwachen"[15] bezeichnet, sodass sich vorformulierte Bestimmungen stets in dem Spannungsfeld von Vertragsfreiheit und Vertragsgerechtigkeit bewegen. Kursorisch wird im ersten Kapitel zunächst die Entwicklung und Funktion von AGB in der Vertragspraxis und insbesondere die Frage nach dem Schutzzweck der AGB-Kontrolle nachgezeichnet, die für das weitere Verständnis von und den Umgang mit den Kontrollmaßstäben des unternehmerischen Geschäftsverkehrs eine wesentliche Grundlage bildet.

Die Untersuchung geht im zweiten Kapitel sodann der Frage nach, ob das Erheben laufzeitunabhängiger Entgeltklauseln im unternehmerischen Darlehensgeschäft stets eine richterliche Inhaltskontrolle zur Folge hat. Im Rahmen einer empirischen Studie von *Leuschner*[16] zur Bewertung der Maßstäbe der AGB-Kontrolle wurde unterschiedlichen Marktteilnehmern folgende Frage in Bezug auf das geltende Recht gestellt: „Welcher der nachfolgenden Umstände führt aus Ihrer Sicht dazu, dass eine Haftungsbeschränkung als Individualvereinbarung zu qualifizieren ist?"[17] Unter der Annahme, dass eine Haftungsbeschränkung eine ebenso übliche Standardklausel darstellt wie ein Bearbeitungsentgelt, lassen sich die Erkenntnisse auf die hiesige Untersuchung übertragen. Insgesamt 21,2 % der Befragten aller Unternehmensgrößen gaben an, dass eine textliche Änderung im Vergleich zum Erstentwurf zu einer Individualabrede führen würde.[18] Hinsichtlich

---

14 *Canaris*, NJW 1987, 2407. § 9 AGB-Gesetz ist in § 307 BGB aufgegangen.

15 *von Gierke*, Die Soziale Aufgabe des Privatrechts, S. 23.

16 Dazu *Leuschner*, NJW 2016, 1222, 1224; die gesamte Studie einschließlich eines Abdrucks des verwendeten Fragebogens findet sich bei *Leuschner*, AGB-Recht Abschlussbericht, S. 148 ff., 305 ff.

17 *Leuschner*, AGB-Recht Abschlussbericht, S. 277, 324, Frage 29. Dabei wurden sieben Antwortmöglichkeiten angeboten, eine Mehrfachnennung war möglich.

18 *Leuschner*, AGB-Recht Abschlussbericht, S. 277; gleiche Angabe bei 46,4 % der großen Großunternehmen und 29,7 % der einfachen Großunternehmen.

der Verhandlungsintensität votierten 26,3 % dafür, dass aus ihrer Sicht eine intensive Verhandlung über die Modalität der betreffenden Klausel zu einer Individualabrede führe,[19] wohingegen 28,3 % der Befragten aller Unternehmensgrößen dafür eine intensive Verhandlung des gesamten Vertrages für ausreichend hielten.[20] Ferner hielten insgesamt 32,0 % eine von beiden Seiten unterzeichnete Vereinbarung, wonach es sich um eine Individualvereinbarung handeln solle, für genügend.[21] Für den Bereich der kontrollfreien Individualabrede bilden die von den Vertretern der Praxis gewählten Antworten einen wichtigen Ansatzpunkt für die rechtliche Analyse. Es wird überprüft, ob die Vorstellungen der Praxis noch mit der gegenwärtigen gesetzlichen Ausgestaltung und dem Maßstab der Rechtsprechung in Einklang stehen.

Für die Erhebung von Bearbeitungsentgelten im Besonderen, aber auch für den künftigen Umgang mit anderen formularmäßigen Bankgebühren im Allgemeinen, ist es von gesteigerter Bedeutung, ob laufzeitunabhängige Entgeltklauseln stets dem gesetzlichen Leitbild des Darlehensvertrages zuwiderlaufen. Das legen jedenfalls die Aussagen der zugrunde liegenden Urteile nahe, wonach die Kreditinstitute die anfallenden Kosten für die Bearbeitung und Auszahlung eines Darlehens nach dem gesetzlichen Leitbild des § 488 Abs. 1 Satz 2 BGB allein durch den laufzeitabhängig bemessenen Zins zu decken haben.[22] Dass daneben auch im unternehmerischen Geschäftsverkehr kein laufzeitunabhängiges Entgelt mehr verlangt werden kann, wird im dritten Kapitel vor dem Hintergrund einer ökonomisch sinnvollen Kostenverteilung innerhalb eines Darlehensvertrages beurteilt. Es gilt zu überprüfen, ob dadurch tatsächlich die „dispositiven Regelungen des BGB von 1896 zum zwingenden Recht des digitalen Zeitalters“[23] avancieren.

Die Untersuchung geht in jenem Teil ferner der Fragestellung nach, ob Unternehmer im Rahmen der AGB-Kontrolle künftig sogar schutzwürdiger sein könnten als Verbraucher. Anlass für eine solche Annahme liefert der BGH selbst, stellt er in den Urteilen doch fest, dass „die wirtschaftliche Situation von Unternehmern, deren Geschäftserfolg von der Darlehensgewährung abhängt, durchaus ein höheres Maß von Abhängigkeit von dem Kreditinstitut aufweisen [kann], als das bei

---

19 *Leuschner*, AGB-Recht Abschlussbericht, S. 277; gleiche Angabe bei 76,1 % der großen Großunternehmen und 54,2 % der einfachen Großunternehmen.

20 *Leuschner*, AGB-Recht Abschlussbericht, S. 277; gleiche Angabe bei 47,4 % der großen Großunternehmen und 40,6 % der einfachen Großunternehmen.

21 *Leuschner*, AGB-Recht Abschlussbericht, S. 277; gleiche Angabe bei 11,5 % der großen Großunternehmen und 37,2 % der einfachen Großunternehmen.

22 Zuletzt sehr prägnant BGH, Urteil vom 16.10.2018 – XI ZR 593/16, WM 2018, 2183 Rn. 23; hier im Fokus der Betrachtung BGH, Urteile vom 04.07.2017 – XI ZR 562/15, BGHZ 215, 172 = NJW 2017, 2986 Rn. 77 und XI ZR 233/16, ZIP 2017, 1654 Rn. 85.

23 So *W. Müller*, BB 2018, Heft 26, Umschlagteil I, der von einem „abstrusen Ergebnis“ spricht.

Verbrauchern der Fall ist."[24] Diese Aussage harmoniert dabei nicht im Geringsten mit einem in der Praxis weitverbreiteten Verständnis, wonach Vertragsbedingungen aufgrund einer vermeintlich verminderten Kontrolldichte im B2B-Verkehr[25] deutlich eher Bestand haben sollten als es im B2C-Verkehr[26] der Fall ist. Insofern werden Ansatzpunkt und Reichweite der „Gewohnheiten und Gebräuche des Handelsverkehrs" i.S.d. § 310 Abs. 1 Satz 2 BGB vor dem Hintergrund betrachtet, ob sich für das Bankrecht daraus überhaupt noch abweichende Kontrollmaßstäbe ergeben können.

Nach den Urteilen vom 04.07.2017 drängt sich sodann die Frage nach dem künftigen Umgang mit der rechtssicheren Vereinbarung von Entgeltklauseln im unternehmerischen Darlehensgeschäft auf. Aufgrund der weitreichenden Folgen für die Praxis werden im vierten Kapitel unterschiedliche kautelarjuristische Gestaltungsmöglichkeiten auf Grundlage der gegenwärtigen gesetzlichen Ausgestaltung vorgeschlagen und bewertet. Dabei geht die Arbeit in Anbetracht der Konkurrenzfähigkeit des deutschen Rechts insbesondere auf die Frage der Notwendigkeit gesetzgeberischen Eingreifens ein. Im Hinblick auf die Anwendung des AGB-Rechts im unternehmerischen Geschäftsverkehr ist dieser Ansatz in den rechtspolitischen Überlegungen der letzten Jahre von andauernder Relevanz. Während ein Reformvorhaben im Zuge des Schuldrechtsmodernisierungsgesetzes noch abgelehnt worden war,[27] beauftragte die Justizministerkonferenz im Jahr 2011 das Bundesministerium der Justiz damit, „das Recht der Allgemeinen Geschäftsbedingungen für Vertrage zwischen Unternehmen in geeigneter Weise zu überprüfen und gegebenenfalls erforderliche Änderungen vorzuschlagen, um es für die Unternehmen rechtssicherer zu regeln."[28]

In dem Koalitionsvertrag zwischen CDU, CSU und SPD für die 19. Legislaturperiode hat sodann folgender Passus Eingang gefunden: „Wir werden das AGB-Recht für Verträge zwischen Unternehmen auf den Prüfstand stellen mit dem Ziel, die Rechtssicherheit für innovative Geschäftsmodelle zu verbessern."[29]

---

24 BGH, Urteile vom 04.07.2017 – XI ZR 562/15, BGHZ 215, 172 = NJW 2017, 2986 Rn. 68 und XI ZR 233/16, ZIP 2017, 1654 Rn. 74; mit einer ähnlichen Deutung dieser Passage *Etzbach/Janning*, DB 2017, 2275, 2277.

25 *Business-to-Business* (B2B) bezeichnet die Geschäftsbeziehungen zwischen mindestens zwei Unternehmern.

26 *Business-to-Consumer* (B2C) bezeichnet die Geschäftsbeziehungen zwischen Unternehmern und Verbrauchern.

27 Einer Bitte des Bundesrates kam die Bundesregierung seinerzeit insoweit nicht nach, BT-Drucks. 14/6857, S. 17, 54.

28 Beschluss der 82. Konferenz der Justizministerinnen und Justizminister am 18. und 19.05.2011 in Halle (Saale), TOP I 16.

29 „Ein neuer Aufbruch für Europa – Eine neue Dynamik für Deutschland – Ein neuer Zusammenhalt für unser Land", Koalitionsvertrag zwischen CDU, CSU und SPD vom 12.03.2018, Rn. 6186–6190.

Einen wissenschaftlichen Beitrag dazu zu leisten, inwiefern es im Interesse der Rechtssicherheit und unter der Berücksichtigung der praktischen Bedürfnisse des unternehmerischen Darlehensverkehrs tatsächlich eines gesetzgeberischen Tätigwerdens erfordert, ist Ziel dieser Arbeit.

# Kapitel 1 Bearbeitungsentgelte im Kontext AGB-rechtlicher Kontrolle

Seit geraumer Zeit verlangen Kreditinstitute bei Abschluss eines Darlehensvertrages einmalige Bearbeitungsentgelte, die zumeist sofort fällig und laufzeitunabhängig ausgestaltet sind. Mit dem Bearbeitungsentgelt bezweckt der Darlehensgeber vordergründig den Ausgleich der anfallenden Kosten für die Darlehensüberlassung. Nach Schätzungen sollen Bearbeitungskosten regelmäßig über 50 % der Kosten eines nicht leistungsgestörten Darlehens ausmachen.[30] Dass es sich dabei gesamtwirtschaftlich durchaus um beträchtliche Summen handelt, zeigt die Bankenstatistik der Deutschen Bundesbank, wonach die deutschen Banken am Ende des Jahres 2019 Kredite an inländische Unternehmen und wirtschaftlich selbständige Privatpersonen im Volumen von etwa EUR 1,560 Billionen vergeben haben.[31] Geht man dabei auch nur von der regelmäßigen Erhebung eines Bearbeitungsentgeltes in Höhe von 1 % der Darlehenssumme aus, so beliefen sich die zugrunde liegenden Einnahmen aus diesen Entgelten allein für den Geschäftskundenverkehr auf rund EUR 15,60 Mrd.[32] Der Provisionsüberschuss des derzeit größten deutschen Bankhauses, der Provisionen aus Treuhandgeschäften, Wertpapiergeschäften und sonstigen Dienstleistungen umfasst, lag im Jahr 2018 bei rund EUR 10 Mrd.[33] Vor dem Hintergrund dieser Dimensionen lassen sich die betriebswirtschaftlichen Folgen einer flächendeckenden Rückerstattung für den Fall der Unwirksamkeit der betreffenden Klauseln nur erahnen.

30 *Henze*, Entgeltklauseln, S. 40; *Becher/Krepold*, BKR 2014, 45, 55; *Wimmer*, WM 2012, 1841 f.

31 Der genaue Wert für alle Bankgruppen belief sich im Dezember 2019 auf EUR 1.560,564 Mrd. (Dezember 2018: EUR 1.483,581 Mrd.; Dezember 2017: EUR 1.403,094 Mrd.); siehe dazu die Bankenstatistik Februar 2020 – Statistisches Beiheft 1 zum Monatsbericht, S. 42, abrufbar für alle Monatszeiträume unter www.bundesbank.de/de/publikationen/statistiken/statistische-beihefte (zuletzt abgerufen am 01.03.2020).

32 Der Wert dient allein der Veranschaulichung der Größenordnung. Das gesamte Kreditvolumen am Jahresende sagt jedoch nichts über die tatsächlich ausgegebenen Kreditsummen innerhalb des betreffenden Jahres aus.

33 Der Provisionsüberschuss der Deutsche Bank AG lag nach dem Geschäftsbericht 2018, S. 10 bei EUR 10.039 Mio. (2017: EUR 11.002 Mio.). Der Bericht ist abrufbar unter www.db.com/ir/de/geschaeftsberichte.htm (zuletzt abgerufen am: 01.03.2020). Der Anteil der Bearbeitungsentgelte aus dem Kreditgeschäft an den erzielten Provisionsüberschüssen ist nicht ausgewiesen.

## A. AGB in der Vertragspraxis: Spannungsfeld zwischen Freiheit und Gerechtigkeit

Bearbeitungsentgelte bildeten im Kreditgeschäft in der Vergangenheit einen festen Bestandteil der vertraglichen Ausgestaltung. „Die Höhe der Zinsen und Entgelte für die üblichen Bankleistungen, die die Bank gegenüber Kunden, die keine Verbraucher sind, erbringt, ergeben sich aus dem ‚Preisaushang – Regelsätze im standardisierten Privatkundengeschäft' und aus dem ‚Preis- und Leistungsverzeichnis', soweit der ‚Preisaushang' und das ‚Preis- und Leistungsverzeichnis' übliche Bankleistungen gegenüber Kunden, die keine Verbraucher sind (zum Beispiel Geschäftskunden), ausweisen", bestimmt Ziffer 12 Abs. 2 der AGB privater Banken (AGB-Banken).[34] Das von dem Bundesverband deutscher Banken, der Interessenvertretung der privaten Finanzwirtschaft, bereitgestellte Muster bildet die Grundlage zur Ausgestaltung der vertraglichen Beziehung zwischen Kunde und Bank.[35] Neben Zinsen sind demzufolge auch Entgelte für die üblichen Bankleistungen als Preisbestandteil vorgesehen.

Für die hier betrachteten Bearbeitungsentgelte ist jedoch nicht das Preis- und Leistungsverzeichnis maßgeblich, sondern die Regelungen des individuellen Darlehensvertrages, in dem die Entgeltklausel festgeschrieben ist. In den AGB-Banken heißt es dazu weiter: „Im Übrigen bestimmt die Bank, sofern keine andere Vereinbarung getroffen wurde und gesetzliche Bestimmungen dem nicht entgegenstehen, die Höhe von Zinsen und Entgelten nach billigem Ermessen (§ 315 BGB)."[36] Die Formulierungen zeigen, dass das Bankgeschäft und AGB-Recht zueinander in einem untrennbaren Konnexitätsverhältnis stehen.[37]

Für das Verständnis der nachträglichen Überprüfung von Vertragsbedingungen ist es daher unabkömmlich, die Entwicklung und Funktionsweise von AGB sowie den Schutzzweck der AGB-rechtlichen Kontrolle nachzuvollziehen. Vorrangiges rechtspolitisches Ziel des AGB-Gesetzes (AGBG) sei es nach der Regierungsbegründung jedenfalls, bei der Verwendung von AGB einen angemessenen Ausgleich der beidseitigen Interessen herzustellen und „die durch eine ungehemmte

---

34 So das Muster der AGB-Banken in der Fassung vom 01.07.2018, abrufbar unter www.bankenverband.de/service/agb-banken (zuletzt abgerufen am 01.03.2020). Das Pendant für den Geschäftsbereich der Sparkassen findet sich in Nr. 17 Abs. 2 der AGB-Sparkassen in der Fassung vom 21.03.2016.

35 Zwar obliegt die Übernahme des unverbindlichen Musters den einzelnen Banken selbst, jedoch halten sich die deutschen Institute nach Angaben des Bankenverbandes in der Regel an dessen Vorgaben. Die verbindlichen Regelungen der Geschäftsbeziehungen regeln die Banken nach individueller Umsetzung in den eigenen AGB.

36 Ziffer 12 Abs. 2 Unterabs. 3 der AGB-Banken in der Fassung vom 01.07.2018.

37 Siehe kursorisch zur praktischen Relevanz der AGB-Kontrolle von Akquisitionskreditverträgen *Ballo*, Akquisitionsfinanzierung, S. 11 ff.; speziell zur Reichweite der AGB-Kontrolle bei international standardisierten Kreditverträge der *Loan Market Association (LMA)* vgl. *Renner/Leidinger*, BKR 2015, 499.

Entwicklung im Bereich der AGB gestörte Funktion des privaten Vertragsrechts wiederherzustellen."[38]

## I. Entwicklung und Funktion von AGB

Die fortwährende Ausbreitung von AGB hat ihren vermeintlichen Ursprung in der industriellen Revolution des 19. Jahrhunderts.[39] Geprägt von einer technischen Expansion und anhaltendem wirtschaftlichen Wachstum löste die Serienproduktion zunehmend eine zuvor von Handwerk und Kleingewerbe geprägte Wirtschaftsordnung ab. Das „Modell einer sich selbst regulierenden Harmonie des ökonomischen Geschehens"[40], in dem die Vertragssubjekte die gegenseitigen Interessen regelmäßig in einen angemessenen Ausgleich bringen konnten, wich dem Bedürfnis nach Standardisierung und Typisierung. Zunächst waren es Versicherungen, die eine große Anzahl von Verträgen zu verwalten hatten und daher auf vorformulierte Versicherungsbedingungen zurückgriffen. Dieser Entwicklung folgten in der zweiten Hälfte des 19. Jahrhunderts die Verkehrsbetriebe und schließlich auch die Banken, um einem aufkommenden Massengeschäft Herr zu werden.[41] Eine gesetzlich angeordnete Kontrolle dieser vorformulierten Bedingungen fand dennoch zunächst keinen Eingang in die ursprüngliche Fassung des BGB vom 01.01.1900. Der deutsche Rechtshistoriker *von Gierke* mahnte hingegen bereits zu dieser Zeit an, eine „schrankenlose Vertragsfreiheit zerstört sich selbst" und werde „zum Mittel der Unterdrückung des Einen durch den Anderen"[42].

### 1. *Selbstregulierung durch unbedingte Vertragsfreiheit*

Die Initiatoren des BGB haben eine nachträgliche Überprüfung der inhaltlichen Gerechtigkeit eines Vertrages hingegen zunächst nicht für notwendig erachtet.[43] Ausgehend von einer Parität der Vertragspartner wurde unterstellt, dass allein die

38 So die Begründung des Regierungsentwurfes des Gesetzes zur Regelung des Rechts der Allgemeinen Geschäftsbedingungen (AGB-Gesetz), BT-Drucks. 7/3919, S. 13.

39 Der historische Abriss entstammt der Begründung des Regierungsentwurfes des AGBG, BT-Drucks. 7/3919, S. 9 f.; näher dazu *Raiser*, AGB, S. 26 ff.

40 BT-Drucks. 7/3919, S. 9 mit Verweis auf *von Gierke*, Die Soziale Aufgabe des Privatrechts, S. 23 zurückgehend auf einen Vortrag gehalten am 05.04.1889 in der juristischen Studiengesellschaft zu Wien.

41 BT-Drucks. 7/3919, S. 10; *Rehbinder*, Kaufrecht in AGB, S. 11 f., wonach AGB bereits in den 1970er Jahren zu 100 % im Bereich Bankwesen vertreten waren.

42 Jeweils wörtlich *von Gierke*, Die Soziale Aufgabe des Privatrechts, S. 23, der in vielerlei Hinsicht Kritik an den Entwürfen des BGB äußerte und mit der Forderung nach einem „Tropfen sozialistischen Öles" (S. 10) im Privatrecht für ein Gesetzbuch mit stärkeren sozialen Einflüssen plädierte, vgl. *Schmoeckel*, Auf der Suche nach der verlorenen Ordnung, S. 404.

43 *Grüneberg*, in: Palandt BGB Überbl. v. § 305 Rn. 3; *Dauner-Lieb*, Verbraucherschutz, S. 55 f. identifiziert, dass es abgesehen von § 138 BGB an Regelungen fehle, um eine

formal-abstrakte Gleichheit der Beteiligten eine angemessene Vertragsgestaltung und den Ausgleich gegenläufiger Interessen gewährleisten könne.[44] Die Rechtssubjekte sollten ihre wirtschaftlichen Angelegenheiten eigenständig und gewissenhaft regeln – alles Weitere war abhängig von dem eigenen Verhandlungsgeschick.[45] Diese Wertungsentscheidung ist nicht zuletzt Ausdruck des grundlegenden Prinzips der Privatautonomie. Jener Grundsatz der Selbstbestimmung des Menschen und der Selbstverantwortung der Rechtsverhältnisse nach seinem Willen ist seit jeher Fundament des gesamten Privatrechts.[46] Daher schützt Art. 2 Abs. 1 GG als Ausprägung der allgemeinen Handlungsfreiheit auch die Freiheit im wirtschaftlichen Verkehr und die Vertragsfreiheit,[47] soweit sie nicht durch besondere Grundrechtsbestimmungen – im Rahmen der beruflichen Betätigung namentlich durch Art. 12 Abs. 1 GG – garantiert sind.[48]

Die Vertragsfreiheit ist als „*pars pro toto* der Privatautonomie"[49] zu verstehen und meint im schuldrechtlichen Sinne, dass die Partner eines Vertrages die Konditionen inhaltlich völlig frei bestimmen können. Der Vertrag bildet folglich die Hauptform zur Regelung und Selbstgestaltung der eigenen Rechtsverhältnisse.[50] Es obliegt den Parteien, ob und mit wem sie einen Vertrag abschließen (Vertragsabschlussfreiheit) und wie sie eine Vereinbarung inhaltlich ausgestalten

---

Kontrolle des Verhältnisses von Leistung und Gegenleistung vorzunehmen; ebenso *Axer*, AGB-Kontrolle, S. 19.

44 Ausführlich zum Prinzip formal-abstrakter Gleichheit schon *Dauner-Lieb*, Verbraucherschutz, S. 54 ff.

45 *Dauner-Lieb*, Verbraucherschutz, S. 55 mit weiteren Ausführungen zum liberalen Sozialmodell.

46 *Flume*, Rechtsgeschäft, S. 1, 17 ff., der auf den eingeschränkten Raum der Privatautonomie innerhalb sozialistischer Ordnungen abstellt; *ders.*, in: FS 100 Jahre DJT, 135, 136.

47 Siehe ausdrücklich zur grundrechtlichen Gewährleistung der Privatautonomie BVerfG, Beschluss vom 19.10.1993 – 1 BvR 567/89, BVerfGE 89, 214, 232 = NJW 1994, 36; zum AGB-Recht BVerfG, Beschluss vom 04.06.1985 – 1 BvL 12/84, BVerfGE 70, 115 = NJW 1986, 243; BVerfG, Beschluss vom 12.11.1958 – 2 BvL 40/56, BVerfGE 8, 274, 328 = NJW 1959, 475.

48 Nach neuerer Rechtsprechung unterliegt die Vertragsfreiheit ausdrücklich den Gewährleistungen der Berufsfreiheit, sofern eine gesetzliche Regelung gerade den Bereich der beruflichen Betätigung tangiert; die allgemeine Handlungsfreiheit sei dann subsidiär, vgl. BVerfG, Beschluss vom 07.09.2010 – 1 BvR 2160/09, 1 BvR 851/10, NJW 2011, 1339 Rn. 32; BVerfG, Beschluss vom 12.12.2006 – 1 BvR 2576/04, BVerfGE 117, 163 = NJW 2007, 979 f.; BVerfG, Beschluss vom 11.07.2006 – 1 BvL 4/00, BVerfGE 116, 202 = NJW 2007, 51, 54; dazu auch *Kropf*, WM 2019, 1723, 1724.

49 *Flume*, Rechtsgeschäft, S. 1, 12; *ders.*, in: FS 100 Jahre DJT, 135, 138.

50 *Flume*, Rechtsgeschäft, S. 6, 12.

(Vertragsgestaltungsfreiheit).[51] Wesentliche Konsequenz dessen ist, dass einvernehmlich geschlossene Verträge rechtverbindlich sind und dies auch bleiben sollen – *pacta sunt servanda.*[52] Für eine nachträgliche Kontrolle wäre dann *per se* kein Raum mehr. Dieses Verständnis beruht auf der Annahme, dass einem zwischen zwei Beteiligten autonom geschlossenen Vertrag eine materielle Richtigkeitsgewähr innewohne.[53] Demnach seien die Interessen der Parteien gewahrt worden, da die vertragliche Gestaltung der Vereinbarung stets zu einem Ausgleich im Sinne des Richtigen führe.[54] Die Schranken der Wirksamkeit einer jeden vertraglichen Vereinbarung finden sich – vorbehaltlich des Irrtumsrechts – infolgedessen nur in den Verbotsgesetzen i.S.v. § 134 BGB, im Verbot der Sittenwidrigkeit nach § 138 BGB und dem Grundsatz von Treu und Glauben gem. § 242 BGB.[55] Auf diesen Wertungen und einer gewachsenen Rechtsprechung zu diesen Normen beruht letztlich das AGBG und somit das gesamte AGB-Recht.[56]

### 2. *Effizienzgewinne durch die Rationalisierung von Vertragsbedingungen*

„Allgemeinen Geschäftsbedingungen kommt für die rechtliche Formung von Verträgen im Ablauf des modernen Wirtschaftsgeschehens überragende Bedeutung zu“[57], stellte sodann der Gesetzgeber in dem Regierungsentwurf zum AGBG im

---

51 *Flume*, Rechtsgeschäft, S. 12 f.; zur formalen Selbstbestimmung als Primat der Privatautonomie *Axer*, AGB-Kontrolle, S. 17 ff.; *Kropf*, WM 2019, 1723, 1724; *Leuschner*, NJW 2016, 1222.

52 *Flume*, in: FS 100 Jahre DJT, 135, 141 f.; *Axer*, AGB-Kontrolle, S. 17.

53 *Schmidt-Rimpler*, AcP 147 (1941), 130, 132; ausführlich zu der Verknüpfung der Vertragsgerechtigkeit mit dem Verständnis der Privatautonomie *Axer*, AGB-Kontrolle, S. 20 ff.

54 Zurückgehend auf *Schmidt-Rimpler*, AcP 147 (1941), 130, 149 ff.; die unterschiedlichen Reaktionen analysiert *Axer*, AGB-Kontrolle, S. 20 ff. (m.w.N.); zustimmend etwa *Lieb*, AcP 178 (1978), 196; ablehnend *Flume*, in: FS 100 Jahre DJT, 135, 142; *Raiser*, in: FS 100 Jahre DJT, 101, 117 ff.

55 So BGH, Urteil vom 18.03.2009 – XII ZR 200/06, NJW-RR 2009, 947, 948 Rn. 19 zu einer Individualabrede über eine Endrenovierungsklausel; OLG Düsseldorf, Urteil vom 27.11.1986 – 8 U 234/85, NJW-RR 1987, 691, 693 zur Unwirksamkeit des Ausschlusses eines Kündigungsrechts wegen eines Verstoßes gegen die guten Sitten; *Kappus*, NJW 2016, 33 spricht von allgemeinen zivilrechtlichen Kontrollparametern; *Miethaner*, NJW 2010, 3121 weist auf eine „sonstige“ Vertragskontrolle hin.

56 Vgl. *von Westphalen*, ZIP 2015, 1316, 1318; *ders.*, BB 2011, 195, 198; *Bitter*, ZBB 2007, 237, 239. Zu nennen ist hier die wegweisende Entscheidung des BGH, Urteil vom 29.10.1956 – II ZR 79/55, BGHZ 22, 90 = NJW 1957, 17, in der Vertragsbedingungen im Wege richterlicher Rechtsfortbildung erstmals einer offenen Inhaltskontrolle unterlagen.

57 BT-Drucks. 7/3919, S. 1; das AGBG wurde am 09.12.1976 erlassen und trat am 01.04.1977 in Kraft.

Jahre 1975 fest. Daran hat sich seitdem nichts geändert.[58] Die weiter zunehmende Massenproduktion und das wachsende Angebot von Waren und Dienstleistungen bringt eine große Anzahl abzuwickelnder Verträge mit sich. Im Rahmen immer wiederkehrender Vertragsabschlüsse kommen AGB für die unterschiedlichen Facetten rechtlichen Regelungsbedarfs und dem reibungslosen Ablauf des modernen Wirtschaftsgeschehens eine zentrale Funktion zu.[59] Denn einem schnelllebigen und auf Effizienz ausgerichteten Wirtschaftsumfeld stünde es diametral entgegen, identische oder weitgehend ähnliche Verträge stets neu und ohne Rückgriff auf bekannte und bewährte Formulierungen zu entwerfen. So empfiehlt sich die Nutzung von Vertragsvorlagen oder schlichtweg die Wiederverwendung bereits erfolgreich geschlossener Verträge. Unternehmen und Banken kommen insbesondere im Zeitalter digitaler Datenverarbeitung nicht an der Verwendung standardisierter Vertragsformulare und Textbausteine vorbei.[60] Dies ist zum einen Ausdruck eines effizienten Zeit- und Managementsystems, zum anderen aber für beide Parteien letztlich eine Kostenersparnis.

Das gilt aber keinesfalls nur bei der routinemäßigen Verwendung von Liefer- oder Vertragsbedingungen im unternehmerischen Massengeschäft.[61] Auch bei umfangreichen und finanziell großvolumigen Verträgen kommen im unternehmerischen Geschäftsverkehr regelmäßig wiederkehrende Vertragsbedingungen zum Zuge. Ein Kreditinstitut wird für die Bereitstellung eines herkömmlichen Unternehmerdarlehens im unteren fünfstelligen Bereich ebenso auf ein Muster zurückgreifen wie bei der Strukturierung einer komplexen Kreditlinie in Millionenhöhe. Die Begründung liegt in der Bewältigung und Steuerung von Risiken, welche die Parteien im Rahmen des Vertragswerkes regeln werden und nicht dem dispositiven Gesetzesrecht überlassen.[62] Spezielle Risiken und Probleme, die sich in den unterschiedlichen Produkten und Dienstleistungen eines Anbieters wiederfinden, werden typischerweise durch Musterklauseln oder entwickelte Vertragsmodelle identifiziert und durch einschlägige Erfahrung vorheriger Vertragsschlüsse passgenau geregelt.[63] In seiner für die Entwicklung von AGB wegweisenden Monografie

58 Insbesondere hat der Gesetzgeber bei der Umsetzung der Richtlinie 93/13/EWG des Rates vom 05.04.1993 über missbräuchliche Klauseln in Verbraucherverträgen im Jahr 1996 (Gesetz zur Änderung des AGB-Gesetzes, BT-Drucks. 13/2713, S. 4, 6) und bei der Überführung des AGBG in das BGB im Jahr 2002 (Gesetz zur Modernisierung des Schuldrechts, BT-Drucks. 14/6040, S. 150 ff., 160) an Geltung und Reichweite des AGB-Rechts nichts geändert.

59 Vgl. BT-Drucks. 7/3919, S. 9.

60 *Lischek/Mahnken*, ZIP 2007, 158.

61 *Lischek/Mahnken*, ZIP 2007, 158, 159; in der Begründung zum AGBG wird lediglich auf Massengeschäfte und Massenverträge Bezug genommen, BT-Drucks. 7/3919, S. 1.

62 BT-Drucks. 7/3919, S. 9; *Damm*, in: Bora, Risikomanagement, S. 93, 114; *Grüneberg*, in: Palandt BGB Überbl. v. § 305 Rn. 6; *Kötz*, 50. DJT, Gutachten A, A 23 f.; *Lischek/Mahnken*, ZIP 2007, 158.

63 *Lischek/Mahnken*, ZIP 2007, 158 f.

bezeichnete *Raiser* bereits im Jahre 1935 AGB als „selbstgeschaffenes Recht der Wirtschaft".[64] So kann im Bankrecht bei herkömmlichen Massenverträgen ebenso wie bei individuellen Großfinanzierungsprojekten davon ausgegangen werden, dass eine Vertragspartei den Vertragsentwurf vorbereiten wird und dabei auf bewährte Vorlagen und Muster zurückgreift. Denn allgemein ist keine praktikable Alternative dazu ersichtlich, dass eine Vertragspartei der Gegenseite einen ersten Entwurf zur weiteren Prüfung vorlegt.[65] Ein Rückgriff auf vorgefertigte Bedingungen ist dabei aber auch ökonomisch sinnvoll:

Wesensmerkmal und Ziel der Verwendung von AGB ist die Rationalisierung.[66] Gleichbedeutend könnte man auch von einem Vereinheitlichen der Abwicklung modernen Vertragsgeschehens oder dem Vereinfachen von Geschäftsabläufen sprechen. So können im Gesetz nicht oder unzureichend geregelte Lebensbereiche durch AGB rechtlich klar geordnet und damit die Kalkulierbarkeit von Geschäftsrisiken erhöht werden. Neben der offensichtlichen Rationalisierungsfunktion dienen AGB somit zugleich der Lückenfüllung und Rechtsfortbildung und tragen insgesamt zu einer Risikoallokation bei.[67] Die maßgeblichen Vertragsbestimmungen sind dadurch flexibel und können an die sich wandelnden wirtschaftlichen und technischen Entwicklungen angepasst werden, was auch der Gesetzgeber im Rahmen der Begründung des AGBG durchaus positiv bewertet.[68]

### *3. Risiken durch Einschränkung der Vertragsfreiheit und -gerechtigkeit*

Der Gesetzgeber adressiert aber zugleich die Gefahr, der Verwender wolle vorrangig die eigenen Interessen durchsetzen und der anderen Vertragspartei somit erhebliche Geschäftsrisiken auferlegen.[69] Das einseitige Ausnutzen der Gestaltungsmacht führe mitunter zu einer nicht hinnehmbaren Verdrängung bis hin zur gänzlichen Missachtung der Vertragsfreiheit und Vertragsgerechtigkeit. So sei das Wesen dieser Grundsätze immer dann gefährdet, wenn keine zumindest weitgehend gleichwertige Ausgangsposition bestünde oder es zu einem einseitigen Diktieren und einem missbräuchlichen Verwenden von AGB komme.[70] Da ein derartiger Missstand in einem sozialen Rechtsstaat nicht hinzunehmen sei, sah sich der Gesetzgeber dazu aufgerufen, die Rechtsmaterie zum Schutze vor unangemessenen und anstößigen AGB zu regeln. Mittels des AGBG wolle man die rechtsgeschäftliche Selbstbestimmung des Individuums als Teil der freien Persönlichkeitsentfaltung

---

64 *Raiser*, AGB, S. 21.
65 *Kessel*, AnwBl 2012, 293, 297; *Lischek/Mahnken*, ZIP 2007, 158, 161.
66 BT-Drucks. 7/3919, S. 9; *Grüneberg*, in: Palandt BGB Überbl. v. § 305 Rn. 4; *Ulmer/Habersack*, in: Ulmer/Brandner/Hensen AGB Einl. BGB Rn. 51.
67 BT-Drucks. 7/3919, S. 9; *Grüneberg*, in: Palandt BGB Überbl. v. § 305 Rn. 4 ff.
68 BT-Drucks. 7/3919, S. 9.
69 BT-Drucks. 7/3919, S. 9; *Raiser*, AGB, S. 21.
70 BT-Drucks. 7/3919, S. 9.

fördern und dem weit verbreiteten Missbrauch der Gestaltungsfreiheit im Privatrechtsverkehr entgegentreten.[71]

Dass eine nachträgliche Klauselkontrolle der grundrechtlichen Gewährleistung, die Konditionen eines Vertrages autonom und inhaltlich frei zu bestimmen, nicht zwangsläufig entgegensteht, bestätigt auch das Bundesverfassungsgericht (BVerfG). Zwar schütze Art. 2 Abs. 1 GG die Freiheit im wirtschaftlichen Verkehr und die Vertragsfreiheit, dies gelte allerdings nur in den Schranken des zweiten Halbsatzes, vor allem in denen der „verfassungsmäßigen Ordnung".[72] Die Regelung privater Rechtverhältnisse ist demnach nicht alleinige Sache der Vertragsparteien, sondern unterliegt einer staatlichen Kontrolle.[73] Die Privatautonomie ist nur in den Grenzen der geltenden Gesetze gewährleistet und die Vertragsparteien daher an die Grundrechte und die damit einhergehenden objektiven Wertentscheidungen gebunden.[74]

In der Anwendungspraxis zeigt sich die Gefahr eines Missbrauchs der Gestaltungsfreiheit von AGB gegenüber Verbrauchern wie Unternehmern. Heutzutage ist anerkannt, dass die AGB-Kontrolle gleichermaßen im B2C- und B2B-Verkehr stattfindet. Eine Differenzierung unterschiedlicher Schutzbedürftigkeit der Verkehrskreise wird lediglich nach § 310 BGB (früher § 24 AGBG) vorgenommen, wonach bestimmte Vorschriften keine Anwendung finden, wenn der Kunde Unternehmer (früher noch: Kaufmann[75]) ist und folglich eines geringeren Schutzes bedürfe.[76] Die Einbeziehung der Kaufleute in den Geltungsbereich des AGBG war in der rechtspolitischen Diskussion jedoch heftig umstritten. In einem 1971 vorgelegten Bericht sah die Bundesregierung lediglich Handlungsbedarf hinsichtlich der „Stärkung der Rechtsstellung des Verbrauchers"[77]. Auch der damalige Entwurf

71 BT-Drucks. 7/3919, S. 9.

72 BVerfG, Beschluss vom 04.06.1985 – 1 BvL 12/84, BVerfGE 70, 115 = NJW 1986, 243 mit Verweis auf BVerfG, Urteil vom 07.05.1969 – 2 BvL 15/67, BVerfGE 25, 371 = NJW 1969, 1203.

73 Ausdrücklich *Wackerbarth*, AcP 200 (2000), 45, 49.

74 Dass Normen des Grundgesetzes zumindest mittelbar auf die Vertragsfreiheit einwirken können, wurde in der „Lüth"-Entscheidung des BVerfG klargestellt, BVerfG, Urteil vom 15.01.1958 – 1 BvR 400/57, BVerfGE 7, 198, 205 = NJW 1958, 257; konkretisiert in BVerfG, Beschluss vom 19.10.1993 – 1 BvR 567/89, BVerfGE 89, 214, 232 = NJW 1994, 36; siehe auch *Wackerbarth*, AcP 200 (2000), 45, 49.

75 Die Erweiterung des persönlichen Anwendungsbereichs über Kaufleute hinaus auf sonstige Gewerbetreibende und Freiberufler geht zurück auf das Handelsrechtsreformgesetz vom 22.06.1998, BT-Drucks. 13/8444, S. 46 f.

76 *Basedow*, in: MüKo BGB § 305 Rn. 4. In der Regierungsbegründung heißt es, dass der kaufmännische Rechtsverkehr wegen der dort herrschenden Handelsbräuche, Usancen, Verkehrssitten und wegen der zumeist größeren rechtsgeschäftlichen Erfahrung auf eine stärkere Elastizität angewiesen sei, BT-Drucks. 7/3919, S. 14.

77 So der Titel des Berichts der Bundesregierung, BR-Drucks. 586/71; zu den verschiedenen Entwürfen und der parlamentarischen Beratung *Ulmer/Habersack*, in: Ulmer/Brandner/Hensen AGB Einl. BGB Rn. 16 ff.

des AGBG enthielt eine ausdrückliche Beschränkung des Anwendungsbereichs auf den Schutz des Endverbrauchers.[78]

Für eine modifizierte Einbeziehung von Kaufleuten in den Gesetzesentwurf sorgte seinerzeit wohl erst das richtungsweisende Referat von *Ulmer*, dessen Forderungen bei dem 50. Deutschen Juristentag (DJT) im Jahre 1974 in Hamburg breite Zustimmung fand.[79] Der Gesetzgeber konnte sich diesen Empfehlungen nicht verwehren, was letztlich die Ausbildung des AGB-Rechts als reines Sonderprivatrecht für Verbraucher verhinderte.[80] Dennoch liest sich in der Begründung zum AGBG, dass „der Schutz der Verbraucher gegenüber unangemessenen AGB ein vorrangiges rechtspolitisches Anliegen" darstelle.[81] Führt man sich vor Augen, dass zwischen dem Plädoyer *Ulmers* am 25.09.1974 und dem Regierungsentwurf zum AGBG vom 06.08.1975 weniger als elf Monate lagen, ist es naheliegend, von einer Änderung des Schutzbereiches „in letzter Minute" zu sprechen.[82] Zudem bestand die Problematik, Kaufleute in eine gesetzliche Konzeption zu implementieren, die ihrem Ursprung nach für den Verbraucherverkehr entworfen wurde.[83] Daher ist der Frage nachzugehen, ob sich diese kurzfristige Entwicklung letztlich auch in dem Schutzzweck der AGB-Kontrolle niedergeschlagen hat.

## II. Schutzzweck des AGB-Rechts

Sofern das AGBG nach seiner Begründung zuvorderst eine Verbesserung des Schutzes der Letztverbraucher bezweckt, liegt es durchaus nahe, den Zweck generell in dem Schutz des schwächeren Vertragspartners zu identifizieren. Die intensiv geführte Auseinandersetzung bezüglich des persönlichen Anwendungsbereiches des Gesetzes zeigt jedoch, wie unterschiedlich die Frage nach dem Schutzzweck

78 Referentenentwurf eines Gesetzes über Allgemeine Geschäftsbedingungen, Beilage 18 zu DB 39/1974 vom 17.09.1974; das zeigte auch das Thema des 50. DJT: „Welche gesetzgeberischen Maßnahmen empfehlen sich zum Schutze des Endverbrauchers gegenüber Allgemeinen Geschäftsbedingungen und Formularverträgen?", dazu *Lieb*, AcP 178 (1978), 196.

79 *Ulmer*, 50. DJT, Sitzungsbericht H, H 8 ff., H 21 f.; Beschluss Nr. 4, wonach die Reglung in ihrem persönlichen Anwendungsbereich grundsätzlich unbeschränkt sein sollte, wurde mit einem Stimmenverhältnis von 211:156:15 angenommen, abgedruckt nach dem Referat von *Ulmer*, 50. DJT, Sitzungsbericht H, H 231, NJW 1974, 1987 ff.

80 *Dauner-Lieb/Axer*, ZIP 2010, 309, 312; *Lieb*, AcP 178 (1978), 196, 197.

81 BT-Drucks. 7/3919, S. 14.

82 So *Lieb*, AcP 178 (1978), 196, 197; zum Gesetzgebungsgang BT-Drucks. 7/5412, 7/5422, 7/5636.

83 In der Begründung des Regierungsentwurfes heißt es: „Das Gesetz bezweckt in erster Linie eine Verbesserung des Schutzes der Letztverbraucher gegenüber AGB", BT-Drucks. 7/3919, S. 9; dazu auch *Dauner-Lieb/Axer*, ZIP 2010, 309, 312; in dem Bericht des Rechtsausschusses zum AGBG, BT-Drucks. 7/5422, S. 4 ist die Rede von einem „Mittelweg".

beantwortet wurde. Der Schutz des wirtschaftlich oder sozial schwächeren Vertragspartners oder die intellektuelle Unterlegenheit des Kunden wurden und werden ebenso also Motive diskutiert wie das einseitige Ausnutzen von Gestaltungsmacht in der konkreten Situation des Vertragsschlusses.[84] Gemeinsamkeit der Erklärungsansätze ist, dass sie auf dem Bestehen einer bestimmten Ungleichgewichtslage basieren, wesentlicher Kritikpunkt ist zugleich aber die Konkretisierbarkeit derselben.[85]

## *1. Schutz des schwächeren Vertragspartners*

Das BGB ging in seiner Ursprungsform bekanntlich von der Prämisse aus, dass ein gerechter, vertraglicher Ausgleich allein durch die freie und selbstverantwortliche Willensentscheidung der beteiligten Parteien getroffen werden könne.[86] Die Gewährleistung der Privatautonomie setzt dabei aber die Möglichkeit der Selbstbestimmung der Vertragsparteien und somit ein Gleichgewicht zwischen den Beteiligten voraus.[87] Ohne das Bestehen einer solchen Parität könne demnach nur eine Partei ihren Willen selbstbestimmt durchsetzen, sodass es von vornherein an einem Wesensmerkmal der Privatautonomie fehle. In einer heterogenen Verteilung der Vertragsgestaltungsmacht sei „das ewige Dilemma der Privatautonomie" zu sehen und bei der Verwendung von AGB daher regelmäßig eine selbstbestimmte Abrede zu verneinen.[88] Denn die Erfahrung lehrte, dass die Einbeziehung von AGB in den Vertrag häufig nicht auf einer freien und selbstverantwortlichen Entscheidung beruht, sondern dass sich der Kunde den Regelungen des Verwenders unterwirft indem er sie widerspruchslos akzeptiert.[89]

Aus dieser praktischen Beobachtung entwickelte sich letztlich die Forderung nach dem übergeordneten Schutz des Schwächeren und insbesondere auch die

---

84 *Basedow*, in: MüKo BGB Vorb. § 305 Rn. 4 f.; *Ulmer/Habersack*, in: Ulmer/Brandner/Hensen AGB Einl. BGB Rn. 47; *Axer*, AGB-Kontrolle, S. 40, der konstatiert, dass über den Schutzzweck auch 30 Jahre nach der Kodifizierung des AGBG keine Einigkeit herrsche.

85 *Coester*, in: Staudinger BGB § 307 Rn. 3 spricht von einem „strukturellen Ungleichgewicht"; *Axer*, AGB-Kontrolle, S. 40; *Fastrich*, Inhaltskontrolle, S. 216 ff.; *Coester-Waltjen*, AcP 190 (1990), 1, 18 ff.; *Wackerbarth*, AcP 200 (2000), 45, 52 f.; *Zöllner*, AcP 196 (1996), 1, 26 ff.

86 *Dauner-Lieb*, Verbraucherschutz, S. 55; *Flume*, Rechtsgeschäft, S. 1, 17 ff.; *ders.*, in: FS 100 Jahre DJT, 135, 136; zur materiellen Richtigkeitsgewähr und Vertragsgerechtigkeit *Schmidt-Rimpler*, AcP 147 (1941), 130, 132.

87 *Flume*, in: FS 100 Jahre DJT, 135, 143; grundlegend zu dem Gedanken der Parität *Zöllner*, AcP 196 (1996), 1, 15, zur Privatautonomie und Selbstbestimmung 7, 25.

88 So *Flume*, in: FS 100 Jahre DJT, 135, 143 f.; dazu *Zöllner*, AcP 196 (1996), 1, 25.

89 *Basedow*, in: MüKo BGB Vorb. § 305 Rn. 4.

Überlegung zur Ausbildung eines Sonderprivatrechts für Verbraucher.[90] Grundlegend ist danach zu fragen, weshalb der Kunde ein Vertragswerk ohne Einwände hinnimmt und in welchen Situationen typischerweise eine Über- bzw. Unterlegenheit der einzelnen Beteiligten entsteht. Für den gegenwärtigen Diskurs und etwaige Reformdiskussionen sind Verständnis und Einordnung des Schutzzwecks des AGB-Rechts daher von großer Bedeutung.[91]

### *a. Persönliche Unterlegenheit*

Der Schutz der schwächeren Vertragspartei kann sich aus einem wirtschaftlichen bzw. sozialen Ungleichgewicht der Akteure ergeben. Dieser Ansatz basiert auf der Annahme, dass das AGBG ursprünglich als Verbraucherschutzrecht konzipiert wurde und daher grundsätzlich vor dem Ausnutzen jeder wirtschaftlichen oder sozialen Ungleichgewichtslage durch benachteiligende Vertragsbedingungen schützen will.[92] Dies gelte demzufolge für jede derart unterlegene Vertragspartei, da nach der Ausweitung des Schutzbereichs auch Unternehmer schutzbedürftig seien. Noch vor der Kodifikation des AGBG äußerte sich der BGH in ähnlicher Weise und stellte fest, dass das Zugrundelegen von AGB in Geschäftsbeziehungen in der Regel mit einem erheblichen wirtschaftlichen Übergewicht verbunden sei, welches zu einem Missbrauch der Vertragsfreiheit führe.[93] Aber selbst in neuerer höchstrichterlicher Rechtsprechung ist die Rede davon, dass das Recht der AGB zumindest auch den Schutz des schwächeren Vertragspartners und den Ausgleich eines wirtschaftlichen Machtgefälles bezwecke.[94]

### aa. Kompensation der wirtschaftlichen Überlegenheit

In Bezug auf Bearbeitungsentgelte avancierte die Annahme, die Kompensation der wirtschaftlichen Überlegenheit sei tragender Schutzzweck des AGB-Rechts, in jüngster Vergangenheit zu einer vielzitierten Schlussfolgerung.[95] In einer

---

90 Grundlegend *Fastrich*, Inhaltskontrolle, S. 216 ff.; *Kötz*, 50. DJT, Gutachten A, A 37.; *Zöllner*, AcP 196 (1996), 1, 15 ff.; zum Sonderprivatrecht *Dauner-Lieb*, Verbraucherschutz, S. 53 ff.; *Lieb*, DNotZ 1989, 274 ff.; *ders.*, AcP 178 (1978), 196 ff.

91 *Dauner-Lieb/Axer*, ZIP 2010, 309, 314; *Leuschner*, JZ 2010, 875, 878 spricht von der „maßgeblichen Determinante“.

92 Die Begriffe zielen insoweit auf eine Unterlegenheit aufgrund in der Person selbst liegender Umstände ab (persönliche Unterlegenheit), so *Fastrich*, Inhaltskontrolle, S. 91; ursprünglich *Damm*, JZ 1978, 173, 178; *Wolf*, JZ 1974, 465, 468.

93 BGH, Urteil vom 28.02.1973 – IV ZR 34/71, BGHZ 60, 243 = NJW 1973, 990.

94 BGH, Urteil vom 10.10.2013 – VII ZR 19/12, NJW 2014, 206, 208 Rn. 27. Es wird darüber hinaus auf die Verhinderung der einseitigen Ausnutzung der vom Verwender von AGB in Anspruch genommenen Vertragsgestaltungsfreiheit abgestellt; siehe dazu noch „Schutz vor einseitiger Auferlegung“, S. 42 ff.

95 *van Bevern/Schmitt*, BKR 2015, 323, 326; *Casper/Möllers*, WM 2015, 1689, 1692 f.; *Hanke/Adler*, WM 2015, 1313, 1318; *Herweg/Fürtjes*, ZIP 2015, 1261, 1268; *Lang/Schulz*, WM 2015, 2173, 2175.

Abschlusssituation zwischen Kreditinstitut und Geschäftskunden sei der dem AGB-Recht zugrunde liegende Schutzgedanke des Machtgefälles regelmäßig nicht gegeben, da der Darlehensvertrag im Sinne eines privatautonom vereinbarten Interessenausgleichs paritätisch zustande gekommen sei.[96] Zwar begegne ein Verbraucher einem Kreditinstitut nicht auf Augenhöhe, sondern sei aufgrund der wirtschaftlichen Abhängigkeit und fehlender Geschäftserfahrenheit unterlegen. Von einer vergleichbaren Disparität zwischen den Vertragsparteien könne zwischen Unternehmern aber gerade nicht ausgegangen werden.[97] In diesem Fall bestehe insgesamt kein Übergewicht auf Seiten der AGB-verwendenden Bank und demnach keine strukturelle Unterlegenheit.[98] So kann man wohl ganz zurecht davon sprechen, dass das maßgebliche Differenzierungskriterium des Schutzes vor einem wirtschaftlichen Ungleichgewicht eine Renaissance erlebt.[99]

Im Umkehrschluss führt dieses Verständnis aber zu einem fragwürdigen Ergebnis: Der von Beginn an wirtschaftlich und sozial unterlegene Geschäftskunde könnte ohne das Hinzutreten zusätzlicher Umstände mit großer Wahrscheinlichkeit davon ausgehen, dass jede von den Regelungen des dispositiven Rechts abweichende Vereinbarungen der Inhaltskontrolle unterliegt.[100] Anders gewendet ist ihm die nachträgliche Vertragskontrolle sicher und ein Verhandeln erst gar nicht empfehlenswert. Ferner könnte eine Inhaltskontrolle trotz des Bestehens etwaiger anderer Disparitäten immer dann nicht stattfinden, wenn der Verwender dem Kunden im Einzelfall wirtschaftlich überhaupt nicht überlegen ist. Denn es ist durchaus vorstellbar, dass die Verwendergegenseite etwa aufgrund ihrer Marktspezialisierung in einer wirtschaftlichen Machtposition ist und sich trotz dessen einem AGB-Regime unterwirft. Allein aus dem Umstand der Verwendung von AGB ist aber nicht *per se* das Innehaben einer Machtposition abzuleiten, da sich eine tatsächliche Unterlegenheit gleichermaßen in einer Klausel für Klausel ausgehandelten Vereinbarung niederschlagen würde.[101]

### bb. Keine Rücksicht auf wirtschaftliche oder soziale Determinanten

Ein weitaus größeres Problem stellt sich aus praktischer Sicht. Ist es doch schlechterdings unklar, woran eine wirtschaftliche oder soziale Überlegenheit des Verwenders überhaupt festzumachen sein sollte.[102] Ein Schwerpunkt der richterlichen

---

96 *van Bevern/Schmitt*, BKR 2015, 323, 326.
97 *Hanke/Adler*, WM 2015, 1313, 1318.
98 *Herweg/Fürtjes*, ZIP 2015, 1261, 1268.
99 So etwa *Leuschner*, JZ 2010, 875, 878.
100 *Leuschner*, JZ 2010, 875, 878; *Kessel/Jüttner*, BB 2008, 1350, 1351.
101 So *Leuschner*, JZ 2010, 875, 878; zudem *Axer*, AGB-Kontrolle, S. 44; *Fastrich*, Inhaltskontrolle, S. 81 f.; *Leuschner*, AcP 207 (2007), 491, 495, wonach es an einem Zusammenhang zwischen der Verwendung von AGB und wirtschaftlichen Ungleichgewichtslagen fehle. Die Gegenansicht sieht in der Verwendung von AGB ein Indiz für das Bestehen von Übermacht, etwa *Acker/Bopp*, BauR 2009, 1040, 1042.
102 *Axer*, AGB-Kontrolle, S. 45; ähnlich *Leuschner*, JZ 2010, 875, 879.

Würdigung und der gesamten AGB-Kontrolle würde auf die Vorfrage verlagert, ob und wie sich die Macht einer Vertragspartei im Verhältnis zur anderen äußert. Entscheidend gegen die Festlegung auf die wirtschaftliche und soziale Ungleichgewichtslage als einzigen Schutzzweck spricht jedoch die Erstfassung des AGBG selbst. Die Regelungen schützen nämlich gerade nicht den unterlegenen Verbraucher vor einem übermächtigen Unternehmer, sondern den Verwendungsgegner im Verhältnis zum Verwender.[103] Auf ein wirtschaftliches Machtgefälle kommt es gar nicht an, da das Gesetz kein Verbraucherschutzgesetz im technischen Sinne darstellt.[104] Das zeigt § 310 Abs. 1 BGB sehr deutlich, wonach Unternehmer ohne Rücksicht auf wirtschaftliche oder soziale Determinanten, wie den Umfang oder Erfolg ihres Betriebes, in den Schutzbereich einbezogen sind.[105] Eine zusätzliche verbraucherfreundliche Schutzrichtung erhielt das AGB-Recht erst mit Umsetzung der Klauselrichtlinie im Jahr 1996.[106] Dadurch wurde der Verbrauchervertrag (ein Vertrag zwischen einem Unternehmer und einem Verbraucher) gem. § 310 Abs. 3 BGB einer besonderen Regelung unterworfen, um den „Verbraucher gegenüber dem Gewerbetreibenden in einer schwächeren Verhandlungsposition" zu schützen.[107]

Ein alleiniges Abstellen auf ein wirtschaftliches oder soziales Ungleichgewicht der Vertragsparteien überzeugt daher nicht und wird auch im Schrifttum weitgehend abgelehnt.[108] Wirtschaftliche Ungleichgewichtslagen äußern sich zumeist in der Preisgestaltung, die aber grundsätzlich nicht Gegenstand der Inhaltskontrolle ist (§ 307 Abs. 3 Satz 1 BGB). So haben die einprägsamen Worte *Ulmers*, wonach der Schutz des „dummen und faulen" Verbrauchers nicht der zentrale Schutzgedanke

---

103 *Grüneberg*, in: Palandt BGB Überbl. v. § 305 Rn. 8.

104 *Grüneberg*, in: Palandt BGB Überbl. v. § 305 Rn. 8; ähnlich *Coester*, in: Staudinger BGB § 307 Rn. 3.

105 *Basedow*, in: MüKo BGB Vorb. § 305 Rn. 4 f.; *Grüneberg*, in: Palandt BGB Überbl. v. § 305 Rn. 8; *Ulmer/Habersack*, in: Ulmer/Brandner/Hensen AGB Einl. BGB Rn. 47, 54; *Axer*, AGB-Kontrolle, S. 45.

106 Richtlinie 93/13/EWG des Rates vom 05.04.1993 über missbräuchliche Klauseln in Verbraucherverträgen; *Grüneberg*, in: Palandt BGB Überbl. v. § 305 Rn. 8; *Ulmer/Habersack*, in: Ulmer/Brandner/Hensen AGB Einl. BGB Rn. 47.

107 So der EuGH zur ständigen Rechtsprechung des mit der Richtlinie 93/13/EWG geschaffenen Schutzsystems, EuGH, Urteil vom 29.10.2015 – C-8/14 (BBVA/Peñalva López u.a.), EuZW 2016, 147 Rn. 17 mit Verweis auf EuGH, Urteil vom 14.03.2013 – C-415/11 (Aziz), EuGRZ 2013, 303 = EuZW 2013, 464 Rn. 44.

108 *Basedow*, in: MüKo BGB Vorb. § 305 Rn. 5; *Ulmer/Habersack*, in: Ulmer/Brandner/Hensen AGB Einl. BGB Rn. 48; *Schlosser*, in: Staudinger BGB Vorbem. zu § 305 Rn. 4; *Axer*, AGB-Kontrolle, S. 44; *J. Koch*, WM 2016, 717, 722; *F. Becker*, JZ 2010, 1098, 1100; *Leuschner*, JZ 2010, 875, 878; *Wackerbarth*, AcP 200 (2000), 45, 69 ff.; *Leuschner*, AcP 207 (2007), 491, 495.

des AGB-Rechts sei, auch in der heutigen Diskussion nicht an Aussagekraft verloren.[109]

### b. Strukturelle Unterlegenheit

Anstatt bei der Annäherung an die Merkmale der schwächeren Vertragspartei auf die in der Person selbst liegenden Eigenschaften abzustellen (persönliche Unterlegenheit), kann auch die Situation des Vertragsabschlusses selbst zu einer Disparität führen (situative Unterlegenheit).[110] Denn im Zuge der Vertragsanbahnung wird der Kunde zumeist mit einem ausführlichen und umfangreichen Vertragswerk konfrontiert. Die Bedeutung einzelner Spezialklauseln und zusammenhängender Regelungen wird er *ad hoc* kaum beurteilen können, sodass dem Verwender im Hinblick auf den in Rede stehenden Vertrag ein Informations- und Organisationsvorsprung zukommt.[111] Dieser Vorsprung resultiert aus einer Konzentration auf bestimmte Geschäfte und einem damit einhergehenden, umfassenden Erfahrungsschatz des Klauselverwenders.[112] Denn wie der Wortlaut des § 305 Abs. 1 Satz 1 BGB selbst vermittelt, handelt es sich zumindest für den Verwender um für eine Vielzahl von Verträgen vorformulierte Vertragsbedingungen.[113] Ein laienhafter Kunde schließt den Vertrag hingegen nur einmalig, weshalb er mit der Professionalität des Klauselverwenders in der Regel nicht auf gleicher Ebene konkurrieren kann. Die Informationsasymmetrie in der Vertragsabschlusssituation wird mithin als wesentlicher Anlass für eine nachträgliche AGB-Kontrolle gesehen.[114]

---

109 *Ulmer*, 50. DJT, Sitzungsbericht H, H 19; ebenso *J. Koch*, WM 2016, 717, 722; *Rabe*, NJW 1987, 1978, 1981.

110 Zurückgehend auf *Lieb*, AcP 178 (1978), 196, 202; *Coester*, in: Staudinger BGB § 307 Rn. 3; *Fastrich*, Inhaltskontrolle, S. 91 bezeichnet die situative Unterlegenheit als Gegenstück zur persönlichen Unterlegenheit; *Leuschner*, AcP 207 (2007), 491, 494, 496 f., der einen entscheidenden Unterschied zwischen der situativen und persönlichen Unterlegenheit identifiziert; ebenso *Wackerbarth*, AcP 200 (2000), 45, 55, der von einem „strukturellen Ungleichgewicht" spricht.

111 *Basedow*, in: MüKo BGB Vorb. § 305 Rn. 6 spricht von einem Informations- und Motivationsgefälle; dazu bereits *Dauner-Lieb*, Verbraucherschutz, S. 72 ff.; *J. Koch*, WM 2016, 717, 722; *Dauner-Lieb/Axer*, ZIP 2010, 309, 313; *Leuschner*, JZ 2010, 875, 879; *Lieb*, AcP 178 (1978), 196, 202.

112 *Dauner-Lieb*, Verbraucherschutz, S. 72 ff.; *dies./Axer*, ZIP 2010, 309, 313.

113 So ebenfalls *Axer*, AGB-Kontrolle, S. 47; *Leuschner*, JZ 2010, 875, 879.

114 Der Ansatz der Informationsasymmetrie stammt aus der Ökonomie, ist zur Begründung der AGB-Kontrolle aber anerkannt, *Adams*, BB 1989, 781, 783; ausführlich zu den vertragstheoretischen Folgerungen *Axer*, AGB-Kontrolle, S. 48, 50 ff.; mit unterschiedlichen Bezeichnungen *Coester*, in: Staudinger BGB § 307 Rn. 3; *Fuchs*, in: Ulmer/Brandner/Hensen AGB Vor § 307 Rn. 31 ff.; *Schlosser*, in: Staudinger BGB Vorbem. zu § 305 Rn. 3 ff.; *Kötz*, 50. DJT, Gutachten A, A 31 ff.; *Dauner-Lieb*, Verbraucherschutz, S. 72 ff.; *Raiser*, AGB, S. 284; *Leuschner*, AcP 207 (2007), 491, 494.

Schon in früherer Rechtsprechung postulierte der BGH, dass mit dem Aufstellen und Zugrundelegen von AGB eine einseitige Vertragsabwicklung einhergehe, die in der Regel auch auf ein intellektuelles Übergewicht zurückzuführen sei.[115] Jedoch lässt die Bezeichnung als „intellektuelle“ Ungleichheit zunächst vermuten, dass wiederum abstrakt-generell an die persönlichen Fähigkeiten der Gegenseite angeknüpft werden soll. Jedoch ist auch damit vielmehr die der Vertragsabschlusssituation immanente Konfrontation mit einem umfangreichen Regelwerk gemeint.[116] Dem Kunden mangelt es dabei nicht *a priori* an intellektuellen Fähigkeiten, sondern er wird in der konkreten Situation vielmehr von einer Vielzahl von Klauseln überfordert, die er kurzerhand nicht überblicken kann. Er unterliegt demnach der „Sogwirkung des vorformulierten Textes.“[117] Insofern lässt sich der Begriff der intellektuellen Unterlegenheit durchaus dadurch erklären, dass die andere Vertragspartei in der Drucksituation des Vertragsschlusses mit der Lektüre und dem Nachvollziehen der Bedingungen intellektuell überfordert ist. Das Ungleichgewicht beruht dabei aber auf den Umständen der konkreten Situation und dem Informationsvorsprung des Verwenders.[118]

Eine von der persönlichen Leistungsfähigkeit unabhängige und nur der Situation geschuldete Ungleichgewichtslage lässt sich jedoch durchaus überwinden.[119] Denn für den Kunden besteht jedenfalls die Möglichkeit, den Vertragsschluss aufzuschieben und die einzelnen Bedingungen – unter Umständen durch die Inanspruchnahme eines rechtskundigen Beraters – zu überprüfen. Zum Zwecke einer solchen Analyse entstünde jedoch ein nicht unerheblicher zeitlicher und finanzieller Aufwand, sei es entweder um eine Änderung der betreffenden AGB zu bewirken oder um einen für seine Belange geeigneteren Verwender von AGB zu finden.[120]

---

115 BGH, Urteil vom 28.02.1973 – IV ZR 34/71, BGHZ 60, 243 = NJW 1973, 990.

116 Der abstrakten Feststellung einer intellektuellen Disparität durch den Richter begegnen indes dieselben Bedenken wie bei der Feststellung eines wirtschaftlichen oder sozialen Ungleichgewichts. Zu diesem Verständnis insbesondere *Axer*, AGB-Kontrolle, S. 48 f.; *Dauner-Lieb*, Verbraucherschutz, S. 72 ff. spricht von einer intellektuellen Überforderung des Urteilsvermögens; *dies./Axer*, ZIP 2010, 309, 313; *Wackerbarth*, AcP 200 (2000), 45, 69 f.; *Leuschner*, AcP 207 (2007), 491, 496 f.

117 So *Canaris*, AcP 200 (2000), 273, 323; nach *Lindacher/Hau*, in: Wolf/Lindacher/Pfeiffer AGB § 305c BGB Rn. 1 entstehe für den Kunden zumindest das Gefühl einer intellektuellen Überforderung.

118 Durch die strukturelle Störung der Entscheidungsfreiheit bei Vertragsschluss erscheint die Bezeichnung als „strukturelle“ Unterlegenheit im Ergebnis treffend; dazu *Coester*, in: Staudinger BGB § 307 Rn. 3; *Pfeiffer*, in: Wolf/Lindacher/Pfeiffer AGB Einl. Rn. 4.

119 Dazu *Coester*, in: Staudinger BGB § 307 Rn. 3; *Axer*, AGB-Kontrolle, S. 49; *Leuschner*, JZ 2010, 875, 879; *ders.*, AcP 207 (2007), 491, 496 f.

120 Die Erfolgsaussichten sind aber schon deshalb gering, weil vergleichbare Bedingungen von nahezu allen Anbietern verwendet werden. Dazu *Basedow*, in: MüKo BGB Vorb. § 305 Rn. 5 f.; *Coester*, in: Staudinger BGB § 307 Rn. 3; *Canaris*, AcP 200 (2000), 273, 323 f.; *Leuschner*, JZ 2010, 875, 879.

Aufgrund der unterschiedlichen Ausgangslagen steht dieser Aufwand für die Verwendergegenseite aber in einem Missverhältnis zu dem möglichen wirtschaftlichen Nutzen. Eine ausführliche Auseinandersetzung mit dem Klauselwerk und das Betreiben eines Verhandlungsaufwandes lohnt sich für sie nicht, da die erforderlichen Transaktionskosten regelmäßig den zumutbaren Rahmen überschreiten.[121] Insbesondere weil die Verwendung ähnlicher Bedingungen bei nahezu allen Anbietern der Fall sein wird, kommt es zu einem partiellen Marktversagen, einem systemimmanenten Informations- und Motivationsgefälle zwischen Verwender und Kunden, und infolgedessen zu einer Störung des Konditionenwettbewerbs.[122] Aus ökonomischer Sicht wird in den zur Wiederherstellung einer paritätischen Informationssymmetrie prohibitiv notwendigen, aber regelmäßig überhöhten Transaktionskosten die Rechtfertigung der Inhaltskontrolle gesehen.[123]

## *2. Schutz vor einseitiger Auferlegung*

Die vorstehende Analyse hat gezeigt, dass die Gefahr des Ausnutzens von Gestaltungsmacht in typischen AGB-Konstellationen unabhängig von der Marktstellung des Verwenders, wirtschaftlichen oder sozialen Faktoren besteht. Sie ist auch nicht auf persönliche Fähigkeiten zurückzuführen, sondern beruht auf einer situativen Unterlegenheit des Vertragspartners. Durch einen organisatorischen Vorsprung besteht eine Informationsasymmetrie, deren Beseitigung für den Kunden in herkömmlichen Konstellationen ökonomisch nicht sinnvoll ist. Ihm bleibt somit lediglich die Vertragsabschlussfreiheit, jedoch keine Gestaltungsfreiheit übrig.

Als „wesentliches Charakteristikum" und den „innere[n] Grund und Ansatzpunkt für die rechtliche Sonderbehandlung von AGB" bezeichnet der Gesetzgeber die Einseitigkeit der Auferlegung.[124] Wer mit einem abgeschlossenen Regelwerk

---

121 Zu den Transaktionskosten erstmals *Kötz*, 50. DJT, Gutachten A, A 31 f.; später dazu *Leuschner*, AcP 207 (2007), 491; siehe zum Lösungsmodell der „Transaktionskosten-Vertragswert-Relation" von *Leuschner* noch unter „Gegenstandswert der Transaktion", S. 82 ff.

122 *Basedow*, in: MüKo BGB Vorb. § 305 Rn. 6; *Coester*, in: Staudinger BGB § 307 Rn. 3; *Grüneberg*, in: Palandt BGB Überbl. v. § 305 Rn. 8; *Canaris*, AcP 200 (2000), 273, 323 f.; *Dauner-Lieb/Axer*, ZIP 2010, 309, 313; *Wackerbarth*, AcP 200 (2000), 45, 69; vgl. zu informationsbedingtem Marktversagen aus kapitalmarktrechtlicher Perspektive *Spatz*, Die Insiderinformation, S. 44 ff.

123 Im Grundsatz *Kötz*, 50. DJT, Gutachten A, A 31 f.; *Dauner-Lieb*, Verbraucherschutz, S. 72 f.; *Fastrich*, Inhaltskontrolle, S. 84; *Adams*, BB 1989, 781 ff.; dem folgend *Basedow*, in: MüKo BGB Vorb. § 305 Rn. 7; *Grüneberg*, in: Palandt BGB § 305 Rn. 6, 8; *Fuchs*, in: Ulmer/Brandner/Hensen Vor § 307 Rn. 33 f.; *Lindacher/Hau*, in: Wolf/Lindacher/Pfeiffer AGB § 305c BGB Rn. 1; *Drygala*, JZ 2012, 983, 984; *Dauner-Lieb/Axer*, ZIP 2010, 309, 313; *Leuschner*, JZ 2010, 875, 879; *ders.*, AcP 207 (2007), 491, 495 ff.; differenzierend *Leyens/Schäfer*, AcP 210 (2010), 771, 790 ff.; ablehnend *von Westphalen*, ZIP 2015, 1316.

124 BT-Drucks. 7/3919, S. 15 f.

konfrontiert werde, könne auf die weitere Ausgestaltung in der Regel keinen Einfluss nehmen. Worauf die Einseitigkeit der Auferlegung im Einzelnen letztlich beruht, bestimmt die Gesetzesbegründung nicht weiter. Ein organisatorischer Vorsprung werde aber nicht selten noch dadurch verstärkt, dass die andere Vertragspartei wirtschaftlich schwächer oder intellektuell unterlegen sei.[125] Das BVerfG stellte in diesem Zusammenhang klar, dass die gerichtliche AGB-Kontrolle die mangelnde Verhandlungsmacht des Vertragspartners kompensiere.[126] Folglich besteht in der höchstrichterlichen Rechtsprechung[127] und im Schrifttum[128] weitgehend Einigkeit darüber, dass der Schutzzweck der §§ 305 ff. BGB auf das Verhindern der einseitigen Ausnutzung der faktischen Vertragsgestaltungsfreiheit zu Lasten des Kunden gerichtet ist. Dem mit dem Vorformulieren und einseitigen Auferlegen der Bedingungen verbundenen Marktversagen soll durch eine Inhaltskontrolle entgegengewirkt werden, da es an der Richtigkeitsgewähr einer individualvertraglichen Vereinbarung fehlt.[129]

Dieser Befund gilt unabhängig davon, ob die betreffenden Vertragsbedingungen gegenüber einem Unternehmer oder einem Verbraucher verwendet werden.[130] Zwar ist im unternehmerischen Verkehr eine größere Geschäftserfahrung oder

---

125 BT-Drucks. 7/3919, S. 13. Demnach ist in den unterschiedlichen Erklärungsansätzen zur Disparität auch kein Widerspruch zu erkennen. Sie sollen vielmehr nur die Ursache der einseitigen Auferlegung und das Akzeptieren einzelner Klauseln durch den Kunden begründen.

126 BVerfG, Beschluss vom 07.09.2010 – 1 BvR 2160/09, 1 BvR 851/10, BVerfGK 18, 14 = NJW 2011, 1339, 1341 Rn. 35; BVerfG, Beschluss vom 25.10.2004 – 1 BvR 1437/02, BVerfGK 4, 144 = NJW 2005, 1036, 1037.

127 BGH, Urteil vom 01.03.2013 – V ZR 31/12, NJW-RR 2013, 1028 Rn. 17; BGH, Urteil vom 17.02.2010 – VIII ZR 67/09, BGHZ 184, 259 = ZIP 2010, 628 Rn. 12; BGH, Urteil vom 11.12.2003 – VII ZR 31/03, NJW 2004, 1454, 1455; BGH, Urteil vom 30.06.1994 – VII ZR 116/93, BGHZ 126, 326, 333 = NJW 1994, 2825, 2826; konkret zu Bearbeitungsentgelten in Verbraucherdarlehen BGH, Urteil vom 13.05.2014 – XI ZR 405/12, BGHZ 201, 168 = NJW 2014, 2420 Rn. 60. Zur Rechtsprechung vor dem AGBG: BGH, Urteil vom 15.12.1976 – IV ZR 197/75, NJW 1977, 624, 625; BGH, Urteil vom 07.07.1976 – IV ZR 229/74, NJW 1976, 2345, 2346.

128 *Basedow*, in: MüKo BGB Vorb. § 305 Rn. 4 ff.; *Grüneberg*, in: Palandt BGB Überbl. v. § 305 Rn. 8; *Roloff*, in: Erman BGB Vor § 305 Rn. 1 f.; *Schlosser*, in: Staudinger BGB Vorbem. zu § 305 Rn. 4; *Ulmer/Habersack*, in: Ulmer/Brandner/Hensen AGB Einl. BGB Rn. 48; *Habersack*, in: FS Köhler 2014, 209, 210.

129 *Ulmer/Habersack*, in: Ulmer/Brandner/Hensen AGB Einl. BGB Rn. 48; *Pfeiffer*, in: Wolf/Lindacher/Pfeiffer AGB Einl. Rn. 3 f.; *Dauner-Lieb*, Verbraucherschutz, S. 72 ff.; *Leuschner*, AcP 207 (2007), 491, 493 f.; *Lieb*, AcP 178 (1978), 196, 200 f.; weitere Nachweise in Fn. 122.

130 Siehe nur BGH, Urteile vom 04.07.2017 – XI ZR 562/15, BGHZ 215, 172 = NJW 2017, 2986 Rn. 64 f. und XI ZR 233/16, ZIP 2017, 1654 Rn. 69 f.; BGH, Urteile vom 13.05.2014 – XI ZR 405/12, BGHZ 201, 168 = NJW 2014, 2420 Rn. 60 und XI ZR 170/13, WM 2014, 1325 Rn. 68.

gesteigerte Professionalität des Kunden durchaus denkbar. Diese Faktoren haben aber keinen Einfluss auf die situationsbedingte Unterlegenheit, die von der individuellen Berufsgruppe und dem jeweiligen Geschäftsfeld abhängig sein kann.[131] Dass das AGBG dabei in letzter Minute auf den unternehmerischen Verkehr ausgeweitet wurde, ist für den Schutzzweck unschädlich. Auch in der ursprünglichen Fassung kam es primär nicht auf ein wirtschaftliches Machtgefälle der Vertragsparteien an, da das Gesetz kein technisches Verbraucherschutzgesetz darstellte.

Zwar ist nicht von der Hand zu weisen, dass das AGB-Recht vor dem Hintergrund des Verbraucherschutzes verfasst wurde, weshalb den Gerichten in der Anwendung des Rechts im Geschäftsverkehr mitunter eine paternalistische Tendenz vorgeworfen wurde. Nach der gesetzlichen Konzeption schützt die Klauselkontrolle indessen aber grundsätzlich vor der einseitigen Auferlegung von Vertragsbedingungen – im B2C- wie im B2B-Bereich.

## III. Kritik aus der gewerblichen Wirtschaft

Obwohl der Regierungsentwurf bereits die Einschränkung enthielt, wonach „der kaufmännische Rechtsverkehr wegen der dort herrschenden Handelsbräuche, Usancen, Verkehrssitten und wegen der zumeist größeren rechtsgeschäftlichen Erfahrung auf eine stärkere Elastizität angewiesen ist als der Rechtsverkehr mit dem Letztverbraucher“[132], nahm die Kritik der Wirtschaftsvertreter an der Reichweite der Regelungen bereits in den ersten Jahren nach Inkrafttreten des AGBG deutlich zu.

### 1. *„Sand im Getriebe unternehmerischen Handelns“*

So zeigt eine Podiumsdiskussion aus dem Frühjahr des Jahres 1987 anlässlich des zehnjährigen Jubiläums des AGBG die unterschiedlichen Kritikpunkte an der gesetzlichen Ausgestaltung.[133] Während sich die Vertreter der Verbraucherverbände mit dem Gesetz weitgehend zufrieden zeigten und die fortdauernde Existenz unzähliger unangemessener Klauseln monierten, mahnten die Wirtschaftsvertreter eine weitgehende Gleichstellung der AGB-Kontrolle im unternehmerischen Verkehr mit dem Verkehr zwischen Unternehmern und Verbrauchern an.[134] Deutliche

---

131 *Dauner-Lieb*, Verbraucherschutz, S. 72 ff.; *dies./Axer*, ZIP 2010, 309, 313; siehe auch *J. Koch*, WM 2016, 717, 722 mit dem Hinweis, dass dem Geschäftsverkehr über § 310 Abs. 1 BGB jedoch eine größere Beweglichkeit bei der Anwendung der Schutzmaßstäbe zuerkannt werde; siehe dazu noch unten „Gewohnheiten und Gebräuche des Handelsverkehrs“, S. 205 ff.

132 BT-Drucks. 7/3919, S. 14; in dem Bericht des Rechtsausschusses heißt es, dass „eine vom Verbrauchergeschäft differenzierte Anwendung der Generalklausel auf Geschäfte zwischen Kaufleuten [...] geboten ist“, BT-Drucks. 7/5422, S. 14.

133 Siehe dazu den Bericht über die Diskussionen auf dem RWS-Forum von *H. Schmidt*, in: 10 Jahre AGB-Gesetz, S. 201 ff.

134 *H. Schmidt*, in: 10 Jahre AGB-Gesetz, S. 214, 216.

Kritik wurde an der Rechtsprechung des BGH geübt, die zu einer unreflektierten Annahme der Indizwirkung der Klauselverbote führe und die Beweislast auf die Wirtschaft verlagere.[135] Die AGB-verwendenden Unternehmen seien mit der Rechtsprechung schlichtweg überfordert, sodass es zu erheblichen Rechtsunsicherheiten, einem Verwaltungsmehraufwand und Belastungen im Export-Verkehr komme.[136] Insgesamt befände sich daher „Sand im Getriebe unternehmerischen Handelns".[137] Der selbst an dem Gesetzgebungsverfahren beteiligte Bundestagsabgeordnete *Kleinert* bezeichnete den BGH als „ideologienäher [...], weil er von vorgefassten Meinungen ausgeht, die zum Teil *contra legem* auf Biegen und Brechen da hineingeschrieben werden."[138] Die Einbeziehung der Kaufleute in das Gesetz sei daher ein „extremer Fehler" gewesen.[139]

Dennoch forderte die Praxis keine pauschale Freistellung des kaufmännischen Verkehrs von der Inhaltskontrolle.[140] Eine über die ersten Jahre des Gesetzes anhaltend große Zahl von Gerichtsurteilen zur Inhaltkontrolle im unternehmerischen Geschäftsverkehr und eine Abweichung von Ein- und Verkaufsbedingungen sei für den bestehenden Regelungsbedarf Nachweis genug.[141] Die Wirtschaft sei zu einer Selbstregulierung der Anwendung von AGB demnach nicht in der Lage.[142] Auch der Gesetzgeber hat die den kaufmännischen Verkehr betreffenden Regelungen in der Folgezeit unberührt gelassen und von Erleichterungen abgesehen.[143] Eine im Rahmen der Schuldrechtsmodernisierungsgesetzes vom Bundesrat initiierte Klarstellung, „die Überprüfung Allgemeiner Geschäftsbedingungen, die Unternehmer untereinander verwenden, unter den Vorbehalt geringerer Schutzbedürftigkeit der Unternehmer zu stellen", hielt die Bundesregierung für nicht geboten.[144] Flexiblere

---

135 So der Diskussionsbeitrag von *Junge*, stellvertretender Hauptgeschäftsführer des Deutschen Industrie- und Handelstages zitiert bei *H. Schmidt*, in: 10 Jahre AGB-Gesetz, S. 215.

136 So der Diskussionsbeitrag von *Stumpf*, Mitglied der Hauptgeschäftsführung des Verbandes Deutscher Maschinen- und Anlagenbau zitiert bei *H. Schmidt*, in: 10 Jahre AGB-Gesetz, S. 216.

137 So die Überschrift des Beitrags von *Stumpf*, BB 1985, 963.

138 So der Diskussionsbeitrag von *Kleinert*, MdB (FDP) zitiert bei *H. Schmidt*, in: 10 Jahre AGB-Gesetz, S. 216.

139 Ebenso *Kleinert*, MdB (FDP) zitiert bei *H. Schmidt*, in: 10 Jahre AGB-Gesetz, S. 216.

140 Darin liege nach *H. Schmidt*, in: 10 Jahre AGB-Gesetz, S. 219 der bemerkenswerte Beitrag der Podiumsdiskussion.

141 *Ulmer*, in: 10 Jahre AGB-Gesetz, S. 13 mit Verweis auf die Bunte-Entscheidungssammlung zum AGB-Gesetz, Bände 1–5, 1982–1986.

142 *Ulmer*, in: 10 Jahre AGB-Gesetz, S. 1, 11 ff.

143 *Ulmer/Habersack*, in: Ulmer/Brandner/Hensen AGB Einl. BGB Rn. 50; zu weiteren Nachweisen siehe Fn. 58.

144 BT-Drucks. 14/6857, S. 54 mit dem Hinweis des Bundesrats auf die großen Sorgen der deutschen Wirtschaft und dem zunehmenden Druck, auf ausländisches Recht auszuweichen.

Prüfungskriterien ergäben sich bei beidseitigen Handelsgeschäften bereits hinreichend aus § 310 Abs. 1 BGB; der Hinweis auf die Schutzbedürftigkeit von Unternehmern würde zusätzliche Rechtsunsicherheit hervorrufen.[145]

## *2. Das AGB-Recht – „Schwäche des deutschen Rechts"?*

An Aufforderungen und Bemühungen, die auf eine Lockerung der bestehenden Regelungen für den unternehmerischen Verkehr gerichtet sind, mangelte es jedoch nicht. Zahlreiche namenhafte Autoren der Rechtswissenschaft forderten wechselseitig die Rechtsprechung zu einer Kurskorrektur oder den Gesetzgeber zu einer Änderung der gesetzlichen Voraussetzungen auf.[146] Die Stoßrichtung der Forderungen blieb weitestgehend unverändert und zielte entweder auf eine Erleichterung der Anforderungen an eine Individualabrede[147] ab oder forderte die praxisgerechte Anpassung der Inhaltskontrolle[148] an den unternehmerischen Verkehr. Auf dem 69. DJT im Jahre 2012 in München drang die aufkeimende Kritik bis in die Abteilung Zivilrecht vor, wo *Kessel* aufgrund der Rechtssprechungsentwicklung die Notwendigkeit einer Reform des AGB-Rechts für den unternehmerischen Rechtsverkehr forderte.[149] Dieser Einschätzung schloss sich die zivilrechtliche Abteilung an und fasste zum Thema „AGB-Recht im b2b-Bereich" folgende Beschlüsse:[150]

(i) *„Die von der Rechtsprechung herausgebildete weitgehende Gleichbehandlung von AGB im b2c- und b2b-Bereich, insbesondere die Indizwirkung der §§ 308, 309 BGB, ist abzulehnen."*[151]

---

145 BT-Drucks. 14/6857, S. 54 dazu auch *Dauner-Lieb/Axer*, ZIP 2010, 309, 310; *K. P. Berger*, ZIP 2006, 2149, 2151.

146 *K. P. Berger/Kleine*, BB 2007, 2137; *K. P. Berger*, ZIP 2006, 2149; *ders*, NJW 2001, 2152; *Dauner-Lieb*, AnwBl 2013, 845; *dies./Axer*, ZIP 2010, 309; *Drygala*, JZ 2012, 983; *Kaufhold*, NJW 2014, 3488; *dies*., BB 2012, 1235; *Kessel/Stomps*, BB 2009, 2666; *Kessel/Jüttner*, BB 2008, 1350; *Lenkaitis/Löwisch*, ZIP 2009, 441; *Leuschner*, ZIP 2015, 1045; *ders*., JZ 2010, 875; *ders*., AcP 207 (2007), 491; *Lischek/Mahnken*, ZIP 2007, 158; *Miethaner*, NJW 2010, 3121; *W. Müller/Schilling*, BB 2012, 2319; *Pfeiffer*, NJW 2012, 2609; mit konkreten Gesetzgebungsvorschlägen: *Axer*, AGB-Kontrolle, S. 277, 281; *K. P. Berger*, NJW 2010, 465; *Frankfurter Initiative*, Gesetzgebungsvorschlag, S. 4, dazu *Kessel*, AnwBl 2012, 293, 299; *Leuschner*, ZIP 2015, 1045, zurückzuführen auf *ders*., AGB-Recht Abschlussbericht (30.09.2014); *W. Müller/Griebeler/Pfeil*, BB 2009, 2658; a.A. und für die Beibehaltung der bisherigen Ausgestaltung *von Westphalen*, ZIP 2015, 1316; *ders*., BB 2013, 1357; *ders*., BB 2011, 195; *ders*., BB 2010, 195; *ders*., NJW 2009, 2977; *ders*., ZIP 2007, 149.

147 Siehe dazu noch „Modifikation des Tatbestandsmerkmals „Aushandeln"", S. 99 ff. und „Kriterienkatalog", S. 118 ff.

148 Siehe dazu noch „Gesetzgebungsvorschläge", S. 221 ff.

149 *Kessel*, 69. DJT, Sitzungsbericht I: Referat I 57 ff., Thesen I 81 ff.

150 Beschlüsse IV. Nr. 1–3 der Abteilung Zivilrecht, abgedruckt nach den Thesen von *Kessel*, 69. DJT, Sitzungsbericht I, I 90.

151 Mit einem Stimmverhältnis von 41:25:11 angenommen.

(ii) *„Im b2b-Bereich sind die Anforderungen an das Aushandeln von Vertragsbedingungen den Gepflogenheiten unternehmerischer Vertragsverhandlung anzupassen."*[152]

(iii) *„Im b2b-Bereich sollte sich der Maßstab der Inhaltskontrolle an der guten unternehmerischen Praxis (good commercial practice) einer Branche, eines Industriesektors bzw. eines Wirtschaftszweiges orientieren."*[153]

Auch der Zivilrechtsausschuss des Deutschen Anwaltvereins meldete sich im Jahr 2012 zu Wort und bezeichnete das deutsche AGB-Recht im unternehmerischen Rechtsverkehr als „Schwäche des deutschen Rechts".[154] Als Ergebnis eines gemeinsamen Symposiums des Deutschen Anwaltvereins und des Deutschen Juristentags wurde gar ein eigener, vermittelnder Vorschlag für eine Reform des AGB-Rechts im unternehmerischen Rechtsverkehr vorgelegt.[155] Den Gesetzgeber bewog der steigende Druck bislang jedoch nicht zu einer gesetzlichen Anpassung.

### *3. Das AGB-Recht im unternehmerischen Verkehr auf dem Prüfstand*

Dennoch und wohl aufgrund eines vermeintlichen Störgefühls beauftragte das Bundesministerium der Justiz und für Verbraucherschutz im November 2012 *Leuschner* mit der Erstellung einer Studie zum „AGB-Recht für Verträge zwischen Unternehmen"[156]. An dessen Ende stand einmal mehr die Empfehlung für eine Gesetzesänderung, wonach Verträge ab einem bestimmten Gegenstandswert nicht mehr einer Klauselkontrolle unterliegen sollten.[157] Der am 30.09.2014 erschienene Abschlussbericht konnte jedenfalls in der 18. Legislaturperiode keinen nachhaltigen politischen Diskurs anregen. In dem Koalitionsvertrag zwischen CDU, CSU und SPD für die 19. Legislaturperiode findet sich zum AGB-Recht immerhin die Absicht, „das AGB-Recht für Verträge zwischen Unternehmen auf den Prüfstand [zu] stellen mit dem Ziel, die Rechtssicherheit für innovative Geschäftsmodelle zu verbessern."[158]

Annähernd so leidenschaftlich diskutiert wie die Ausgestaltung und Reichweite der AGB-Kontrolle im unternehmerischen Geschäftsverkehr wird seit geraumer Zeit die Zulässigkeit des Bearbeitungsentgeltes bei Abschluss eines

---

152 Mit einem Stimmverhältnis von 51:20:06 angenommen.

153 Mit einem Stimmverhältnis von 43:27:07 angenommen.

154 *Zivilrechtsausschuss DAV*, AnwBl 2012, 402; siehe dazu *Frankenberger*, AnwBl 2012, 318; *Hannemann*, AnwBl 2012, 314; *Kessel*, AnwBl 2012, 293; *Kieninger*, AnwBl 2012, 301; *Schmidt-Kessel*, AnwBl 2012, 308.

155 Der Vorschlag ist abgedruckt bei *Zivilrechtsausschuss DAV*, AnwBl 2012, 402.

156 *Leuschner*, AGB-Recht Abschlussbericht. Der Forschungsauftrag geht zurück auf eine Bitte zur Überprüfung des AGB-Rechts im unternehmerischen Verkehr seitens der 82. Konferenz der Justizministerinnen und Justizminister am 18. und 19.05.2011 in Halle (Saale), TOP I 16.

157 *Leuschner*, ZIP 2015, 1045; zurückzuführen auf *ders.*, AGB-Recht Abschlussbericht, S. 287 ff.

158 Koalitionsvertrag zwischen CDU, CSU und SPD vom 12.03.2018, Rn. 6186–6190.

Darlehensvertrages. Denn hierbei geht es für die Kreditinstitute um ein beträchtliches Geschäftsfeld und somit um eine nicht zu unterschätzende Finanzierungsquelle. Nach dem Grundsatz der Privatautonomie liegt die Entscheidung, zu welchem Preis sie kontrahieren wollen, allein bei den Vertragsparteien selbst.[159] Bei dem Abschluss von Darlehensverträgen, also im Rahmen der beruflichen Betätigung einer Bank, ist die Preisgestaltung als Teil der Vertragsfreiheit und die Vertragsfreiheit als Teil der Berufsfreiheit grundrechtlich geschützt.[160] Ausgehend von dieser Annahme speist sich in Bezug auf die gerichtliche Kontrolle von Bearbeitungsentgelten eine harsche Kritik.[161]

## B. Historische Entwicklung im Umgang mit Entgeltklauseln

Obgleich die Urteile zur Unwirksamkeit von Bearbeitungsentgelten in Unternehmerdarlehensverträgen in weiten Teilen der Bankwirtschaft und Rechtswissenschaft zu einem beträchtlichen Aufschrei führte, erschien sie vor dem Hintergrund der jüngsten Entwicklungen in der Rechtsprechung und dem ihr zugewandten Schrifttum zumindest nicht völlig unvorhersehbar. Nachdem Entgeltklauseln in der höchstrichterlichen Rechtsprechung über viele Jahre unbeanstandet geblieben waren, mehrten sich im Vorfeld der Urteile die Anzeichen für einen grundlegenden Richtungswechsel im Hinblick auf den unternehmerischen Geschäftsverkehr.

### I. Langjährige Zulässigkeit von Bearbeitungsentgelten

Lange Zeit galt die formularmäßige Erhebung von Bankentgelten als eine Selbstverständlichkeit.[162] Insbesondere die Praxis stützte dieses Selbstverständnis auf eine seit Ende der 1970er Jahre wohlwollende Rechtsprechung des BGH, in deren Rahmen Bearbeitungskosten zwischen 1 % und 3 % der Darlehenssumme als markt- und banküblich anerkannt waren.[163]

---

159 *Krepold*, in: Schimansky/Bunte/Lwowski, Bankrechts-Handbuch § 78 Rn. 110; *Becher/Krepold*, BKR 2014, 45, 46.

160 Subsidiärer Schutz beruht auf der allgemeinen Handlungsfreiheit; zu Reichweite und Schutz der Vertragsfreiheit siehe die Nachweise in Fn. 47, 48.

161 Zu der vorstehenden Argumentationskette *Krepold*, in: Schimansky/Bunte/Lwowski, Bankrechts-Handbuch § 78 Rn. 110; *Becher/Krepold*, BKR 2014, 45, 46.

162 *Henze*, Entgeltklauseln, S. 39 spricht von einem „Gebührenklassiker". Dieses Verständnis wird in der Literatur immer wieder auf die Regierungsbegründung für den Entwurf eines Gesetzes über Verbraucherkredite, zur Änderung der Zivilprozessordnung und anderer Gesetze vom 25.10.1989 zurückgeführt, in der es heißt: „Einmalige laufzeitunabhängige Leistungen wie angefallene Bearbeitungsgebühren sind nicht zu erstatten", BT-Drucks. 11/5462, S. 27.

163 BGH, Urteil vom 14.09.2004 – XI ZR 11/04, WM 2004, 2306, 2308; BGH, Urteil vom 20.06.2000 – XI ZR 237/99, NJW-RR 2000, 1431, 1433; BGH, Urteil vom 30.01.1995 – VIII

In einem Judikat aus dem Jahr 1989, welches die Beurteilung der Aussage „kein Bearbeitungsentgelt“ als unlautere geschäftliche Handlung betraf, findet sich exemplarisch folgende Textpassage: „Konsumentenkredite wie das hier beworbene Anschaffungsdarlehen werden von den meisten Kreditinstituten in der Weise angeboten, daß außer den zu zahlenden Zinsen eine einmalige Bearbeitungsgebühr berechnet wird, die im allgemeinen 2 % der Darlehenssumme, teilweise auch 3 % beträgt. Es ist daher eine Ausnahme von der Regel, wenn eine Bank wie vorliegend die Bekl. eine solche Bearbeitungsgebühr nicht erhebt. Der Hinweis ‚Keine Bearbeitungsgebühr‘ drückt mithin etwas Besonderes und keine Selbstverständlichkeit aus.“[164] Auch der seinerzeit für das Bankrecht zuständige III. Zivilsenat ließ in seinen Judikaten keine Zweifel daran, dass die „Banken berechtigt sind, solche Bearbeitungsgebühren in banküblicher Höhe zu vereinbaren. [...] Der Einwand der Revision, eine von der Höhe der Vertragssumme abhängige Bearbeitungsgebühr sei unzulässig, geht daher fehl.“[165]

Die unmissverständlichen Formulierungen machen deutlich, dass die Vereinbarung von Entgeltklauseln im Kreditgeschäft fest verankert gewesen ist. Als Ausgangspunkt für eine andere Beurteilung lässt sich die ab 1990 abweichende Rechtsprechung des XI. Zivilsenates identifizieren, dem zunehmend die Entscheidungskompetenzen für das Bank- und Kapitalmarktrecht übertragen wurden und der die Rechtsauffassung des III. Zivilsenates nur in abgewandelter Form fortführte.[166] Dabei wurde das Disagio, welches in seiner ursprünglichen Funktion zur

ZR 316/93, NJW 1995, 1146, 1147; BGH, Urteil vom 05.05.1992 – XI ZR 242/91, WM 1992, 1355, 1359; BGH, Urteil vom 29.05.1990 – XI ZR 231/89, BGHZ 111, 287, 293 = NJW 1990, 2250; BGH, Urteile vom 01.06.1989 – I ZR 60/87, NJW 1989, 2256 und III ZR 219/87, NJW-RR 1989, 947, 949; BGH, Urteil vom 21.02.1985 – III ZR 207/83, NJW 1985, 1831, 1832; BGH, Urteil vom 08.07.1982 – III ZR 60/81, NJW 1982, 2433; BGH, Urteile vom 02.07.1981 – III ZR 8/80, BGHZ 81, 124, 126 = WM 1981, 839 und III ZR 17/80, NJW 1981, 2181, 2182; BGH, Urteil vom 29.06. 1979 – III ZR 156/77, NJW 1979, 2089, 2090; BGH, Urteil vom 09.11.1978 – III ZR 21/77, NJW 1979, 805, 806.

164 BGH, Urteil vom 01.06.1989 – I ZR 60/87, NJW 1989, 2256 mit Verweis auf den Monatsbericht der Deutschen Bundesbank, April 1989, Statistischer Teil S. 52, Fn. 4.

165 BGH, Urteil vom 01.06.1989 – III ZR 219/87, NJW-RR 1989, 947, 949; nach BGH, Urteil vom 02.07.1981 – III ZR 17/80, NJW 1981, 2181, 2182 läge die Bearbeitungsgebühr mit 0,2 % „erheblich unter der banküblichen Höhe, die sich vielfach auf 1 % beläuft“; in BGH, Urteil vom 29.06. 1979 – III ZR 156/77, NJW 1979, 2089, 2090 und BGH, Urteil vom 09.11.1978 – III ZR 21/77, NJW 1979, 805, 806 wurden die Bankbearbeitungsgebühr von jeweils 2 % als zulässige Vergütung für die Kapitalbeschaffung und -überlassung bzw. als Gemeinkosten der Bank eingenordet.

166 Zu dieser Entwicklung *J. Koch*, WM 2016, 717; *Billing*, WM 2013, 1777, 1782 f. Vgl. dazu den Geschäftsverteilungsplan des BGH für das Geschäftsjahr 1989, in dem u.a. die Rechtsstreitigkeiten über Darlehen (§§ 607 ff. BGB a.F.) dem III. Zivilsenat zugewiesen sind, wohingegen sie ab dem Geschäftsverteilungsplan für das Jahr 1990 dem XI. Zivilsenat zugewiesen sind. Eine Auflistung der Geschäftsverteilungspläne der deutschen Bundesgerichte findet sich unter www.richter-im-internet.de (zuletzt abgerufen am 01.03.2020).

Abgeltung der einmaligen Kreditbeschaffungskosten und des anfänglichen Verwaltungsaufwandes laufzeitunabhängig ausgestaltet war, als „verschleierte Zinsabrede" den laufzeitabhängigen Zinsen zugeordnet.[167] Im darauffolgenden Jahr erklärte der Senat ferner erstmals eine Klausel für unwirksam, in der ein Bankentgelt in Höhe von DM 30 für die Ausfertigung einer Löschungsbewilligung bei Grundpfandrechten vorgesehen war.[168] Dabei gelangten die Richter zu der Erkenntnis, dass die Bank ihrer in § 1144 BGB verankerten Pflicht zur Löschung nachzukommen habe und in der Bewilligung keine zusätzlich vergütungsfähige Dienstleistung zugunsten des Kreditnehmers zu sehen sei. Daher habe der Kunde das Entgelt nicht zu tragen.[169]

Trotz dieser Hinweise auf eine Änderung seiner Rechtsauffassung hielt der XI. Zivilsenat auch in den Folgejahren im Grundsatz an der Zulässigkeit von Bearbeitungsentgelten in banküblicher Höhe von 2 % p.a. fest.[170] Maßgeblich sei gemeinhin die Abgrenzung zwischen laufzeitabhängigen Zinsen und allen weiteren laufzeitunabhängigen Kreditkosten, die im Einzelfall im Wege der Auslegung zu ermitteln sei.[171] In den einschlägigen Judikaten sucht man hingegen vergeblich nach Ausführungen zu der AGB-rechtlichen Zulässigkeit von Bearbeitungsentgelten. Unabhängig von der historisch gewachsenen Billigung der Gebührenklauseln findet sich explizit keine rechtliche Begründung ihrer Wirksamkeit. Die vermeintliche Direktive zum künftigen Umgang mit formularmäßigen Bankentgelten kam vielmehr aus den Reihen des Schrifttums und sorgte in den Folgejahren für ein grundlegendes Umdenken quer durch die Spruchkörper der Instanzengerichte.

## II. Das Präjudiz unzulässiger Entgeltklauseln

Nichts Geringeres als die „Zulässigkeit von Bankentgelten" war das Thema eines Vortrages von *Nobbe* anlässlich der WM-Tagung Bankrecht am 26.11.2007.[172] Dass Bankentgelte dabei im Mittelpunkt einer Bankrechtstagung stehen, ist weniger als

---

167 Nach BGH, Urteil vom 29.05.1990 – XI ZR 231/89, BGHZ 111, 287, 293 = NJW 1990, 2250 f. handle es sich um einen „integralen Bestandteil der Zinskalkulation"; ausführlich zum Disagio *Canaris*, NJW 1978, 1891, 1895.

168 BGH, Urteil vom 07.05.1991 – XI ZR 244/90, BGHZ 114, 330, 335 = WM 1991, 1113. „Damit waren Bankentgelte ein Thema", liest sich bei *Nobbe*, WM 2008, 185 in Bezug auf dieses Urteil.

169 Darin sei eine zunehmende Abkehr von der Bepreisung von Einzelleistungen nach dem Verursacherprinzip zu erkennen, dazu *Bitter*, in: FS Ott 2002, 153, 158 ff.; *ders.*, JZ 2015, 170, 171; *ders.*, ZBB 2007, 237, 240 f. Siehe für weitere Nachweise zur Rechtsprechung Fn. 1146.

170 BGH, Urteil vom 14.09.2004 – XI ZR 11/04, WM 2004, 2306, 2308; BGH, Urteil vom 05.05.1992 – XI ZR 242/91, WM 1992, 1355, 1359.

171 BGH, Urteil vom 14.09.2004 – XI ZR 11/04, WM 2004, 2306, 2308.

172 Hier wird auf die gekürzte Fassung des Vortrages von *Nobbe*, WM 2008, 185 bezuggenommen.

Überraschung aufzufassen als der Umstand, dass der Vortragende selbst zu dieser Zeit den Vorsitz des XI. Zivilsenates des BGH innehatte.[173] Obgleich das Gericht damals mit keiner aktuellen Entscheidung zu der Frage der Wirksamkeit von Entgeltklauseln befasst war,[174] nutzte *Nobbe* die Möglichkeit, um seine eigene Rechtsauffassung zur „Unangemessenheit von Preisnebenabreden und anderen nicht deklaratorischen Klauseln" dezidiert darzulegen.[175] Einem kursorischen Überblick über die Qualifizierung von Bankentgelten als AGB und die Kontrollfähigkeit derselben folgt sogleich die Formulierung von fünf Grundprinzipien, die sich im Einzelnen aus der bisherigen Rechtsprechung „insbesondere des XI. Zivilsenates" des BGH ableiten ließen:[176]

> *„(1) Eine Bepreisung von Arbeiten, die keine Dienstleistung für den Kunden sind, ist unzulässig.[177] (2) Unangemessen ist es weiter, für vertraglich geschuldete Nebenleistungen oder für die Erfüllung von Pflichten zur Vermeidung von sekundären vertraglichen Schadensersatzansprüchen ein Entgelt zu verlangen.[178] (3) Auch für die Erfüllung gesetzlicher Pflichten darf kein Entgelt ausgeworfen werden.[179] (4) Gegen § 307 Abs. 1 und 2 BGB verstoßen ferner Entgeltklauseln, die einem Kunden im Ergebnis eine Haftung ohne Verschulden auferlegen,[180] (5) sowie Klauseln, die eine zeitanteilige Erstattung eines nach*

173 *Nobbe* war vom 12.07.1999 bis zum 31.01.2009 Vorsitzender des XI. Zivilsenates. Eine Auflistung der Senatsbesetzungen der deutschen Bundesgerichte findet sich unter www.richter-im-internet.de (zuletzt abgerufen am 01.03.2020).

174 Nach *Nobbe*, WM 2008, 185 sei es inzwischen „um Bankentgelte stiller geworden".

175 So die Überschrift des betreffenden Absatzes bei *Nobbe*, WM 2008, 185, 187; kritisch gegenüber seiner rechtlichen Auffassung hingegen zuvor bereits *Steuer*, in: FS Hadding 2004, 1169, 1186 ff.; *Bitter*, ZBB 2007, 237, 241 ff.; *Horn*, WM 1997, Sonderbeilage 1, 1, 12.

176 So *Nobbe*, WM 2008, 185, 187 über die nachfolgenden Prinzipien selbst.

177 Dieses Prinzip geht zurück auf BGH, Urteil vom 21.10.1997 – XI ZR 5/97, BGHZ 137, 43 = NJW 1998, 309, wonach die Bank für die Nichtausführung eines Dauerauftrags oder einer Überweisung sowie für die Rückgabe eines Schecks oder einer Lastschrift wegen fehlender Deckung kein Entgelt fordern darf, da Bonitäts- und Deckungsprüfung in ihrem eigenen Interesse erfolgen.

178 Dieses Prinzip geht zurück auf die Inhaltskontrolle von Postenpreisklauseln für die Ein- und Auszahlung am Kassenschalter nach BGH, Urteil vom 07.05.1996 – XI ZR 217/95, BGHZ 133, 10 = NJW 1996, 2032 und von Entgeltklauseln für die Benachrichtigung des Kontoinhabers bei fehlender Deckung nach BGH, Versäumnisurteil vom 13.02.2001 – XI ZR 197/00, BGHZ 146, 377 = NJW 2001, 1419, 1420.

179 Dieses Prinzip geht zurück auf BGH, Urteil vom 15.07.1997 – XI ZR 269/96, BGHZ 136, 261 = NJW 1997, 2752, 2753, nach dem die Erhebung eines zusätzlichen Entgeltes für Freistellungsaufträge den Kunden unangemessen benachteilige.

180 Dieses Prinzip geht zurück auf BGH, Urteil vom 09.04.2002 – XI ZR 245/01, BGHZ 150, 269 = NJW 2002, 1950, wonach AGB von Kreditinstituten unwirksam seien, die Girokunden mit einem Entgelt belasten, das Kreditinstitute anderen Banken zu zahlen haben, wenn sie eigene Forderungen gegen Kunden per Lastschrift von

*einem bestimmten Zeitraum bemessenen Entgelts bei vorzeitiger Beendigung des Vertrages ausschließen.*[181] "

Weniger in dem prägnanten Resümee der einzelnen Gerichtsentscheidungen, sondern vielmehr in dem Anspruch auf Allgemeingültigkeit der genannten Prinzipien wird man daher die Brisanz dieses Beitrages erkennen können – zumal sich *Nobbe* damit nicht begnügte. Ausgewählten Gebührenklauseln wurde als „zulässige Preisklauseln"[182] auch für die Zukunft die Möglichkeit ihrer wirksamen Vereinbarung bescheinigt, während andere „unzulässige Entgeltklauseln"[183] bereits unwirksam seien oder ihnen für die künftige Beurteilung eine unangemessene Benachteiligung der Kunden prognostizierte wurde. Dass dieses Präjudiz aus den Reihen des zuständigen Senates hervorgeht, lässt sich mit Blick auf die Gerichtspraxis des BGH dabei durchaus als ungewöhnlich bezeichnen.[184]

Dafür, die fortwährende Wirksamkeit der hier im Fokus stehenden Bearbeitungsentgelte ernsthaft in Zweifel zu ziehen, bestand vor dem Hintergrund der eindeutigen höchstrichterlichen Rechtsprechung zu dieser Zeit aber genaugenommen

---

Girokonten der Kunden bei anderen Banken einziehen und diese Banken Lastschriften zurückgeben.

181 Dieses Prinzip geht zurück auf eine unzulässige Klausel in Kreditkartenbedingungen, wonach bei Vertragsende keine zeitanteilige Erstattung der Jahresgebühr erfolge, OLG Frankfurt a.M., Urteil vom 14.12.2000 – 1 U 108/99, NJW-RR 2001, 1269, 1270.

182 Dazu zählten nach *Nobbe,* WM 2008, 185, 190 ff. das Kontoführungsentgelt, ein erhöhter Zinssatz bei Kontoüberziehungen, Entgelt für die Benutzung von Geldausgabeautomaten, für die Ausführung von Überweisungen und Daueraufträgen und deren Widerruf, für die Einziehung eines Schecks oder einer Lastschrift, für nochmalige Auskunftserteilung, für Auskunftserteilung für und an Dritte, für Nachforschungen, für Scheckformulare, für die Ausstellung oder Sperre einer EC- oder Kreditkarte, Zusatzentgelt für den Einsatz einer Kreditkarte im Ausland, Bereitstellungszinsen beim Kreditvertrag, Entgelt für die Änderung der Darlehensrate und ein Entgelt für den Austausch von Kreditsicherheiten.

183 Dazu zählt *Nobbe,* WM 2008, 185, 192 ff. das Entgelt für Kontoauszüge und Rechnungsabschlüsse, Eintragung von Vollmachten, Entgelt bei Buchungsreklamationen, für die Bearbeitung eines ungedeckten Überweisungs- oder Dauerauftrags oder Schecks, für die Bearbeitung einer Verpfändungsanzeige, für verzugsbegründende Mahnung, bei Kontokündigung oder Kontoauflösung, das Kreditauszahlungs- und Kontoeröffnungsentgelt, Kontoführungsentgelt bei Kreditverträgen, Bearbeitungsentgelt und Disagio, Wertermittlungsentgelt, Entgelt bei der Übertragung von Sicherheiten.

184 In der Literatur wird die Äußerung von *Nobbe* daher kritisch betrachtet und ihr zuweilen unterstellt, die spätere BGH-Rechtsprechung im Bereich von Bearbeitungsentgelten in Darlehensverträgen durch die Formulierung der „Glaubenssätze" entschieden beeinflusst zu haben; siehe etwa *J. Koch,* WM 2016, 717, der die überprüften Gebührenklauseln als „berüchtigte Nobbe-Liste" bezeichnet; ebenso *Billing,* WM 2013, 1777, 1778.

keine Veranlassung.[185] Dennoch führte *Nobbe* Bearbeitungsentgelt und Disagio in der Liste der „unzulässigen Entgeltklauseln" auf und erklärte den vorausgegangenen Umgang mit jenen Entgeltklauseln für „zu großzügig".[186] „Ein laufzeitunabhängiges Bearbeitungsentgelt in Form von ein, zwei oder gar drei Prozent der Kreditsumme, wie sie heute vielfach verlangt wird, dürfte AGB-rechtlich unzulässig sein".[187] Weder die Bearbeitung des Darlehensantrags noch die Prüfung der Bonität oder der angebotenen Sicherheiten des Kreditnehmers stelle eine Dienstleistung zugunsten des Kunden dar, sondern zähle lediglich zu den allgemeinen Geschäftskosten der Bank. Damit war die Diskussion über den weiteren Umgang mit Entgeltklauseln eröffnet.

## III. Deutliche Vorzeichen einer Änderung der BGH-Rechtsprechung

Wohl beflügelt von einem derart prominenten Fürsprecher nutzten zahlreiche Verbraucherschutzverbände das Momentum und reichten Klage gegen die Verwendung diverser Entgeltgestaltungen in den Preis- und Leistungsverzeichnissen von Kreditinstituten ein.[188] Im Zuge der Verbandsklageverfahren bildete sich innerhalb weniger Jahre an den Oberlandesgerichten alsbald eine breite Front gegen die Zulässigkeit von Entgeltklauseln aus, die damit zum Teil auch von ihrer bisherigen Rechtsauffassung abwichen.[189] Durch dieses öffentlichkeitswirksame Verfahren häufte sich zudem die Zahl individueller Rückforderungsklagen, in deren Rahmen

185 Nach *Billing*, WM 2013, 1777, 1778 zählten Bearbeitungsentgelte jahrzehntelang nicht zu den „AGB-rechtlichen Wackelkandidaten"; das erklärt auch *Nobbe*, WM 2008, 185, 193, wonach solche Entgelte in der Rechtsprechung des BGH bisher als zulässig angesehen wurden.

186 Dabei nimmt *Nobbe*, WM 2008, 185, 193 Bezug auf das Urteil BGH, Urteil vom 05.05.1992 – XI ZR 242/91, WM 1992, 1355, 1359, in dem ein Disagio von 2 % nicht als laufzeitabhängiges Entgelt, sondern als einmaliges Bearbeitungsentgelt qualifiziert wurde. Zur Zeit des Urteilsspruchs war *Nobbe* bereits Mitglied, aber nicht Vorsitzender des XI. Zivilsenates.

187 Insgesamt *Nobbe*, WM 2008, 185, 193 f. Eine Ausnahme macht er dabei für subventionierte und zweckgebundene Darlehen aus öffentlichen Programmen zur Förderung wirtschaftspolitischer Ziele.

188 *J. Koch*, WM 2016, 717; *Billing*, WM 2013, 1777, 1778; ferner berichtet *G. Müller*, WM 2018, 741, 743 zu dieser Zeit von zahlreichen Beschwerden bei dem sog. Ombudsmann der privaten Banken, der außergerichtlichen Schlichtungsstelle.

189 OLG Bamberg, Urteil vom 04.08.2010 – 3 U 78/10, WM 2010, 2072; OLG Zweibrücken, Urteil vom 21.02.2011 – 4 U 174/10, juris; OLG Düsseldorf, Urteil vom 24.02.2011 – 6 U 162/10, juris; OLG Hamm, Urteil vom 11.04.2011 – 21 U 192/10, juris; OLG Karlsruhe, Urteil vom 03.05.2011 – 17 U 192/10, WM 2011, 1366 (anders noch OLG Karlsruhe, Urteil vom 08.02.2011 – 17 U 138/10, WM 2011, 782); OLG Frankfurt a.M., Urteil vom 27.07.2011 – 17 U 59/11, juris; OLG Dresden, Urteil vom 29.09.2011 – 8 U 562/11, WM 2011, 2320; OLG Celle, Beschluss vom 13.10.2011 – 3

die Bankkunden die vereinbarten Bearbeitungsgebühren herausverlangten.[190] Nur zu einem klärenden Urteilsspruch des BGH kam es vorerst nicht, da das Rechtsmittel der Revision in mehreren Verfahren kurz vor der Entscheidung des Senates zurückgezogen wurde.[191]

Dass das höchste deutsche Zivilgericht für eine Urteilsfindung aber bereit gewesen zu sein schien, legt ein Aufsatz von *Schmieder* über „Formularmäßig erhobene Bearbeitungsgebühren bei Verbraucherdarlehen" nahe.[192] Die zu dieser Zeit an den BGH abgeordnete Staatsanwältin setzte sich in ihrer Veröffentlichung ausführlich mit der Zulässigkeit von Bearbeitungsentgelten in Verbraucherverträgen auseinander und kam nach einer umfassenden dogmatischen Prüfung zu dem Ergebnis, dass die Entgeltklauseln einer AGB-Kontrolle nicht standhielten. Sowohl den Rückforderungsklagen einzelner Verbraucher als auch den Unterlassungsklagen von Verbänden sprach sie dabei beste Erfolgsaussichten zu.[193] Bedenkt man, dass der Beitrag ausweislich seiner Unterüberschrift zugleich als Besprechung einer Entscheidung des Oberlandesgerichts (OLG) Dresden vom 29.09.2011 verstanden werden sollte, so wird offenbar, dass die vertretene Sichtweise zu diesem Zeitpunkt nicht ohne Grund erschienen sein dürfte. Denn in eben dieser Rechtssache war eine Entscheidung in dem Revisionsverfahren erst kurze Zeit zuvor durch Rechtsmittelrücknahme abgewendet worden. Die Kommentierung eines derart brisanten und rechtlich umstrittenen Themas aus den eigenen Reihen und in einer einschlägigen Fachzeitschrift lässt darauf schließen, dass darin insgeheim eine eindeutige Positionierung des XI. Zivilsenats gesehen werden musste.[194]

---

W 86/11, juris (anders noch OLG Celle, Beschluss vom 02.02.2010 – 3 W 109/09, WM 2010, 355).

190 Nach der Einschätzung von *Billing*, WM 2013, 1777, 1778 nahm die Anzahl von Individualklagen zwar deutlich zu, jedoch wurden die Entgeltbestimmungen in zahlreichen untergerichtlichen Urteilen auch für zulässig erklärt und eine Erstattungspflicht abgelehnt, so etwa LG Duisburg, Urteil vom 01.12.2011 – 1 O 124/11, juris Rn. 26; LG Düsseldorf, Urteil vom 06.10.2010 – 23 S 377/09, BeckRS 2011, 06479; siehe für einen abschließende Aufzählung der Rechtsprechung *Billing*, WM 2013, 1777, Fn. 14 und 15.

191 Die Rechtsmittelrücknahme betraf etwa die Sache BGH vom 20.08.2012 – XI ZR 452/11 (gegen die Entscheidung des OLG Dresden, Urteil vom 29.09.2011 – 8 U 562/11, WM 2011, 2320), vgl. *Schmieder*, WM 2012, 2358 Fn. 2 mit Verweis auf die Pressemitteilung des Bundesgerichtshofs Nr. 132/2012.

192 So der Titel des Beitrags von *Schmieder*, WM 2012, 2358.

193 *Schmieder*, WM 2012, 2358, 2364.

194 *G. Müller*, WM 2018, 741, 743, wonach ein solcher Aufsatz nur erscheinen könne, wenn er auf der Linie des zuständigen Senates liege; *J. Koch*, WM 2016, 717, 718 spricht von einer „mittelbar verkündeten Segelanweisung"; *Billing*, WM 2013, 1777, 1778.

Auf Seiten des bankennahen Schrifttums ließ die mit diversen Einwänden und Argumenten bestückte Gegenwehr nicht lange auf sich warten.[195] Im Kern ließ sich die Frage nach der Zulässigkeit von Bearbeitungsentgeltklauseln dabei auf die rechtliche Bewertung der Umstände reduzieren, ob Entgeltklauseln nach § 307 Abs. 3 Satz 1 BGB überhaupt einer Inhaltskontrolle unterworfen sind und – bejahendenfalls – ob ihre Verwendung nach einer umfassenden Interessenabwägung nach § 307 Abs. 1, Abs. 2 Nr. 1 BGB eine unangemessene Benachteiligung des Kunden darstellt.[196] Der BGH zeigte sich von den diversen Stellungnahmen hingegen weitgehend unbeeindruckt und schloss sich mit der Entscheidung vom 13.05.2014 der Sichtweise zahlreicher Oberlandesgerichte und seines ehemaligen Senatsvorsitzenden an.[197]

Die Unwirksamkeit von Bearbeitungsentgelten in Verbraucherdarlehensverträgen mag dem aufmerksamen Beobachter trotz ihrer langjähren Zulässigkeit daher wenig überraschen.[198] Denn einer herkömmlichen Klauselkontrolle der höchstrichterlichen Rechtsprechung haben die Vertragsbedingungen in all den Jahren nicht unterlegen; ihre langjährig geduldete Wirksamkeit wurde nie ausdrücklich begründet. So machte der XI. Zivilsenat im Hinblick auf die ältere Rechtsprechung des BGH dann auch unmissverständlich deutlich: „Soweit darin die Billigung formularmäßig erhobener Bearbeitungsentgelte in Verbraucherdarlehensverträgen zum Ausdruck kommen sollte, hält der infolge geänderter Geschäftsverteilung seit längerem für Rechtsstreitigkeiten über Darlehensverträge zwischen einem

---

195 *Casper/Möllers*, BKR 2014, 59, 60 ff.; *Becher/Krepold*, BKR 2014, 45, 48 f.; *Billing*, WM 2013, 1777, 1829 ff.; *C. Weber*, BKR 2013, 450, 453 ff.; *Piekenbrock/Ludwig*, WM 2012, 2349, 2350 ff.; *H. Berger/Rübsamen*, WM 2011, 1877, 1879; *Godefroid*, ZIP 2011, 947, 949; *Canaris*, AcP 200 (2000), 273, 334; für eine abschließende Auflistung des Streitstandes zu dieser Zeit siehe BGH, Urteil vom 13.05.2014 – XI ZR 405/12, BGHZ 201, 168 = WM 2014, 1224 Rn. 19 ff.

196 So exemplarisch *Casper/Möllers*, BKR 2014, 59, 60; ausführlich zur Frage nach der Reichweite der Privatautonomie und freien Preisgestaltung *Becher/Krepold*, BKR 2014, 45, 46 f.

197 BGH, Urteile vom 13.05.2014 – XI ZR 405/12, BGHZ 201, 168 = NJW 2014, 2420 und XI ZR 170/13, WM 2014, 1325. Im Vergleich zu der ursprünglichen Besetzung des XI Zivilsenates im Jahr 2008 unter dem Vorsitz von *Nobbe* und den Richterinnen und Richtern am BGH *Joeres, Müller, Mayen, Ellenberger, Grüneberg, Maihold* war der Senat im Jahr 2014 unter dem Vorsitz von *Wiechers* mit den Richterinnen und Richtern am BGH *Joeres, Ellenberger, Grüneberg, Maihold, Matthias, Pamp, Menges und Derstadt* besetzt.

198 *G. Müller*, WM 2018, 741, 743 spricht von einem „Donnerschlag mit Ansage". Als Überraschung wurde hingegen das Urteil BGH, Urteil vom 28.10.2014 – XI ZR 348/13, BGHZ 203, 115 = NJW 2014, 3713 wahrgenommen, wonach der befasste Senat ergänzte, dass die kenntnisabhängige Verjährung gem. § 199 Abs. 1 BGB für die Ansprüche auf Rückforderung der gezahlten Bearbeitungsentgelte erst mit dem Schluss des Jahres 2011 zu laufen begann. Siehe dazu noch „Einrede der Verjährung", S. 288 ff.

Kreditinstitut und einem Darlehensnehmer allein zuständige erkennende Senat hieran für das in den §§ 488 ff. BGB geregelte Darlehensrecht nicht fest."[199]

## C. Die Urteile vom 04.07.2017

Damit waren sogleich die Weichen für die Übertragung der Rechtsprechung zu Verbraucherdarlehen auf den Bereich des unternehmerischen Geschäftsverkehrs gestellt. In den Folgejahren tauschten Befürworter[200] und Kritiker[201] eines für den B2B-Verkehr entsprechenden Ergebnisses ihre Argumente aus und hielten sich dabei weitgehend die Waage. In seinen parallel gestalteten und sorgfältig begründeten Urteilen vom 04.07.2017 wird sich der erkennende Senat daher

---

199 BGH, Urteile vom 13.05.2014 – XI ZR 405/12, BGHZ 201, 168 = NJW 2014, 2420 Rn. 23 und XI ZR 170/13, WM 2014, 1325 Rn. 32 jeweils mit Verweis auf § 132 Abs. 3 Satz 2 GVG.

200 OLG Frankfurt a.M., Urteil vom 13.04.2016 – 19 U 110/15, ZIP 2016, 2057; OLG Frankfurt a. M., Urteil vom 25.02.2016 – 3 U 110/15, ZIP 2016, 1158; OLG Düsseldorf, Urteil vom 15.07.2016 – 7 U 109/15, WM 2016, 1983; OLG Bremen, Vorbehaltsurteil vom 17.05.2017 – 1 U 70/16, juris; LG Chemnitz, Endurteil vom 13.06.2014 – 7 O 28/13, juris; LG Chemnitz, Endurteil vom 13.06.2014 – 7 O 28/13; LG Magdeburg, Urteil vom 13.08.2015 – 11 O 1887/14, BKR 2016, 159; LG Neuruppin, Urteil vom 24.09.2015 – 5 O 66/15, juris; LG Duisburg, Urteil vom 15.04.2016 – 7 S 111/15, MDR 2016, 1322; LG Erfurt, Urteil vom 17.06.2016 – 9 S 200/15, juris; LG Wiesbaden, Urteil vom 07.07.2016 – 9 S 28/15, juris; *Nobbe*, in: Prütting/Wegen/Weinreich BGB § 488 Rn. 50; *Fischer*, EWiR 2017, 3, 4; *Lammeyer/Singbartl*, GWR 2016, 482, 483; *H. Schmidt*, LMK 2014, 361197; differenzierend OLG Nürnberg, Urteil vom 04.04.2017 – 14 U 612/15, juris; *Fuchs* in Ulmer/Brandner/Hensen AGB (8) Banken (Kreditinstitute) Rn. 51b, (16) Darlehensverträge Rn. 3b; *J. Koch*, WM 2016, 717 ff.

201 OLG München, Beschluss vom 13.10.2014 – 27 U 1088/14, juris; OLG Hamburg, Urteil vom 27.04.2016 – 13 U 134/15, juris; OLG Köln, Urteil vom 13.07.2016 – 13 U 140/15, WM 2016, 1985; OLG Dresden, Urteil vom 03.08.2016 – 5 U 138/16, WM 2016, 1980; OLG Frankfurt a.M., Urteil vom 12.10.2016 – 17 U 165/15, juris; KG, Urteil vom 06.04.2017 – 8 U 114/16, BeckRS 2017, 108510; LG München I, Urteil vom 22.08.2014 – 22 O 21794/13, juris; LG Frankfurt a.M., Urteil vom 03.06.2015 – 2–19 O 285/14, WM 2015, 1714; LG Saarbrücken, Urteil vom 29.05.2015 – 1 O 334/14, BeckRS 2015, 13513; LG Wiesbaden, Urteil vom 12.06.2015 – 2 O 298/14, juris; LG Kleve, Urteil vom 18.08.2015 – 4 O 13/15, NJW 2016, 258; LG Nürnberg-Fürth, Endurteil vom 05.10.2015 – 6 O 2114/15 BeckRS 2016, 01182; LG Braunschweig, Urteil vom 25.01.2016 – 8 S 299/15, BeckRS 2016, 03868; LG Ravensburg, Urteil vom 14.04.2016 – 2 O 218/15, juris; LG Stuttgart, Urteil vom 15.06.2016 – 4 S 194/15, juris; LG Schweinfurt, Endurteil vom 21.10.2016 – 32 S 25/16, juris; LG Krefeld, Urteil vom 09.12.2016 – 1 S 47/16, juris; *Krepold* in Schimansky/Bunte/Lwowski, Bankrechts-Handbuch § 78 Rn. 118i; *S. Weber*, WM 2016, 150; *van Bevern/Schmitt*, BKR 2015, 323; *Casper/Möllers*, WM 2015, 1689; *Hanke/Adler*, WM 2015, 1313; *Herweg/Fürtjes*, ZIP 2015, 1261; *Kropf/Habl*, BKR 2015, 316, 320; *Lang/Schulz*, WM 2015, 2173; *Piekenbrock*, ZBB 2015, 13.

über die Tatsache durchaus bewusst gewesen sein, eine im rechtswissenschaftlichen Schrifttum gleichermaßen wie in der Instanzrechtsprechung höchst umstrittene Rechtsfrage endgültig zu beantworten.[202] Nach seinem Dafürhalten sind die zum Verbraucherrecht entwickelten Grundsätze auch bei Darlehensverträgen mit Unternehmern im Sinne des § 14 BGB anzuwenden.[203]

## I. Rechtssache XI ZR 562/15

In dem Verfahren XI ZR 562/15[204] hatte der Kläger, dessen Immobilienvermögen durch eine GmbH verwaltet wurde, zur Finanzierung von Wohn- und Geschäftshäusern sowie Mehrfamilienhausanlagen in den Jahren 2009 und 2010 drei Darlehen bei der beklagten Bank aufgenommen. Im Rahmen der Darlehen in Höhe von EUR 6 Mio., EUR 10 Mio. und EUR 5,8 Mio. wurde jeweils eine Margenvereinbarung mit einer Laufzeit von etwa einem bzw. zwei Jahren und einer Zinsbindungsfrist von drei Monaten getroffen. Der EURIBOR-Satz[205] wurde dabei als Referenzzinssatz für die Dauer der Vereinbarung festgelegt. Im Anschluss daran sollten langfristige Konditionen festgelegt werden.

Die drei Darlehensurkunden enthielten neben einem Bearbeitungsentgelt für den Fall, dass das Darlehen vor Ablauf von vier Jahren abgelöst werden sollte, einen Passus über ein „Bearbeitungsentgelt für Vertragsschluss EUR 10.000". Mit der Klage verlangte der Kläger die Rückzahlung der einmaligen Bearbeitungsentgelte für alle drei Verträge aus § 812 Abs. 1 Satz 1 Fall 1 BGB zuzüglich angefallener Nebenkosten. Nach seinem Dafürhalten handelte es sich bei der angegriffenen Klausel um eine AGB, die ihn unangemessen benachteilige und deshalb unwirksam sei. Die beklagte Bank hielt die Klausel für wirksam und erhob hilfsweise die Einrede der Verjährung.

---

202 Dafür spricht die abschließende Auflistung des gegenüberstehenden Meinungsstandes in BGH, Urteile vom 04.07.2017 – XI ZR 562/15, BGHZ 215, 172 = NJW 2017, 2986 Rn. 20 f. und XI ZR 233/16, ZIP 2017, 1654 Rn. 29 f.; siehe für eine tabellarische Übersicht über die Instanzrechtsprechung *Henze*, Entgeltklauseln, S. 91 ff.

203 Zum Zeitpunkt der Urteilsverkündung im Jahr 2017 war der XI. Zivilsenat mit den Richterinnen und Richtern am BGH *Ellenberger* (Vorsitz), *Joeres, Grüneberg, Maihold, Matthias, Pamp, Menges, Derstadt und Dauber* und somit im Vergleich zu 2014 auf acht von neun Stellen gleich besetzt.

204 BGH, Urteil vom 04.07.2017 – XI ZR 562/15, BGHZ 215, 172 = NJW 2017, 2986, zur Darstellung des Tatbestandes Rn. 1–6. Siehe ferner die Fortführung des Senatsurteils durch BGH, Urteil vom 16.10.2018 – XI ZR 593/16, WM 2018, 2183 zur Unwirksamkeit einer formularmäßigen Klausel über eine Bearbeitungsprovision in einem Unternehmerdarlehen mit einem Finanzmakler, dazu kritisch *Herresthal*, EWiR 2019, 1, 2; *Bitter/Linardatos*, ZIP 2018, 2249.

205 „*Euro Interbank Offered Rate*" (EURIBOR) bzw. „*Euro OverNight Index Average*" (EONIA) sind die Hauptrefinanzierungssätze der Europäischen Zentralbank.

Nachdem die Klage bereits in beiden Vorinstanzen[206] erfolgreich war, verfolgte die Beklagte auch vor dem BGH die vollständige Klageabweisung. Nach Ansicht des OLG Celle[207] stelle die angegriffene Klausel eine der Inhaltskontrolle gem. § 307 BGB unterliegende Preisnebenabrede dar und weiche in dieser Sache somit nicht von der einschlägigen Rechtsprechung des BGH zu Verbraucherdarlehen ab. Bei der Unternehmensfinanzierung seien keine Argumente ersichtlich, die die Erhebung eines laufzeitunabhängigen Bearbeitungsentgeltes rechtfertigen könnten. Gewichtige finanzielle Nachteile seien dabei auch bei unternehmerischen Kunden ersichtlich, was insbesondere deshalb gelte, weil nicht nur Großunternehmer von der Klausel betroffen seien, sondern auch kleine und mittelständische Unternehmen. Die Abhängigkeit von der Bank läge in diesem Fall der eines Verbrauchers deutlich näher.[208]

## II. Rechtssache XI ZR 233/16

In der Rechtssache XI ZR 233/16[209] hatte der Kläger, ein selbstständiger Immobilienprojektentwickler, in den Jahren 2004–2008 mehrere Darlehensverträge über jeweils siebenstellige Darlehenssummen mit der beklagten Pfandbriefbank geschlossen. Zwecks des Ankaufs und Umbaus eines Wohn- und Geschäftshauses wurde am 27.10.2005 eine Kreditvereinbarung über ein nicht revolvierendes Darlehen mit einem Höchstbetrag von EUR 1,35 Mio. und einer Vertragslaufzeit von elf Monaten getroffen. Das Darlehen konnte seitens des Klägers nach Absprache mit der Beklagten in der Ankaufs- und Umbauphase als Kontokorrentkredit und nach der Fertigstellung in Form von Termingeldern (sog. EURIBOR-Tranchen) mit bis zu dreimonatiger Laufzeit genutzt werden.[210] Für den Kontokorrentkredit wurde ein Zinssatz in Höhe von 6,75 % p.a. mit Anpassungsrecht hinsichtlich der Zinshöhe vereinbart. Für die Termingelder wurde ein Zinssatz von 2 % p.a. über dem für die jeweilige Zinsperiode ermittelten EURIBOR festgelegt.

Der Darlehensvertrag sah in einer Ziffer eine „einmalige, sofort fällige, nicht laufzeitabhängige Bearbeitungsgebühr für das Darlehen“ in Höhe von EUR 13.500 vor, um die der Nettodarlehensbetrag vor der Auszahlung gekürzt wurde. Eine

---

206 OLG Celle, Urteil vom 02.12.2015 – 3 U 113/15, BeckRS 2015, 122024; LG Hannover, Urteil vom 04.06.2015 – 3 O 354/14, juris.

207 Zur nachfolgenden Darstellung OLG Celle, Urteil vom 02.12.2015 – 3 U 113/15, BeckRS 2015, 122024 Rn. 39 ff. mit Verweisen auf BGH, Urteile vom 13.05.2014 – XI ZR 405/12, BGHZ 201, 168 = NJW 2014, 2420 und XI ZR 170/13, WM 2014, 1325; siehe auch die Pressemitteilung des Bundesgerichtshofs Nr. 61/2017.

208 OLG Celle, Urteil vom 02.12.2015 – 3 U 113/15, BeckRS 2015, 122024 Rn. 45, 47.

209 BGH, Urteil vom 04.07.2017 – XI ZR 233/16, ZIP 2017, 1654, zur Darstellung des Tatbestandes Rn. 1–5.

210 In einer Ergänzung zu den hiesigen Urteilen wurde die Rechtsprechung auch auf die Nutzung von Avalen erstreckt, BGH, Urteil vom 17.04.2018 – XI ZR 238/16, WM 2018, 1356.

derartige Gebühr fand sich in unterschiedlicher Höhe in sieben weiteren von den Parteien geschlossenen Darlehensverträgen. Der Kläger betrachtete die Vertragsklausel als unwirksame AGB und begehrte die Rückzahlung der Gebühr zuzüglich gezogener Nutzungen und Zinsen, die die Beklagte dem Kläger für die Bearbeitungsgebühr in Rechnung gestellt hatte. Die Beklagte war der Ansicht, es handele sich um eine wirksame Individualvereinbarung und ein Rückforderungsanspruch sei jedenfalls verjährt.[211]

In dieser Konstellation blieb das Begehren des Klägers in beiden Vorinstanzen[212] erfolglos, sodass er die Rückzahlung der Gebühr aus § 812 Abs. 1 Satz 1 Fall 1 BGB in vorstehender Höhe vor dem BGH weiterverfolgte. Das OLG Hamburg[213] ging bei der Gewährung eines Unternehmerdarlehens davon aus, dass die Vereinbarung eines Bearbeitungsentgeltes anderen Maßstäben unterliege als im Falle eines Darlehens an einen Verbraucher. Das sei insbesondere darauf zurückzuführen, dass die zugrunde liegende Gestaltung dem Unternehmer auch deutliche Vorteile eröffnen könne, die Übertragung der Rechtsprechung zu Verbraucherdarlehen nicht geboten und eine unangemessene Benachteiligung daher nicht ersichtlich sei.

## III. Rechtssache XI ZR 436/16

Der betreffende Rechtsstreit hatte sich in diesem Verfahren vor dem Verhandlungstermin am 04.07.2017 durch Anerkenntnis der beklagten Bank zwar bereits erledigt,[214] soll der Vollständigkeit halber hier aber nicht unerwähnt bleiben. Der Kläger wurde als Insolvenzverwalter einer GmbH bestellt, welche mit der beklagten Bank langfristige Annuitätenkreditverträge mit einmaliger Bearbeitungsgebühr abgeschlossen hatte. In dem Verfahren wurden die einbehaltenen Gebühren in Höhe von EUR 33.640 zurückgefordert, deren zugrunde liegenden Entgeltklauseln nach Ansicht des Klägers unwirksame AGB darstellten.[215]

---

211 Obgleich der Vertrag als „Verbraucherdarlehensvertrag“ überschrieben war, ist davon auszugehen, dass es sich um ein Unternehmerdarlehen handelt, da der klagende Immobilienprojektentwickler aufgrund seiner langjährigen Tätigkeit als Unternehmer nach § 14 Abs. 1 BGB zu qualifizieren war, BGH, Urteil vom 04.07.2017 – XI ZR 233/16, ZIP 2017, 1654 Rn. 10; OLG Hamburg, Urteil vom 27.04.2016 – 13 U 2/16, juris Rn. 25. Die Einordnung eines Darlehensvertrages obliegt dabei nicht den Parteien selbst, sondern richtet sich nach § 491 Abs. 2 BGB; siehe etwa *Nobbe*, WuB 2018, 489, 491.

212 OLG Hamburg, Urteil vom 27.04.2016 – 13 U 2/16, juris; LG Hamburg, Urteil vom 01.12.2015 – 328 O 474/14, juris.

213 Zur nachfolgenden Darstellung OLG Hamburg, Urteil vom 27.04.2016 – 13 U 2/16, juris Rn. 32 ff.; siehe auch die Pressemitteilung des Bundesgerichtshofs Nr. 61/2017.

214 BGH – XI ZR 436/16; Pressemitteilung des Bundesgerichtshofs Nr. 104/2017.

215 Zur Darstellung des Tatbestandes OLG Dresden, Urteil vom 03.08.2016 – 5 U 138/16, WM 2016, 1980; Pressemitteilung des Bundesgerichtshofs Nr. 104/2017.

Bemerkenswert ist dabei der Umstand, dass das Begehren des Klägers in den Vorinstanzen[216] zunächst ohne Erfolg blieb. Nach Ansicht des OLG Dresden hielt die Klausel der Inhaltskontrolle stand, da bei Unternehmerdarlehensverträgen die Besonderheiten des unternehmerischen Geschäftsverkehrs zu berücksichtigen seien.[217] Unterschiedliche Preisklauseln und insbesondere die Preisfindung lägen in der marktwirtschaftlichen Ordnung im ureigenen Verantwortungsbereich der Unternehmen. So sei die adäquate Höhe der Vertragskosten in einer betriebswirtschaftlichen Kalkulation durch den gewerblichen Darlehensnehmer im Vorfeld selbstverantwortlich zu überprüfen. Es könne nicht die Aufgabe der Gerichte sein, diese unternehmerische Entscheidung im Nachgang des Vertragsschlusses zugunsten des einen Unternehmers und zu Lasten des anderen zu überprüfen bzw. zu korrigieren. Trotz des Obsiegens in den ersten beiden Instanzen erkannte die beklagte Bank den gegen sie geltend gemachten Anspruch an – wohl um einer in letzter Instanz drohenden Niederlage zuvorzukommen.

## IV. Wesentliche Entscheidungsgründe

In den beiden Urteilen stellte der BGH mit nahezu übereinstimmender Begründung fest, dass die in Darlehensurkunden eines Kreditinstitutes für den Abschluss von Kreditverträgen mit Unternehmern enthaltene formularmäßige Klausel über ein „Bearbeitungsentgelt für Vertragsschluss“ der richterlichen Inhaltskontrolle unterliege und gem. § 307 Abs. 1 Satz 1, Abs. 2 Nr. 1 BGB unwirksam sei.[218]

Dabei ordnete das Gericht die von den Klägern jeweils beanstandete Klausel als für eine Vielzahl von Verträgen vorformulierte Vertragsbedingung ein, die eine Vertragspartei der anderen Vertragspartei bei Abschluss des Vertrags gestellt habe. In Abgrenzung zu einer nach § 305 Abs. 1 Satz 3 BGB ausgehandelten Individualabrede lägen daher AGB vor.[219]

Diese seien ferner auch kontrollfähig gewesen, da die betreffende Entgeltklausel nicht als Vereinbarung über den Preis der Kapitalgewährung zu qualifizieren sei. Nach Ansicht des Senats handle es sich vielmehr um eine Preisnebenabrede, da die mit dem Entgelt bepreisten Leistungen nicht näher genannt waren und sich auch nicht nach dem objektiven Inhalt und dem typischen Sinn der in Rede stehenden Klausel bestimmen ließen.[220] Zudem ergebe sich weder aus den allgemeinen

216 OLG Dresden, Urteil vom 03.08.2016 – 5 U 138/16, WM 2016, 1980; LG Dresden, Urteil vom 28.12.2018 – 9 O 824/15, juris.

217 Zu den folgenden Erwägungen OLG Dresden, Urteil vom 03.08.2016 – 5 U 138/16, WM 2016, 1980 Rn. 26 ff.

218 BGH, Urteile vom 04.07.2017 – XI ZR 562/15, BGHZ 215, 172 = NJW 2017, 2986 Rn. 15 und XI ZR 233/16, ZIP 2017, 1654 Rn. 17.

219 BGH, Urteile vom 04.07.2017 – XI ZR 562/15, BGHZ 215, 172 = NJW 2017, 2986 Rn. 16 und XI ZR 233/16, ZIP 2017, 1654 Rn. 18 ff.

220 BGH, Urteile vom 04.07.2017 – XI ZR 562/15, BGHZ 215, 172 = NJW 2017, 2986 Rn. 23 ff. und XI ZR 233/16, ZIP 2017, 1654 Rn. 32 ff.

Erfahrungen des unternehmerischen Geschäftsverkehrs noch aus der Bezugnahme auf die Buchführungs- und Bilanzierungspflichten des Darlehensnehmers oder die umfangreiche Bonitätsprüfung durch den Darlehensgeber, dass es sich bei dem Bearbeitungsentgelt um eine gesondert vergütungsfähige Zusatzleistung handle.[221]

Im Zuge der Inhaltskontrolle stellt der BGH sodann fest, dass die Erhebung eines von der Laufzeit des Darlehens unabhängigen Bearbeitungsentgeltes mit wesentlichen Grundgedanken der gesetzlichen Regelung unvereinbar sei. Das wird zum einen darauf zurückgeführt, dass die beklagten Banken damit jene Kosten auf ihre Kunden abwälzten, die bereits für die Erfüllung ihrer Hauptleistungspflicht anfielen.[222] Zum anderen sei das von Bankkunden zu entrichtende Entgelt laufzeitunabhängig ausgestaltet und weiche daher von dem gesetzlichen Leitbild des Darlehensvertrages nach § 488 Abs. 1 Satz 2 BGB ab, welches nur eine laufzeitabhängige Entgeltkomponente für die Darlehensgewährung vorsehe.[223]

Aus § 307 Abs. 2 Nr. 1 BGB ergebe sich sodann die Vermutung der Unwirksamkeit der betreffenden Entgeltklausel, die sich auf der Grundlage einer umfassenden Interessenabwägung nur für den Fall widerlegen ließe, dass der Kunde nicht unangemessen benachteiligt worden wäre.[224] Dafür spräche nach Ansicht des Gerichts aber weder der Regelungsgehalt des § 312a Abs. 3 BGB oder die vergleichsweise geringe Höhe des Bearbeitungsentgeltes noch die Möglichkeit zur Weitergabe der Kosten an nachgelagerte Handelsstufen.[225] Ebenso wenig seien steuerliche Vorteile auf der Seite des Kreditnehmers, die Mitkreditierung des Entgeltes oder die Berücksichtigung der im Handelsverkehr geltenden Gewohnheiten und Gebräuche nach § 310 Abs. 1 Satz 2 Halbs. 2 BGB ausschlaggebend für eine andere Beurteilung.

Da eine unangemessene Benachteiligung nach Sichtweise des BGH auch nicht unter Verweis auf bankbetriebswirtschaftliche Erwägungen verneint werden könne, seien die Banken künftig darauf verwiesen, ihren mit der Kreditgewährung verbundenen Verwaltungsaufwand durch eine entsprechende Zinskalkulation während der Vertragslaufzeit zu decken.[226]

---

221 BGH, Urteile vom 04.07.2017 – XI ZR 562/15, BGHZ 215, 172 = NJW 2017, 2986 Rn. 30 ff. und XI ZR 233/16, ZIP 2017, 1654 Rn. 39 ff.

222 BGH, Urteile vom 04.07.2017 – XI ZR 562/15, BGHZ 215, 172 = NJW 2017, 2986 Rn. 39 und XI ZR 233/16, ZIP 2017, 1654 Rn. 47.

223 BGH, Urteile vom 04.07.2017 – XI ZR 562/15, BGHZ 215, 172 = NJW 2017, 2986 Rn. 38 und XI ZR 233/16, ZIP 2017, 1654 Rn. 46.

224 BGH, Urteile vom 04.07.2017 – XI ZR 562/15, BGHZ 215, 172 = NJW 2017, 2986 Rn. 41 und XI ZR 233/16, ZIP 2017, 1654 Rn. 49.

225 Siehe dazu insgesamt BGH, Urteile vom 04.07.2017 – XI ZR 562/15, BGHZ 215, 172 = NJW 2017, 2986 Rn. 42 ff. und XI ZR 233/16, ZIP 2017, 1654 Rn. 50 ff.

226 BGH, Urteile vom 04.07.2017 – XI ZR 562/15, BGHZ 215, 172 = NJW 2017, 2986 Rn. 83 und XI ZR 233/16, ZIP 2017, 1654 Rn. 91.

## D. Jüngste Entwicklungen: Keine Kursänderung in Sicht

Auch nach den Urteilen zur Unwirksamkeit von laufzeitunabhängigen Bearbeitungsentgelten in Unternehmerdarlehensverträgen führte der XI. Zivilsenat die eingeschlagene Rechtsprechungslinie mit weitreichenden Ergänzungen fort. Ins Auge fällt dabei die Rechtssache XI ZR 291/16 vom 13.03.2018, in der die hohen Anforderungen an das Bestehen einer der Inhaltskontrolle entzogenen Individualabrede für den Verbraucherdarlehensverkehr weiter verschärft wurden.[227] Während sich der Kläger auf die Unzulässigkeit der Entgeltklauseln berief und die Rückzahlung der Provisionen forderte, ging das beklagte Kreditinstitut von einer kontrollfreien Individualabrede aus. Seine Rechtsansicht stützte es insbesondere auf die dem Darlehensnehmer bei Vertragsschluss überlassenen Auswahlentscheidung zwischen einer Darlehensvariante ohne Bearbeitungsprovision zu einem marktüblichen Zinssatz und einer Darlehensvariante mit Bearbeitungsprovision zu günstigeren Zinsen. Den BGH konnte dieser Einwand jedenfalls nicht überzeugen, sodass auch diese Konstellation der Inhaltskontrolle nicht standhalten konnte.[228]

In der Entscheidung XI ZR 238/16 vom 17.04.2018 bekräftigt der Senat, dass die in Darlehensurkunden eines Kreditinstitutes für Verträge mit Unternehmern enthaltene Bestimmung über Bearbeitungsgebühren auch bei Avalkrediten eine unangemessene Benachteiligung darstelle.[229] In dem zu der Rechtssache XI ZR 233/16 vom 04.07.2017 tatbestandlich weitgehend parallel gelagerten Rechtsstreit wurde dem klagenden Immobilienprojektentwickler zusätzlich die Möglichkeit eröffnet, die Darlehen in Form von Avalen zu nutzen. Für die Avalkredite wurde eine Avalprovision in Höhe von 1,5 % p.a. auf den jeweils ausstehenden Bürgschaftsbetrag vereinbart und zusätzlich eine einmalige, sofort fällige und nicht laufzeitabhängige Bearbeitungsgebühr in Höhe von EUR 60.000 festgelegt. Damit äußerten sich die Richter nach dem Kontokorrentkreditvertrag auch zu einem besonders gelagerten Haftungskredit, der im Gegensatz zu herkömmlichen Krediten wesentliche strukturelle Unterschiede aufwies.

---

227 BGH, Urteil vom 13.03.2018 – XI ZR 291/16, WM 2018, 1046, zur Darstellung des Tatbestandes Rn. 1–3. Das AG Waldshut-Tiengen, Urteil vom 21.04.2015 – 3 C 493/14 hat der auf Rückzahlung der Bearbeitungsprovision zuzüglich Nebenforderungen gerichteten Klage stattgegeben, während das LG Waldshut-Tiengen, Urteil vom 19.05.2016 – 2 S 26/15 sie hinsichtlich eines Teils der Nebenforderungen abgewiesen und die weitergehende Berufung der Beklagten zurückgewiesen hat.

228 BGH, Urteil vom 13.03.2018 – XI ZR 291/16, WM 2018, 1046 Rn. 11 f.; ähnlich BGH, Urteil vom 05.06.2018 – XI ZR 371/16, juris Rn. 18 ff.

229 BGH, Urteil vom 17.04.2018 – XI ZR 238/16, WM 2018, 1356 Rn. 24, zur Darstellung des Tatbestandes Rn. 1–5. Die Klage blieb in beiden Vorinstanzen, LG Hamburg, Urteil vom 13.11.2015 – 328 O 479/14, BeckRS 2015, 125462 und OLG Hamburg, Urteil vom 27.04.2016 – 13 U 135/15, BeckRS 2016, 132187 erfolglos.

Für den Bereich von Verbraucherdarlehensverträgen erklärte der BGH am 05.06.2018 in der Sache XI ZR 790/16 auch die formularmäßige Vereinbarung herkömmlicher Zinscap-Prämien und Zinssicherungsgebühren für unwirksam.[230] Derartige Zinsbegrenzungsgeschäfte werden Bankkunden angeboten, um bei einem variablen Darlehenszins dem Risiko steigender Zinsen während der Vertragslaufzeit zu begegnen und somit Gewissheit über einen weitgehend stabilen Zinssatzes zu erlangen. Mit der Entscheidung gab das Gericht der Verbandsklage eines Verbraucherschutzverbandes Recht, der in der Verwendung eine unangemessene Benachteiligung erblickte. Somit ist auch die Frage in die Untersuchung mit einzubeziehen, aus welchem Grund eine durch den Kunden aus freien Stücken gewählte Zinscap-Klausel, die einen variablen Zins zu seinen Gunsten gegen Schwankungen des Referenzzinssatzes absichert, zugleich eine unangemessene Benachteiligung zu seinen Lasten darstellen soll.

230 BGH, Urteil vom 05.06.2018 – XI ZR 790/16, WM 2018, 1363. Das LG Düsseldorf, Urteil vom 24.02.2016 – 12 O 210/15, BeckRS 2016, 131064 hatte die Klage abgewiesen, während das OLG Düsseldorf, Urteil vom 01.12.2016 – I-6 U 56/16, juris ihr auf die Berufung des Klägers hin stattgegeben hat.

# Kapitel 2 Einbeziehung der AGB in den Vertrag

Ausgangspunkt einer jeden AGB-Kontrolle ist die Legaldefinition des Begriffs der AGB gem. § 305 Abs. 1 Satz 1 BGB, wodurch zugleich der sachliche Anwendungsbereich vorgegeben ist.[231] Demnach sind AGB „alle für eine Vielzahl von Verträgen vorformulierten Vertragsbedingungen, die eine Vertragspartei (der Verwender) der anderen Vertragspartei bei Abschluss eines Vertrages stellt". Als Negativmerkmal dürfen die Bedingungen nicht gem. § 305 Abs. 1 Satz 3 BGB „im Einzelnen ausgehandelt" sein, da es sich sonst um eine Individualvereinbarung handelt.[232] Diesem Prüfungsprogramm geht der erkennende Senat in den Urteilen vom 04.07.2017 aufgrund abweichender Entscheidungen der Vorinstanzen in unterschiedlicher Intensität nach. Während der BGH in der Rechtssache XI ZR 562/15 in nur einem Absatz erklärt, dass die Vorinstanz zutreffend von AGB ausgegangen sei,[233] unterzog der Senat die einzelnen Tatbestandsmerkmale in der Rechtssache XI ZR 233/16 hingegen einer deutlich intensiveren Prüfung.[234]

Wird man bei Entgeltklauseln in Darlehensverträgen dem Einwand entgegentreten wollen, es handle sich um kontrollfähige AGB, dann ist ein entsprechender Nachweis bei jedem Tatbestandsmerkmal möglich: Entweder liegen bereits keine für eine Vielzahl von Verträgen vorformulierten Vertragsbedingungen vor (hier unter A), es ist nicht zu einem Stellen von Vertragsbedingungen gekommen (hier unter B) oder die Vertragsbedingungen sind im Einzelnen ausgehandelt worden, sodass eine kontrollfreie Individualabrede vorliegt (hier unter C).

---

231 *Basedow*, in: MüKo BGB § 305 Rn. 1; *Grüneberg*, in: Palandt BGB § 305 Rn. 1; *Roloff*, in: Erman BGB § 305 Rn. 1.

232 Zu den voneinander zu trennenden Fragen des Stellens und des Aushandelns BGH, Urteil vom 20.01.2016 – VIII ZR 26/15, NJW 2016, 1230 Rn. 22; zur Aufteilung in drei Tatbestandsmerkmale *J. Schmidt*, NZM 2016, 377, 378. Zur Definition von AGB und der Abgrenzung zur Individualvereinbarung im Vergleich zur Schweiz und England siehe *Richter*, AGB im B2B-Verkehr, S. 32 ff.

233 BGH, Urteil vom 04.07.2017 – XI ZR 562/15, BGHZ 215, 172 = NJW 2017, 2986 Rn. 16. Das zuvor befasste OLG Celle hatte sich ausführlich mit dem Stellen und Aushandeln von AGB auseinandergesetzt und die Revision dieses Ergebnis auch nicht weiter beanstandet, vgl. OLG Celle, Urteil vom 02.12.2015 – 3 U 113/15, BeckRS 2015, 122024 Rn. 17–22.

234 BGH, Urteil vom 04.07.2017 – XI ZR 233/16, ZIP 2017, 1654 Rn. 18–25. Zwar hatte die Berufungsinstanz ebenso entschieden, dass es sich um nicht ausgehandelte AGB handle, das Gericht erwähnte die Individualabrede aber lediglich beiläufig ohne ausführliche Prüfung der einzelnen Tatbestandsmerkmale, vgl. OLG Hamburg, Urteil vom 27.04.2016 – 13 U 2/16, juris Rn. 20.

## A. Für eine Vielzahl von Verträgen vorformulierte Vertragsbedingungen

Unter der Bezeichnung als Vertragsbedingung sind jene Regelungen zu fassen, die den vertraglichen Regelungsgehalt bestimmen sollen.[235] In dem zugrunde liegenden Urteil vom 04.07.2017[236] war die streitgegenständliche Entgeltbestimmung in einem von der Bank verwendeten Vertragsformular zu finden. Der BGH ordnete die Vertragsklausel daher als vorformulierte Vertragsbedingung ein, da sie für eine mehrfache Verwendung aufgezeichnet und schriftlich fixiert worden sei.[237]

### I. Die Formularvereinbarung

Die Formularvereinbarung kann im Finanzdienstleistungsbereich regelmäßig als starkes Indiz für das Vorliegen von AGB angesehen werden.[238] Gem. § 305 Abs. 1 Satz 2 BGB ist die einschlägige Bestimmung dann in die Vertragsurkunde selbst aufgenommen. Wegweisendes Kriterium ist dabei die Vorformulierung, also das abstrakte Abfassen einer Klausel bereits vor Vertragsschluss für eine Vielzahl von Verträgen.[239] Der Gesetzgeber beschreibt die Vorformulierung als „formales Kriterium", „das auf die über den Einzelvertrag hinausgehende, normenähnliche Typisierung der AGB hinweist".[240]

Dieses Kriterium ist mitunter erfüllt, wenn Vertragsbedingungen in Schriftform vorbereitet oder als Textbausteine in einem Datenverarbeitungsprogramm oder auf einem Datenträger gespeichert sind und zum Vertragsschluss bereitstehen.[241] Eine Notwendigkeit der schriftlichen Formulierung besteht aber nicht. Die Vertragsbedingungen müssen zum Zwecke künftiger wiederholter Einbeziehung in

---

235 BGH, Urteil vom 05.06.2018 – XI ZR 790/16, WM 2018, 1363 Rn. 30; BGH, Urteil vom 09.04.2014 – VIII ZR 404/12, BGHZ 200, 362 = NJW 2014, 2269 Rn. 23 f.; *Grüneberg*, in: Palandt BGB § 305 Rn. 4.

236 Aufgrund der in diesem Prüfungspunkt abweichenden Entscheidungsgründe liegt der Schwerpunkt der Betrachtung in diesem Kapitel auf BGH, Urteil vom 04.07.2017 – XI ZR 233/16, ZIP 2017, 1654.

237 BGH, Urteil vom 04.07.2017 – XI ZR 233/16, ZIP 2017, 1654 Rn. 20, 21 mit Verweis auf BGH, Urteil vom 13.05.2014 – XI ZR 170/13, WM 2014, 1325 Rn. 20.

238 *Ulmer/Habersack*, in: Ulmer/Brandner/Hensen AGB § 305 Rn. 20, 61. Grundsätzlich zur Übertragbarkeit auf vorformulierte Formulare OLG Düsseldorf, Urteil vom 28.01.1972 – 7 U 160/71, NJW 1972, 1816.

239 Vgl. BGH, Urteil vom 27.10.1994 – IX ZR 168/93 = NJW 1995, 190; BGH, Urteil vom 08.11.1974 – V ZR 36/73, BGHZ 63, 238, 239 = NJW 1975, 165, 166; BGH, Urteil vom 29.03.1974 – V ZR 22/73, BGHZ 62, 251, 252 f. = NJW 1974, 1135 f.; *Basedow*, in: MüKo BGB § 305 Rn. 13, § 310 Rn. 30; *Roloff*, in: Erman BGB § 305 Rn. 9 f.

240 BT-Drucks. 7/3919, S. 16.

241 BT-Drucks. 7/3919, S. 16 nennt als Beispiel gedruckte oder vervielfältigte Bedingungen; *Basedow*, in: MüKo BGB § 305 Rn. 13; *J. Becker*, in: Bamberger/Roth BGB § 305 Rn. 17; *Grüneberg*, in: Palandt BGB § 305 Rn. 8; *Roloff*, in: Erman BGB § 305 Rn. 9.

Vertragstexte lediglich im „Kopf des Verwenders" gespeichert sein.[242] Entscheidend für die Abgrenzung zur Individualabrede ist hingegen grundsätzlich die Absicht des Aufstellers, die Bedingungen in mehreren Fällen nutzen zu wollen, wobei sich höchstrichterlich eine allgemein anerkannte Dreifachverwendungsabsicht durchgesetzt hat.[243] Ausreichend zur Annahme von AGB ist bereits die Absicht der Verwendung in nur einem einzigen Fall, wenn die Bedingungen von einem Dritten stammen und seinerseits für eine Vielzahl von Verträgen vorformuliert sind.[244] Dabei können Gerichte eine Verwendungsabsicht regelmäßig auch aus äußeren Umständen wie etwa einer Internetseite ableiten, die im Rahmen von Berechnungsbeispielen ein pauschales Bearbeitungsentgelt ausweist.[245]

Bei Entgeltklauseln ist die Vorformulierung daher kaum von der Hand zu weisen. Ein fixes Bearbeitungsentgelt, wie es in dem betreffenden Urteil vom 04.07.2017 verwendet wurde, ist regelmäßig in schriftlicher Form vorbereitet oder als Muster in den Systemen der Bank gespeichert. Jedenfalls ist es aber nach internen Anweisungen im Kopf des Sachbearbeiters gespeichert. Das gilt für schlichte Darlehens-Formularverträge ebenso wie für aufwendig ausgehandelte Projektfinanzierungen. In der Standardisierung ist nämlich gerade der Zweck von AGB zu sehen, der auf eine Rationalisierung und Effizienzsteigerung abzielt. Im Tageskreditgeschäft sind die Banken indessen bereits nach den Mindestanforderungen an das Risikomanagement (*MaRisk*) dazu verpflichtet, unter Risikogesichtspunkten standardisierte und rechtlich geprüfte Kreditverträge zu verwenden.[246] Aber auch bei umfangreichen Projektfinanzierungen wird die Bank in der Regel auf Muster oder Vorlagen aus früheren Transaktionen zurückgreifen.[247] In dem zugrunde liegenden Urteil

242 BGH, Urteil vom 13.05.2014 – XI ZR 170/13, WM 2014, 1325 Rn. 20 f.; BGH, Urteil vom 10.03.1999 – VIII ZR 204/98, BGHZ 141, 108, 111 = NJW 1999, 2180; OLG Dresden, Urteil vom 08.07.1998 – 8 U 3612/97, BB 1999, 228; AG Hamburg, Urteil vom 07.11.1996 – 8a C 1727/95, NJW-RR 1997, 559; *Grüneberg*, in: Palandt BGB § 305 Rn. 8.

243 BGH, Urteil vom 11.07.2019 – VII ZR 266/17, NJW 2019, 2997, 2999 Rn. 31; BGH, Urteil vom 11.12.2003 – VII ZR 31/03, NJW 2004, 1454; BGH, Urteil vom 27.09.2001 – VII ZR 388/00, NJW 2002, 138, 139; *Basedow*, in: MüKo BGB § 305 Rn. 18; *Roloff*, in: Erman BGB § 305 Rn. 11; *Schlosser*, in: Staudinger BGB § 305 Rn. 19.

244 BGH, Hinweisbeschluss vom 23.08.2016 – VIII ZR 23/16, NJW-RR 2017, 137, 138 Rn. 11; BGH, Urteil vom 17.02.2010 – VIII ZR 67/09, BGHZ 184, 259 = ZIP 2010, 628 Rn. 10; BGH, Urteil vom 02.11.1983 – IVa ZR 86/82, WM 1983, 1408; *von Westphalen*, NJW 2017, 2237.

245 BGH, Urteil vom 13.05.2014 – XI ZR 170/13, WM 2014, 1325 Rn. 10, 22.

246 Anlage 1: Erläuterungen zu den *MaRisk* in der Fassung vom 27.10.2017, BTO 1.2 Anforderungen an die Prozesse im Kreditgeschäft Nr. 10, abrufbar unter www.bafin.de/SharedDocs/Veroeffentlichungen/DE/Rundschreiben/2017/rs_1709_marisk_ba.html (zuletzt abgerufen am 01.03.2020); *J. Koch*, WM 2016, 717, 725; *Lang/Schulz*, WM 2015, 2173, 2177.

247 So wird vor allem bei grenzüberschreitenden Unternehmenskrediten häufig auf den Standardvertrag der *Loan Market Association (LMA)* zurückgegriffen, der somit der Inhaltskontrolle unterliegt, dazu ausführlich *Renner/Leidinger*, BKR 2015, 499, 500 f.

lag ein hauseigenes Formular des Kreditinstitutes vor, sodass sich die Mehrfachverwendung bereits daraus ergab, dass der Verwender das Bearbeitungsentgelt in unterschiedlicher Höhe in acht dem Berufungsgericht vorliegenden Darlehensverträgen verwendete.[248] Die Einordnung als Vertragsbedingung war somit indiziert und konnte seitens der beklagten Bank nicht widerlegt werden.

Aber auch in sonstigen Konstellationen wird dem Kreditinstitut der Nachweis rechtspraktisch wohl kaum gelingen, derartig ausführliche Bedingungen nur einmalig verwenden zu wollen. Dazu bestünde die Möglichkeit, wenn begrifflich bereits keine Vertragsbedingungen i.S.v. § 305 Abs. 1 Satz 1 BGB vorlägen. Die Bank müsste ihrem Kunden demnach *ad hoc* eine Vertragsofferte zum Abschluss eines Darlehensvertrages unterbreiten und dabei erklären, dass Verhandlungen über den Inhalt von vornherein ausschieden.[249] Auch wenn der Kunde das Angebot unvermittelt annehmen würde, dürfte der Vertrag keinerlei Formularbestandteile enthalten, die im Kopf des Verwenders gespeichert waren und auf eine Mehrfachverwendung schließen ließen. Das kann bei einem Bearbeitungsentgelt, welches seitens des Kreditinstitutes mit weitgehend übereinstimmenden Formulierungen in zahllosen Anwendungsfällen erhoben wird, schlichtweg nicht der Fall sein. Gleiches gilt im Übrigen für die seltene Gestaltung mündlich geschlossener (Kredit-) Verträge, da die schriftliche Formulierung keine Voraussetzung für das Vorliegen von AGB darstellt.[250] In dieser Wiederverwendung von Textbausteinen äußert sich die normenähnliche Typisierung der AGB als formales Kriterium. Demnach sind Entgeltbestimmungen mit an Sicherheit grenzender Wahrscheinlichkeit als für eine Vielzahl von Verträgen vorformulierte Vertragsbedingungen einzuordnen.

## II. Der Regelungsort

Damit ist noch nicht die Frage beantwortet, an welcher Stelle eine Entgeltklausel in der Vertragsdokumentation anzutreffen sein kann und ob damit ein Einfluss auf die Qualifizierung als vorformulierte Klausel einhergeht. Für das Finanzinstitut besteht die Möglichkeit, Bearbeitungsentgelte pauschal in dem hauseigenen, allgemeinen Preis- und Leistungsverzeichnis niederzulegen oder als Bestandteil eines konkreten Darlehensvertrages zu formulieren.

---

248 BGH, Urteil vom 04.07.2017 – XI ZR 233/16, ZIP 2017, 1654 Rn. 21.

249 *Basedow*, in: MüKo BGB § 305 Rn. 34; *Ulmer/Habersack*, in: Ulmer/Brandner/Hensen AGB § 305 Rn. 21.

250 BGH, Urteil vom 12.06.2001 – XI ZR 274/00, NJW 2001, 2635, 2636; BGH, Urteil vom 30.09.1987 – IVa ZR 6/86, NJW 1988, 410; BAG, Urteil vom 16.05.2012 – 5 AZR 331/11, ZIP 2012, 1679 Rn. 12; *Pfeiffer*, in: Wolf/Lindacher/Pfeiffer AGB § 305 BGB Rn. 14.

### *1. Entgeltklauseln in Preisverzeichnissen und Darlehensurkunden*

Bei der Fixierung von Entgelten in bankseitig gestellten Preisverzeichnissen wird man ihrem Anschein nach stets von AGB ausgehen können, da es sich dabei unzweideutig um einen Preisaushang handelt.[251] Dieser Ausweis des Entgeltes ist jedoch kein Erfordernis, um von dem Vorliegen vorformulierter Vertragsbedingungen auszugehen, sondern bietet vielmehr nur ein Indiz für deren Annahme.[252] Selbst wenn das Preis- und Leistungsverzeichnis keinen Hinweis auf Bearbeitungsentgelte enthält, reicht eine Regelung der Gebühr im konkreten Kreditvertrag für die Kontrollfähigkeit aus.

Die hier untersuchten Entgeltklauseln befanden sich ausnahmslos in den jeweiligen Darlehens-urkunden und wurden vom BGH als Vertragsbedingungen qualifiziert. Dies mag zwar dem landläufigen Verständnis von AGB als „Kleingedrucktes" oder vertragliches Beiwerk widersprechen, stimmt jedoch mit der Wertung des § 305 Abs. 1 Satz 2 BGB überein. Danach ist es gleichgültig, ob die Bestimmung einen äußerlich gesonderten Bestandteil des Vertrages bildet oder in die Vertragsurkunde selbst aufgenommen wurde. So kann dem erkennenden Senat darin zugestimmt werden, dass auch wiederkehrende Regelungen in einem konkreten Kreditvertrag die Vorformulierung einer Klausel belegen. Die gesetzliche Ausgestaltung erscheint aber auch nicht weiter bedenklich, da die Vorformulierung eine Klausel lediglich als Vertragsbedingung qualifiziert. Von einer tatbestandmäßigen AGB kann erst die Rede sein, wenn die Vertragsbedingung zusätzlich auch gestellt ist und nicht im Einzelnen ausgehandelt wurde.

Ohne Belang ist es nach Sichtweise des BGH jedenfalls, ob eine Bearbeitungsgebühr in Form eines festgelegten Prozentsatzes Eingang in die vertragliche Dokumentation finde oder das Entgelt anhand der Daten des betreffenden Darlehensvertrages nach Bankvorgaben individuell kalkuliert werde.[253] Diese Einschätzung ist nur konsequent, da die Klausel in beiden Fällen zumindest im Kopf des Verwenders gespeichert ist und internen Vorgaben entspricht.

Erwähnenswert mag noch der Umgang mit dem Bestehen eines möglichen Widerspruchs zwischen den AGB und einer für den Einzelfall getroffenen Abrede der Parteien sein. Bei Bearbeitungsentgelten ist diese Konstellation denkbar, wenn zwischen dem bankseitig gestellten allgemeinen Preis- und Leistungsverzeichnis

---

251 OLG Dresden, Urteil vom 02.12.2012 – 8 U 1461/10, BeckRS 2011, 13603; OLG Karlsruhe, Urteil vom 03.05.2011 – 17 U 192/10, WM 2011, 1366; OLG Bamberg, Urteil vom 04.08.2010 – 3 U 78/10, BKR 2010, 436; OLG Celle, Urteil vom 02.02.2010 – 3 W 109/09, WM 2010, 355; *Becher/Krepold*, BKR 2014, 45, 47.

252 BGH, Urteil vom 13.05.2014 – XI ZR 170/13, WM 2014, 1325 Rn. 10, 21 mit Verweis auf *Strube/Fandel*, BKR 2014, 133 und LG Stuttgart, Urteil vom 23.10.2013 – 13 S 108/13, ZIP 2014, 18.

253 BGH, Urteil vom 04.07.2017 – XI ZR 233/16, ZIP 2017, 1654 Rn. 20 mit Verweis auf BGH, Urteil vom 13.05.2014 – XI ZR 170/13, WM 2014, 1325 Rn. 21; *Becher/Krepold*, BKR 2014, 45, 47; *Casper/Möllers*, BKR 2014, 59.

(i.S.v. AGB) und einem im Einzelnen ausgehandelten Darlehensvertrag (i.S.e. Individualabrede) ein Widerspruch besteht. Dieser könnte etwa auf eine fehlende Anpassung der AGB an die Besonderheiten der Individualabrede zurückzuführen sein.[254] In diesem Falle würde eine Entgeltregelung in dem Individualvertrag dem Preisverzeichnis gem. § 305b BGB vorgehen.[255] Aufgrund der weitaus höheren Praxisrelevanz konzentriert sich die hiesige Untersuchung auf Klauseln innerhalb von Kreditverträgen, da eine exklusive Regelung von Bearbeitungsentgelten in einem Preis- und Leistungsverzeichnis des Kreditinstitutes nicht marktüblich ist.

## 2. *Freitextfelder: Selbstständige oder unselbstständige Ergänzung?*

Abgrenzungsprobleme könnten sich mitunter ergeben, wenn überhaupt keine feststehende Formel ersichtlich ist. Das ist denkbar, wenn der Darlehensvertrag lediglich das Wort „Bearbeitungsentgelt" mit einem Freitextfeld verknüpft und einem individuellen Aushandeln unterliegt. Insbesondere in der untergerichtlichen Rechtsprechung lassen sich Beispiele dafür finden, dass eine solche Ausgestaltung der Qualifikation als AGB entgegenstehen kann. Denn allein das Wort Bearbeitungsentgelt gefolgt von einem Leerraum stellt nach zutreffender Einschätzung noch keine Klausel dar.[256] So wurde mitunter angenommen, dass das individuelle Einfügen einer Prozentsatzziffer des Bearbeitungsentgeltes in einem dafür vorgesehenen Feld keine vorformulierte Bedingung darstellen könne.[257] Sofern es sich nicht bloß um eine unselbstständige Ergänzung handle und der Kunde Einfluss auf das Ausfüllen des Leerfeldes hatte, könne man von einer Individualabrede ausgehen.[258]

Dieser Sichtweise schloss sich im Grundsatz auch der BGH an, konkretisierte aber, dass die Vertragspartei in der Auswahl der einzutragenden Alternativen völlig frei sein müsse.[259] Um eine selbständige Ergänzung handle es sich, wenn die offenen Stellen durch den Kunden ohne Beeinflussung ausgefüllt werden

254 *Basedow*, in: MüKo BGB § 305b Rn. 1.

255 BGH, Versäumnisurteil vom 21.09.2005 – XII ZR 312/02, BGHZ 164, 133 = NJW 2006, 138, 139; BGH, Urteil vom 09.04.1987 – III ZR 84/86, NJW 1987, 2011; *Basedow*, in: MüKo BGB § 305b Rn. 1 f.; *Stadler*, in: Jauernig BGB § 305b Rn. 2.

256 *Becher/Krepold*, BKR 2014, 45, 48.

257 LG München I, Urteil vom 22.08.2014 – 22 O 21794/13, juris Rn. 23; AG Marienberg, Urteil vom 05.02.2013 – 4 C 63/13, BKR 2013, 247, 248.

258 LG Essen, Hinweisbeschluss vom 30.08.2013 – 13 S 91/13, juris Rn. 13; *Grüneberg*, in: Palandt BGB § 305 Rn. 8. Unselbstständige Ergänzungen konkretisieren den Vertragsgegenstand lediglich, wobei der Charakter einer Klausel als vorformulierte Vertragsbedingung unzweifelhaft ist, BGH, Teilverzichts- und Schlussurteil vom 18.12.1996 – IV ZR 60/96, NJW-RR 1997, 1000.

259 BGH, Urteil vom 07.02.1996 – IV ZR 16/95, NJW 1996, 1676, 1677.

könnten.[260] Somit genügt es nicht, wenn das Kreditinstitut nach bankinternen Vorgaben üblicherweise daran gehalten ist, handschriftlich oder maschinell bestimmte Regelungen oder Werte einzufügen. Denn auch hierbei kennt der Verwender die Höhe der betreffenden Klausel bereits zu Beginn, sodass sie getreu dem Maßstab der Rechtsprechung in seinem Kopf gespeichert ist.[261]

Selbständige Ergänzungen sind demzufolge als vorformuliert zu qualifizieren, wenn dem Kunden durch ein Formular oder eine Verhandlung bestimmte Ausfüllalternativen nahegelegt werden.[262] Dafür reichten dem BGH in einer anderen Rechtsstreitigkeit zur Annahme, die vorgenommene Ergänzung des Leerfeldes sei für eine Vielzahl von Verträgen vorformulierte Vertragsbedingung, die Verwendung in nur rund 15 % aller abgeschlossenen Verträge des Verwenders.[263]

Infolgedessen kann ein Freitextfeld in einem Darlehensvertrag regelmäßig nicht den Anschein vorformulierter Vertragsbedingungen widerlegen. Das gilt immer dann, wenn auf Seiten des Verwenders fixe und nicht transparente Berechnungsparameter vorgesehen sind, von denen nicht abgewichen werden kann oder soll. Kommt es jedoch im Einzelnen zu Verhandlungen zwischen den Vertragsparteien über die in Betracht kommenden Ausfüllungsalternativen, so betrifft die Frage weniger das Bestehen von vorformulierten Vertragsbedingungen, sondern zielt vielmehr auf die Reichweite eines möglichen Aushandelns ab und ist anschließend in Abgrenzung zum Stellen zu untersuchen.

## B. Bei Abschluss eines Vertrages gestellt

Eine Betrachtung der gesetzlichen Ausgestaltung zeigt, dass die Schwelle zur Annahme vorformulierter Vertragsbedingungen schnell überschritten ist. Herkömmliche, mehrfach verwendete Vertragstexte sind regelmäßig als für eine

---

260 BGH, Urteil vom 06.12.2002 – V ZR 220/02, NJW 2003, 1313, 1314; ähnlich *Mehringer*, EWiR 2018, 451, 452, wonach dem Vertragspartner in einem Freifeld zumindest die eigenständige Formulierung einer Vertragsregelung offengehalten werden müsse.

261 BGH, Urteil vom 13.05.2014 – XI ZR 170/13, WM 2014, 1325 Rn. 10, 20, 24; BGH, Urteil vom 13.11.1997 – X ZR 135/95, NJW 1998, 1066, 1067 f.; *von Westphalen*, BB 2017, 2051; *Becher/Krepold*, BKR 2014, 45, 48; *Miethaner*, NJW 2010, 3121,3124.

262 BGH, Urteil vom 05.06.2018 – XI ZR 790/16, WM 2018, 1363 Rn. 9 f., sehr deutlich Rn. 30, wonach variierende Gebührenhöhen lediglich ein Beleg dafür seien, dass die Vertragsbedingungen für eine mehrfache Verwendung schriftlich fixiert worden seien und die Berechnung internen Vorgaben unterliege; ferner BGH, Teilverzichts- und Schlussurteil vom 18.12.1996 – IV ZR 60/96, NJW-RR 1997, 1000 f.; BGH, Urteil vom 15.03.2018 – III ZR 126/17, NJW-RR 2018, 683 Rn. 8 zum Vorliegen einer Formularbedingung in einem Fernüberwachungsvertrag bei vorgegebenen Vertragslaufzeiten zum Ankreuzen.

263 BGH, Urteil vom 10.03.1999 – VIII ZR 204/98, BGHZ 141, 108 = NJW 1999, 2180, 2181; wohl aber großzügiger BGH, Urteil vom 11.07.2019 – VII ZR 266/17, NJW 2019, 2997, 2999 Rn. 32 ff.

Vielzahl von Verträgen vorformulierte Vertragsbedingungen zu qualifizieren. Darunter fallen nahezu jeder Kreditvertrag und jede Entgeltklausel. Der BGH geht parallel mit den Entscheidungen der Vorinstanzen davon aus, dass ein individuelles Aushandeln der streitgegenständlichen Klausel nicht hinreichend dargelegt wurde und es sich somit um gestellte Vertragsbedingungen handle.[264] Eine nähere Untersuchung ist aber bereits deshalb angezeigt, weil sich die beklagten Institute in beiden Urteilen vom 04.07.2017 ausdrücklich auf das Vorliegen einer Individualvereinbarung berufen haben.[265]

## I. Stellen von Vertragsbedingungen durch die Bank

Das Gesetz sieht vor, dass die vorformulierten Vertragsbedingungen durch den Verwender bei Abschluss des Vertrages gegenüber der anderen Partei gestellt sein müssen, damit von kontrollfähigen AGB gesprochen werden kann. Das Stellen zeigt sich in der Inanspruchnahme von Vertragsgestaltungsmacht durch eine Vertragspartei, dem Verwender.[266] Nach ständiger Rechtsprechung liegt ein Stellen vor, wenn Bestimmungen durch eine Vertragspartei zum Gegenstand der Verhandlungen gemacht würden und ihre Verwendung zum Vertragsschluss verlangt werde.[267] Verwender sei, auf wessen Veranlassung die Einbeziehung zurückgehe[268] oder wer die Einbeziehung einseitig und diskussionslos veranlasst habe.[269] Denn mit der Verwendung von Textbausteinen oder Formularvereinbarungen wird regelmäßig die Aussage getroffen, dass keine Bereitschaft bestehe, von diesen ursprünglich vorformulierten Bedingungen abzuweichen.[270]

---

264 BGH, Urteil vom 04.07.2017 – XI ZR 233/16, ZIP 2017, 1654 Rn. 25; OLG Hamburg, Urteil vom 27.04.2016 – 13 U 2/16, juris Rn. 20; LG Hamburg, Urteil vom 01.12.2015 – 328 O 474/14, juris Rn. 14.

265 BGH, Urteile vom 04.07.2017 – XI ZR 562/15, BGHZ 215, 172 = NJW 2017, 2986 Rn. 10 und XI ZR 233/16, ZIP 2017, 1654 Rn. 4.

266 *Basedow*, in: MüKo BGB § 305 Rn. 21; *J. Becker*, in: BeckOK BGB § 305 Rn. 26; *K. P. Berger*, in: Prütting/Wegen/Weinreich BGB § 305 Rn. 6; *Grüneberg*, in: Palandt BGB § 305 Rn. 10; *Roloff*, in: Erman BGB § 305 Rn. 12; *Stadler*, in: Jauernig BGB § 305 Rn. 10; *Schlosser*, in: Staudinger BGB § 305 Rn. 26; *Ulmer/Habersack*, in: Ulmer/Brandner/Hensen AGB § 305 Rn. 26 sprechen von einer „Antinomie zwischen Verwender und Kunde".

267 BGH, Urteil vom 20.01.2016 – VIII ZR 26/15, NJW 2016, 1230 Rn. 24; BGH, Urteil vom 13.05.2014 – XI ZR 170/13, WM 2014, 1325 Rn. 24; BGH, Urteil vom 20.03.2014 – VII ZR 248/13, BGHZ 200, 326 = NJW 2014, 1725 Rn. 23; BGH, Urteil vom 20.02.2014 – IX ZR 137/13, NJW-RR 2014, 937 Rn. 9; BGH, Urteil vom 01.03.2013 – V ZR 31/12, NJW-RR 2013, 1028 Rn. 17; BGH, Urteil vom 17.02.2010 – VIII ZR 67/09, BGHZ 184, 259 = ZIP 2010, 628, 631 Rn. 11.

268 BGH, Urteil vom 01.03.2013 – V ZR 31/12, NJW-RR 2013, 1028, 1029 Rn. 17.

269 BGH, Urteil vom 20.03.1985 – IV a ZR 223/83, NJW 1985, 2477.

270 BGH, Urteil vom 27.03.1991 – IV ZR 90/90, NJW 1991, 1678; BGH, Urteil vom 08.11.1978 – IV ZR 179/77, NJW 1979, 367, 368.

Zur Begründung kann auf den Gesetzgeber abgestellt werden, der gerade in der Einseitigkeit der Auferlegung und in der fehlenden Möglichkeit zur Einflussnahme ein wesentliches Charakteristikum von AGB gesehen hat.[271] Darin sei „der innere Grund und Ansatzpunkt für die rechtliche Sonderbehandlung von AGB gegenüber Individualabreden" zu sehen. Dass die Bedingungen „fertig" zur Vertragsgrundlage gemacht würden und der andere Teil keinen Einfluss auf ihre Ausgestaltung nehmen könne, rechtfertige eine Kontrolle. Für die Betrachtung im unternehmerischen Geschäftsverkehr nicht von Relevanz ist die Reichweite der Richtlinie 93/13/EWG[272]. Für Verbraucherverträge darf das Stellen demnach keine Voraussetzung der Inhaltskontrolle darstellen, was sich im deutschen Recht in der Fiktion des § 310 Abs. 3 Nr. 1 BGB äußert.[273]

Insbesondere bei gebräuchlichen Klauseln bedienen sich Banken, Unternehmen und Rechtberater häufig vorformulierten Regelungen aus Vertragsmustern oder Formularbüchern.[274] Die Anforderungen an ein Stellen sind dabei durchaus gering. Ausreichend kann nach strenger Auslegung bereits das Zusenden eines Vertragsangebotes oder die Übersendung eines Entwurfes sein.[275] *Qua definitionem* liegt ein Stellen aber erst vor, wenn der Verwender sein strukturelles Übergewicht ausnutzt und die Einbeziehung seiner Vertragsbedingungen verlangt. Nach praxisnaher Auslegung müsse daher zusätzlich bewertet werden, ob die Bedingungen gegenüber dem anderen Vertragsteil ohne Verhandlungsmöglichkeit einseitig durchgesetzt wurden.[276] Die unter anderem in der *M&A*-Vertragsgestaltung entwickelte Sichtweise begründet, dass in einer herkömmlichen Verhandlungsposition keine Partei davon ausgehe, ihren ursprünglichen Vertragsentwurf am Ende unverändert durchsetzen zu können.[277] Demnach liege schon kein Ausnutzen einer Machtposition vor. Diesem Verständnis wird entgegengehalten, dass die Rolle des Verwenders stets der Partei zugewiesen werden solle, auf deren Veranlassung die Einbeziehung der vertraglichen Bedingungen basiere.[278] Entscheidend sei demnach

---

271 Zu den nachfolgenden Belegen BT-Drucks. 7/3919, S. 15 f.

272 Richtlinie 93/13/EWG des Rates vom 05.04.1993 über missbräuchliche Klauseln in Verbraucherverträgen.

273 Vgl. dazu nur *Basedow*, in: MüKo BGB § 310 Rn. 89 (m.w.N.).

274 *Kästle*, NZG 2014, 288; *Maier-Reimer/Niemeyer*, NJW 2015, 1713, 1717; eingehend zur Syndizierung eines Konsortialkredits *Josenhans/Danzmann/Lübbehüsen*, BKR 2018, 142.

275 *W. Müller/Schilling*, BB 2012, 2319, 2322; *Leuschner*, AcP 207 (2007), 491, 516.

276 *Kästle*, NZG 2014, 288, 289 ff.; *Lischek/Mahnken*, ZIP 2007, 158, 161 ff.; *Maier-Reimer/Niemeyer*, NJW 2015, 1713, 1718; ähnlich auch *Pfeiffer*, in: Wolf/Lindacher/Pfeiffer AGB § 305 BGB Rn. 30; früher *Pawlowski*, BB 1978, 161; *von Falkenhausen*, BB 1977, 1124, 1127.

277 *Kästle*, NZG 2014, 288, 289; *Lischek/Mahnken*, ZIP 2007, 158, 161; *Maier-Reimer/Niemeyer*, NJW 2015, 1713, 1718.

278 *Ulmer/Habersack*, in: Ulmer/Brandner/Hensen AGB § 305 Rn. 26; *Schiffer/Weichel*, BB 2011, 1283; *Jaeger*, NJW 1979, 1569, 1571.

allein die Urheberschaft, eine Verhandlungsmöglichkeit hingegen irrelevant. Andernfalls würde die Differenzierung zwischen den Tatbestandsmerkmalen des Stellens und des Aushandelns verwischt.[279]

Kreditverträge werden samt Bearbeitungsentgelten und Gebührenklauseln im Regelfall von Banken erstellt. Selbst wenn Kreditinstitute externe Rechtsberater mit der Ausarbeitung umfangreicher Kreditverträge mandatieren, sind sie der Sphäre der Bank eindeutig zuzuordnen. Besteht dabei insgesamt keine Bereitschaft, von den ursprünglich vorformulierten Bedingungen abzuweichen, liegt ein Stellen vor. Auch in dem betrachteten Urteil betont der BGH ausdrücklich, dass nur dann nicht von einem Stellen ausgegangen werden könne, wenn dem Darlehensnehmer eine effektive Gestaltungsfreiheit zur Wahrung seiner Interessen und letztlich zur Beeinflussung der streitgegenständlichen Vertragsbedingungen möglich sei.[280] Eine hinreichende Gestaltungsfreiheit kann sich somit aus dem Aushandeln einer Individualabrede zwischen den Vertragsparteien ergeben. Die Verwendereigenschaft des Darlehensgebers ist aber auch dann nicht gegeben, wenn der Kreditvertrag auf beidseitig anerkannten Vertragsbedingungen beruht oder aber der Darlehensnehmer als Verwender der AGB zu qualifizieren ist.

## II. Stellen von Vertragsbedingungen durch den Kunden

Insbesondere im Zusammenhang mit umfangreichen Kreditfinanzierungen erscheint es nicht ausgeschlossen, dass kreditbedürftige Unternehmen durch die Erstellung eines *Term Sheets* selbst an Banken herantreten.[281] Die Inanspruchnahme von Vertragsgestaltungsmacht als Grundeigenschaft des Verwenders liegt dann zunächst auf Seiten des Kunden, der einen Vertragsentwurf mit Gebührenklausel in die Verhandlungen einbringt. Zu einer Inhaltskontrolle von Gebührenklauseln käme es in dieser Konstellation nicht, da dadurch nur solche Klauseln für unwirksam erklärt werden, die zum Nachteil der anderen Vertragspartei und nicht des Verwenders selbst gereichen.[282] Dies würde jedoch voraussetzen, dass dem Darlehensnehmer von Beginn der Vertragsanbahnung bis zum endgültigen

279 OLG Düsseldorf, Urteil vom 05.04.1990 – 6 U 167/89, NJW-RR 1990, 1311 (nicht rechtskräftig, aber m.w.N.); *E. Koch/Stübing*, AGBG § 1 Rn. 20; *Sonnenschein*, NJW 1980, 1489, 1491; *Jaeger*, NJW 1979, 1569, 1571.

280 BGH, Urteil vom 04.07.2017 – XI ZR 233/16, ZIP 2017, 1654 Rn. 23.

281 *Edelmann*, in: MAH Bank- und Kapitalmarktrecht § 4 Rn. 125 bei Bauträgerverträgen; *Josenhans/Danzmann/Lübbehüsen*, BKR 2018, 142, 144 bei Konsortialfinanzierungen; ähnlich *Henze*, Entgeltklauseln, S. 55.

282 Siehe dazu LG Chemnitz, Urteil vom 19.05.2017 – 6 O 895/15, juris; LG Frankfurt a.M., Urteil vom 07.08.2015 – 2–18 O 435/14, WM 2015, 1993; *Basedow*, in: MüKo BGB § 305 Rn. 25.

Vertragsschluss die Dokumentenhoheit und das Recht zum Vorschlag der einzelnen Regelungen eingeräumt wird.[283]

Sofern ein Geschäftskunde den Vertragsentwurf für einen einmaligen Abschluss einer Kreditvereinbarung formuliert, könnte man dem Dokument gar die Vorformulierung für eine Vielzahl von Verträgen absprechen.[284] Denn als Produkt einer konkreten Entwicklung innerhalb einer Vertragsabschlusssituation sind vertragliche Regelungen keine AGB.[285] Diese Erkenntnis ist für wiederkehrende Formulierungen wie „Bearbeitungsentgelt bei Vertragsschluss" jedoch fruchtlos, da es sich nur in den seltensten Fällen um einen einmaligen Kreditbedarf und die einmalige Verwendung handeln wird. Nach ständiger Rechtsprechung ist die Verwendereigenschaft aber auch dann nicht gegeben, wenn der Kunde eine Klausel nur deshalb in den Vertrag einführt, weil die Gegenseite ansonsten üblicherweise zu einem Vertragsschluss nicht bereit ist.[286]

Handelt der Darlehensnehmer bei dem Entwurf eines Kreditvertrages in Anbetracht einer solchen Übung und somit in vorauseilendem Gehorsam, ist der Darlehensgeber aufgrund seiner Marktmacht als Verwender zu qualifizieren. In einem kompetitiven Marktumfeld und insbesondere im Anschluss an die hiesigen Urteile zur Unwirksamkeit laufzeitunabhängiger Bearbeitungsentgelte wird man zwar nicht generell davon ausgehen können, dass Darlehensgeber weiterhin auf die Erhebung einer solchen laufzeitunabhängigen Gebühr bestehen.[287] Dennoch bleibt es bei dem Risiko, dass die Gerichte eine mit Bearbeitungsgebühren versehene Kreditvereinbarung aus der Sphäre des Bankkunden dem Kreditinstitut zurechnen werden.

---

283 Nach *Josenhans/Danzmann/Lübbehüsen*, BKR 2018, 142, 144 könnten das *Term Sheet* des Kreditnehmers, *Fee Letter* und auch Mandatsbriefe und E-Mails der beteiligten Kanzleien die Einführung der Gebührenklausel in den Vertrag dokumentieren.

284 Dies gilt vorbehaltlich der Sonderreglung für die einmalige Verwendung von Verbraucherverträgen nach § 310 Abs. 3 Nr. 2 BGB; BGH, Urteil vom 13.09.2001 – VII ZR 487/99, ZIP 2001, 1921; BGH, Urteil vom 10.03.1999 – VIII ZR 204/98, BGHZ 141, 108, 111 = NJW 1999, 2180, 2181; BGH, Urteil vom 29.05.1989 – II ZR 220/88, NJW 1989, 2683, 2685; BGH, Urteil vom 22.09.1987 – IX ZR 220/86, WM 1987, 1430, 1431; *Ulmer/Habersack*, in: Ulmer/Brandner/Hensen AGB § 305 Rn. 22.

285 So ausdrücklich *Miethaner*, NJW 2010, 3121.

286 BGH, Urteil vom 09.03.2006 – VII ZR 268/04, NJW-RR 2006, 740, 741; BGH, Urteil vom 04.03.1997 – X ZR 141/95, NJW 1997, 2043, 2044; BGH, Urteil vom 16.11.1990 – V ZR 217/89, NJW 1991, 843, 844; *Basedow*, in: MüKo BGB § 305 Rn. 25; *Grüneberg*, in: Palandt BGB § 305 Rn. 13.

287 *Walgenbach*, in: Langenbucher/Bliesener/Spindler, Bankrechts-Kommentar 16. Kapitel Rn. 10a; daher wird teilweise empfohlen, alle Umstände des Einzelfalls zu dokumentieren, *Josenhans/Danzmann/Lübbehüsen*, BKR 2018, 142, 145. Insofern kann man auch nicht mehr von einem konventionellen Geschäftsmodell der Banken sprechen.

Etwas anderes ergibt sich grundsätzlich auch nicht, wenn die Vertragsbedingungen aus der Feder eines neutralen Dritten stammen. Beauftragt eine Vertragspartei etwa einen Rechtsanwalt oder Notar mit dem Entwurf und der Formulierung von Vertragsbedingungen, dann liegen unzweifelhaft AGB vor, da hierbei die Zurechnung entscheidend ist.[288] Sind die Bedingungen hingegen von einem Notar oder Makler als neutraler Instanz entworfen worden und stammen beispielsweise aus einem Formularhandbuch, liegt ein einseitiges Auferlegen zunächst nicht vor, da von einer Zurechnung keine Rede sein kann.[289] Für die Differenzierung ist es grundsätzlich nicht entscheidend, ob die Bedingungen für eine Partei begünstigend oder belastend sind, weil von dem Inhalt nicht auf eine Verwendereigenschaft geschlossen werden kann.[290] Um die Einseitigkeit der Veranlassung zu entkräften, käme daher vielmehr ein beiderseitiger Einbeziehungsvorschlag in Betracht.

## III. Die freie Entscheidung als beidseitiger Einbeziehungsvorschlag

Von der Einseitigkeit der Auferlegung kann infolgedessen nicht gesprochen werden, wenn die Einbeziehung von vorformulierten Vertragsbedingungen auf eine freie Entscheidung der beteiligten Parteien zurückzuführen ist.[291] Seinen vermeintlichen Ursprung hat dieses Verständnis in einem BGH-Judikat vom 17.02.2010, welches einen Gebrauchtwagenkaufvertrag zwischen Privaten zum Inhalt hatte.[292] Der erkennende VIII. Zivilsenat urteilte, dass eine einvernehmliche Nutzung eines Mustervertrages kein Stellen darstelle, da keine Partei der Verwender der

---

288 BGH, Urteil vom 01.03.2013 – V ZR 31/12, NJW-RR 2013, 1028 Rn. 17; BGH, Urteil vom 27.09.2001 – VII ZR 388/00, NJW 2002, 138, 139; BGH, Urteil vom 14.05.1992 – VII ZR 204/90, BGHZ 118, 229 = NJW 1992, 2160, 2161; ausführlich dazu *Basedow*, in: MüKo BGB § 305 Rn. 22 ff.; *J. Becker*, in: BeckOK BGB § 305 Rn. 27 f.

289 BGH, Urteil vom 12.06.1992 – V ZR 106/91, NJW 1992, 2817; OLG Hamm, Urteil vom 21.01.1999 – 18 U 142/98, NJW-RR 1999, 999; OLG Köln, Urteil vom 13.02.1998 – 3 U 86/97, MittRhNotK 1998, 329; dazu ebenfalls *Löhnig/Jerger*, GWR 2013, 239, 240 f.

290 BGH, Urteil vom 17.02.2010 – VIII ZR 67/09, BGHZ 184, 259 = ZIP 2010, 628; BGH, Urteil vom 24.05.1995 – XII ZR 172/94, BGHZ 130, 50, 57 = NJW 1995, 2034; BGH, Urteil vom 12.06.1992 – V ZR 106/91, NJW 1992, 2817; BGH, Urteil vom 16.11.1990 – V ZR 217/89, NJW 1991, 843, 844; OLG Köln, Urteil vom 13.02.1998 – 3 U 86/97, MittRhNotK 1998, 329; a.A. OLG Düsseldorf, Urteil vom 23.06.1994 – 10 U 152/93, BB 1994, 1521; *Basedow*, in: MüKo BGB § 305 Rn. 28 im Rahmen des Elements der Zurechnung von AGB.

291 Ausdrücklich *Basedow*, in: MüKo BGB § 305 Rn. 21; *Roloff*, in: Erman BGB § 305 Rn. 12; ähnlich *Ulmer/Habersack*, in: Ulmer/Brandner/Hensen AGB § 305 Rn. 29.

292 BGH, Urteil vom 17.02.2010 – VIII ZR 67/09, BGHZ 184, 259 = ZIP 2010, 628; dazu *Kollmann*, in: NK BGB § 305 Rn. 32, der die Entscheidung als „einsames Urteil" betitelt.

AGB sei.[293] Trotz der unüblichen Konstellation zwischen Verbrauchern lässt sich der abstrakte Aussagegehalt gleichermaßen auf den B2B-Bereich übertragen, da § 305 Abs. 1 BGB als allgemeine Vorschrift des AGB-Rechts im unternehmerischen Verkehr nicht anders ausgelegt wird.[294]

Im Mittelpunkt der Entscheidung aus dem Jahr 2010 steht die ausführliche Auseinandersetzung mit dem eigenständigen Tatbestandsmerkmal des Stellens gem. § 305 Abs. 1 Satz 1 BGB. Danach sei die Einseitigkeit der Auferlegung und der mangelnde Einfluss des Vertragspartners auf die Ausgestaltung der Regelungen ein zentrales Charakteristikum von AGB.[295] In dem Sachverhalt hatten sich die Parteien telefonisch darauf geeinigt, welches Vertragsformular eines Dritten man verwenden wolle und wer dieses zur Unterzeichnung mitbringen solle. Laut BGH fehle es an der Ausnutzung der einseitigen Gestaltungsmacht durch eine Partei. Zwar führte der Senat ergänzend aus, dass es nicht ausreichend sei, wenn der andere Vertragsteil lediglich die Wahl zwischen bestimmten, vorgegebenen Formularalternativen habe. Vielmehr müsse er in der Auswahl der möglichen Vertragstexte frei sein.[296] Da aber kein Vertragsteil die Verwendung eines bestimmten Formulars verlangt habe, stelle sich die Einbeziehung als Ergebnis einer freien Entscheidung der mit dem Verwendungsvorschlag konfrontierten Partei dar.[297] Durch einvernehmliches Verwenden und mangels einseitiger Auferlegung lagen keine gestellten Vertragsbedingungen vor.[298]

---

293 Siehe dazu nur den ersten Leitsatz des Gerichts BGH, Urteil vom 17.02.2010 – VIII ZR 67/09, BGHZ 184, 259 = ZIP 2010, 628.

294 Dies gilt vorbehaltlich der Besonderheiten von Verbraucherverträgen gem. § 310 Abs. 3 BGB. Ebenso *Axer*, AGB-Kontrolle, S. 266; *Schiffer/Weichel*, BB 2011, 1283, 1288; *Kaufhold*, ZIP 2010, 631 hält das Urteil auch im Unternehmerverkehr für richtungsweisend; *R. Koch*, BB 2010, 1810, 1813 und *von Westphalen*, ZIP 2010, 1110 sehen in der Übertragung einen Erst-Recht-Schluss; a.A. *Abels*, BB 2010, 918, 919, wonach die Entscheidung für den B2B-Bereich nichts hergebe.

295 Zum Folgenden BGH, Urteil vom 17.02.2010 – VIII ZR 67/09, BGHZ 184, 259 = ZIP 2010, 628, 631 Rn. 16, 18, 20 mit Verweis auf die Gesetzesbegründung BT-Drucks. 7/3919, S. 15 f.

296 BGH, Urteil vom 17.02.2010 – VIII ZR 67/09, BGHZ 184, 259 = ZIP 2010, 628, 631 Rn. 18 mit Verweis auf BGH, Urteil vom 30.06.1994 – VII ZR 116/93, BGHZ 126, 326, 333 = NJW 1994, 2825.

297 BGH, Urteil vom 17.02.2010 – VIII ZR 67/09, BGHZ 184, 259 = ZIP 2010, 628, 631 Rn. 18, 20; das Merkmal der freien Entscheidung geht wohl zurück auf BGH, Urteil vom 04.03.1997 – X ZR 141/95, NJW 1997, 2043, 2044; *Basedow*, in: MüKo BGB § 305 Rn. 21; *Löhnig/Jerger*, GWR 2013, 239, 241.

298 Genaugenommen ist dabei fraglich, ob die Verwendereigenschaft sodann bei beiden Vertragsparteien gegeben ist oder bei keiner Partei besteht, vgl. *Grüneberg*, in: Palandt BGB § 305 Rn. 13; *Pfeiffer*, in: Wolf/Lindacher/Pfeiffer AGB § 305 BGB Rn. 32; *Roloff*, in: Erman BGB § 305 Rn. 12; *Schlosser*, in: Staudinger BGB § 305 Rn. 32; *Ulmer/Habersack*, in: Ulmer/Brandner/Hensen AGB § 305 Rn. 29; *Kaufhold*, BB 2012, 1235, 1240. Dies kann im Ergebnis aber dahinstehen, da die §§ 305 ff. BGB gem.

### 1. Freie Entscheidung hinsichtlich des Vertragstextes

Das vorstehend skizzierte Judikat veranlasste einzelne Autoren zu weitreichenden Erklärungsansätzen, die unter anderem eine zunehmend missverständliche Interpretation der Voraussetzung des Aushandelns im Rahmen des § 305 Abs. 1 Satz 3 BGB analysierten.[299] Aufgrund komplexer Geschäfte des unternehmerischen Verkehrs sei bei der Verwendung von AGB kein einheitlicher Tatbestand gegeben und eine nähere Differenzierung notwendig.[300] So werde für die Einordnung von AGB zunehmend fälschlicherweise von einem untrennbaren Begriffspaar „Stellen – Aushandeln“ ausgegangen.[301] Was nicht gestellt ist, müsse demnach zwangsläufig ausgehandelt sein und umgekehrt. Abzustellen sei hingegen vielmehr auf den objektiven Erklärungswert des Verwenders, wenn dieser dem anderen Vertragsteil Vertragsbedingungen vorschlage.

#### a. Trennung zwischen Vertragsanbahnung und Vertragsverhandlung

Somit bedurfte es einer näheren Untersuchung, ob für einen unbeteiligten Dritten *a priori* erkennbar ist, dass die angebotenen Bedingungen insgesamt frei verhandelbar gewesen seien.[302] Die Entscheidung vom 17.02.2010 könne als deutliches Beispiel dafür gesehen werden, dass es hinsichtlich der Frage des Stellens von AGB nicht auf die strengen Anforderungen eines Aushandelns zwischen den Vertragsparteien ankomme könne, sondern eine mehrstufige und einzelfallbezogene Prüfung angezeigt sei.[303] Bereits an dem Tatbestandsmerkmal des Stellens müsse eingehend geprüft werden, ob es sich um ein einseitiges Auferlegen unverhandelbarer Regelungen handle (dann lägen AGB vor) oder ob das Übernehmen des verhandelbaren Vertragstextes auf einer freien Entscheidung des Kunden beruhe (dann lägen keine AGB vor).[304] Denn § 305 Abs. 1 Satz 3 BGB besage seinem Normzweck nach, dass der Verwender von AGB den Eindruck der Unverhandelbarkeit durch den Nachweis eines individuellen Aushandelns widerlegen könne.[305] Somit

§ 305 Abs. 1 Satz 1 BGB nur zwischen Verwender und einer anderen Vertragspartei gelten, nicht aber die Rechtsbeziehungen zwischen zwei Verwendern regeln, ebenso BGH, Urteil vom 17.02.2010 – VIII ZR 67/09, BGHZ 184, 259 = ZIP 2010, 628, 631 Rn. 21 mit Verweis auf OLG Köln, Urteil vom 22.10.1993 – 19 U 34/93, NJW 1994, 59.

299 *Kaufhold*, ZIP 2010, 631; *R. Koch*, BB 2010, 1810; *von Westphalen*, ZIP 2010, 1110.

300 So ausdrücklich *R. Koch*, BB 2010, 1810.

301 Wegweisend *Kaufhold*, NJW 2014, 3488, 3489; *dies.*, ZIP 2010, 631, 633; siehe zum Begriffspaar nur *Basedow*, in: MüKo BGB § 305 Rn. 21, 34; *K. P. Berger*, NJW 2010, 465, 468; *W. Müller/Griebeler/Pfeil*, BB 2009, 2658, 2660.

302 *Kaufhold*, BB 2012, 1235, 1236; *dies.*, ZIP 2010, 631, 633.

303 *Kaufhold*, NJW 2014, 3488, 3489; *dies.*, ZIP 2010, 631, 633.

304 *Kaufhold*, ZIP 2010, 631, 633, die im Stellen das entscheidende Tatbestandmerkmal von AGB sieht; schon mit ähnlichem Ansatz *Lischek/Mahnken*, ZIP 2007, 158, 161, wonach das Tatbestandmerkmal des Stellens faktisch ignoriert werde.

305 *Kaufhold*, ZIP 2010, 631, 633 mit Verweis auf BT-Drucks. 7/3919, S. 9, 17.

müsse zunächst überhaupt das Vorliegen „echter AGB“[306] geprüft werden, bevor an dem Tatbestandsmerkmal des Aushandelns eine Individualvereinbarung erwogen werden könne.

Im Kern findet eine Trennung zwischen einer ersten Ebene der Vertragsanbahnung und einer zweiten Ebene der Vertragsverhandlung statt. Denn der Anwendungsbereich der §§ 305 ff. BGB sei überhaupt nicht eröffnet, wenn vorformulierte Vertragsbedingungen bloß als Grundlage möglicher, weiterer Verhandlung vorgeschlagen würden und damit die Aufforderung zur inhaltlichen Modifikation des Vertragsentwurfes verbunden sei.[307] Die Diskussion müsse also auf die erste Ebene verlagert werden, da es im Falle einer Zustimmung bzw. keiner Ablehnung der AGB durch den Kunden begrifflich nicht zu einem Aushandeln komme.[308]

Dieser Differenzierung zwischen Vertragsanbahnung und Vertragsverhandlung ist dem Grunde nach zuzustimmen.[309] Es lässt sich die Grundproblematik ausmachen, dass der Urheber des Vertragsentwurfes als Initiator eigener, vorformulierter Bedingungen *qua* Gesetz einer strengen Kontrolle unterliegt.[310] Dies muss aber anders beurteilt werden, wenn der Wesensgehalt einer Klausel oder eines Vertrages von dem Willen beider Parteien getragen wird. Sobald ein Regelwerk im Rahmen der Vertragsanbahnung von einer Vertragspartei eingebracht wird, gilt es zunächst, den Anschein der einseitigen Auferlegung zu widerlegen.[311] Denn gemeinhin ist keine effizientere Alternative dazu ersichtlich, als dass eine Partei einen ersten Vertragsentwurf vorlegt,[312] seien es hauseigene, standardisierte oder neutrale Bestimmungen. Dass dieser Vertragstext aber die endgültige Fassung darstellt, steht mit den Gegebenheiten der Praxis wohl kaum in Einklang.

---

306 So *Kaufhold*, BB 2012, 1235, 1236, die in diesem Zusammenhang bei von vornherein unverhandelbar vorformulierten Vertragsbedingungen auch von „echten AGB“, bei der Übernahme von verhandelbar vorformulierten Vertragsbedingungen von „unechten AGB“ spricht.

307 *Kaufhold*, NJW 2014, 3488, 3489; *dies.*, ZIP 2010, 631, 633, die begrifflich dann von „Vertragsbestimmungen“ spricht, da es sich nicht um Bedingungen handle.

308 *Kaufhold*, BB 2012, 1235, 1237 f. spricht von einer „Zwei-Stufen-Theorie“, wonach auf der ersten Stufe ein „einfaches“ zur Disposition Stellen auf der zweiten Stufe zu einem „ernsthaften“ zur Disposition Stellen werde.

309 Mit ähnlichen Ansätzen *Lischek/Mahnken*, ZIP 2007, 158, 162; a.A. *Schlosser*, in: Staudinger BGB § 305 Rn. 36b; *Leuschner*, JZ 2010, 875, 876, der in dem Ansatz von *Kaufhold* eine deutliche „Überinterpretation“ der Entscheidung erblickt.

310 In diese Richtung *Lehmann-Richter*, NZM 2011, 57, 58, der von dem Verwender als „Diktator“ des Vertragsinhalts spricht; *K. P. Berger*, NJW 2001, 2152, 2154; *von Westphalen*, NJW 1994, 2113, 2114.

311 So auch *Kaufhold*, NJW 2014, 3488, 3489; *dies.*, ZIP 2010, 631, 633; mit ähnlichen Ansätzen *K. P. Berger*, NJW 2010, 465, 467.

312 *Kessel*, AnwBl 2012, 293, 297; *Lischek/Mahnken*, ZIP 2007, 158, 161.

### *b. Praktische Anwendbarkeit: Unbeanstandete Klauselwerke*

Außerhalb des Massengeschäfts wird sich im B2B-Bereich daher regelmäßig eine Verhandlungsmöglichkeit ergeben.[313] Gerade bei komplexen Verträgen ist es insgesamt sinnvoll, die Vornahme der Prüfung an dem Tatbestandsmerkmal des Stellens auf der Ebene einer Vertragsanbahnung vorzunehmen und von der klauselbedingten Einzelfallbetrachtung des Aushandelns zu separieren.[314] Ist der Verwender hingegen nicht verhandlungsbereit bzw. gelingt ihm die Darstellung dieser Bereitschaft nicht, kann man regelmäßig von einem Stellen der Vertragsbedingungen ausgehen, wobei die Schwelle für diesen Nachweis bekanntlich hoch ist. Das zeigt allein der Umstand, dass abgesehen von dieser Rechtssache keine höchstrichterliche Entscheidung ersichtlich ist, in der der BGH das Tatbestandsmerkmal des Stellens aufgrund eines beidseitigen Einbeziehungsvorschlages verneinte.[315] Denn der BGH stellt schon an die Auslegung des § 305 Abs. 1 Satz 3 BGB strenge Anforderungen, wonach ein individuelles Aushandeln im Hinblick auf jede einzelne Klausel und nicht nur bezogen auf das Gesamtwerk geprüft und nachgewiesen werden müsste. Für eine freie Entscheidungsmöglichkeit müssten dann konsequenterweise gleiche Maßstäbe gelten.[316]

In der Praxis des kaufmännischen Verkehrs kann es zudem regelmäßig mit Unsicherheiten verbunden sein, trennscharf zwischen den dargestellten Ebenen der Vertragsanbahnung und der Vertragsverhandlung zu differenzieren. Denn im Regelfall werden die Parteien zumindest über die Verwendung des betreffenden Klauseltextes diskutieren müssen, wie sie es im Übrigen telefonisch auch in der zugrunde liegenden Entscheidung aus dem Jahr 2010 taten.[317] Dabei war der BGH

---

313 *Kästle*, NZG 2014, 288, 289; *K. P. Berger/Kleine*, BB 2007, 2137; *Lischek/Mahnken*, ZIP 2007, 158, 161 f.; speziell zu Unternehmenskaufverträgen *Maier-Reimer/Niemeyer*, NJW 2015, 1713, 1718.

314 Dazu tendiert mitunter auch der BGH, Urteil vom 22.11.2012 – VII ZR 222/12, NJW 2013, 856 Rn. 9; *Kaufhold*, NJW 2014, 3488, 3489.

315 Das gesteht zunächst auch *Kaufhold*, ZIP 2010, 631, 633 ein; sofern sie später in NJW 2014, 3488, 3489 auf BGH, Urteil vom 25.10.2012 – VII ZR 56/11, BGHZ 195, 207 = NJW 2013, 2027, 2028 Rn. 20 verweist, ist dem entgegenzuhalten, dass es sich dabei um einen Fall des Aushandelns bei unverändertem Text handelte; siehe dazu noch unten „Sonderfall: Aushandeln ohne Textänderung", S. 114 ff.; kritischer noch *Schlosser*, in: Staudinger BGB § 305 Rn. 36b, wonach keinesfalls aus dem BGH-Urteil vom 17.02.2010 geschlossen werden könne, dass es immer an einem Stellen fehle, wenn der Initiator lediglich seine Verhandlungsbereitschaft erkläre.

316 BGH, Urteil vom 20.02.2014 – IX ZR 137/13, NJW-RR 2014, 937 Rn. 9; *Leuschner*, JZ 2010, 875, 876 mit Verweis auf BGH, Urteil vom 06.03.1986 – III ZR 195/84, BGHZ 97, 212, 215 = NJW 1986, 1803; BGH, Urteil vom 16.01.1985 – VIII ZR 153/83, BGHZ 93, 252, 254 f. = NJW 1985, 853 sieht darin einen offenen Widerspruch.

317 BGH, Urteil vom 17.02.2010 – VIII ZR 67/09, BGHZ 184, 259 = ZIP 2010, 628, 631 Rn. 6, 20, entscheidend war jedoch dabei, dass nicht über den Inhalt einzelner Klauseln diskutiert wurde, sondern nur darüber, wer ein Vertragsformular zum Vertragsschluss mitbringen solle.

in der Vergangenheit dazu geneigt, bereits in dieser Phase die Ebene der Vertragsverhandlung zu sehen und sich mit Fragen der Individualabrede zu beschäftigen, anstatt allein an dem objektiven Erklärungswert im Rahmen des Tatbestandsmerkmals des Stellens anzuknüpfen.[318] Folglich müsste sich eine Verhandlungssituation einstellen, in der es zu keiner inhaltlichen Erörterung und Modifikation des Regelungsgehalts einzelner Klauseln kommt. Vielmehr müsste bereits von Beginn an Konsens hinsichtlich der Verwendung der vorgelegten Bedingungen bestehen. Nur so kann es durch die Auswahl eines Vertragstextes auf der Vorstufe des Aushandelns zu einem beidseitig gebilligten Einbeziehungsvorschlag kommen.

Dagegen wird teilweise eingewandt, die Grenzen zum Aushandeln seien fließend und könnten zuweilen nur von der zeitlichen Reihenfolge der beiderseitigen Willenserklärungen oder vom Zufall abhängen.[319] In der Tat kommt es auf die getroffene Übereinkunft der Parteien während des Vertragsanbahnungsgespräches an, welcher Ebene ihre Verhandlung zuzuordnen ist. Abzustellen ist dabei darauf, ob der Vertragspartner einzelne Klauseln inhaltlich tatsächlich vergeblich beanstandet. Der Einbeziehung einer freien Entscheidung des Kunden können folglich nur solche Klauseln unterliegen, die *mangels* einer Beanstandung unverändert geblieben sind. Für diejenigen Klauseln, die *trotz* einer Beanstandung oder Verhandlung textlich unverändert bleiben, bietet dieser Ansatz keine Lösung.[320] Da es im unternehmerischen Geschäftsverkehr regelmäßig zu einer Erläuterung bzw. Zurückweisung einzelner Vertragsbedingungen kommt, ist „die AGB-Problematik für einen Großteil der in der Praxis so problematisch erscheinenden Klauseln"[321] aber gerade nicht bereits durch die freie Entscheidung abschließend erledigt.

## *2. Bestätigung der Rechtsprechung*

Rund sechs Jahre nach dem Judikat zur freien Entscheidung war derselbe VIII Zivilsenat des BGH erneut mit der Frage beschäftigt, ob eine klagende Partei als Klauselverwenderin zu qualifizieren ist.[322] Da das zuvor befasste Berufungsgericht auf

318 BGH, Urteil vom 23.01.2003 – VII ZR 210/01, NJW 2003, 1805, 1807; BGH, Urteil vom 03.04.1998 – V ZR 6/97, NJW 1998, 2600, 2601. Auf diese Urteile verweist *Kaufhold* selbst, erklärt jedoch, dass der Verwender seine (vorgebliche) Verhandlungsbereitschaft nicht deutlich zum Ausdruck gebracht habe, *Kaufhold*, ZIP 2010, 631, 633; jetzt jedoch BGH, Urteil vom 22.11.2012 – VII ZR 222/12, NJW 2013, 856 Rn. 9.

319 Das konstatiert auch *Basedow*, in: MüKo BGB § 305 Rn. 28; ähnlich *Ulmer/Habersack*, in: Ulmer/Brandner/Hensen AGB § 305 Rn. 29; *Kaufhold*, BB 2012, 1235, 1236.

320 So selbst *Kaufhold*, BB 2012, 1235, 1236, 1239; *dies.*, ZIP 2010, 631, 633; nach *Leuschner*, JZ 2010, 875, 876 seien nur Fälle erfasst, in denen ein Formulartext den Vertragsinhalt abschließend bestimmen solle und nicht lediglich als Entwurf diene.

321 Bei *Kaufhold*, ZIP 2010, 631, 633 heißt es, dass „die AGB-Problematik für einen Großteil der in der Praxis so problematisch erscheinenden Klauseln einfach und verlässlich erledigt" ist.

322 BGH, Urteil vom 20.01.2016 – VIII ZR 26/15, NJW 2016, 1230 Rn. 29.

die Entscheidung vom 17.02.2010 rekurrierte,[323] bot sich die Möglichkeit einer erneuten höchstrichterlichen Stellungnahme – in dieser Konstellation sogar unmittelbar für den B2B-Bereich. Ein pharmazeutisches Unternehmen verklagte eine Arzneimittelgroßhändlerin im Urkundenprozess auf Zahlung einer Vertragsstrafe.[324] Dabei war wiederum nicht im Streit, dass die Vertragsbedingungen für eine Vielzahl von Verträgen vorformuliert und nicht im Einzelnen zwischen den Parteien ausgehandelt worden sind. Die Parteien stritten darum, ob das klagende Unternehmen als Verwenderin der Vertragsbedingungen zu qualifizieren sei und die AGB sodann einer Inhaltskontrolle standhielten. Denn die Klägerin ließ der Beklagten den Vertrag in zweifacher Ausfertigung mit dem Hinweis zusenden, diesen zu unterzeichnen, sofern sie mit dem Inhalt einverstanden sei. Falls die Gegenseite Anmerkungen oder Änderungswünsche habe, solle sie dies mitteilen. Daraufhin wurde der Vertrag mit einem gesamten Warenwert von EUR 800.000 unverändert geschlossen.

In der Entscheidung vom 20.01.2016 entschied der BGH, dass die Klägerin als Klauselverwenderin i.S.d. § 305 Abs. 1 Satz 1 BGB zu qualifizieren sei.[325] Soweit das Berufungsgericht auf die maßgebliche Senatsrechtsprechung vom 17.02.2010 abstelle, habe es die Besonderheiten dieser Entscheidung verkannt. Den Beteiligten sei es in jenem Fall aus 2010 um die Anwendung eines einwandfreien Vertragsmusters eines neutralen Dritten gegangen und nicht um die Durchsetzung eines vorformulierten Textes aus der Sphäre einer Partei.[326] Die Vertragsbedingungen seien somit aufgrund der Initiative der Klägerin in die Verhandlungen eingebracht worden, da die Frage nach „Anmerkungen und Änderungswünschen" nicht als effektive Möglichkeit zur Durchsetzung von Alternativen zu werten sei.[327]

Trotz des anderen Ergebnisses liegt der Aussagegehalt der Entscheidungsgründe auf einer Linie mit dem Verständnis der „freien Entscheidung" aus dem Jahr 2010.[328] Insbesondere unterscheidet der BGH auch in dem Richterspruch aus 2016 deutlich zwischen den Prüfungspunkten des Stellens und des Aushandelns. Die Ausführungen erstrecken sich insgesamt nur auf das Stellen, also auf die Ebene der Vertragsverhandlung, wobei dem Senat für die Annahme einer freien Entscheidung die Zusendung und Übernahme eines vorgeschlagenen Vertragstextes an den gewerblichen Kunden nicht genügte.[329] Denn darin sei kein rechtlich

---

323 OLG Köln, Urteil vom 20.01.2015 – 15 U 142/14, BeckRS 2016, 03333 Rn. 37, 44 ff.

324 Zum Sachverhalt insgesamt BGH, Urteil vom 20.01.2016 – VIII ZR 26/15, NJW 2016, 1230.

325 BGH, Urteil vom 20.01.2016 – VIII ZR 26/15, NJW 2016, 1230 Rn. 26.

326 BGH, Urteil vom 20.01.2016 – VIII ZR 26/15, NJW 2016, 1230 Rn. 27 f.

327 BGH, Urteil vom 20.01.2016 – VIII ZR 26/15, NJW 2016, 1230 Rn. 28, 30.

328 So hatte die Vorinstanz auf *Kaufhold* Bezug genommen, OLG Köln, Urteil vom 20.01.2015 – 15 U 142/14, BeckRS 2016, 03333 Rn. 47 f., der BGH ihr aber in entscheidenden Punkten widersprochen, BGH, Urteil vom 20.01.2016 – VIII ZR 26/15, NJW 2016, 1230 Rn. 29.

329 BGH, Urteil vom 20.01.2016 – VIII ZR 26/15, NJW 2016, 1230 Rn. 27.

einwandfreies Vertragsmuster zu erkennen, sondern vielmehr der Versuch der Durchsetzung eigener Interessen mittels eines vorformulierten Textes ohne die Einräumung einer Änderungsmöglichkeit.[330] In der höchstrichterlichen Rechtsprechung bleibt es damit die Ausnahme, dass das Stellen eines unverändert gebliebenen Textes aufgrund einer freien Entscheidung verneint wurde.[331]

Dennoch lässt die nachfolgende BGH-Rechtsprechung die Intention erkennen, die eigene Senatsrechtsprechung zur freien Entscheidung zu bestätigen. Dies betonten unterschiedliche Senate ausdrücklich und formulierten etwa: „An dem durch einseitige Ausnutzung der Vertragsgestaltungsfreiheit einer Vertragspartei zum Ausdruck kommenden Stellen vorformulierter Vertragsbedingungen fehlt es hingegen, wenn deren Einbeziehung sich als Ergebnis einer freien Entscheidung desjenigen darstellt, der mit dem Verwendungsvorschlag konfrontiert wird. Erforderlich hierfür ist, dass diese Vertragspartei in der Auswahl der in Betracht kommenden Vertragstexte frei ist und insbesondere Gelegenheit erhält, alternativ eigene Textvorschläge mit der effektiven Möglichkeit ihrer Durchsetzung in die Verhandlungen einzubringen."[332] So sind eindeutige Kriterien geschaffen, die dazu dienen, dem einseitigen Auferlegen auf Ebene des Stellens argumentativ entgegenzutreten.[333]

---

330 BGH, Urteil vom 20.01.2016 – VIII ZR 26/15, NJW 2016, 1230 Rn. 27.

331 In der obergerichtlichen Rechtsprechung finden sich einzelne Urteile, in denen das Stellen aufgrund einer freien Kundenentscheidung verneint wurde, vgl. OLG Köln, Urteil vom 20.01.2015 – 15 U 142/14, BeckRS 2016, 03333 Rn. 37, 44 (Vorinstanz zu BGH, Urteil vom 20.01.2016 – VIII ZR 26/15, NJW 2016, 1230); OLG München, Schlussurteil vom 13.11.2013 – 20 U 2414/13, BeckRS 2013, 19645, wonach das Stellen aufgrund der freien Entscheidung zugunsten neutraler „Einheitsbedingungen im deutschen Getreidehandel" abgelehnt wurde; OLG Schleswig, Urteil vom 01.03.2012 – 5 U 47/11, BeckRS 2012, 15884, in dessen Rahmen ein Stellen wegen der Entwicklung eines Vertragswerkes aus verschiedenen, als Vertragsgrundlage angebotenen Texten abgelehnt wurde; OLG Frankfurt a.M., Urteil vom 25.08.2011 – 5 U 209/09, BeckRS 2012, 12856, wo die freie Entscheidung auf tatsächlichen textlichen Änderungen beruhte; OLG Hamburg, Urteil vom 12.12.2008 – 1 U 143/07, BeckRS 2010, 19374, wonach von einer Aufnahme in den rechtsgeschäftlichen Gestaltungswillen die Rede ist; a.A. OLG Hamm, Urteil vom 13.01.2011 – I-2 U 143/10, 2 U 143/10, BeckRS 2011, 04731; OLG Oldenburg, Urteil vom 27.05.2011 – 6 U 14/11, MMR 2011, 656; OLG Koblenz, 08.06.2011 – 1 U 104/11, BeckRS 2012, 04768.

332 BGH, Urteil vom 20.01.2016 – VIII ZR 26/15, NJW 2016, 1230 erster Leitsatz des Gerichts und Rn. 25 mit Verweis auf BGH, Urteil vom 17.02.2010 – VIII ZR 67/09, BGHZ 184, 259 = ZIP 2010, 628, 631 Rn. 18; ebenso BGH, Urteil vom 05.06.2018 – XI ZR 371/16, juris Rn. 20; BGH, Urteil vom 13.03.2018 – XI ZR 291/16, WM 2018, 1046 Rn. 16; BGH, Urteil vom 15.02.2017 – IV ZR 91/16, WM 2017, 517 Rn. 9.

333 *Basedow*, in: MüKo BGB § 305 Rn. 21; *Ulmer/Habersack*, in: Ulmer/Brandner/Hensen AGB § 305 Rn. 29; auch *Axer*, AGB-Kontrolle, S. 266 f. sieht in dem zentralen Kriterium der freien Entscheidung einen Erkenntnisgewinn, obgleich das Vorliegen einer freien Entscheidung weiterhin schwierig zu bestimmen sei; ablehnend *Abels*, BB 2010, 918, 919.

### 3. *Praxisrelevanz bei Bearbeitungsentgelten*

In Bezug auf Unternehmerdarlehensverträge ist es zumeist die Bank, die ihren Kunden mit einem Vertragsentwurf konfrontieren wird. Die Vereinbarung eines Vertragsmodells mit laufzeitunabhängigem Bearbeitungsentgelt muss für den Kreditnehmer dabei nicht zwangsläufig mit Nachteilen verbunden sein. Etwa aufgrund der steuerlichen Abzugsfähigkeit, der Möglichkeit der Mitkreditierung oder Liquiditätsvorteilen kann diese Gestaltungsvariante sogar vorzugswürdig erscheinen, weshalb sich Kunden bewusst dafür entscheiden.[334]

#### a. *(Kein) Erfordernis neutraler Drittbedingungen*

Der Vertragsentwurf enthält in der Regel hauseigene und keine neutralen Drittbedingungen. Das Judikat vom 17.02.2010 ermöglicht die Annahme, das Stellen von AGB abzulehnen, wenn die Gegenseite sich im Zuge einer freien Entscheidung für die Bedingungen des Verwenders entscheidet. In seiner Gerichtsentscheidung vom 20.01.2016 tendierte der BGH aber dazu, dass vornehmlich das Vertragsmusters eines neutralen Dritten erforderlich sei, um das Merkmal des Stellens abzulehnen. Sofern sich ein Kreditinstitut daher nicht der Nutzung branchenüblicher, neutraler Formularverträge bedienen kann und will,[335] wäre der Spielraum, um das Stellen vorformulierter Bedingungen zu widerlegen, deutlich eingeschränkt.[336]

Ein derartiges Ergebnis ist insbesondere im geschäftlichen Verkehr nicht sachgerecht. Die Annahme, dass zwingend ein rechtlich neutrales Klauselwerk aus der Feder eines Dritten zum Vertragsgegenstand werden soll, wird den praktischen Bedürfnissen nicht gerecht. Entsprechende Fallgestaltungen wären dann nur denkbar, wenn sich die Parteien etwa auf die Vergabe- und Vertragsordnung für Bauleistungen (VOB)[337] oder entsprechende Vertragsmuster (etwa

---

334 Siehe zu den Vorteilen für den Bankkunden „Vorteile für den Kreditnehmer", S. 197 ff.

335 Das erscheint im gegenwärtigen rechtlichen Umfeld im Übrigen deshalb fernliegend, da ein neutrales Formular, welches etwa von einem Branchenverband wie dem Bundesverband deutscher Banken stammt, nach den Urteilen vom 04.07.2017 auch im B2B-Bereich keine Bearbeitungsentgelte mehr enthalten wird.

336 Ähnlich *Axer*, AGB-Kontrolle, S. 266, nach dessen Ansicht sich aus dem Urteil vom 17.02.2010 für den unternehmerischen Verkehr „kaum Honig saugen" lasse, da nach seinem Verständnis der Rechtsprechung lediglich fremde Formulartexte Dritter erfasst seien; ebenso *Wittuhn/Quecke*, NZG 2014, 131, 134; die Relevanz dieser Rechtsprechung für den unternehmerischen Verkehr bezweifelt *Leuschner*, NJW 2016, 1222; *ders.*, JZ 2010, 875.

337 Dafür ist diese Rechtsprechung aber gar nicht erforderlich, da die VOB/B gem. § 310 Abs. 1 Satz 3 BGB in Bezug auf eine Inhaltskontrolle einzelner Bestimmungen ohnehin keine Anwendung findet; vgl. zum Abweichen von der VOB BGH, Urteil vom 22.01.2004 – VII ZR 419/02, BGHZ 157, 346 = NJW 2004, 1597.

Gebrauchtwagenkaufvertrag des ADAC, Mustermietvertrag) einigen würden.[338] Die mit AGB gemeinhin verbundene Rationalisierungsfunktion wäre eingeschränkt, da die Nutzung hauseigener Bedingungen stets zu einem Stellen führen würde. Auch die neuere Rechtsprechung des BGH verlangt im Zusammenhang mit der freien Entscheidung nicht ausdrücklich die Nutzung neutraler Drittbedingungen. Vielmehr heißt es, dass die Verwendergegenseite (1) in der Auswahl der in Betracht kommenden Vertragstexte frei sein müsse und (2) Gelegenheit erhält, alternativ eigene Textvorschläge mit der effektiven Möglichkeit ihrer Durchsetzung in die Verhandlungen einzubringen.[339]

Diese Voraussetzungen lassen sich auch bei einem Vertragsentwurf erfüllen, der auf ein bankeigenes Standardformular oder eine Vorlage aus früheren Geschäften zurückgeht. Notwendig ist es jedenfalls, die eigene Verhandlungsbereitschaft hinreichend zu dokumentieren und bei Übergabe des Vertragsformulars im Zuge eines qualifizierten Anschreibens darauf hinzuweisen, dass es sich lediglich um einen Vertragsentwurf handle.[340] Es muss deutlich werden, dass dem Kunden die uneingeschränkte Gelegenheit dazu gegeben wird, Änderungen oder Ergänzungen zu äußern, alle in den Vertragsbedingungen enthaltenen Klauseln nach eigenen Wünschen abzuändern oder gar eigene Textvorschläge einzubringen.[341]

### *b. Aktive Mitwirkungsverpflichtung und Beanstandungsobliegenheit*

Um eine effektive Möglichkeit der Durchsetzung eigener Interessen zu gewährleisten, muss die Aufforderung zur Abgabe von Anmerkungen und Änderungswünschen bzw. zur Formulierung eines Alternativvorschlages ausreichen.[342] Denn es kann rechtlich keinen Unterschied machen, ob der Vertragspartner die herangezogenen Bedingungen eines Dritten befürwortet oder sich mit dem Text des Verwenders einverstanden erklärt. Es handelt sich jeweils um einen beidseitig

---

338 Ebenso *J. Becker*, in: Bamberger/Roth BGB § 305 Rn. 26; *Grüneberg*, in: Palandt BGB § 305 Rn. 13; *Ulmer/Habersack*, in: Ulmer/Brandner/Hensen AGB § 305 Rn. 29. Dabei wäre es ohnehin unzureichend, wenn der Kunde dazu aufgefordert wird, ein ganz bestimmtes Vertragsmuster zu den Verhandlungen mitzubringen, BGH, Beschluss vom 08.05.2018 – VIII ZR 200/17, NJW-RR 2018, 843 zum Mietvertragsmuster von Haus & Grund; zustimmend *von Westphalen*, NJW 2018, 2238, 2239.

339 Danach sei eine Wahlmöglichkeit zwischen zwei Formulartexten jedoch nicht ausreichend; BGH, Urteil vom 13.03.2018 – XI ZR 291/16, WM 2018, 1046 Rn. 20; BGH, Urteil vom 15.02.2017 – IV ZR 91/16, WM 2017, 517 Rn. 9.

340 *J. Schmidt*, NZM 2016, 377, 380; *Schiffer/Weichel*, BB 2011, 1283, 1284.

341 *von Westphalen*, NJW 2020, 280, 281 mit Merksatz für die Praxis; *ders.*, NJW 2017, 2237, 2238; *J. Schmidt*, NZM 2016, 377, 380 mit ausführlichem Formulierungsvorschlag für das Vorlegen eines Vertragsentwurfes.

342 So auch *Basedow*, in: MüKo BGB § 305 Rn. 21; im Wege eines Freifeldes *Mehringer*, EWiR 2018, 451, 452; *K. P. Berger*, NJW 2010, 465, 467; *von Westphalen*, ZIP 2010, 1110, 1112; *Kaufhold*, ZIP 2010, 631, 633; *R. Koch*, BB 2010, 1810, 1813; a.A. BGH, Urteil vom 20.01.2016 – VIII ZR 26/15, NJW 2016, 1230 Rn. 30.

gebilligten Textvorschlag, über dessen Einbeziehung die andere Vertragspartei frei entscheiden kann.[343]

Erforderlich ist daher, dass eine tatsächliche Änderungsmöglichkeit im Hinblick auf jeden einzelnen Textbaustein oder das Klauselwerk als Ganzes besteht. Im Umfeld des unternehmerischen Geschäftsverkehrs erscheint es sachgerecht, von einer aktiven Mitwirkungsverpflichtung des Vertragspartners auszugehen, die gewährte Entscheidungsfreiheit tatsächlich zu nutzen. Von Kaufleuten wird man nämlich durchaus erwarten können, dass sie Verträge aufmerksam lesen und für sie nachteilig erscheinende Klauseln ausdrücklich ablehnen.[344]

Um einem bestehenden Missbrauchspotential der Passivität des Vertragspartners entgegenzuwirken, ist rechtlich das Anerkennen einer Obliegenheit zur Beanstandung geboten.[345] Diese ließe sich aus einer Sonderverbindung der Vertragsanbahnung ableiten, den Vertragsentwurf näher zu überprüfen, falls nötig zu beanstanden oder in ein Aushandeln der fraglichen Klausel einzutreten.[346] Ein solches Verständnis steht auch mit der Regierungsbegründung zum AGBG im Einklang, wonach die Individualabrede „das Ergebnis einer selbstverantwortlichen Prüfung, Abwägung und möglichen Einflussnahme beider Vertragsseiten" sei.[347] Andernfalls bestünde regelmäßig die Möglichkeit, den Verwender in die AGB-Falle zu locken und die absichtlich unbeanstandeten Klauseln im Nachhinein im Rahmen der richterlichen Inhaltskontrolle überprüfen zu lassen. Aber auch wer Verträge

---

343 *J. Becker*, in: Bamberger/Roth BGB § 305 Rn. 26; *Grüneberg*, in: Palandt BGB § 305 Rn. 13; *Ulmer/Habersack*, in: Ulmer/Brandner/Hensen AGB § 305 Rn. 29; anders aber *Axer*, AGB-Kontrolle, S. 267, der in dem Urteil lediglich eine Aussagekraft für die Verwendung fremder Formulartexte sieht; *von Westphalen*, NJW 2018, 205; *ders.*, ZIP 2010, 1110, 1111, der nur bei der Einbeziehung der AGB eines Dritten auf eine freie Entscheidung abstellt.

344 *von Westphalen*, BB 2017, 2051, 2052; insbesondere hinsichtlich des Preises *Dauner-Lieb*, AnwBl 2013, 845, 846, 849; *Lischek/Mahnken*, ZIP 2007, 158, 161.

345 In diese Richtung *Basedow*, in: MüKo BGB § 305 Rn. 21, der meint, dass der Gegner seine Chance wahrnehmen müsse; *Pfeiffer*, in: Wolf/Lindacher/Pfeiffer AGB § 305 BGB Rn. 38; *Ulmer/Habersack*, in: Ulmer/Brandner/Hensen AGB § 305 Rn. 51; ähnlich *von Westphalen*, ZIP 2010, 1110, 1112; *R. Koch*, BB 2010, 1810, 1813; *Kessel/Jüttner*, BB 2008, 1350, 1352 f. sprechen von einer „rechtgeschäftlichen Selbstbestimmung"; *Canaris*, JZ 1987, 993, 1003; *Rabe*, NJW 1987, 1978, 1979; zurückhaltender *Axer*, AGB-Kontrolle, S. 187, der konstatiert, dass ein System wechselnder Obliegenheiten *de lege lata* die Auslegung des Gesetzeswortlautes übersteige; ablehnend BGH, Urteil vom 05.12.1995 – X ZR 14/93, NJW-RR 1996, 783, wonach eine ausdrückliches Einverständnis erforderlich sei.

346 *Ulmer/Habersack*, in: Ulmer/Brandner/Hensen AGB § 305 Rn. 51. Wegen der gesetzlichen Vermutung des § 310 Abs. 3 Nr. 1 BGB kann sich eine solche Obliegenheit nicht auf den Verbraucherverkehr erstrecken.

347 BT-Drucks. 7/3919, S. 17; auch nach *von Westphalen*, ZIP 2018, 1101, 1104 bestehe eine gewisse Rechtunsicherheit, ob der Kunde von seinem privatautonomen Selbstbestimmungsrecht Gebrauch gemacht hat.

im B2B-Bereich in fahrlässiger Weise nicht hinreichend prüft, soll sich nicht in den sicheren Hafen der AGB-Kontrolle retten können. So unterliegt die andere Vertragspartei einer Mitwirkungshandlung, die zwar rechtlich nicht geschuldet, ihre Nichtbeachtung aber zu einer Einbuße an der eigenen Rechtsposition führen kann.[348]

Dabei ist das Vorliegen vorformulierter Vertragsbedingungen und das Stellen grundsätzlich von demjenigen darzulegen und zu beweisen, der sich im Individualprozess auf den Schutz der §§ 305 ff. BGB beruft.[349] Daher muss der Kunde vorbringen, dass eine tatsächliche Änderungsmöglichkeit im Hinblick auf einzelne Textbausteine oder das Klauselwerk als Ganzes für ihn nicht bestanden hat. Denn anders als bei Verbraucherverträgen kann sich der Vertragspartner im B2B-Verkehr nicht auf die gesetzliche Vermutung des § 310 Abs. 3 Nr. 1 BGB berufen, wonach AGB als vom Unternehmer gestellt gelten.

### *4. Stellungnahme: Notwendigkeit erweiternder Auslegung*

Das Stellen von Vertragsbedingungen als Voraussetzung von AGB äußert sich in der Inanspruchnahme von Vertragsgestaltungsmacht durch eine Vertragspartei. Es ist immer dann von einseitig gestellten AGB auszugehen, sofern die Bank nicht bereit ist, von ihren Bedingungen abzurücken oder nur alternative Auswahlmöglichkeiten anbietet. Das Gleiche gilt, wenn dem Kreditgeber die Darstellung (bzw. der Nachweis) seiner vollumfänglichen Änderungsbereitschaft nicht gelingt. Hat das Kreditinstitut seinen Kunden jedoch im Rahmen der Vertragsanbahnungsphase hinreichend darüber informiert, dass der Darlehensvertrag lediglich einen Entwurf darstellt, der außerhalb der einseitigen Gestaltungsmacht der Bank liegt, sind zwei Reaktionsalternativen denkbar:

Signalisiert der Bankkunde bereits auf dieser Ebene ohne Beanstandung seine Zustimmung zu den Bedingungen aufgrund einer freien Entscheidung, sind die Klauseln nicht bankseitig gestellt worden. Dies wird freilich eher bei weniger umfangreichen und unkomplizierten Musterdarlehen vorkommen. Die hiesige Auslegung hat gezeigt, dass eine Beschränkung allein auf neutrale Klauselwerke eines Dritten nicht geboten ist und auch ein hauseigenes Vertragswerk von der freien Entscheidung umfasst sein kann und sollte, sofern es beidseitig gebilligt wurde. Zur Förderung der Beweisfähigkeit sollte die Rechtsprechung unter Kaufleuten zu diesem Zwecke eine Obliegenheit zur Beanstandung anerkennen, um dem ungerechtfertigten Gebrauch der AGB-Kontrolle entgegenzuwirken. Denn

---

348 So die Beschreibung der Obliegenheit bei *Ernst*, in: MüKo BGB Einl. SchuldR Rn. 14 (m.w.N.).

349 BGH, Urteil vom 14.05.1992 – VII ZR 204/90, BGHZ 118, 229, 238 = NJW 1992, 2160; *Basedow*, in: MüKo BGB § 305 Rn. 49; *Grüneberg*, in: Palandt BGB § 305 Rn. 23; *Pfeiffer*, in: Wolf/Lindacher/Pfeiffer AGB § 305 BGB Rn. 57 ff.; *Schlosser*, in: Staudinger BGB § 305 Rn. 51; *Ulmer/Habersack*, in: Ulmer/Brandner/Hensen AGB § 305 Rn. 60.

ausweislich der Regierungsbegründung ist die selbstverantwortliche Prüfung und Einflussnahme *beider* Vertragsseiten vorgesehen, sodass dieser Ausdruck der kaufmännischen Selbstverantwortung auch *beide* Parteien zu gleichen Teilen trifft. Sofern der Kunde seine aktive Mitwirkungsverpflichtung durch Beanstandung nicht nachweisen kann, wäre grundsätzlich von einem beidseitig gebilligten Vertragswerk auszugehen.

Bemängelt der Kreditnehmer hingegen einzelne Klauseln, so liegen mangels Einverständnisses des Kunden zunächst gestellte Vertragsbedingungen vor, sofern diese dann gleichwohl Vertragsbestandteil werden. In dieser Konstellation fehlt es an einer freien Entscheidung, sodass der Textvorschlag nicht beidseitig gebilligt wurde. Gleiches gilt, wenn der Kunde eigene Textvorschläge unterbreitet, welche von der Bank zurückgewiesen werden. Im Rahmen komplexer Projektfinanzierungen oder individuell strukturierter Unternehmerdarlehen wird es aber selten bei dem ursprünglichen Vertragsentwurf bleiben. Denn hier besteht das Bedürfnis der Praxis in der Entwicklung eines maßgeschneiderten Produktes. Liegt daher kein Anwendungsfall der „freien Entscheidung" vor, sind von der Bank entworfene und eingebrachte Bedingungen zunächst als gestellte AGB zu qualifizieren. Sie können auf Ebene der Vertragsverhandlung aber im Einzelnen ausgehandelt werden und somit in der Folge zu der Annahme einer Individualabrede führen.[350]

## C. Im Einzelnen ausgehandelt: Die Individualabrede

Weder auf das Merkmal des Stellens im Allgemeinen noch auf die Rechtsprechung zur freien Entscheidung im Besonderen ging der XI. Zivilsenat in den zugrunde liegenden Urteilen zu Bearbeitungsentgelten in Darlehensverträgen ein. Dies wird man auch nicht weiter beanstanden können, da es insbesondere an tatsächlichen Anhaltspunkten dafür fehlte, dass sich das Kreditinstitut von Beginn an bemüht hatte, einen Konsens hinsichtlich der verwendeten Vertragsbedingungen zu erzielen. Das gilt selbst dann, wenn man auf der Vorstufe zum Aushandeln von einer Beanstandungsobliegenheit des Bankkunden ausgehen würde. Denn eine Dokumentation oder Feststellung, dass es sich bei dem Formularvertrag lediglich um einen Vertragsentwurf handeln sollte, gab es nicht. Unabhängig davon ist zu

---

350 Das ist auf den Umstand zurückzuführen, dass der Verwender in diesem Fall kraft seiner einseitigen Gestaltungsmacht einen Vertragsentwurf eingebracht hat, der nicht den Vorstellungen der Gegenseite entspricht. So sind die ursprünglichen Bedingungen zunächst allein dem Verwender zuzurechnen; vgl. BGH, Urteil vom 30.06.1994 – VII ZR 116/93, BGHZ 126, 326 = NJW 1994, 2825, 2826; dazu *Basedow*, in: MüKo BGB § 305 Rn. 21, 28, der sich anstatt des Stellens insgesamt für das Element der Zurechnung von AGB als normativen Akt ausspricht; ferner *J. Becker*, in: Bamberger/Roth BGB § 305 Rn. 34 ff.; *Ulmer/Habersack*, in: Ulmer/Brandner/Hensen AGB § 305 Rn. 29.

beurteilen, ob die gestellten Bedingungen dennoch gem. § 305 Abs. 1 Satz 3 BGB „im Einzelnen ausgehandelt“ sein könnten.

## I. Aushandeln und Verhandeln

Für die Annahme eines Aushandelns ist eine besondere rechtgeschäftliche Einigung erforderlich. Ein erfolgreiches Berufen auf ausgehandelte Vertragsbedingungen bedarf daher der Beseitigung des objektiven Erklärungswertes, ein Abweichen von den ursprünglichen Bedingungen sei nicht möglich.[351] Der Wortbedeutung nach bezeichnet „Aushandeln“, etwas „durch Verhandlung erreichen“ bzw. „zustande bringen“.[352] Das legt den ersten Schluss nahe, dass am Ende des Aushandelns ein Ergebnis stehen muss.[353]

### *1. Annäherung an die Begrifflichkeiten*

Nach dem Willen des Gesetzgebers sind an das Aushandeln „verschärfte Anforderungen“ zu stellen.[354] Demnach solle etwa das bloße Vorlesen umfangreicher, unverständlicher Klauseln verbunden mit einer Erklärung des Verwenders, er sei bereit zu verhandeln, nicht ausreichen. Vielmehr setze das Aushandeln voraus, „dass der Kunde eingehend und unmissverständlich über ihren Inhalt und ihre rechtliche Tragweite aufgeklärt wird.“[355] Von der zwingenden Notwendigkeit eines Verhandlungsergebnisses ist dabei keine Rede. Was das Aushandeln genau bedeutet, beschreibt der Gesetzgeber jedoch nicht und lässt der Rechtsprechung somit einen Beurteilungsspielraum. Eine in der Praxis geläufige Präzisierung nahmen die Gerichte bislang jedoch nicht vor.[356] Der BGH orientiert sich an der Wortwahl und dem Wortsinn des Aushandelns und fordert in ständiger Rechtsprechung für ein Aushandeln mehr als nur bloßes Verhandeln.[357] Das ist letztlich konsequent,

---

351 BGH, Urteil vom 27.03.1991 – IV ZR 90/90, NJW 1991, 1678; BGH, Urteil vom 08.11.1978 – IV ZR 179/77, NJW 1979, 367, 368; BGH, Urteil vom 15.12.1976 – IV ZR 197/75, NJW 1977, 624, 625; *Roloff*, in: Erman BGB § 305 Rn. 18.

352 Duden online (2020), Stichwort: „Aushandeln“, abrufbar unter www.duden.de/rechtschreibung/aushandeln (zuletzt abgerufen am 01.03.2020).

353 Ebenso *Axer*, AGB-Kontrolle, S. 166; *von Westphalen*, ZIP 2018, 1101, 1102; *Wackerbarth*, AcP 200 (2000), 45, 82.

354 BT-Drucks. 7/3919, S. 17.

355 BT-Drucks. 7/3919, S. 17.

356 *W. Müller/Griebeler/Pfeil*, BB 2009, 2658, 2660.

357 BGH, Beschluss vom 19.03.2019 – XI ZR 9/18, NJW 2019, 2080 Rn. 14; BGH, Urteil vom 04.07.2017 – XI ZR 233/16, ZIP 2017, 1654 Rn. 23; BGH, Urteil vom 19.05.2005 – III ZR 437/04, NJW 2005, 2543, 2544; BGH, Urteil vom 23.01.2003 – VII ZR 210/01, BGHZ 153, 311 = NJW 2003, 1805, 1807; BGH, Urteil vom 18.05.1995 – X ZR 114/93, WM 1995, 1455, 1456; BGH, Urteil vom 27.04.1988 – VIII ZR 84/87, BGHZ 104, 232, 236 = NJW 1988, 2465.

denn ein schlichtes Verhandeln reichte dem Gesetzgeber augenscheinlich nicht, da dieser Begriff im § 305 Abs. 1 Satz 3 BGB gerade nicht verwendet wurde.[358]

So könnte sich eine begriffliche Annäherung im Wege der systematischen Auslegung zunächst durch eine Negativabgrenzung zum Verhandeln ergeben. Im Schuldrecht findet sich der Begriff der Verhandlung in der Vorschrift zur Hemmung der Verjährung bei Verhandlungen, § 203 BGB. Nach ständiger Rechtsprechung sei die Verhandlung dabei weit auszulegen und erfasse bereits jeden Meinungsaustausch zwischen dem Berechtigten und Verpflichteten.[359] Bezogen auf das AGB-Regime wäre ein reiner Meinungsaustausch demnach zu wenig. Unklar erscheint aber, ob eine Übertragung der Definition ohne weiteres möglich ist. Denn bei der Verjährungshemmung ist lediglich zu fragen, ob überhaupt Verhandlungen über einen Anspruch schweben, wohingegen es bei § 305 BGB darum geht, ob sich die Parteien auf den Inhalt einer Klausel geeinigt haben.[360] So können die womöglich entscheidende Intensität und Qualität des Verhandelns gerade nicht aus der Rechtsprechung zu § 203 BGB abgeleitet werden.[361] In einschlägigen Judikaten zum AGBG findet sich die Umschreibung, dass es für ein Aushandeln nicht genüge, wenn das Formular dem Vertragspartner bekannt ist, der Inhalt lediglich erläutert oder erörtert wird und den Vorstellungen des Partners entspricht.[362] Die Vorinstanz (OLG Celle) führte das Beispiel an, dass für ein Aushandeln zumindest über die Möglichkeit einer anderen Klauselgestaltung gesprochen werden müsse.[363]

In der Rechtssache XI ZR 233/16 nutzte der BGH zur Umschreibung eine vielfach wiederkehrende Formulierung. Danach könne nur von einem Aushandeln gesprochen werden, „wenn die den maßgeblichen Inhalt der gesetzlichen Bestimmung ändernde oder modifizierende Klausel ernsthaft zur Disposition gestellt wird, dem Vertragspartner Gestaltungsfreiräume zur Wahrung eigener Interessen eröffnet und zumindest die effektive Möglichkeit eingeräumt wird, die Ausgestaltung der vertraglichen Bedingungen inhaltlich zu beeinflussen".[364] Anders

---

358 Diese Schlussfolgerung ist in der Rechtswissenschaft keinesfalls unumstritten. Das betrifft insbesondere die Frage danach, wie sich das Aushandeln in einer Klausel niederschlagen muss (im Folgenden) und unter welchen Umständen eine Textänderung entbehrlich sein kann (unter „Sonderfall: Aushandeln ohne Textänderung", S. 114 ff.).

359 BGH, Urteil vom 26.10.2006 – VII ZR 194/05, NJW 2007, 587; BGH, Urteil vom 26.09.2006 – VI ZR 124/05, NJW 2007, 64, 65; BGH, Urteil vom 17.02.2004 – VI ZR 429/02, NJW 2004, 1654; BGH, Urteil vom 20.02.2001 – VI ZR 179/00, NJW 2001, 1723.

360 *W. Müller/Griebeler/Pfeil*, BB 2009, 2658, 2661.

361 *W. Müller/Griebeler/Pfeil*, BB 2009, 2658, 2661.

362 BGH, Urteil vom 27.03.1991 – IV ZR 90/90, NJW 1991, 1678, 1679; BGH, Urteil vom 03.07.1985 – IVa ZR 246/83, NJW-RR 1986, 54.

363 OLG Celle, Urteil vom 02.12.2015 – 3 U 113/15, BeckRS 2015, 122024 Rn. 22.

364 BGH, Urteil vom 04.07.2017 – XI ZR 233/16, ZIP 2017, 1654 Rn. 23; ebenso BGH, Urteil vom 05.06.2018 – XI ZR 371/16, juris Rn. 20; BGH, Urteil vom 13.03.2018 – XI ZR 291/16, WM 2018, 1046 Rn. 15; BGH, Urteil vom 15.02.2017 – IV ZR 91/16, NJW 2017, 2346 Rn. 12; BGH, Urteil vom 22.11.2012 – VII ZR 222/12, NJW 2013, 856

gewendet, müssen nach dieser „Standardformel“[365] des BGH für ein erfolgreiches Aushandeln zwei Kriterien erfüllt sein. Es muss eine Möglichkeit zur Modifikation des sog. gesetzesfremden Kerngehalts – die ergänzenden vertraglichen Bestimmungen – bestehen. Zudem muss sich der Verwender deutlich und ernstlich zur Änderung einzelner Klauseln bereiterklären, was sich unter „Änderungsbereitschaft“ fassen lässt.[366] In dem Urteil vom 04.07.2017 stellte der BGH zudem klar, dass diese Anforderungen auch zwischen Unternehmern gelten.[367] Dafür spricht auch der Wortlaut und die Systematik des § 305 Abs. 1 BGB, wonach ausdrücklich keine Unterscheidung bei der Einbeziehung von AGB zwischen Unternehmern und Verbrauchern gemacht wird.

## 2. *Die Änderungsbereitschaft*

Der erkennende Senat erklärte zur Änderungsbereitschaft, dass eine „allgemein geäußerte Bereitschaft, belastende Klauseln abzuändern“, nicht genüge.[368] Vielmehr müsse sich der Verwender „deutlich und ernsthaft“ zur gewünschten Änderung einzelner Klauseln bereiterklären. Wenn eine allgemeine Bereitschaft daher nicht ausreicht, muss eine besondere, also speziell auf die Klausel abzielende Bereitschaft vorhanden sein.

### a. *Ernsthafte und reale Möglichkeit zur Einflussnahme*

Der BGH spricht dabei stets von der „ernsthaften und realen Möglichkeit zur Einflussnahme“ durch die Vertragsparteien.[369] Es muss demnach zu einem wirklichen

Rn. 10; BGH, Urteil vom 23.01.2003 – VII ZR 210/01, BGHZ 153, 311 = NJW 2003, 1805, 1807; BGH, Urteil vom 03.11.1999 – VIII ZR 269/98, BGHZ 143, 103 = NJW 2000, 1110, 1111; *Kollmann*, in: NK BGB § 305 Rn. 22, der von einer „gebetsmühlenartigen Formulierung“ des BGH spricht.

365 So die Formulierung bei *von Westphalen*, BB 2017, 2051 f.

366 BGH, Urteil vom 05.06.2018 – XI ZR 790/16, WM 2018, 1363 Rn. 34; BGH, Urteil vom 04.07.2017 – XI ZR 233/16, ZIP 2017, 1654 Rn. 23; BGH, Urteil vom 26.03.2015 – VII ZR 92/14, BGHZ 204, 346 = NJW 2015, 1952, 1953 Rn. 33; BGH, Urteil vom 22.11.2012 – VII ZR 222/12, NJW 2013, 856 Rn. 10; BGH, Urteil vom 23.01.2003 – VII ZR 210/01, BGHZ 153, 311 = NJW 2003, 1805, 1807; BGH, Urteil vom 18.05.1995 – X ZR 114/93, WM 1995, 1455, 1456; BGH, Urteil vom 27.03.1991 – IV ZR 90/90, NJW 1991, 1678, 1679; BGH, Urteil vom 03.07.1985 – IVa ZR 246/83, NJW-RR 1986, 54, 55.

367 BGH, Urteil vom 04.07.2017 – XI ZR 233/16, ZIP 2017, 1654 Rn. 24 mit Verweis auf BGH, Urteil vom 22.10.2015 – VII ZR 58/14, NZM 2016, 408 Rn. 26 und BGH, Urteil vom 20.03.2014 – VII ZR 248/13, BGHZ 200, 326 = NJW 2014, 1725 Rn. 27.

368 BGH, Urteil vom 04.07.2017 – XI ZR 233/16, ZIP 2017, 1654 Rn. 23 mit Verweis auf BGH, Urteil vom 28.07.2015 – XI ZR 434/14, BGHZ 206, 305 Rn. 23 = NJW 2015, 3025, 3026; ebenso BGH, Urteil vom 05.06.2018 – XI ZR 371/16, juris Rn. 20.

369 BGH, Urteil vom 20.03.2014 – VII ZR 248/13, BGHZ 200, 326 = NJW 2014, 1725 Rn. 27; BGH, Urteil vom 25.06.1992 – VII ZR 128/91, NJW 1992, 2759, 2760; BGH, Urteil vom 30.09.1987 – IVa ZR 6/86, NJW 1988, 410.

Aushandeln und einer Einzelerörterung der vorformulierten Vertragsklauseln und denkbarer Alternativen kommen.[370] Dafür reicht es beispielweise nicht aus, wenn der Verwender oder ein Notar dem Kunden die Bestimmungen des Klauselwerks vorliest oder erläutert.[371] Ebenso wenig erleichtert es die Anforderungen an ein Aushandeln, wenn der Vertragspartner über einen ausgewiesenen juristischen Sachverstand[372] verfügt oder (unzutreffend) juristisch belehrt[373] wurde. Dass ein Formularvertrag unterzeichnet oder jede einzelne Seite paraphrasiert wurde, ist auch nicht als Hinweis auf eine gegebene Änderungsbereitschaft zu deuten.[374] Denn nach einheitlicher Meinung ist die bloße Erläuterung der Vertragsbedingungen und die Kenntnisnahme des Kunden auch dann unbeachtlich, wenn der Kunde das Vertragsangebot akzeptiert.[375]

Die Rechtsprechung begründet ihre Sichtweise damit, dass die prägende Wirkung der vorformulierten Fassung und die damit verbundenen Risiken und Gefahren der einseitigen Auferlegung durch eine Erläuterung nicht beseitigt werden können.[376] In der Gesetzesbegründung zum AGBG heißt es dazu, dass der Kunde bei risikoreichen Klauseln eingehend und unmissverständlich über deren Inhalt

370 BGH, Urteil vom 28.07.2015 – XI ZR 434/14, BGHZ 206, 305 = ZIP 2015, 1720 Rn. 23 f.; BGH, Urteil vom 14.04.2015 – VII ZR 56/04, WM 2005, 1188, 1189; OLG München, Urteil vom 02.04.1982 – 23 U 4208/81, DB 1982, 1003, 1004.

371 BGH, Urteil vom 30.10.1987 – V ZR 174/85, NJW 1988, 558; BGH, Urteil vom 05.04.1984 – VII ZR 21/83, NJW 1984, 2094, 2095 zur ausführlichen Belehrung und eingehenden Erörterung; BGH, Urteil vom 29.09.1983 – VII ZR 225/82, NJW 1984, 171, 172; BGH, Urteil vom 06.05.1982 – VII ZR 74/81, NJW 1882, 2243, 2244; BGH, Urteil vom 05.04.1979 – VII ZR 308/77, BGHZ 74, 204, 209 = NJW 1979, 1406, 1407.

372 BGH, Beschluss vom 05.03.2013 – VIII ZR 137/12, NJW 2013, 1668, 1669 Rn. 11.

373 BGH, Urteil vom 25.06.1992 – VII ZR 128/9, NJW 1992, 2759, 2760.

374 BGH, Urteil vom 27.04.1988 – VIII ZR 84/87, BGHZ 104, 232 = NJW 1988, 2465, 2466, wonach die unterzeichnete Anerkennung der Vertragsbedingungen nicht zu einer Individualabrede führt; zur Abzeichnung jeder Vertragsseite OLG Bremen, Urteil vom 07.10.1986 – 1 U 151/85, NJW-RR 1987, 468 (nicht rechtskräftig).

375 BGH, Urteil vom 03.11.1999 – VIII ZR 269/98, BGHZ 143, 103 = NJW 2000, 1110, 1111; BGH, Urteil vom 25.06.1992 – VII ZR 128/91, NJW 1992, 2759, 2760; BGH, Urteil vom 27.03.1991 – IV ZR 90/90, NJW 1991, 1678, 1679; BGH, Urteil vom 27.04.1988 – VIII ZR 84/87, BGHZ 104, 232, 236 = NJW 1988, 2465; BGH, Urteil vom 30.09.1987 – IVa ZR 6/86, NJW 1988, 410; OLG Düsseldorf, Urteil vom 11.10.1996 – 22 U 66/96, NJW-RR 1997, 659, 660; OLG Karlsruhe, Urteil vom 11.04.1985 – 9 U 261/83, BB 1986, 1118; OLG Celle, Urteil vom 19.12.1975 – 11 U 79/75, BB 1976, 1287; *Basedow*, in: MüKo BGB § 305 Rn. 40; *K. P. Berger*, in: Prütting/Wegen/Weinreich BGB § 305 Rn. 11; *Grüneberg*, in: Palandt BGB § 305 Rn. 21; *Pfeiffer*, in: Wolf/Lindacher/Pfeiffer AGB § 305 BGB Rn. 37; *Roloff*, in: Erman BGB § 305 Rn. 18; *Schlosser*, in: Staudinger BGB § 305 Rn. 47; *Ulmer/Habersack*, in: Ulmer/Brandner/Hensen AGB § 305 Rn. 49.

376 So ausdrücklich *Ulmer/Habersack*, in: Ulmer/Brandner/Hensen AGB § 305 Rn. 49, aus dessen Sicht die gesetzliche Begründung indes bedenklich sei.

und die rechtliche Tragweite aufgeklärt werden müsse.[377] Sofern man darin nicht ohnehin einen Widerspruch erblickt, wird man annehmen können, dass eine qualifizierte Belehrung bei umfangreichen und unverständlichen Klauseln für die Annahme eines Aushandelns als Mindestvoraussetzung zwar notwendig, aber nicht ausreichend ist.[378] Belehrt der Verwender seinen Kunden also über die rechtlichen Auswirkungen einer AGB-Klausel, wird dadurch zunächst nur sichergestellt, dass diese nicht als überraschende Klausel i.S.v. § 305c Abs. 1 BGB zu qualifizieren ist.[379] Für den Nachweis einer Individualabrede genügt die Belehrung aber nicht.

### b. Keine Entbehrlichkeit aufgrund möglicher Abgrenzungsschwierigkeiten

Diese durchaus hohen Anforderungen an eine Änderungsbereitschaft führten immer wieder zu Kritik bis hin zu einer vollständigen Ablehnung des Merkmals. Dabei wird vertreten, dass eine Abänderungsbereitschaft des Verwenders zumindest dann nicht mehr erforderlich sein könne, wenn vor dem Vertragsschluss eine hinreichende Aufklärung geleistet würde.[380] In diesem Fall werde der Kunde in die Lage versetzt, die Auswirkungen der einzelnen Klauseln zu überschauen und eine mögliche Unangemessenheit zu erkennen.

Insofern frage das richterliche Verständnis einer Abänderungsbereitschaft nämlich nicht danach, ob der Vertragspartner eine Möglichkeit habe, seine Interessen geltend zu machen. Maßgeblich sei allein die Frage, ob er sie im Ergebnis durchsetzen könne.[381] Deshalb wird mitunter gefordert, das Kriterium der Dispositionsbereitschaft aufzugeben und allein auf eine Selbstbestimmung des Vertragspartners abzustellen.[382] Nach dem Vorschlag von *Miethaner* sei es maßgeblich, dass die jeweilige Klausel von der anderen Vertragspartei zur Kenntnis genommen und inhaltlich verstanden wurde sowie ihr eine hervorgehobene Bedeutung beigemessen worden ist.[383] Die fragliche Bestimmung müsse also hinreichend in die Vertragsentscheidung einbezogen worden sein.[384]

---

377 BT-Drucks. 7/3919, S. 17 mit Verweis auf OLG Stuttgart, Urteil vom 15.08.1974 – 10 U 42/74, NJW 1975, 262.

378 So *Basedow*, in: MüKo BGB § 305 Rn. 40 mit Verweis auf OLG Celle, Urteil vom 19.12.1975 – 11 U 79/75, BB 1976, 1287; offen *Ulmer/Habersack*, in: Ulmer/Brandner/Hensen AGB § 305 Rn. 49.

379 *Basedow*, in: MüKo BGB § 305 Rn. 40; *Ulmer/Habersack*, in: Ulmer/Brandner/Hensen AGB § 305 Rn. 49.

380 *Wackerbarth*, AcP 200 (2000), 45, 82 f.

381 *Miethaner*, AGB-Kontrolle versus Individualvereinbarung, S. 156 ff.; *ders.*, NJW 2010, 3121, 3127.

382 Vgl. *Jansen*, ZEuP 2010, 69, 93 f.; *Miethaner*, NJW 2010, 3121, 3127; *Acker/Bopp*, BauR 2009, 1040, 1044; *Wackerbarth*, AcP 200 (2000), 45, 84.

383 *Miethaner*, NJW 2010, 3121, 3127.

384 *Miethaner*, AGB-Kontrolle versus Individualvereinbarung, S. 203 ff.; *Jansen*, ZEuP 2010, 69, 94; *Wackerbarth*, AcP 200 (2000), 45, 84.

Dass die Kritik durchaus nachvollziehbar ist, zeigt sich in der Existenz wiederkehrender Abgrenzungsprobleme. Diese treten auf, wenn der Verwender zwar eine ernsthafte Verhandlungsbereitschaft und Einzelerörterung anbietet, der Kunde das vorformulierte Vertragsangebot aber unvermittelt annimmt, ohne dass es überhaupt zu konkreten Verhandlungen gekommen ist.[385] Wendet man den Maßstab der Rechtsprechung an, dass es zu einem wirklichen Aushandeln und einer tatsächlichen Einzelerörterung kommen muss, liegen die Voraussetzungen nicht vor. Vielmehr wird nur eine allgemein geäußerte Bereitschaft nachweisbar sein. Stellt man hingegen auf die Selbstbestimmung des Vertragspartners ab, so ist ein Aushandeln nach dieser Gegenansicht anzunehmen, da der Kunde die Klausel zur Kenntnis genommen und deren Bedeutung verstanden hat.

Auch der BGH liebäugelte seinerzeit offenbar mit einem solchen Verständnis. In zurückliegenden Entscheidungen wurde eine individuelle Vertragsabrede angenommen, wenn die eine Vertragspartei zur Abänderung der Bedingungen bereit und dies dem Geschäftspartner bei Vertragsschluss bewusst gewesen ist.[386] Die überwiegende Ansicht folgt einem solchen Verständnis jedoch zurecht nicht.[387] Denn von einem Aushandeln als einem Mehr gegenüber einem Verhandeln kann bei einseitiger und ernsthafter (realer) Bekundung einer Verhandlungsbereitschaft nicht die Rede sein.[388] Die Anforderungen an das Bestehen einer Änderungsbereitschaft scheinen aber auch nicht derart überspitzt, dass auf das Merkmal gänzlich verzichtet werden sollte. Denn sofern die Kritiker ihre Sichtweise mit Abgrenzungsproblemen begründen, lässt sich dem ein probater Lösungsweg entgegenhalten.

---

385 Beispiel von *Ulmer/Habersack*, in: Ulmer/Brandner/Hensen AGB § 305 Rn. 50.

386 BGH, Urteil vom 18.11.1982 – VII ZR 305/81, BGHZ 85, 305 = NJW 1983, 385; BGH: Urteil vom 26.02.1981 – IVa ZR 99/80, BB 1981, 756, 757; BGH, Urteil vom 15.12.1976 – IV ZR 197/75, NJW 1977, 624, 626; BGH, Urteil vom 08.11.1978 – IV ZR 179/77, NJW 1979, 367, 368 mit Hinweis auf die Literaturkritik.

387 *Basedow*, in: MüKo BGB § 305 Rn. 39 f.; *Grüneberg*, in: Palandt BGB § 305 Rn. 20; *E. Koch/Stübing*, AGBG § 1 Rn. 37; *Pfeiffer*, in: Wolf/Lindacher/Pfeiffer AGB § 305 BGB Rn. 38; *Roloff*, in: Erman BGB § 305 Rn. 19; *Ulmer/Habersack*, in: Ulmer/Brandner/Hensen AGB § 305 Rn. 50; a.A. *K. P. Berger*, in: Prütting/Wegen/Weinreich BGB § 305 Rn. 13; *Schlosser*, in: Staudinger BGB § 305 Rn. 36a, 44; *Lischek/Mahnken*, ZIP 2007, 158, 160; *K. P. Berger*, ZIP 2006, 2149, 2152 f.; *ders.*, NJW 2001, 2152, 2153, wonach im unternehmerischen Verkehr ein Verhandeln genügen solle; *Pawlowski*, BB 1978, 161; *von Falkenhausen*, BB 1977, 1124, 1128.

388 Nach *Ulmer/Habersack*, in: Ulmer/Brandner/Hensen AGB § 305 Rn. 50 reiche ein solches Verhalten auch aus teleologischer Sicht nicht.

### c. *Beweislast bei unveränderten und unbeanstandeten Vertragsbedingungen*

Nach dem hier vertretenen Verständnis bietet die Rechtsprechung zur freien Entscheidung eine adäquate Lösung. Wenn der Kunde die Vertragsbedingungen trotz Möglichkeit aufgrund einer freien Entscheidung nicht beanstandet, liegen schon auf Ebene der Vertragsanbahnung keine gestellten Bedingungen vor. Dazu muss der Vertragspartner bei der Auswahl der Vertragstexte frei sein und eine Gelegenheit zur effektiven Durchsetzung von Alternativvorschlägen erhalten. Billigt der Kunde die Vertragsbedingungen oder bleibt er passiv, verletzt er seine Obliegenheit zur Beanstandung.[389] Die Einigung ist somit „das Ergebnis einer selbstverantwortlichen Prüfung, Abwägung und möglichen Einflussnahme beider Vertragsseiten“[390].

Für die Anwendung dieses Erklärungsansatzes darf es aber nicht zu einer konkreten Verhandlung über den Inhalt der einzelnen Klauseln kommen. Zu einer Prüfung des Tatbestandsmerkmals des Aushandelns kommt es also gar nicht, sodass die Kritik an dem Kriterium der Änderungsbereitschaft ins Leere läuft. Erfasst sind allerdings nur Klauseln, die *mangels* einer Beanstandung unverändert geblieben sind. Sollte es *trotz* einer Beanstandung bei der unveränderten Vertragsbestimmung bleiben, wird die Prüfung des Kriteriums der Änderungsbereitschaft aber erst recht erforderlich sein.[391] Denn ohne einen Nachweis der Änderungsbereitschaft reicht die Behauptung eines ausdrücklichen Einverständnisses des Kunden auch bei einem Hinweis auf die betreffende Klausel nicht aus.[392] Insbesondere bei textlich unveränderten Klausen wären dazu zusätzliche Umstände erforderlich, die eine Aufnahme der Klausel in den Willen der anderen Vertragspartei widerspiegeln.[393]

Dabei trägt allein der Verwender die Beweislast für die Individualabrede und müsste somit den Gang der Verhandlung und seine tatsächliche Bereitschaft zur Änderung der ursprünglichen Klauseln in detaillierter Protokollierung darlegen.[394] Der in der Praxis häufig zusammen mit AGB übersandte Passus, der Kunde solle „Anmerkungen und Änderungswünsche“ unterbreiten, signalisiert jedenfalls keine effektiv durchsetzbare Verhandlungsbereitschaft.[395] Vielmehr hat der

---

389 Siehe dazu insgesamt oben „Praxisrelevanz bei Bearbeitungsentgelten“, S. 84 ff.

390 BT-Drucks. 7/3919, S. 17.

391 Siehe dazu bereits oben „Die Änderungsbereitschaft“, S. 91 ff.

392 OLG Schleswig, Urteil vom 14.09.2000 – 7 U 83/99, MDR 2001, 262, 263.

393 Siehe dazu im Allgemeinen „Sonderfall: Aushandeln ohne Textänderung“, S. 114 ff. und im Besonderen „Kriterienkatalog“, S. 118 ff.

394 BGH, Urteil vom 04.07.2017 – XI ZR 233/16, ZIP 2017, 1654 Rn. 23 mit Verweis auf BGH, Urteil vom 20.03.2014 – VII ZR 248/13, BGHZ 200, 326, NJW 2014, 1725 Rn. 27; *K. P. Berger*, in: Prütting/Wegen/Weinreich BGB § 305 Rn. 12; *Grüneberg*, in: Palandt BGB § 305 Rn. 20, 23; *Ulmer/Habersack*, in: Ulmer/Brandner/Hensen AGB § 305 Rn. 62 ff.; *Kappus*, NJW 2016, 33, 34.

395 BGH, Urteil vom 20.01.2016 – VIII ZR 26/15, NJW 2016, 1230 Rn. 29 f.; nach *von Westphalen*, NJW 2017, 2237, 2238 sei dieser Satz des Verwenders „das Papier nicht wert“.

Verwender den Beweis zu erbringen, dass er sich „zur Abänderung bereit erklärt hat und der Vertragspartner sich dessen bei Vertragsabschluss bewusst gewesen ist, der Verwender also die vorformulierte Vertragsbedingung deutlich erkennbar inhaltlich zur Disposition gestellt hat."[396] Insoweit ist der BGH nach abweichender früherer Rechtsprechung wieder dahin zurückgekehrt, dass der Klauselverwender zwingend den gesetzesfremden Kerngehalt zur Disposition stellen muss.[397]

### *3. Der gesetzesfremde Kerngehalt*

Den gesetzesfremden Kerngehalt beschreibt der BGH als die vertraglichen Bestimmungen, die von der gesetzlichen Regelung abweichen oder diese ergänzen.[398] Damit muss sich die Änderungsbereitschaft gerade auf den gesetzesfremden Kerngehalt erstrecken, damit man von einer ernsthaften Disposition ausgehen kann.

#### *a. Erfordernis einer Dispositionsbereitschaft*

Grundsätzlich ist es nicht notwendig, dass der Verwender eine Klausel „von Grund auf" zur Disposition stellt; ausreichend ist vielmehr, dass der andere Teil auf die Modalitäten des gesetzesfremden Kerns Einfluss nehmen kann.[399] Gewiss liegt keine Disposition über den gesetzesfremden Kerngehalt vor, wenn der Verwender dem Kunden lediglich die Möglichkeit eröffnet, den Vertrag ohne Änderung der vorformulierten Klausel oder gar nicht zu unterzeichnen.[400] Wesentlich für die Analyse der betrachteten Urteile vom 04.07.2017 ist aber eine Darstellung des Kerngehaltes, der im Kontext von Bearbeitungsentgelten in (Unternehmer-) Darlehen von der gesetzlichen Norm abweichen soll.

Die Abweichung von der gesetzlichen Regelung begründet der BGH ausführlich erst im Rahmen der Inhaltskontrolle, wonach ein laufzeitunabhängiges Entgelt von der gesetzlichen Ausgestaltung des Darlehensvertrages abweiche.[401]

---

396 BGH, Urteil vom 22.11.2012 – VII ZR 222/12, NJW 2013, 856, 857 Rn. 12; BGH, Urteil vom 18.04.2002 – VII ZR 192/01, BGHZ 150, 299 = NJW 2002, 2388; BGH, Urteil vom 03.11.1999 – VIII ZR 269/98, BGHZ 143, 103 = NJW 2000, 1110, 1111.

397 Siehe die Nachweise in Fn. 366.

398 BGH, Urteil vom 23.01.2003 – VII ZR 210/01, BGHZ 153, 311 = NJW 2003, 1805, 1807; BGH, Urteil vom 18.05.1995 – X ZR 114/93, WM 1995, 1455, 1456; BGH, Urteil vom 27.03.1991 – IV ZR 90/90, NJW 1991, 1678, 1679; BGH, Urteil vom 30.09.1987 – IVa ZR 6/86, NJW 1988, 410; BGH, Urteil vom 03.07.1985 – IVa ZR 246/83, NJW-RR 1986, 54, 55.

399 BGH, Urteil vom 25.10.2012 – VII ZR 56/11, BGHZ 195, 207 = NJW 2013, 2027, 2028 Rn. 20; BGH, Urteil vom 16.07.1998 – VII ZR 9/97, NJW 1998, 3488, 3489; *von Westphalen*, ZIP 2015, 1316, 1326.

400 BGH, Urteil vom 16.03.1999 – XI ZR 76/98, BGHZ 141, 124 = NJW 1999, 1864; BGH, Urteil vom 18.05.1995 – X ZR 114/93, WM 1995, 1455, 1456.

401 BGH, Urteile vom 04.07.2017 – XI ZR 562/15, BGHZ 215, 172 = NJW 2017, 2986 Rn. 38 und XI ZR 233/16, ZIP 2017, 1654 Rn. 46.

Abzustellen sei demnach auf das gesetzliche Leitbild des Darlehensvertrages und auf die Regelung des § 488 Abs. 1 Satz 2 BGB, wonach es die Pflicht des Darlehensnehmers ist, während der Laufzeit den geschuldeten Zins und nach Fälligkeit das zur Verfügung gestellte Darlehen zurückzuzahlen. Als Gegenleistung stehe dem Darlehensgeber somit nur der geschuldete Zins, jedoch nach dem gesetzlichen Leitbild keine separate Bearbeitungsgebühr zu.[402]

Nach Einschätzung der Vorinstanz zum Verfahren XI ZR 562/15 sei eine Änderungsbereitschaft hinsichtlich des gesetzesfremden Kerngehaltes nicht in ausreichender Weise dargelegt worden.[403] Die beklagte Bank hatte in diesem Zusammenhang angeführt, dass sie mit dem Darlehensnehmer gemeinsam ein Darlehensmodell mit einem Bearbeitungsentgelt gewählt hätte. Aus den zuvor abgeschlossenen Verträgen sei dem Kläger aber die Möglichkeit bekannt gewesen, anstelle eines Bearbeitungsentgeltes einen höheren Zinssatz zu vereinbaren.[404] Aus diesem Vortrag ließe sich nach Rechtsauffassung des OLG Celle aber „nicht ansatzweise erkennen", wie das Kreditinstitut seinem Kunden eine Gestaltungsmöglichkeit habe einräumen wollen.[405] Im Gegenteil sei der allgemeine Vortrag des Kreditinstitutes als „pauschale Behauptung" zu werten, dass das Bearbeitungsentgelt nicht vorgegeben, sondern dem individuell entstandenen Aufwand angepasst worden sei und allein der Kläger die Anzeige eines Änderungsbedarfs versäumt habe.[406]

### *b. Tendenz zu einer sachverhaltsübergreifenden Betrachtung*

Interessant ist ein Blick auf die Verteidigung der beklagten Bank, die auf in der Vergangenheit geschlossene Darlehensverträge abstellte. Im Grundsatz spricht es zunächst nicht gegen eine Individualabrede, wenn gleichlautende oder gleichgerichtete Vereinbarungen in zahlreichen Verträgen getroffen wurden.[407] Für die Beurteilung maßgeblich ist nämlich, ob eine Klausel im konkreten Fall individuell

---

402 BGH, Urteile vom 04.07.2017 – XI ZR 562/15, BGHZ 215, 172 = NJW 2017, 2986 Rn. 38 und XI ZR 233/16, ZIP 2017, 1654 Rn. 46 mit Verweisen auf BGH, Urteil vom 16.02.2016 – XI ZR 454/14, BGHZ 209, 71 = NJW 2016, 1875 Rn. 40 und BGH, Urteil vom 13.05.2014 – XI ZR 405/12, BGHZ 201, 168 = NJW 2014, 2420, 2421 Rn. 67 f.; siehe zu einer ausführlichen Darstellung des gesetzlichen Leitbildes „Das gesetzliche Leitbild des § 488 Abs. 1 Satz 2 BGB", S. 158 ff.

403 OLG Celle, Urteil vom 02.12.2015 – 3 U 113/15, BeckRS 2015, 122024 Rn. 22, Vorinstanz zu BGH, Urteil vom 04.07.2017 – XI ZR 562/15, BGHZ 215, 172 = NJW 2017, 2986.

404 OLG Celle, Urteil vom 02.12.2015 – 3 U 113/15, BeckRS 2015, 122024 Rn. 22.

405 OLG Celle, Urteil vom 02.12.2015 – 3 U 113/15, BeckRS 2015, 122024 Rn. 22 mit Verweis auf BGH, Urteil vom 14.04.2005 – VII ZR 56/04, NJW-RR 2005, 1040, 1041 Rn. 13.

406 OLG Celle, Urteil vom 02.12.2015 – 3 U 113/15, BeckRS 2015, 122024 Rn. 22.

407 *Ulmer/Habersack*, in: Ulmer/Brandner/Hensen AGB § 305 Rn. 45.

und im Einzelnen ausgehandelt wurde.[408] Einer solch isolierten Betrachtung vermag sich der BGH in dem vorliegenden Urteil jedoch nicht anzuschließen. Denn durch das Berufen auf eine Verhandelbarkeit „ist aber nicht dargetan, dass die Beklagte deutlich und ernsthaft ihre Verhandlungsbereitschaft erklärt hat. Dem entspricht, dass nach dem Vortrag der Beklagten die entsprechende Bearbeitungsgebühr in keinem der von beiden Parteien abgeschlossenen Darlehensverträge abbedungen worden ist."[409]

Damit wird deutlich, dass sich Indizien für das Bestehen einer Verhandlungsbereitschaft nicht nur isoliert aus dem zu beurteilenden Geschäft ergeben können. Vielmehr wendet der BGH eine umfassende und sachverhaltsübergreifende Betrachtung an und beurteilt, was sich aus der Haltung des Verwenders bei früheren Vertragsschlüssen ableiten lässt. Das kann für die Einzelfallbetrachtung Fluch und Segen zugleich sein. Denn solange ein Kreditinstitut bei anderen Verträgen ein Abweichen von dem gesetzesfremden Kerngehalt darlegen kann, sollte darin ein starkes Indiz für eine grundsätzliche Verhandlungsbereitschaft zu sehen sein.[410] Klar ist aber auch, dass das Erheben eines Entgeltes in nahezu jedem Darlehensvertrag allein statistisch gegen die Bereitschaft spricht, die Regelung im konkreten Fall zur Disposition zu stellen. Wer also nie eine Änderung zulässt, wird sich kaum erfolgreich auf § 305 Abs. 1 Satz 3 BGB berufen können.

Die gewählte Verteidigung wurde dem Kreditinstitut in dem hiesigen Urteil demnach selbst zum Verhängnis. Nach eigenen Angaben bestand zwar die Möglichkeit, statt eines pauschalen Entgeltes einen höheren Zinssatz zu vereinbaren. Diese Option scheint aber in keiner mit dem Kläger jemals getroffenen Kreditvereinbarung gewählt worden zu sein, sodass ein Entgelt tatsächlich nie nachweislich abbedungen wurde. So blieb es bei dem gesetzesfremden Kerngehalt. Allein das Anbieten verschiedener Gestaltungsmöglichkeiten genügt dem BGH für die Darlegung einer ernsthaften Verhandlungsbereitschaft augenscheinlich nicht. Sofern es also nie zu der Umsetzung eines abweichenden Preismodells gekommen ist, wird darin viel eher ein Indiz gegen eine Verhandlungsmöglichkeit gesehen werden. Ob die Variante des Einpreisens eines Entgeltes in den Zinssatz im Ergebnis aber überhaupt zu einer rechtssicheren und ökonomisch sinnvollen Lösung führen kann, wird noch an anderer Stelle zu untersuchen sein.[411]

---

408 BGH, Urteil vom 08.11.1978 – IV ZR 179/77, NJW 1979, 367, 368; OLG Köln, Urteil vom 16.04.1984 – 8 U 48/83 und 8 U 49/83, BB 1984, 1388, 1389; *Miethaner*, NJW 2010, 3121, 3122; a.A. *Kappus*, NZM 2010, 529, 536 f.

409 BGH, Urteil vom 04.07.2017 – XI ZR 233/16, ZIP 2017, 1654 Rn. 25.

410 *Pfeiffer*, in: Wolf/Lindacher/Pfeiffer AGB § 305 BGB Rn. 40 f.

411 Dazu noch unten „Einpreisen in den Zinssatz: Folgen der Mischkalkulation", S. 237 ff. und „Kostendeckung durch entsprechende Zinskalkulation", S. 267 ff.

### 4. *Modifikation des Tatbestandsmerkmals „Aushandeln"*

Die Einschätzung, dass das AGB-Recht im unternehmerischen Rechtsverkehr zu einer Schwäche des deutschen Rechts geworden ist,[412] hat in der gewerblichen Wirtschaft zu einem Umdenken bis hin zu Gesetzesänderungsvorschlägen geführt. So findet sich der Vorschlag, für ein Aushandeln im unternehmerischen Geschäftsverkehr das bloße Verhandeln genügen zu lassen bzw. das Aushandeln durch ein Verhandeln zu ersetzen.[413] Denn die Ursache der Problematik, dass eine individualvertragliche Vereinbarung kaum realisierbar sei, sei eine extrem restriktive Auslegung des „Ausnahmetatbestandes" des Aushandelns.[414]

#### *a. Neuorientierung der Auslegung*

Nach der Einschätzung von *K. P. Berger* sei eine zwingend unterschiedliche Behandlung von Vertragsverhandlungen im B2C- und B2B-Bereich erforderlich. Durch die Vielzahl getätigter Geschäfte sei ein Kaufmann grundsätzlich in der Lage, eingeräumte Rechte und unbillige Benachteiligungen zu erkennen und sich selbstständig gegen Nachteile abzusichern.[415] Aufgrund vermuteter Geschäftserfahrenheit der Akteure des kaufmännischen Verkehrs müsse für das Aushandeln ein schlichtes Verhandeln genügen.[416] Das könne man auch aus der Gesetzesbegründung ableiten, die für eine Individualabrede von „selbstverantwortlichen Prüfung, Abwägung und möglichen Einflussnahme" spreche.[417] Damit habe der Gesetzgeber der Rechtsprechung eine interessengerechte Abgrenzung von AGB und Individualabrede anheimgestellt.

Zudem werde in den Vorschriften des Handelsrechts davon ausgegangen, dass mehrfach verwendete Vertragsbestimmungen „im einzelnen ausgehandelt" sein könnten, auch wenn begrifflich nur verhandelt wurde.[418] Das sei auf die Gesetzesbegründung zum Transportrechtsreformgesetz zurückzuführen: „Wenn Verhandlungen über die Vertragsbestimmungen stattgefunden haben, bestehen – anders als

---

412 So die Überschrift der Stellungnahme des *Zivilrechtsausschuss DAV*, AnwBl 2012, 402.

413 So *K. P. Berger*, in: AGB-Symposium, S. 44; *ders.*, NJW 2001, 2152 f. zunächst im Weg der Auslegung, später *ders.*, NJW 2010, 465, 467 f. im Wege einer gesetzlichen Korrektur; ebenso *Zivilrechtsausschuss DAV*, AnwBl 2012, 402; *R. Koch*, BB 2010, 1810, 1811; *Wackerbarth*, AcP 200 (2000), 45, 83 ff.; *Rabe*, NJW 1987, 1978, 1980; einen Reformbedarf grundsätzlich in Abrede stellend *von Westphalen*, NJW 2009, 2977 ff.

414 *Zivilrechtsausschuss DAV*, AnwBl 2012, 402, 405 f.

415 *K. P. Berger*, NJW 2001, 2152, 2153.

416 *K. P. Berger*, ZGS 2004, 415, 421; *ders.*, NJW 2001, 2152, 2153; *Wackerbarth*, AcP 200 (2000), 45, 82 ff.; *Canaris*, JZ 1987, 993, 1003; *Rabe*, NJW 1987, 1978, 1979.

417 *K. P. Berger*, NJW 2001, 2152, 2153 mit Verweis auf BT-Drucks. 7/3919, S. 17.

418 *K. P. Berger*, ZGS 2004, 415, 421; *ders.*, NJW 2001, 2152, 2153 stellt im Allgemeinen auf das seinerzeit neue Transportrecht und im Besonderen auf § 448 Abs. 1 HGB a.F. ab, der jetzt § 449 Abs. 2 HGB entspricht.

bei einer formularmäßigen Abbedingung durch einseitig gestellte Klauselwerke – keine durch zwingendes Recht zu wahrenden Schutzbedürfnisse, da davon auszugehen ist, dass die Parteien ihre jeweiligen Interessen in diese Verhandlungen eingebracht haben."[419] Diese Wertung müsse bei der AGB-Kontrolle durch eine Neuorientierung der Auslegung gleichermaßen berücksichtigt werden.[420] Für die kaufmännische Selbstbestimmung genüge demnach das schlichte Verhandeln zur Annahme einer Individualvereinbarung.

### *b. Gesetzliche Klarstellung: Verhandeln statt Aushandeln*

Auf dieser Argumentation aufbauend schlägt *K. P. Berger* die Einfügung eines neuen Passus in § 305 Abs. 1 BGB vor, der für den unternehmerischen Verkehr die notwendigen Modifikationen und Klarstellungen enthalte:[421]

> *„Wird eine Vertragsbedingung gegenüber einem Unternehmer, einer juristischen Person des öffentlichen Rechts oder einem öffentlich-rechtlichen Sondervermögen verwendet, so gilt sie als ausgehandelt, wenn die Vertragsparteien über sie im Einzelnen oder im Zusammenhang mit anderen Bestimmungen desselben Vertrags in einer dem Gegenstand des Vertrags und den Umständen des Vertragsschlusses angemessenen Weise verhandelt haben."*

Eine solche Einfügung könne gewährleisten, dass die Rechtsprechung für den B2B-Bereich von ihrer bisherigen Auslegung, Aushandeln bedeute stets mehr als Verhandeln, ohne dogmatische Umwege abrücken könne.[422] Dabei sei unter Verhandeln der „Prozess des wechselseitigen Kommunizierens zum Zwecke der Erzielung einer gemeinsamen Entscheidung" zu verstehen.[423]

Die Einschätzung wurde in der Literatur teilweise begrüßt. Dafür spreche, dass es bei intensiven und komplexen Verhandlungen schlichtweg nicht praktikabel erscheine, jede einzelne Klausel separat auszuhandeln.[424] Denn Vertragsverhandlungen werden im unternehmerischen Geschäftsverkehr in der Regel nicht

---

419 BT-Drucks. 13/8445, S. 87. Dabei ist der Gesetzesbegründung zu entnehmen, dass die Formulierung „im einzelnen ausgehandelt" der Vorschrift des § 1 Abs. 2 AGBG, heute § 305 Abs. 1 Satz 3 BGB entlehnt sei.

420 *K. P. Berger*, in: AGB-Symposium, S. 44, wonach der Gesetzgeber bei der Auslegung nicht über ein Verhandeln hinausgehen wollte; *ders.*, in: FS von Westphalen 2010, 13, 22 ff.; *ders.*, NJW 2001, 2152, 2153; ähnlich *Lischek/Mahnken*, ZIP 2007, 158, 160.

421 Zum folgenden Vorschlag *K. P. Berger*, NJW 2010, 465, 467; siehe zum ähnlichen Gesetzgebungsvorschlag des Deutschen Anwaltvereins *Zivilrechtsausschuss DAV*, AnwBl 2012, 402 ff.

422 *K. P. Berger*, NJW 2010, 465, 467.

423 *K. P. Berger*, ZGS 2004, 415, 421.

424 *Kessel/Jüttner*, BB 2008, 1350, 1352, die auf eine Entbehrlichkeit des Aushandelns bei lang andauernden Verhandlungen abstellen; *Lischek/Mahnken*, ZIP 2007, 158, 161, die das Aushandeln praxisgerecht auslegen.

klauselbezogen, sondern im Hinblick auf das Gesamtwerk geführt.[425] So könne ein an den Umständen des Vertragsschlusses ausgerichtetes Verhandeln genügen. Bei Bearbeitungsgebühren könnten sich die Voraussetzungen indes schnell erfüllen, da es sich dabei nämlich grundsätzlich nicht um komplexe und unverständliche Klauseln handelt. Diese Sichtweise ist insoweit auch mit dem Willen des Gesetzgebers vereinbar, der in der Gesetzesbegründung zum AGBG für das Aushandeln fordert, dass „der Kunde eingehend und unmissverständlich über Inhalt und rechtliche Tragweite aufgeklärt wird."[426]

Einschränkend wird das Gleichsetzen der Begriffe Aushandeln und Verhandeln hingegen teilweise nur für den Fall bejaht, in dem sich die gegenüberstehenden Unternehmen in ihrem typischen Geschäftsbereich begegnen.[427] Denn dort könnten sie ihre Interessen selbst wahren. Kritisch wird dem Ersetzen aber zugleich entgegengehalten, dass erleichterte Bedingungen aufgrund einer angemessenen Verhandlung oder ausreichender Geschäftserfahrung für die Vertragspartner kein Zugewinn seien, wenn der Verwender trotz dessen nicht bereit sei, von dem Inhalt der Vertragsbedingungen abzuweichen.[428]

### *c. Bedenken gegenüber einer Reduktion des Aushandelns*

Nach dem Wortlaut der aktuellen Fassung des § 305 Abs. 1 Satz 3 BGB erscheint eine Gleichstellung des Aushandelns mit dem Verhandeln im Wege einer Auslegung nicht erfolgsversprechend. Auch wenn den Begriffen gleichermaßen ein kommunikatives Element zugrunde liegt, welches auf ein gegenseitiges Nachgeben abzielt,[429] ist eine derartige Erleichterung von dem momentanen Gesetzeswortlaut nicht gedeckt.[430] Dabei ist es für die Rechtsprechung gewiss kein gangbarer Weg, den Wortsinn des Aushandelns soweit zu reduzieren, bis er dem des Verhandelns gleichsteht.[431] Obgleich der Gesetzgeber bei der Begründung des Transportrechtes

---

425 *Wittuhn/Quecke*, NZG 2014, 131, 134, die dem Einschränkungsversuch indes vom Telos her zustimmen; *Acker/Bopp*, BauR 2009, 1040, 1047.

426 BT-Drucks. 7/3919, S. 17.

427 *Acker/Bopp*, BauR 2009, 1040, 1047; auch *K. P. Berger/Kleine*, BB 2007, 2137, 2138, 2139, 2141 sprechen von einem doppelten Differenzierungsgebot; *K. P. Berger*, ZIP 2006, 2149, 2155.

428 *Leuschner*, JZ 2010, 875, 883.

429 *Axer*, AGB-Kontrolle, S. 166.

430 Ausdrücklich *Pfeiffer*, in: Wolf/Lindacher/Pfeiffer AGB § 305 BGB Rn. 39; wohl auch *Ulmer/Habersack*, in: Ulmer/Brandner/Hensen AGB Einl. BGB Rn. 67; *Leuschner*, JZ 2010, 875, 883 befindet den Vorschlag für nicht konsistent; mit anhaltender Kritik *von Westphalen*, ZIP 2018, 1101, 1102; *ders.*, ZIP 2010, 1110, 1113; *ders.*, BB 2010, 195, 197.

431 *Wittuhn/Quecke*, NZG 2014, 131, 134 sehen die Gefahr, das Begriffspaar zu verwischen; *Lischek/Mahnken*, ZIP 2007, 158, 160, wonach ein (Verhandlungs-) Erfolg nicht gefordert sei.

anderer Ansicht ist, lässt sich eine beabsichtigte und planvolle Kodifikation des Wortes Aushandeln anstatt des Verhandelns in § 305 Abs. 1 Satz 3 BGB nicht leugnen. Das belegen auch die Protokolle des Rechtsausschusses des Bundestages aus dem Jahre 1976. Nach den Gesetzesdokumentationen wurde der von einer Abgeordneten vorgeschlagene Austausch des Begriffs Aushandeln durch Verhandeln mit der Begründung abgelehnt, man wolle „mehr als Verhandeln".[432]

Zudem ist zu hinterfragen, ob der Begriff des Verhandelns überhaupt zu einer präziseren Auslegung führen könnte. Denn an einer eindeutigen und gerichtsfesten Definition fehlt es ebenso wie beim Aushandeln selbst.[433] Da es an qualitativen und inhaltlichen Anforderungen an ein Verhandeln i.S.v. § 203 BGB fehlt, erscheint eine Übertragung der Rechtsprechung zu dieser Norm aus dogmatischen Gründen fernliegend.[434] Ferner sollte bedacht werden, dass sich eine grundlegende Auslegungsänderung auch auf den B2C-Bereich auswirken würde, in dem eine Reduktion des Aushandelns aber gerade nicht gewünscht ist.[435] Insoweit besteht kein Anlass, durch eine Anpassung der Anforderungen an die AGB-Kontrolle das bestehende Verbraucherschutzniveau zu verringern.[436] Aber auch im B2B-Sektor könnte die Reduzierung auf ein Verhandeln den notwendigen Schutz eines Kleinunternehmers gefährden.[437] Die Bewahrung vor der einseitigen Inanspruchnahme von Vertragsgestaltungsmacht wird etwa bei Existenzgründern strenger zu beurteilen sein als bei Großunternehmen.[438] Die Verankerung einer präzisen Differenzierung würde somit weitere gesetzliche Anpassungen erforderlich machen, was nicht im Sinne einer flexiblen Rechtsprechung sein kann.

Die weitere Analyse muss daher zunächst zeigen, ob durch eine sachgerechte Auslegung bereits *de lege lata* für den geschäftlichen Verkehr zufriedenstellende Lösungsmöglichkeiten zur Verfügung stehen. Das Ersetzen der Begrifflichkeit wäre dann nämlich nicht erforderlich. Zu beurteilen ist folglich, ob das Abstellen auf ein angemessenes Verhandeln die vielfältigen Vertragsverhandlungssituationen

---

432 *Jaeger*, NJW 1979, 1569, 1571 mit Verweis auf das Protokoll der 97. Sitzung des Rechtsausschusses vom 05.05.1976.

433 *W. Müller/Griebeler/Pfeil*, BB 2009, 2658, 2661.

434 Dazu bereits oben „Aushandeln und Verhandeln", S. 89 ff.; zudem *W. Müller/Griebeler/Pfeil*, BB 2009, 2658, 2661.

435 *W. Müller/Griebeler/Pfeil*, BB 2009, 2658, 2661 fordern daher die Einführung eines Kriterienkatalogs für den Geschäftskundenverkehr; dazu noch unten „Kriterienkatalog", S. 118 ff. Vergleichbare Forderungen nach einer Angleichung des Aushandelns und Verhandelns bestehen im Verbraucherverkehr nicht.

436 Dazu *W. Müller/Griebeler/Pfeil*, BB 2009, 2658, 2661; zur Unterscheidung zwischen Kaufleuten und Nichtkaufleuten im Rahmen des AGBG bereits *Dauner-Lieb*, Verbraucherschutz, S. 40 ff.

437 *von Westphalen*, ZIP 2010, 1110, 1113; ähnlich auch *K. P. Berger/Kleine*, BB 2007, 2137, 2138.

438 *von Westphalen*, ZIP 2010, 1110, 1113; a.A. *Zivilrechtsausschuss DAV*, AnwBl 2012, 402, 406, wonach der Verwender keineswegs immer der wirtschaftlich Stärkere sei.

des Geschäftskundenverkehrs überhaupt hinreichend erfassen kann. Denn die Beurteilung des Aushandelns unter Geschäftsleuten erfordert ein hohes Maß an Flexibilität. Dazu muss man zunächst anerkennen, dass im unternehmerischen Rechtsverkehr situationsbedingt geringere Anforderungen an ein Aushandeln zu stellen sind.[439] Ein Indiz für ein Aushandeln könnten bestimmte, wiederkehrende Begleitumstände darstellen. So entschied bereits der BGH, dass alle Umstände des Einzelfalls zu berücksichtigen seien, „vor allem die intellektuellen Fähigkeiten und die berufliche Position der Verhandlungspartner sowie das Bestehen oder Fehlen eines wirtschaftlichen Machtgefälles."[440] Von dem Erfordernis eines Aushandelns ausgehend bleibt zu klären, ob und wie es sich in der Fassung einer Klausel wiederfinden muss.

## II. Regelfall: Aushandeln durch Textänderung

Da eine allgemeine Abänderungsbereitschaft ungenügend ist und es für ein Aushandeln einer ernsthaften und realen Möglichkeit zur Einflussnahme bedarf, kann es in der Praxis freilich zu Abgrenzungsschwierigkeiten kommen. In dem Urteil vom 04.07.2017 hält sich der Senat daher an einen gleichermaßen schlichten wie entscheidenden Grundsatz: In der Regel schlägt sich das Aushandeln in der Änderung des vorformulierten Textes nieder.[441] Die Notwendigkeit einer Textänderung lässt sich indessen auf ältere Entscheidungen des BGH zurückführen. Danach genügte es für ein Aushandeln nicht, dass ein Formular aus Sicht des Vertragspartners unbedenklich war, der Inhalt erörtert wurde und letztlich den Vorstellungen beider Parteien entsprach.[442]

Für die Vertragspraxis ist das eine durchaus ernüchternde Feststellung, denn bei einer Reihe von Klauseln handelt es sich schlichtweg um den gängigen Marktstandard. Für eine textliche Änderung dürfte daher von vornherein kein Platz sein.[443] Dasselbe darf man von Bearbeitungsentgelten behaupten, die lange Zeit einen absoluten Standard darstellten. Will man im Nachgang zu den hier besprochenen

---

439 *Ulmer/Habersack*, in: Ulmer/Brandner/Hensen AGB Einl. BGB Rn. 67, die eine Gesetzesänderung daher wohl für entbehrlich halten.

440 BGH, Urteil vom 28.07.2015 – XI ZR 434/14, BGHZ 206, 305 = NJW 2015, 3025, 3026 Rn. 23 mit Verweis auf BGH, Urteil vom 25.03.2015 – VIII ZR 243/13, BGHZ 204, 325 = NZM 2015, 665 Rn. 55.

441 BGH, Urteil vom 04.07.2017 – XI ZR 233/16, ZIP 2017, 1654 Rn. 23; siehe auch BGH, Urteil vom 05.06.2018 – XI ZR 371/16, juris Rn. 20; BGH, Urteil vom 22.11.2012 – VII ZR 222/12, NJW 2013, 856 Rn. 13; BGH, Urteil vom 23.01.2003 – VII ZR 210/01, BGHZ 153, 311, 321 = NJW 2003, 1805, 1807; BGH, Urteil vom 03.11.1999 – VIII ZR 269/98, BGHZ 143, 103 = NJW 2000, 1110, 1112.

442 BGH, Urteil vom 09.10.1986 – VII ZR 245/85, NJW-RR 1987, 144, 145; BGH, Urteil vom 05.04.1979 – VII ZR 308/77, BGHZ 74, 204 = NJW 1979, 1406, 1407; a.A. BGH, Urteil vom 25.10.2012 – VII ZR 56/11, BGHZ 195, 207 = NJW 2013, 2027, 2028 Rn. 20.

443 *Leuschner*, AcP 207 (2007), 491, 519 zur *M&A*-Praxis.

BGH-Urteilen Entgeltklauseln in einem Vertrag individuell aushandeln, wird es aber wohl kaum zu einer Textänderung kommen, wenn die Klauseln bereits im Erstentwurf der Bank enthalten waren. Unklar wäre, welcher Regelungsbestandteil überhaupt geändert werden sollte.

## *1. Einschränkung der AGB-Definition*

Ob eine Textänderung erforderlich ist, muss anhand einer Abgrenzung der Individualabrede zur AGB ermittelt werden. Von wesentlicher Bedeutung ist dabei die Funktion des § 305 Abs. 1 Satz 3 BGB.[444] Wird die Einbeziehung vorformulierter Bedingungen von dem Verwender einseitig veranlasst, liegt ein Stellen gem. § 305 Abs. 1 Satz 1 BGB vor. Die Vertragsbedingungen sind dann durch eine Partei zum Gegenstand der Verhandlungen gemacht und ihre Verwendung zum Vertragsschluss verlangt worden. Kommt es im Zuge eines Aushandelns nun zu einer textlichen Veränderung der Klausel, liegt aber bereits keine vorformulierte und einseitig gestellte Bedingung mehr vor. Schon die Voraussetzungen des § 305 Abs. 1 Satz 1 BGB sind dann nicht mehr erfüllt.[445]

### *a. Anhaltspunkte für eine reine Klarstellungsfunktion*

Nach teilweise vertretener Auffassung könne von einem Aushandeln nur gesprochen werden, wenn es zu einer textlichen Abweichung des vorformulierten Textes gekommen ist.[446] Dass sich die Vertragsfreiheit bei gleichbleibender Formulierung allein durch Verhandlungen und das Finden eines Kompromisses realisieren könne, sei eine „wirklichkeitsferne Vorstellung“[447]. § 305 Abs. 1 Satz 3 BGB wird somit lediglich eine („überflüssige, da selbstverständliche“)[448] Klarstellungsfunktion zugesprochen.[449] Denn nur wenn die andere Vertragspartei eigene Textvorschläge

---

444 *Ulmer/Habersack*, in: Ulmer/Brandner/Hensen AGB § 305 Rn. 40.

445 *Ulmer/Habersack*, in: Ulmer/Brandner/Hensen AGB § 305 Rn. 47, wonach es an einer Vorformulierung fehle; *R. Koch*, BB 2010, 1810, 1812; *Kessel/Jüttner*, BB 2008, 1350, 1352; *Leuschner*, AcP 207 (2007), 491, 518.

446 *E. Koch/Stübing*, AGBG § 1 Rn. 42; *Michalski/Römermann*, ZIP 1993, 1434, 1438; *Sonnenschein*, NJW 1980, 1489, 1491; *Stübing*, NJW 1978, 1606, 1611; *Löwe*, NJW 1977, 1328, 1330. Die Kritik löste wohl ein Grundsatzurteil des BGH, Urteil vom 15.12.1976 – IV ZR 197/75, NJW 1977, 624 aus, wonach erstmals der Nachweis einer Änderungsbereitschaft für eine Individualabrede als genügend angesehen wurde, klarstellend *Jaeger*, NJW 1979, 1569.

447 So ausdrücklich *E. Koch/Stübing*, AGBG § 1 Rn. 30.

448 *E. Koch/Stübing*, AGBG § 1 Rn. 42 zu § 1 Abs. 2 AGBG.

449 In diese Richtung heute *Schlosser*, in: Staudinger BGB § 305 Rn. 36, der der Vorschrift eine geringe Bedeutung bescheinigt; insbesondere aber noch zum AGBG wurde eine reine Klarstellungsfunktion angenommen, vgl. etwa *E. Koch/Stübing*, AGBG § 1 Rn. 42; *Michalski/Römermann*, ZIP 1993, 1434, 1438; *Sonnenschein*, NJW 1980, 1489, 1491; *Stübing*, NJW 1978, 1606, 1611.

einbringe und auch umsetze, entfalle das Stellen der Vertragsbedingung. Auf ein Aushandeln käme es demnach überhaupt nicht mehr an.

Dem Begriff des Aushandelns wird man seiner Bedeutung nach aber keine Tendenz zu einer zwingenden Notwendigkeit der Textänderung entnehmen können. Nach dem Wortlaut des § 305 Abs. 1 Satz 3 BGB liegen AGB nicht vor „soweit die Vertragsbedingungen zwischen den Vertragsparteien im Einzelnen ausgehandelt sind". Dieser Formulierung lässt sich nicht entnehmen, ob damit der vorformulierte Text als Ganzes gemeint ist oder ob sich das Aushandeln in einer Änderung des Textes niederschlagen muss.[450] Dass der Gesetzgeber eine tatsächliche, textliche und nicht nur mögliche Einflussnahme des Kunden gewollt habe, könnte sich zumindest aus den Gesetzesmaterialien ergeben. Der Debatte über die Verwendung des Begriffes „Aushandeln" anstatt „Verhandeln" in der 97. Sitzung des Rechtsausschusses des Bundestages könne man entnehmen, dass die bloße Bereitschaftserklärung zur Änderung nicht ausreichen könne und eine Textänderung erforderlich sei.[451] Diese Schlussfolgerung geht aber gerade fehl, da das Aushandeln zwar dem Verhandeln vorgezogen wurde, sich aus den Materialien jedoch nicht ergibt, ob das „mehr als Verhandeln" eine Textänderung bedeutet.[452] Ganz im Gegenteil ist der Gesetzesbegründung zum AGBG ganz deutlich zu entnehmen, dass eine Textänderung nicht zwingend ist.[453] Darin heißt es: „Andererseits ist eine Änderung des vom Klauselverwender ursprünglich vorgeschlagenen Wortlauts der Vertragsbestimmungen keineswegs Voraussetzung für die Annahme einer Individualvereinbarung."

### *b. Eigener Anwendungsbereich des § 305 Abs. 1 Satz 3 BGB*

Daher geht der überwiegende Teil der Literatur davon aus, dass eine Textänderung für die Annahme einer Individualabrede nicht zwingend erforderlich ist.[454] Es sei

---

450 *Ulmer/Habersack*, in: Ulmer/Brandner/Hensen AGB § 305 Rn. 43; *Jaeger*, NJW 1979, 1569, 1570; vgl. aber *Axer*, AGB-Kontrolle, S. 166; *Wackerbarth*, AcP 200 (2000), 45, 82, wonach der Wortlaut des Aushandelns im Gegensatz zum Verhandeln nahelegt, dass an dessen Ende ein (Verhandlungs-) Erfolg stehen muss.

451 *Löwe*, NJW 1977, 1328, 1329 mit Verweis auf das Protokoll der 97. Sitzung des Rechtsausschusses vom 05.05.1976.

452 So auch *Ulmer/Habersack*, in: Ulmer/Brandner/Hensen AGB § 305 Rn. 43; *Jaeger*, NJW 1979, 1569, 1571.

453 BT-Drucks. 7/3919, S. 17; a.A. *E. Koch/Stübing*, AGBG § 1 Rn. 30, die von einer falschen Konzeption des Gesetzgebers ausgehen. Siehe indes zum Vergleich der Konzepte im deutschen, schweizerischen und englischen Recht *Richter*, AGB im B2B-Verkehr, S. 46 ff.

454 *Basedow*, in: MüKo BGB § 305 Rn. 39; *J. Becker*, in: Bamberger/Roth BGB § 305 Rn. 37; *Grüneberg*, in: Palandt BGB § 305 Rn. 20; *Pfeiffer*, in: Wolf/Lindacher/Pfeiffer AGB § 305 BGB Rn. 38; *Roloff*, in: Erman BGB § 305 Rn. 12, 20; *Schlosser*, in: Staudinger BGB § 305 Rn. 44; *Ulmer/Habersack*, in: Ulmer/Brandner/Hensen AGB § 305 Rn. 40 ff.; *Habersack*, in: FS Köhler 2014, 209, 211; *Kaufhold*, ZIP 2010, 631, 633; *von Falkenhausen*, BB 1977, 1124, 1128.

fernliegend, dass § 305 Abs. 1 Satz 3 BGB eine nur klarstellende Funktion zukomme. Denn der Gesetzgeber könne nicht beabsichtigt haben, eine Norm ohne eigenen Anwendungsbereich und damit ohne Bedeutung zu schaffen. Folglich sei die Regelung im Sinne einer Einschränkung der AGB-Definition zu verstehen.[455] Dass eine Textänderung nicht unbedingt erforderlich ist, zeigt auch die Gesetzessystematik, da es sich bei dem Einbringen einzelner Textvorschläge durch die Verwendergegenseite schon nicht mehr um gestellte Bedingungen i.S.v. § 305 Abs. 1 Satz 1 BGB handelt. Demnach müsse § 305 Abs. 1 Satz 3 BGB ein eigener Anwendungsbereich zukommen, der die Möglichkeit eröffnet, eine textlich unveränderte Klausel durch einen anderweitigen Nachweis eines Aushandelns als Individualabrede zu qualifizieren.[456]

Ein Blick auf das Tatbestandsmerkmal des Stellens zeigt indessen, dass bereits auf dieser Ebene keine Textänderung erforderlich ist, um das Stellen abzulehnen. Dazu muss die mit den Vertragsbedingungen konfrontierte Vertragspartei hinreichend darüber informiert werden, dass es sich lediglich um einen frei verhandelbaren Entwurf handelt.[457] Signalisiert der Kunde bereits bei der Vertragsanbahnung ohne Beanstandung seine Zustimmung zu den (neutralen)[458] Bedingungen aufgrund einer freien Entscheidung, ist nicht von einem Stellen auszugehen. Im Umkehrschluss darf einer textlichen Veränderung bei der Prüfung einer Individualabrede dann aber auch keine entscheidende Funktion zukommen.

Dafür spricht auch der Telos, die andere Vertragspartei vor der Inanspruchnahme einseitiger Gestaltungsmacht durch den Verwender zu schützen.[459] Kommt es aber zu einem wirklichen Aushandeln und einer Einzelerörterung der Klauseln und denkbarer Alternativen,[460] ist die einseitige Vertragsgestaltungmacht nicht mehr ausschließlich dem Verwender zuzuweisen. Dabei bedarf es zur Aufnahme des Vertragsinhalts in den rechtsgeschäftlichen Gestaltungwillen beider Seiten aber keiner Textänderung – denn wesentlich für den Regelungsgehalt einer

---

455 Siehe die Nachweise in Fn. 454.

456 *R. Koch*, BB 2010, 1810, 1812; *Kessel/Jüttner*, BB 2008, 1350, 1351 f.

457 Nach den genauen Kriterien muss die andere Vertragspartei (1) in der Auswahl der in Betracht kommenden Vertragstexte frei sein und (2) Gelegenheit erhalten, alternativ eigene Textvorschläge mit der effektiven Möglichkeit ihrer Durchsetzung in die Verhandlungen einzubringen; siehe die Nachweise in Fn. 332.

458 Wie oben bereits dargestellt, fordert der BGH für die Annahme einer freien Entscheidung nach derzeitiger Rechtsprechung die neutralen Vertragsbedingungen eines Dritten, dazu oben „Praxisrelevanz bei Bearbeitungsentgelten", S. 84 ff.

459 Siehe die Nachweise in Fn. 266.

460 So die Anforderungen für das Aushandeln nach ständiger Rechtsprechung: BGH, Urteil vom 28.07.2015 – XI ZR 434/14, BGHZ 206, 305 = ZIP 2015, 1720 Rn. 23 f.; BGH, Urteil vom 14.04.2015 – VII ZR 56/04, WM 2005, 1188, 1189; OLG München, Urteil vom 02.04.1982 – 23 U 4208/81, DB 1982, 1003, 1004.

Klausel ist deren Inhalt und nicht deren Formulierung.[461] Daher führt eine Änderung der Formulierung bei gleichbleibendem Inhalt auch nicht zu einer Individualabrede gem. § 305 Abs. 1 Satz 3 BGB.[462] Infolgedessen wird in Rechtsprechung und Lehre übereinstimmend davon ausgegangen, dass ein Aushandeln von Vertragsbedingungen – unter schärferen Bedingungen – auch dann eintreten kann, wenn die Vertragsklausel ohne Änderung übernommen wurde.[463] Dieser Sichtweise ist zuzustimmen, denn nur so lässt sich die Prüfung der Einbeziehung von AGB in einen Vertrag in drei gleichermaßen bedeutsame Tatbestandsmerkmale nachvollziehen. Durch erfolgreiches Aushandeln verliert eine Klausel nachträglich ihren Charakter als AGB, auch wenn das Tatbestandsmerkmal des Stellens ursprünglich erfüllt war.[464]

In der höchstrichterlichen Rechtsprechung äußert sich dieses Verständnis darin, dass bei unverändertem Text eine Individualabrede vorliegen kann, wenn der andere Teil von der Sachgerechtigkeit der Regelung überzeugt ist und ihr in ursprünglicher Form zustimmt.[465] Konkret könne eine Vertragsklausel „allenfalls unter besonderen Umständen auch dann als Ergebnis eines Aushandelns gewertet werden, wenn es schließlich nach gründlicher Erörterung bei dem gestellten Entwurf verbleibt."[466] Daran orientiert sich der BGH wohl auch in dem hier betrachteten Urteil, betont er doch, die Änderung des vorformulierten Textes sei lediglich der Regelfall – Ausnahmen also durchaus möglich.[467]

---

461 Ausdrücklich *Ulmer/Habersack*, in: Ulmer/Brandner/Hensen AGB § 305 Rn. 47 f. mit Verweisen auf die herrschende Meinung, hier mit Nachweisen in Fn. 454 und die Rechtsprechung, in Fn. 463; siehe auch *Schlosser*, in: Staudinger BGB § 305 Rn. 42.

462 BGH, Urteil vom 26.03.2015 – VII ZR 92/14, BGHZ 204, 346 = NJW 2015, 1952 Rn. 33; BGH, Urteil vom 07.03.2013 – VII ZR 162/12, NJW 2013, 1431 Rn. 30; BGH, Urteil vom 18.05.1995 – X ZR 114/93, WM 1995, 1455 1456.

463 BGH, Urteil vom 25.10.2012 – VII ZR 56/11, BGHZ 195, 207 = NJW 2013, 2027, 2028 Rn. 20; BGH, Urteil vom 03.11.1999 – VIII ZR 269/98, BGHZ 143, 103, 104, 112 = NJW 2000, 1110, 1111; BGH, Urteil vom 03.04.1998 – V ZR 6/97, NJW 1998, 2600, 2601; BGH, Urteil vom 26.02.1992 – XII ZR 129/90, NJW 1992, 2283, 2285; BGH, Urteil vom 17.05.1982 – VII ZR 316/81, BGHZ 84, 109 = NJW 1982, 2309; *Grüneberg*, in: Palandt BGB § 305 Rn. 21; *Roloff*, in: Erman BGB § 305 Rn. 20; *Ulmer/Habersack*, in: Ulmer/Brandner/Hensen AGB § 305 Rn. 40 ff.

464 Mit gleichem Verständnis *Ulmer/Habersack*, in: Ulmer/Brandner/Hensen AGB § 305 Rn. 26, 51; *Axer*, AGB-Kontrolle, S. 163; a.A. *Pawlowski*, BB 1978, 161; *von Falkenhausen*, BB 1977, 1124, 1127, wonach eine gestellte Bedingung „*ex definitione* der Aushandlung entzogen" sei.

465 Siehe nur BGH, Urteil vom 28.07.2015 – XI ZR 434/14, BGHZ 206, 305 = NJW 2015, 3025 Rn. 23.

466 Siehe nur BGH, Urteil vom 22.11.2012 – VII ZR 222/12, NJW 2013, 856 Rn. 10; siehe zu den Anforderungen insgesamt noch „Sonderfall: Aushandeln ohne Textänderung", S. 114 ff.

467 BGH, Urteil vom 04.07.2017 – XI ZR 233/16, ZIP 2017, 1654 Rn. 23.

### *2. Beweislastfragen: Vorzüge textlicher Veränderungen*

Dass eine Änderung des Klauseltextes in der Theorie nicht zwingend ist, sagt noch nichts über den praktischen Nachweis einer Individualabrede aus. Nach dem Willen des Gesetzgebers hat der sich auf die AGB-rechtlichen Schutzvorschriften Berufende darzulegen, „dass die zur Beurteilung stehenden Vertragsbedingungen für eine Vielzahl von Verträgen vorformuliert und von der anderen Vertragspartei in den Vertrag eingeführt worden sind."[468] So geht auch die ganz herrschende Ansicht davon aus, dass die Beweislast für das Vorliegen vorformulierter Vertragsbedingungen und das Stellen beim Kunden liegt.[469] Bei Verbraucherverträgen kann sich die Verwendergegenseite auf die gesetzliche Vermutung des § 310 Abs. 3 Nr. 1 BGB berufen, sodass die AGB ohnehin als vom Unternehmer gestellt gelten.

Aber auch im unternehmerischen Geschäftsverkehr ist die Hürde des Nachweises nicht sonderlich hoch, da sich der Kunde regelmäßig auf Indizien berufen kann. Dafür kann schon der Hinweis auf die äußere Form der Bedingungen als vervielfältigtes Vertragswerk oder die standardisierte Verwendung genügen.[470] Die Absicht der Mehrfachverwendung kann sich ebenso aus der jeweiligen Fassung der Klausel und ihrem möglichen Formularcharakter ergeben.[471] Bei pauschalen Entgeltklauseln sind der Massencharakter der Geschäfte, der formelhafte Vertragsinhalt und die tatsächliche Übereinstimmung der Klausel in zahlreichen Verträgen wohl zumeist Indiz genug, um eine erfolgreiche Beweisführung des Bankkunden anzunehmen.[472] Hingegen ist nicht von einem Stellen auszugehen, wenn es sich um einen schlichten Vertragsentwurf handelt oder die einvernehmliche Verwendung eines Mustervertrages aufgrund einer freien Kundenentscheidung vorliegt.[473]

Hat der Kunde seiner Beweislast genügt und beruft sich der Verwender sodann auf das Bestehen einer Individualabrede, liegt die Darlegungs- und

---

468 BT-Drucks. 7/3919, S. 17.

469 BGH, Urteil vom 14.05.1992 – VII ZR 204/90, BGHZ 118, 229, 238 = NJW 1992, 2160; *Basedow*, in: MüKo BGB § 305 Rn. 49; *Grüneberg*, in: Palandt BGB § 305 Rn. 23; *Pfeiffer*, in: Wolf/Lindacher/Pfeiffer AGB § 305 BGB Rn. 57 ff.; *Schlosser*, in: Staudinger BGB § 305 Rn. 51; *Ulmer/Habersack*, in: Ulmer/Brandner/Hensen AGB § 305 Rn. 60.

470 BGH, Urteil vom 20.03.2014 – VII ZR 248/13, BGHZ 200, 326 = NJW 2014, 1725 Rn. 25; BGH, Urteil vom 24.11.2005 – VII ZR 87/04, WM 2006, 247, 248; BGH, Urteil vom 03.11.1999 – VIII ZR 269/98, BGHZ 143, 103, 109 f. = NJW 2000, 1110; BGH, Urteil vom 14.05.1992 – VII ZR 204/90, BGHZ 118, 229, 238, 240 = NJW 1992, 2160.

471 BGH, Urteil vom 27.11.2003 – VII ZR 53/03, BGHZ 157, 102, 106 f. = NJW 2004, 502; *Ulmer/Habersack*, in: Ulmer/Brandner/Hensen AGB § 305 Rn. 20, 61; *Basedow*, in: MüKo BGB § 305 Rn. 49.

472 Unabhängig von Bearbeitungsentgelten BGH, Urteil vom 27.11.2003 – VII ZR 53/03, BGHZ 157, 102, 106 = NJW 2004, 502; BGH, Urteil vom 14.05.1992 – VII ZR 204/90, BGHZ 118, 229, 230 = NJW 1992, 2160; *Ulmer/Habersack*, in: Ulmer/Brandner/Hensen AGB § 305 Rn. 60.

473 *Ulmer/Habersack*, in: Ulmer/Brandner/Hensen AGB § 305 Rn. 60; dazu bereits oben „Die freie Entscheidung als beidseitiger Einbeziehungsvorschlag", S. 76 ff.

Beweislast beim Verwender.[474] Das ergibt sich aus der negativen Formulierung des § 305 Abs. 1 Satz 3 BGB (Beweislastumkehr) und entspricht auch den Vorstellungen des Gesetzgebers, wonach dem Verwender die Möglichkeit verbleiben solle, ein Aushandeln entgegen dem ersten Anschein darzutun.[475] Die Beweisverteilung gilt für B2C- und B2B-Verkehr gleichermaßen, da § 310 Abs. 1 Satz 1 BGB zwar § 305 Abs. 2 und 3 BGB auf AGB gegenüber Unternehmern für unanwendbar erklärt, der maßgebliche § 305 Abs. 1 Satz 3 BGB davon aber unberührt bleibt. Aufgrund der beschriebenen Indizwirkung von Form und Verwendung kommt es auch in der unternehmerischen Praxis regelmäßig auf diesen allgemeinen Nachweis der Individualvereinbarung an.[476] Hierbei macht es nun einen wesentlichen Unterschied, ob die ursprüngliche Klausel textlich angepasst oder unverändert übernommen wurde. So stellen nachträgliche Änderungen an einem vorformulierten Text eine zentrale Beweiserleichterung dafür dar, dass die Bedingungen im Einzelnen ausgehandelt worden sind.[477]

Das hebt der BGH selbst immer wieder hervor und machte etwa in den Urteilen vom 04.07.2017 deutlich, dass sich das Aushandeln gerade regelmäßig in der Änderung des vorformulierten Textes niederschlage.[478] Bleibt der Klauseltext daher an sich unverändert, so fehlt es an einer Beweiserleichterung und dem Verwender obliegt die vollumfängliche Beweislast einer Individualabrede.[479] Die bereits oben erläuterten strengen Anforderungen an ein Aushandeln werden dadurch noch erschwert, dass es der BGH von vornherein als Indiz gegen ein Aushandeln wertet, wenn eine unveränderte Klausel den Verwender einseitig begünstigt.[480] Sofern das

474 BGH, Urteil vom 05.06.2018 – XI ZR 371/16, juris Rn. 20; BGH, Urteil vom 26.03.2015 – VII ZR 92/14, BGHZ 204, 346 = NJW 2015, 1952 Rn. 33; BGH, Urteil vom 20.02.2014 – IX ZR 137/13, NJW-RR 2014, 937 Rn. 9; BGH, Urteil vom 06.12.2002 – V ZR 220/02, BGHZ 153, 148, 152 = NJW 2003, 1313; BGH, Urteil vom 29.01.1982 – V ZR 82/81, BGHZ 83, 54, 58 = NJW 1982, 1035; *Basedow*, in: MüKo BGB § 305 Rn. 49; *K. P. Berger*, in: Prütting/Wegen/Weinreich BGB § 305 Rn. 15; *Schlosser*, in: Staudinger BGB § 305 Rn. 52.

475 BGH, Urteil vom 09.10.1986 – VII ZR 245/85, NJW-RR 1987, 144, 145; BT-Drucks. 7/3919, S. 17.

476 *Basedow*, in: MüKo BGB § 305 Rn. 101; *Ulmer/Habersack*, in: Ulmer/Brandner/Hensen AGB § 305 Rn. 62.

477 Ausdrücklich BT-Drucks. 7/3919, S. 17; *Pfeiffer*, in: Wolf/Lindacher/Pfeiffer AGB § 305 BGB Rn. 60; *Roloff*, in: Erman BGB § 305 Rn. 20; *Schlosser*, in: Staudinger BGB § 305 Rn. 52; *Ulmer/Habersack*, in: Ulmer/Brandner/Hensen AGB § 305 Rn. 63.

478 BGH, Urteil vom 04.07.2017 – XI ZR 233/16, ZIP 2017, 1654 Rn. 23; weitere Nachweise in Fn. 441.

479 *Ulmer/Habersack*, in: Ulmer/Brandner/Hensen AGB § 305 Rn. 64.

480 BGH, Urteil vom 03.12.1991 – XI ZR 77/91, NJW 1992, 503, 504; BGH, Urteil vom 04.06.1981 – VII ZR 212/80, NJW 1981, 2343; BGH, Urteil vom 05.04.1979 – VII ZR 308/77, BGHZ 74, 204, 209 = NJW 1979, 1406. Inwieweit dies insgesamt auf Entgelte in Unternehmerdarlehen zutrifft, wird im Rahmen der Analyse der Inhaltskontrolle gezeigt; siehe dazu noch unten „Umfassende Interessenabwägung", S. 191 ff.

textliche Abweichen von einer Regelung nicht möglich ist, wird sich ein Aushandeln kaum nachweisen lassen. So ist der Frage nachzugehen, ob im Umfeld von Entgeltklauseln in Unternehmerdarlehensverträgen ein Aushandeln durch textliche Änderung überhaupt zu realisieren ist.

### *3. Verhandlung über die Höhe des Entgeltes*

Wenn es um die Höhe von Gebühren geht, kann man in einem kompetitiven Marktumfeld regelmäßig von einer Verhandlungsbereitschaft der Kreditinstitute ausgehen. Denn Preise sind unter Kaufleuten naturgemäß Gegenstand der Vertragsverhandlung.[481] Gibt die Bank in einem Darlehensvertrag die Höhe des Entgeltes vor, ließe sich eine Textänderung etwa schon bei der Anpassung des Betrags von EUR 10.000 auf EUR 7.500 oder von 1,5 % auf 1,0 % der Darlehenssumme realisieren. Auch in der Rechtssache XI ZR 233/16 hatte das Berufungsgericht es als nicht ausgeschlossen angesehen, dass über die Bearbeitungsentgelte allein aufgrund ihrer unterschiedlichen Höhe in den verschiedenen Kreditvereinbarungen tatsächlich hätte verhandelt werden können.[482] Aus Sicht der beklagten Bank sei das Hinweis genug dafür, dass die Gebühr insgesamt verhandelbar gewesen war und sie nur aufgrund „der persönlichen Verhandlungsführung sowie den wirtschaftlichen Interessen des Klägers“ nicht abgeändert wurde.[483] Zu einer tatsächlichen Textänderung war es in dem Urteil aber nicht gekommen.

Aus diesem Grund sieht der XI. Zivilsenat in dem Urteil vom 04.07.2017 eine deutliche und ernsthafte Verhandlungsbereitschaft des Kreditgebers nicht als nachgewiesen an.[484] In einer historischen Betrachtung bewertet der BGH, was sich aus der Haltung des Verwenders bei früheren Vertragsschlüssen ableiten lassen könne. So habe der Beklagte in keinem der zwischen den Parteien geschlossenen Kreditverträge eine Bearbeitungsgebühr gänzlich abbedungen. Aber auch eine Änderung der Entgelthöhe hätte für den Nachweis eines Aushandelns wohl nicht genügt. Nach Auffassung des Gerichts hätten die unterschiedlich hohen Gebühren „allenfalls auf eine Verhandlungsbereitschaft der Beklagten zur Höhe der Gebühr, nicht aber hinsichtlich deren Anfalls“[485] gedeutet werden können. Nach

---

481 In diese Richtung auch *Dauner-Lieb*, AnwBl 2013, 845, 846 „Wer weiß, was er unterschreibt, kann grundsätzlich hinterher nicht den Richter zu Hilfe rufen“; ähnlich *Josenhans/Danzmann/Lübbehüsen*, BKR 2018, 142, 145; *von Westphalen*, BB 2017, 2051, 2052.

482 OLG Hamburg, Urteil vom 27.04.2016 – 13 U 2/16, juris Rn. 20.

483 BGH, Urteil vom 04.07.2017 – XI ZR 233/16, ZIP 2017, 1654 Rn. 25; ähnlich im Hinblick auf die Konditionen einer Zinscap-Klausel BGH, Urteil vom 05.06.2018 – XI ZR 790/16, WM 2018, 1363 Rn. 11 f., 34; OLG Düsseldorf, Urteil vom 01.12.2016 – I-6 U 56/16, juris Rn. 45.

484 Zu den nachfolgenden Erwägungen BGH, Urteil vom 04.07.2017 – XI ZR 233/16, ZIP 2017, 1654 Rn. 25.

485 BGH, Urteil vom 04.07.2017 – XI ZR 233/16, ZIP 2017, 1654 Rn. 25.

der Entscheidung zu Zinscap-Prämien vom 05.06.2018 könne die Eröffnung einer Verhandlungsmöglichkeit durch die Bank lediglich belegen, „dass die Konditionen von ihr zunächst vorgegeben worden seien."[486] Aus all dem lässt sich wohl folgern, dass der BGH eine auf die Höhe einer Bearbeitungsgebühr beschränkte Verhandlung nicht als ein Aushandeln i.S.d. § 305 Abs. 1 Satz 3 BGB wertet. Um eine Individualabrede überhaupt begründen zu können, muss der Verwender bereit sein, auf das Erheben der Gebühr gänzlich zu verzichten.

Diese strenge Sichtweise überrascht deshalb, weil der BGH in der Vergangenheit bereits ausdrücklich anders entschieden hatte. In einer Entscheidung vom 25.10.2012 stritten die Parteien über die Wirksamkeit einer zwischen ihnen nach Beendigung eines Handelsvertretervertrags vereinbarten Wettbewerbsabrede und einen damit verbundenen Schadensersatzanspruch.[487] Der Senat verneinte dabei den AGB-Charakter der betreffenden Klausel und ging von einer Individualabrede aus. Denn es sei nicht notwendig, „dass der Verwender eine Klausel ‚von Grund auf' zur Disposition stellt; ausreichend ist, dass der andere Teil auf die Modalitäten des gesetzesfremden Kerns Einfluss nehmen kann."[488] In dem Fall betonte das Gericht, dass der Kläger auf die konkrete Ausgestaltung des Wettbewerbsverbotes Einfluss nehmen und Änderungen der Verbotsdauer durchsetzen konnte.[489] Nichts anderes sollte bei der Disposition über die Höhe eines Bearbeitungsentgeltes gelten, da das Kreditinstitut durch eine Modifikation der Gebühr jedenfalls seine Änderungsbereitschaft aufzeigt. Dass der gesetzesfremde Kerngehalt dafür zwingend wegfallen muss, scheint die Anforderungen zu überdehnen.[490]

Folge eines solchen Verständnisses ist, dass ein Aushandeln durch den Nachweis einer Textänderung bei einer Bearbeitungsgebühr schlechterdings nicht möglich ist. Da eine Modifikation der Entgelthöhe nach Einschätzung des BGH nicht zu einer Individualabrede führt, ist unklar, wie die Gebührenklausel textlich verändert werden soll, ohne ihren eigentlichen Inhalt gänzlich einzubüßen. Zu diesem Befund äußert sich der Senat in den Urteilen vom 04.07.2017 nicht. Aufschluss über

---

486 BGH, Urteil vom 05.06.2018 – XI ZR 790/16, WM 2018, 1363 Rn. 11; OLG Düsseldorf, Urteil vom 01.12.2016 – I-6 U 56/16, juris Rn. 46, demnach entstehe der Eindruck, dass die Erhebung einer Gebühr als solche nicht zur Disposition stehe.

487 BGH, Urteil vom 25.10.2012 – VII ZR 56/11, BGHZ 195, 207 = NJW 2013, 2027.

488 BGH, Urteil vom 25.10.2012 – VII ZR 56/11, BGHZ 195, 207 = NJW 2013, 2027, 2028 Rn. 20 mit Verweis auf BGH, Urteil vom 16.07.1998 – VII ZR 9/97, NJW 1998, 3488, 3489; ebenso OLG Frankfurt a.M., Urteil vom 12.10.2016 – 17 U 165/15, juris Rn. 51.

489 BGH, Urteil vom 25.10.2012 – VII ZR 56/11, BGHZ 195, 207 = NJW 2013, 2027, 2028 Rn. 21 f.

490 So noch LG Essen, Hinweisbeschluss vom 30.08.2013 – 13 S 91/13, juris Rn. 13; AG Marienberg, Urteil vom 05.02.2013 – 4 C 63/13, BKR 2013, 247, 248; AG Düsseldorf, Urteil vom 28.08.2012 – 36 C 3722/12, juris Rn. 11; ebenso *Ulmer/Habersack*, in: Ulmer/Brandner/Hensen AGB § 305 Rn. 47, 50; *von Westphalen*, ZIP 2015, 1316, 1326 hält dieses Zugeständnis eines Verwenders für „weltfremd"; *Becher/Krepold*, BKR 2014, 45, 48.

die Motive könnte jedoch das bereits erwähnte Judikat vom 13.03.2018 geben, in dem es um die Wahlmöglichkeit zwischen zwei alternativen Preismodellen ging.

### *4. Auswahlmöglichkeit zwischen verschiedenen Darlehensvarianten*

In der Rechtssache XI ZR 291/16 schloss ein Verbraucher in den Jahren 2010 und 2011 drei grundpfandrechtlich gesicherte Darlehensverträge mit der beklagten Sparkasse.[491] In den vorformulierten Vertragsurkunden war unter dem Punkt „Darlehensnennbetrag" bzw. „Kreditnennbetrag" jeweils eine laufzeitunabhängige „Bearbeitungsprovision" in Höhe von 2 % der Darlehensvaluta vorgesehen. Beim Abschluss des ersten Darlehens hatte der Kreditnehmer die Möglichkeit, zwischen einer Darlehensvariante ohne Bearbeitungsprovision zum marktüblichen Zinssatz und einer Gestaltung zu einem um 0,8 % p.a. günstigeren Zins mit Sondertilgungsrecht und der in Streit stehenden Bearbeitungsprovision zu wählen. Im Wege des Ankreuzens einer Kreditvariante hatte sich der Darlehensnehmer für jene mit laufzeitunabhängiger Provision und vergünstigtem Zinssatz entschieden und bei den später geschlossenen Verträgen ausdrücklich nur diese Gestaltung erfragt.

Durch das Eröffnen einer Wahlmöglichkeit zwischen mehreren vorformulierten Vertragsbedingungen könne nach Ansicht des BGH grundsätzlich keine Individualabrede begründet werden, weil die Gebührenklausel inhaltlich nicht ernsthaft zur Disposition gestellt worden sei.[492] Es bestehe keine Änderungsbereitschaft, wenn der Verwender nur eine Auswahl zwischen vorformulierten Vertragsbedingungen zulasse. Auch die spätere Entscheidung des Kreditnehmers, eine der beiden bestehenden Darlehensvarianten zu wählen, beruhe nur auf einer eingeschränkten Wahlmöglichkeit und ermögliche nicht das Einbringen eigener Textvorschläge.[493]

In der Literatur wurde dieser Richterspruch mitunter äußerst kritisch aufgenommen und geäußert, dass dem Kunden somit verboten werde, sich freiwillig für das effizientere und kostengünstigere Darlehensmodell zu entscheiden.[494] Jedoch

---

491 Zum Sachverhalt BGH, Urteil vom 13.03.2018 – XI ZR 291/16, WM 2018, 1046 Rn. 2 ff., 17 f. Da § 305 Abs. 1 BGB als allgemeine Vorschrift des AGB-Rechts im unternehmerischen Verkehr nicht anders ausgelegt wird, sind die Wertungen des Urteils auf den B2B-Verkehr übertragbar, vgl. Nachweise in Fn. 294.

492 BGH, Urteil vom 13.03.2018 – XI ZR 291/16, WM 2018, 1046 Rn. 15 f. mit Verweis auf BGH, Urteil vom 24.10.2017 – XI ZR 362/15, NJW 2018, 458 Rn. 20. Ähnlich BGH, Urteil vom 05.06.2018 – XI ZR 790/16, WM 2018, 1363 Rn. 34, wonach keine Individualvereinbarung über eine Zinssicherungsgebühr vorläge, wenn ein Kunde nur die Möglichkeit habe, sich anstelle des Darlehens mit variablem Zinssatz nebst Gebühr für ein Darlehen mit festem Zinssatz ohne Gebühr zu entscheiden.

493 BGH, Urteil vom 13.03.2018 – XI ZR 291/16, WM 2018, 1046 Rn. 18; zustimmend *Stackmann*, NJW 2018, 2366, 2367.

494 So *Kropf*, WM 2019, 1723, 1727; *Bitter/Linardatos*, ZIP 2018, 1203, wonach daraus gerichtlicher Zwang zur Ineffizienz resultiere; ebenso *Schmid-Burgk*, BB 2018, 1799; *Josenhans/Danzmann/Lübbehüsen*, BKR 2018, 142, 145, die eine Individualabrede annehmen, wenn sich der Darlehensnehmer selbst für die Vorabgebühr entscheidet

erscheint das Judikat mit Blick auf die ständige Rechtsprechung wenig überraschend, wonach eine Individualabrede nicht zu begründen sei, wenn dem Vertragspartner mehrere Vertragsentwürfe mit ähnlichen Regelungen zur Auswahl stehen oder nur die Möglichkeit eröffnet wird, den Vertrag unverändert oder überhaupt nicht abzuschließen.[495] Besinnt man sich auf die Reichweite des Aushandelns, so kann man bei einer Wahlmöglichkeit in der Tat nicht von einer effektiven Möglichkeit der inhaltlichen Einflussnahme auf die vertraglichen Bestimmungen sprechen. Denn dabei handelt es sich nur um eine Auswahlmöglichkeit zwischen zwei Regelungsalternativen, wovon der Kunde zwar das geringere Übel wählen kann, der Anfall eines gesetzesfremden Entgeltes jedoch gerade nicht zu seiner Disposition steht.[496]

Sofern die Kreditwirtschaft nach den Urteilen vom 04.07.2017 dazu übergegangen ist, ihren gewerblichen Kunden eine Auswahlmöglichkeit zwischen mehreren Darlehensmodellen zu eröffnen, besteht kaum Hoffnung, dass eine gleichgelagerte Entscheidung im B2B-Verkehr anders ausfallen würde. Dafür fehlt es letztlich an einem geeigneten Unterscheidungskriterium, da § 305 Abs. 1 Satz 3 BGB den maßgeblichen Ansatzpunkt für das Bestehen einer Individualabrede darstellt. Wie die Analyse der Beweislast bereits gezeigt hat, gilt diese Vorschrift aber unterschiedslos für den Geschäftskundenverkehr und lässt für die Frage nach der Modifikation des gesetzesfremden Kerngehalts und der Änderungsbereitschaft des Verwenders keinen anderen Maßstab zu.[497] Auch ein von der „Ankreuztechnik“ abweichender Auswahlmechanismus würde zu demselben Ergebnis führen, da der BGH nicht die Art der Auswahl, sondern vielmehr die eingeschränkte Wahlmöglichkeit an sich beanstandet.[498]

---

und damit ein Abweichen vom Leitbild billigt; differenzierend *Mehringer*, EWiR 2018, 451 f.

495 BGH, Urteil vom 10.10.2013 – VII ZR 19/12, NJW 2014, 206, 208 Rn. 19; BGH, Urteil vom 17.02.2010 – VIII ZR 67/09, BGHZ 184, 259 = ZIP 2010, 628; BGH, Urteil vom 07.02.1996 – IV ZR 16/95, NJW 1996, 1676, 1677; BGH, Urteil vom 18.05.1995 – X ZR 114/93, WM 1995, 1455 1456; BGH, Urteil vom 03.12.1991 – XI ZR 77/91, NJW 1992, 503, 504.

496 *Mehringer*, EWiR 2018, 451, 452; *von Westphalen*, NJW 2018, 2238. Dies erklärt auch die Rechtsprechung zur Verhandlung über die Höhe des Entgeltes, vgl. „Verhandlung über die Höhe des Entgeltes“, S. 110 ff. Insoweit kann die Verabredung unterschiedlicher Entgelthöhen letztlich als Auswahlmöglichkeit zwischen verschiedenen Vertragsentwürfen angesehen werden, die einer inhaltlichen Einflussnahme jedoch entgegenstehen.

497 Nach dem Regelungsgehalt des § 310 Abs. 1 Satz 1 BGB bleibt § 305 Abs. 1 Satz 3 BGB auch bei AGB gegenüber Unternehmern anwendbar; siehe dazu bereits „Beweislastfragen: Vorzüge textlicher Veränderungen“, S. 108 ff.; ausdrücklich *Mehringer*, EWiR 2018, 451, 452.

498 Auch *Schmid-Burgk*, BB 2018, 1799, 1800 hält eine Übertragbarkeit für naheliegend, eine andere Beurteilung bei der Vereinbarung einer Preishauptabsprache aber ebenfalls für möglich.

Somit ist festzustellen, dass die Auswahlmöglichkeit des Kreditnehmers zwischen einem Darlehen ohne Einmalentgelt zu marktüblichen Zinsen und einem Darlehen mit Entgelt zu einem vergünstigten Zinssatz auch im Geschäftsverkehr keine rechtssichere Variante zur Gestaltung eines laufzeitunabhängigen Entgeltes darstellt. Wird man sich der Reichweite dieser Anforderungen bewusst, so überrascht die in der Literatur vereinzelt vertretene Einschätzung nicht, wonach ein Aushandeln einer Bearbeitungsgebühr bei Darlehensverträgen regelmäßig überhaupt nicht in Betracht kommen solle.[499] Da eine Textänderung für ein Aushandeln aber nicht zwingend ist, könnte der Sonderfall des Aushandelns ohne textliche Änderung eine Lösung bereithalten.

## III. Sonderfall: Aushandeln ohne Textänderung

In der Praxis wird sich zwischen Kreditinstitut und gewerblichem Kunden durch Vertragsverhandlungen regelmäßig auch dann eine Einigung erzielen lassen, wenn die Höhe eines Entgeltes im Ergebnis gleichgeblieben ist. Dass eine unveränderte Klausel dabei nicht zwangsläufig als AGB einzuordnen ist, wurde bereits oben gezeigt. Was jedoch die einzelnen Voraussetzungen angeht, beurteilte die höchstrichterliche Rechtsprechung in der Vergangenheit ihrer Entscheidungsfindung aber keinesfalls einheitlich.

In einer Grundsatzentscheidung aus dem Jahr 1976 wurden als Kriterien für eine Individualabrede festgelegt, dass der Verwender zur Abänderung seiner Vertragsbedingungen bereit sein müsse und die andere Vertragspartei dies wisse.[500] Davon abweichend betonte der XII. Zivilsenat im Jahr 1992, dass ein Aushandeln nicht zwangsläufig mit einem tatsächlichen Abändern der Klausel einhergehen müsse, sondern vielmehr von den Umständen des Einzelfalls abhängig sei.[501] Dafür genüge in dieser Konstellation, dass „die Parteien gemeinsam das Einheitsmietvertragsformular für gewerbliche Räume mit den zu regelnden Punkten durchgesprochen“ hätten.[502] Ebenso stellte der BGH in anderen Senatsentscheidungen darauf ab, dass es bei einem unveränderten Text zu einem Aushandeln kommen könne, wenn sich der andere Vertragsteil „nach gründlicher Erörterung mit der Regelung

---

499 *Grüneberg*, in: Palandt BGB § 305 Rn. 20; *Krepold*, in: Schimansky/Bunte/Lwowski, Bankrechts-Handbuch § 78 Rn. 109; neuerdings auch *von Westphalen*, BB 2017, 2051, 2053; wegweisend *Nobbe*, WM 2008, 185.

500 BGH, Urteil vom 15.12.1976 – IV ZR 197/75, NJW 1977, 624, 625; zur Kritik und Deutung der Wissenschaft siehe die Nachweise in Fn. 446.

501 So *Miethaner*, NJW 2010, 3121, 3126, der in BGH, Urteil vom 26.02.1992 – XII ZR 129/90, NJW 1992, 2283 einen „diametralen“ Widerspruch zur vorausgegangenen und nachfolgenden Judikatur und daher eine nur begrenzte Aussagekraft sieht.

502 BGH, Urteil vom 26.02.1992 – XII ZR 129/90, NJW 1992, 2283, 2285.

einverstanden erklärt hat."[503] Ob das Einverständnis dabei ausdrücklich erklärt werden muss oder auch konkludent erteilt werden kann, wurde unterschiedlich beurteilt.[504]

In jüngster Rechtsprechung setzte sich zunehmend die Formel durch, wonach der Vertragspartner nach ausführlicher inhaltlicher Erörterung von der Sachgerechtigkeit der Klausel überzeugt sein muss und dieser in ursprünglicher Form zustimmt.[505] Dafür ist es nicht zwangsläufig erforderlich, dass der Bankkunde mit der Erhebung eines pauschalen Entgeltes glücklich und zufrieden sei. In vielgestaltigen Verhandlungssituationen werden bereits Indizien dafürsprechen, dass über die sachliche Notwendigkeit der Klausel unterrichtet wurde und eine Änderungsmöglichkeit bestanden hat.

Darin ist insgesamt auch der Unterscheid zu der Ebene des Stellens auszumachen. Kommt es aufgrund einer Beanstandung des Kunden zu einer Verhandlung über den Inhalt der jeweiligen AGB, besteht von Beginn ein Dissens hinsichtlich der Verwendung eines Vertragsentwurfes. In der inhaltlichen Auseinandersetzung befinden sich die Parteien auf der Ebene des Aushandelns und nicht mehr bei der Vertragsanbahnung, was sich in der Notwendigkeit eines zusätzlichen Tatbestandsmerkmals äußert.

### 1. *Annäherung an das Tatbestandsmerkmal „besondere Umstände"*

Bereits in früheren Entscheidungen war der BGH dazu geneigt, das Aushandeln gerade im unternehmerischen Geschäftsverkehr wesentlichen Erweiterungen zu unterziehen. Konkret könne man demnach bei dem Vorliegen „besonderer Umstände" von einem Individualvertrag nach § 305 Abs. 1 Satz 3 BGB ausgehen, auch wenn es nach gründlicher Erörterung bei dem vorformulierten Vertragstext bleibe.[506] Demzufolge wurde dieser Aussage im Rahmen des unternehmerischen

503 BGH, Urteil vom 25.10.2012 – VII ZR 56/11, BGHZ 195, 207 = NJW 2013, 2027, 2028 Rn. 20; BGH, Urteil vom 05.12.1995 – X ZR 14/93, NJW-RR 1996, 783, 785.

504 Ausdrücklich BGH, Urteil vom 05.12.1995 – X ZR 14/93, NJW-RR 1996, 783; wohl konkludent BGH, Urteil vom 25.10.2012 – VII ZR 56/11, BGHZ 195, 207 = NJW 2013, 2027 Rn. 20 f.; ebenso *Ulmer/Habersack*, in: Ulmer/Brandner/Hensen AGB § 305 Rn. 51.

505 BGH, Urteil vom 28.07.2015 – XI ZR 434/14, BGHZ 206, 305 = NJW 2015, 3025, 3026 Rn. 23; BGH, Urteil vom 26.03.2015 – VII ZR 92/14, BGHZ 204, 346 = NJW 2015, 1952, 1953; BGH, Urteil vom 22.11.2012 – VII ZR 222/12, NJW 2013, 856; BGH, Urteil vom 25.10.2012 – VII ZR 56/11, BGHZ 195, 207 = NJW 2013, 2027, 2028 Rn. 20; *K. P. Berger*, in: Prütting/Wegen/Weinreich BGB § 305 Rn. 12; *Schlosser*, in: Staudinger BGB § 305 Rn. 44 hält es für zu weitreichend, dass der Vertragspartner von der sachlichen Gerechtigkeit der Klausel überzeugt sein muss. Nach Analyse der Urteile vom 04.07.2017 meint *von Westphalen*, BB 2017, 2051, 2053, der BGH habe diese Rechtsprechung nun fallen gelassen.

506 BGH, Urteil vom 26.03.2015 – VII ZR 92/14, BGHZ 204, 346 = NJW 2015, 1952, 1953 Rn. 33; BGH, Urteil vom 22.11.2012 – VII ZR 222/12, NJW 2013, 856; BGH, Urteil

Geschäftsverkehrs eine hohe Gewichtung zugesprochen.[507] Fehlt es an einer textlichen Änderung, wird zur Begründung einer Individualabrede häufig auf die vorbezeichneten *obiter dicta* des BGH hingewiesen.

Das eigentliche Problem liegt jedoch darin, dass die befassten Senate in zahlreichen Gerichtsentscheidungen zwar ihre Rechtsauffassung repetierten, sich dabei aber weitgehend auf die allgemein bekannten Erwägungen beschränkten. So wurde etwa das Erfordernis der Änderungsbereitschaft und das zur Disposition Stellen des gesetzesfremden Kerngehalts mehrfach bekräftigt.[508] Eine verlässliche Definition oder inhaltliche Beschreibung der besonderen Umstände existiert jedoch bislang nicht. Ferner ist unklar, unter welchen Voraussetzungen der Rechtsanwender von eben diesen besonderen Umständen wird ausgehen können. Daher verwundert es nicht, dass Kritiker diesem Lösungsansatz letztlich dessen leere Hülle entgegenhalten.[509] Im Kontext der vorliegenden Urteile vom 04.07.2017 sah der erkennende Senat keine Veranlassung dafür, auf den Ansatz der anderen Spruchkörper hinzuweisen und zu einer Konkretisierung der *obiter dicta* des VII., VIII. und XII. Zivilsenats beizutragen – allein zur Schaffung von Rechtssicherheit wäre eine Äußerung wünschenswert gewesen. Zur Annäherung an das Merkmal der besonderen Umstände ist daher auf wiederkehrende Fallgestaltungen in der Rechtsprechungspraxis zurückzugreifen, die vielversprechende Anhaltspunkte zur Eingrenzung bereithalten.

### *2. Zu eigen Machen und Akzeptieren des Klauselinhaltes*

Aufschluss über ein mögliches Verständnis besonderer Umstände vermag eine BGH-Entscheidung zur Überprüfung einer sog. „*bring-or-pay*-Klausel" in den AGB eines Abfallentsorgungsunternehmens zu geben.[510] Mit der streitigen Klausel wurde der Vertragspartner bei Nichtanlieferung einer vereinbarten Abfallmenge innerhalb eines bestimmten Zeitraums dazu verpflichtet, ein Entgelt für

---

vom 23.01.2003 – VII ZR 210/01, BGHZ 153, 311, 321 = NJW 2003, 1805; BGH, Urteil vom 03.11.1999 – VIII ZR 269/98, BGHZ 143, 103, 104, 112 = NJW 2000, 1110, 1111; BGH, Urteil vom 26.02.1992 – XII ZR 129/90, NJW 1992, 2283, 2285; BGH, Urteil vom 17.05.1982 – VII ZR 316/81, BGHZ 84, 109 = NJW 1982, 2309.

507 *Grüneberg*, in: Palandt BGB § 305 Rn. 22; *Schlosser*, in: Staudinger BGB § 305 Rn. 45; *Ulmer/Habersack*, in: Ulmer/Brandner/Hensen AGB § 305 Rn. 51a; *von Westphalen*, in: von Westphalen/Thüsing, Vertragsrecht, Individualvereinbarung Rn. 16; *ders.*, BB 2017, 2051, 2052.

508 Siehe nur BGH, Urteil vom 23.01.2003 – VII ZR 210/01, BGHZ 153, 311, 321 = NJW 2003, 1805, 1807 f.; BGH, Urteil vom 03.11.1999 – VIII ZR 269/98, BGHZ 143, 103, 112 = NJW 2000, 1110, 1112.

509 In diese Richtung *Kollmann*, in: NK BGB § 305 Rn. 27 f.; *von Westphalen*, NJW 2020, 280, 282; *ders.*, BB 2017, 2051, 2052; *W. Müller/Griebeler/Pfeil*, BB 2009, 2658, 2660.

510 Zur nachfolgenden Wiedergabe des Sachverhalts BGH, Urteil vom 22.11.2012 – VII ZR 222/12, NJW 2013, 856; zur Besprechung des Urteils *Dauner-Lieb*, AnwBl 2013, 845.

die gesamte vereinbarte Menge zu zahlen. Da die Klausel die Verwendergegenseite unangemessen benachteiligte, kam es auf das Bestehen einer kontrollfreien Individualabrede an. Der VII. Zivilsenat stellte auch in diesem Judikat zunächst auf das Vorliegen der vertrauten Kriterien der Individualabrede, namentlich die Änderungsbereitschaft und die Disposition über den gesetzesfremden Kerngehalt, ab, gelangte aufgrund der textlich unveränderten Klausel dann aber zur Frage nach der Reichweite der besonderen Umstände.[511] Dabei wurde auf die weitgehenden Ausführungen des Berufungsgerichts Bezug genommen, wonach eine „Vertragsklausel gleichwohl individuell ausgehandelt sein könne, wenn die andere Partei sich den Inhalt der Klausel unter dem Eindruck der Vertragsverhandlungen zu eigen gemacht und als sachlich berechtigt akzeptiert habe."[512]

Daraus lässt sich folgern, dass neben den objektiven Kriterien der ausführlichen Erörterung durch den Verwender und der Zustimmung zu der Klausel seitens der anderen Vertragspartei eine inhaltliche Annäherung an die subjektive Komponente der Überzeugung von der Sachgerechtigkeit der Klausel angenommen werden kann.[513] Davon wird man jedenfalls dann ausgehen können, wenn die betreffende Klausel in der Verhandlung zwar einseitig vorgegeben, aber als Ergebnis eines Einigungsprozesses letztlich beidseitig akzeptiert worden ist.[514] Eine solche Konstellation ist etwa denkbar, wenn der Verwender auf sein umfassendes Interesse an der betreffenden AGB-Klausel hinweist und der Vertragspartner die Regelung aus diesem Grunde anerkennt oder deren wirtschaftlichem Erfordernis beipflichtet.[515] Insbesondere gewerblichen Kunden kann es im Verhandlungsverlauf regelmäßig darum gehen, eine neue Geschäftsbeziehung aufzubauen bzw. eine bestehende zu festigen und der Gegenseite die eigene Kompromissbereitschaft zu signalisieren.

---

511 BGH, Urteil vom 22.11.2012 – VII ZR 222/12, NJW 2013, 856 Rn. 10.

512 BGH, Urteil vom 22.11.2012 – VII ZR 222/12, NJW 2013, 856 Rn. 13; OLG Hamm, Urteil vom 09.01.2012 – I-2 U 104/11, BeckRS 2012, 03701.

513 *von Westphalen*, ZIP 2010, 1110, 1112 hält besondere Umstände ferner für gegeben, wenn sich beide Vertragsparteien im Zuge einer freien Entscheidung auf die Übernahme von AGB eines Dritten einigen. Denn man werde „allemal den Ausweis einer ‚freien Entscheidung' des Kunden" dann annehmen können, „wenn dieses Akzeptieren aus ‚Einsicht der Sachgerechtigkeit der Regelung' geschah und sich der Kunde in diesem Zusammenhang den Inhalt der Klausel im vollen Umfang ‚zu eigen gemacht' hat"; ähnlich *R. Koch*, BB 2010, 1810, 1813. Vgl. aber zum hiesigen Verständnis der freien Entscheidung schon auf Ebene der Vertragsanbahnung „Die freie Entscheidung als beidseitiger Einbeziehungsvorschlag", S. 76 ff.

514 So bezogen auf eine Maklerprovision BGH, Urteil vom 03.07.1985 – IVa ZR 246/83, NJW-RR 1986, 54. Insofern gleicht der Ansatz der Anknüpfung an „typische Fallgestaltungen" der unternehmerischen Verhandlungspraxis bei *K. P. Berger*, in: FS von Westphalen 2010, 13, 25 f.; *ders.*, NJW 2010, 465, 469; *ders.*, ZIP 2006, 2149, 2153; *ders.*, NJW 2001, 2152, 2154.

515 *K. P. Berger*, NJW 2010, 465, 469; *ders.*, ZIP 2006, 2149, 2153; *Heinrichs*, NJW 1995, 153, 158; *Canaris*, JZ 1987, 993, 1003.

Gerade in der Kreditwirtschaft ist es bei bestehenden Geschäftskontakten nicht ausgeschlossen, dass Kunden aufgrund guter Erfahrungen mit anderen Produkten oder Dienstleistungen erneut auf dasselbe Bankhaus zurückgreifen und sich aus diesem Grund den Regelungsgehalt einer bestehenden Vertragsbedingung selbstbestimmt zu eigen machen.[516]

Letztlich gelangte das Gericht aber auch bei der Beurteilung der „*bring-or-pay*-Klausel" nicht zu der Annahme, dass es sich um eine Individualabrede handelte, weil es an tatsächlichen Anknüpfungspunkten fehlte, die eine hinreichende Annahme zuließen, dass die Beklagte ihre ursprünglichen Vorbehalte gegen die Klausel zurückgenommen habe und dafür von der Sachgerechtigkeit der Regelung überzeugt gewesen sei.[517] Somit visualisiert dieses Judikat aber zugleich das zentrale Anwendungsproblem der Annäherung an das Merkmal der besonderen Umstände. Da die Darlegungs- und Beweislast für ein individuelles Aushandeln von vorformulierten AGB dem Verwender obliegt,[518] ist es auch das Kreditinstitut, welches glaubhaft machen muss, dass der Kunde eine Regelung über ein ihn belastendes Entgelt akzeptiert und sich zu eigen gemacht hat. Zwar wird sich das Erfordernis von unterschiedlichen Entgeltmodellen den gewerblichen Kunden durchaus eher erschließen als es bei Verbrauchern der Fall ist, im Rahmen eines womöglich streitigen Rechtsverhältnisses wird ein verlässlicher Nachweis ohne konkrete Anhaltspunkte aber kaum zu führen sein.[519]

### *3. Kriterienkatalog*

Dass besondere Umstände nur im unternehmerischen Verkehr eine Individualabrede begründen sollen, kann als Hinweis auf das Verständnis des BGH verstanden werden. Jene Umstände werden vorzugsweise nur in Situation vorzufinden sein,

---

516 *Kessel/Stomps*, BB 2009, 2666, 2670 am Beispiel einer Preiserhöhung im Verhältnis vom Hersteller zum Abnehmer.

517 BGH, Urteil vom 22.11.2012 – VII ZR 222/12, NJW 2013, 856 Rn. 13.

518 BGH, Urteil vom 04.07.2017 – XI ZR 233/16, ZIP 2017, 1654 Rn. 23 mit Verweis auf BGH, Urteil vom 20.03.2014 – VII ZR 248/13, BGHZ 200, 326 = NJW 2014, 1725 Rn. 27; BGH, Urteil vom 03.04.1998 – V ZR 6/97, NJW 1998, 2600, 2601; BGH, Urteil vom 29.01.1982 – V ZR 82/81, BGHZ 83, 56, 58 = NJW 1982, 1035; *K. P. Berger*, in: Prütting/Wegen/Weinreich BGB § 305 Rn. 12; *Kappus*, NJW 2016, 33, 34; *K. P. Berger*, ZIP 2006, 2149, 2153.

519 *von Westphalen*, ZIP 2010, 1110, 1112 nimmt daher an, dass sich der BGH auf rechtlicher Bewertungsebene nicht mehr „besonderer Umstände" bediene, sondern den greifbareren Begriff der „freien Entscheidung" verwende und etablieren wolle. Insbesondere im unternehmerischen Verkehr könne somit der in Art. 2 Abs. 1 GG aufzulösende Interessenausgleich zwischen Selbst- und Fremdbestimmung zwischen Kunden und Verwender hergestellt werden. In diesem Zusammenhang weist *Axer*, AGB-Kontrolle, S. 267 darauf hin, dass der Begriff aber lediglich für den kleinsten gemeinsamen Nenner stehe und inhaltlich kaum zu bestimmen sei.

die typischerweise im B2B-Bereich und nicht bei der Beteiligung von Verbrauchern auftreten. Um wiederkehrende Situationen rechtssicher einem Aushandeln zuzuordnen, plädieren *W. Müller*, *Griebeler* und *Pfeil* für die Aufnahme eines Kriterienkatalogs *de lege ferenda*.[520] Darin sollen solche Konstellationen erfasst werden, in denen Erfahrung und Wahrscheinlichkeit nahelegen, dass der Verwender zu umfangreichen Anpassungen und Modifikationen des Klauseltextes bereit war.[521] Den einzelnen Kriterien solle eine Vermutungswirkung für ein Aushandeln zukommen, die widerlegt werden kann, wenn der Verwender zu einer Abänderung nachweislich nicht bereit gewesen ist.[522] Die vorgeschlagenen Kriterien sollen nach Ansicht der Autoren im Wege einer Gesetzesänderung in § 305 Abs. 1a BGB n.F. Eingang in das AGB-Recht finden:[523]

> *„Bei Verträgen zwischen Unternehmen wird widerlegbar vermutet, dass eine Vertragsbedingung zwischen den Parteien ausgehandelt worden ist, wenn*
>
> 1. *die Verhandlungen der Parteien über den Vertrag länger als zwei Monate angedauert haben,*
> 2. *die andere Vertragspartei einen Vertragsentwurf, in dem die Vertragsbedingung enthalten war, wenigstens einmal schriftlich kommentiert hat,*
> 3. *das Geschäft einen Wert von wenigstens 1 Million Euro hat,*
> 4. *die andere Vertragspartei beim Abschluss des Vertrages anwaltlich beraten war,*
> 5. *die andere Vertragspartei mindestens eine Änderung an dem vorgeschlagenen Text der Vertragsbedingung durchgesetzt hat oder*
> 6. *die Vertragsbedingung im Wesentlichen einer Vertragsbedingung entspricht, die der Verwender und die andere Vertragspartei zu einem früheren Zeitpunkt ausgehandelt haben."*

Aufgrund bestehender Unsicherheiten erscheint eine Bestrebung zur Gesetzesänderung durchaus nachvollziehbar, sie könnte jedoch entbehrlich sein, wenn sich die typischen Fallgruppen des unternehmerischen Verkehrs bereits *de lege lata* auf Grundlage der bestehenden Vorschriften hinreichend abbilden lassen.[524] Dazu bedarf es einer Einzelfallbetrachtung, in welcher Faktoren wie Geschäftserfahrung und Branchenkenntnis der Parteien, ihre intellektuellen Fähigkeiten,

---

520 *W. Müller/Griebeler/Pfeil*, BB 2009, 2658, 2661; hingegen für die Einführung eines Gegenstandswertes: *Leuschner*, ZIP 2015, 1045; *ders.*, JZ 2010, 875; zu einem Verhandeln als Aushandeln *K. P. Berger*, NJW 2010, 465, 467.

521 *W. Müller/Griebeler/Pfeil*, BB 2009, 2658, 2661.

522 *W. Müller/Griebeler/Pfeil*, BB 2009, 2658, 2661; nach *Kessel/Stomps*, BB 2009, 2666, 2673 könnte etwa eine Monopolstellung die Vermutung widerlegen.

523 *W. Müller/Griebeler/Pfeil*, BB 2009, 2658, 2661.

524 Gegen ein zwingendes Erfordernis gesetzlicher Anpassungen: *Basedow*, in: MüKo BGB § 310 Rn. 29; *Ulmer/Habersack*, in: Ulmer/Brandner/Hensen AGB Einl. BGB Rn. 67; *R. Koch*, BB 2010, 1810; *von Westphalen*, NJW 2009, 2977.

berufliche Position und Verhandlungsstärke sowie das Bestehen oder Fehlen eines wirtschaftlichen Machtgefälles einer richterlichen Würdigung unterliegen.[525] Insgesamt sollten im unternehmerischen Rechtsverkehr situationsbedingt geringere Anforderungen an ein Aushandeln zu stellen sein, da es im Rahmen der marktwirtschaftlichen Ordnung zu den ureigenen Aufgaben eines Unternehmers zählt, die eigenen Vertragsverhältnisse und somit auch Bedingungen einzelner Kontrakte selbstverantwortlich zu prüfen.[526] Die Indizien für das Vorliegen besonderer Umstände liefern dann jene typischen und wiederkehrenden Begleitumstände, die *W. Müller*, *Griebeler* und *Pfeil* in ihrem Kriterienkatalog präsentieren.

### *a. Umfangreiche Verhandlungen*

Dass es zu tatsächlichen Verhandlungen gekommen ist und zwischen den Parteien die Möglichkeit diverser Änderungen bestanden hat, kann bei umfassenden Vertragsverhandlungen regelmäßig angenommen werden. Insbesondere beim Aushandeln komplexer Unternehmensfinanzierungen sind umfangreiche Vertragstexte und langwierige Verhandlungen keine Seltenheit.

### aa. Anknüpfung an Umstands- und Zeitmoment

Daher lässt sich die Auffassung vertreten, dass ein intensives Verhandeln über einen Vertrag bereits den Nachweis eines Aushandelns erbringen solle.[527] Anders jedoch als bei dem oben erörterten Ansatz, wonach ein Verhandeln das Aushandeln gänzlich ersetzen solle,[528] steht hier die Überlegung im Mittelpunkt, dass der zeitliche Umfang von Vertragsverhandlungen ein Indiz für das Bestehen besonderer

---

525 In diese Richtung bereits BGH, Urteil vom 28.07.2015 – XI ZR 434/14, BGHZ 206, 305 = NJW 2015, 3025, 3026 Rn. 23 mit Verweis auf BGH, Urteil vom 25.03.2015 – VIII ZR 243/13, BGHZ 204, 325 = NZM 2015, 665 Rn. 55; ebenso Internationaler Schiedsgerichtshof der ICC, Zwischen- und Teilschiedsspruch vom 29.01.2001 – Schiedsverfahren Nr. 10279, SchiedsVZ 2005, 108, 110 f.; dazu *K. P. Berger*, in: FS von Westphalen 2010, 13, 17 f.; vgl. auch *Grüneberg*, in: Palandt BGB § 305 Rn. 22; *Roloff*, in: Erman BGB § 305 Rn. 20.

526 So etwa BGH, Urteil vom 17.09.2014 – VIII ZR 258/13, NJW 2014, 3508 Rn. 30; *Roloff*, in: Erman BGB § 310 Rn. 5 spricht von „größerer Sorgfalt und Vorsicht bei Vertragsschlüssen"; *Ulmer/Habersack*, in: Ulmer/Brandner/Hensen AGB Einl. BGB Rn. 67.

527 *Ulmer/Habersack*, in: Ulmer/Brandner/Hensen AGB § 305 Rn. 64a; *Kappus*, NJW 2016, 33, 36; *Kessel*, AnwBl 2012, 293, 299; *Miethaner*, NJW 2010, 3121, 3127; *von Westphalen*, BB 2010, 195, 197; *W. Müller/Griebeler/Pfeil*, BB 2009, 2658, 2661; *Kessel/Jüttner*, BB 2008, 1350, 1352; ähnlich *R. Koch*, BB 2010, 1810, 1813; *Acker/Bopp*, BauR 2009, 1040, 1046 ff.; a.A. *K. P. Berger*, NJW 2010, 465, 468, wonach allein die Länge der Verhandlung aufgrund der Mehrdimensionalität des Verhandlungsprozesses nicht ausreichen könne.

528 Siehe dazu bereits oben „Aushandeln und Verhandeln", S. 89 ff.

Umstände und somit für ein Aushandeln bei einem unveränderten Vertragstext darstellen könnte. An die Seite des Umstandsmoments des Verhandelns selbst tritt mithin ein Zeitmoment, welches eine umfassende Auseinandersetzung mit dem Vertragswerk sicherstellen kann. Denn je länger sich die Parteien mit einem Konvolut an Regelungen beschäftigen, desto eher kann davon ausgegangen werden, dass über zahlreiche Regelungen auch tatsächlich verhandelt wurde und Änderungen möglich waren.

Eine in dieser Konstellation aufgrund dessen Pragmatik vielzitierte Entscheidung hat das Landgericht (LG) Frankfurt a.M. am 20.03.2003 erlassen.[529] In dem Fall haben die Klägerin, ein Beteiligungsunternehmen, und die Hauptschuldnerin, eine Generalunternehmerin, in einem Zeitraum von etwa einem Monat mindestens 45 Stunden über einen Vertragstext verhandelt. Im Rahmen dieser Verhandlungen haben die Parteien jedoch nicht über eine bestimmte Klausel gesprochen, die eine Bürgschaft aufs erste Anfordern beinhaltete. Im Zuge des Rechtsstreits wurde die Unwirksamkeitserklärung dieser Klausel begehrt, deren Erfolgsaussichten aufgrund vorausgegangener BGH-Rechtsprechung indessen vielversprechend war.[530] Das LG kam zu dem Ergebnis, dass die vertragliche Regelung wegen der langen Verhandlung nicht als AGB einzustufen und daher nicht kontrollfähig sei. Dabei führte die Kammer aus: „Es kann nicht darauf ankommen, ob über die Frage der Stellung einer Bürgschaft auf erstes Anfordern ernsthaft verhandelt wurde bzw. der Kerngehalt inhaltlich ernsthaft zur Disposition gestellt und dem Vertragspartner Gestaltungsfreiheit mit der realen Möglichkeit eingeräumt wird, die inhaltliche Ausgestaltung der Vertragsbedingungen zu beeinflussen. Diese Anforderung erscheint auf den vorliegenden Fall bezogen realitätsfremd."[531]

In bemerkenswerter Leichtigkeit setzt sich das LG somit über die ständige Rechtsprechung des BGH hinweg, welcher für das Aushandeln eben mehr als nur Verhandeln fordert – ohne Rücksicht auf dessen Dauer.[532] Aus Sicht der Vertragsgestaltung der Praxis kann dieser Ansatz nur begrüßt werden. Denn bei derart ausgiebigen Vertragsverhandlungen ist von den Beteiligten in der Tat nicht zu verlangen, in umfangreichen Verträgen über jede einzelne Klausel zu sprechen und diese nachweislich zur Disposition zu stellen.[533] Wer sich im Rahmen

529 Zum Sachverhalt insgesamt LG Frankfurt a.M., Urteil vom 20.03.2003 – 3/10 O 179/02, NZBau 2004, 44.

530 LG Frankfurt a.M., Urteil vom 20.03.2003 – 3/10 O 179/02, NZBau 2004, 44, 45 mit Verweis auf BGH, Urteil vom 04.07.2002 – VII ZR 502/99, BGHZ 151, 229 = NJW 2002, 3098 und BGH, Urteil vom 18.04.2002 – VII ZR 192/01, BGHZ 150, 299 = NJW 2002, 2388.

531 LG Frankfurt a.M., Urteil vom 20.03.2003 – 3/10 O 179/02, NZBau 2004, 44, 45.

532 Hier BGH, Urteil vom 04.07.2017 – XI ZR 233/16, ZIP 2017, 1654 Rn. 23; BGH, Urteil vom 26.03.2015 – VII ZR 92/14, BGHZ 204, 346 = NJW 2015, 1952, 1953 Rn. 33.

533 *Kessel/Jüttner*, BB 2008, 1350, 1352; *Kessel*, AnwBl 2012, 293, 299; ähnlich Internationaler Schiedsgerichtshof der ICC, Zwischen- und Teilschiedsspruch vom 29.01.2001 – Schiedsverfahren Nr. 10279, SchiedsVZ 2005, 108, 110 f.

eines „Verhandlungsmarathons"[534] trotz der Möglichkeit zur Kenntnisnahme bzw. Beanstandung zu einzelnen Vertragsklauseln nicht einlässt, soll sich auf einen nachträglichen Schutz der Rechtsordnung auch nicht berufen können.[535] Dieses Verständnis ist vergleichbar mit der Annahme einer selbstverantwortlichen Prüfung bzw. Obliegenheit auf Ebene des Stellens.

## bb. Widersprüchliches Verhalten als dogmatischer Ansatzpunkt

Dem Ansatz werden vereinzelt rechtsdogmatische Bedenken entgegenhalten, da es in den Entscheidungsgründen gänzlich an einer rechtlichen Begründung der Annahme fehlt.[536] Denkbar erschiene es jedenfalls, dem Verwendungsgegner aufgrund des anfänglichen Schweigens und des nachträglichen Berufens auf eine AGB-Kontrolle den Einwand des Rechtsmissbrauchs entgegenzuhalten.[537] Durch das Zuwiderhandeln gegen ein früheres Verhalten (*venire contra factum proprium*) läge die Begründung dann in einem Verstoß gegen Treu und Glauben.[538] Nach der Rechtsprechung ist es in solchen Fällen maßgeblich, ob sich ein Schuldner „bei objektiver Beurteilung darauf einrichten darf und eingerichtet hat, dieser [der Gläubiger] werde sein Recht nicht mehr geltend machen"[539]. Äußert sich das frühere Verhalten in einem Unterlassen über einen gewissen Zeitraum, so ist als Sonderfall des widersprüchlichen Verhaltens die Verwirkung infolge Zeitablaufs anerkannt.[540] Dass der Unternehmer über andauernde Verhandlungen gewisse Klauseln nicht beanstandet, kann demnach als vertrauensbegründender Tatbestand rechtliche Relevanz haben. Es handelt sich um eine „illoyal verspätete Geltendmachung von Rechten"[541].

Wo genau die Grenze von einer kurzen zu einer langwierigen Verhandlung verläuft, ob zur Annahme eines Verhandlungsmarathons stets 45 Stunden geboten sind oder bereits 24 Stunden ausreichen, erklärte das Gericht nicht. Das musste es aber auch nicht, da dieser Umstand in jedem Einzelfall entschieden werden kann und auch sollte.[542] Denn wann die Dauer von Verhandlungen einen besonderen

---

534 Diese Metapher stammt von *Kappus*, NJW 2016, 33, 36.

535 *Kessel/Jüttner*, BB 2008, 1350, 1352.

536 In diese Richtung *Kessel/Jüttner*, BB 2008, 1350, 1352, wonach ein Rückgriff auf die Generalklausel nicht geboten sei.

537 *Kessel/Jüttner*, BB 2008, 1350, 1352.

538 *Kessel/Jüttner*, BB 2008, 1350, 1352 stellen dazu auf ein aus ihrer Sicht bereits bestehendes System wechselnder Aushandlungsobliegenheiten ab.

539 BGH, Urteil vom 27.09.2013 – V ZR 52/12, NJW 2014, 854 Rn. 24; BGH, Urteil vom 16.03.2012 – V ZR 279/10, NJW 2012, 1796 Rn. 24; BGH, Urteil vom 12.03.2008 – XII ZR 147/50, NJW 2008, 2254 Rn. 22; *Schubert*, in: MüKo BGB § 242 Rn. 369.

540 Dazu grundsätzlich RG, Urteil vom 04.06.1937 – VII 321/36, RGZ 155, 148, 151; *Schubert*, in: MüKo BGB § 242 Rn. 315.

541 BGH, Urteil vom 27.06.1957 – II ZR 15/56, BGHZ 25, 47, 52 = NJW 1957, 1358.

542 OLG Köln, Urteil vom 23.06.1995 – 19 U 274/94, WM 1995, 1593; *von Westphalen*, BB 2010, 195, 197.

Umstand darstellt, hängt von diversen Faktoren wie der Komplexität des Vertragsgegenstandes oder dem Transaktionsvolumen ab. Eine differenzierte Beurteilung ist auch geeignet, einem möglichen Missbrauchspotential vorzubeugen, etwa wenn eine Vertragspartei die Verhandlungen über einen gewissen Zeitraum hinweg verschleppt, um somit den Anschein eines Aushandelns zu erwecken. Ein deutliches Indiz für das Vorliegen besonderer Umstände sollte aber sein, dass ernsthafte Vertragsverhandlungen zwischen Parteien länger als zwei Monate angedauert haben.[543]

### *b. Gegenstandswert der Transaktion*

Ein weiteres Indiz für ein Aushandeln von Vertragsbedingungen soll zudem gegeben sein, wenn die Parteien über Verträge mit großer wirtschaftlicher Bedeutung verhandeln.[544] In diesen Fällen wissen die Vertragsparteien, dass Verhandlungen typischerweise möglich sind, wenn ein einseitiger Änderungsbedarf besteht.[545] In der Rechtsprechung wurde mitunter implizit erwähnt, dass ein Stellen nicht vorliege, wenn der Kunde aufgrund einer wirtschaftlichen Machtstellung und des Umfangs des vorgenommenen Geschäfts erheblichen Einfluss auf den Klauselinhalt nehmen konnte.[546] Insgesamt zeige die Praxis, dass es auch marktführenden Unternehmen bei einem Auftragsvolumen von EUR 20–400 Mio. gegenüber wirtschaftlich kleineren Anbietern nicht gelinge, auf der Basis ihrer Einkaufsbedingungen eine unbegrenzte Haftung durchzusetzen.[547] Volumen und Wert des Geschäftes haben demnach typischerweise einen Einfluss auf das Aushandeln.

### aa. Die Transaktionskosten-Vertragswert-Relation

So wurde insbesondere früher die Auffassung vertreten, dass für die Anwendbarkeit des AGB-Rechts auf das Verhältnis der Kosten für die Vertragsanalyse zum jeweiligen Vertragswert abzustellen sei (sog. „Transaktionskosten-Vertragswert-Relation“).[548] Stünden die Kosten für die Analyse der AGB in keinem angemessenen Verhältnis zum Vertragsvolumen, so sei die Relation negativ und es bestehe eine Vermutung dafür, dass die Geschehnisse zwischen Vertragsanbahnung und

543 *W. Müller/Griebeler/Pfeil*, BB 2009, 2658, 2661.

544 *W. Müller/Griebeler/Pfeil*, BB 2009, 2658, 2662; dem folgend *Leuschner*, JZ 2010, 875, 884.

545 *W. Müller/Griebeler/Pfeil*, BB 2009, 2658, 2662.

546 LG Köln, Urteil vom 28.04.1986 – 7 O 321/85, NJW-RR 1987, 1001.

547 *Kessel/Stomps*, BB 2009, 2666, 2672 am Beispiel des Anlagenbaus von Offshore Windparks; ähnlich *Zivilrechtsausschuss DAV*, AnwBl 2012, 402, 406, wonach der Verwender keineswegs immer der wirtschaftlich Stärkere sei.

548 *Leuschner*, AcP 207 (2007), 491, 524 f.; dem zumindest in der Theorie zustimmend *F. Becker*, JZ 2010, 1098, 1104; *Leyens/Schäfer*, AcP 210 (2010), 771, 790; im Ansatz *Wackerbarth*, AcP 200 (2000), 45, 72 f.

Vertragsschluss nicht zu einer Individualabrede geführt haben.[549] Bei einer positiven Transaktionskosten-Vertragswert-Relation könne man jedoch von der Vermutung ausgehen, dass die Vertragsbedingungen ohne Textänderung ausgehandelt wurden und eine Individualabrede vorliege.[550]

Im Sinne eines Gleichgewichtes von unternehmerischer Eigenverantwortung und staatlicher Korrektur wurde auch die Unwiderleglichkeit der Vermutung angenommen, wenn die Verwendergegenseite ihre zumutbare Verhandlungsmöglichkeit nicht nutzte.[551] Dem wurde jedoch dahingehend widersprochen, dass das Abstellen auf die Relation von Transaktionskosten und Vertragswert erhebliche praktische Schwierigkeiten mit sich bringe. Denn allein die Fragen nach der Bestimmung der Transaktionskosten und der Einordnung der Relation als positiv oder negativ ließen sich nicht ohne Weiteres rechtssicher beantworten.[552] Zudem können die aufzuwendenden Transaktionskosten vom Verwender beeinflusst werden, wenn er die Vertragsbedingungen knapp hält und die Analysekosten demnach geringer ausfallen dürften.[553] Daher treffe zwar die Annahme, dass oberhalb eines bestimmten Vertragswertes von verhältnismäßig niedrigeren Transaktionskosten auszugehen sei, nicht immer zu.[554] Dennoch sei die Festlegung auf eine starre Wertgrenze einer dynamischen Relation von Vertragswert und Transaktionskosten aus Gründen der allseits befürworteten Rechtssicherheit vorzuziehen.[555] Denn im Regelfall werde man pauschalisierend davon ausgehen können, dass auch die Transaktionskosten-Vertragswert-Relation ab einem bestimmten Vertragsvolumen positiv ausfallen werde.[556]

In der Literatur wird der Festlegung auf einen fixen Gegenstandswert wiederum entgegengehalten, dass eine solche Kontrollgrenze „arbiträr" sei und eine

---

549 *Leuschner*, AcP 207 (2007), 491, 524 f., wovon regelmäßig im Massengeschäfts des täglichen Lebens auszugehen sei.

550 Dies sei insbesondere in der *M&A*-Praxis bedeutsam, *Leuschner*, AcP 207 (2007), 491, 524.

551 *Leuschner*, AcP 207 (2007), 491, 524. Dieser Ansatz deckt sich mit der auf Ebene des Stellens geforderten Obliegenheit zur Beanstandung; a.A. *Wittuhn/Quecke*, NZG 2014, 131, 135.

552 *F. Becker*, JZ 2010, 1098, 1104; ebenso *Leuschner*, AcP 207 (2007), 491, 525 selbst, der „schwierige Abgrenzungsfragen" eingesteht; später auch *ders.*, JZ 2010, 875, 884.

553 *F. Becker*, JZ 2010, 1098, 1104.

554 *F. Becker*, JZ 2010, 1098, 1104; *Leyens/Schäfer*, AcP 210 (2010), 771, 795.

555 *F. Becker*, JZ 2010, 1098, 1104; *Leuschner*, JZ 2010, 875, 884; *Leyens/Schäfer*, AcP 210 (2010), 771, 795; a.A. *Kieninger*, AnwBl 2012, 301, 302.

556 *Leuschner*, ZIP 2015, 1045, 1049; *ders.*, JZ 2010, 875, 884 führt das darauf zurück, dass zwar der Vertragswert tendenziell proportional zum Vertragsvolumen steige, die Transaktionskosten in Relation zum Vertragsvolumen aufgrund einer eintretenden Sättigung ab einem bestimmten Punkt aber nicht mehr im relevanten Umfang zunähmen. Davon sei zumindest ab EUR 1 Mio. auszugehen.

unbefriedigende „alles-oder-nichts-Lösung" biete.[557] Ein starrer Grenzbetrag werde aber nicht nur willkürlich festgelegt, sondern stelle in der Systematik des BGB auch einen Fremdkörper dar.[558] Er sei zudem unsozial, da tendenziell nur größere Unternehmen vor der AGB-Kontrolle bewahrt würden.[559] Ferner könne ein Transaktionswert nicht isoliert betrachtet werden, da er nicht das einzige Kriterium für die eingehende Analyse eines Vertragswerkes darstelle.[560] Denn der Aufwand der Prüfung eines Vertragswerkes falle bei unterschiedlichen Parteien und Verträgen auch unterschiedlich aus und sei zudem rechtskulturell determiniert.[561] Zudem wiesen Transaktionen verschiedenartige Komplexitäten auf, wobei schon die Bestimmung eines Gegenstandswertes bei einer Immobilie nicht mit der eines Unternehmens vergleichbar sei.[562] Ohne Berücksichtigung sonstiger Umstände, etwa der Einmaligkeit oder Regelmäßigkeit des Geschäfts, hafte dem Geschäftswert als solches wenig Aussagekraft an, ob im Einzelfall ein Kontrollbedürfnis besteht oder nicht.[563]

## bb. Keine Informationsasymmetrien bei hohen Transaktionsvolumina

Die Bedenken greifen aber insgesamt nicht durch. Dem Einwand der Willkür kann entgegnet werden, dass Typisierungen in der Rechtswissenschaft üblich sind. Man denke nur an Verjährungsregelungen des BGB oder die Mindestkapitalanforderungen einer Aktiengesellschaft oder Gesellschaft mit beschränkter Haftung, die dieser Argumentation zufolge sodann gleichermaßen als willkürlich bezeichnet werden müssten.[564] Einer dem Grenzwert durchaus ähnlichen Ausgestaltung bedient sich der Gesetzgeber zudem bereits bei den besonderen Vorschriften für Verbraucherdarlehensverträge. Gem. § 513 BGB gelten einige Paragraphen des Kapitels über Verbraucherdarlehensverträge auch für Existenzgründer, „es sei denn, der Nettodarlehensbetrag oder Barzahlungspreis übersteigt 75 000 Euro."[565] Auch darin sei

---

557 Wörtlich *Basedow*, in: MüKo BGB § 310 Rn. 31; dem zustimmend *Wittuhn/Quecke*, NZG 2014, 131, 135.

558 *Kieninger*, AnwBl 2012, 301, 302 sieht in den schwankenden Wertgrenzen einen Beleg für Willkür; *Jansen*, ZEuP 2010, 69, 92.

559 *von Westphalen*, BB 2010, 195, 198.

560 *Basedow*, in: MüKo BGB § 310 Rn. 31; *Wittuhn/Quecke*, NZG 2014, 131, 135; *Jansen*, ZEuP 2010, 69, 92.

561 *Jansen*, ZEuP 2010, 69, 92.

562 *Wittuhn/Quecke*, NZG 2014, 131, 135; *Kieninger*, AnwBl 2012, 301, 302, die für die Berechnung des Transaktionsvolumens unter anderem Probleme bei Rahmenverträgen, Dauerschuldverhältnissen, Vergabeverfahren und Wechselkursschwankungen identifiziert.

563 *Basedow*, in: MüKo BGB § 310 Rn. 31; ähnlich *Habersack*, in: FS Köhler 2014, 209, 219; *Wittuhn/Quecke*, NZG 2014, 131, 135.

564 *Leuschner*, ZIP 2015, 1045, 1050.

565 Die Einführung der Vorschrift geht zurück auf die Richtlinie 2008/48/EG des Europäischen Parlaments und des Rates vom 23.04.2008 über Verbraucherkreditverträge.

eine Wertgrenze mit dem Zweck zu erkennen, den Marktteilnehmer bei einem bestimmten Geschäftsumfang aufgrund seines privatautonomen Selbstschutzes den Schutzvorschriften zu entnehmen.[566] Insofern sei die Festlegung starrer Zahlenwerte im Interesse der Rechtssicherheit üblich und notwendig.[567]

Zwar kann der Prüfungsaufwand eines Vertragswerkes durchaus unterschiedlich ausfallen. Jedoch bestehen nach einer ökonomischen Analyse bei hohen Transaktionsvolumina in der Regel keine signifikanten Informationsasymmetrien zwischen den Vertragsparteien mehr, weil die Vertragsbedingungen einen solchen Stellenwert haben, dass sich eine Verhandlung auch nach ihrem einseitigen Einbringen für beide Parteien lohnt.[568] Denn die Hypothese, eine Auseinandersetzung mit dem aufwendigen Klauselwerk habe aus rationaler Apathie nicht stattgefunden, wird bei solchen Geschäften nicht zutreffen.[569] Eines maßgeblichen Schutzes des Kunden vor den Folgen einer situativen Unterlegenheit durch die AGB-Kontrolle bedarf es daher in solchen Konstellationen nicht.[570] Der Kaufmann, der die Vertragsgestaltung trotz seiner Selbstverantwortung und Obliegenheit zur Vertragsprüfung nur dem Verwender überlässt, soll sich auf den Schutz der AGB-Kontrolle nicht berufen können.[571]

Zwar erscheint der Einwand der Kritiker, der Transaktionswert könne nicht isoliert betrachtet werden, durchaus zutreffend. Jedoch ist zu berücksichtigen, dass es sich bei der Wertgrenze ohnehin um einen Platzhalter für den maßgeblichen subjektiven Vertragswert handelt, da eine detaillierte Prüfung einer Vielzahl von Faktoren im Rahmen der AGB-Kontrolle praktisch nicht umsetzbar ist.[572] Die Berücksichtigung einer Wertgrenze trägt daher insbesondere zur Schaffung von Rechtssicherheit bei. Denn wie die bisherige Untersuchung zeigt, ist ein rechtssicheres Aushandeln auch bei großvolumigen Verträgen nach gegenwärtiger Rechtsprechung kaum realisierbar. Im Rahmen der besonderen Umstände sollte der Transaktionswert somit ein verlässliches Indiz für die Annahme einer Individualabrede darstellen. Vertreten werden dabei Schwellenwerte im Bereich von EUR 100.000 bis EUR 3 Mio.

---

566 Noch zum Verbraucherkreditgesetz BT-Drucks. 11/8274, S. 20 ff.; *Leuschner*, ZIP 2015, 1045, 1050; *Drygala*, JZ 2012, 983, 988; ähnlich *Leyens/Schäfer*, AcP 210 (2010), 771, 795.

567 *F. Becker*, JZ 2010, 1098, 1105.

568 *Wittuhn/Quecke*, NZG 2014, 131, 135; grundlegend *Leyens/Schäfer*, AcP 210 (2010), 771; ähnlich *Leuschner*, ZIP 2015, 1045, 1049; *Basedow*, in: MüKo BGB § 305 Rn. 37, wonach sich Abgrenzungsprobleme namentlich bei Arbeits-, Grundstücks-, Unternehmenskauf-, Miet- und Maklerverträgen ergäben (m.w.N.).

569 *Miethaner*, AGB-Kontrolle versus Individualvereinbarung, S. 209 ff.; *ders.*, NJW 2010, 3121, 3127; *Leyens/Schäfer*, AcP 210 (2010), 771, 791 f.

570 *Leuschner*, ZIP 2015, 1045, 1049.

571 *Miethaner*, NJW 2010, 3121, 3127.

572 *Leuschner*, ZIP 2015, 1045, 1049.

### cc. Großzügiger Grenzbetrag verspricht Zuwachs an Rechtssicherheit

Die Höhe einer Wertgrenze wird häufig mit dem Argument gewählt, dass es bei dem vorgeschlagenen Betrag rational sei, eine Vertragsprüfung und daraus folgende Verhandlungen vorzunehmen.[573] Einem Marktversagen sei demnach immer schon dann effektiv vorgebeugt, wenn der Gegenstandswert der Transaktion einen bestimmten Preis habe. Ausgehend von der Regelung des § 513 BGB und der Maßgabe, dass ein Existenzgründer für eine belastbare Kreditfähigkeit etwa 25 % Eigenkapital benötige, wird mitunter für eine Wertgrenze von EUR 100.000 plädiert.[574] Bereits ab diesem Vertragswert sei davon auszugehen, dass die andere Vertragspartei den Kontrakt ihrer Rechtsabteilung oder externen Beratern vorgelegt habe.[575] Verbreiteter ist jedoch das Ansetzen eines höheren Vertragswertes. Da eine Einzelfallbetrachtung zunächst einer Verfestigung der richterlichen Praxis bedürfe, sei auf eine konkrete Wertgrenze des Vertragsgegenstandes von EUR 550.000 abzustellen.[576] Ebenso wird zur Herleitung einer solchen Grenze versucht, den Aufwand für die Prüfung und Verhandlung eines Vertragsentwurfes mit dem Gesamtvolumen in Relation zu setzen.[577] Ein solcher Schwellenwert sei bei einer generalisierenden Betrachtung regelmäßig bereits bei EUR 500.000 erreicht, da sich die Verhandlungskosten dann auf etwa ein Prozent (EUR 5.000) des Vertragswertes beliefen.[578] Die wohl am häufigsten vorgeschlagenen Wertgrenze zur Annahme einer großen wirtschaftlichen Bedeutung lässt sich bei einem Betrag von EUR 1 Mio. ausmachen.[579] Bei diesem Gegenstandswert sei eine abweichende Situation als die Auseinandersetzung der anderen Vertragspartei mit dem Vertragswerk typischerweise nicht denkbar.[580] Ein weitaus höher angesetzter Schwellenwert

573 *Drygala*, JZ 2012, 983, 988.

574 *Drygala*, JZ 2012, 983, 988, der durch die Wertgrenze nur die Anwendbarkeit des § 307 BGB ausschließen und nicht die AGB-Kontrolle als solche suspendieren will.

575 *Drygala*, JZ 2012, 983, 988.

576 *Leyens/Schäfer*, AcP 210 (2010), 771, 795. Der Wert bedürfe einer Absicherung empirischer Studien, ist aber abgeleitet von den *Law Commissions* in England und Schottland, die ein Vertragsvolumen von GBP 500.000 (etwa EUR 550.000) vorsehen, vgl. *Law Commission/Scottish Law Commission,* Unfair Terms in Contracts, Report No. 292/Report No. 199, 2005 § 5.55. Siehe auch rechtsvergleichend *Richter*, AGB im B2B-Verkehr, S. 50 ff.

577 *F. Becker*, JZ 2010, 1098, 1104. Im Unterschied zu *Leuschners* Ansatz wird die Relation hier nur genutzt, um eine starre Wertgrenze festzulegen und nicht um im Einzelfall zu entscheiden.

578 *F. Becker*, JZ 2010, 1098, 1104, der für die Prüfung und Verhandlung von Verträgen einen durchschnittlichen Stundensatz von Unternehmensjuristen in Höhe von EUR 200 und einen zeitlichen Rahmen von 25 Stunden zugrunde legt.

579 *Miethaner*, AGB-Kontrolle versus Individualvereinbarung, S. 209 ff.; *Leuschner*, ZIP 2015, 1045, 1047; *ders.*, JZ 2010, 875, 884; *Miethaner*, NJW 2010, 3121, 3127; *W. Müller/Griebeler/Pfeil*, BB 2009, 2658, 2662.

580 *Leuschner*, ZIP 2015, 1045, 1049.

sieht sogar einen Grenzbetrag von EUR 3 Mio. vor, um eine Klausel von der AGB-Kontrolle auszunehmen.[581]

Welchen Wert man dabei auch wählt, eine Typisierung und die Festlegung einer starren Wertgrenze ist immer ein gewisser Ausdruck von Willkür.[582] Vorteil einer solch starren Grenze ist aber zugleich deren Eindeutigkeit und die Verringerung der Komplexität der Materie.[583] Mit an Sicherheit grenzender Wahrscheinlichkeit werden zudem Massengeschäfte des Alltags und gewöhnliche Transaktionen von Kleinunternehmen bei derart hohen Transaktionsvolumen gerade nicht erfasst sein.[584] In einem Verhältnis von Aufwand für die Prüfung und Verhandlung eines Vertrages zu dem Gegenstandswert ist zu diesem Zwecke von einem großzügigen Grenzbetrag zwischen EUR 500.000 bis EUR 1 Mio. auszugehen. Die Orientierung der Rechtsprechung an einem solchen Wert wäre im Ergebnis mit einem enormen Zuwachs an Rechtssicherheit verbunden. Jedoch ist zuzugeben, dass ein hoher Vertragswert für den BGH in der Vergangenheit nicht zwangsläufig eine Rolle gespielt hat. Das zeigt eine Entscheidung aus dem Jahr 2003, in der das Gericht trotz eines Volumens von DM 28 Mio. und der Erörterung von Regelungsalternativen die Einordnung einer Vertragsstrafe als Individualabrede ablehnte.[585]

Ist die höchstrichterliche Rechtsprechung daher nicht geneigt, einen solchen Gegenstandswert als einen besonderen Umstand anzuerkennen, so sind die präsentierten Ansätze zur Änderung des Gesetzestextes durchaus in Erwägung zu ziehen. Der Ausnahme großvolumiger Verträge aus der AGB-Kontrolle widmet sich allen voran *Leuschner*, der die Einführung eines § 310 Abs. 1a BGB n.F. vorschlägt, welcher großvolumige Verträge von den wesentlichen Vorschriften des AGB-Rechts ausnimmt.[586] Der Gesetzgebungsvorschlag beinhaltet zudem eine Rückausnahme von der Wertgrenze bei qualifizierter wirtschaftlicher Abhängigkeit.[587] Die Möglichkeit einer solchen Ausnahme für Fälle, in denen es kleinen und mittleren Unternehmen nicht möglich ist, auf andere Vertragspartner auszuweichen, sollte

---

581 *Pfeiffer*, ZGS 2004, 401.

582 *Leuschner*, ZIP 2015, 1045, 1049; *Drygala*, JZ 2012, 983, 988; allgemein zur „gegriffenen Größen" *Fleischer*, in: FS Canaris 2007, 71; kritisch deshalb *Kieninger*, AnwBl 2012, 301, 302; *Jansen*, ZEuP 2010, 69, 92.

583 *Drygala*, JZ 2012, 983, 988.

584 *Wittuhn/Quecke*, NZG 2014, 131, 135; *Leyens/Schäfer*, AcP 210 (2010), 771, 795.

585 BGH, Urteil vom 23.01.2003 – VII ZR 210/01, BGHZ 153, 311 = NJW 2003, 1805, wonach es an einer Änderungsbereitschaft gefehlt haben solle; kritisch dazu *Leuschner*, AcP 207 (2007), 491, 519.

586 Dazu insgesamt *Leuschner*, AGB-Recht Abschlussbericht, S. 287 ff.; *ders*, ZIP 2015, 1045, 1047. Siehe für nähere Ausführungen zu dem die Reichweite der Inhaltskontrolle betreffenden Ansatz unten „Ausschluss der Inhaltskontrolle bei großvolumigen Verträgen", S. 225 ff.

587 Rechtlicher Anknüpfungspunkt ist dabei der Begriff der relativen Marktmacht i.S.d. § 20 Abs. 1 GWB, *Leuschner*, ZIP 2015, 1045, 1051; kritisch gegenüber einer Wertgrenze *von Westphalen*, ZIP 2015, 1316.

auch im Rahmen einer Einzelfallbetrachtung der Rechtsprechung Berücksichtigung finden können. Bei praxisgerechter Auslegung dürften gewisse Gegenstandswerte bereits *de lege lata* als ein Indiz für das Vorliegen besonderer Umstände verstanden werden. Die Analyse hat gezeigt, dass es einer gesetzlichen Anpassung dafür nicht zwingend bedarf.

### c. *Juristische Expertise und andere Anknüpfungspunkte*

In Rechtsprechung und Literatur haben sich neben den vorgestellten Deutungsansätzen weitere Überlegungen gesammelt, die im unternehmerischen Verkehr typischerweise das Vorliegen besonderer Umstände indizieren könnten. So könne man etwa von besonderen Umständen ausgehen, wenn der Kunde für den Vertragsschluss rechtkundige Berater hinzugezogen hat.[588] Das Risiko der einseitigen Auferlegung von Vertragsbedingungen ist wesentlich verringert, wenn die Interessen der anderen Vertragspartei etwa durch eine anwaltliche Beratung gewahrt werden.[589] Für eine engmaschige Inhaltskontrolle besteht bei der Einbeziehung juristischer Expertise regelmäßig kein Grund mehr.[590] Eine solche Ausgangssituation wird sich bei umfangreichen Unternehmensfinanzierungen indes weitaus häufiger einstellen als bei der Darlehensvergabe an mittelständische oder Kleinunternehmer. So könnte das Kriterium der juristischen Expertise gerade in den Fällen für Einzelfallgerechtigkeit sorgen, die trotz rechtlicher Professionalität die Grenzwerte der Verhandlungsdauer oder eines bestimmten Transaktionsvolumens nicht erreichen.

Der BGH zeigte sich demgegenüber jedoch bislang skeptisch und entschied seinerzeit, es sei für ein Aushandeln nicht ausreichend, dass ein abgestimmter Vertragsentwurf einer intensiven juristischeren Prüfung unterlag und im Nachgang gebilligt wurde.[591] Die Instanzrechtsprechung war hingegen nicht *per se* abgeneigt, weitere Indizien für ein Aushandeln anzuerkennen. So wurde mitunter die Geschäftserfahrung der Parteien als Indiz für eine reale Möglichkeit zur Einflussnahme auf den Vertrag eingeordnet.[592] Zudem wurde entschieden, dass im Verkehr zwischen Unternehmern ein individuelles Aushandeln angenommen werden könne, wenn der Verwender dem anderen Teil „angemessene

---

588 Vgl. *Pfeiffer*, in: Wolf/Lindacher/Pfeiffer AGB § 305 BGB Rn. 38; *Ulmer/Habersack*, in: Ulmer/Brandner/Hensen AGB § 305 Rn. 64a; *Leuschner*, ZIP 2015, 1045, 104; *Wittuhn/Quecke*, NZG 2014, 131, 135; *W. Müller/Griebeler/Pfeil*, BB 2009, 2658, 2662.

589 *W. Müller/Griebeler/Pfeil*, BB 2009, 2658, 2662; nach *Wittuhn/Quecke*, NZG 2014, 131, 135 sei von einer Waffengleichheit nur auszugehen, wenn beide Seiten anwaltlich vertreten seien.

590 *Leuschner*, ZIP 2015, 1045, 1048.

591 BGH, Urteil vom 22.11.2012 – VII ZR 222/12, NJW 2013, 856 Rn. 13; *von Westphalen*, in: von Westphalen/Thüsing, Vertragsrecht, Individualvereinbarung Rn. 16.

592 OLG Frankfurt a.M., Urteil vom 26.11.1986 – 21 U 5/86, NJW-RR, 1987, 548; ebenso *Pfeiffer*, in: Wolf/Lindacher/Pfeiffer AGB § 305 BGB Rn. 38.

Verhandlungsmöglichkeiten einräumt und dieser seine Rechte in der konkreten Verhandlungssituation mit zumutbarem Aufwand selbst wahrnehmen kann."[593] Im Rahmen des Kriterienkatalogs von *W. Müller*, *Griebeler* und *Pfeil* geht jener Vorschlag in eine ähnliche Richtung, der ein Aushandeln für den Fall vorsieht, in dem die andere Vertragspartei einen Vertragsentwurf wenigstens einmal schriftlich kommentiert hat.[594] Denn ein durchschnittlicher Geschäftsmann wird gerade Änderungen an solchen Klausel vorschlagen, die er auch tatsächlich revidieren möchte. Verzichtet er jedoch darauf, wird man von seinem Einverständnis hinsichtlich aller anderen Klauseln ausgehen können.[595] Denn es besteht keine Veranlassung, die andere Vertragspartei im Nachgang zum Vertragsschluss von der in ihrer Sphäre liegenden Risiken zu befreien, deren Beanstandung oder Abwendung sie selbst versäumt hat.[596]

Dass das Durchsetzen einer Änderung an dem vorgeschlagenen Text der Vertragsbedingung einen besonderen Umstand darstellen solle,[597] ist hingegen nicht erforderlich. Bereits die vorstehende Analyse hat gezeigt, dass die Rechtsprechung eine Textänderung als den Regelfall und als wesentliche Beweiserleichterung für die Annahme eines Aushandelns einstuft.[598] Einer Lösung über das Merkmal der besonderen Umstände, geschweige denn einer Anpassung des Gesetzes bedarf es daher nicht. Hingegen erscheint das Anerkennen besonderer Umstände für solche Vertragsbedingungen sinnreich, welche im Wesentlichen einer Bestimmung entsprechen, die der Verwender und die andere Vertragspartei bereits zu einem früheren Zeitpunkt ausgehandelt haben.[599] Denn wenn zwischen den Parteien einmal ein sachgerechter Interessenausgleich erreicht wurde, ist kein Grund ersichtlich, eine aufwendig gestaltete Einigung erneut zu verhandeln und in ihren einzelnen Bestandteilen zu erörtern.[600] Dies widerspräche gerade der mit AGB verbundenen und bezweckten Effizienzsteigerung im Zuge einer voranschreitenden Standardisierung von Verträgen.

Die nähere Untersuchung des Kriterienkatalogs konnte jedenfalls deutlich machen, dass genügend Indizien zur Disposition stehen, aus denen sich im unternehmerischen Geschäftsverkehr die besonderen Umstände für einen Individualvertrag ergeben könnten. Im Ergebnis hängt es jedoch vom BGH ab, diese Möglichkeiten auszuschöpfen und seine Rechtsprechung an die praktische

---

593 OLG Köln, Urteil vom 28.05.2014 – 2 U 107/13, IBR 2015, 43 Rn. 22; ähnlich LG Bayreuth, Urteil vom 24.11.2003 – 23 O 271/95, IBR 2006, 629.

594 *W. Müller/Griebeler/Pfeil*, BB 2009, 2658, 2662.

595 Internationaler Schiedsgerichtshof der ICC, Zwischen- und Teilschiedsspruch vom 29.01.2001 – Schiedsverfahren Nr. 10279, SchiedsVZ 2005, 108, 110; *W. Müller/Griebeler/Pfeil*, BB 2009, 2658, 2662.

596 *Lieb*, DNotZ 1989, 274, 291; ähnlich *Wackerbarth*, AcP 200 (2000), 45, 81, 83.

597 *W. Müller/Griebeler/Pfeil*, BB 2009, 2658, 2662.

598 Siehe dazu insgesamt oben „Regelfall: Aushandeln durch Textänderung", S. 103 ff.

599 *W. Müller/Griebeler/Pfeil*, BB 2009, 2658, 2662.

600 *Kessel/Stomps*, BB 2009, 2666, 2672; *W. Müller/Griebeler/Pfeil*, BB 2009, 2658, 2662.

Vertragswirklichkeit anzupassen. Vor dem Hintergrund der für die Rechtspraxis überzeugenden Ergebnisse erscheint es in der Tat „realitätsfremd“[601], die dargestellten Kriterien bei der Annäherung an die besonderen Umstände überhaupt nicht näher zu berücksichtigen.

### 4. *Stellungnahme: Erforderlichkeit einer Einzelfallbetrachtung*

Ein Aushandeln ohne Textänderung ist möglich. Dafür spricht im unternehmerischen Geschäftsverkehr letztlich auch ein rechtspraktisches Bedürfnis, da Betriebe im Zeitalter fortschrittlicher Datenverarbeitung bei Vertragsschlüssen im Massengeschäft nur selten auf hauseigene Mustervertragstexte oder Textbausteine verzichten wollen bzw. dürfen.[602] Dies führt zurück zu dem Grundproblem, bei dem der Verwender von AGB als Initiator eigener, vorformulierter Bedingungen einer strengen Kontrolle unterliegt, obwohl die Reichweite einer Klausel beiden Vertragsparteien als Ergebnis eines Verhandlungsprozesses gleichermaßen zuzurechnen ist.[603] Kurzum: Nur der Verwender ist Subjekt der AGB-Kontrolle.[604]

Dass ein Aushandeln ohne Textänderung möglich ist, bestätigt auch der BGH, der in der Vergangenheit zahlreiche Gelegenheiten dazu nutzte, um seine Auffassung zu der Existenz besonderer Umstände zu bekräftigen.[605] Dass dafür ein zusätzliches Merkmal gefordert wird, ist auch nicht weiter zu beanstanden, da damit letztlich das Fehlen einer Textänderung kompensiert wird. Weniger Zuversicht bereitet aber die Erkenntnis, dass ein Aushandeln ohne Textänderung bislang in keinem höchstrichterlich entschiedenen Fall bejaht wurde und weitgehende Unklarheit über die anzuwendenden Voraussetzungen der besonderen Umstände herrscht. Man wird aber unterstellen dürfen, dass es nicht in der Absicht des Gerichts liegt, ein gänzlich funktionsloses Merkmal zu schaffen und fortwährend auf dessen Existenz zu rekurrieren.

Das AGB-Recht enthält bereits *de lege lata* die Handhabe, um im unternehmerischen Verkehr zu sachgerechten Lösungen zu gelangen. An die Rechtsprechung

---

601 *Kappus*, NJW 2016, 33, 36 in Anlehnung an die Äußerung des LG Frankfurt a.M., Urteil vom 20.03.2003 – 3/10 O 179/02, NZBau 2004, 44,45.

602 *Henze*, Entgeltklauseln, S. 54; *Kropf*, WM 2019, 1723, 1726 f.; *Leuschner*, JZ 2010, 875, 876; *Lischek/Mahnken*, ZIP 2007, 158 insbesondere zu umfangreichen und wirtschaftlich bedeutsamen Einzelverträgen; zu den Anforderungen an das Kreditgeschäft vgl. Anlage 1: Erläuterungen zu den *MaRisk* in der Fassung vom 27.10.2017, BTO 1.2 Nr. 10.

603 Dazu bereits oben „Freie Entscheidung hinsichtlich des Vertragstextes“, S. 78 ff.; vgl. *Lehmann-Richter*, NZM 2011, 57, 58; *K. P. Berger*, NJW 2001, 2152, 2154; *von Westphalen*, NJW 1994, 2113, 2114.

604 *Lehmann-Richter*, NZM 2011, 57, 62.

605 Siehe dazu die Nachweise in Fn. 506; a.A. *Miethaner*, NJW 2010, 3121, 3126; *Lischek/Mahnken*, ZIP 2007, 158, 160, die zu dem Ergebnis gelangen, dass ein Aushandeln ohne Textänderung praktisch schlichtweg nicht konstruierbar ist.

kann nur appelliert werden, die vielfältigen Vorschläge aus Literatur und Instanzgerichtsbarkeit zu berücksichtigen und mit in die künftige Entscheidungsfindung einzubeziehen. Umfangreiche und langwierige Verhandlungen sollten im B2B-Bereich ebenso ein Indiz für besondere Umstände darstellen wie die Beratung durch einen Rechtsanwalt oder nachgewiesene Geschäftserfahrenheit des Kunden. Auch bei einem Gegenstandswert von etwa EUR 500.000 bis EUR 1 Mio. sollten die Umstände indizieren, dass zwischen den Kaufleuten Vertragsverhandlungen stattgefunden haben. Tatsächlich unterlegene Kleinunternehmen, deren Geschäftsbereich auch nur kleinere Verträge umfasst, sind weiterhin in den Schutzbereich der AGB-Kontrolle einbezogen. Aber selbst bei langwierigen Vertragsverhandlungen und großen Vertragsvolumina bleibt es der richterlichen Würdigung überlassen, auch anders zu entscheiden, da es sich bei den beschriebenen Kriterien eben lediglich um Indizien handelt.

Mit Blick auf die Urteile vom 04.07.2017 lagen die Darlehenssummen in beiden Sachverhalten jeweils über einem Betrag von EUR 1 Mio., sodass ein starkes Indiz für das Bestehen besonderer Umstände vorgelegen hätte. Zusätzlich wären Feststellungen darüber zu treffen gewesen, wie lange die Verträge im Einzelnen verhandelt wurden und ob im Vorfeld rechtlicher Expertenrat eingeholt worden war. Ferner hätte die Möglichkeit bestanden, festzustellen, ob sich der Kunde die Klausel anderweitig zu eigen gemacht hat und sie deshalb beidseitig zurechenbar war. In einer einzelfallbezogenen Gesamtwürdigung wäre dann über das Bestehen einer kontrollfreien Individualabrede zu entscheiden gewesen.

Aus dem Umstand, dass der BGH in den Urteilen zu Bearbeitungsentgelten in Unternehmerdarlehensverträgen all diese Kriterien überhaupt nicht gewürdigt hat, wird sich entgegen einzelner Einschätzungen indessen nicht ableiten lassen, dass er dem Aushandeln ohne textliche Veränderung künftig gänzlich eine Absage erteilen wollte.[606] Das ist darauf zurückzuführen, dass sich der Senat inhaltlich überhaupt nur in der Rechtssache XI ZR 233/16 zum Aushandeln eingelassen und dabei die Notwendigkeit der textlichen Änderung des Klauseltextes als Regelfall bezeichnet hat.[607] Daran gibt es insoweit nur auszusetzen, dass auf den Sonderfall des Aushandelns ohne Textänderung trotz möglicher Anknüpfungspunkte überhaupt nicht eingegangen wurde. Berücksichtigt man die gewachsene Rechtsprechungshistorie, so erscheint die Anknüpfung an das hergebrachte Merkmal der

---

606 In diese Richtung aber *von Westphalen*, BB 2017, 2051, 2053 (zu den hier besprochenen Urteilen); *ders.*, NJW 2020, 280, 282 (zu BGH, Beschluss vom 19.03.2019 – XI ZR 9/18, NJW 2019, 2080); früher bereits *ders.*, ZIP 2010, 1110, 1112.

607 BGH, Urteil vom 04.07.2017 – XI ZR 233/16, ZIP 2017, 1654 Rn. 23. Insofern bleibt es bei dem Sonderfall des Aushandelns ohne Textänderung bei besonderen Umständen, vgl. dazu BGH, Urteil vom 28.07.2015 – XI ZR 434/14, BGHZ 206, 305 = NJW 2015, 3025, 3026 Rn. 23; BGH, Urteil vom 26.03.2015 – VII ZR 92/14, BGHZ 204, 346 = NJW 2015, 1952, 1953; BGH, Urteil vom 22.11.2012 – VII ZR 222/12, NJW 2013, 856 Rn. 10.

besonderen Umstände auch weiterhin unumgänglich. Es verspricht unter Einbeziehung der vorgestellten Kriterien aber auch eine nötige Praxisnähe und hinreichende Flexibilität. Denn eine Einzelfallentscheidung führt regelmäßig zu fairen und angemessenen Ergebnissen und ist Ausdruck einer „selbstverantwortlichen Prüfung, Abwägung und möglichen Einflussnahme" der beteiligten Vertragsparteien.[608]

Neben dieser Vorgabe war für den AGBG-Gesetzgeber aber auch noch etwas anderes selbstverständlich: „Der Rechtsprechung muss es überlassen bleiben, im Zweifelsfall zu entscheiden, ob und inwieweit der andere Vertragsteil trotz Verwendung eines Musters so viel Einfluss auf die Abmachungen genommen hat, dass diese als individuelle Abrede angesehen werden können."[609] Diesen Auftrag kann die Rechtsprechung durchaus beherzigen und den zur Verfügung stehenden Freiraum nutzen, um praktisch umsetzbare Kriterien für ein Aushandeln ohne Textänderung auf Grundlage besonderer Umstände zu etablieren. Mit wachsender Ernüchterung ist jedoch zur Kenntnis zu nehmen, dass der Senat mit dem hier besprochenen Urteil eine durchaus vielversprechende Gelegenheit ausgelassen hat, sich zu den besonderen Umständen zu äußern und damit zur Förderung der Rechtssicherheit beizutragen.

## IV. Paketlösungen

Von dem Aushandeln ohne Textänderung sind solche Fälle zu unterscheiden, die auf einer Kompromissfindung, einem gegenseitigen Geben und Nehmen, beruhen. Von der passenden Legaldefinition des § 779 BGB ausgehend ist ein Vergleich ein Vertrag, durch den der Streit oder die Ungewissheit der Parteien über ein Rechtsverhältnis im Wege gegenseitigen Nachgebens beseitigt wird.[610] Ganz ähnlich liegen die Dinge bei der Einigung auf ein Verhandlungspaket. Insbesondere im Zuge von umfangreichen Projektfinanzierungen sind Vertragsverhandlungen unerlässlich, an deren Ende zumeist ein Vertragswerk mit zahlreichen Modifikationen zum ursprünglichen Entwurf stehen wird.[611] Sog. Paketlösungen oder Paketkompromisse liegen immer dann vor, wenn der Vertragspartner einen anfänglichen Protest gegen einzelne Vertragsklauseln deshalb aufgibt, weil ihm in anderen Punkten nach seinen Wünschen Zugeständnisse gemacht werden.[612] Von derselben Konstellation kann man sprechen, wenn der Verwender dem Kunden bei bestimmten

---

608 BT-Drucks. 7/3919, S. 17.
609 BT-Drucks. 7/3919, S. 17.
610 Dazu *von Westphalen*, ZIP 2010, 1110, 1114.
611 So *Leuschner*, AcP 207 (2007), 491, 518 zu Unternehmenstransaktionen.
612 *Basedow*, in: MüKo BGB § 305 Rn. 41; *von Westphalen*, NJW 2020, 280, 281; *Dauner-Lieb/Axer*, ZIP 2010, 309, 311; *W. Müller/Griebeler/Pfeil*, BB 2009, 2658, 2660 definieren Paketlösungen als Gesamtbetrachtung von Vor- und Nachteilen eines Vertragswerkes; in der Stellungnahme des Deutschen Anwaltvereins ist die Rede von AGB-Kompromissen, *Zivilrechtsausschuss DAV*, AnwBl 2012, 402, 405.

Klauseln entgegengekommen ist und allein deshalb an anderer Stelle nicht mehr zu einem Kompromiss bereit ist.[613]

## *1. Praxisrelevanz: Unabdingbare Klauseln*

Im kaufmännischen Verkehr ist anerkannt, dass eine Individualabrede selbst dann vorliegen kann, wenn eine Klausel seitens des Verwenders vorab als unabdingbar eingestuft wurde.[614] Bezogen auf die Vergabe von Unternehmerdarlehen führt dieser Ansatz zu der Annahme, dass das betreffende Bearbeitungsentgelt seitens des Kreditinstitutes zu Verhandlungsbeginn als nicht verhandelbar und zwingend eingestuft wird, es sich im Endeffekt aber dennoch um eine ausgehandelte Individualabrede handeln kann. Das ist vor dem Hintergrund der beschriebenen Möglichkeit eines Aushandelns ohne Textänderung erstaunlich, fehlt es in dieser Konstellation doch an einer Änderungsbereitschaft hinsichtlich des gesetzesfremden Kerngehalts und der Bezugnahme auf das Bestehen besonderer Umstände.

Zurückzuführen ist dieses Verständnis auf eine BGH-Entscheidung, in dem der erkennende Senat eher beiläufig erwähnte, dass die Unabdingbarkeit der Klausel einem individuellen Aushandeln nicht zwangsläufig entgegenstehe.[615] In einem Mietvertrag über einen Geschäftsraum mit Ladenzeile war die Regelung enthalten, wonach der Mieter den Geschäftsbetrieb ohne Genehmigung des Vermieters nicht einstellen dürfe.[616] Diese Klausel war aus Sicht des Vermieters unabdingbar. Der Senat entschied, dass es sich um eine Individualvereinbarung handle, da die Parteien den Vertrag durchgesprochen hatten und der Mieter die Einhaltung der Klausel als auch in seinem Interesse liegend zugesichert habe.[617]

Sofern man in einem solchen Fall überhaupt von einer zwingenden Unabdingbarkeit ausgehen kann, fehlt es zur Einordnung und Analyse des Judikats an der Bezugnahme auf die besonderen Umstände oder die üblichen Formulierungen und Merkmale der Rechtsprechung. Denn auch wenn es denkbar erscheint, dass sich der Mieter die Regelung zu eigen gemacht hat, so genügt das allein für die Annahme einer Individualvereinbarung nicht. Zwingende Voraussetzung ist die Gewährleistung der Vertragsgestaltungsfreiheit der Verwendergegenseite, den vorformulierten Text auch zurückweisen zu können. Zudem erschöpft sich die

---

613 *K. P. Berger*, NJW 2010, 465, 469; *ders.*, ZIP 2006, 2149, 2153; *ders.*, NJW 2001, 2152, 2154, der darin jedoch vielmehr typische Umstände bzw. Indizien für die Bejahung einer Verhandlung unabhängig der Paketlösung sieht; *von Westphalen*, ZIP 2010, 1110, 1114 spricht darauf bezugnehmend von Tarifwahl.

614 *Grüneberg*, in: Palandt BGB § 305 Rn. 22 (*conditio sine qua non*); *Schlosser*, in: Staudinger BGB § 305 Rn. 44; *Canaris*, JZ 1987, 993, 1003.

615 BGH, Urteil vom 26.02.1992 – XII ZR 129/90, NJW 1992, 2283, 2285; darauf bezugnehmend OLG Frankfurt a.M., Urteil vom 27.08.2013 – 11 U 55/12, BeckRS 2013, 17775; OLG Köln, Urteil vom 23.06.1995 – 19 U 274/94, BeckRS 9998, 53514.

616 BGH, Urteil vom 26.02.1992 – XII ZR 129/90, NJW 1992, 2283.

617 BGH, Urteil vom 26.02.1992 – XII ZR 129/90, NJW 1992, 2283.

relevante Aussage des Senats in nur einem Satz.[618] Aufmerksamkeit verdient es jedoch, dass zur Begründung ausdrücklich auf die Umstände des Einzelfalls abgestellt wird.[619] Möglicherweise lässt sich daraus schlussfolgern, dass in diesen Entscheidungsgründen sehr wohl implizit auf eine Möglichkeit hingewiesen werden sollte, unabdingbare Klauseln im Einzelfall als Individualvereinbarung qualifizieren zu können.[620] Laut BGH genüge es trotz des Bestehens auf eine Klausel für ein Aushandeln, wenn der Verwender „in einem Teilpunkt, beispielsweise in der Entgeltvereinbarung, dem Kunden entgegenkommen" würde.[621]

Einen dogmatischen Erklärungsansatz könnte daher die Paketlösung darstellen, in dessen Rahmen zwar auf Verlangen des Verwenders eine wesentliche Bestimmung bestehen bleibt, das Aushandeln jedoch auf einer Gesamtbetrachtung mit damit verbundenen Klauseln basiert. Für eine Paketlösung wäre es genaugenommen gleichbedeutend, ob sich die Bank gegenüber dem Darlehensnehmer bei der Erhebung des Bearbeitungsentgeltes kompromissbereit zeigt oder aufgrund anderer Vergünstigungen bei dem Entgelt nicht mit sich reden lässt. Wesensmerkmal ist, dass dem Verhandlungsprozess eine beidseitig akzeptierte Verständigung folgt. Im Grundsatz gilt aber, dass die AGB-Qualität und das Vorliegen eines Aushandelns nicht für das gesamte Vertragswerk zu bewerten ist, sondern gesondert für jede einzelne Klausel geprüft werden muss.[622] Das ist auf den Wortlaut des Gesetzes zurückzuführen, der in § 305 Abs. 1 Satz 3 BGB von „soweit im Einzelnen ausgehandelt" spricht.[623] Da die Konstellation in der Praxis aber von erheblicher Bedeutung ist, stellt sich die Frage, ob von vereinzelt ausgehandelten Klauseln nicht doch eine Ausstrahlwirkung auf unveränderte Regelungen ausgehen kann.[624]

### 2. *Positiventscheidungen: Beachtung des gemeinsamen Parteiwillens*

So lassen sich zumindest vereinzelt Gerichtsentscheidungen finden, in denen der befasste Senat durchblicken lässt, dass im Rahmen von Verhandlungspaketen ein Aushandeln anzunehmen ist. In einer Fallkonstellation, die eine Laufzeitklausel in einem Gestattungsvertrag über Breitbandkabelanlagen betraf, erwähnte der

---

618 BGH, Urteil vom 26.02.1992 – XII ZR 129/90, NJW 1992, 2283, 2285; *Leuschner*, AcP 207 (2007), 491, 520, misst dem Urteil daher keine allzu große Bedeutung zu.

619 BGH, Urteil vom 26.02.1992 – XII ZR 129/90, NJW 1992, 2283, 2285.

620 In diese Richtung auch *Schlosser*, in: Staudinger BGB § 305 Rn. 44; *Ulmer/Habersack*, in: Ulmer/Brandner/Hensen AGB § 305 Rn. 51a; *Leuschner*, AcP 207 (2007), 491, 520.

621 BGH, Urteil vom 30.09.1987 – IVa ZR 6/86, NJW 1988, 410, 411.

622 BGH, Urteil vom 26.09.1996 – VII ZR 318/95, NJW 1997, 135; BGH, Urteil vom 06.03.1986 – III ZR 195/84, BGHZ 97, 212, 215 = NJW 1986, 1803; OLG München, Urteil vom 21.08.2007 – 9 U 4492/06, NZBau 2008, 582, 583.

623 BGH, Beschluss vom 19.03.2019 – XI ZR 9/18, NJW 2019, 2080 Rn. 15; *J. Becker*, in: Bamberger/Roth BGB § 305 Rn. 34; *Kollmann*, in: NK BGB § 305 Rn. 36; *K. P. Berger*, NJW 2010, 465, 468.

624 *Kollmann*, in: NK BGB § 305 Rn. 36.

V. Zivilsenat des BGH, dass das Anbieten kürzerer Laufzeiten verbunden mit einem erhöhten Entgelt einem Aushandeln nicht entgegenstehe.[625] Abstrakt kann man daraus wohl die Intention des Gerichts ableiten, dass von ausgehandelten Vertragsbedingungen auszugehen sein wird, wenn sich beim Einbringen von Alternativregelungen hinsichtlich eines Vertragsgegenstandes (geringere Laufzeit) gleichsam damit korrespondierende Regelungspunkte verändern (erhöhtes Entgelt).[626] Ohne dass der Verwender auf die Regelung gänzlich verzichten muss, bleibt es aufgrund einer Kompromissfindung beim Individualcharakter der Klausel.[627]

Etwas konkreter noch beschrieb das OLG Jena eine ähnliche Sachlage, die Hinzuziehungsklauseln in Maklerverträgen betraf. Eine Klausel könne auch im unveränderten Zustand ausgehandelt worden sein, „wenn die Beklagte die Beseitigung der Klausel verlangt hätte und der Kläger im Gegenzug die Verringerung der Provision angeboten hätte."[628] Weiter und deutlicher führte das Gericht aus: „[...] bei Vorliegen eines solchen Zusammenhangs kann die Klausel als Ergebnis einer Verhandlung und damit als vom gemeinsamen Willen beider Parteien getragen angesehen werden."[629]

Übertragen auf Bearbeitungsgebühren müsste der Bankkunde das betreffende Entgelt demnach moniert haben oder sich aber aus den Verhandlungen mit der Bank ergeben, dass eine andere Regelung des Vertrages zugunsten des Kunden abgeändert wird, während die Gebühr unverändert bleibt. Gewiss liegen die vorstehenden Konstellationen so, dass gerade das Entgelt angepasst wird und dafür der Inhalt einer anderen Regelung unverändert bleibt. Darauf kann es jedoch nicht ankommen,[630] denn aus dem vorstehenden Judikat des OLG Jena lassen sich anschaulich drei allgemeingültige Voraussetzungen für derartige Paketlösungen ableiten: (1) Es muss ein finaler Zusammenhang zwischen Änderung der einen und Bestand der anderen Klausel bestehen, (2) der Kompromiss muss das Ergebnis von Verhandlungen sein und (3) diese müssen von dem gemeinsamen Willen der Parteien getragen sein.[631]

Die Annahme, die Parteien hätten die Vertragsbedingungen ausgehandelt, scheiterte in beiden Rechtssachen jedoch einmal mehr an der Beweislage,[632] sodass weiterhin keine Gerichtsentscheidungen ersichtlich sind, in denen das Aushandeln

---

625 BGH, Urteil vom 06.12.2002 – V ZR 220/02, BGHZ 153, 148 = NJW 2003, 1313, 1314.

626 Deutlich geht dies aus dem ersten Leitsatz des Urteils hervor BGH, Urteil vom 06.12.2002 – V ZR 220/02, BGHZ 153, 148 = NJW 2003, 1313.

627 *Basedow*, in: MüKo BGB § 305 Rn. 39; *J. Becker*, in: Bamberger/Roth BGB § 305 Rn. 37 mit Verweis auf vorstehendes Urteil.

628 OLG Jena, Urteil vom 08.12.2004 – 2 U 559/04, NJOZ 2005, 222, 225.

629 OLG Jena, Urteil vom 08.12.2004 – 2 U 559/04, NJOZ 2005, 222, 226.

630 In diese Richtung auch *W. Müller/Griebeler/Pfeil*, BB 2009, 2658, 2660, die in Zugeständnissen beim Preis auch nur ein Beispiel sehen.

631 OLG Jena, Urteil vom 08.12.2004 – 2 U 559/04, NJOZ 2005, 222, 226.

632 BGH, Urteil vom 06.12.2002 – V ZR 220/02, BGHZ 153, 148 = NJW 2003, 1313, 1314, in dem es an der Überzeugung des Gerichts fehlte, dass die Beklagte der Klägerin die Vertragsalternativen zur Kenntnis gebracht hatte; OLG Jena, Urteil

im Zuge einer Paketlösung bejaht wurde.[633] Ganz im Gegenteil entschied der BGH in ähnlich gelagerten Fällen bisweilen auch in eine völlig andere Richtung.

### *3. Negativentscheidungen: Missachtung von Gesamtergebnissen*

Eine BGH-Entscheidung aus dem Jahre 1995 betraf einen Haftungsausschluss für zugesicherte Sicherheitstechnik im Anlagenbau.[634] Der ursprünglich seitens der beklagten Unternehmerin entworfene Liefervertrag enthielt eigene Vertragsbedingungen, deren Verwendung von der Bestellerin ausdrücklich beanstandet wurde. In einem neuen Angebot rückte die Unternehmerin von ihren hauseigenen AGB ab und schlug die Verwendung der Bedingungen des Verbandes Deutscher Maschinen- und Anlagenbau (VDMA) vor. In den darauffolgenden Verhandlungen kam es zur Abänderung und Anpassung einzelner Punkte der VDMA-Bedingungen, wobei eine darin enthaltene Haftungsklausel unverändert blieb.

#### *a. Keine Bedeutung der Änderung zusammenhängender Klauseln*

Jene unveränderte Haftungsbeschränkung befand der BGH für kontrollfähig und unwirksam, da ein Abändern einzelner Klauseln nicht zu der Annahme des Aushandelns unveränderter Klauseln führe.[635] Aus dem Verhandlungsverlauf ergebe sich lediglich, so führte der Senat aus, dass die Hausbedingungen der Beklagten, sofern sie Vertragsgegenstand geworden wären, unter Umständen hätten als ausgehandelte Bedingungen angesehen werden können, da sie ganzheitlich zur Disposition standen. Vertragsbedingungen würden nicht dadurch zu Individualerklärungen, dass der Verwender sie zum Gegenstand des Vertrages macht.[636] Eine solche Dispositionsbereitschaft sei im Hinblick auf das Klauselwerk der VDMA-Bedingungen als Ganzes aber gerade nicht ersichtlich gewesen.[637]

Zunächst sind dieser Einschätzung in Teilen Übereinstimmungen mit der Urteilsfindung vom 17.02.2010 zu entnehmen.[638] Denn auch in der hiesigen Konstellation haben sich die Parteien nach beidseitigem Einvernehmen auf ein neutrales Klauselwerk eines Branchenverbandes geeinigt. So lässt dieser Umstand die

vom 08.12.2004 – 2 U 559/04, NJOZ 2005, 222, 226, wonach ein solcher Sachverhalt überhaupt nicht vorgetragen wurde.

633 Von „Wechselbeziehung" ist die Rede bei BGH, Urteil vom 29.11.2002 – V ZR 105/02, BGHZ 153, 93 = NJW 2003, 888, 890; *W. Müller/Griebeler/Pfeil*, BB 2009, 2658, 2660.

634 BGH, Urteil vom 05.12.1995 – X ZR 14/93, NJW-RR 1996, 783.

635 BGH, Urteil vom 05.12.1995 – X ZR 14/93, NJW-RR 1996, 783, 787 ff.

636 BGH, Urteil vom 05.12.1995 – X ZR 14/93, NJW-RR 1996, 783, 788 mit Verweis auf BGH, Urteil vom 20.10.1976 – IV ZR 135/75, NJW 1977, 432.

637 BGH, Urteil vom 05.12.1995 – X ZR 14/93, NJW-RR 1996, 783, 787 ff.

638 BGH, Urteil vom 17.02.2010 – VIII ZR 67/09, BGHZ 184, 259 = ZIP 2010, 628, 63; vgl. dazu bereits „Die freie Entscheidung als beidseitiger Einbeziehungsvorschlag", S. 76 ff.

Frage zu, ob darin nicht bereits die freie Entscheidung der Verwendergegenseite zu erblicken gewesen wäre, das neutrale Vertragswerk eines Dritten verwenden zu wollen. Denn die Bestellerin war in der Auswahl der Vertragstexte jedenfalls frei, sodass das Stellen von AGB auch zu verneinen gewesen sein könnte.[639] Entscheidender Unterschied ist hierbei aber, dass die Vertragsparteien im Fortgang der Vertragsverhandlungen über einzelne Klauseln verhandelten, sodass die Ebene der Vertragsanbahnung verlassen wurde und sich dann auf Ebene der Vertragsverhandlung Fragen des Aushandelns anschlossen.[640]

Für das Verständnis der höchstrichterlichen Rechtsprechung von Paketlösungen lässt sich diesem Rechtsstreit aber entnehmen, dass es keine Bewandtnis für die Annahme eines Aushandelns hat, wenn der Verwender auf Wunsch des Kunden seine gesamten AGB zurückzieht und auf ein neutrales Klauselwerk ausweicht. Das verwundert nicht, da es sich dabei letztlich um eine Rechtsfrage des Stellens handelt.[641] Als weitreichender Anhaltspunkt für die hiesige Untersuchung wird jedoch deutlich, dass in dieser Entscheidung eine Abänderung einzelner Klauseln bei gleichzeitigem Bestehenbleiben anderen Regelungen für die Annahme einer Individualvereinbarung insgesamt unerheblich sein soll. Denn durch die Änderung einzelner Bestimmungen sei nach Ansicht des Senats nicht das Klauselwerk als Ganzes betroffen.[642] Es müsse vielmehr unverkennbar die konkret in Rede stehende Klausel zur Disposition stehen.[643] In dieser Entscheidung zeigte der BGH also deutlich, dass er Kompromisslösungen als Ergebnis eines Verhandlungsprozesses für ein Aushandeln insgesamt nicht genügen lässt.

In einem anderen Fall, der den Höchstbetrag einer Vertragsstrafe in AGB eines Bauvertrages betraf, gab der BGH zu verstehen, dass unveränderte Klauseln nicht i.S.d. Gesetzes ausgehandelt worden seien, auch wenn sie den Teil einer Gesamtlösung darstellen würden.[644] Im Rahmen eines Vertrages zur Errichtung von 128 Wohneinheiten zum Pauschalfestpreis von DM 28,2 Mio. trug die beklagte Verwenderin der Vertragsbedingungen vor, dass einzelne Klauseln mit dem Vertragspartner erörtert und im Rahmen einer vertretbaren Gesamtlösung gewisse Änderungen akzeptiert wurden. Einen Änderungsvorschlag der Gegenseite habe man mangels Realisierbarkeit in Deutschland verworfen, woraufhin „alle Verhandlungsführer eingesehen [hätten], dass es bei den achtenswerten Interessen der

---

639 Vgl. *Miethaner*, NJW 2010, 3121, 3123.

640 Hier hätte das Gericht insgesamt näher der Frage nachgehen sollen, wem die Bedingungen im Einzelnen zuzurechnen waren, da ein Stellen neutraler Bedingungen durch eine Vertragspartei systematisch nicht sinnvoll erscheint, vgl. *Basedow*, in: MüKo BGB § 305 Rn. 21, 28.

641 Vgl. dazu BGH, Urteil vom 20.01.2016 – VIII ZR 26/15, NJW 2016, 1230 Rn. 22.

642 BGH, Urteil vom 05.12.1995 – X ZR 14/93, NJW-RR 1996, 783, 787.

643 BGH, Urteil vom 05.12.1995 – X ZR 14/93, NJW-RR 1996, 783, 788.

644 BGH, Urteil vom 23.01.2003 – VII ZR 210/01, BGHZ 153, 311 = NJW 2003, 1805; zur Analyse auch *Miethaner*, NJW 2010, 3121, 3123.

Beklagten zu bleiben habe mit der Folge, dass der ansonsten nicht beanstandete Vertragstext verbleiben könne."[645]

Zwischen den Parteien war demnach im Zuge gegenseitigen Nachgebens ein Kompromiss entstanden, dessen Sachgerechtigkeit ferner noch beidseitig akzeptiert wurde. Der BGH reduzierte die Konstellation jedoch auf den Umstand, dass die in Rede stehende Vertragsstrafenvereinbarung nicht ernsthaft zur Disposition gestellt wurde.[646] Durch den vergeblichen Änderungswunsch der anderen Vertragspartei könne man vielmehr ableiten, dass keine eigenverantwortliche Gestaltungmöglichkeit bestanden habe. Dabei sei der Umstand, dass der Vertrag in anderen Teilen modifiziert worden ist, gänzlich ohne Bedeutung.

### *b. Keine Würdigung beidseitigen Entgegenkommens*

Deutlicher noch veranschaulicht ein Negativbeispiel aus dem Jahr 2005, dass selbst vermeintlich eindeutig ausgehandelte AGB nicht unbedingt zur Annahme einer Individualabrede führen müssen.[647] Die streitbeteiligten Parteien unterzeichneten neben einem umfangreichen Partnerschaftsvermittlungsvertrag ein weiteres Schriftstück, das formularmäßige Regelungen zum Kündigungsrecht nach § 627 BGB beinhaltete. Diese Zusatzvereinbarung war mit dem Hinweis versehen, dass das Recht, den Vertrag auch ohne Vorliegen eines wichtigen Grundes gem. § 627 BGB zu kündigen, ausgeschlossen werden könne. Für den Ausschluss dieses besonderen Kündigungsrechts gewährte das Vermittlungsunternehmen dem Kunden die Möglichkeit, auch nach Vertragsende gewisse Leistungen für einen Zeitraum von sechs Monaten in Anspruch nehmen zu können. Unter dem Text wurde handschriftlich von beiden Beteiligten vermerkt, dass sie mit dem Ausschluss des Kündigungsrechts einverstanden seien.

Hier liegt ein anschauliches Beispiel für ein beidseitiges Entgegenkommen vor.[648] Entgegen der Einschätzung beider Vorinstanzen bewertete der BGH die Zusatzvereinbarung dennoch nicht als ausgehandelte Individualabrede. Zwar bestanden auch nach Ansicht des erkennenden Senats keine Zweifel daran, dass der gesetzesfremde Kerngehalt der Ausschlussklausel ernsthaft zur Disposition gestanden habe und für den Kunden in diesem Fall die reale Möglichkeit zur Beeinflussung der Vertragsbedingungen gegeben war.[649] Denn die Zusatzvereinbarung war schließlich freiwillig. Ergänzend wurde aber im Hinblick auf eine reale Möglichkeit der Beeinflussung gefordert, dass es „jedenfalls bei umfangreichen bzw. nicht leicht verständlichen Klauseln selbstverständliche (zusätzliche) Voraussetzung für die

645 BGH, Urteil vom 23.01.2003 – VII ZR 210/01, BGHZ 153, 311 = NJW 2003, 1805, 1807.
646 Insgesamt BGH, Urteil vom 23.01.2003 – VII ZR 210/01, BGHZ 153, 311 = NJW 2003, 1805, 1807 f.
647 Zum nachfolgenden Sachverhalt BGH, Urteil vom 19.05.2005 – III ZR 437/04, NJW 2005, 2543.
648 So auch *Miethaner*, NJW 2010, 3121, 3123.
649 BGH, Urteil vom 19.05.2005 – III ZR 437/04, NJW 2005, 2543, 2544.

Qualifizierung als ‚ausgehandelt' [sei], dass der Verwender die andere Vertragspartei über den Inhalt und die Tragweite der Klausel(n) im Einzelnen belehrt hat."[650]

Die zusätzliche Voraussetzung erscheint in dem entschiedenen Fall in Anbetracht des wenig komplexen Inhalts der Zusatzregelung aber ebenso wenig „selbstverständlich" wie notwendig.[651] Sie legt gar die Vermutung nahe, dass der BGH selbst in eindeutigen Fallgestaltungen die Annahme einer Individualabrede durch eine Paketlösung scheut – notfalls unter Zuhilfenahme erweiterter Kriterien.[652] Wahrlich bedauernswerte Erkenntnis dieser Entscheidung ist aber der Umstand, dass der Senat die Reichweite der Zusatzvereinbarung nicht in seine rechtlichen Erwägungen einbezieht. Denn dem Vertragskunden wurde trotz angeblicher Komplexität des Vorgangs für den Ausschluss des Kündigungsrechts im Gegenzug eine verlängerte Berechtigung zum Abrufen der Leistungen gewährt. Das somit entstandene Verhandlungspaket würdigt das Gericht nicht.

Die vorstehenden Beispiele zeigen, dass der BGH in der Vergangenheit davon abgesehen hat, bei der Bestimmung des Aushandelns einzelner Vertragsklauseln seinen Blick auf damit verbundene Regelungen zu richten. Vielmehr verschließt er gar die Augen vor den zusammenhängenden Verhandlungsergebnissen der Vertragsparteien und würdigt Gesamtlösungen nicht. Mehr noch gibt selbst das Umsetzen einzelner Änderungswünsche eines Kunden nicht den entscheidenden Ausschlag hin zu einer Individualabrede.[653] Diese Erkenntnis wiegt gerade bei Unternehmerdarlehensverträgen schwer, die häufig vom dispositiven Recht abweichende Standardklauseln enthalten.[654] Als Marktstandard kommt ein Abweichen dann häufig nicht in Betracht, weswegen ein Aushandeln im Einzelnen ausscheidet.[655] Nichts anderes wird für Bearbeitungsentgelte und andere marktübliche Entgeltklauseln gelten, bei deren Vereinbarung eine Paketlösung regelmäßig denkbar sein wird, indem das Kreditinstitut dem Kunden in anderen Punkten als der Gebühr entgegenkommt. Ein Aushandeln lässt sich nach der derzeitigen Judikatur des BGH jedoch nicht rechtssicher ableiten.

---

650 BGH, Urteil vom 19.05.2005 – III ZR 437/04, NJW 2005, 2543, 2544 mit Verweis auf OLG Celle, Urteil vom 19.12.1975 – 11 U 79/75, BB 1976, 1287.

651 So auch *Miethaner*, NJW 2010, 3121, 3123; anders BGH, Urteil vom 19.05.2005 – III ZR 437/04, NJW 2005, 2543, 2544, wonach das Klauselwerk „keineswegs für ihre durchschnittlichen Vertragspartner auf den ersten Blick zu verstehen und so klar [war], dass keiner eine Erläuterung gebraucht hätte".

652 Das Belehren über Inhalt und Tragweite einer umfangreichen Klausel als Voraussetzung einer Individualabrede wurde in dieser Deutlichkeit – soweit ersichtlich – seitens des BGH in keiner weiteren Entscheidung gefordert.

653 BGH, Beschluss vom 19.03.2019 – XI ZR 9/18, NJW 2019, 2080 Rn. 15; BGH, Urteil vom 06.03.1986 – III ZR 195/84, BGHZ 97, 212, 215 = NJW 1986, 1803; BGH, Urteil vom 16.01.1985 – VIII ZR 153/83, BGHZ 93, 252, 254 f. = NJW 1985, 853; in diese Richtung *Miethaner*, NJW 2010, 3121, 3123.

654 So *Leuschner*, AcP 207 (2007), 491, 519 zu Unternehmenskaufverträgen.

655 *Leuschner*, AcP 207 (2007), 491, 519.

### 4. *Stellungnahme: Schwache Ausstrahlwirkung konnexer Klauseln*

In der Vergangenheit öffnete sich der BGH einer Ausstrahlwirkung bei der Veränderung verbundener Vertragsklauseln im Rahmen von Paketlösungen insgesamt zu wenig. Dies stößt vorzugsweise dort auf Kritik, wo der geschäftserfahrene Vertragspartner mit dem Verwender in Verhandlungen eintritt und Vorteile für seine Rechtsposition erwirken kann, kompromissbedingte Nachteile in Form unveränderter Klauseln jedoch weiterhin kontrollfähig bleiben. In ökonomisch sinnvollen und unverzichtbaren Paketlösungen wird das den Bedürfnissen des unternehmerischen Geschäftsverkehrs gewiss nicht gerecht.[656] Ursprung des richterlichen Verständnisses mag die Anknüpfung an den Wortlaut des § 305 Abs. 1 Satz 3 BGB („soweit ausgehandelt") sein, welcher der Abbildung eines mehrdimensionalen Verhandlungsprozesses entgegensteht. Erforderlich wäre demnach auch an dieser Stelle die Würdigung aller Einzelfallumstände des individuellen Vertragsschlusses, da komplexe Vertragswerke gerade im unternehmerischen Verkehr als wirtschaftliche Einheit betrachtet werden.[657]

Verhandeln Vertragspartner nicht nur über die fragliche Klausel, sondern auch über typischerweise damit in Verbindung stehende Regelungen, so muss die Annahme einer Individualabrede naheliegen, da die konkrete Klausel und alle damit im Konnex stehenden Klauseln regelmäßig der einseitigen Gestaltungsmacht des Verwenders entzogen worden sind.[658] In der Rechtsprechung stellte es bisweilen zumindest vereinzelt ein Indiz für die Ausstrahlung auf andere, sachlich verbundene Regelungen dar, wenn eine Vielzahl von Klauseln oder die zentrale Klausel eines Vertragswerkes ausgehandelt und geändert wurde.[659] Der Ruf, in einem solchen Fall sämtliche Vertragsbedingungen als Teil eines Verhandlungspaketes und somit als Individualvereinbarung zu qualifizieren, wird jedenfalls zu Recht zunehmend lauter.[660] Von einem gesamten Verhandlungspaket auszugehen,

---

656 *Meyer*, WM 2014, 980, 982; *Dauner-Lieb*, AnwBl 2013, 845, 848; *dies./Axer*, ZIP 2010, 309, 311.

657 *K. P. Berger*, NJW 2010, 465, 469; *Lischek/Mahnken*, ZIP 2007, 158, 160.

658 In diese Richtung nur BGH, Urteil vom 29.11.2002 – V ZR 105/02, BGHZ 153, 93 = NJW 2003, 888, 890, wonach konnexe, in Wechselbeziehung stehende Klauseln zu berücksichtigen seien; *Basedow*, in: MüKo BGB § 305 Rn. 41; *Grüneberg*, in: Palandt BGB § 305 Rn. 22 spricht von einer Ausstrahlwirkung auf sachlich zusammenhängende Regelungen oder den ganzen Vertrag; *Kollmann*, in: NK BGB § 305 Rn. 36.

659 BGH, Urteil vom 25.10.2012 – VII ZR 56/11, BGHZ 195, 207 = NJW 2013, 2027, 2028 Rn. 20; OLG Schleswig, Urteil vom 11.02.2011 – 5U 123/08, BeckRS 2016, 10977; *Kollmann*, in: NK BGB § 305 Rn. 36.

660 *Basedow*, in: MüKo BGB § 305 Rn. 41, § 310 Rn. 26 ff.; zurückhaltender *Grüneberg*, in: Palandt BGB § 305 Rn. 22, wonach ein Aushandeln gerechtfertigt sein kann; *Kappus*, NJW 2016, 33, 36; *Kieninger*, AnwBl 2012, 301, 305, die dafür plädiert, von einem ausgehandelten Vertragswerk auszugehen, wenn abweichende Klauseln erwiesenermaßen mit einem niedrigeren Preis „erkauft" worden seien; differenzierend *Schmidt-Kessel*, AnwBl 2012, 308, 311, 312, der in generellen Paketlösungen die Gefahr sieht,

ist aber auch sachgerecht, da sonst stets die Gefahr besteht, dass abschließend erzielte Gesamtlösungen im Nachhinein zugunsten des Verwendungsgegners partiell kontrolliert und modifiziert werden und das geschaffene Vertragsbild somit verzerren.[661] Die gelebte Realität des geschäftlichen Verkehrs darf bei der richterlichen Inhaltskontrolle nicht ausgeblendet werden.

Eine unflexible Rechtsprechung zu Paketlösungen birgt überdies auch ein ökonomisches Risiko. Solange nicht rechtssicher davon ausgegangen werden kann, dass tatsächlich ein ausgehandeltes Paket als eine von dem beidseitigen Willen der Parteien getragene, kontrollfreie Individualabrede behandelt wird, ist die Kompromissbereitschaft des Klauselverwenders gehemmt.[662] Nach der derzeitigen Rechtsprechung bietet sich für seine Interessen ein unbefriedigendes Bild. Im Rahmen einer richterlichen Klauselkontrolle wird entweder nur die unsichere Vertragsbestimmung für unwirksam erklärt oder es wird dieselbe unsichere Vertragsbestimmung als unwirksam verworfen, obwohl es im Vorfeld zu Zugeständnissen bei anderen Regelungen kam. Wirtschaftlich ist es für den Unternehmer bei gegenwärtiger Ausgestaltung daher wenig sinnvoll, sich bei gleichen Erfolgsaussichten überhaupt auf einen Kompromiss einzulassen.

Entscheidet sich der Verwender dennoch für das Aushandeln eines Kompromisses, so ist die Beweissicherung im Rahmen der Vertragsverhandlungen ein wesentlicher Faktor.[663] Denn fehlt es im Streitfall an der Möglichkeit des Nachweises der Verhandlungshistorie, so wird das befasste Gericht lediglich einen mit Textbausteinen und Formularfragmenten versehenen Vertrag wiederfinden, der regelmäßig bankseitig eingebracht wurde. Um den Anschein des einseitigen Auferlegens zu widerlegen, erscheint es empfehlenswert, im Textverarbeitungsprogramm stets im Änderungsmodus zu arbeiten und überarbeitete Entwürfe nicht zu überschreiben, sondern mit den jeweiligen Änderungsdaten als fortlaufende Versionen abzuspeichern.[664] Ferner erweisen sich gleichermaßen Anmerkungen und Erläuterungen im Vertragstext (Fußnoten oder Kommentarfunktion) als sachdienlich, um die Standpunkte der Vertragsparteien im Verhandlungsverlauf zu perpetuieren.[665] Nur so

---

dass die AGB-Kontrolle durch die Hintertür dispositiv werde und daher zwischen einer formellen und materiellen Paketlösung unterscheidet; *K. P. Berger*, NJW 2010, 465, 469; *Dauner-Lieb/Axer*, ZIP 2010, 309, 313; *Miethaner*, NJW 2010, 3121, 3126; auch der Zivilrechtsausschuss des Deutschen Anwaltvereins identifizierte unter anderem die fehlende Sensibilität für „Paket-Kompromisse" als Mangel des AGB-Rechts für den B2B-Bereich, *Zivilrechtsausschuss DAV*, AnwBl 2012, 402, 405.

661 *Basedow*, in: MüKo BGB § 305 Rn. 41.

662 Vgl. *Kessel*, AnwBl 2012, 293, 298.

663 *J. Schmidt*, NZM 2016, 377, 379.

664 *J. Schmidt*, NZM 2016, 377, 379; ähnlich *W. Müller/Griebeler/Pfeil*, BB 2009, 2658, 2662, die in einer Änderung aber bereits ein hinreichendes Indiz für ein Aushandeln erblicken.

665 Vgl. OLG Köln, Urteil vom 19.01.2001 – 19 U 112/00, NJW-RR 2001, 1302; LG Frankfurt a.M., Urteil vom 20.03.2003 – 3/10 O 179/02, NZBau 2004, 44; *Kappus*, NJW 2016,

besteht überhaupt eine Handhabe, die Schaffung eines Verhandlungspaketes, die eingebrachten Vorschläge und eingegangene Kompromisse beweissicher zum Vorschein zu bringen.

## V. Anzeichen einer Schieflage

Nach der bisherigen Analyse mehren sich die Anzeichen dafür, dass die Erfüllung der gegenwärtigen Anforderungen an eine Individualabrede zwar nicht von vornherein ausgeschlossen ist, ohne eine an den Erfordernissen der Praxis ausgerichtete Auslegung aber zu erheblichen Schwierigkeiten führt. Eine Rückbesinnung auf die ursprüngliche Einschätzung des Gesetzgebers könnte in diesem Kontext zu einer Klärung beitragen. In der Begründung des AGBG heißt es zum persönlichen Anwendungsbereich, dass sich „Risikoverlagerungen" gerade im kaufmännischen Geschäftsverkehr nicht als unangemessene Benachteiligung des Kunden erweisen müssten, „weil sie dort im Zusammenhang mit einer Vielzahl von Geschäften zwischen den Vertragsparteien zu sehen sind und durch Vorteile anderer Art ausgeglichen werden können, die dem privaten Letztverbraucher bei einmaligem Vertragsabschluss über eine einmalige Leistung nicht zuteil werden."[666] Der Gesetzgeber gibt somit zu verstehen, dass er im geschäftlichen Verkehr nicht nur eine differenzierte Sichtweise fordert, sondern zur Zeit des AGBG bereits den Themenkomplex der Paketlösungen im Blick gehabt haben könnte, wenn er von einem Ausgleich „durch Vorteile anderer Art" spricht.[667]

### 1. *Systemfremde Anforderungen*

Ein vermeintlich ähnliches Verständnis vermag man der Zahnarzthonorarentscheidung des BVerfG aus dem Jahr 2004 entnehmen.[668] Seinerzeit entschied die 2. Kammer des Ersten Senats, dass die Rechtsprechung des BGH[669] grundsätzlich keinen verfassungsrechtlichen Bedenken begegne, wonach eine Überschreitung des Gebührenrahmens nach der Gebührenordnung für Zahnärzte zwar in AGB nicht möglich sei, sondern vielmehr eine schriftliche Individualvereinbarung gefordert werden könne.[670] Diese Gelegenheit nutzte das BVerfG jedoch gleichermaßen

---

33, 36, der in dem Charakter eines 45-stündigen „Verhandlungsmarathon" ein Indiz für ein Aushandeln erblickt; *Kessel*, AnwBl 2012, 293, 299; *ders./Jüttner*, BB 2008, 1350, 1353 differenzieren dabei zwischen „Einleitungsphase", „Verhandlungsphase" und „Abschlussphase".

666 BT-Drucks. 7/3919, S. 43.

667 Zu diesem Gedanken *Hannemann*, AnwBl 2012, 314.

668 BVerfG, Beschluss vom 25.10.2004 – 1 BvR 1437/02, BVerfGK 4, 144 = NJW 2005, 1036.

669 BGH, Urteil vom 30.10.1991 – VIII ZR 51/91, BGHZ 115, 391 = NJW 1992, 746.

670 BVerfG, Beschluss vom 25.10.2004 – 1 BvR 1437/02, BVerfGK 4, 144 = NJW 2005, 1036, 1037.

für eine Positionierung zur Reichweite der Individualabrede und fand dafür deutliche Worte: „Der Zahnarzt soll das Überschreiten der Gebührenordnung ernsthaft zur Disposition stellen und dem Vertragspartner eine Gestaltungsmöglichkeit zur Wahrung der eigenen Interessen mit der realen Möglichkeit einräumen, die inhaltliche Ausgestaltung der Vertragsbedingungen zu beeinflussen. Zudem legt das Gericht dem Arzt einseitig die Beweislast für den Vorgang des Aushandelns auf, obwohl es keine Möglichkeit zu vertraglicher Fixierung des Vorgangs gibt. Mit diesen Maßstäben ist das OLG dem Sachverhalt nicht in der Weise gerecht geworden, die Art. 12 Abs. 1 GG verlangt."[671] Ferner äußert das BVerfG, dass Raum für individuelle Vereinbarungen überhaupt nicht mehr gewährleistet sei, die Anforderungen an ein Aushandeln zu hoch und somit praxisfern seien und es letztlich zu praktisch kaum noch beweisbaren Vereinbarungen kommen könnte.[672]

So sticht es unmittelbar ins Auge, dass das BVerfG jene Kriterien aufgreift und kritisiert, die seit jeher Gegenstand der höchstrichterlichen Rechtsprechung des BGH sind. Eine Modifikation dieser strengen Anforderungen an eine Individualabrede sowie Änderungen an der Verteilung der Beweislast konnten in den auf das Judikat folgenden Jahren nicht festgestellt werden. In der Literatur jedenfalls wurde die Entscheidung des BVerfG mitunter als bestimmter Hinweis auf die Verfassungswidrigkeit der ständigen Rechtsprechung des BGH zum Merkmal des Aushandelns in § 305 Abs. 1 Satz 3 BGB verstanden.[673] Sie sei zudem verallgemeinerungsfähig auch für die Fälle, in denen Kapitalgesellschaften Verwender von AGB seien, und eine Umorientierung ob der systemfremden Ausgestaltung nicht nur bei Unternehmern geboten.[674] Auch bei insgesamt weniger strengen Anforderungen bleibt es letztlich dabei, dass das Aushandeln nur eine Möglichkeit und keine Verpflichtung darstellt. Denn derjenige, der seine Vertragsbedingungen als alternativlos ausweist, verhält sich nicht verfassungswidrig, sondern muss sich lediglich mit den Folgen der Inhaltskontrolle abfinden.[675] Die mahnenden Worte in Richtung der Maßstäbe der Berufsfreiheit sollten das allgemeine Bewusstsein dahingehend schärfen, dass die gegenwärtigen Voraussetzungen ohne eine praktikable Konkretisierung verfassungsrechtlich kaum zu rechtfertigen sind. Da sich das BVerfG insbesondere auch an der Verteilung der Beweislast störte, kann darin ein zusätzliches Argument gesehen werden, praxisnahe Indizien für die Möglichkeit eines Aushandelns anzuerkennen.

---

671 BVerfG, Beschluss vom 25.10.2004 – 1 BvR 1437/02, BVerfGK 4, 144 = NJW 2005, 1036, 1037.

672 BVerfG, Beschluss vom 25.10.2004 – 1 BvR 1437/02, BVerfGK 4, 144 = NJW 2005, 1036, 1038.

673 *Leuschner*, ZIP 2015, 1045; *ders.*, JZ 2010, 875, 881; *Miethaner*, NJW 2010, 3121, 3127; a.A. *von Westphalen*, NJW 2009, 2977.

674 *Schlosser*, in: Staudinger BGB § 305 Rn. 36a; *Kropf*, WM 2019, 1723, 1726 f.; *Miethaner*, NJW 2010, 3121, 3127.

675 *Schlosser*, in: Staudinger BGB § 305 Rn. 36a.

Denn welchen Ansatzpunkt man auch wählt, so wird bei der unveränderten Übernahme einer Entgeltklausel stets bereits deren Inhalt gegen ein Aushandeln sprechen, da im Kern die ursprünglichen Interessen der Bank gewahrt werden. Nach der Einschätzung des BGH werde somit neuerdings vom gesetzlichen Kerngehalt des Darlehensvertrages abgewichen, der hinsichtlich des Bearbeitungsentgeltes zuvorderst die berechtigten Interessen des Bankkunden wahren soll.[676] Gerade im unternehmerischen Geschäftsverkehr erscheint dieses Schutzniveau insgesamt zu hoch, weil für die Gegenseite in allen Verhandlungssituationen schlichtweg immer die Möglichkeit besteht, den Vertragsabschluss aufgrund einzelner Klauseln überhaupt abzulehnen.[677]

## *2. Fragwürdige Verhandlungsstrategien*

Die vorgestellten Unsicherheiten führen in der Praxis mitunter zu zweifelhaften Vorgehensweisen und Beratungsmodellen: Als Verhandlungsstrategie käme folglich die Taktik des Darlehensgebers in Betracht, bei dem betreffenden Entgelt oder damit sachlich verknüpften Klauseln völlig überhöhte und bereits objektiv unannehmbare Forderungen zu stellen, um einen Protest des Vertragspartners und somit ein Aushandeln zu erzwingen.[678] Sobald man dem Kunden bei einzelnen Regelungen sodann entgegengekommen ist, werden die Veränderungen handschriftlich festgehalten und somit eine Individualvereinbarung geschaffen.[679] Unabhängig von der Zweifelhaftigkeit und Praxistauglichkeit dieser Methode im geschäftlichen Verkehr wäre aber eine textliche Veränderung nachgewiesen und nach den Anforderungen der Rechtsprechung wohl auch eine Änderungsbereitschaft des Verwenders erkennbar. Das geschäftsmäßige Verfolgen solcher Praktiken würde indessen so manchen Bankkunden gewiss zu einem raschen Wechsel des Kreditinstitutes bewegen.

Rechtlich versierte Vertragspartner werden solche Fallstricke aber ohne weiteres erkennen und dem Verwender daher in die eigene Falle tappen lassen. So wird mitunter zu der Verteidigungsstrategie geraten, vermeintlich ungünstigste Klauseln des Vertrages wie etwa herkömmliche oder überhöhte Entgelte unverändert

676 BGH, Urteil vom 04.06.1981 – VII ZR 212/80, NJW 1981, 2343 für die Sachmangelhaftung; *Basedow*, in: MüKo BGB § 305 Rn. 39.

677 *von Westphalen*, NJW 2020, 280, 281; *ders.*, NJW 2018, 1520; *Kappus*, NJW 2016, 33 spricht von einem „steinigen Weg“ des Verwenders zur Individualvereinbarung; *Lischek/Mahnken*, ZIP 2007, 158, 161.

678 *J. Becker*, in: Bamberger/Roth BGB § 305 Rn. 36 spricht von einem „planmäßigem Entgegenkommen“; *Miethaner*, NJW 2010, 3121, 3126; *W. Müller/Griebeler/Pfeil*, BB 2009, 2658, 2660.

679 Nach OLG Schleswig, Urteil vom 19.05.1989 – 14 U 190/8, NJW 1990, 394 sei zur Begründung einer Individualabrede die Vorgehensweise des Entgegenkommens bei einer überhöhten Forderung nicht zu beanstanden und Abgrenzungsschwierigkeiten hinzunehmen.

und unkommentiert hinzunehmen, um die (vermutete) Unwirksamkeit im Rahmen einer AGB-Kontrolle im nachträglichen Streitfalle feststellen zu können.[680] Denn die Obliegenheit des Kaufmanns, für ihn unannehmbare Vertragsbedingungen zurückzuweisen, erkennt die Rechtsprechung bislang nicht an. Das Stellen dieser „AGB-Falle“ steht dem Bedürfnis nach Rechtssicherheit freilich diametral entgegen und stößt auf rechtliche und wirtschaftliche Bedenken.[681]

### *3. Umgehungsmöglichkeiten und Beweiserleichterungen*

Weitere Umgehungsmöglichkeiten betreffen das Abschließen einer Zusatzvereinbarung. Zur Begründung einer individuell ausgehandelten Entgeltvereinbarung erscheint es möglich, dem Formularvertrag eine unterzeichnete Erklärung der Parteien mit dem Inhalt beizufügen, die Vertragsbedingungen seien hinreichend besprochen und ausdrücklich anerkannt worden (Bestätigungslösung).[682] Diese Bestätigung könnte rechtlich somit der Darlegung dienen, dass jegliche Voraussetzungen der höchstrichterlichen Rechtsprechung für ein Aushandeln vorgelegen haben und die Gebührenklausel insbesondere von beiden Parteien gebilligt wird. In dieser Vorgehensweise sah der BGH jedoch bereits in früherer Rechtsprechung keine geeignete Möglichkeit, eine Individualvereinbarung nachzuweisen, da die Bestätigung den Vorgang eines freien und beiderseitigen Aushandlungsprozesses durch die Vertragsparteien nicht ersetzen könne und vielmehr selbst als AGB zu qualifizieren sei.[683] Noch ausdrücklicher machte der Senat deutlich, dass durch die Ausgestaltung des Vertragstextes oder eine formularmäßige Bestätigung keinesfalls der Schutz der richterlichen Inhaltskontrolle umgangen werden könne.[684]

In der Historie der einschlägigen Judikatur wurden ähnliche Versuche derartiger Umgehungsmodelle daher nach kurzer Zeit weitgehend unterbunden. So stellte der BGH fest, dass auch Bestimmungen unwirksam seien, durch die die Beweislast des Verwenders zum Nachteil des Vertragspartners erleichtert würde.[685] Ferner könnten auch durch individualvertragliche Zusatzvereinbarungen nicht

---

680 *Kollmann*, in: NK BGB § 305 Rn. 30; *Miethaner*, NJW 2010, 3121, 3126; *W. Müller/Griebeler/Pfeil*, BB 2009, 2658, 2660; *Kessel/Jüttner*, BB 2008, 1350, 1351; *Rabe*, NJW 1987, 1978, 1979.

681 *Kessel/Jüttner*, BB 2008, 1350, 1351; *Lischek/Mahnken*, ZIP 2007, 158, 161; *K. P. Berger*, ZIP 2006, 2149, 2152.

682 So OLG Saarbrücken, Urteil vom 24.06.2015 – 2 U 37/14, NJW-RR 2016, 53; *Kappus*, NJW 2016, 33, 34.

683 BGH, Urteil vom 20.10.1976 – IV ZR 135/75, BeckRS 1976, 30997216 mit Verweis auf BGH, Urteil vom 29.03.1974 – V ZR 22/73, BGHZ 62, 251, 253 = NJW 1974, 1135, 1136.

684 BGH, Urteil vom 15.12.1976 – IV ZR 197/75, NJW 1977, 624, 625 f.

685 Zur Beweiserleichterung BGH, Urteil vom 28.01.1987 – IVa ZR 173/85, BGHZ 99, 374 = NJW 1987, 1634, 1635 (m.w.N. zu dieser Zeit); zur Beweislast des Verwenders BGH, Urteil vom 29.01.1982 – V ZR 82/81, BGHZ 83, 56, 58 = NJW 1982, 1035; BGH, Urteil vom 03.04.1998 – V ZR 6/97, NJW 1998, 2600, 2601.

einzelne Voraussetzungen wie die Dispositionsbereitschaft hinsichtlich des gesetzesfremden Kerngehalts einzelner Klauseln nachgewiesen werden.[686] Auch eine Vereinbarung, die den Gehalt der §§ 305 ff. BGB generell abzuändern versucht, ist als unwirksam einzustufen, da es sich dabei auch im kaufmännischen Verkehr um zwingendes Recht handelt.[687] Zielt die Vereinbarung indessen speziell auf eine Beweislastumkehr ab, so ist sie bereits gem. § 309 Nr. 12 lit. b BGB unwirksam, der über § 310 Abs. 1 Satz 2 Halbs. 1 BGB zur Anwendung gelangt.[688]

Der Bestätigungslösung aber überhaupt eine rechtserhebliche Bedeutung abzusprechen, erscheint wiederum zu weitgehend. Denn die Rechtsprechung zeigte sich von derartigen Bestätigungen einer Vertragsverhandlung zumindest nicht gänzlich unbeeindruckt. Deutliche Hervorhebungen oder Einfügungen im Vertragstext, ebenso wie paraphrasierte oder gesondert unterschriebene Passagen oder Klauseln können insgesamt zur richterlichen Überzeugung beitragen.[689] Ebenso sei unter Kaufleuten die Aufnahme eines Verhandlungsvermerks zu erwarten.[690] Pauschal wird man daher sagen können, dass sich der Wert des Beweisanzeichens erhöht, je deutlicher sich aus dem äußeren Anschein der Vertragsdokumentation der Gang einer Verhandlung ergibt.[691] Zur Erleichterung des Beweises einer ausgehandelten Individualvereinbarung kann sich die Aufnahme eines Passus empfehlen, in dem Verlauf und Gegenstand der Verhandlung kurz zusammenfasst werden. Dazu zählt der Hinweis auf risikoreiche Klauseln oder getroffene Kompromisse etwa aufgrund von Zugeständnissen bei anderen Klauseln und deren Auswirkungen auf die Preisgestaltung. Im unternehmerischen Geschäftsverkehr böte sich zudem die Anfertigung eines Protokolls über den Gang der Verhandlungen an, welches entweder gegengezeichnet und Bestandteil des Vertragswerkes oder als kaufmännisches Bestätigungsschreiben separat übersandt werden kann.[692]

---

686 BGH, Urteil vom 20.03.2014 – VII ZR 248/13, BGHZ 200, 326 = NJW 2014, 1725, 1727 Rn. 27.

687 BGH, Urteil vom 20.03.2014 – VII ZR 248/13, BGHZ 200, 326 = NJW 2014, 1725, 1726 Rn. 12, 27; *Basedow*, in: MüKo BGB § 305 Rn. 50; *Roloff*, in: Erman BGB § 305 Rn. 58; *Stadler*, in: Jauernig BGB § 305 Rn. 9; *Schlosser*, in: Staudinger BGB § 305 Rn. 53; *von Westphalen*, BB 2017, 2051, 2052.

688 *Basedow*, in: MüKo BGB § 305 Rn. 50; *J. Becker*, in: Bamberger/Roth BGB § 305 Rn. 38; *Kappus*, NJW 2016, 33, 34.

689 BGH, Urteil vom 15.12.1976 – IV ZR 197/75, NJW 1977, 624, 626; *Basedow*, in: MüKo BGB § 305 Rn. 50; *Lapp/Salamon*, in: jurisPK BGB § 305 Rn. 50; kritisch gegenüber der Bestätigungslösung aber *Kaufhold*, NJW 2014, 3488, 3489.

690 OLG Hamburg, Urteil vom 02.11.2014 – 8 U 57/04, IBR 2005, 3.

691 Zu den nachfolgenden Erwägungen *Basedow*, in: MüKo BGB § 305 Rn. 50 f.

692 *Basedow*, in: MüKo BGB § 305 Rn. 51; siehe auch *Schmid-Burgk*, BB 2018, 1799, 1801, der die Aufnahme des Zusatzes, dass eine laufzeitunabhängige Entgeltklausel „in Kenntnis der BGH-Rechtsprechung zur Unwirksamkeit von Bearbeitungsentgelten" vereinbart sei, vorschlägt. Zum Ausschluss der Rückforderung gezahlter Entgelte aufgrund der Kenntnis der Nichtschuld siehe noch „§ 814 BGB – Kenntnis der Nichtschuld", S. 285 ff.

Gerade in Bezug auf laufzeitunabhängige Bearbeitungsentgelte wird man den Kunden insbesondere auf den gesetzesfremden Kerngehalt hinweisen müssen und deutlich machen, dass das Entgelt ganzheitlich zur Disposition steht und aus welchen Gründen man sich beidseitig dennoch für den Verbleib im Vertrag entschieden hat. Ferner muss aus der Aufzeichnung hervorgehen, dass der Bankkunde der Bearbeitungsgebühr trotz tatsächlicher und ernsthafter Änderungsbereitschaft zustimmt und sich die Erwägungen der sachgerechten Erhebung aus der dargelegten Perspektive der Bank zu eigen macht. Die detaillierte Darstellung muss dabei den realen Verhandlungsverlauf darstellen und nicht in Form eines Formulars lediglich alle wesentlichen Voraussetzungen beinhalten.

Gemeinsamkeit all dieser Ansätze zur Beweiserleichterung ist jedoch deren zusätzlicher Aufwand, der die Aufmerksamkeit und Konzentration von dem wesentlichen Vertragswerk ablenkt. Denn eine ausführliche Dokumentation muss stets individuell und einzelfallbezogen erstellt werden, da ansonsten die Gefahr besteht, dass sie als vorformulierte Individualvereinbarung selbst wieder einer richterlichen Inhaltskontrolle unterliegt.[693]

### *4. Empirische Erkenntnisse*

Richtet man den Blick auf die eingangs erwähnten empirischen Untersuchungen *Leuschners*,[694] offenbaren sich unter Berücksichtigung der Einschätzung der Praxis einige Auffälligkeiten. Für die betreffenden Untersuchungen des Abschlussberichts wurden zahlreiche regelmäßig mit Vertragsschlüssen betraute Unternehmensmitarbeiter befragt.[695] In dem Befragungszeitraum wurden 1220 Fragebögen beantwortet, die Vertreter 18 verschiedener Wirtschaftszweige von Unternehmen sämtlicher Größenordnung, von Kleinst- bis Großunternehmen, enthalten.[696] Für die Betrachtung größerer Unternehmer von Relevanz ist die Teilnahme von 95 „einfachen Großunternehmen" mit 501 bis 2.000 Mitarbeitern und von 115 „großen Großunternehmen" mit einer Anzahl von über 2.000 Mitarbeitern.[697] Denn gerade bei den Unternehmen dieser Größenordnung sollten stets eigene Rechtsabteilungen

---

693 BGH, Urteil vom 29.06.1989 – VII ZR 151/88, BGHZ 108, 164 = NJW 1989, 2748, 2749 zur Unwirksamkeit eines formelhaften Gewährleistungsausschlusses; Grundlage für die Inhaltskontrolle ist § 242 BGB, so *Stadler*, in: Jauernig BGB § 305 Rn. 11.

694 Siehe dazu insgesamt schon oben „Anlass, Gegenstand und Aufbau der Untersuchung", S. 21 ff. m.w.N. zu den Fundstellen. Die nachfolgenden Ergebnisse stammen von *Leuschner*, AGB-Recht Abschlussbericht, S. 277.

695 *Leuschner*, AGB-Recht Abschlussbericht, S. 148 ff.

696 Nach *Leuschner*, AGB-Recht Abschlussbericht, S. 159 f. wurden befragt: 224 Kleinstunternehmen, 413 Kleinunternehmen, 373 Mittlere Unternehmen und 210 Großunternehmen; zu den einzelnen Schwellenwerten *Leuschner*, NJW 2016, 1222, 1224.

697 Nach *Leuschner*, AGB-Recht Abschlussbericht, S. 161, 163 wurden entsprechend der Branchenzugehörigkeit des Arbeitgebers mittels einer Gewichtung eine Repräsentanz hergestellt.

vorhanden sein und die juristische Expertise deshalb durchaus höher bemessen sein.[698]

Dass 21,2 % der befragten Unternehmensvertreter die Vornahme einer Textänderung als maßgebliches Kriterium für die Bewertung als Individualabrede angaben, lässt sich auf eine Entgeltklausel nicht übertragen. Hier fordert der BGH, dass die Erhebung des Entgeltes an sich zur Disposition stehen muss. Bezogen auf alle Befragten gaben zudem 26,3 % an, dass intensive Verhandlungen über die Modalität der Klausel selbst zu einer Individualabrede führten. Die hiesige Analyse zeigt aber, dass intensive Verhandlungen über eine Klausel bei unverändertem Text ein Aushandeln gerade nicht begründen können. Vielmehr bedarf es neben der Änderungsbereitschaft im Hinblick auf den gesetzesfremden Kerngehalt der Klausel besonderer Umstände – unabhängig von der Intensität der Verhandlungen. Es mag überraschen, dass diese Auffassung bei den Vertretern großer Großunternehmen (76,1 %) und einfacher Großunternehmen (54,2 %) noch weitaus verbreiteter ist.[699]

Wohl noch aussagekräftiger ist die Einschätzung von 28,3 % der Befragten aller Unternehmensgrößen, die eine intensive Verhandlung des gesamten Vertrages zur Qualifikation als Individualabrede für ausreichend erachten. Auch nach dem Dafürhalten der Praktiker liegt demnach die Annahme einer Individualabrede nahe, wenn die Parteien nicht nur über die fragliche Klausel, sondern auch über typischerweise damit in Verbindung stehende Regelungen verhandeln.[700] Da die Klauseln in einem Gesamtvertrag regelmäßig im Konnex zueinanderstehen, sind sie insgesamt der einseitigen Gestaltungsmacht des Verwenders entzogen worden. Von noch größerer Relevanz scheint die Paketlösung bei den großen Großunternehmen und den einfachen Großunternehmen zu sein, die mit 47,4 % bzw. 40,6 % für diese Antwortoption votierten. Der BGH öffnete sich einer solchen Ausstrahlwirkung bislang aber nur sehr bedingt. Die Untersuchungen weisen zugleich auf partielle Fehleinschätzungen bei der AGB-Kontrolle hin.[701] So sei eine Klausel aus Sicht von 32,0 % der Befragten als Individualabrede zu qualifizieren, wenn beide Seiten eine entsprechende Vereinbarung unterschrieben hätten. Bei den großen Großunternehmen wählten 11,5 % diese Antwort, bei den einfachen Großunternehmen sogar 37,2 % der Befragten. Die Bestätigungslösung wird seitens des BGH jedoch abgelehnt und kann die Anforderungen an ein Aushandeln gerade nicht ersetzen.

Die empirischen Untersuchungen bestätigen folglich das hier identifizierte praktische Bedürfnis, eine Individualabrede rechtssicher vereinbaren zu können. Darüber hinaus offenbart die Befragung aber auch, dass die unternehmerische Praxis bei der Qualifizierung einer Individualabrede gewisse Umstände als maßgeblich

---

698 Insgesamt zum juristischen Expertisegefälle in Abhängigkeit von der Unternehmensgröße *Leuschner*, AGB-Recht Abschlussbericht, S. 167 f.

699 So auch *Leuschner*, NJW 2016, 1222, 1224.

700 Zu dieser Deutung kommt auch *Leuschner*, NJW 2016, 1222, 1224.

701 *Leuschner*, NJW 2016, 1222, 1224.

bewertet, die von der Rechtsprechung für diese Zwecke bislang nur bedingt oder gar nicht anerkannt wurden. Das mag man entweder als eine systematische Fehleinschätzung und das Unterschätzen der Kontrollmaßstäbe durch die betroffenen Marktteilnehmer begreifen.[702] Genauso könnte man daraus aber auf die rechtspolitischen Vorstellungen und bestehende Kritik der Unternehmensjuristen schließen, wofür insbesondere die gewählten Antwortoptionen der Großunternehmervertreter sprechen.[703] Dass die gegenwärtigen Anforderungen der Rechtsprechung an ein Aushandeln insgesamt zu hoch, systemfremd und somit praktisch kaum noch nachzuweisen sind, monierte bekanntlich bereits das BVerfG.[704] Das Bestehen eines Missstandes belegt aber auch der kaum noch zu überhörende Ruf nach gesetzlichen Veränderungen. So wurde im B2B-Bereich mitunter für das Ersetzen des Tatbestandsmerkmals des Aushandelns durch ein Verhandeln plädiert,[705] an anderer Stelle für die Aufnahme eines Kriterienkatalogs zum Aushandeln geworben.[706] In dem hier mehrfach zitierten Abschlussbericht kam *Leuschner* zu der abschließenden Empfehlung, großvolumige Verträge aus dem Anwendungsbereich der AGB-Kontrolle auszuschließen.[707] Dass der Bericht indessen auf ein Forschungsprojekt im Auftrag des Bundesministeriums der Justiz und für Verbraucherschutz aus November 2012 zurückging, lässt gewissermaßen auf die Vorahnung des Gesetzgebers schließen, dass in dieser Sache Handlungsbedarf besteht.

## D. Ergebnis

Die Untersuchung der Einbeziehungsvoraussetzungen für AGB hat gezeigt, dass eine Klausel mit dem Inhalt „Bearbeitungsentgelt für Vertragsschluss“ nicht zwangsläufig als AGB zu qualifizieren ist. Auf der Ebene der Vertragsanbahnung führt eine erweiternde Auslegung der Rechtsprechung zur freien Entscheidung dazu, dass vorformulierte Formularvereinbarungen beidseitig zurechenbar und daher nicht gestellt sind. Nach dem Verständnis der Rechtsprechung ist es dafür erforderlich, dass die andere Vertragspartei in der Auswahl der in Betracht

---

702 *Leuschner*, NJW 2016, 1222 ff. Dafür mag auch der Umstand sprechen, dass die mit 38,5 % am häufigsten gewählte Antwortmöglichkeit darauf entfiel, man könne es nicht beurteilen, *Leuschner*, AGB-Recht Abschlussbericht, S. 277; gleiche Angabe bei 10,8 % der großen Großunternehmen, 19,6 % der einfachen Großunternehmen, 34,1 % der mittleren Unternehmen, 47,4 % der kleinen Unternehmen und 51,7 % der Kleinstunternehmen.

703 *Leuschner*, NJW 2016, 1222, 1224; zur juristischen Expertise in Abhängigkeit von der Unternehmensgröße *ders.*, AGB-Recht Abschlussbericht, S. 167.

704 Siehe dazu bereits „Systemfremde Anforderungen“, S. 143 ff.; BVerfG, Beschluss vom 25.10.2004 – 1 BvR 1437/02, BVerfGK 4, 144 = NJW 2005, 1036, 1038.

705 *K. P. Berger*, NJW 2010, 465, 467 f.; *Zivilrechtsausschuss DAV*, AnwBl 2012, 402.

706 *W. Müller/Griebeler/Pfeil*, BB 2009, 2658.

707 *Leuschner*, ZIP 2015, 1045; zurückzuführen auf *ders.*, AGB-Recht Abschlussbericht, S. 287 ff.

kommenden Vertragstexte frei ist und insbesondere Gelegenheit erhält, alternativ eigene Textvorschläge mit der effektiven Möglichkeit ihrer Durchsetzung in die Verhandlungen einzubringen.

Eine praxisnahe Auslegung führt hingegen zu dem Ergebnis, dass dazu nicht zwangsläufig ein rechtlich neutrales Klauselwerk eines Dritten erforderlich sein muss. Nach der hier vertretenen Auffassung sollte dem Geschäftskunden zudem eine rechtliche Obliegenheit zur Beanstandung der Vertragsbedingungen zukommen. Werden Klauseln dennoch unter Ausnutzung einseitiger Gestaltungsmacht in den Vertrag eingebracht, können typischerweise im unternehmerischen Geschäftsverkehr auftretende besondere Umstände oder ein Kompromiss im Rahmen einer Paketlösung zur Annahme einer Individualabrede führen.[708] Obgleich auch eine Textänderung regelmäßig eine Individualabrede begründet, ist damit im Kontext von Bearbeitungsentgelten nichts gewonnen, da eine textliche Anpassung der Entgelthöhe nicht ausreichend ist. Weil der Nachweisbarkeit für das Aushandeln insgesamt große Bedeutung zukommt, ist es bereits zu Beginn von Vertragsverhandlungen angezeigt, die eigene Verhandlungsbereitschaft, Vertragsentwürfe und Parteianmerkungen sauber zu dokumentieren.[709]

Auf der Ebene der Vertragsanbahnung und der Vertragsverhandlung, beim Stellen und Aushandeln von Vertragsbedingungen, sind für den unternehmerischen Geschäftsverkehr angemessene Ergebnisse bereits *de lege lata* erreichbar. Obgleich eine sachgerechte Auslegung eine Gesetzesänderung obsolet erscheinen lässt, so zeichnet die Realität doch ein anderes Bild. Die Analyse zeigt zwar, dass sich die Rechtsprechung zur freien Entscheidung etabliert haben mag, nach einem Judikat aus dem Jahr 2016 bestehen aber Unsicherheiten, ob dafür nur das neutrale Klauselwerk eines Dritten in Betracht kommt.[710] Auch die Mitwirkungsverpflichtung des Geschäftskunden durch eine Obliegenheit zur Beanstandung zog die Rechtsprechung trotz zahlreicher Argumente bislang nicht in Erwägung. Die Beachtung

---

708 Liegt nach rechtlicher Würdigung eine Individualvereinbarung vor, bleibt auch diese nicht völlig kontrollfrei, sondern unterliegt einer allgemeinen Vertragskontrolle. Die Schranken der Wirksamkeit einer jeden vertraglichen Vereinbarung finden sich in den Verbotsgesetzen i.S.v. § 134 BGB, im Verbot der Sittenwidrigkeit nach § 138 BGB und dem Grundsatz von Treu und Glauben gem. § 242 BGB, vgl. BGH, Urteil vom 18.03.2009 – XII ZR 200/06, NJW-RR 2009, 947, 948 Rn. 19 zu einer Individualabrede über eine Endrenovierungsklausel; *Kappus*, NJW 2016, 33 spricht von allgemeinen zivilrechtlichen Kontrollparametern; *Miethaner*, NJW 2010, 3121 weist auf eine „sonstige" Vertragskontrolle hin. Dabei sind keine Anhaltspunkte dafür ersichtlich, dass eine individualvertragliche Vereinbarung von Bearbeitungsgebühren gegen die vorstehenden Schranken verstoßen könnte.

709 *Mehringer*, EWiR 2018, 451, 452; *J. Schmidt*, NZM 2016, 377, 379; *Kaufhold*, NJW 2014, 3488, 3491 f.

710 So BGH, Urteil vom 20.01.2016 – VIII ZR 26/15, NJW 2016, 1230; jedoch dahingehend nicht bestätigt von BGH, Urteil vom 13.03.2018 – XI ZR 291/16, WM 2018, 1046 Rn. 20; BGH, Urteil vom 15.02.2017 – IV ZR 91/16, WM 2017, 517 Rn. 9.

einer Ausstrahlwirkung bei den in der Praxis unverzichtbaren Paketlösungen ist bislang nicht erkennbar. Hoffnung verspricht weiterhin das Merkmal besonderer Umstände, welches mit einer Vielzahl rechtspraktischer Ansätze hinreichend konkretisiert werden könnte.

Auch in den hier zugrunde liegenden Urteilen vom 04.07.2017 mangelte es an Umständen und Kriterien nicht, die als Indizien für eine Individualabrede zu werten gewesen wären. Die „besonderen Umstände" erwähnt der BGH in beiden Urteilen nicht. Dass er der Individualabrede in der Rechtssache XI ZR 562/15 nur eine von 104 Randnummern widmet, lässt dabei nicht die Intention erkennen, von der eigenen Rechtsauffassung abrücken zu wollen. Ähnlich ist ein Judikat vom 13.03.2018 zu deuten, wonach zur Begründung einer Individualabrede das Wahlrecht des Kreditnehmers zwischen einem Darlehen ohne Einmalentgelt zu marktüblichem Zins und einem Darlehen mit Entgelt zu einem vergünstigten Zinssatz nicht ausreichend sei, da nur die Wahl des geringeren Übels zu seiner Disposition stehe.[711] Es steht zu befürchten, dass der BGH bei einer praxisorientierten Fortentwicklung des AGB-Rechts keine tragende Rolle spielen kann. Denn entweder gelangen komplexe Vertragsstreitigkeiten zwischen Großunternehmen nicht an die Spitze des Instanzenzuges oder es fehlt an der Bereitschaft, die bestehende Rechtsauffassung zu reflektieren und zu modifizieren.[712] Die „Fluchttür" aus der Inhaltskontrolle scheint daher verschlossen.[713]

In diesem Fall ist ein gesetzgeberischer Impuls erforderlich. Denn an Versuchen, auf den bestehenden Missstand im unternehmerischen Verkehr aufmerksam zu machen, mangelte es in der Vergangenheit gewiss nicht.[714] Das ließ die höchstrichterliche Rechtsprechung unbeeindruckt, da sie den – wie hier gezeigt – allein durch Auslegung gangbaren Weg bislang nicht beschritt. Inmitten zahlreicher Änderungsvorschläge zu dieser Thematik fällt der Blick auf die jüngste Bestrebung zur Änderung des AGB-Rechts im unternehmerischen Geschäftsverkehr von

711 BGH, Urteil vom 13.03.2018 – XI ZR 291/16, WM 2018, 1046 Rn. 18; dazu *Mehringer*, EWiR 2018, 451 f.; *Bitter/Linardatos*, ZIP 2018, 1203; *Josenhans/Danzmann/Lübbehüsen*, BKR 2018, 142, 145; *Schmid-Burgk*, BB 2018, 1799, 1800 f.

712 *Leuschner*, AGB-Recht Abschlussbericht, S. 137, 288; *Axer*, AGB-Kontrolle, S. 268; *Herrmann/Lasch*, DRiZ 2018, 218, 221; *W. Müller*, BB 2018, Heft 26, Umschlagteil I; *Bubrowski*, AnwBl 2012, 980, 981.

713 So *von Westphalen*, NJW 2018, 1520 im Zuge der Analyse dieses Urteils; ebenso ist die Rede von dem leeren „Hoffnungsgrab" der Individualabrede, *ders.*, NJW 2018, 2238; *Meyer*, WM 2014, 980, 981 beschreibt die „Gleichschritt-Rechtsprechung" zum individuellen Aushandeln als „restriktiv".

714 In historischer Reihenfolge: *W. Müller/Griebeler/Pfeil*, BB 2009, 2658; *K. P. Berger*, NJW 2010, 465; *Zivilrechtsausschuss DAV*, AnwBl 2012, 402; *Leuschner*, ZIP 2015, 1045, zurückzuführen auf *ders.*, AGB-Recht Abschlussbericht (30.09.2014); a.A. aber die Initiative „pro AGB-Recht" mit der Position „Standortvorteil AGB-Recht: Fair, Rechtssicher, Innovationsfördernd" (Februar 2019), abrufbar unter www.pro-agb-recht.de (zuletzt abgerufen am 01.03.2020).

der *Frankfurter Initiative zur Fortentwicklung des AGB-Rechts* (*Frankfurter Initiative*) aus dem Jahr 2018.[715] Die Initiative wurde nach eigenen Angaben von Wirtschaftsverbänden und Anwaltskanzleien ins Leben gerufen und wird getragen von dem Verband Deutscher Maschinen- und Anlagenbau, dem Zentralverband Elektrotechnik- und Elektronikindustrie, Wirtschaftsanwälten, Rechtswissenschaftlern sowie Syndizi aus Unternehmen.[716] Der die Problematik des Aushandelns betreffende Änderungsvorschlag sieht eine Einfügung von Satz 4 und 5 in § 305 Abs. 1 BGB vor:[717]

> *„Werden Vertragsbedingungen gegenüber einem Unternehmer, einer juristischen Person des öffentlichen Rechts oder einem öffentlich-rechtlichen Sondervermögen verwendet, stellen sie keine Allgemeinen Geschäftsbedingungen dar, soweit die andere Vertragspartei diesen oder dem Vertragswerk insgesamt aufgrund einer selbstbestimmten unternehmerischen Entscheidung zustimmt; einer Abänderung des vorformulierten Vertragstextes bedarf es nicht. Satz 4 gilt nicht, wenn Allgemeine Geschäftsbedingungen gegenüber einem Kleinstunternehmen (entsprechend § 267a HGB) verwendet werden.“*

Zur Begründung dieses Gesetzgebungsvorschlages wird im Wesentlichen auf die auch hier identifizierten Missstände im unternehmerischen Geschäftsverkehr abgestellt, die sich in dem zugrunde liegenden Urteil vom 04.07.2017 nochmals bestätigt hätten.[718] Der neue Passus nimmt zur Abgrenzung von vorformulierten Vertragsbedingungen auf eine „selbstbestimmte unternehmerische Entscheidung“ Bezug, sodass das hohe Schutzniveau des B2C-Bereichs unberührt bleibe. Die Indizien für diese Entscheidung seien im Rahmen einer Gesamtbetrachtung zu beurteilen und könnten insbesondere durch Vertragsverhandlungen über einen längeren Zeitraum, juristischen Beistand, die Unternehmensgröße, den früheren Abschluss inhaltsgleicher Bedingungen oder die Kenntnis bzw. grob fahrlässige Unkenntnis der rechtlichen und wirtschaftlichen Bedeutung der AGB erfüllt werden. Ferner wird auch die Annahme einer aktiven Mitwirkungsverpflichtung durch die Obliegenheit zur Beanstandung von Klauseln vorgeschlagen, da eine selbstbestimmte unternehmerische Entscheidung ebenso angenommen werden solle, wenn trotz Möglichkeit keine Änderungsvorschläge durch den Kunden unterbreitet wurden. So könnte auch die Rechtsfigur der freien Entscheidung abgebildet werden. Nachteile im Vertrag sollen durch Vorteile an anderen Stellen i.S.v. Paketlösungen

---

715 *Frankfurter Initiative*, Gesetzgebungsvorschlag, S. 5. Der Initiativvorschlag stammt aus dem Jahr 2011.

716 *Frankfurter Initiative*, Gesetzgebungsvorschlag, S. 5; dazu *Kessel*, AnwBl 2012, 293, 299.

717 *Frankfurter Initiative*, Gesetzgebungsvorschlag, S. 5; ein weiterer Vorschlag betrifft eine Änderung des § 310 Abs. 1 Satz 2 BGB; siehe dazu noch unten unter „Einführung des Maßstabes der unternehmerischen Praxis“, S. 223 ff.

718 Zum gesamten Absatz *Frankfurter Initiative*, Gesetzgebungsvorschlag, S. 3, 6 f.

ausgeglichen werden. Zudem erstrecke sich der Vorschlag nicht auf weiterhin schutzwürdige Kleinstunternehmer.[719]

Der Gesetzgebungsvorschlag bietet somit eine Lösung aller hier analysierten Probleme. Er kodifiziert das Resultat, welches die Rechtsprechung durch eine einzelfallbezogene und praxisorientierte Auslegung bereits heute erreichen könnte und sollte. Mitunter geäußerte Kritik an der Einführung eines neuen unbestimmten Rechtsbegriffs der „selbstbestimmten unternehmerischen Entscheidung“ greift nicht durch.[720] Denn es ist gerade das gewünschte Ergebnis, dass eine flexible und der Auslegung zugängliche Rechtsfigur geschaffen wird. In diesem Rahmen können die hier dargestellten Kriterien im Zuge der präferierten Einzelfallbetrachtung in die künftige richterliche Entscheidungsfindung aufgenommen werden. Dabei ist den Gerichten gewiss zuzutrauen, den unbestimmten Rechtsbegriff in kurzer Zeit mit Leben zu füllen,[721] zumal eine Tendenz, die rechtsgeschäftlichen Selbstbestimmung des Kunden einzubeziehen, dem BGH nicht gänzlich fremd ist.[722] Die Einführung eines solchen Merkmals deckt sich zudem mit der ursprünglichen Begründung des Gesetzgebers zum AGBG, der von einer „selbstverantwortlichen Prüfung und Abwägung“ beider Vertragsseiten spricht.[723] Weitere mit einer Gesetzesänderung verbundene Unsicherheiten sind hinzunehmen. Jedenfalls ist ein Beharren auf einem unveränderten Ansatz ohne wirkliche Sicht auf Besserung von allen verfügbaren Lösungen wahrhaftig die schlechteste.

Die zu Bearbeitungsentgelten in Unternehmerdarlehensverträgen ergangenen Urteile bestätigen diesen Befund sehr deutlich, da sich die Gerichte von ihrer Auffassung nicht abwenden werden. Großunternehmen bedürfen entgegen mitunter paternalistischen Tendenzen der Justiz beim Vertragsschluss keines extensiven Schutzes.[724] Dass auch der Aufruf der *Frankfurter Initiative* zur Änderung des AGB-Rechts im unternehmerischen Verkehr nicht ungehört verhallt oder der Diskontinuität zum Opfer fällt, liegt einmal mehr bei der amtierenden Regierungskoalition.[725]

---

719 Das deckt sich insoweit auch mit den Forderungen des Koalitionsvertrages zwischen CDU, CSU und SPD vom 12.03.2018, Rn. 6188–6190, wonach kleine und mittelständische Unternehmen im bisherigen Umfang durch das AGB-Recht weitgehend geschützt bleiben sollen; mit ähnlichem Verständnis *Höche*, WM 2018, 497, 501.

720 Zu den geäußerten Bedenken, die insbesondere an der Einführung einer neuen Rechtsfigur anknüpfen und eine Aufweichung des AGB-Rechts fürchten, siehe *Frankfurter Initiative*, Gesetzgebungsvorschlag, S. 7.

721 So auch *Frankfurter Initiative*, Gesetzgebungsvorschlag, S. 7; siehe dazu bereits BGH, Urteil vom 28.02.2002 – I ZR 177/99, BGHZ 150, 82 = NJW 2002, 3332, 3333.

722 BGH, Urteil vom 19.05.2005 – III ZR 437/04, NJW 2005, 2543, 2544; BGH, Urteil vom 27.03.1991 – IV ZR 90/90, NJW 1991, 1678, 1679.

723 BT-Drucks. 7/3919, S. 17.

724 Die Formulierung stammt von *Haag*, FAZ vom 29.03.2018, 7; das Schutzniveau kritisiert auch *Bausch*, NJW 2018, 2953, 2954 in Bezug auf die Rechtsprechung zu Zinscap-Klauseln, BGH, Urteil vom 05.06.2018 – XI ZR 790/16, WM 2018, 1363.

725 Ähnlich aber schon der Hinweis von *Dauner-Lieb*, AnwBl 2013, 845, 849 in Bezug auf die Vorschläge des DAV, *Zivilrechtsausschuss DAV*, AnwBl 2012, 402.

Hoffnung mag der Koalitionsvertrag versprechen, in dem es heißt: „Wir werden das AGB-Recht für Verträge zwischen Unternehmen auf den Prüfstand stellen mit dem Ziel, die Rechtssicherheit für innovative Geschäftsmodelle zu verbessern."[726] Dabei sollte die Verbesserung der Rechtssicherheit nicht nur auf innovative Geschäftsmodelle beschränkt sein, sondern den gesamten unternehmerischen Geschäftsverkehr umfassen. Denn was *Lieb* schon vor knapp 30 Jahren prägnanter nicht hätte formulieren können, hat auch noch heute Bestand: „Die Rechtsordnung hat keine Veranlassung, einem Vertragspartner qua Inhaltskontrolle nachträglich Risiken wieder abzunehmen, die er unter freiwilligem Verzicht auf Abänderung der ihm vorgelegten Formulierungen des anderen Teils nun einmal eingegangen ist."[727]

726 Koalitionsvertrag zwischen CDU, CSU und SPD vom 12.03.2018, Rn. 6186–6188.
727 *Lieb*, DNotZ 1989, 274, 291.

# Kapitel 3 Die Inhaltskontrolle

In einer marktwirtschaftlichen Wirtschaftsordnung ist es Ausdruck der freien Persönlichkeitsentfaltung der Vertragspartei, selbst zu entscheiden, welchen Preis sie zu zahlen bereit ist.[728] Dieses Ergebnis ist verfassungsrechtlich abgesichert, da die Preisfreiheit als Teil der Vertragsfreiheit und somit im Rahmen der beruflichen Betätigung von Art. 12 Abs. 1 GG geschützt ist.[729] In den untersuchten Urteilen vom 04.07.2017 hält der Senat die Erhebung eines laufzeitunabhängigen Bearbeitungsentgeltes auch im unternehmerischen Geschäftsverkehr für unvereinbar mit den wesentlichen Grundgedanken der gesetzlichen Regelung.[730] Daher ist zu überprüfen, ob das Gericht die gesetzlichen Kontrollgrenzen eingehalten hat und ob die umfassende Interessenabwägung einer unangemessenen Benachteiligung des Vertragspartners nicht entgegensteht.

## A. Kontrollfähigkeit: Schranken der Inhaltskontrolle

Auch wenn eine Entgeltklausel als AGB zu qualifizieren ist, unterliegt sie dadurch nicht zwangsläufig der Inhaltskontrolle.[731] Gem. § 307 Abs. 3 Satz 1 BGB ist nur die Kontrolle solcher Bestimmungen möglich, durch die Rechtsvorschriften ergänzt oder von diesen abgewichen wird. Als Voraussetzung für eine Kontrollfähigkeit von Klauseln kommt diesem Kriterium eine doppelte Funktion zu.[732] Im Wege der Inhaltskontrolle „soll weder eine Kontrolle der Preise oder Leistungsangebote ermöglicht noch sollen Vorschriften anderer Gesetze modifiziert werden."[733] Somit ist die Regelung zum einen Ausdruck der richterlichen Bindung an Recht und Gesetz, deklaratorische Klauseln, die nur den Gesetzesinhalt abbilden,

---

728 Sehr kritisch in diese Richtung *Pfeiffer*, LMK 2017, 394827.

729 BVerfG, Beschluss vom 12.12.2006 – 1 BvR 2576/04, BVerfGE 117, 163 = NJW 2007, 979 f.; BVerfG, Beschluss vom 11.07.2006 – 1 BvL 4/00, BVerfGE 116, 202 = NJW 2007, 51, 54; BVerfG, Beschluss vom 14.05.1985 – 1 BvR 449/82, BVerfGE 70, 1 = NJW 1986, 772; BVerfG, Beschluss vom 12.11.1958 – 2 BvL 40/56, BVerfGE 8, 274, 328 = NJW 1959, 475.

730 BGH, Urteile vom 04.07.2017 – XI ZR 562/15, BGHZ 215, 172 = NJW 2017, 2986 Rn. 37 und XI ZR 233/16, ZIP 2017, 1654 Rn. 45.

731 Die Eröffnung der Inhaltskontrolle wird in den Urteilen nahezu übereinstimmend vorgenommen, weshalb hier eine gemeinsame Betrachtung möglich ist: BGH, Urteile vom 04.07.2017 – XI ZR 562/15, BGHZ 215, 172 = NJW 2017, 2986 Rn. 23–36 und XI ZR 233/16, ZIP 2017, 1654 Rn. 32–44.

732 Dazu insgesamt *Coester*, in: Staudinger BGB § 307 Rn. 290; *Fuchs*, in: Ulmer/Brandner/Hensen AGB § 307 Rn. 14; *Wurmnest*, in: MüKo BGB § 307 Rn. 1; *Stoffels*, AGB Rn. 422 ff.

733 BT-Drucks 7/3919, S. 22 zu § 6 AGBG, der heute § 307 Abs. 3 Satz 1 BGB entspricht.

nicht zu kontrollieren.[734] Zum anderen sollen aber auch vertragliche Leistungsbeschreibungen und Preisvereinbarungen kontrollfrei bleiben. Für die Überprüfung tatsächlicher und wirtschaftlicher Daten fehle es letztlich an einem normativen Kontrollmaßstab. Insofern solle sich das Verhältnis von Leistung und Gegenleistung im marktwirtschaftlichen Interesse nur nach den Grundsätzen von Angebot und Nachfrage richten.[735]

## I. Das gesetzliche Leitbild des § 488 Abs. 1 Satz 2 BGB

Um das Abweichen von einer Rechtsvorschrift beurteilen zu können, ist zunächst deren Regelungsgehalt – das gesetzliche Leitbild – zu bestimmen. Dabei ist der Frage nachzugehen, ob die rechtliche Ausgestaltung des Darlehensvertrages nur Zinsen zulässt oder darüber hinaus auch Entgelte kontrollfrei vereinbart werden können. In ständiger Rechtsprechung wiederholt der BGH bisweilen die Vorgabe, die Höhe und den Grund von Vereinbarungen des Preises und sonstigen Entgelten nicht zu kontrollieren.[736] Die der materiellen Inhaltskontrolle entzogenen Bestimmungen über den Preis betreffen – vorbehaltlich etwaiger kontrollfreier Entgelte für Sonder- oder Zusatzleistungen – nur Vereinbarungen über Art und Umfang der vertraglichen Hauptleistungspflicht (Preishauptabrede), nicht jedoch Preisnebenabreden.[737] Anders gewendet ist die Vergütungsvereinbarung für eine Hauptleistung oder angebotene Sonder- oder Zusatzleistung kontrollfrei. Wird mit dem Entgelt hingegen zusätzlich die Bestimmung allgemeiner Betriebskosten oder der Aufwand für die Erfüllung bankeigener Pflichten auf den Kunden abgewälzt, liegt eine kontrollfähige Preisnebenabrede vor.[738]

---

734 BGH, Urteil vom 09.05.2001 – IV ZR 138/99, BGHZ 147, 373 = NJW 2001, 2012, 2013; BGH, Urteil vom 05.04.1984 – III ZR 2/83, BGHZ 91, 56 = NJW 1984, 2161; *Stoffels*, AGB Rn. 424.

735 *Pfeiffer*, in: Wolf/Lindacher/Pfeiffer AGB § 307 BGB Rn. 4, 276; *Wurmnest*, in: MüKo BGB § 307 Rn. 1; *Dylla-Krebs*, Schranken der Inhaltskontrolle, S. 118 ff.; *Kropf*, WM 2019, 1723, 1726; zu den Ursachen der Kontrollfreiheit *Stoffels*, JZ 2001, 843, 847.

736 BGH, Urteil vom 14.10.1997 – XI ZR 167/96, BGHZ 137, 27 = NJW 1998, 383; BGH, Urteil vom 09.12.1992 – VIII ZR 23/92, NJW-RR 1993, 375; BGH, Urteil vom 17.11.1992 – X ZR 12/91, NJW-RR 1993, 430, 431; BGH, Urteil vom 06.02.1985 – VIII ZR 61/84, BGHZ 93, 358 = NJW 1985, 3013.

737 So die ständige Rechtsprechung BGH, Urteil vom 13.05.2014 – XI ZR 405/12, BGHZ 201, 168 = NJW 2014, 2420, 2421 Rn. 24; BGH, Urteil vom 21.04.2009 – XI ZR 78/08, BGHZ 180, 257 = NJW 2009, 2051 Rn. 16; BGH, Urteil vom 18.04.2002 – III ZR 199/01, NJW 2002, 2386; BGH, Urteil vom 18.05.1999 – XI ZR 219/98, BGHZ 141, 380 = NJW 1999, 2276.

738 BGH, Urteil vom 16.10.2018 – XI ZR 593/16, WM 2018, 2183 Rn. 13, 19; BGH, Urteile vom 04.07.2017 – XI ZR 562/15, BGHZ 215, 172 = NJW 2017, 2986 Rn. 24 und XI ZR 233/16, ZIP 2017, 1654 Rn. 33; *Cahn*, WM 2010, 1197, 1198 f.; *Nobbe*, WM 2008, 185, 188 ff.; *Mülbert*, AcP 192 (1992), 447, 498.

Die Abgrenzung und Einordnung einer Klausel als kontrollfähige Preisnebenabrede oder kontrollfreie Preishauptabrede ist im Wege der Auslegung vorzunehmen. Der BGH untersucht dabei den objektiven Sinn und Inhalt der betreffenden Klausel dahingehend, wie sie im typischen Verkehrskreis von einem verständigen und redlichen Vertragspartner regelmäßig zu verstehen ist.[739] Nach Ansicht des erkennenden Senats in den Urteilen vom 04.07.2017 handle es sich bei einem Bearbeitungsentgelt weder um einen kontrollfreien Preisbestandteil (hier unter 1.a), noch um eine vergütungsfähige Sonder- oder Zusatzleistung (hier unter 1.b). Vielmehr liege eine kontrollfähige Preisnebenabrede vor (hier unter 2).

### *1. Die kontrollfreie Preishauptabrede*

Die Preishauptabrede ist die in Geld ausgedrückte Gegenleistung für die vertraglich vereinbarte Leistung.[740] Denn es kann grundsätzlich davon ausgegangen werden, dass der Kunde des Klauselverwenders dem zu zahlenden Preis hinreichende Aufmerksamkeit schenken wird.[741] Dies ist Ausdruck eines zwischen den Anbietern herrschenden Wettbewerbs und Voraussetzung der marktwirtschaftlich geprägten Rechts- und Wirtschaftsordnung. Während komplexe Klauseln in der konkreten Vertragsabschlusssituation beim Kunden zu Verständnisproblemen und einem rationalen Desinteresse führen können, besteht diese Gefahr beim Preis grundsätzlich nicht.[742] Die betriebswirtschaftliche Überprüfung des Preises ist nicht Aufgabe des Richters, da es zuletzt an gesetzlichen Ersatzregelungen i.S.d. § 306 Abs. 2 BGB und rechtlichen Kontrollmaßstäben mangelt.[743] Eine AGB-Kontrolle des Preises wäre demnach nicht nur überflüssig, sondern auch autonomiebzw. systemwidrig.[744]

In den hiesigen Urteilen beliefen sich die Kosten für das in Anspruch genommene Darlehen jeweils auf den zu zahlenden Zinssatz und ein einmaliges Bearbeitungsentgelt. In dieser seither üblichen Aufteilung stelle das Entgelt nach Ansicht

---

739 BGH, Urteil vom 13.03.2018 – XI ZR 291/16, WM 2018, 1046 Rn. 26; BGH, Urteile vom 04.07.2017 – XI ZR 562/15, BGHZ 215, 172 = NJW 2017, 2986 Rn. 25 und XI ZR 233/16, ZIP 2017, 1654 Rn. 34 jeweils mit Verweis auf BGH, Urteil vom 13.05.2014 – XI ZR 405/12, BGHZ 201, 168 = NJW 2014, 2420 Rn. 25.

740 Siehe die Nachweise in Fn. 737, ferner *Nobbe,* WM 2008, 185, 186.

741 *Stoffels,* AGB Rn. 423; *Coester,* in: Staudinger BGB § 307 Rn. 322, 324; *Fuchs,* in: Ulmer/Brandner/Hensen AGB § 307 Rn. 21; *Pfeiffer,* in: Wolf/Lindacher/Pfeiffer AGB § 307 BGB Rn. 303; *Kropf,* WM 2019, 1723, 1726.

742 Siehe zum Schutzzweck und zur strukturellen Unterlegenheit bereits oben „Schutzzweck des AGB-Rechts", S. 35 ff.; ferner *Pfeiffer,* LMK 2017, 394827.

743 BGH, Urteil vom 24.03.2010 – VIII ZR 178/08, BGHZ 185, 96 = NJW 2010, 2789; BGH, Urteil vom 14.10.1997 – XI ZR 167/96, BGHZ 137, 27 = NJW 1998, 383; *Pfeiffer,* in: Wolf/Lindacher/Pfeiffer AGB § 307 BGB Rn. 303; *Köndgen,* NJW 1996, 558, 563.

744 *Pfeiffer,* LMK 2017, 394827 spricht von einer übergriffigen Einmischung in die Verhältnisse Privater.

des BGH jedoch nicht den kontrollfreien Preis dar. Denn die der Inhaltskontrolle entzogene Bestimmung über den Preis für die Darlehensgewährung i.S.v. § 307 Abs. 3 Satz 1 BGB umfasse beim Darlehen nur den gem. § 488 Abs. 1 Satz 2 BGB zu zahlenden Zins.[745] Nach einer systematischen Einordnung des § 488 BGB als allgemeine Vorschrift des Darlehensrechts gelte dieser Befund in gleicher Weise für Verbraucher- wie für Unternehmerdarlehen.

### *a. Das Entgelt als Bestandteil des Preises*

Als Ausgangspunkt ist § 488 BGB in den Mittelpunkt der Betrachtung zu stellen. In der Basisnorm des Gelddarlehensrechtes sind die vertragstypische Kostenverteilung und die Hauptleistungspflichten der Parteien spiegelbildlich geregelt.[746] Nach § 488 Abs. 1 Satz 1 BGB ist der Darlehensgeber durch den Darlehensvertrag verpflichtet, dem Darlehensnehmer einen vereinbarten Geldbetrag zur Verfügung zu stellen und zu belassen. Dem steht die Verpflichtung des Darlehensnehmers gegenüber, das Darlehen bei Fälligkeit gem. § 488 Abs. 1 Satz 2 BGB zurückzuzahlen und als Gegenleistung für die Zurverfügungstellung des Geldbetrages den vereinbarten Zins zu bezahlen.[747] Demnach steht die Pflicht zur Kapitalüberlassung und -belassung seitens des Darlehensgebers in einem synallagmatischen Verhältnis zur Zinszahlungspflicht des Darlehensnehmers.[748] Aus der wertungsfreien Lektüre des Gesetzes ergibt sich, dass der Zins den Preis für die Kapitalnutzung darstellt.[749]

Die zentrale Fragestellung ist jedoch, ob der Zinsbegriff innerhalb des § 488 BGB ausschließlich eine fortlaufend zu entrichtende Vergütung umfasst oder ob zusätzliche Kosten und Entgelte ebenfalls Teil der Gegenleistung sind.[750] Dem liegt

---

745 BGH, Urteil vom 16.10.2018 – XI ZR 593/16, WM 2018, 2183 Rn. 17; BGH, Urteile vom 04.07.2017 – XI ZR 562/15, BGHZ 215, 172 = NJW 2017, 2986 Rn. 26, 29 und XI ZR 233/16, ZIP 2017, 1654 Rn. 35, 38 jeweils mit Verweis auf BGH, Urteil vom 13.05.2014 – XI ZR 405/12, BGHZ 201, 168 = NJW 2014, 2420 Rn. 31 ff.

746 *K. P. Berger*, in: MüKo BGB § 488 Rn. 1; *Becher/Krepold*, BKR 2014, 45, 49.

747 Vgl. dazu nur BT-Drucks. 14/6040, S. 252.

748 RG, Urteil vom 30.06.1939 – GSZ 4/38, RGZ 161, 52, 56 f.; BGH, Urteil vom 07.06.2011 – XI ZR 388/10, BGHZ 190, 66 = NJW 2011, 2640 Rn. 23; BGH, Urteil vom 12.03.1991 – XI ZR 190/90, NJW 1991, 1817; *K. P. Berger*, in: MüKo BGB § 488 Rn. 55, 156; *Freitag*, in: Staudinger BGB, § 488 Rn. 180a; *Weidenkaff*, in: Palandt BGB Vorb. v. § 488 Rn. 2. Anders hingegen steht die Darlehensrückzahlungspflicht mit der Pflicht zur Kapitalüberlassung nicht im Gegenseitigkeitsverhältnis, vgl. *K. P. Berger*, in: MüKo BGB § 488 Rn. 42.

749 Ständige Rechtsprechung: BGH, Urteile vom 04.07.2017 – XI ZR 562/15, BGHZ 215, 172 = NJW 2017, 2986 Rn. 29 und XI ZR 233/16, ZIP 2017, 1654 Rn. 38; BGH, Urteile vom 13.05.2014 – XI ZR 405/12, BGHZ 201, 168 = NJW 2014, 2420 Rn. 33 und XI ZR 170/13, WM 2014, 1325 Rn. 42; BGH, Urteil vom 07.06.2011 – XI ZR 388/10, BGHZ 190, 66 = NJW 2011, 2640 Rn. 23.

750 Diesen Ansatz formulieren *Becher/Krepold*, BKR 2014, 45, 49; siehe auch *Casper/Möllers*, BKR 2014, 59, 63; von dem Zins als „die vom Schuldner fortlaufend zu

das Verständnis zugrunde, den Begriff „Zins" innerhalb von § 488 Abs. 1 Satz 2 BGB weit auszulegen und ihn als Synonym für den Begriff „Entgelt" zu verstehen.[751] So schließe die Verpflichtung zur Zinszahlung als Gegenleistung für die Kapitalüberlassung den Anfall weiterer Kosten für den Kreditnehmer nicht grundsätzlich aus.[752] Dabei wird unter anderem auf die Gesetzesbegründung verwiesen, in der von einem entgeltlichen Kredit die Rede sei. Daher gehe auch der Gesetzgeber im Regelfall von der Entgeltlichkeit eines Darlehens und der Üblichkeit der Erhebung von Zinsen und Entgelten aus.[753] Zudem sei eine gesonderte Vergütung auch bei anderen Vertragstypen anerkannt.

Auch nach der Rechtsprechung steht die Tatsache, dass für die Gewährung eines Darlehens Zinsen zu entrichten sind, dem Erheben eines zusätzlichen (Teil-) Entgeltes für die Kreditgewährung jedenfalls nicht entgegen.[754] In der Ausgestaltung seines Preisgefüges ist ein Klauselverwender nämlich grundsätzlich frei und dazu befugt, das Entgelt für seine Leistungen auch in mehrere Bestandteile aufzuteilen.[755]

## aa. Das Entgelt als Bestandteil der Gesamtkalkulation

Vor dem Hintergrund einer zulässigen Preisaufspaltung könnte man ein Bearbeitungsentgelt als Bestandteil der Gegenleistung und somit als kontrollfreies Teilentgelt für die Darlehensgewährung einordnen.[756] Dies könne sich unmittelbar daraus ergeben, dass das Entgelt nur für die Auszahlung der Darlehensvaluta und somit für

---

entrichtende Vergütung für den Gebrauch eines in Geld oder anderen vertretbaren Sachen bestehenden Kapitals" spricht RG, Urteil vom 29.01.1942 – II 118/41, RGZ 168, 284, 285.

751 *Becher/Krepold*, BKR 2014, 45, 49; ähnlich *Casper/Möllers*, BKR 2014, 59, 63; *Billing*, WM 2013, 1777, 1782.

752 LG München I, Urteil vom 15.10.2013 – 13 S 6408/13, ZIP 2014, 20, 21; ähnlich *Herresthal*, EWiR 2019, 1, 2; nach *Becher/Krepold*, BKR 2014, 45, 50 entfalte § 488 BGB insoweit keine Sperrwirkung.

753 *Becher/Krepold*, BKR 2014, 45, 49 mit Verweis auf BT-Drucks. 14/6040, S. 253. Zu den weiteren Ansätzen insbesondere *Casper/Möllers*, BKR 2014, 59; *Billing*, WM 2013, 1829.

754 BGH, Urteil vom 07.12.2010 – XI ZR 3/10, BGHZ 187, 360 = NJW 2011, 1801; LG München I, Urteil vom 15.10.2013 – 13 S 6408/13, ZIP 2014, 20.

755 BGH, Urteile vom 13.05.2014 – XI ZR 405/12, BGHZ 201, 168 = NJW 2014, 2420 Rn. 42 und XI ZR 170/13, WM 2014, 1325 Rn. 51; BGH, Urteil vom 07.06.2011 – XI ZR 388/10, BGHZ 190, 66, NJW 2011, 2640 Rn. 24 f.; BGH, Urteil vom 19.11.1991 – X ZR 63/90, BGHZ 116, 117, 120 = NJW 1992, 688; *Pfeiffer*, in: Wolf/Lindacher/Pfeiffer AGB § 307 BGB Rn. 130; *Horn*, WM 1997, Sonderbeilage 1, 1, 9 f.

756 So die Argumentation der beklagten Bank in BGH, Urteil vom 04.07.2017 – XI ZR 562/15, BGHZ 215, 172 = NJW 2017, 2986 Rn. 27; ebenso LG München I, Urteil vom 15.10.2013 – 13 S 6408/13, ZIP 2014, 20.

einen Teil der Hauptleistungspflicht zu entrichten sei.[757] Der Preis würde demnach in einen laufzeitunabhängigen Teil für die Überlassung und einen laufzeitabhängigen Teil für die Belassung der Valuta aufgeteilt. Zudem sei das Bearbeitungsentgelt in den zugrunde liegenden Darlehensverträgen ein offensichtlicher Teil der Preiskalkulation gewesen. Denn die Kreditinstitute legten dem Kreditnehmer die einzelnen Kostenpositionen im Rahmen des Vertragsschlusses offen und schlüsselten neben einem Zinsanteil in beiden Fällen ein Bearbeitungsentgelt auf.[758] Die Bearbeitungskosten seien damit als Bestandteil der Gesamtkalkulation anzusehen und stellten folglich eine Gegenleistung für die Kreditüberlassung dar.[759]

Jedenfalls müssten die Parteien aber vertraglich vereinbaren können, dass ein einmalig und laufzeitunabhängig zu zahlendes Entgelt aus ihrer Sicht einen Teil der Preishauptabrede darstellt. Da der BGH bei der Abgrenzung zu einer Nebenabrede auf den Wortlaut und das objektive Verständnis einer Klausel im typischen Verkehrskreis abstelle, könne er eine unmissverständliche Zuordnung eines Entgeltes zum kontrollfreien Preis nicht ignorieren.[760]

Dieser Einschätzung folgt der BGH in den der Analyse zugrunde liegenden Urteilen jedoch nicht.[761] Einer Zuordnung des Bearbeitungsentgeltes zur Hauptleistungspflicht wird entgegengehalten, dass sich die kontrollfreien Kosten für die Gewährung der Darlehensvaluta nicht in ein laufzeitunabhängiges Einmalentgelt für den Verwaltungsaufwand bei der Kapitalüberlassung und in einen laufzeitabhängigen Zins für die Kapitalbelassung aufspalten ließen.[762] Demnach könne ein Verwender zwar grundsätzlich frei bestimmen, ob er seine Leistung in einem

---

757 BGH, Urteile vom 13.05.2014 – XI ZR 405/12, BGHZ 201, 168 = NJW 2014, 2420 Rn. 45 und XI ZR 170/13, WM 2014, 1325 Rn. 54; deutlich *Casper/Möllers*, WM 2015, 1689, 1691; *Godefroid*, ZIP 2011, 947, 949.

758 Mit dieser Argumentation eine Preishauptabrede bejahend LG München I, Urteil vom 15.10.2013 – 13 S 6408/13, ZIP 2014, 20 mit Verweis auf LG München I vom 22.03.2013 – 32 O 16662/12, juris.

759 So LG Düsseldorf, Urteil vom 06.10.2010 – 23 S 377/09, BeckRS 2011, 06479; AG München, Urteil vom 16.05.2013 – 282 C 1718/13, NJW-RR 2014, 171; AG Düsseldorf, Urteil vom 28.03.2013 – 51 C 12659/12, juris.

760 Insgesamt zu diesem Gedanken *Schmid-Burgk*, BB 2018, 1799, 1800 mit Verweis auf BGH, Urteil vom 13.03.2018 – XI ZR 291/16, WM 2018, 1046 Rn. 26.

761 In dieser Passage greift der BGH auf die Argumentation in der Entscheidung zu Verbraucherdarlehensverträgen zurück; siehe BGH, Urteile vom 04.07.2017 – XI ZR 562/15, BGHZ 215, 172 = NJW 2017, 2986 Rn. 27 und XI ZR 233/16, ZIP 2017, 1654 Rn. 36 jeweils mit Verweis auf BGH, Urteile vom 13.05.2014 – XI ZR 405/12, BGHZ 201, 168 = NJW 2014, 2420 Rn. 28 f. und XI ZR 170/13, WM 2014, 1325 Rn. 36 ff.

762 BGH, Urteile vom 13.05.2014 – XI ZR 405/12, BGHZ 201, 168 = NJW 2014, 2420 Rn. 45 und XI ZR 170/13, WM 2014, 1325 Rn. 54; dieses Ergebnis sei insbesondere darauf zurückzuführen, dass nach § 488 Abs. 1 BGB sowohl die Kapitalüberlassung als auch die Kapitalbelassung im Synallagma zur Zinszahlungspflicht stehen; *Henze*, Entgeltklauseln, S. 19; kritisch *Casper/Möllers*, BKR 2014, 59, 63; *Billing*, WM 2013, 1777, 1782.

Pauschalpreis anbieten oder den Preis in mehrere Bestandteile aufteilen wolle.[763] Anerkannt sei etwa die Möglichkeit, neben dem Zins ein Disagio als einmaliges, zinsähnliches Teilentgelt für die Kapitalüberlassung auf Zeit zu erheben.[764] Seiner Bedeutung nach sei der Zins aber die gewinn- und umsatzunabhängige Vergütung für die Möglichkeit der Kapitalnutzung auf Zeit.[765] Konstitutives Merkmal eines zinsähnlichen Teilentgeltes sei daher, dass sich der Darlehensgeber die Gewährung des Kapitals *laufzeitabhängig* vergüten lasse. Davon seien die *laufzeitunabhängigen* Darlehensnebenkosten abzugrenzen, die – anders als der Zins – gerade kein Entgelt für die Überlassung der Möglichkeit zur Kapitalnutzung darstellten.[766]

Bei den streitgegenständlichen Bearbeitungsentgelten handle es sich um derartige Nebenkosten, da die zu vergütenden Leistungen nicht näher genannt würden und daher als Weitergabe von Kosten gesetzlich ohnehin geschuldeter Nebenleistung einzuordnen seien.[767] Das könne man auf die Bezeichnung als „Bearbeitungsentgelt" zurückführen, da es sich dabei typischerweise um Kosten für die Bearbeitung des Darlehensantrages und der Vorbereitung des Vertragsschlusses handle.[768] Soweit Kosten für die Bonitätsprüfung[769], Datenverarbeitung oder die

763 BGH, Urteile vom 13.05.2014 – XI ZR 405/12, BGHZ 201, 168 = NJW 2014, 2420 Rn. 42 und XI ZR 170/13, WM 2014, 1325 Rn. 51.

764 Darin sieht der BGH einen integralen Bestandteil der laufzeitabhängigen Zinskalkulation, BGH, Urteil vom 04.04.2000 – XI ZR 200/99, NJW 2000, 2816, 2817; ursprünglich BGH, Urteil vom 29.05.1990 – XI ZR 231/89, BGHZ 111, 287, 289 = NJW 1990, 2250.

765 Grundlegend RG, Urteil vom 17.01.1903 – I 286/02, RGZ 53, 294, 297; RG, Urteil vom 07.05.1915 – II 36/15, RGZ 86, 399, 400 f.; heute BGH, Urteile vom 13.05.2014 – XI ZR 405/12, BGHZ 201, 168 = NJW 2014, 2420 Rn. 43 und XI ZR 170/13, WM 2014, 1325 Rn. 52; BGH, Urteil vom 29.06.1979 – III ZR 156/77, NJW 1979, 2089, 2090; BGH, Urteil vom 09.11.1978 – III ZR 21/77, NJW 1979, 805, 806; wegweisend *Canaris*, NJW 1978, 1891, 1892; *K. P. Berger*, in: MüKo BGB § 488 Rn. 154; *Grüneberg*, in: Palandt BGB § 246 Rn. 2; *Krepold*, in: Schimansky/Bunte/Lwowski, Bankrechts-Handbuch § 78 Rn. 1; *Schmid-Burgk*, BB 2018, 1799, 1800; *Tiffe*, VuR 2012, 127, 128; *Mülbert*, AcP 192 (1992), 447, 498.

766 BGH, Urteile vom 13.05.2014 – XI ZR 405/12, BGHZ 201, 168 = NJW 2014, 2420 Rn. 43 und XI ZR 170/13, WM 2014, 1325 Rn. 52; *Schmieder*, WM 2012, 2358; *Tiffe*, VuR 2012, 127, 128. Der entscheidende Unterschied zum zulässigen Disagio liegt darin, dass dieses als Zinsvorauszahlung laufzeitabhängig ausgestaltet ist.

767 BGH, Urteile vom 04.07.2017 – XI ZR 562/15, BGHZ 215, 172 = NJW 2017, 2986 Rn. 27 und XI ZR 233/16, ZIP 2017, 1654 Rn. 36 jeweils mit Verweis auf BGH, Urteile vom 13.05.2014 – XI ZR 405/12, BGHZ 201, 168 = NJW 2014, 2420 Rn. 44 und XI ZR 170/13, WM 2014, 1325 Rn. 53.

768 BGH, Urteile vom 04.07.2017 – XI ZR 562/15, BGHZ 215, 172 = NJW 2017, 2986 Rn. 27 und XI ZR 233/16, ZIP 2017, 1654 Rn. 36; dem folgend BGH, Urteil vom 05.06.2018 – XI ZR 371/16, juris Rn. 14.

769 Siehe zur Bonitätsprüfung noch ausführlich „Das Entgelt als Sonder- oder Zusatzleistung", S. 173 ff. Sofern es sich bei der Bonitätsprüfung um eine echte Leistung des

Vertragsverhandlung angefallen seien, würden diese Leistungen allesamt vor dem Vertragsschluss erbracht.[770] Eine solche Auslegung werde durch den Zusatz „für Vertragsschluss" bestätigt. Demnach sollte der betriebsinterne Verwaltungsaufwand des Kreditinstitutes zur Beschaffung und Auskehrung des Darlehens pauschal auf den Kunden verlagert werden.[771] Auch wenn eine andere Beurteilung möglich sei, gingen Zweifel nach der Unklarheitenregel des § 305c Abs. 2 BGB zulasten des Klauselverwenders.[772] Theoretisch denkbare, praktisch aber fernliegende Auslegungsmöglichkeiten haben dabei außer Betracht zu bleiben.[773] Der Wortlaut einer solchen Klausel enthalte aus Sicht eines verständigen und redlichen Vertragspartners keine Anhaltspunkte dafür, dass das Entgelt Bestandteil der Gegenleistung für die Kapitalüberlassung sei. Da nicht die Hauptleistung bepreist werde, seien Entgelte für die Bearbeitung eines Darlehens laufzeitunabhängig ausgestaltet, somit kein zinsähnliches Teilentgelt und nicht kontrollfreier Bestandteil des Preises.[774]

---

Darlehensnehmers zugunsten des Kunden handelt, könnte dieser Teil des Bearbeitungsentgeltes als Teilentgelt zu qualifizieren sein.

770 BGH, Urteile vom 13.05.2014 – XI ZR 405/12, BGHZ 201, 168 = NJW 2014, 2420 Rn. 44 und XI ZR 170/13, WM 2014, 1325 Rn. 53.

771 BGH, Urteil vom 16.10.2018 – XI ZR 593/16, WM 2018, 2183 Rn. 16; BGH, Urteile vom 04.07.2017 – XI ZR 562/15, BGHZ 215, 172 = NJW 2017, 2986 Rn. 27 und XI ZR 233/16, ZIP 2017, 1654 Rn. 36; BGH, Urteile vom 13.05.2014 – XI ZR 405/12, BGHZ 201, 168 = NJW 2014, 2420 Rn. 44 und XI ZR 170/13, WM 2014, 1325 Rn. 53 mit Verweis auf RG, Urteil vom 29.01.1942 – II 118/41, RGZ 168, 284, 285; BGH, Urteil vom 09.11.1978 – III ZR 21/77, NJW 1979, 805, 806.

772 Die kundenfeindlichste Auslegung ist für den Kunden regelmäßig die günstigste, da sie die Inhaltskontrolle erst eröffnet, BGH, Urteil vom 19.02.2019 – XI ZR 562/17, ZIP 2019, 698 Rn. 25; BGH, Urteil vom 05.06.2018 – XI ZR 790/16, WM 2018, 1363 Rn. 36; BGH, Urteil vom 25.10.2016 – XI ZR 9/15, BGHZ 212, 329 = NJW 2017, 1018 Rn. 23; BGH, Urteil vom 20.10.2015 – XI ZR 166/14, BGHZ 207, 176 = NJW 2016, 560 Rn. 19.

773 BGH, Urteil vom 16.10.2018 – XI ZR 593/16, WM 2018, 2183 Rn. 14; BGH, Urteile vom 04.07.2017 – XI ZR 562/15, BGHZ 215, 172 = NJW 2017, 2986 Rn. 25 und XI ZR 233/16, ZIP 2017, 1654 Rn. 34 jeweils mit Verweis auf BGH, Urteil vom 28.07.2015 – XI ZR 434/14, BGHZ 206, 305 = NJW 2015, 3025 Rn. 31 und BGH, Urteil vom 13.05.2014 – XI ZR 405/12, BGHZ 201, 168 = NJW 2014, 2420 Rn. 25.

774 Sehr deutlich nunmehr BGH, Urteil vom 16.10.2018 – XI ZR 593/16, WM 2018, 2183 Rn. 17, wonach für die Abgrenzung des Zinses als Preishauptabrede von Nebenentgelten allein die Laufzeitabhängigkeit der Vergütung maßgeblich sei; BGH, Urteile vom 13.05.2014 – XI ZR 405/12, BGHZ 201, 168 = NJW 2014, 2420 Rn. 44 und XI ZR 170/13, WM 2014, 1325 Rn. 53.

## bb. Gesonderte Vergütungen bei anderen Vertragstypen

In der Vergangenheit wurde dieser Sichtweise entgegengehalten, dass gesonderte Einmalentgelte für Leistungen im Vorfeld der eigentlichen Vertragsleistung in anderen Branchen und bei anderen Vertragstypen üblich seien.[775] Dies gelte etwa für Gebühren bei Abschluss eines Leasing- oder privaten Versicherungsvertrages, für die Bearbeitungsgebühr bei der Buchung eines Fluges oder dem einmaligen Bereitstellungspreis von Telekommunikationsdienstleistern.[776] Selbst der Mieterschutzbund e.V. erhebt eine Aufnahmegebühr von EUR 20, „um den Verwaltungsaufwand bei Neuaufnahmen zu decken“[777]. Würde die Rechtsprechung ihre Sichtweise zu Bearbeitungsentgelten unvermindert auf Fallgestaltungen des Mietrechts übertragen, so müssten Endreinigungspauschalen bei Ferienwohnungen oder die Einordnung der Pflicht zur Vornahme von Schönheitsreparaturen als Teil des Entgeltes derselben Argumentation unterliegen.[778]

Besonders sichtbar werde die Reichweite der Einordnung von kontrollfreien Preishauptabreden bei den Anfahrtskosten eines Werkunternehmers.[779] Überträgt man die BGH-Rechtsprechung zu Darlehensverträgen, müssten die Kosten für die Anfahrt zum Erfüllungsort einen Bestandteil der Werkleistung darstellen. Denn eine Fahrtkostenpauschale vermag man in dem Vergütungsbegriff der §§ 631 Abs. 1, 632 BGB begrifflich nicht zu erkennen.[780] Wie die Kosten, die zur Bearbeitung eines Darlehensvertrages im Vorfeld des Leistungsaustausches entstehen, findet auch die Anfahrt zum Besteller vor der eigentlichen Werkleistung statt. Da somit ebenso keine Hauptleistung bepreist wird, könne man auch von einem Abwälzen der Kosten auf den Kunden ausgehen. Jegliche Anfahrtskosten

---

775 So lautete der Vortrag der Revision in BGH, Urteile vom 13.05.2014 – XI ZR 405/12, BGHZ 201, 168 = NJW 2014, 2420 Rn. 47 und XI ZR 170/13, WM 2014, 1325 Rn. 56; ebenso *Billing*, § 307 III 1 BGB, S. 100 f.; *Bitter/Linardatos*, ZIP 2018, 2249, 2253 f.; *Becher/Krepold*, BKR 2014, 45; *Casper/Möllers*, BKR 2014, 59, 65.

776 Die Beispiele stammen von *Becher/Krepold*, BKR 2014, 45; weitere Beispiele bei *Billing*, § 307 III 1 BGB, S. 100 f.

777 § 5 der Satzung vom 31.12.2016 i.V.m. Nr. 2.0 der Beitragsordnung des Mieterschutzbund e.V.

778 So *Piekenbrock/Ludwig*, WM 2012, 2349, 2351 mit Verweis auf die umfangreiche Rechtsprechung zur Inhaltskontrolle von Renovierungsklauseln; ähnlich *Bitter/Linardatos*, ZIP 2018, 2249, 2252 f., die auf die rechtlich ähnliche Struktur von § 488 BGB und § 535 BGB abstellen.

779 *Bitter*, JZ 2015, 170, 172; *Becher/Krepold*, BKR 2014, 45; *Casper/Möllers*, BKR 2014, 59, 65; *Billing*, WM 2013, 1829, 1833; dazu nimmt auch der BGH Stellung: BGH, Urteile vom 13.05.2014 – XI ZR 405/12, BGHZ 201, 168 = NJW 2014, 2420 Rn. 47 und XI ZR 170/13, WM 2014, 1325 Rn. 56.

780 In diese Richtung *Billing*, WM 2013, 1829, 1834.

könnten folgerichtig nur im Rahmen der Hauptleistung, dem Werklohn, abgegolten werden.[781]

Dementgegen entschied der X. Zivilsenat seinerzeit, dass es für die Einordnung einer Preisbemessungsklausel als Preishauptabrede nicht darauf ankomme, ob die zur Durchführung von Arbeiten erforderliche Anfahrt als von dem Gesamtvertrag trennbare Nebenleistung anzusehen sei.[782] Die Klausel „Kfz-Kostenanteil pro Anfahrt pauschal ohne Mehrwertsteuer 68 DM, mit Mehrwertsteuer 77,52 DM" unterliege als Preis für eine Nebenleistung nicht der richterlichen Inhaltskontrolle, „weil die Höhe einer werkvertraglichen Vergütung, gleichgültig ob sie eine Haupt- oder eine Nebenleistung betrifft, mangels gesetzlicher Kontrollmaßstäbe nicht nach den §§ 157, 242 BGB vom Richter festgesetzt werden kann."[783] Für Vergütungsabreden mache es selbst keinen Unterschied, ob der Unternehmer seine Werkvertragsleistung zu einem Gesamtpreis anbiete oder ob er die Nachprüfung der Vergütung mittels Offenlegung der einzelnen Berechnungsposten gestatte.[784] Die Frage, ob ein der Inhaltskontrolle entzogenes Teilentgelt vorliegt, wird beim Darlehensvertrag im Vergleich zum Werkvertrag unterschiedlich beantwortet.

Ein ähnliches Bild zeichnet ein Blick auf die in der Praxis üblichen Überführungskosten beim Kauf eines Pkw. Die Kosten für den Transport eines Fahrzeugs vom Hersteller zum Händler sind weder Bestandteil des Kaufpreises, noch sind sie mit einem Mehrwert für den Kunden verbunden.[785] Ebenso wenig wie sich der Darlehensnehmer für den Verwaltungsaufwand der Bank interessieren wird, ist das Käuferinteresse darauf gerichtet, wie ein Wunschfahrzeug zum Händler des Vertrauens gelangt.[786] Bei den Überführungskosten handelt es sich demzufolge um einen Bestandteil des Kaufpreises und nicht um ein gesondertes, abtrennbares Teilentgelt für eine Leistung des Händlers.[787] Jedenfalls wurde der Einwand, dass Überführungskosten mit dem Leitbild des § 433 BGB im Widerspruch stünden, bislang nicht erhoben.[788]

---

781 *Billing*, WM 2013, 1829, 1834; gleiches gilt auch bei einer Kostenklausel für die Bereitstellung eines Gerätewagens durch einen Werkunternehmer, BGH, Urteil vom 17.11.1992 – X ZR 12/91, NJW-RR 1993, 430, 431.

782 BGH, Urteil vom 19.11.1991 – X ZR 63/90, BGHZ 116, 117 = NJW 1992, 688, 689.

783 BGH, Urteil vom 19.11.1991 – X ZR 63/90, BGHZ 116, 117 = NJW 1992, 688, 689.

784 BGH, Urteil vom 19.11.1991 – X ZR 63/90, BGHZ 116, 117 = NJW 1992, 688, 689.

785 KG, Urteil vom 04.09.2012 – 5 U 103/11, BeckRS 2012, 19640; *Billing*, § 307 III 1 BGB, S. 101 f.; *ders.*, WM 2013, 1829, 1834.

786 KG, Urteil vom 04.09.2012 – 5 U 103/11, BeckRS 2012, 19640.

787 *Billing*, § 307 III 1 BGB, S. 101 f.; *ders.*, WM 2013, 1829, 1834 konstatiert, dass der reine Fahrzeugpreis daher mit den Sollzinsen vergleichbar sei, die Überführungskosten hingegen mit einem Bearbeitungsentgelt; für eine Qualifikation als Preisnebenabrede *Jerger*, NJW 2019, 3752, 3753.

788 *Billing*, WM 2013, 1829, 1834; sehr kritisch demgegenüber aber *Jerger*, NJW 2019, 3752, 3753.

Aus Sicht des BGH seien die vorgenannten Fallgestaltungen mit der Erhebung von Bearbeitungsentgelten in tatsächlicher und rechtlicher Hinsicht nicht vergleichbar.[789] Denn für die rechtliche Bestimmung eines kontrollfreien Teilentgeltes sei allein der jeweilige Vertragstyp maßgeblich. Da sich das anwendbare dispositive Recht ebenso unterscheide wie die Tätigkeit, für die das vermeintliche Teilentgelt erhoben werde, sei das Heranziehen anderer Konstellationen unergiebig.[790] Aber auch innerhalb des Darlehensrechts lassen sich vermeintliche Anhaltspunkte finden, die für die Zugehörigkeit von Entgelten zum Preis sprechen könnten.

### cc. Gesetzliche Systematik

Noch vor der Entscheidung zu Verbraucherdarlehensverträgen vom 13.05.2014 wurde vertreten, dass sich die Zulässigkeit von über den Zins hinausgehenden Kosten aus der gesetzlichen Systematik ergebe.[791] Aus der Definition des Verbraucherdarlehens als entgeltliches Darlehen in § 491 Abs. 1 BGB und der ausdrücklichen Bezeichnung von Kosten und Zinsen in zahlreichen anderen Vorschriften der §§ 491 ff. BGB sei abzuleiten, dass sich der Gesetzgeber bewusst für die Möglichkeit der Existenz zusätzlicher Kosten neben dem Zins entschieden habe.[792] Das zeige schon die Formulierung des § 501 BGB, wonach für den Fall einer vorzeitigen Darlehensrückzahlung von der Verminderung der „Gesamtkosten (§ 6 Abs. 3 PAngV) um die Zinsen und sonstigen laufzeitabhängigen Kosten" die Rede ist.[793] Für die Einordnung von Entgelten als Preisbestandteil spreche auch, dass ein Nettodarlehensvertrag im Regelfall bereits die zu zahlenden Zinsen sowie weitere

789 BGH, Urteile vom 13.05.2014 – XI ZR 405/12, BGHZ 201, 168 = NJW 2014, 2420 Rn. 47 und XI ZR 170/13, WM 2014, 1325 Rn. 56; kritisch gegenüber der knappen Begründung *Bitter*, JZ 2015, 170, 172.

790 BGH, Urteile vom 13.05.2014 – XI ZR 405/12, BGHZ 201, 168 = NJW 2014, 2420 Rn. 47 und XI ZR 170/13, WM 2014, 1325 Rn. 56 mit Verweis auf OLG Bamberg, Urteil vom 04.08.2010 – 3 U 78/10, WM 2010, 2072, 2073.

791 So lautete der Vortrag der Revision in BGH, Urteile vom 13.05.2014 – XI ZR 405/12, BGHZ 201, 168 = NJW 2014, 2420 Rn. 34 und XI ZR 170/13, WM 2014, 1325 Rn. 43; ähnlich LG München I, Urteil vom 15.10.2013 – 13 S 6408/13, ZIP 2014, 20; *Becher/Krepold*, BKR 2014, 45; *Casper/Möllers*, BKR 2014, 59; *Billing*, WM 2013, 1829.

792 So etwa LG München I, Urteil vom 15.10.2013 – 13 S 6408/13, ZIP 2014, 20, das auf § 494 Abs. 4 BGB abstellt.

793 Da laufzeitabhängige Kosten in § 501 BGB ausdrücklich erwähnt werden, belege ein Umkehrschluss, dass zumindest die Existenz laufzeitunabhängiger Kosten nicht in Zweifel stehen könne, so LG Essen, Hinweisbeschluss vom 30.08.2013 – 13 S 91/13, juris Rn. 23; siehe auch *Weidenkaff*, in: Palandt BGB § 501 Rn. 3. Nach *Becher/Krepold*, BKR 2014, 45, 50 spreche der Verweis auf die PAngV und die Erwähnung laufzeitabhängiger Kosten ferner dafür, auch laufzeitunabhängige Kosten den kontrollfreien Gesamtkosten zuzurechnen.

Entgeltbestandteile, wie Bearbeitungskosten, beinhalte.[794] Erst dieser Gesamtbetrag werde durch die Monatsanzahl der Darlehenslaufzeit geteilt und so die monatliche Zins- und Tilgungsrate errechnet (effektiver Jahreszins).[795]

In den Urteilen zu Unternehmerdarlehensverträgen vom 04.07.2017 beschäftigte sich der BGH mit diesem Einwand nicht mehr. Das mag zum einen daran liegen, dass sich der erkennende Senat bereits drei Jahre zuvor ausführlich mit der gesetzlichen Systematik auseinandergesetzt hatte. Zum anderen erscheint der Hinweis auf die §§ 491 ff. BGB – die besonderen Vorschriften für Verbraucherdarlehensverträge – als Argumentationsgrundlage für den unternehmerischen Verkehr nicht vollends geeignet. Sofern die Systematik des Verbraucherdarlehensrechts einen Einfluss auf das Leitbild des Darlehensvertrages nach § 488 BGB ausgeübt hätte, wäre diese Erkenntnis aber durchaus auf gewerbliche Darlehen übertragbar gewesen. Denn das gesetzliche Leitbild wird bei Unternehmer- und Verbraucherdarlehen bekanntlich in gleicher Weise bestimmt.[796]

Obgleich in der Preisangabenverordnung und im materiellen Recht neben Zinsen von Kosten die Rede ist,[797] urteilte der BGH zu Verbraucherdarlehen, dass daraus nicht die Zulässigkeit eines der Inhaltskontrolle entzogenen Gesamtentgeltes herzuleiten sei.[798] Dabei stützte er seine Argumentation insbesondere darauf, dass sich die Vereinbarkeit von Kosten als Bestandteil der Hauptleistungspflicht des Darlehensnehmers nicht implizit aus der tatbestandlichen Erwähnung in anderen Bestimmungen ergeben könne.[799] Sinn und Zweck dieser Regelungen sei nicht eine Modifikation der vertraglichen Hauptleistungspflichten, sondern eine Erweiterung des Verbraucherschutzes. Namentlich regelten die Normen etwa die vertragliche Information des Darlehensnehmers (§§ 491a, 492 Abs. 2 BGB i.V.m. Art. 247 §§ 3, 6 bis 13 EGBGB und § 6 PAngV, § 505 Abs. 1 und 2 BGB i.V.m.

794 Die Angabe des Effektivzinses ergibt sich bei Verbraucherdarlehen aus § 492 BGB i.V.m. Art. 247 § 6 Abs. 1 Nr. 1, § 3 Abs. 2 Satz 3 EGBGB und § 6 PAngV.

795 *Billing*, WM 2013, 1829, 1831, wonach sich ein Entgeltbestandteil, der sogar in die vom Kunden zu zahlenden Kreditraten eingeflossen sei, nicht mehr als „Preisnebenabrede" einordnen ließe; *Casper/Möllers*, BKR 2014, 59, 63; *Becher/Krepold*, BKR 2014, 45, 49; *H. Berger/Rübsamen*, WM 2011, 1877, 1879.

796 BGH, Urteil vom 16.10.2018 – XI ZR 593/16, WM 2018, 2183 Rn. 17; BGH, Urteile vom 04.07.2017 – XI ZR 562/15, BGHZ 215, 172 = NJW 2017, 2986 Rn. 29, 38 und XI ZR 233/16, ZIP 2017, 1654 Rn. 38, 46. Aufgrund des Verweises auf das Urteil zu Verbraucherdarlehensverträgen und der grundlegenden Relevanz folgt hier eine kompakte Analyse der wesentlichen Erwägungen.

797 Siehe dazu Art. 247 § 3 Abs. 1 Nr. 10, Abs. 2 Satz 3 EGBGB i.V.m. § 6 PAngV, §§ 491, 491a Abs. 1, 492 Abs. 2 BGB i.V.m. Art. 247 §§ 6 bis 13 EGBGB, § 494 Abs. 4 Satz 1, § 501 BGB sowie § 505 BGB i.V.m. Art. 247 § 17 EGBGB.

798 BGH, Urteile vom 13.05.2014 – XI ZR 405/12, BGHZ 201, 168 = NJW 2014, 2420 Rn. 34 und XI ZR 170/13, WM 2014, 1325 Rn. 43.

799 BGH, Urteile vom 13.05.2014 – XI ZR 405/12, BGHZ 201, 168 = NJW 2014, 2420 Rn. 35 und XI ZR 170/13, WM 2014, 1325 Rn. 44.

Art. 247 § 17 EGBGB), die Rechtsfolgen bei Formmängeln (§§ 494, 505 Abs. 3 BGB), die Rückabwicklung beim verbundenen Geschäft (§ 358 Abs. 4 Satz 2 BGB), die Berechnung des Rückzahlungsbetrages bei vorzeitiger Vertragsbeendigung (§ 501 BGB) und den Anwendungsbereich der Vorschriften über das Verbraucherdarlehen (§ 491 BGB).[800] Ähnliches gelte für die Preisangabenverordnung, die zuvorderst der Gewährleistung der Preistransparenz durch zutreffende und vollständige Information und somit der Stärkung der Stellung des Verbrauchers diene.[801] Einer Verbraucherschutzvorschrift könne demnach keine generelle Billigung sämtlicher, neben dem Zins anfallender Entgelte entnommen werden. Ebenso ließe der Verweis materiell-rechtlicher Vorschriften auf die Preisangabenverordnung deren Charakter als formelles Preisrecht unberührt.[802]

Aus der Bezeichnung des Verbraucherdarlehens als entgeltliches Darlehen in § 491 Abs. 1 BGB sei nicht abzuleiten, dass ein über den Zins hinausgehendes Gesamtentgelt den Preis für die Kapitalgewährung darstelle.[803] Denn durch § 491 BGB werde lediglich der Anwendungsbereich der Vorschriften über das Verbraucherdarlehen festgelegt, die vertraglichen Hauptleistungspflichten des Darlehensvertrages blieben jedoch unberührt. Die Anknüpfung an das *entgeltliche* statt dem *verzinslichen* Darlehen finde ihre Begründung wiederum im Verbraucherschutz.[804] Somit könnten auch jene Konstellationen erfasst werden, bei denen der Darlehensgeber auf die Vereinbarung von Zinsen verzichtet, im Gegenzug aber umso höhere Kosten (Entgelte) verlange.[805]

Dass auch laufzeitunabhängige Kosten den kontrollfreien Gesamtkosten zuzurechnen seien, könne auch nicht § 501 BGB entnommen werden.[806] Die Vorschrift

---

800 BGH, Urteile vom 13.05.2014 – XI ZR 405/12, BGHZ 201, 168 = NJW 2014, 2420 Rn. 35 und XI ZR 170/13, WM 2014, 1325 Rn. 44.

801 BGH, Urteile vom 13.05.2014 – XI ZR 405/12, BGHZ 201, 168 = NJW 2014, 2420 Rn. 36 und XI ZR 170/13, WM 2014, 1325 Rn. 45 mit Verweis auf BGH, Urteil vom 31.10.2013 – I ZR 139/12, juris Rn. 19.

802 BGH, Urteile vom 13.05.2014 – XI ZR 405/12, BGHZ 201, 168 = NJW 2014, 2420 Rn. 37 und XI ZR 170/13, WM 2014, 1325 Rn. 46 mit Verweis auf BGH, Urteil vom 07.06.2011 – XI ZR 388/10, BGHZ 190, 66 = NJW 2011, 2640 Rn. 35; BGH, Urteil vom 07.12.2010 – XI ZR 3/10, BGHZ 187, 360 = NJW 2011, 1801 Rn. 39; a.A. *Billing*, WM 2013, 1829, 1830.

803 BGH, Urteile vom 13.05.2014 – XI ZR 405/12, BGHZ 201, 168 = NJW 2014, 2420 Rn. 40 und XI ZR 170/13, WM 2014, 1325 Rn. 49; a.A. LG Nürnberg-Fürth, Urteil vom 27.12.2013 – 10 O 5948/13, juris Rn. 44, LG München I, Urteil vom 15.10.2013 – 13 S 6408/13, ZIP 2014, 20, 21; *Becher/Krepold*, BKR 2014, 45, 49.

804 BGH, Urteile vom 13.05.2014 – XI ZR 405/12, BGHZ 201, 168 = NJW 2014, 2420 Rn. 40 und XI ZR 170/13, WM 2014, 1325 Rn. 49.

805 BT-Drucks. 16/11643, S. 75 ff.

806 BGH, Urteile vom 13.05.2014 – XI ZR 405/12, BGHZ 201, 168 = NJW 2014, 2420 Rn. 39 und XI ZR 170/13, WM 2014, 1325 Rn. 48; ebenso *Strube/Fandel*, BKR 2014, 133, 137, wonach § 501 BGB eine Ordnungsvorschrift sei; a.A. *Becher/Krepold*, BKR 2014, 45, 49; *Billing*, WM 2013, 1829, 1831.

regle ihrem Wortlaut und Telos zufolge lediglich die Berechnung der Rückzahlung von Zinsen und sonstigen laufzeitabhängigen Kosten bei vorzeitiger Rückzahlung der Darlehenssumme. Zwar ergebe sich aus einem Umkehrschluss die Existenz laufzeitunabhängiger Kosten, § 501 BGB habe hingegen nicht den Charakter einer Anspruchsgrundlage für die Erhebung von Entgelten und treffe auch keine Aussage zur Einbeziehung selbiger in die gesetzlich geschuldete Hauptleistung.[807]

Ebenso wenig ergebe sich die Kontrollfreiheit eines Bearbeitungsentgeltes aus dem Umstand, dass es als Teil des Gesamtbetrags in die Berechnung des effektiven Jahreszinses aufzunehmen sei.[808] Nach der Preisangabenverordnung seien die gesamten Darlehenskosten allein schon deshalb in den effektiven Jahreszins einzubeziehen, weil sie vom Kunden tatsächlich verlangt werden. Dies gelte unabhängig von deren Kontroll- oder Rechtmäßigkeit.[809] Der effektive Jahreszins stelle insofern keinen Zins im Rechtssinne dar, sondern sei eine der Transparenz dienende Rechengröße, die dem Kunden nach europarechtlichen Vorgaben seine Gesamtbelastung aufzeigen solle.[810]

### dd. Stellungnahme: Entgelt ist kein Zins im Rechtssinne

Einer von Kritikern der Rechtsprechung eingebrachten, extensiven Auslegung des Zinsbegriffs, durch die einmalige Kosten und Entgelte dem Hauptbestandteil des Preises zugeordnet werden sollen, kann nicht gefolgt werden. Der Zins stellt nach zutreffender Auffassung eine von Gewinn und Umsatz unabhängige Vergütung für die Hingabe von Kapital dar.[811] Wesensmerkmal von Zins und zinsähnlichem Teilentgelt ist daher, dass sich der Darlehensgeber das Bereitstellen des Kapitals laufzeitabhängig vergüten lässt. Die zu vergütende Hauptleistung des Darlehensgebers besteht dabei gleichermaßen aus der Überlassung der Valuta zu Beginn und

---

807 BGH, Urteile vom 13.05.2014 – XI ZR 405/12, BGHZ 201, 168 = NJW 2014, 2420 Rn. 39 und XI ZR 170/13, WM 2014, 1325 Rn. 48 mit Verweis auf BT-Drucks. 16/11643, S. 86 und *Schürnbrand/Weber*, in: MüKo BGB § 501 Rn. 5; LG Berlin, Urteil vom 04.06.2013 – 10 S 2/13, WM 2013, 1710, 1712; *Strube/Fandel*, BKR 2014, 133, 137.

808 BGH, Urteile vom 13.05.2014 – XI ZR 405/12, BGHZ 201, 168 = NJW 2014, 2420 Rn. 38 und XI ZR 170/13, WM 2014, 1325 Rn. 47 mit Verweis auf OLG Celle, Beschluss vom 13.10.2011 – 3 W 86/11, juris Rn. 12; OLG Bamberg, Urteil vom 04.08.2010 – 3 U 78/10, WM 2010, 2072, 2073; a.A. *Becher/Krepold*, BKR 2014, 45, 49; *Casper/Möllers*, BKR 2014, 59, 63; *Billing*, WM 2013, 1829, 1831.

809 BGH, Urteile vom 13.05.2014 – XI ZR 405/12, BGHZ 201, 168 = NJW 2014, 2420 Rn. 36 und XI ZR 170/13, WM 2014, 1325 Rn. 45 mit Verweis auf BGH, Urteil vom 07.06.2011 – XI ZR 388/10, BGHZ 190, 66 = NJW 2011, 2640 Rn. 35; BGH, Urteil vom 07.12.2010 – XI ZR 3/10, BGHZ 187, 360 = NJW 2011, 1801 Rn. 39.

810 OLG Dresden, Urteil vom 29.09.2011 – 8 U 562/11, WM 2011, 2320, 2321; LG Berlin, Urteil vom 04.06.2013 – 10 S 2/13, WM 2013, 1710, 1712; vgl. zur Einfügung des § 491a BGB: BT-Drucks. 16/11643, S. 78.

811 Siehe die Nachweise in Fn. 765.

der Belassung derselben für die Dauer der Vertragslaufzeit. Die vertragstypische Gegenleistung für beide Leistungselemente ist nach dem Leitbild des § 488 BGB laufzeitabhängig ausgestaltet.[812]

Zwar ist demnach eine Aufteilung der Kreditkosten in einen laufzeitunabhängigen Bestandteil für die Überlassung und einen laufzeitabhängigen Teil für die Belassung der Valuta nicht generell ausgeschlossen. Die Ausgestaltung eines laufzeitunabhängigen Entgeltes für die Erfüllung einer Hauptleistungspflicht weicht aber von den dispositiven Rechtsvorschriften ab und kann daher schlichtweg nicht als kontrollfreier Preisbestandteil qualifiziert werden. Laufzeitunabhängige Entgeltbestimmungen stellen folglich kontrollfähige Darlehensnebenkosten dar.

Bereits bei Verbraucherdarlehensverträgen hatte der BGH deutlich gemacht, dass der laufzeitabhängige Zins die Gegenleistung für die Gewährung des Kapitals darstelle und darin nach Lesart des Gesetzes auch die Kosten für den Vertragsschluss enthalten seien.[813] Daher überrascht es nicht, dass der erkennende Senat dieser Argumentation im unternehmerischen Verkehr folgt. Da es sich um eine allgemeine Wertung des Darlehensrechts handelt, käme es andernfalls zu einem abweichenden Zinsbegriff in Abhängigkeit davon, ob der Darlehensnehmer Verbraucher oder Unternehmer ist.[814] Auch die Tatsache, dass ein Entgelt wie bei der Angabe des effektiven Jahreszinses als Teil einer Gesamtkalkulation ausgewiesen wird, ändert an dieser Bewertung nichts. Denn dabei handelt es sich vielmehr um eine Transparenzangabe, die den Charakter als laufzeitunabhängige Darlehensnebenkosten unberührt lässt.[815]

Die Zulässigkeit gesonderter Vergütungen bei anderen Vertragstypen lässt sich auf die Auslegung von Entgeltklauseln nur bedingt übertragen. Zwar mag man darin anschauliche Beispiele erkennen, die die unterschiedliche Einordnung eines Teilentgeltes bei anderen Rechtsgeschäften belegt. Das divergierende dispositive Recht und eine grundlegend andere Kasuistik stehen einer Vergleichbarkeit jedoch entgegen, zumal bislang auch nicht jedes der exemplarisch aufgezählten

---

812 Nach § 488 Abs. 1 BGB stehen die Kapitalüberlassung und Kapitalbelassung im Synallagma zur Zinszahlungspflicht; siehe die Nachweise in Fn. 748 und 762.

813 BGH, Urteil vom 28.10.2014 – XI ZR 348/13, BGHZ 203, 115 = NJW 2014, 3713; BGH, Urteile vom 13.05.2014 – XI ZR 405/12, BGHZ 201, 168 = NJW 2014, 2420 Rn. 50 und XI ZR 170/13, WM 2014, 1325 Rn. 60; *von Westphalen*, NJW 2019, 275, 277 spricht insoweit schon von „*settled law*“; im Grundsatz zustimmend *K. P. Berger*, in: MüKo BGB § 488 Rn. 159; *Piekenbrock*, ZBB 2015, 13, 19.

814 BGH, Urteile vom 04.07.2017 – XI ZR 562/15, BGHZ 215, 172 = NJW 2017, 2986 Rn. 27, 33 und XI ZR 233/16, ZIP 2017, 1654 Rn. 36, 42; ebenso *Krepold*, BKR 2019, 417; die Übertragung voraussehend *J. Koch*, WM 2016, 717, 719; *Casper/Möllers*, WM 2015, 1689, 1691; a.A. *Edelmann*, in: MAH Bank- und Kapitalmarktrecht § 4 Rn. 128, wonach § 307 Abs. 3 BGB nur unter Berücksichtigung der Gewohnheiten und Gebräuche des Handelsverkehrs ausgelegt werden dürfe.

815 BGH, Urteil vom 16.10.2018 – XI ZR 593/16, WM 2018, 2183 Rn. 25; BGH, Urteil vom 07.06.2011 – XI ZR 388/10, BGHZ 190, 66 = NJW 2011, 2640 Rn. 20.

Einmalentgelte einer höchstrichterlichen Kontrolle unterzogen wurde. Der Kaufpreis i.S.v. § 433 Abs. 2 BGB und die Vergütung i.S.v. § 631 Abs. 1 BGB enthalten schon keine laufzeitabhängige Ausgestaltung der Gegenleistungspflicht. Die Tatsache, dass Aufnahmegebühren, Endreinigungspauschalen oder Überführungskosten bei anderen Vertragstypen wirksam vereinbart werden können, hat keine unmittelbaren Auswirkungen auf das Darlehensvertragsrecht. Denn der Begriff der (Haupt-) Leistung wird bei unterschiedlichen Vertragstypen auch unterschiedlich ausgefüllt und steht letztlich nicht zur Disposition des Verwenders von AGB.[816]

Die systematische Argumentation ist für den Bereich der Unternehmerdarlehensverträge schon deshalb zweifelhaft, weil sie sich ausschließlich auf die Vorschriften für Verbraucherdarlehen stützt. Eine Einflussnahme auf das allgemeingültige Leitbild des Darlehensvertrages würde aber auch den unternehmerischen Verkehr betreffen. Dennoch überzeugt auch dieser Ansatz nicht. Mit der Benennung von Zinsen und Kosten in diversen Vorschriften der §§ 491 ff. BGB verwendet das Gesetz bewusst ungleiche Rechtsbegriffe, die dementsprechend ungleich zu behandeln sind.[817] Durch die Erwähnung von Zinsen und sonstigen laufzeitabhängigen Kosten in § 501 BGB kann man zwar auf die Existenz laufzeitunabhängiger Kosten schließen. Jedoch lässt sich daraus nicht schlussfolgern, dass laufzeitunabhängige Entgelte unter den Begriff des laufzeitabhängigen Zinses zu fassen und daher nicht kontrollfähig sind. Gemeinhin ist es nicht vorstellbar, dass gerade Vorschriften des Verbraucherschutzrechtes die Grundlage und Billigung für neben dem Zins anfallende Kosten darstellen sollten.[818]

Insoweit ist festzuhalten, dass der Preis für ein Darlehen gesetzlich als laufzeitabhängiger Zins definiert ist. Ein einmaliges und laufzeitunabhängiges Bearbeitungsentgelt ist kein Zins im Rechtssinne und kann daher auch keinen Bestandteil des Preises gem. § 488 Abs. 1 Satz 2 BGB darstellen.[819] An diesem Befund würde auch eine ausdrückliche Vereinbarung mit dem Ziel, eine Kombination aus Zins und Entgelt der Preisabrede zuzuordnen, nichts ändern. Sofern eine solche Bestimmung in vorformulierten Vertragsbedingungen zu finden ist, handelt es sich um eine Klausel, die von dem gesetzlichen Leitbild des § 488 BGB abweicht. Demnach

---

816 BGH, Urteil vom 18.05.1999 – XI ZR 219/98, BGHZ 141, 380 = NJW 1999, 2276, 2277; OLG Bamberg, Urteil vom 04.08.2010 – 3 U 78/10, WM 2010, 2072, 2073; a.A. *Bitter/Linardatos*, ZIP 2018, 2249, 2253; *Bitter*, JZ 2015, 170, 172. *Herresthal*, EWiR 2019, 1, 2 fordert indes eine gesetzgeberische Klarstellung im Rahmen von § 488 Abs. 1 Satz 2 BGB, wonach sich die Pflicht des Darlehensnehmers darauf erstrecken solle „das vereinbarte Entgelt, insbesondere einen geschuldeten Zins zu zahlen".

817 *Casper/Möllers*, WM 2015, 1689, 1691; *Strube/Fandel*, BKR 2014, 133, 137 mit dem Hinweis, dass Zinsen und Kosten im Rahmen des § 501 BGB in einem ordnungsrechtlichen Kontext gem. der Preisangabenverordnung verwendet würden.

818 Siehe die Nachweise in Fn. 801; speziell zu § 501 BGB siehe Fn. 807.

819 *K. P. Berger*, in: MüKo BGB § 488 Rn. 159; *Krepold*, in: Schimansky/Bunte/Lwowski, Bankrechts-Handbuch § 78 Rn. 116; *Henze*, Entgeltklauseln, S. 47; *Casper/Möllers*, WM 2015, 1689, 1691; *Piekenbrock*, ZBB 2015, 13, 19; *Tiffe*, VuR 2012, 127, 128.

wäre sie als AGB zwar nicht *per se* unzulässig, jedoch ist das Abweichen dann an § 307 Abs. 2 Nr. 1 BGB zu messen.[820] Spielraum für das kontrollfreie Abbedingen des dispositiven Rechts bietet hingegen die Individualabrede, in deren Rahmen die Vertragsparteien auch individualvertragliche Preisbestandteile festlegen können. Ferner scheidet die Kontrollfähigkeit einer Entgeltklausel immer dann aus, wenn es sich um ein rechtlich selbstständiges Entgelt für eine Sonder- oder Zusatzleistung handelt.[821]

### *b. Das Entgelt als Sonder- oder Zusatzleistung*

Neben der Preishauptabrede als Vergütung für die vertragliche Hauptleistung unterliegen dem Kunden zusätzlich angebotene Sonder- oder Zusatzleistungen ebenfalls nicht der AGB-rechtlichen Inhaltskontrolle.[822] Voraussetzung für das Bestehen einer kontrollfreien Sonder- oder Zusatzleistung ist, dass die zugrunde liegende Leistung auf einer separaten Vereinbarung der Parteien beruht und nicht aufgrund einer gesetzlichen Pflicht, dispositiven Rechts oder des Vertragstypus ohnehin geschuldet wird.[823] Überträgt man dieses Korsett auf den Abschluss eines Darlehensvertrages, so ist es entscheidend, dass die Sonder- oder Zusatzleistung im Interesse des Darlehensnehmers liegt und somit eine separate Vergütung rechtfertigt.[824] Dem Bearbeitungsentgelt muss daher eine echte Leistung des Darlehensgebers gegenüberstehen.[825]

---

820 BGH, Urteil vom 13.03.2018 – XI ZR 291/16, WM 2018, 1046 Rn. 29; BGH, Urteile vom 04.07.2017 – XI ZR 562/15, BGHZ 215, 172 = NJW 2017, 2986 Rn. 40 und XI ZR 233/16, ZIP 2017, 1654 Rn. 48; BGH, Urteil vom 13.05.2014 – XI ZR 170/13, WM 2014, 1325 Rn. 68; a.A. *Schmid-Burgk*, BB 2018, 1799, 1800, wonach der BGH den Parteiwillen nicht ignorieren dürfe.

821 BGH, Urteile vom 04.07.2017 – XI ZR 562/15, BGHZ 215, 172 = NJW 2017, 2986 Rn. 29 und XI ZR 233/16, ZIP 2017, 1654 Rn. 38.

822 BGH, Urteile vom 04.07.2017 – XI ZR 562/15, BGHZ 215, 172 = NJW 2017, 2986 Rn. 29 und XI ZR 233/16, ZIP 2017, 1654 Rn. 38; BGH, Urteile vom 13.05.2014 – XI ZR 405/12, BGHZ 201, 168 = NJW 2014, 2420 Rn. 31 und XI ZR 170/13, WM 2014, 1325 Rn. 40; BGH, Urteil vom 07.12.2010 – XI ZR 3/10, BGHZ 187, 360 = NJW 2011, 1801 Rn. 26; BGH, Urteil vom 21.04.2009 – XI ZR 78/08, BGHZ 180, 257 = NJW 2009, 2051 Rn. 16.

823 BGH, Urteil vom 13.11.2012 – XI ZR 500/11, BGHZ 195, 298 = NJW 2013, 995 Rn. 42; BGH, Urteil vom 22.05.2012 – XI ZR 290/11, BGHZ 193, 238 = NJW 2012, 2571 Rn. 38; *Horn*, WM 1997, Sonderbeilage 1, 1, 10 f.; *Thüsing*, in: von Westphalen/Thüsing, Vertragsrecht, Preis – Preisnebenabrede Rn. 6.

824 BGH, Urteil vom 18.04.2002 – III ZR 199/01, NJW 2002, 2386; *Fuchs*, in: Ulmer/Brandner/Hensen AGB § 307 Rn. 79; *Casper/Möllers*, BKR 2014, 59, 65 ff.; *Mülbert*, AcP 192 (1992), 447, 498.

825 Da der „Charakter einer Gegenleistung" gegeben ist, sind Sonder- und Zusatzleistungen der kontrollfreien Preisabrede zuzurechnen, auch wenn sie nicht die vertraglichen Hauptleistungen regeln, BGH, Urteil vom 30.11.2004 – XI ZR 49/04, NJW-RR 2005, 1135, 1136; BGH, Urteil vom 14.10.1997 – XI ZR 167/96, BGHZ 137, 27,

Nach Ansicht des BGH lag in den Urteilen vom 04.07.2017 eine solche selbstständige Sonderleistung des Kreditinstitutes nicht vor, da mit dem Bearbeitungsentgelt Kosten für Tätigkeiten auf die Kunden abgewälzt würden, die im Interessenkreis des Kreditinstitutes lägen.[826]

## aa. Entgeltlichkeit der Geschäftsleistungen unter Kaufleuten

Dieser Einschätzung wird entgegengehalten, dass die Parteien im kaufmännischen Verkehr davon ausgingen, dass das Erbringen von Geschäftsleistungen stets mit Kosten verbunden sei.[827] Bei der gewerblichen Vergabe von Krediten stünden sich auf beiden Seiten regelmäßig Kaufleute i.S.d. §§ 2, 5 HGB gegenüber, die miteinander ein Handelsgeschäft gem. § 343 HGB abschlössen.[828] Das gesetzliche Leitbild des Darlehensvertrages müsse somit im B2B-Bereich durch die Vorschrift des § 354 HGB modifiziert werden und besage demzufolge, dass jede Art von Leistung nur entgeltlich erbracht werde.[829]

Jedoch wird man einem Grundsatz der Entgeltlichkeit im kaufmännischen Verkehr nicht entnehmen können, dass eine bestimmte Leistung als Sonder- oder Zusatzleistung einzuordnen ist. Nach dem Verständnis des BGH bezweckt § 354 HGB lediglich, dass sich ein Kaufmann mangels Einigung über eine Provision nicht darauf berufen kann, ein Vertragsverhältnis sei nicht zustande gekommen.[830] Das steht in den besprochenen Urteilen jedoch überhaupt nicht zur Debatte, da das Darlehen durch den vereinbarten Zins ohnehin entgeltlich ausgestaltet war.[831] Zudem ist hier bereits die Anwendbarkeit von § 354 HGB fraglich, da nur erfasst ist, „wer in Ausübung seines Handelsgewerbes *einem anderen* Geschäfte besorgt oder Dienste leistet". Sofern ein Kaufmann im eigenen Interesse tätig wird, ist § 354 HGB schon nicht anwendbar.[832]

---

30 = NJW 1998, 383; *Fuchs*, in: Ulmer/Brandner/Hensen AGB § 307 Rn. 79; *Pfeiffer*, in: Wolf/Lindacher/Pfeiffer AGB § 307 BGB Rn. 310.

826 BGH, Urteile vom 04.07.2017 – XI ZR 562/15, BGHZ 215, 172 = NJW 2017, 2986 Rn. 30 und XI ZR 233/16, ZIP 2017, 1654 Rn. 39. Die Revision behauptete indessen das Gegenteil.

827 So *Hanke/Adler*, WM 2015, 1313, 1314, die von dem „Grundsatz der Entgeltlichkeit" sprechen; ähnlich *Steuer*, in: FS Hadding 2004, 1169, 1170; *Casper/Möllers*, BKR 2014, 59, 66; *Cahn*, WM 2010, 1197, 1202.

828 *Hanke/Adler*, WM 2015, 1313, 1314.

829 *Hanke/Adler*, WM 2015, 1313, 1314; *Casper/Möllers*, BKR 2014, 59, 66; nach *K. Schmidt*, in: MüKo HGB § 354 Rn. 1 liegt der Norm der Erfahrungssatz zugrunde, dass ein Kaufmann seine Geschäftsleistungen nicht unentgeltlich erbringt.

830 BGH, Urteil vom 28.01.1993 – I ZR 292/90, NJW-RR 1993, 802; BGH, Urteil vom 28.09.1961 – II ZR 186/59, WM 1961, 1250; *K. Schmidt*, in: MüKo HGB § 354 Rn. 1.

831 BGH, Urteile vom 04.07.2017 – XI ZR 562/15, BGHZ 215, 172 = NJW 2017, 2986 Rn. 31 und XI ZR 233/16, ZIP 2017, 1654 Rn. 40.

832 BGH, Urteil vom 21.11.1983 – VIII ZR 173/82, WM 1984, 165, 166; *K. Schmidt*, in: MüKo HGB § 354 Rn. 9 f.

Aus dem Abschluss eines Handelsgeschäftes kann daher nicht *per se* gefolgert werden, dass die Tätigkeit eines Kreditinstitutes gesondert zu vergüten ist.[833] Vielmehr kommt es darauf an, ob der Darlehensnehmer an der jeweiligen Leistung ein Interesse hat.

### bb. Leistungen im Interesse des Kunden?

Ein vordergründiges Interesse eines Darlehensnehmers wird man in dem Abschluss des begehrten Darlehensvertrages zu annehmbaren Konditionen erblicken können. Um das spezielle Anliegen eines jeden Kunden zu erfassen, müssen daher Vertragsgespräche geführt und Kundendaten gesammelt werden. So könnte man argumentieren, dass die Strukturierung des zu finanzierenden Vorhabens und die Beratung bei der Auswahl der passenden Produkte sowie die Prüfung der Bonität des Kunden eine zu vergütende Sonder- oder Zusatzleistung des Kreditinstituts darstellten.[834]

Abzustellen ist auf den Verkehrskreis des Vertragspartners und somit auf die Sichtweise eines verständigen Unternehmers, für den es sich um echte, werthaltige Gegenleistungen handeln kann.[835] Dies könne insbesondere darauf zurückzuführen sein, dass die Bonitätsprüfung durch Sichtung von Geschäftsplänen und Bilanzen im Falle eines positiven Ergebnisses zu besseren Darlehenskonditionen führe und somit dem Kunden zugute komme.[836] Durch eine sorgfältige Untersuchung der unternehmerischen Kennzahlen im Vorfeld einer Kreditaufnahme könne zudem eine etwaige Überschuldung verhindert werden.[837] Nicht zuletzt unterliegen kaufmännische Darlehensnehmer einer handelsrechtlichen Verpflichtung zur

---

833 BGH, Urteile vom 04.07.2017 – XI ZR 562/15, BGHZ 215, 172 = NJW 2017, 2986 Rn. 31 und XI ZR 233/16, ZIP 2017, 1654 Rn. 40; *H. Schmidt*, in: BeckOK BGB § 307 Rn. 94 f.

834 So lautet der Vortrag der Revision in BGH, Urteile vom 04.07.2017 – XI ZR 562/15, BGHZ 215, 172 = NJW 2017, 2986 Rn. 32 ff. und XI ZR 233/16, ZIP 2017, 1654 Rn. 41 ff.; ebenso *van Bevern/Schmitt*, BKR 2015, 323, 326; *Hanke/Adler*, WM 2015, 1313; *Lang/Schulz*, WM 2015, 2173, 2178; *H. Berger/Rübsamen*, WM 2011, 1877, 1879.

835 *Hanke/Adler*, WM 2015, 1313; *Lang/Schulz*, WM 2015, 2173, 2178. Nach dem Vortrag der Revision in BGH, Urteil vom 04.07.2017 – XI ZR 562/15, BGHZ 215, 172 = NJW 2017, 2986 Rn. 36 gingen die Tätigkeiten der Bank bei langfristigen gewerblichen Immobilienfinanzierungen über eine Bonitätsprüfung hinaus und seien mit der Tätigkeit eines Architekten bei einem Bauvorhaben gem. § 34 Abs. 3 Nr. 1 HOAI vergleichbar.

836 So lautet der Vortrag der Revision in BGH, Urteile vom 13.05.2014 – XI ZR 405/12, BGHZ 201, 168 = NJW 2014, 2420 Rn. 50 und XI ZR 170/13, WM 2014, 1325 Rn. 60; ähnlich OLG Düsseldorf, Beschluss vom 14.10.2013 – I-14 U 133/13, juris Rn. 6; *Tröger*, NJW 2017, 2994, 2995; *van Bevern/Schmitt*, BKR 2015, 323, 326; *Bitter*, JZ 2015, 170, 171 f.; *Becher/Krepold*, BKR 2014, 45, 54.

837 *Hanke/Adler*, WM 2015, 1313, 1315; *Lang/Schulz*, WM 2015, 2173, 2178.

Buchführung und Bilanzierung nach §§ 238 ff. HGB, die nicht nur der Selbstkontrolle der Bonität, sondern auch dem Schutz der Gläubiger dient.[838]

Da der Vertragsschluss mit Kosten verbunden ist und im nicht regulierten Rechtsverkehr keine Verpflichtung zum Abschluss eines Darlehensvertrages zu bestimmten Konditionen besteht, könne man die Abgabe des Darlehensangebotes durch die Bank als vergütungsfähige Sonderleistung verstehen.[839] Demnach sei ein „Abschlussentgelt" insoweit im Interesse des Kunden, als der Vertragsschluss dadurch überhaupt erst arrangiert und ermöglicht werde. Ferner entstünden einem Kreditinstitut bei der Beschaffung und Zurverfügungstellung des Kapitals und der Sicherstellung der Refinanzierung einmalige, vergütungsfähige Kosten.[840]

### cc. Keine Sonderleistung bei Akquise- und Vorbereitungstätigkeiten

Die Rechtsprechung hält dem entgegen, dass das Erfassen von Kundenwünschen und -daten allein nicht als vergütungsfähige Zusatzleistung zu qualifizieren sei, sondern lediglich allgemeine Geschäftskosten darstelle.[841] Die Führung von Gesprächen und die Vorbereitung der Dokumentation liege vordergründig im Geschäftsinteresse der Bank, die eine Kontrahierung mit dem jeweiligen Kunden überprüfen wolle. Durch die Bearbeitung eines Darlehensantrags werde daher die eigene Geschäftstätigkeit gefördert und nicht eine Sonderleistung zum Vorteil des Kreditnehmers erbracht.[842] Gleiches gelte für den Einwand des Erbringens einer Beratungstätigkeit. Eine gesondert vergütungsfähige Beratungsleistung müsse über bloße Akquise- und Vorbereitungstätigkeiten im Rahmen der Antragsbearbeitung hinausgehen, wogegen schon die Bezeichnung als „Bearbeitungsentgelt" spreche.[843]

Zwar könne eine Bonitätsprüfung durch die Auswertung von umfangreichen Finanzierungsgrundlagen und unternehmerischen Zahlenwerken durchaus zu

---

838 LG Kleve, Urteil vom 18.08.2015 – 4 O 13/15, NJW 2016, 258 f.; dazu *Ballwieser*, in: MüKo HGB § 238 Rn. 1, § 242 Rn. 1; *Böcking/Gros*, in: EBJS HGB § 242 Rn. 3; ähnlich *Hanke/Adler*, WM 2015, 1313, 1314.

839 So lautet der Vortrag der Revision in BGH, Urteile vom 13.05.2014 – XI ZR 405/12, BGHZ 201, 168 = NJW 2014, 2420 Rn. 54 und XI ZR 170/13, WM 2014, 1325 Rn. 64; *Becher/Krepold*, BKR 2014, 45, 61.

840 So lautet der Vortrag der Revision in BGH, Urteile vom 04.07.2017 – XI ZR 562/15, BGHZ 215, 172 = NJW 2017, 2986 Rn. 32 und XI ZR 233/16, ZIP 2017, 1654 Rn. 41.

841 BGH, Urteile vom 13.05.2014 – XI ZR 405/12, BGHZ 201, 168 = NJW 2014, 2420 Rn. 53 und XI ZR 170/13, WM 2014, 1325 Rn. 63; OLG Karlsruhe, Urteil vom 03.05.2011 – 17 U 192/10, WM 2011, 1366, 1369; OLG Zweibrücken, Beschluss vom 21.02.2011 – 4 U 174/10, MDR 2011, 1125; a.A. *H. Berger/Rübsamen*, WM 2011, 1877, 1879.

842 *Schmieder*, WM 2012, 2358, 2362; *Nobbe*, WM 2008, 185, 188, 193.

843 BGH, Urteile vom 13.05.2014 – XI ZR 405/12, BGHZ 201, 168 = NJW 2014, 2420 Rn. 55 und XI ZR 170/13, WM 2014, 1325 Rn. 65; OLG Karlsruhe, Urteil vom 03.05.2011 – 17 U 192/10, WM 2011, 1366, 1368; *Jerger*, NJW 2019, 3752, 3755; *Tiffe*, VuR 2012, 127, 128; *Krüger/Bütter*, WM 2005, 673, 676.

einer individuellen Anpassung des Darlehensvertrages führen.[844] Jedoch sei gerade die Prüfung der Bonität und die Bewertung von Sicherheiten vordergründig im Interesse des Kreditinstitutes und im öffentlichen Interesse der Kreditwirtschaft, Forderungsausfälle zu vermeiden.[845] Auch wenn es im Zuge dessen zu einer Verbesserung der Konditionen oder einer Vermeidung der Überschuldung zugunsten des Darlehensnehmers komme, sei darin nur ein reflexartiger Nebeneffekt zu sehen, der eine gesondert vergütungsfähige Leistung nicht rechtfertigen könne.[846] Denn man werde nicht annehmen können, dass die an einer Bonitätsprüfung ausgerichtete Entscheidung hinsichtlich der Vertragskonditionen allein oder zumindest vordergründig an den Interessen des Kreditnehmers ausgerichtet ist.[847]

Etwas anderes ergebe sich auch nicht aus der Verpflichtung eines Kaufmanns zur Buchführung und Bilanzierung (§§ 238 ff. HGB) bzw. der Veröffentlichung seiner Bilanz auf eigene Kosten (§§ 325 ff. HGB).[848] Obgleich das Handelsrecht derartige öffentlich-rechtliche Verpflichtungen auferlege, führe ein Kreditinstitut bei Abschluss eines konkreten Darlehensvertrages doch eine eigenständige Bonitätsprüfung durch, die auf hauseigenen Parametern beruhe.[849] Selbst wenn der Kunde

---

844 So argumentieren *van Bevern/Schmitt*, BKR 2015, 323, 326; *Hanke/Adler*, WM 2015, 1313, 1314; *Lang/Schulz*, WM 2015, 2173, 2178.

845 BGH, Urteile vom 04.07.2017 – XI ZR 562/15, BGHZ 215, 172 = NJW 2017, 2986 Rn. 32 und XI ZR 233/16, ZIP 2017, 1654 Rn. 41 jeweils mit Verweis auf BGH, Urteile vom 13.05.2014 – XI ZR 405/12, BGHZ 201, 168 = NJW 2014, 2420 Rn. 50 und XI ZR 170/13, WM 2014, 1325 Rn. 60; ebenso OLG Frankfurt a.M., Urteil vom 25.02.2016 – 3 U 110/15, ZIP 2016, 1158, 1159; *Lapp/Salamon*, in: jurisPK BGB § 307 Rn. 69; *Schwintowski*, in: jurisPK BGB § 488 Rn. 40. Zuletzt ausdrücklich auch hinsichtlich der Bestellung, Verwaltung und Verwertung von Sicherheiten BGH, Urteil vom 10.09.2019 – XI ZR 7/19, NJW 2019, 3778, 3780 Rn. 25.

846 BGH, Urteil vom 16.10.2018 – XI ZR 593/16, WM 2018, 2183 Rn. 21; BGH, Urteile vom 04.07.2017 – XI ZR 562/15, BGHZ 215, 172 = NJW 2017, 2986 Rn. 33 und XI ZR 233/16, ZIP 2017, 1654 Rn. 42; BGH, Urteile vom 13.05.2014 – XI ZR 405/12, BGHZ 201, 168 = NJW 2014, 2420 Rn. 50 und XI ZR 170/13, WM 2014, 1325 Rn. 60; OLG Celle vom 13.10.2011 – 3 W 86/11, juris Rn. 15; OLG Düsseldorf, Urteil vom 24.02.2011 – 6 U 162/10, juris Rn. 15; a.A. *Tröger*, NJW 2017, 2994, 2995; *van Bevern/Schmitt*, BKR 2015, 323, 326.

847 In diese Richtung LG Berlin, Urteil vom 04.06.2013 – 10 S 2/13, WM 2013, 1710, 1713. Gleichermaßen werde die Bank auch bei der Ermittlung und Objektivierung von Grundlagen der in Aussicht genommenen Immobilienfinanzierung nur im eigenen Interesse tätig, weshalb keine Vergleichbarkeit zu den Tätigkeiten eines Architekten bestehe, BGH, Urteil vom 04.07.2017 – XI ZR 562/15, BGHZ 215, 172 = NJW 2017, 2986 Rn. 36.

848 BGH, Urteile vom 04.07.2017 – XI ZR 562/15, BGHZ 215, 172 = NJW 2017, 2986 Rn. 35 und XI ZR 233/16, ZIP 2017, 1654 Rn. 44; a.A. LG Kleve, Urteil vom 18.08.2015 – 4 O 13/15, NJW 2016, 258, wonach die Möglichkeit der Bonitätsprüfung in der Sphäre des kaufmännischen Darlehensnehmers zu verorten sei.

849 BGH, Urteile vom 04.07.2017 – XI ZR 562/15, BGHZ 215, 172 = NJW 2017, 2986 Rn. 35 und XI ZR 233/16, ZIP 2017, 1654 Rn. 44.

das Resultat der Bonitätsprüfung noch für andere Zwecke nutzen könnte, handle es sich dabei nur um einen Nebeneffekt und nicht um eine separate Sonder- oder Zusatzleistung im Interesse des Kunden.[850] Dieser Befund wird durch die Anordnung des § 18 KWG gestützt.[851] Danach ist ein Kreditinstitut aufsichtsrechtlich dazu verpflichtet, Kredite in bestimmter Höhe erst nach Offenlegung der wirtschaftlichen Verhältnisse, insbesondere durch Vorlage der Jahresabschlüsse des Kunden, zu gewähren. Die Bonitätsprüfung ist für die Bank somit obligatorisch und keine fakultative Leistung.[852]

Auch die Abgabe des Angebotes an sich könne nach den allgemeinen schuldrechtlichen Grundsätzen nicht als eine zu vergütende Sonderleistung eingeordnet werden. Der Vertragsschluss durch Angebot und Annahme bilde nämlich erst die Grundlage für das Entstehen der vertraglichen Hauptleistungspflichten und löst somit überhaupt erst einen Vergütungsanspruch aus.[853] Aus der Tatsache, dass Kreditinstitute bei Abschluss eines Darlehensvertrages keinem Kontrahierungszwang unterliegen, kann nicht pauschal entnommen werden, dass neben dem Zins regelmäßig ein zusätzliches Abschlussentgelt als Sonderleistung zu entrichten sei.[854] Gleiches gelte für jene Leistungen, die mit der Kapitalüberlassung im Zusammenhang stehen, weil darin keine einzeln vergütungsfähigen Zusatzleistungen des Kreditinstitutes im Interesse des Kunden zu erkennen seien.[855] Die Kapitalbeschaffung diene allein der Absicherung der Refinanzierung der Bank und erfülle durch die Überlassung der Valuta lediglich die gesetzlichen Hauptleistungspflichten.[856]

---

850 BGH, Urteile vom 04.07.2017 – XI ZR 562/15, BGHZ 215, 172 = NJW 2017, 2986 Rn. 35 und XI ZR 233/16, ZIP 2017, 1654 Rn. 44.

851 BGH, Urteile vom 13.05.2014 – XI ZR 405/12, BGHZ 201, 168 = NJW 2014, 2420 Rn. 52 und XI ZR 170/13, WM 2014, 1325 Rn. 62.

852 Dem wird mitunter entgegengehalten, dass der Vorschrift des KWG drittschützende Wirkung zukomme und die Bonitätsprüfung daher als Sonderleistung zu qualifizieren sei, *Casper/Möllers*, BKR 2014, 59, 66; *Becher/Krepold*, BKR 2014, 45, 54 f. Selbst wenn man aber einen Drittschutz zugunsten des Kunden annehmen wollte, lässt sich aus einer gesetzlichen Verpflichtung des Kreditinstitutes keine gesondert vergütungsfähige Sonderleistung auf selbständiger vertraglicher Grundlage ableiten, BGH, Urteil vom 13.11.2012 – XI ZR 500/11, BGHZ 195, 298 = NJW 2013, 995 Rn. 42; BGH, Urteil vom 22.05.2012 – XI ZR 290/11, BGHZ 193, 238 = NJW 2012, 2571 Rn. 11 ff.; *Schmieder*, WM 2012, 2358, 2362; *Tiffe*, VuR 2012, 127, 129.

853 BGH, Urteile vom 13.05.2014 – XI ZR 405/12, BGHZ 201, 168 = NJW 2014, 2420 Rn. 54 und XI ZR 170/13, WM 2014, 1325 Rn. 64.

854 OLG Karlsruhe, Urteil vom 03.05.2011 – 17 U 192/10, WM 2011, 1366, 1370; OLG Bamberg, Urteil vom 04.08.2010 – 3 U 78/10, WM 2010, 2072, 2074; *Tiffe*, VuR 2012, 127, 128 f.; a.A. *Becher/Krepold*, BKR 2014, 45, 51.

855 BGH, Urteile vom 04.07.2017 – XI ZR 562/15, BGHZ 215, 172 = NJW 2017, 2986 Rn. 32 und XI ZR 233/16, ZIP 2017, 1654 Rn. 41.

856 BGH, Urteile vom 04.07.2017 – XI ZR 562/15, BGHZ 215, 172 = NJW 2017, 2986 Rn. 32 und XI ZR 233/16, ZIP 2017, 1654 Rn. 41 jeweils mit Verweis auf BGH, Urteile vom 13.05.2014 – XI ZR 405/12, BGHZ 201, 168 = NJW 2014, 2420 Rn. 56 und XI ZR

### dd. Stellungnahme: Transaktionsorientierte Einzelfallbetrachtung

Bei dem Abschluss eines Darlehensvertrages steht es für Geschäftskunden im Mittelpunkt, ein auf die eigenen Bedürfnisse zugeschnittenes Produkt zu erhalten. Während ein Handwerksmeister einen kurzfristigen Kapitalbedarf zur Anschaffung einer Maschine benötigt, beanspruchen Großkonzerne die langfristige Bereitstellung einer Kreditlinie oder gar eine Konsortialfinanzierung für den bevorstehenden Börsengang. Je nachdem können auch die Anforderungen an eine Sicherheitenprüfung zwischen der Bestellung eines Grundpfandrechts und einer umfangreichen Projektbegutachtung sehr unterschiedlich ausfallen. Der Strukturierungsaufwand und der Umfang der Darlehensvaluta kann gerade im Geschäftskundenverkehr sehr stark variieren. Daher erscheint die Annahme, dass eine gesonderte Vergütung des entstandenen Betriebsaufwands von vornherein ausscheide, zu kurz gegriffen. Dadurch, dass der BGH davon ausgeht, dass dieser Aufwand bereits im Preis enthalten sei, verlagert er die kaufmännische Preiskalkulation von dem Unternehmer auf den Richter.[857] Die tatsächliche Beurteilung kann ein Gericht nur erahnen, weshalb sie sehr wertungsabhängig ist.[858]

Gerade wenn die Bepreisung der Hauptleistungspflicht auf den laufzeitabhängigen Zins beschränkt ist, darf der Spielraum für das zusätzliche Erheben von Sonderleistungen nicht zu stark verengt werden. Andernfalls vermag sich der BGH, der eine betriebswirtschaftliche Überprüfung des Preises nach eigener Aussage ablehnt, selbst zu widersprechen. Ob es sich dabei lediglich um eine Kostenabwälzung herkömmlichen Aufwands oder eine echte Zusatzleistung handelt, muss eine transaktionsorientierte Einzelfallbetrachtung im relevanten Markt ergeben.[859] Denn der Verwaltungsaufwand unterscheidet sich je nach Art und Umfang eines Darlehensvertrages ganz erheblich.

Nach dieser Maßgabe ist dem BGH insoweit zuzustimmen, als dass die Abgabe eines Angebotes nach den allgemeinen schuldrechtlichen Grundsätzen nicht als vergütungsfähige Sonderleistung eingeordnet werden kann. Andernfalls ließe sich mit diesem Einwand wohl bei nahezu jedem Vertragstypus eine Sonderleistung begründen. In gleicher Weise wird man auch die Prüfung der Kreditwürdigkeit und die Bewertung von angebotenen Sicherheiten dem allgemeinen Betriebsaufwand

---

170/13, WM 2014, 1325 Rn. 58; OLG Düsseldorf, Urteil vom 24.02.2011 – 6 U 162/10, juris Rn. 15.

857 *Fuchs*, in: Ulmer/Brandner/Hensen AGB § 307 Rn. 84; *H. Berger/Rübsamen*, WM 2011, 1877, 1879 f.; *Canaris*, AcP 200 (2000), 273, 334; a.A. *C. Weber*, BKR 2013, 450, 453, der den BGH als Wettbewerbshüter sieht.

858 *Fuchs*, in: Ulmer/Brandner/Hensen AGB § 307 Rn. 84; *Billing*, § 307 III 1 BGB, S. 108.

859 Für eine marktbezogene Betrachtung *Coester*, in: Staudinger BGB § 307 Rn. 322, 324; *Fuchs*, in: Ulmer/Brandner/Hensen AGB § 307 Rn. 85; *Wurmnest*, in: MüKo BGB § 307 Rn. 17; *Fastrich*, Inhaltskontrolle, S. 265; *Stoffels*, AGB Rn. 449; kritisch *Pfeiffer*, in: Wolf/Lindacher/Pfeiffer AGB § 307 BGB Rn. 303.

zuordnen müssen.[860] Denn die Bonitätsprüfung ist nicht pauschal der Interessenssphäre des Darlehensnehmers zuzuordnen. Vielmehr erfolgt die Bewertung des wirtschaftlichen Risikos aus Sicht der Bank, die die Ergebnisse einer Prüfung und die zugrunde liegenden Entscheidungsparameter nicht offenlegt.[861] Dafür spricht auch, dass ein Kreditinstitut aufgrund aufsichtsrechtlicher Bestimmungen (vgl. § 18 KWG) zu einer Überprüfung der wirtschaftlichen Verhältnisse durch Vorlage der Jahresabschlüsse verpflichtet ist. Eine Kontrollüberlegung zeigt, dass eine positive Bonitätsprüfung im Einzelfall zwar tatsächlich zu einer Verbesserung von Vertragskonditionen zugunsten des Kreditnehmers führen könnte. Im Falle einer negativen Prognose droht jedoch der Abschluss zu schlechteren Konditionen bzw. die gänzliche Ablehnung der Kreditgewährung.[862] Da ein Bankkunde die Bewertungsgrundlagen nicht kennt und den Ausgang der Bonitätsprüfung vor Vertragsschluss auch nicht abschätzen kann, wird man die Prüfung der Kreditwürdigkeit nicht allgemein seinem Interessenbereich zuordnen können. Eine vergütungsfähige Sonderleistung liegt daher regelmäßig nicht vor. Gemeinhin lässt sich festhalten, dass die Prüfung, ob und unter welchen Bedingungen ein Darlehensvertrag zustande kommt, zumeist im Interesse der Partei liegt, die den Abschluss des Vertrages auch tatsächlich final in den Händen hält – das ist im Regelfall die Bank.[863]

Dennoch erscheint der Einwand, dass ein bei der Bereitstellung und Unterzeichnung von Vertragsformularen oder der Beschaffung von Kapital entstehender Aufwand *per se* nicht vergütet werden könne, zu undifferenziert. Je nach Vertragsgestaltung und Umfang der Dokumentation kann es sich durchaus um eine zusätzlich vergütungsfähige Dienstleistung des Kreditinstitutes handeln. So kann etwa eine Bereitstellungsprovision als Gegenleistung für die zeitlich befristete Bereitstellung eines Kreditrahmens gesondert vergütet werden.[864] Dabei handelt es sich um eine Zinszusage der Bank, die bis zur Inanspruchnahme des Darlehens das Zinsänderungsrisiko trägt und damit dem Kunden gegenüber eine

---

860 Ebenso *J. Koch*, WM 2016, 717, 726; *Tiffe*, VuR 2012, 127, 129; *Krüger/Bütter*, WM 2005, 673, 676.

861 BGH, Urteile vom 13.05.2014 – XI ZR 405/12, BGHZ 201, 168 = NJW 2014, 2420 Rn. 51 und XI ZR 170/13, WM 2014, 1325 Rn. 61; *Henze*, Entgeltklauseln, S. 50; *C. Weber*, BKR 2013, 450, 453; *Tiffe*, VuR 2012, 127, 129.

862 Dieses Beispiel findet sich auch bei OLG Celle, Beschluss vom 13.10.2011 – 3 W 86/11, juris Rn. 15; OLG Bamberg, Urteil vom 04.08.2010 – 3 U 78/10, WM 2010, 2072, 2074; LG Berlin, Urteil vom 04.06.2013 – 10 S 2/13, WM 2013, 1710, 1713; a.A. *Tröger*, NJW 2017, 2994, 2995, der auf einen risikoangemessenen Zins abstellt.

863 OLG Dresden, Urteil vom 29.09.2011 – 8 U 562/11, WM 2011, 2320, 2321; LG Berlin, Urteil vom 04.06.2013 – 10 S 2/13, WM 2013, 1710, 1713.

864 BGH, Urteil vom 06.03.1986 – III ZR 234/84, NJW 1986, 1807; OLG Düsseldorf, Beschluss vom 25.11.2013 – I-14 U 116/13, BeckRS 2015, 05045; *Krepold*, in: Schimansky/Bunte/Lwowski, Bankrechts-Handbuch § 78 Rn. 124 ff.; *S. Weber*, BKR 2017, 106, 108; *Nobbe*, WM 2008, 185, 191; *Mülbert*, AcP 192 (1992), 447, 507; zu Bereitstellungszinsen bei Immobiliardarlehen umfassend *Güngör*, VuR 2013, 410.

außerordentliche Leistung erbringt.[865] Insgesamt muss die betreffende Leistung demnach den herkömmlichen Geschäftsaufwand übertreffen, der üblicherweise mit der Darlehensvergabe verbunden ist. Die separate Vergütung einer Sonderleistung erscheint somit immer dann nicht ausgeschlossen, wenn dem Einmalentgelt im Vertragsgefüge eine echte Gegenleistung des Darlehensgebers gegenübersteht.[866] Dafür kommt im unternehmerischen Geschäftsverkehr regelmäßig eine eigenständige Beratungsleistung in Betracht.

### c. *Gestaltungsmöglichkeit: Beratungsleistungen als echte Sonderleistungen*

Anders als bei der Vergabe von Krediten an kleinere Unternehmen oder im standardisierten Tagesgeschäft können komplexe Projekt- oder Konsortialfinanzierungen einen hohen Aufwand in Planung und Verwaltung mit sich bringen, der eine Sonderleistung begründen kann.[867] Keine Zusatzleistungen stellen daher die reine Überwachung der Zins- und Tilgungsleistungen, die Beantwortung von Kundenfragen oder gleichwertige, herkömmliche Serviceleistungen der Bank dar.[868] Nach Ansicht des XI. Zivilsenates muss die Beratung über bloße Akquise- und Vorbereitungstätigkeiten hinausgehen, könnte demnach aber in exklusiven Beratungsleistungen unabhängig von der Antragsbearbeitung oder in der Erstellung eines individuellen Tilgungsplans zu sehen sein.[869] Von der Bezeichnung als Bearbeitungsentgelt lasse sich hingegen gerade nicht auf eine über die bloße Kundenbetreuung hinausgehende Beratungsleistungen durch das Kreditinstitut schließen.[870]

---

865 Ausführlich zur Bereitstellungsprovision im Allgemeinen *Henze*, Entgeltklauseln, S. 77 ff. und bei Krediten im Kontokorrent im Besonderen *S. Weber*, BKR 2017, 106, 108.

866 *Bitter/Linardatos*, ZIP 2018, 2249, 2253 sehen in einem vertraglichen Grundmodell mit einzelnen vom Kunden wählbaren Optionen den Ausweg aus der „verfehlten Rechtsprechung des Bankrechtssenats".

867 *Josenhans/Danzmann/Lübbehüsen*, BKR 2018, 142, 145; ausführlich zur AGB-rechtlichen Zulässigkeit von Konsortialkreditverträgen *R. Becker/Dreyer*, ZIP 2014, 2057.

868 Diese Leistungen seien eher Ausdruck vertraglicher Treuepflichten, BGH, Urteil vom 13.05.2014 – XI ZR 405/12, BGHZ 201, 168 = NJW 2014, 2420 Rn. 57; BGH, Urteil vom 07.06.2011 – XI ZR 388/10, BGHZ 190, 66 = NJW 2011, 2640 Rn. 29.

869 Ausdrücklich *Krüger/Bütter*, WM 2005, 673, 676, auf dessen Ansicht der BGH selbst Bezug nimmt, BGH, Urteile vom 13.05.2014 – XI ZR 405/12, BGHZ 201, 168 = NJW 2014, 2420 Rn. 55 und XI ZR 170/13, WM 2014, 1325 Rn. 65. Weitere Sonderleistungen seien nach *Lang/Schulz*, WM 2015, 2173, 2178: Einräumung von Sondertilgungsmöglichkeiten, Möglichkeit von Tilgungserhöhungen oder -reduzierungen außerhalb des Tilgungsplans, vorzeitiges Kündigungsrechts oder vertragliches Widerrufsrecht.

870 BGH, Urteile vom 13.05.2014 – XI ZR 405/12, BGHZ 201, 168 = NJW 2014, 2420 Rn. 55 und XI ZR 170/13, WM 2014, 1325 Rn. 65 mit dem Hinweis, dass die Revision Gegenteiliges nicht aufgezeigt habe.

Ferner wies der BGH in der Entscheidung zu Verbraucherdarlehen darauf hin, dass derartige Beratungsleistungen der Vergabe von Krediten an Verbraucher üblicherweise nicht immanent seien.

## aa. Erforderlichkeit einer exakten (Sonder-) Leistungsbeschreibung

Aus einem Umkehrschluss zu der vorstehenden Aussage lässt sich sodann aber folgern, dass gesonderte Beratungstätigkeiten der Vergabe von Unternehmerdarlehen durchaus immanent sein können. Denn im gewerblichen Verkehr bestehen Aufklärungs- und Beratungspflichten des Kreditinstitutes im Gegensatz zum B2C-Bereich nur sehr beschränkt.[871] Zudem sind eine aufwendige Strukturierung und eine passgenaue Auswahl des Kreditmodells gerade bei der Finanzierung von komplexen Vorhaben wesentliche Bestandteile der Vertragsgestaltung. Diesen Aufwand der Hauptleistung des Darlehensgebers (der Kapitalgewährung) zuzuordnen, erscheint nicht sachgerecht. Von einer Bank wird man aber auch nicht erwarten können, dass sie derartige Leistungen unentgeltlich erbringt.

Als eine echte Sonderleistung sollten Beratungsleistungen im Zusammenhang mit der Strukturierung von Krediten oder Sicherheiten einzustufen sein, bei denen die Bank stets im Interesse des Darlehensnehmers tätig wird.[872] Zu einer Umstrukturierung des bestehenden Kreditengagements ist eine Bank gesetzlich (und meistens auch vertraglich) nicht verpflichtet, weshalb nicht erwartet werden kann, dass der damit verbundene Aufwand unentgeltlich erbracht wird.[873] Mit einem Strukturierungsentgelt könnten die Analyse der gegenwärtigen Finanzlage des Kunden, die Ermittlung passgenauer Finanzierungsmöglichkeiten oder die Kosten eines Sicherheitentausches abgegolten werden.[874] Insbesondere bei Konsortialfinanzierungen erfüllen die beteiligten Banken vornehmlich gesetzlich nicht geregelte Zusatzleistungen. So kann etwa eine Bereitstellungsgebühr für den nicht in Anspruch genommenen Teil einer Kreditzusage (*Commitment Fee*) erhoben oder die Syndizierung der Transaktion durch das konsortialführende Institut mit einer Arrangierprovision (*Arrangement Fee*) vergütet werden.[875]

---

871 Das gilt insbesondere für den Hinweis auf Gefahren und Risiken, BGH, Urteil vom 27.06.2000 – XI ZR 174/99, NJW 2000, 3558; OLG Frankfurt a.M., Urteil vom 29.07.2008 – 5 U 73/02, WM 2002, 1275, 1279; *Lang/Schulz*, WM 2015, 2173, 2179.

872 OLG Frankfurt a.M., Urteil vom 12.10.2016 – 17 U 165/15, juris Rn. 68; *Etzbach/Janning*, DB 2017, 2275, 2277; *van Bevern/Schmitt*, BKR 2015, 323, 326; *Lang/Schulz*, WM 2015, 2173, 2178.

873 OLG Frankfurt a.M., Urteil vom 12.10.2016 – 17 U 165/15, juris Rn. 68; zustimmend *Stackmann*, NJW 2018, 2366, 2367.

874 Ausführlich *Lang/Schulz*, WM 2015, 2173, 2180 f., die bei Bauträgerfinanzierung, Förderdarlehen und Konsortialkrediten den größten Spielraum für vergütungsfähige Mehrleistungen sehen; mit ähnlichem Ansatz *Henze*, Entgeltklauseln, S. 58.

875 Weitere vergütungsfähige Sonderleistungen der Konsortialkreditfinanzierung finden sich bei *Josenhans/Danzmann/Lübbehüsen*, BKR 2018, 142, 145; *W. Müller/Marchant/Eilers*, BB 2017, 2243, 2246 mit dem Hinweis, dass eine derartige Provision

Dabei ist eine passende Leistungsbeschreibung und die Vermeidung des Ausdruckes „Bearbeitungsentgelt“ kein Selbstzweck. Denn in mehreren Judikaten zum Verbraucher- und Unternehmerdarlehensrecht sah der BGH in der Bezeichnung als Bearbeitungsentgelt bereits eine Indizwirkung dafür, dass eigener Bearbeitungsaufwand bepreist wurde, nicht aber eine zusätzliche Sonderleistung.[876] In einer neueren Entscheidung ordnete das Gericht auch eine „Bearbeitungsprovision“ nicht als Sonderleistung ein, da Wortlaut und Gestaltung des Vertrages keine Anhaltspunkte enthielten, dass es sich um ein Entgelt für die Einräumung eines Sondertilgungsrechts, die Gewährung eines niedrigeren Sollzinses oder den Verzicht auf Bereitstellungszinsen handle.[877] Gleiches galt für eine Bearbeitungsprovision, die nach Angabe der Beklagten für die Überwachung des Baufortschrittes und die damit verbundene kaufmännische Überprüfung der Auszahlungen bzw. die Einräumung völliger Flexibilität in Bezug auf die Laufzeit des Darlehens gezahlt wurde, was in der Formulierung der Klausel aber keine Erwähnung fand.[878]

## bb. Abschluss eines gesonderten Beratungsvertrages

Die Trennlinie von einer echten Beratungsleistung zu einer rein akquisitorischen Darlehensstrukturierung, die der BGH nicht als vergütungsfähige Beratungsleistung einordnet, sind folglich fließend. In dem betrachteten Urteil XI ZR 562/15 ordnete der erkennende Senat jedenfalls eine über die Bonitätsprüfung hinausgehende „Ermittlung und Objektivierung von Grundlagen der in Aussicht genommenen Immobilienfinanzierung“ dem Interessenkreis des Kreditgebers zu.[879] Dass eine umfangreiche Prüfung objektbezogener Dokumente des Kunden nur dem

---

keinen Kostenanteil für eine Kreditprüfung oder andere Verwaltungskosten enthalten dürfe; *Renner/Leidinger*, BKR 2015, 499, 502 f. zu problematischen Klauseln im *LMA*-Vertragsmuster; differenzierend *R. Becker/Dreyer*, ZIP 2014, 2057, 2058.

876 BGH, Urteil vom 05.06.2018 – XI ZR 371/16, juris Rn. 15; BGH, Urteile vom 04.07.2017 – XI ZR 562/15, BGHZ 215, 172 = NJW 2017, 2986 Rn. 27 und XI ZR 233/16, ZIP 2017, 1654 Rn. 36; BGH, Urteile vom 13.05.2014 – XI ZR 405/12, BGHZ 201, 168 = NJW 2014, 2420 Rn. 55 und XI ZR 170/13, WM 2014, 1325 Rn. 65; so auch der Hinweis bei *Herresthal*, EWiR 2019, 1; *Kropf*, BKR 2018, 423, 424 „inhaltlich vorbelegt“; *Nobbe*, WuB 2018, 489, 492; *W. Müller/Marchant/Eilers*, BB 2017, 2243, 2246; *J. Koch*, WM 2016, 717, 726.

877 BGH, Urteil vom 13.03.2018 – XI ZR 291/16, WM 2018, 1046 Rn. 26; dazu *Herresthal*, EWiR 2019, 1; *Mehringer*, EWiR 2018, 451. Durch die fehlende Leistungsbeschreibung werde dem BGH die Möglichkeit eröffnet, den Klauselinhalt durch Auslegung selbst zu ermitteln, vgl. *Kropf*, BKR 2018, 423, 425; anders aber nunmehr OLG Hamm, Urteil vom 04.09.2019 – 31 U 108/18, ZIP 2020, 408, 410.

878 BGH, Urteil vom 16.10.2018 – XI ZR 593/16, WM 2018, 2183 Rn. 20. Ähnlich ist auch die Begründung der Unzulässigkeit einer laufzeitunabhängigen „Kostenbeteiligung“ im Verbraucherverkehr, BGH, Urteil vom 17.10.2017 – XI ZR 157/16, NJW 2018, 383, 384 Rn. 27 ff.

879 BGH, Urteil vom 04.07.2017 – XI ZR 562/15, BGHZ 215, 172 = NJW 2017, 2986 Rn. 36.

Interesse der Bank dienen solle, überzeugt indes nicht.[880] In einer Urteilsergänzung zu Avalkrediten vom 17.04.2018 entschied der Senat, dass auch das Garantiegeschäft im Auftrag des Kunden keine pauschale Vereinnahmung einer über die Avalprovision hinausgehenden Bearbeitungsgebühr rechtfertige.[881] Um der Gefahr vorzubeugen, dass eine echte Beratungsleistung lediglich der Kundengewinnung und der Vorbereitung des Vertragsschlusses zugeordnet wird, bedarf es einer sorgfältigen Dokumentation. Die Erbringung von Zusatzleistungen sollten Banken daher schriftlich fixieren und bereits anhand der konkreten Leistungsbeschreibung klar machen, dass es sich um eine echte Gegenleistung im Interesse des Darlehensnehmers handelt.[882] Für diese Annahme reichte dem BGH allerdings die Bezeichnung als „individuell erbrachte Beratungsleistung(en)“ im Abschnitt des Vertrages über „Sonstige Kosten“ aufgrund ihrer Unbestimmtheit nicht aus.[883]

Ferner besteht die Möglichkeit, mit dem Kunden – ausdrücklich oder konkludent – einen gesonderten Kredit- oder Finanzierungsberatungsvertrag i.S.v. § 675 BGB abzuschließen.[884] Die Zusatzleistungen würden dann im Rahmen eines separaten Vertrages erbracht und vergütet. Dabei ist jedoch zu beachten, dass die Rechtsprechung an das konkludente Zustandekommen eines Beratungsvertrages im Darlehensvertragsrecht vergleichbar hohe Anforderungen stellt.[885] Für den Abschluss eines Kreditberatungsvertrags seien demnach auch bei gesteigerter Geschäftserfahrenheit „gewichtige Indizien“ wie etwa eine besondere Vereinbarung erforderlich.[886] Im Rahmen einer ohnehin schon umfangreichen Dokumentation des Darlehensvertrages kann es Probleme mit sich bringen, dem Kunden die

---

880 Kritisch auch *W. Müller/Marchant/Eilers*, BB 2017, 2243, 2246; *van Bevern/Schmitt*, BKR 2015, 323, 326; zu den Abgrenzungsschwierigkeiten *Lang/Schulz*, WM 2015, 2173, 2180.

881 BGH, Urteil vom 17.04.2018 – XI ZR 238/16, WM 2018, 1356; siehe zum Avalkredit noch unten „Avalkredite“, S. 248 ff.

882 *Josenhans/Danzmann/Lübbehüsen*, BKR 2018, 142, 145; *Etzbach/Janning*, DB 2017, 2275, 2277; *Casper/Möllers*, WM 2015, 1689, 1692.

883 BGH, Urteil vom 19.02.2019 – XI ZR 562/17, ZIP 2019, 698, 700 Rn. 22 f.; dazu *Biciste*, EWiR 2019, 547, 548; *von Westphalen*, NJW 2019, 2214, 2215 f., wonach die Würfel damit gefallen seien.

884 Zum Folgenden insgesamt *Lang/Schulz*, WM 2015, 2173, 2179 f.; generell zur Kreditberatung *Buck-Heeb*, BKR 2014, 221.

885 BGH, Urteil vom 25.09.2007 – XI ZR 274/05, juris Rn. 10 und BGH, Urteil vom 12.06.2007 – XI ZR 112/05, juris Rn. 11 verlangen unmittelbaren, persönlichen Kontakt; nach BGH, Urteil vom 18.11.2003 – XI ZR 322/01, BKR 2004, 108, 109, müsse der Kunde um fachmännische Bewertung und Empfehlung bitten. Im Wertpapierhandelsrecht reicht hingegen die Aufnahme eines Beratungsgespräches aus BGH, Urteil vom 06.07.1993 – XI ZR 12/93, BGHZ 123, 126 = NJW 1993, 2433.

886 OLG Hamm, Urteil vom 30.10.2000 – 5 U 142/00, WM 2002, 2326 Rn. 31; OLG Brandenburg, Urteil vom 06.09.2006 – 4 U 175/05, juris Rn. 73; OLG Hamm, Urteil vom 06.11.2003 – 5 U 37/01, juris Rn. 49; ebenso *Lang/Schulz*, WM 2015, 2173, 2179; *Buck-Heeb*, BKR 2014, 221, 228.

Notwendigkeit eines weiteren Vertragswerks neben dem eigentlichen Hauptvertrag nahezubringen. Daneben bleibt zu bedenken, dass einem Beratungsvertrag selbst zusätzliche Verpflichtungen und Haftungsrisiken anhaften, deren Umfang notwendigerweise vertraglich genau zu umschreiben ist.[887]

Um vorvertraglichen Aufwand rechtssicher zu bepreisen, sollte die Praxis bemüht sein, zusätzliche Vertragselemente neben der Hauptleistung klar abzugrenzen und in einem gesonderten Leistungspaket zusammenzufassen.[888] Andernfalls droht die Einordnung eines Entgeltes als kontrollfähige Preisnebenabrede.

## 2. *Die kontrollfähige Preisnebenabrede*

Die Kontrollfreiheit einer Klausel endet nach § 307 Abs. 3 Satz 1 BGB bei einer Abweichung oder Ergänzung von Rechtsvorschriften. Wird von gesetzlichen Entgelt- oder Gebührenvorschriften abgewichen,[889] so liegt nach ständiger Rechtsprechung eine kontrollfähige Preisnebenabrede vor, die sich zwar nur mittelbar auf den Preis auswirke, an deren Stelle jedoch auch Gesetzesrecht treten könne.[890] Die Inhaltskontrolle rechtfertige sich deshalb, weil vom dispositiven Recht abgewichen werde und die Bestimmung von Leistung und Gegenleistung zwischen den Parteien nicht einvernehmlich festgelegt werde.[891] Es liegt die Annahme zugrunde, dass das dispositive Gesetzesrecht nicht nur auf Zweckmäßigkeitserwägungen beruhe, sondern eine Ausprägung des Gerechtigkeitsgebots darstelle und Abweichungen davon einer besonderen Begründung bedürfen.[892] Dabei diene „der Gerechtigkeitsgehalt der gesetzlichen Regelung als Richtschnur“[893].

---

887 Zu den vorstehenden Bedenken *J. Koch*, WM 2016, 717, 726; *Lang/Schulz*, WM 2015, 2173, 2179 mit dem Verweis auf die Reichweite von Aufklärungspflichten in der Anlageberatung.

888 So lautet auch der Praxishinweis von *J. Koch*, WM 2016, 717, 726.

889 Gesetzliche Gebührenvorschriften sind etwa das Rechtsanwaltsvergütungsgesetz (RVG), das Gesetz über Kosten der freiwilligen Gerichtsbarkeit für Gerichte und Notare (GNotKG), die Gebührenordnung für Ärzte (GOÄ) oder die Honorarordnung für Architekten und Ingenieure (HOAI), vgl. *Pfeiffer*, in: Wolf/Lindacher/Pfeiffer AGB § 307 BGB Rn. 312.

890 BGH, Urteil vom 19.11.1991 – X ZR 63/90, BGHZ 116, 117, 119 = NJW 1992, 688; BGH, Urteil vom 07.05.1991 – XI ZR 244/90, BGHZ 114, 330, 333 = WM 1991, 1113; BGH, Urteil vom 24.11.1988 – III ZR 188/87, BGHZ 106, 42, 46 = NJW 1989, 222.

891 *Pfeiffer*, in: Wolf/Lindacher/Pfeiffer AGB § 307 BGB Rn. 314; *Weigel*, in: AGB-Symposium, S. 51; *Jerger*, NJW 2019, 3752 f., der auf die gesetzlichen Wertungen zum Erfüllungsort Bezug nimmt.

892 BGH, Urteil vom 06.04.2005 – VIII ZR 260/04, NJW-RR 2005, 960; BGH, Urteil vom 09.05.1996 – III ZR 209/95, NJW-RR 1996, 1009; BGH, Urteil vom 21.12.1983 – VIII ZR 195/82, BGHZ 89, 206, 211 = NJW 1984, 1182.

893 Bericht des Rechtsausschusses zum AGBG, BT-Drucks. 7/5422, S. 6. *Renner/Leidinger*, BKR 2015, 499, 501 plädieren bei branchenüblichen Standardverträgen, die

### *a. Weite Auslegung der „Rechtsvorschriften"*

Das Erheben eines einmaligen, laufzeitunabhängigen Bearbeitungsentgeltes bei Abschluss eines Darlehensvertrages ist gesetzlich hingegen weder vorgesehen, noch ausdrücklich untersagt. Das Fehlen einer gesetzlichen Entgelt- oder Gebührenvorschrift für Bankentgelte hat jedoch nicht zur Folge, dass sie abseits von § 138 BGB keiner richterlichen Kontrolle unterliegen.[894] Seit jeher legt der BGH den Begriff der „Rechtvorschriften" i.S.v. § 307 Abs. 3 Satz 1 BGB besonders weit aus und umfasst damit nicht nur alle Gesetze im materiellen Sinne, wie formelle Gesetze, Rechtsverordnungen oder Satzungen, sondern auch ungeschriebene, allgemein anerkannte Rechtsgrundsätze, die aus objektiven Wertmaßstäben abgeleitet werden.[895] Dazu zählt neben der Gesamtheit der Rechte und Pflichten, die sich aufgrund ergänzender Vertragsauslegung aus der Natur des jeweiligen Schuldverhältnisses ergeben,[896] auch das Richterrecht.[897] Durch Auslegung wird ein gesetzliches Leitbild eines Vertragstypus gerichtlich festgelegt und Abweichungen von der vermeintlich gerechten Kostenverteilung als Preisnebenabreden der richterlichen Inhaltskontrolle unterworfen.

Diese abstrakte Differenzierung zwischen kontrollfähigen Preisnebenabreden und den der Inhaltskontrolle entzogenen Preisabreden ist teilweise auf Kritik gestoßen. Mit der Einbeziehung des Richterrechts setze sich die Justiz selbst Recht, um dessen Einhaltung dann im Rahmen der AGB-Kontrolle zu überprüfen und sicherzustellen.[898] Die Unterscheidung führe häufig zu Abgrenzungsschwierigkeiten und

---

an die Stelle des dispositiven Gesetzesrechts treten, für eine Flexibilisierung des Kontrollmaßstabes.

894 Das stellte schon *Nobbe,* WM 2008, 185, 186 in seinem wegweisenden Beitrag fest.

895 Dazu *Fuchs,* in: Ulmer/Brandner/Hensen AGB § 307 Rn. 26; *Grüneberg,* in: Palandt BGB § 307 Rn. 51; *Pfeiffer,* in: Wolf/Lindacher/Pfeiffer AGB § 307 BGB Rn. 281 f.; *Wurmnest,* in: MüKo BGB § 307 Rn. 7; *Fastrich,* Inhaltskontrolle, S. 253; kritisch *Krepold,* in: Schimansky/Bunte/Lwowski, Bankrechts-Handbuch § 78 Rn. 110 und *Becher/Krepold,* BKR 2014, 45, 47, die von einem juristischen Kunstgriff sprechen.

896 BGH, Urteil vom 09.10.2014 – III ZR 33/14, NJW 2015, 152 Rn. 12; BGH, Urteil vom 13.01.2011 – III ZR 78/10, NJW 2011, 1726 Rn. 16; BGH, Urteil vom 14.10.1997 – XI ZR 167/96, BGHZ 137, 27 = NJW 1998, 383; BGH, Urteil vom 06.02.1985 – VIII ZR 61/84, BGHZ 93, 358 = NJW 1985, 3013, 3014; einschränkend *Fastrich,* Inhaltskontrolle, S. 253; ablehnend *Coester,* in: Staudinger BGB § 307 Rn. 295; *Dylla-Krebs,* Schranken der Inhaltskontrolle, S. 73 ff.; für die Beschränkung auf Gesetze im materiellen Sinne *Stoffels,* AGB Rn. 434 f.

897 BGH, Urteil vom 10.12.2013 – X ZR 24/13, NJW 2014, 1168 Rn. 16; BGH, Urteil vom 08.10.2013 – XI ZR 401/12, BGHZ 198, 250 = NJW 2013, 3716 Rn. 20; BGH, Urteil vom 06.02.1985 – VIII ZR 61/84, BGHZ 93, 358 = NJW 1985, 3013; ablehnend *Krepold,* in: Schimansky/Bunte/Lwowski, Bankrechts-Handbuch § 78 Rn. 110, wonach dieser Kunstgriff der demokratischen Gewaltenteilung zuwiderlaufe.

898 *Krepold,* in: Schimansky/Bunte/Lwowski, Bankrechts-Handbuch § 78 Rn. 110 sieht die grundrechtlich geschützte Vertragsfreiheit durch den BGH empfindlich eingeschränkt. Mitunter wird daher vorgeschlagen, näher zwischen der Kontrollfähigkeit

bei den Entgeltvorschriften der Kreditinstitute zu einer unübersichtlichen und teils widersprüchlichen Kasuistik.[899] Ferner erwecke die Rechtsprechung den Eindruck, dass eine Qualifizierung mitunter ergebnisorientiert vorgenommen werde und schon der Verdacht der Unwirksamkeit einer Klausel die Einordnung als Preisnebenabrede zur Folge habe.[900]

### *b. Beschränkung des Kerngehaltes auf ein „kontrollfreies Minimum"*

Der Kritik ist zuzugeben, dass der BGH tatsächlich dazu tendiert, den leistungsbeschreibenden Kern einer Klausel auf ein „kontrollfreies Minimum" zu beschränken, ohne den „ein wirksamer Vertrag nicht mehr angenommen werden kann."[901] Sobald ein Verwender den gerichtlich vorgegebenen Leistungsgegenstand auch nur geringfügig modifiziert, ist die Regelung bereits kontrollfähig und der Kontrollbereich dadurch empfindlich ausgedehnt.[902] Das ist aber nicht weiter bedenklich, wenn denn die daraus resultierende Inhaltskontrolle flexible Ergebnisse ermöglicht. Ferner ist weder ein für die Zwecke der Rechtspraxis geeigneteres Unterscheidungskriterium als die Orientierung an dem gesetzlichen Leitbild ersichtlich noch wäre dessen Umsetzung wahrscheinlich.[903] Wie die bisherige Untersuchung

---

und Kontrollbedürftigkeit von Klauseln zu differenzieren und die Selbstregulierungsmechanismen von Markt und Wettbewerb stärker zu berücksichtigen, *Coester*, in: Staudinger BGB § 307 Rn. 322, 324; *Fuchs*, in: Ulmer/Brandner/Hensen AGB § 307 Rn. 85; *Wurmnest*, in: MüKo BGB § 307 Rn. 17; *Fastrich*, Inhaltskontrolle, S. 265; *Stoffels*, AGB Rn. 449; kritisch dazu *Pfeiffer*, in: Wolf/Lindacher/Pfeiffer AGB § 307 BGB Rn. 303. Von der Inhaltskontrolle seien solche Klauseln auszunehmen, die den Charakter des jeweiligen Produktes als wesentliche Merkmale prägen, *Fuchs*, in: Ulmer/Brandner/Hensen AGB § 307 Rn. 43; ähnlich *Axer*, AGB-Kontrolle, S. 7.

899 *Coester*, in: Staudinger BGB § 307 Rn. 313; *Fuchs*, in: Ulmer/Brandner/Hensen AGB § 307 Rn. 78 mit zahlreichen Nachweisen zur Rechtsprechung; *von Westphalen*, NJW 2012, 2243, 2244; *Früh*, WM 1998, 63, 64; *Horn*, WM 1997, Sonderbeilage 1, 1, 12 ff.

900 *Coester*, in: Staudinger BGB § 307 Rn. 313; kritisch ebenfalls *Dylla-Krebs*, Schranken der Inhaltskontrolle, S. 180; *H. P. Westermann*, in: 10 Jahre AGB-Gesetz, S. 144: „erlaubt ist's, wenn's missfällt"; *Kropf*, WM 2019, 1723, 1728 f.; kritisch gegenüber der gesetzlichen Formulierung *Canaris*, AcP 200 (2000), 273, 327 ff.

901 BGH, Urteil vom 25.10.2016 – XI ZR 387/15, ZIP 2017, 170, 171 Rn. 18; BGH, Versäumnisurteil vom 06.07.2011 – VIII ZR 293/10, NJW 2011, 3510 Rn. 20; BGH, Urteil vom 13.07.1994 – IV ZR 107/93, BGHZ 127, 35 = NJW 1994, 2693, 2694; *Coester*, in: Staudinger BGB § 307 Rn. 313; *S. Weber*, BKR 2017, 106, 107.

902 *Coester*, in: Staudinger BGB § 307 Rn. 322; *Fuchs*, in: Ulmer/Brandner/Hensen AGB § 307 Rn. 84; *Casper/Möllers*, BKR 2014, 59, 62 f.; *Canaris*, AcP 200 (2000), 273, 333 f.; *Kropf*, BKR 2018, 423, 424; zurückhaltend *Thüsing*, in: von Westphalen/Thüsing, Vertragsrecht, Preis – Preisnebenabrede Rn. 16; zu Problemen der Leitbildfunktion des Verbraucher-Kaufrechts als Regelrecht *K. P. Berger*, ZIP 2006, 2149, 2150.

903 Es besteht keine Aussicht darauf, dass der BGH die von mehreren Senaten befolgte und gefestigte Rechtsprechung zu der Unterscheidung zwischen Preishauptabrede und Preisnebenabrede aufgibt. Die weite Auslegung des Begriffs

zeigen konnte, stellt allein der Zins als laufzeitabhängige Vergütung die vertragstypische Gegenleistung für die Zurverfügungstellung des Geldbetrages dar. Dieses Verständnis prägt die wesentlichen Grundgedanken der gesetzlichen Regelung oder mit anderen Worten das Leitbild des Darlehensvertrages.

Dem wird in der instanzgerichtlichen Rechtsprechung und Literatur zwar teilweise entgegengehalten, dass sich § 488 Abs. 1 Satz 2 BGB ein leitbildprägender Charakter nicht entnehmen lasse.[904] Jedoch machen bereits der Wortlaut und die amtliche Überschrift deutlich, dass durch die Vorschrift die vertragstypischen Pflichten beim Darlehensvertrag festgelegt werden sollen. Mit diesem Verständnis korrespondiert auch die Gesetzesbegründung, wonach eine Beschreibung der Hauptpflichten der Parteien bei den besonderen Vertragstypen der Diktion des BGB entspreche.[905] Man wird das Wesen des Darlehens als Gebrauchsüberlassungsvertrag auch nicht anders beschreiben können, als dass die laufenden Kosten der Kapitalüberlassung im Interesse eines ausgewogenen Verhältnisses von Leistung und Gegenleistung grundsätzlich auch von der tatsächlichen Vertragslaufzeit abhängen.[906] Die Anknüpfung an das gesetzliche Leitbild als Maßstab der Inhaltskontrolle ist zudem auch bei anderen Vertragstypen üblich und anerkannt.[907] Für den Darlehensvertrag wird § 488 BGB somit zu Recht als Basisnorm verstanden, in

„Rechtsvorschriften" sei notwendig, um bei gesetzlich nicht geregelten Verträgen eine materielle Inhaltskontrolle zu ermöglichen, *Nobbe,* WM 2008, 185, 187; *Bitter,* ZBB 2007, 237, 239; kritisch *Pfeiffer,* LMK 2017, 394827.

904 Ein Leitbild, nach dem die Gegenleistung ausschließlich der laufzeitabhängige Zins sei, lasse sich der Bestimmung nicht entnehmen, da ihr kein preisrechtlicher Charakter zugrunde liege, LG Nürnberg-Fürth, Urteil vom 27.12.2013 – 10 O 5948/13, juris Rn. 42 ff.; LG Essen, Beschluss vom 30.08.2013 – 13 S 91/13, juris Rn. 23; LG Berlin, Beschluss vom 23.02.2010 – 15 O 102/10, WM 2010, 709; ähnlich *Herresthal,* EWiR 2019, 1, 2; *Bitter/Linardatos,* ZIP 2018, 2249, 2251; *Piekenbrock/Ludwig,* WM 2012, 2349, 2351. Vgl. noch zu Abweichungen von dem gesetzlichen Leitbild aufgrund bankbetriebswirtschaftlicher Erwägungen unter „Bankbetriebswirtschaftliche und volkswirtschaftliche Implikationen", S. 230 ff.

905 BT-Drucks. 14/6040, S. 253.

906 *Freitag,* in: Staudinger BGB, § 488 Rn. 209; ähnlich *Weidenkaff,* in: Palandt BGB Vorb. v. § 488 Rn. 2; nach *Canaris,* NJW 1978, 1891, 1892 müsse die Dauer der Nutzungsmöglichkeit für die Berechnung der Gegenleistung konstitutiv sein.

907 Zu den unterschiedlichen gesetzlichen Leitbildern: Kaufvertrag beim Neuwagen BGH, Urteil vom 24.09.1980 – VIII ZR 273/79, NJW 1981, 117; Dienstvertrag BGH, Urteil vom 03.02.2005 – III ZR 268/04, NJW-RR 2005, 642; Leasingvertrag BGH, Urteil vom 07.01.2004 – VIII ZR 103/03, NJW-RR 2004, 558; Automatenaufstellvertrag OLG Hamburg, Urteil vom 09.03.1983 – 5 U 114/82, NJW 1983, 1502; Partnervermittlungsvertrag BGH, Urteil vom 01.02.1989 – IVa ZR 354/87, BGHZ 106, 341 = NJW 1989, 1479; Arbeitsvertrag BAG, Urteil vom 25.04.2007 – 5 AZR 627/06, BAGE 122, 182 = NZA 2007, 853; zu weiteren Vertragstypen siehe *Wurmnest,* in: MüKo BGB § 307 Rn. 67.

der die Hauptleistungspflichten der Parteien spiegelbildlich geregelt sind und das gesetzliche Leitbild festlegen.[908]

Für die Beurteilung von laufzeitunabhängigen Entgeltklauseln in Darlehensverträgen hat das Abweichen von wesentlichen Grundgedanken der gesetzlichen Regelung (§ 307 Abs. 2 Nr. 1 BGB) zur Folge, dass eine unangemessene Benachteiligung des Vertragspartners vermutet wird.[909] Der beiläufige Hinweis des BGH, dass das gesetzliche Leitbild und die Unwirksamkeitsvermutung auch für Unternehmer gelten,[910] vermag nur klarstellender Natur zu sein. Denn § 488 Abs. 1 BGB regelt die Ausgestaltung der Hauptleistungspflichten und das gesetzliche Leitbild als Basisnorm für das gesamte Darlehensrecht und differenziert nicht zwischen Verbraucher- und Unternehmerdarlehensverträgen.[911]

## II. Zwischenergebnis: Grundsatz der Kontrollfähigkeit von Entgeltklauseln

Entgelte oder Gebühren für herkömmlichen Bearbeitungsaufwand sind nicht als Preisabrede zu qualifizieren. Wie jeder zivilrechtliche Vertragstypus wird auch der Darlehensvertrag von einem eigenen gesetzlichen Leitbild geprägt, das auf dispositiven Bestimmungen beruht. Bei einem Gebrauchsüberlassungsvertrag hängen die vertraglichen Hauptleistungspflichten grundsätzlich von der Vertragslaufzeit ab. Der Zins stellt nach den Wertungen des Gesetzes eine laufzeitabhängige Vergütung für die Hingabe von Kapital dar. Ein einmaliges und laufzeitunabhängiges

---

908 BGH, Urteil vom 16.10.2018 – XI ZR 593/16, WM 2018, 2183 Rn. 24; BGH, Urteile vom 13.05.2014 – XI ZR 405/12, BGHZ 201, 168 = NJW 2014, 2420 Rn. 68 und XI ZR 170/13, WM 2014, 1325 Rn. 75; *K. P. Berger*, in: MüKo BGB § 488 Rn. 1; *Freitag*, in: Staudinger BGB, § 488 Rn. 209; *Becher/Krepold*, BKR 2014, 45, 49.

909 Ständige Rechtsprechung BGH, Urteil vom 05.06.2018 – XI ZR 371/16, juris Rn. 16; BGH, Urteile vom 04.07.2017 – XI ZR 562/15, BGHZ 215, 172 = NJW 2017, 2986 Rn. 40 und XI ZR 233/16, ZIP 2017, 1654 Rn. 48; BGH, Urteile vom 13.05.2014 – XI ZR 405/12, BGHZ 201, 168 = NJW 2014, 2420 Rn. 69 und XI ZR 170/13, WM 2014, 1325 Rn. 76; BGH, Urteil vom 21.04.2009 – XI ZR 78/08, BGHZ 180, 257 = NJW 2009, 2051 Rn. 21; BGH, Urteil vom 18.05.1999 – XI ZR 219/98, BGHZ 141, 380, 390 = NJW 1999, 2276.

910 BGH, Urteile vom 04.07.2017 – XI ZR 562/15, BGHZ 215, 172 = NJW 2017, 2986 Rn. 38, 40 und XI ZR 233/16, ZIP 2017, 1654 Rn. 46, 48; ebenso BGH, Urteil vom 05.06.2018 – XI ZR 371/16, juris Rn. 16.

911 Andernfalls käme es zu einem zweigliedrigen Leitbild des Darlehensvertrages: *Krepold*, in: Schimansky/Bunte/Lwowski, Bankrechts-Handbuch § 78 Rn. 118d; *Pfeiffer*, in: Wolf/Lindacher/Pfeiffer AGB § 310 Abs. 1 BGB Rn. 18; *J. Koch*, WM 2016, 717, 719; *Casper/Möllers*, WM 2015, 1689, 1690 f.; *H. Schmidt*, LMK 2014, 361197; die Übertragung des Leitbildes ablehnend *Edelmann*, in: MAH Bank- und Kapitalmarktrecht § 4 Rn. 128, wonach der zu Verbraucherkrediten entwickelte Leitbildgedanke nicht uneingeschränkt übertragbar sei; *Hanke/Adler*, WM 2015, 1313, 1317; *Herweg/Fürtjes*, ZIP 2015, 1261, 1264.

Bearbeitungsentgelt ist kein Zins im Rechtssinne und daher kein Bestandteil des Preises gem. § 488 Abs. 1 Satz 2 BGB. Daher überzeugt es auch nicht, zusätzliche und laufzeitunabhängige Kosten im Wege einer extensiven Auslegung unter den Zinsbegriff zu subsumieren. Weder ein Vergleich mit dem Kauf- oder Werkvertragsrecht, noch die Erwähnung von Zinsen und Kosten in diversen Vorschriften des Verbraucherdarlehensrechts sprechen für das Gegenteil.

Die diesem Ergebnis in vielerlei Hinsicht entgegengebrachte Kritik überrascht schon deshalb, weil es sich keinesfalls um eine neue Erkenntnis handelt. Das Verständnis, wonach es sich bei zusätzlichen Kosten wie Bearbeitungsgebühren nicht um Zinsen im Rechtsinne handelt, ist seit über 40 Jahren unverändert.[912] Dass der BGH eine Gebührenklausel folglich der Inhaltskontrolle unterwirft, ist daher nur konsequent und rechtsdogmatisch nicht zu beanstanden. Dies muss für Verbraucher und Unternehmer als Darlehensnehmer im gleichen Maße gelten, da es andernfalls zu einem uneinheitlichen Zinsbegriff kommen würde.

Die Ausrichtung an dem gesetzlichen Leitbild darf jedoch nicht dazu führen, dass die Erhebung zusätzlich gerechtfertigter Kosten überhaupt nicht mehr möglich ist. Im unternehmerischen Geschäftsverkehr kann der Aufwand für eine Darlehensstrukturierung häufig sehr unterschiedlich ausfallen. Die zunehmende Beschränkung des leistungsbeschreibenden Kerns einer Klausel auf ein kontrollfreies Minimum darf nicht dazu führen, dass tatsächlich entstandener Betriebsaufwand künftig überhaupt nicht mehr vergütet werden kann. Zwar wird herkömmlicher Betriebsaufwand regelmäßig nicht als vergütungsfähige Sonder- oder Zusatzleistung eingestuft werden können. Jedoch kann man von einer Bank nicht erwarten, dass sie eine aufwendige Strukturierung und die passgenaue Auswahl des Kreditmodells stets unentgeltlich erbringt.

Nach den Ausführungen des BGH sei die Trennlinie bei reinem Akquisitionsaufwand zu ziehen, der ausschließlich der Sphäre der Bank zuzuordnen sei. Die Qualifizierung als vergütungsfähige Zusatzleistung verneint der BGH regelmäßig bei Tätigkeiten, (1) die der Verwender im Eigeninteresse erbringt, (2) die er aufgrund einer gesetzlichen Pflicht ohnehin erbringen muss, und (3) bei Tätigkeiten, die bereits mit der vertraglichen Vergütung abgegolten sind.[913] Die Urteile vom 04.07.2017 lassen jedoch einen strengen Maßstab erkennen, da auch die Auswertung kundenbezogener Projektdaten aus dem kontrollfreien Bereich der Zusatzleistung ausgenommen wurde. Dieses Verständnis ist bedenklich, da der BGH damit die kaufmännische Preiskalkulation von dem Unternehmer auf den Richter verlagert.

Um der Gefahr vorzubeugen, dass eine echte Sonderleistung der Kundengewinnung oder Vertragsvorbereitung zugeordnet wird, bedarf es einer sorgfältigen

912 Siehe nur BGH, Urteil vom 09.11.1978 – III ZR 21/77, NJW 1979, 805, 806; *Canaris*, NJW 1978, 1891, 1893. Nach neuerer Auffassung unterwirft der BGH die betreffenden Entgeltklauseln aber der AGB-Kontrolle.

913 Ausführlich dazu *Weigel*, in: AGB-Symposium, S. 49 f.

Dokumentation. Unbedingt ist auf die Bezeichnung „Bearbeitungsentgelt“[914] zu verzichten, da der BGH bereits darin eine Indizwirkung für das Bepreisen eigenen Aufwands sieht. Neben der Bezeichnung sollte auch die Leistungsbeschreibung die Vertragselemente der Zusatzleistung deutlich von der Hauptleistung abgrenzen und in einem gesonderten Leistungspaket zusammenfassen. Ebenso besteht die Möglichkeit, einen gesonderten Kredit- oder Finanzierungsberatungsvertrag abzuschließen, der dann aber zusätzlichen Dokumentationsaufwand verursacht und eigene Haftungsrisiken mit sich bringen kann.

Deutlich herauszustellen ist auch an dieser Stelle nochmals, dass die Einordnung einer Entgeltklausel als Preisnebenabrede nach der gesetzlichen Ausgestaltung nicht *ipso iure* ihre Unwirksamkeit zur Folge hat. Gem. § 307 Abs. 2 Nr. 1 BGB weicht sie dann zwar von wesentlichen Grundgedanken der gesetzlichen Regelung ab, ist jedoch damit nicht zugleich unvereinbar.[915] Bestimmungen in AGB sind nach § 307 Abs. 1 Satz 1 BGB nur unwirksam, wenn das Abweichen von den nachgiebigen Vorschriften den Vertragspartner des Verwenders entgegen den Geboten von Treu und Glauben unangemessen benachteiligt.

## B. Umfassende Interessenabwägung

Die Vermutung einer unangemessenen Benachteiligung nach § 307 Abs. 2 Nr. 1 BGB ist widerlegt, wenn eine umfassende Interessenabwägung ergibt, dass die Schlechterstellung des Vertragspartners durch die betreffende Klausel angemessen ist. Dazu ist eine Ermittlung der gegenläufigen Interessen der Parteien vorzunehmen – die des Verwenders an der Aufrechterhaltung und die des Kunden an dem Wegfall der Vertragsbedingung.[916] Als Prüfungsmaßstab ist der gesamte Vertragsinhalt zu berücksichtigen, da eine Abweichung vom dispositiven Recht durch die Gewährung anderer Vorteile ausgeglichen werden kann.[917] Ferner ist dann nicht von einer unangemessenen Benachteiligung auszugehen, wenn sich die Abweichung vom gesetzlichen Leitbild nur als unwesentlich darstellt, sie sachlich

914 Gleiches gilt für „Bearbeitungsgebühr“, „Bearbeitungsprovision“ oder ähnliche Bezeichnungen.

915 Bemerkenswert ist aber der Hinweis von *Nobbe*, WM 2008, 185, 187, wonach die Einordnung einer Klausel als Preisnebenabrede oft zur Verwerfung der Klausel führe, da sie mit dispositivem Recht nicht vereinbar sei.

916 *Fuchs*, in: Ulmer/Brandner/Hensen AGB § 307 Rn. 98 f.; *Wurmnest*, in: MüKo BGB § 307 Rn. 35. Zum Prüfungsprogramm der Inhaltskontrolle im Vergleich zu England und der Schweiz, *Richter*, AGB im B2B-Verkehr, S. 95 ff.

917 BGH, Urteil vom 23.04.1991 – XI ZR 128/90, BGHZ 114, 238, 242 f. = NJW 1991, 1886; BGH, Urteil vom 01.12.1981 – KZR 37/80, BGHZ 82, 238, 240 = NJW 1982, 644; *Coester*, in: Staudinger BGB § 307 Rn. 124 f.; *Grüneberg*, in: Palandt BGB § 307 Rn. 13.

gerechtfertigt ist oder der gesetzliche Schutzzweck auf andere Weise sichergestellt werden kann.[918]

Die Interessenabwägung galt im Vorfeld der Urteile vom 04.07.2017 aus Bankensicht als vielversprechender Ausweg aus der Inhaltskontrolle, da eine Vielzahl der instanzgerichtlichen Rechtsprechung und Literatur bei der Abwägung zu einem anderen Ergebnis kam als im B2C-Bereich.[919] Mitunter wurde in der Diskussion darauf abgestellt, dass sich die Zulässigkeit von Entgeltklauseln im Unternehmerverkehr bereits aus dem Gesetz ableiten ließe (hier unter I). Für die gewerblichen Kunden bestünden aufgrund der Möglichkeit zur Weitergabe laufzeitunabhängiger Entgelte auf nachgelagerte Handelsstufen zudem keine Nachteile (hier unter II) und wegen der steuerlichen Abzugsfähigkeit und der Möglichkeit der Mitkreditierung sogar handfeste Vorteile eines Einmalentgeltes (hier unter III).

Bei der Anwendung des § 307 BGB im unternehmerischen Verkehr ist ferner gem. § 310 Abs. 1 Satz 2 Halbs. 2 BGB auf die im Handelsverkehr geltenden Gewohnheiten und Gebräuche angemessen Rücksicht zu nehmen. Aufgrund der Tatsache, dass Kaufleute Kreditgeschäfte regelmäßig abschließen und der Gesetzgeber bei den Regelungen über die gewerbliche Kreditaufnahme von weitgehend ausgeglichenen Verhandlungspositionen ausgehe, könne es durchaus gerechtfertigt sein, eine Klausel im Geschäftsverkehr als wirksam anzusehen, die bei der Verwendung gegenüber einem Verbraucher eine unangemessene Benachteiligung darstellen würde (hier unter IV). Ferner werden bankbetriebswirtschaftliche und auch volkswirtschaftliche Erwägungen vor dem Hintergrund untersucht, ob eine im Sinne beider Vertragsparteien gerechte Kostenverteilung das Beibehalten eines laufzeitunabhängigen Entgeltbestandteiles erforderlich macht (hier unter V).[920]

---

918 BGH, Urteil vom 17.10.2017 – XI ZR 157/16, NJW 2018, 383, 384 Rn. 33; BGH, Urteile vom 04.07.2017 – XI ZR 562/15, BGHZ 215, 172 = NJW 2017, 2986 Rn. 41 und XI ZR 233/16, ZIP 2017, 1654 Rn. 49; BGH, Urteil vom 25.10.2016 – XI ZR 9/15, BGHZ 212, 329 = NJW 2017, 1018 Rn. 32; BGH, Urteil vom 14.01.2014 – XI ZR 355/12, BGHZ 199, 355 = BKR 2014, 159 Rn. 45.

919 Es ist allgemein anerkannt, dass AGB gegenüber Verbrauchern unwirksam sein können, im Geschäftskundenverkehr aber Bestand haben, *Basedow*, in: MüKo BGB § 310 Rn. 11; *Grüneberg*, in: Palandt BGB § 307 Rn. 12, 39; *Fuchs*, in: Ulmer/Brandner/Hensen AGB § 307 Rn. 375; zu den Erwartungen an die Inhaltskontrolle: *J. Koch*, WM 2016, 717, 719; zum Streitstand vor Erlass der Urteile siehe ausführliche Nachweise in Fn. 201.

920 Nicht weiter nachgegangen wird einem Verstoß gegen das Transparenzgebot nach § 307 Abs. 1 Satz 2 BGB, da auch der BGH feststellt, dass die Urteile nicht auf einer fehlenden Transparenz der streitigen Klausel beruhen, BGH, Urteil vom 04.07.2017 – XI ZR 233/16, ZIP 2017, 1654 Rn. 90. Der Ansicht, wonach der Begriff der „Bearbeitungsgebühr" eine irreführende Bezeichnung privatrechtlicher Entgelte darstelle, kann insoweit nicht gefolgt werden. Da Gebühren grundsätzlich nur im Über- und Unterordnungsverhältnis erhoben würden, suggeriere die Begrifflichkeit nach *Krepold*, in: Schimansky/Bunte/Lwowski, Bankrechts-Handbuch § 78 Rn. 115 eine hoheitliche Billigung und verstoße daher gegen das Transparenzgebot. Jedoch

## I. Regelungsgehalt des § 312a Abs. 3 BGB

Von einer Benachteiligung durch Bearbeitungsentgelte wäre bei gewerblichen Finanzierungen nicht auszugehen, wenn sich deren generelle Zulässigkeit bereits aus einem Umkehrschluss zu § 312a Abs. 3 Satz 1 BGB ergebe.[921] Dem Gesetzeswortlaut lässt sich entnehmen, dass eine Vereinbarung über eine Zahlung des Verbrauchers, die über das vereinbarte Entgelt für die Hauptleistung des Verwenders hinausgeht, zwischen den Parteien nur ausdrücklich getroffen werden kann. Die mit Wirkung zum 13.06.2014 eingeführte Vorschrift beruht im Wesentlichen auf europarechtlichen Vorgaben der Verbraucherrechterichtlinie[922] und enthält diverse Regelungen zur Ausgestaltung von Entgeltvereinbarungen in Verbraucherverträgen.[923] Nach der Beschlussempfehlung des Rechtsausschusses erfasse die Norm Extrazahlungen des Verbrauchers ohne eine Nebenleistung des Vertragspartners. Darum könne es sich „beispielsweise bei einer Bearbeitungs- oder Verwaltungsgebühr handeln, die der Unternehmer erheben will, ohne dass der Verbraucher dadurch einen über die Erfüllung der Hauptleistung hinausgehenden Vorteil erhält."[924] Dieses Verständnis zeige, dass der Gesetzgeber die Zulässigkeit des Erhebens von Entgelten in der Geschäftspraxis voraussetze und allein die Art und Weise von einer ausdrücklichen Zustimmung abhängig machen wolle.[925]

Ferner ergebe ein Umkehrschluss, dass ein Bearbeitungsentgelt in einem Unternehmerdarlehensvertrag ohne ausdrückliche Vereinbarung möglich sei. Denn der Gesetzesbegründung ist zu entnehmen, dass die Notwendigkeit einer ausdrücklichen Vereinbarung dem Schutz des Verbrauchers diene und ein Schutz des unternehmerischen Verkehrs daher gerade nicht beabsichtigt sei.[926] Einer

---

genügt die verwendete Bezeichnung dem Verständnishorizont eines durchschnittlichen Bankkunden, da sich der juristische Laie über die begrifflichen Spezifikationen hoheitlich veranlasster Kosten keine Gedanken machen wird. Dass der Gebührenbegriff ausschließlich in einem Subordinationsverhältnis verwendet wird, trifft indes nicht zu, da etwa die Gebührenordnung für Ärzte (GOÄ) die Begrifflichkeit bei der Abrechnung privatärztlicher Leistungen nutzt.

921 *van Bevern/Schmitt*, BKR 2015, 323, 327; *Herweg/Fürtjes*, ZIP 2015, 1261, 1269.

922 Art. 22 der Richtlinie 2011/83/EU des Europäischen Parlaments und des Rates vom 25.10.2011 über die Rechte der Verbraucher, zur Abänderung der Richtlinie 93/13/EWG des Rates und der Richtlinie 1999/44/EG des Europäischen Parlaments und des Rates sowie zur Aufhebung der Richtlinie 85/577/EWG des Rates und der Richtlinie 97/7/EG des Europäischen Parlaments und des Rates.

923 Zu Fragen der Anwendbarkeit des § 312a Abs. 3 BGB bei Verträgen über Finanzdienstleistungen von Banken siehe *Kropf*, BKR 2014, 309.

924 BT-Drucks. 17/13951, S. 63. Anders hingegen der Ansatz, der eine Bearbeitungsgebühr als Sonder- oder Zusatzleistung qualifiziert; siehe dazu oben „Das Entgelt als Sonder- oder Zusatzleistung", S. 173 ff.

925 *Herweg/Fürtjes*, ZIP 2015, 1261, 1269.

926 *van Bevern/Schmitt*, BKR 2015, 323, 327; *Herweg/Fürtjes*, ZIP 2015, 1261, 1269 mit Verweis auf BT-Drucks. 17/13951, S. 63.

ausdrücklichen Zustimmung zur Vereinbarung einer Extrazahlung bedürfe es zwischen zwei Unternehmern daher *e contrario* nicht. Da eine Entgeltvereinbarung im B2B-Verkehr somit auch konkludent oder stillschweigend getroffen werden könne, sei ihre grundsätzliche Zulässigkeit nicht in Zweifel zu ziehen.[927]

Mit Verweis auf seine Entscheidung zu Verbraucherdarlehensverträgen hält der erkennende Zivilsenat dem entgegen, dass der Gesetzgeber mit der Schaffung des § 312a Abs. 3 BGB nach seinem Dafürhalten nicht die generelle Zulässigkeit von Bearbeitungsentgelten zum Ausdruck habe bringen wollen.[928] Zwar seien in der Tat die formalen Anforderungen an eine solche Vereinbarung gegenüber Verbrauchern verschärft worden, jedoch lasse dieser Umstand keine Rückschlüsse auf die materiell-rechtliche Wirksamkeit von Bearbeitungsentgelten zu.

Für diese Einschätzung spricht, dass die Vorschrift auf einer europarechtlichen Vorgabe zur Verbesserung des Verbraucherschutzes beruht. Die Annahme, mit der Umsetzung der Richtlinie wolle der Gesetzgeber zugleich die Zulässigkeit jeglicher Entgeltklauseln erreichen, ist nicht naheliegend. Auch nach der Gesetzesbegründung sollten vordergründig kostenpflichtige Nebenleistung wie Versicherungsprodukte reguliert werden, die oftmals bei Online-Einkäufen voreingestellt seien und von Verbrauchern nicht sofort bemerkt würden.[929] Ein Hinweis auf die Haltung des Gesetzgebers zur Wirksamkeit von Entgeltklauseln ist daraus aber nicht abzuleiten, weshalb das systematische Argument bei Verbrauchern wie Unternehmern gleichermaßen nicht durchgreift.[930]

## II. Keine unmittelbaren Nachteile für den Kreditnehmer

Eine Unangemessenheit der Entgeltklausel könnte abzulehnen sein, wenn sich aus der Erhebung der Bearbeitungsgebühr keine unmittelbaren Nachteile für den Bankkunden ergeben. Dazu führten die Prozessvertreter der beklagten Kreditinstitute aus, dass das Entgelt weniger als 1 % des Bruttodarlehensbetrages ausmache und daher überhaupt nicht ins Gewicht falle.[931] Selbst wenn durch die Erhebung des Bearbeitungsentgeltes eine Belastung entstehen sollte, sei ein Unternehmer regelmäßig in der Lage, diese an nachgelagerte Handelsstufen oder Endkunden

---

927 *van Bevern/Schmitt*, BKR 2015, 323, 327; *Herweg/Fürtjes*, ZIP 2015, 1261, 1269.

928 BGH, Urteile vom 04.07.2017 – XI ZR 562/15, BGHZ 215, 172 = NJW 2017, 2986 Rn. 42 und XI ZR 233/16, ZIP 2017, 1654 Rn. 50 jeweils mit Verweis auf BGH, Urteile vom 13.05.2014 – XI ZR 405/12, BGHZ 201, 168 = NJW 2014, 2420 Rn. 72 und XI ZR 170/13, WM 2014, 1325 Rn. 79.

929 BR-Drucks. 817/12, S. 62.

930 *Kropf*, BKR 2014, 309, 314; ähnlich *J. Koch*, WM 2016, 717, 721.

931 BGH, Urteile vom 04.07.2017 – XI ZR 562/15, BGHZ 215, 172 = NJW 2017, 2986 Rn. 43 und XI ZR 233/16, ZIP 2017, 1654 Rn. 51; in den Entscheidungsgründen der Vorinstanz findet sich die Aussage, dass die monatlichen Zinskosten höher gewesen seien als das einmalige Bearbeitungsentgelt, OLG Celle, Urteil vom 02.12.2015 – 3 U 113/15, BeckRS 2015, 122024 Rn. 12.

weiterzugeben.[932] Schon aus diesem Grund müsse die Inhaltskontrolle zu einem vom Verbraucherdarlehensrecht abweichenden Ergebnis gelangen.

## *1. Geringe Höhe des Entgeltes*

Die Höhe des Bearbeitungsentgeltes hält der BGH grundsätzlich für unerheblich, da sie zur Rechtfertigung einer unangemessenen Benachteiligung kein geeignetes Kriterium darstelle.[933] Im Jahr 2016 führte der XI. Zivilsenat zu der Erhebung von pauschalen Gebühren für die geduldete Kontoüberziehung aus, dass bereits eine Entgeltbestimmung in Höhe von EUR 6,90 in Verträgen mit Verbrauchern unwirksam sei.[934] Zweifel an der Anerkennung des Preisarguments sind in der Rechtsprechung insgesamt tief verankert, was insbesondere auf eine mangelnde Feststellbarkeit der Angemessenheit des Preises zurückgeführt wird.[935]

In der Tat müsste der Richter zur Ermittlung der Geringwertigkeit der Höhe eines Entgeltes zunächst überhaupt einen gerechten Maßstab festlegen können, dem ein durchschnittlicher oder angemessener Preis zu entnehmen ist. Jedoch verfügt er in der Regel nicht über die notwendigen Informationen oder die erforderliche Sachkunde, um solche Feststellungen zu treffen.[936] Insofern bestünde durchaus das Risiko, dass sich das geringe Niveau eines Preises betriebswirtschaftlich immer irgendwie begründen ließe.[937] Da selbst die Kompensation einer streitigen Klausel durch das Angebot eines niedrigen Preises als Rechtfertigung einer unangemessenen Benachteiligung abgelehnt wird,[938] kann das separate Abstellen auf die geringe Höhe eines Entgeltes dafür erst recht nicht ausreichen.

---

932 LG Stuttgart, Urteil vom 15.06.2016 – 4 S 194/15, juris Rn. 41; *Hanke/Adler*, WM 2015, 1313, 1317 f.; *Lang/Schulz*, WM 2015, 2173, 2174.

933 BGH, Urteile vom 04.07.2017 – XI ZR 562/15, BGHZ 215, 172 = NJW 2017, 2986 Rn. 43 und XI ZR 233/16, ZIP 2017, 1654 Rn. 51.

934 BGH, Urteil vom 25.10.2016 – XI ZR 9/15, BGHZ 212, 329 = NJW 2017, 1018 Rn. 40.

935 BGH, Urteil vom 25.02.1998 – VIII ZR 276/96, BGHZ 138, 118, 132 = NJW 1998, 1640, 1644; BGH, Urteil vom 12.05.1980 – VII ZR 166/79, BGHZ 77, 126, 131 = NJW 1980, 1953; BGH, Urteil vom 29.10.1956 – II ZR 79/55, BGHZ 22, 90, 98 = NJW 1957, 17.

936 *Coester*, in: Staudinger BGB § 307 Rn. 129; *Fuchs*, in: Ulmer/Brandner/Hensen AGB § 307 Rn. 145; *Grüneberg*, in: Palandt BGB § 307 Rn. 18; *Wurmnest*, in: MüKo BGB § 307 Rn. 46, wonach der Richter kein „Preiskommissar" sei.

937 *Coester*, in: Staudinger BGB § 307 Rn. 130; *Fuchs*, in: Ulmer/Brandner/Hensen AGB § 307 Rn. 145.

938 Obwohl eine Kompensation durch die Gewährung anderer Vorteile durchaus möglich ist, vgl. die Nachweise in Fn. 944 und 947; *Pfeiffer*, in: Wolf/Lindacher/Pfeiffer AGB § 307 BGB Rn. 224; *Fastrich*, Inhaltskontrolle, S. 303 f.; *Stoffels*, AGB Rn. 493; vgl. zu der Gefahr eines „Konditionenwettbewerbs nach unten" *Coester*, in: Staudinger BGB § 307 Rn. 132; *Adams*, BB 1989, 781, 784.

## *2. Weitergabe der Kosten auf nachgelagerte Stufen*

Einem Unternehmer stehen im Gegensatz zu Endverbrauchern regelmäßig andere Möglichkeiten zur Seite, entstandene Kosten und Lasten durch die Weitergabe an nachgelagerte Handelsstufen zu amortisieren.[939] Finanzielle Belastungen werden bereits in der Preiskalkulation berücksichtigt, weshalb sich im Rahmen der Interessenabwägung ein geringeres Schutzbedürfnis von Kaufleuten ergebe.[940]

Diese Umstände könnten eine Einschränkung der Inhaltskontrolle im Gegensatz zum Verbraucherverkehr rechtfertigen.[941] Denn in der Möglichkeit zur Kostenweitergabe sei eine Besonderheit des unternehmerischen Geschäftsverkehrs zu erblicken, durch die eine benachteiligende Abweichung vom dispositiven Recht kompensiert werden könne.[942]

Nach Sichtweise des BGH sei ein Überwälzen bzw. Abdecken der Kosten jedoch gerade nicht geeignet, um die inhaltlichen Bedenken gegenüber einer Klausel zu beseitigen. Denn die rechtlichen Vorteile, die die Unausgewogenheit einer Klausel kompensieren sollen, müssten auf der gleichen Ebene entstehen und demnach vom Klauselverwender selbst gewährt werden.[943] Konkret müssten sich die Vorteile aus demselben Rechtsverhältnis ergeben und in einem Sachzusammenhang zu bzw. einer Wechselbeziehung mit der fraglichen Vertragsbestimmung stehen.[944] Als anerkanntes Beispiel lässt sich etwa der Gewährleistungsausschluss eines Leasinggebers gegen die Abtretung der bestehenden Gewährleistungsansprüche nennen.[945] In der hiesigen Konstellation besteht zwischen der Erhebung der Kosten durch das Kreditinstitut und der Weitergabe derselben an einen nachgelagerten

939 LG Stuttgart, Urteil vom 15.06.2016 – 4 S 194/15, juris Rn. 41; *Fuchs*, in: Ulmer/Brandner/Hensen AGB § 307 Rn. 377; *Lang/Schulz*, WM 2015, 2173, 2174.

940 *Kollmann*, in: NK BGB § 307 Rn. 80; *Pfeiffer*, in: Wolf/Lindacher/Pfeiffer AGB § 307 BGB Rn. 189; *Hanke/Adler*, WM 2015, 1313, 1317 f.; *K. P. Berger*, NJW 2010, 465, 470.

941 LG Stuttgart, Urteil vom 15.06.2016 – 4 S 194/15, juris Rn. 41; *Pfeiffer*, in: Wolf/Lindacher/Pfeiffer AGB § 307 BGB Rn. 189.

942 So etwa BGH, Urteil vom 23.04.1991 – XI ZR 128/90, BGHZ 114, 238, 242 f. = NJW 1991, 1886; BGH, Urteil vom 01.12.1981 – KZR 37/80, BGHZ 82, 238, 240 = NJW 1982, 644; vgl. auch *Coester*, in: Staudinger BGB § 307 Rn. 124 f.; *Fuchs*, in: Ulmer/Brandner/Hensen AGB § 307 Rn. 144; *Grüneberg*, in: Palandt BGB § 307 Rn. 13.

943 BGH, Urteile vom 04.07.2017 – XI ZR 562/15, BGHZ 215, 172 = NJW 2017, 2986 Rn. 44 und XI ZR 233/16, ZIP 2017, 1654 Rn. 52 mit Verweis auf BGH, Urteil vom 21.04.2015 – XI ZR 200/14, BGHZ 205, 83 = WM 2015, 1232 Rn. 18.

944 BGH, Urteil vom 29.11.2002 – V ZR 105/02, BGHZ 153, 93 = NJW 2003, 888, 890, wonach es sich um „konnexe" Bestimmungen handeln müsse; *Coester*, in: Staudinger BGB § 307 Rn. 125 ff.; *Fuchs*, in: Ulmer/Brandner/Hensen AGB § 307 Rn. 144; *Wurmnest*, in: MüKo BGB § 307 Rn. 38; *Fastrich*, Inhaltskontrolle, S. 302 spricht von „Funktionsgleichheit".

945 BGH, Urteil vom 09.07.2002 – X ZR 70/00, NJW-RR 2003, 51; BGH, Urteil vom 16.09.1981 – VIII ZR 265/80, BGHZ 81, 298 = NJW 1982, 105 f.; dazu *Coester*, in: Staudinger BGB § 307 Rn. 126.

Dritten jedoch kein konnexer Sachzusammenhang. Insoweit sei es auch unerheblich, ob es einzelnen Unternehmern durch außergewöhnliche Anstrengungen gelingen könne, die finanziellen Belastungen auf nachgelagerte Handelsstufen abzuwälzen.[946]

Diesem Ergebnis ist insoweit zuzustimmen, als auch die mögliche Weitergabe der Kosten von ihrem Gewicht her überhaupt erst dazu geeignet sein müsste, einen angemessenen Ausgleich für die Benachteiligung des Vertragspartners zu gewährleisten.[947] Das erscheint schon deshalb fraglich, weil dem Unternehmer bei der Weitergabe der Kosten an seine Abnehmer möglicherweise mittelbar Wettbewerbsnachteile infolge einer Preissteigerung entstehen könnten.[948] Die Möglichkeit einer Abwälzung wäre daher stets von Branche und Marktsituation abhängig.[949] Eine absolute Grenze findet die Weitergabe von Kosten indessen dort, wo eine (finanzielle) Benachteiligung des Endverbrauchers zu befürchten steht, der nicht zum Leidtragenden einer unangemessenen Klauselgestaltung werden darf.[950] Kraft des Abwälzungsarguments ließe sich ansonsten nahezu jede Benachteiligung im unternehmerischen Verkehr rechtfertigen, was einem Kaufmann jedoch grundsätzlich nicht zumutbar ist.[951]

## III. Vorteile für den Kreditnehmer

Weder die vergleichbar geringe Höhe der Gebühren noch die Möglichkeit der Weitergabe von Kosten können der Benachteiligung des Kunden mit Erfolg entgegengehalten werden. Ein Interesse des Kunden an dem Wegfall der Entgeltklausel bestünde jedoch nicht, wenn die Vertragsbedingung für ihn mit Vorteilen verbunden wäre. Diese könnten sich bei geschäftlichen Darlehensnehmern aus steuerlichen Gesichtspunkten oder der Mitkreditierung von laufzeitunabhängigen Entgelten ergeben.

### *1. Steuerliche Behandlung des Bearbeitungsentgeltes*

Die Preisgestaltung einer Entgeltklausel als einmalige, laufzeitunabhängige Gebühr kann für Kaufleute gegenüber der Belastung mit einem höheren Zinssatz regelmäßig vorzugswürdig sein. Vorteile ergeben sich insbesondere aus der

---

946 BGH, Urteile vom 04.07.2017 – XI ZR 562/15, BGHZ 215, 172 = NJW 2017, 2986 Rn. 44 und XI ZR 233/16, ZIP 2017, 1654 Rn. 52.

947 *Coester*, in: Staudinger BGB § 307 Rn. 125; *Wurmnest*, in: MüKo BGB § 307 Rn. 38; *Stoffels*, AGB Rn. 487.

948 In diese Richtung *Pfeiffer*, in: Wolf/Lindacher/Pfeiffer AGB § 307 BGB Rn. 189.

949 *Fuchs*, in: Ulmer/Brandner/Hensen AGB § 307 Rn. 377; *J. Koch*, WM 2016, 717, 721 f.

950 *Pfeiffer*, in: Wolf/Lindacher/Pfeiffer AGB § 307 BGB Rn. 189; *J. Koch*, WM 2016, 717, 721 f.

951 BGH, Urteil vom 06.04.2005 – XII ZR 308/02, NJW 2005, 2006, 2008; *Fuchs*, in: Ulmer/Brandner/Hensen AGB § 307 Rn. 377; *J. Koch*, WM 2016, 717, 721 f.

steuerlichen Abzugsfähigkeit des Pauschalentgeltes als Betriebsausgaben oder Werbungskosten.[952] Auch in der Instanzrechtsprechung wird darauf abgestellt, dass eine laufzeitunabhängige Vergütung regelmäßig zu einer Reduzierung der laufenden Zinsbelastung führe und zum Vertragsbeginn einen steuerlich günstigen Effekt erzeuge. Daher könne von vornherein keine unangemessene Benachteiligung des Kunden angenommen werden.[953]

### *a. Abzugsfähigkeit betrieblich veranlasster Aufwendungen*

In steuerlicher Hinsicht haben Unternehmer im Gegensatz zu Verbrauchern grundsätzlich die Möglichkeit, betrieblich veranlasste Aufwendungen i.S.d. § 4 Abs. 4 EStG geltend zu machen und somit den steuerlich relevanten Gewinn zu mindern.[954] Zu den Betriebsausgaben zählen ausdrücklich auch Schuldzinsen, also die herkömmlichen Zinsen für die Finanzierung von Betriebsvermögen. Der Begriff der Schuldzinsen wird jedoch weit ausgelegt, sodass neben dem laufzeitabhängigen Zins auch Kreditnebenkosten wie pauschale Bearbeitungsentgelte umfasst sind.[955] Nach Rechtsprechung des Bundesfinanzhofs (BFH) sei der Aufwand für den Abschluss eines Bausparvertrages auch bei vorzeitiger Rückabwicklung des Darlehens im Jahr der Kostenentstehung vollständig abzugsfähig.[956] Voraussetzung sei lediglich, dass das Entgelt im Falle der vorgezogenen Beendigung des Vertrages dem Darlehensgeber nicht anteilig zu erstatten sei, demnach also laufzeitunabhängig ausgestaltet ist. Verbrauchern ist die steuerliche Geltendmachung von Darlehenskosten hingegen regelmäßig nicht möglich, sondern nur in seltenen

---

952 So lautete der Vortrag der Revision BGH, Urteile vom 04.07.2017 – XI ZR 562/15, BGHZ 215, 172 = NJW 2017, 2986 Rn. 45 ff. und XI ZR 233/16, ZIP 2017, 1654 Rn. 53 ff.; *van Bevern/Schmitt*, BKR 2015, 323, 328 f.; *Hanke/Adler*, WM 2015, 1313, 1318; *Herweg/Fürtjes*, ZIP 2015, 1261, 1267.

953 OLG Frankfurt a.M., Urteil vom 12.10.2016 – 17 U 165/15, juris Rn. 66; OLG Hamburg, Urteil vom 27.04.2016 – 13 U 134/15, juris Rn. 38 f.; LG Itzehoe, Urteil vom 06.09.2016 – 7 O 129/15, juris Rn. 34 ff.; LG Braunschweig; Urteil vom 30.09.2015 – 8 S 341/15, juris Rn. 27 f.

954 Für außerbetriebliche Einkunftsarten, etwa aus Vermietung und Verpachtung, sind Aufwendungen als Werbungskosten gem. § 9 Abs. 1 Satz 3 EStG abzugsfähig.

955 OLG Frankfurt a.M., Urteil vom 12.10.2016 – 17 U 165/15, juris Rn. 66; OLG Hamburg, Urteil vom 27.04.2016 – 13 U 134/15, juris Rn. 38; *Loschelder*, in: Schmidt EStG § 4 Rn. 485, 520 unter „Finanzierungskosten", Rn. 523 „alle laufenden und einmaligen Gegenleistungen für die Überlassung von Fremdkapital"; *Loschelder*, in: Schmidt EStG § 9 Rn. 131 ff.; *Herweg/Fürtjes*, ZIP 2015, 1261, 1267.

956 BFH, Urteil vom 27.07.2011 – I R 77/10, BStBl. II 2012, 284 = DStR 2011, 2035; BFH, Urteil vom 22.06.2011 – I R 7/10, BStBl. II 2011, 870 = DStR 2011, 1704; BFH, Urteil vom 01.10.2002 – IX R 12/00, BStBl. II 2003, 398 f. = DB 2003, 750; ebenso LG Braunschweig, Urteil vom 30.09.2015 – 8 S 341/15, juris Rn. 28.

Fällen denkbar wie etwa bei einer Immobilienfinanzierung mit der Absicht der Fremdvermietung.[957]

Aus der grundsätzlichen Abzugsfähigkeit betrieblich veranlasster Aufwendungen allein ergibt sich für den Unternehmer aber noch kein nennenswerter Vorteil, da die einmaligen Kosten für einen Kredit ebenso wie der laufzeitabhängige Zins den Betriebskosten zuzurechnen sind. Jedoch sind Unternehmer regelmäßig daran interessiert, den Großteil der Kreditkosten in Gestalt eines pauschalen Entgeltes schon zu Beginn der Laufzeit steuerlich in Abzug zu bringen und nicht über die gesamte Laufzeit zu verteilen.[958] Insbesondere in wirtschaftlich ertragreichen Jahren führe der Betriebskostenabzug zu einer Verringerung der Steuerlast und wirke sich daher liquiditätsschonend aus.[959] Wird das Bearbeitungsentgelt hingegen in den Zins eingepreist oder als laufzeitabhängiges Einmalentgelt ausgestaltet, fiele dieser steuerliche Vorteil weg.[960] Zu einem materiellen Einspareffekt komme es bei der Vereinbarung einer abzugsfähigen Einmalgebühr, sofern die Gewinnkürzung zu einem sinkenden Grenzsteuersatz führt und daher eine Reduzierung der Steuerprogression zur Folge hat.[961]

### *b. Zusätzlicher Effekt durch gewerbesteuerliche Hinzurechnung*

Eine weitere steuerliche Komponente ergibt sich aus der gewerbesteuerlichen Hinzurechnung gem. § 8 Nr. 1 lit. a GewStG. Demnach wird dem maßgeblichen Gewinn aus Gewerbebetrieb (Gewerbeertrag, § 7 GewStG) ein Viertel der Summe aus „Entgelten für Schulden“ wieder hinzugerechnet, soweit sie bei der Ermittlung des Gewinns zuvor abgesetzt worden sind. Bei der Berechnung des

---

957 *Loschelder*, in: Schmidt EStG § 9 Rn. 131 ff.; *Casper/Möllers*, WM 2015, 1689; 1698; *Hanke/Adler*, WM 2015, 1313, 1318. Dabei darf die Fremdvermietung nicht überwiegend in Ausübung einer gewerblichen oder selbstständigen Tätigkeit i.S.d. § 14 BGB stattfinden, da andernfalls unternehmerisches Handeln vorliegt.

958 OLG Frankfurt a.M., Urteil vom 12.10.2016 – 17 U 165/15, juris Rn. 66; OLG Hamburg, Urteil vom 27.04.2016, 13 U 134/15, juris Rn. 41; LG Itzehoe, Urteil vom 06.09.2016 – 7 O 129/15, juris Rn. 39; *van Bevern/Schmitt*, BKR 2015, 323, 328; *Casper/Möllers*, WM 2015, 1689, 1698; *Hanke/Adler*, WM 2015, 1313, 1318; kritisch *von Westphalen*, NJW 2017, 2237, 2241.

959 OLG Hamburg, Urteil vom 27.04.2016, 13 U 134/15, juris Rn. 41; *Casper/Möllers*, WM 2015, 1689, 1696.

960 Bei einem laufzeitabhängigen Einmalentgelt handelt es sich – vergleichbar mit einem Disagio – um eine Zinsvorauszahlung, bei der der für die Folgejahre vorausgezahlte Anteil bilanziell als Vermögensgegenstand aktiviert werden muss. Steuerlich wäre zu Vertragsbeginn nur der Teil einer Bearbeitungsgebühr absetzbar, der auf das betreffende Jahr entfällt. Vgl. dazu LG Itzehoe, Urteil vom 06.09.2016 – 7 O 129/15, juris Rn. 36 f.

961 Dies gilt für einen der Einkommenssteuer unterliegenden Gewerbetreibenden, OLG Hamburg, Urteil vom 27.04.2016, 13 U 134/15, juris Rn. 41; LG Itzehoe, Urteil vom 06.09.2016 – 7 O 129/15, juris Rn. 39.

Gewerbesteuersatzes ist die Hinzurechnung für die Steuerlast eines Unternehmers dementsprechend nachteilig. Nach Ansicht des BFH seien Entgelte für Schulden die Gegenleistung für die Zurverfügungstellung von Fremdkapital, also in erster Linie die geleisteten Zinsen.[962] Als Entgelte i.S.v. § 8 Nr. 1 lit. a GewStG seien aber auch laufende Verwaltungskostenbeiträge zu qualifizieren, die sich prozentual an dem Darlehensbetrag bemessen und bezogen auf die gesamte Laufzeit des Darlehens zu zahlen sind.[963] In der Regierungsbegründung zum Steuerreformgesetz 1990 ist bei der Hinzurechnung die Rede von Entgelten für die langfristige Fremdkapitalnutzung, die zwar nicht als Zinsen bezeichnet werden, aber Zinscharakter haben.[964] Keine Entgelte für Schulden seien hingegen Kreditbeschaffungs- oder sonstige Nebenkosten für spezielle, über die eigentliche Kapitalgewährung hinausgehende Leistungen des Kreditgebers.[965] Demnach unterfallen laufzeitunabhängige Entgelte nicht der gewerbesteuerlichen Hinzurechnung, da sie nicht als laufende Verwaltungskosten mit zinsähnlichem Charakter ausgestaltet sind.[966] Für den Unternehmer kann die Kostengestaltung mit laufzeitunabhängiger Entgeltkomponente folglich zu einer vorteilhaften Ersparnis führen.

Der BGH hält dem zunächst entgegen, dass eine unangemessene Benachteiligung nicht allein mit einem geringeren Preis in Form des niedrigeren Zinssatzes gerechtfertigt werden könne.[967] Dem ist insoweit zuzustimmen, als bereits dargestellt wurde, dass dem Bestehen möglicher Nachteile nicht allein ein geringerer Preis entgegengehalten werden kann.[968] Dabei ist ohnehin noch zu zeigen, ob ein Darlehensvertrag mit laufzeitunabhängigem Bearbeitungsentgelt und niedrigerem Zinssatz verglichen mit einem Darlehensvertrag ohne pauschalem Entgelt und entsprechend höheren Zinsen wirtschaftlich überhaupt zu einer unterschiedlichen Belastung des Kreditnehmers führt.[969] Darüber hinaus sei es nach Ansicht des XI. Zivilsenats aufgrund der in der Angemessenheitsprüfung gebotenen

---

962 BFH, Urteil vom 09.08.2000 – I R 92/99, BStBl. II 2001, 609 = DStRE 2001, 27, 28.

963 BFH, Urteil vom 09.08.2000 – I R 92/99, BStBl. II 2001, 609 = DStRE 2001, 27, 28.

964 BT-Drucks. 11/2175, S. 175.

965 BFH, Urteil vom 09.08.2000 – I R 92/99, BStBl. II 2001, 609 = DStRE 2001, 27, 28; siehe auch Allgemeine Verwaltungsvorschrift zur Anwendung des Gewerbesteuerrechts (GewStR 2009) R 8.1 Abs. 1 Satz 7–9.

966 LG Braunschweig, Urteil vom 30.09.2015 – 8 S 341/15, juris Rn. 28; *van Bevern/Schmitt*, BKR 2015, 323, 329 mit dem Hinweis auf den steuerlichen Gestaltungsspielraum.

967 BGH, Urteile vom 04.07.2017 – XI ZR 562/15, BGHZ 215, 172 = NJW 2017, 2986 Rn. 48 und XI ZR 233/16, ZIP 2017, 1654 Rn. 56 mit Verweisen auf BGH, Urteil vom 04.12.2013 – IV ZR 215/12, BGHZ 199, 170 Rn. 43 = NJW 2014, 630 und BGH, Urteil vom 16.11.1992 – II ZR 184/91, BGHZ 120, 216, 226 = NJW 1993, 2442.

968 Siehe zur Anerkennung des Preisarguments bereits „Geringe Höhe des Entgeltes", S. 195 ff.

969 Siehe dazu noch unten „Einpreisen in den Zinssatz: Folgen der Mischkalkulation", S. 237 ff.

überindividuellen und generalisierenden Betrachtungsweise aber auch unerheblich, dass einzelnen Kunden der sofortige Steuerabzug gelinge.[970] Die Unterstellung einer einheitlichen steuerlichen Interessenlage unternehmerischer Darlehensnehmer verbiete sich schon infolge des Bestehens eines steuerlichen Gestaltungsspielraums.

### c. *Überindividuelle Liquiditätsvorteile durch steuerliche Abzugsfähigkeit*

Für die Angemessenheit einer Klausel ist zu beurteilen, ob die betreffende Regelung tatsächlich generell und nicht nur bezogenen auf den konkreten Einzelfall eine Benachteiligung der Verwendergegenseite ausgleichen kann.[971] Während es sich bei der Reduzierung des Grenzsteuersatzes und der materiellen Vergünstigung bei der gewerbesteuerlichen Hinzurechnung in der Tat um Fragen des Einzelfalls handelt, ist dies aber für den Liquiditätsvorteil aufgrund des Betriebskostenabzuges anders zu beurteilen. Die Analyse zeigt, dass die Vereinbarung eines laufzeitunabhängigen Bearbeitungsentgeltes für gewerbliche oder selbständige Darlehensnehmer infolge der steuerlichen Abzugsfähigkeit in aller Regel vorteilhaft ist. Bietet ein Kreditinstitut einem Unternehmer bei gleichem effektiven Jahreszins die Wahl zwischen einem hohen Zins und einem geringeren Zinssatz mit laufzeitunabhängigem Bearbeitungsentgelt, wird sich der Darlehensnehmer aus steuerlichen Gesichtspunkten regelmäßig für die liquiditätsschonende Variante entscheiden.[972] Eine andere Entscheidung wäre bei effektiv gleicher wirtschaftlicher Belastung des Darlehensnehmers für ihn betriebswirtschaftlich ineffizient. Die Annahme einer unangemessenen Benachteiligung von laufzeitunabhängigen Bearbeitungsentgelten liegt als Ergebnis einer Gesamtabwägung fern, wenn eine überindividuelle und generalisierende Betrachtung zugunsten dieser Ausgestaltung ausfällt.[973]

Der Einwand, dass es ebenso Kunden gebe, deren steuerliche Interessen gegen die Erhebung eines laufzeitunabhängigen Bearbeitungsentgeltes zu Vertragsbeginn sprächen,[974] verfängt nicht. Für die Angemessenheit einer AGB-Klausel ist es unerheblich, ob einzelne Kunden die mit der steuerlichen Abzugsfähigkeit verbundenen Liquiditätsvorteile nicht genutzt haben, da es allein auf die typisierende

---

970 BGH, Urteile vom 04.07.2017 – XI ZR 562/15, BGHZ 215, 172 = NJW 2017, 2986 Rn. 47 ff. und XI ZR 233/16, ZIP 2017, 1654 Rn. 55 ff.

971 *Fuchs*, in: Ulmer/Brandner/Hensen AGB § 307 Rn. 375; *Wurmnest*, in: MüKo BGB § 307 Rn. 58.

972 LG Itzehoe, Urteil vom 06.09.2016 – 7 O 129/15, juris Rn. 38.

973 LG Itzehoe, Urteil vom 06.09.2016 – 7 O 129/15, juris Rn. 38.

974 BGH, Urteile vom 04.07.2017 – XI ZR 562/15, BGHZ 215, 172 = NJW 2017, 2986 Rn. 48 und XI ZR 233/16, ZIP 2017, 1654 Rn. 56 mit Verweis auf *J. Koch*, WM 2016, 717, 721, der bezweifelt, dass die standardisierte Übertragung dieser Struktur *qua* AGB im Interesse aller Kundentypen liege; ebenso *von Westphalen*, BB 2017, 2051, 2054.

Betrachtungsweise ankommt.[975] Ebenso steht keine unangemessene Benachteiligung von Verbraucher zu befürchten,[976] da die steuerliche Geltendmachung von Verbraucherdarlehenskosten regelmäßig nicht möglich ist und die typisierende Betrachtung mithin zu einem anderen Ergebnis kommt. Die Abweichung eines laufzeitunabhängigen Bearbeitungsentgeltes vom gesetzlichen Leitbild des Darlehensvertrages führt unter Berücksichtigung der steuerlichen Vorteile für den Unternehmer typischerweise nicht zu einer unangemessenen Benachteiligung des Darlehensnehmers.[977]

### *d. Keine Vorteilsgewährung innerhalb des Rechtsverhältnisses*

Aber auch diese Beurteilung würde nach den Anforderungen der BGH-Rechtsprechung zu keinem anderen Ergebnis führen. Denn die Auswirkungen der konkreten steuerlichen Situation basierten nicht auf einem Entgegenkommen des Klauselverwenders.[978] Wie bei der Würdigung der Weitergabe von Kosten auf nachgelagerte Handelsstufen könne die Unausgewogenheit einer Klausel nur durch Vorteile für dessen Vertragspartner kompensiert werden, die ihm vom Verwender selbst gewährt werden.[979] Diese Anforderung mag mit der Grundvorstellung verbunden sein, dass eine vermeintlich kundenfeindliche Klausel ausschließlich mittels einer kundenfreundlichen Klausel ausgeglichen werden kann. Für das Abweichen vom gesetzlichen Leitbild scheint zwangsläufig eine Gegenleistung des Darlehensgebers erforderlich zu sein, die für ihn mit einer Einbuße verbunden ist.

Dabei ist es für die Kompensation einer unausgewogenen Klausel durchaus ausreichend, dass sich die gewährten Vorteile lediglich aus demselben Rechtverhältnis ergeben und in einem Sachzusammenhang zu der betreffenden Vertragsbestimmung stehen.[980] Das wird man in der zugrunde liegenden Konstellation auch nicht schlichtweg verneinen können, da die vereinbarte Gestaltung des relativen Schuldverhältnisses die steuerliche Abzugsfähigkeit überhaupt erst ermöglicht. Obgleich die tatsächlichen Begünstigungen vom Fiskus gewährt werden, besteht doch der nötige Sachzusammenhang zu der zwischen den Parteien vereinbarten

975 LG Itzehoe, Urteil vom 06.09.2016 – 7 O 129/15, juris Rn. 42. In dem zugrunde liegenden Fall hatte die Klägerin nicht bestritten, dass sie das laufzeitunabhängige Bearbeitungsentgelt im ersten Jahr in voller Höhe steuerlich absetzen konnte.

976 In diese Richtung aber *J. Koch*, WM 2016, 717, 721.

977 LG Itzehoe, Urteil vom 06.09.2016 – 7 O 129/15, juris Rn. 41.

978 BGH, Urteile vom 04.07.2017 – XI ZR 562/15, BGHZ 215, 172 = NJW 2017, 2986 Rn. 45 f. und XI ZR 233/16, ZIP 2017, 1654 Rn. 53 f.; OLG Düsseldorf, Urteil vom 15.07.2016 – 7 U 109/15, WM 2016, 1983, 1984 f.; zustimmend *von Westphalen*, BB 2017, 2051, 2056, der aber eingesteht, dass das Vorliegen dieser Voraussetzungen eine sehr seltene Ausnahme sein dürfte; wie hier kritisch *Henze*, Entgeltklauseln, S. 63.

979 Siehe dazu bereits „Weitergabe der Kosten auf nachgelagerte Stufen“, S. 196 ff.

980 Siehe die Nachweise in Fn. 944.

Entgeltklausel. Dass mit dieser Gestaltung für beide Vertragsparteien eine zufriedenstellende Lösung einhergeht, findet keine hinreichende Berücksichtigung.

Auch der Vorschlag, die Entscheidung über das steuersparende Vertragsmodell gänzlich auf die Ebene der Individualabrede zu verlagern und eine interessengerechte Lösung mittels einer Wahlmöglichkeit zwischen einem Darlehen ohne Bearbeitungsgebühr zu marktüblichem Zins und einem Darlehen mit Bearbeitungsgebühr zu einem günstigeren Zinssatz zu erreichen,[981] ist kaum erfolgsversprechend. In dem Judikat vom 13.03.2018 macht der BGH deutlich, dass diese Wahlmöglichkeit keine Individualabrede begründen könne, da dem Vertragspartner dafür die Gelegenheit zur Einbringung eigener Textvorschläge mit der effektiven Möglichkeit ihrer Durchsetzung gegeben sein müsse.[982]

## 2. *Mitkreditierung des Bearbeitungsentgeltes*

Für den Darlehensnehmer kann auch die Mitkreditierung des Bearbeitungsentgeltes mit wirtschaftlichen Vorteilen verbunden sein.[983] Anstatt das pauschale Einmalentgelt zu Vertragsbeginn aus der freien Liquiditätsreserve zahlen zu müssen, werden die Kosten in dieser Gestaltung bis zur vollständigen Tilgung des Kredites mitfinanziert. Wird das dadurch gesparte Eigenkapital selbst zur Finanzierung des Vorhabens verwendet, sinkt die Höhe der Darlehensvaluta und somit insgesamt die monatliche Zinsbelastung zugunsten des Kunden.[984]

Dem hält der BGH entgegen, dass mit der Mitkreditierung jedoch zugleich die Pflicht des Kunden verbunden sei, zusätzlich auch Zinsen auf das Bearbeitungsentgelt zu zahlen.[985] Dadurch würde sich der Gesamtpreis der Kapitalbeschaffung erhöhen. Ein solcher Nachteil lässt sich aber nicht feststellen, wenn die Zinsen für das mitfinanzierte Bearbeitungsentgelt regelmäßig niedriger ausfallen als das Bearbeitungsentgelt und die Zinsen für den vergleichsweise höheren Darlehensbetrag. *Casper* und *Möllers* zeigen dies in ihrem Berechnungsbeispiel auf:[986]

---

981 *J. Koch*, WM 2016, 717, 721.

982 BGH, Urteil vom 13.03.2018 – XI ZR 291/16, WM 2018, 1046 Rn. 16. Siehe dazu bereits „Auswahlmöglichkeit zwischen verschiedenen Darlehensvarianten“, S. 112 ff.

983 So lautet der Vortrag der Revision in BGH, Urteile vom 04.07.2017 – XI ZR 562/15, BGHZ 215, 172 = NJW 2017, 2986 Rn. 50 ff. und XI ZR 233/16, ZIP 2017, 1654 Rn. 58 ff.

984 Ausführlich dazu *Casper/Möllers*, WM 2015, 1689, 1696 ff.

985 BGH, Urteile vom 04.07.2017 – XI ZR 562/15, BGHZ 215, 172 = NJW 2017, 2986 Rn. 53 und XI ZR 233/16, ZIP 2017, 1654 Rn. 59 jeweils mit Verweis auf BGH, Urteile vom 13.05.2014 – XI ZR 405/12, BGHZ 201, 168 = NJW 2014, 2420 Rn. 77 f. und XI ZR 170/13, WM 2014, 1325 Rn. 84 f.; ebenso *Strube/Fandel*, BKR 2014, 133, 138; *Tiffe*, VuR 2012, 127, 128.

986 Zur nachfolgenden Darstellung *Casper/Möllers*, WM 2015, 1689, 1696 f. Es wird eine Laufzeit von 24 Monaten bei einem Zinssatz von 6 % und einer Bearbeitungsgebühr in Höhe von 2 % zugrunde gelegt.

Bei einem Kapitalbedarf von EUR 10.000 und verfügbarem Eigenkapital von EUR 200 bestehen für den Kreditnehmer zwei Handlungsalternativen. Nutzt der Kunde seine freie Liquidität zur Einmalzahlung des Entgeltes (2 % des Darlehensbetrages, also EUR 200), beläuft sich der Fremdkapitalbedarf auf die gesamten EUR 10.000. Die Kreditkosten bestehen aus dem einmaligen Entgelt und Zinsen in Höhe von EUR 636,95. Der effektive Jahreszins liegt daher bei 8,30 %. Alternativ kann das Eigenkapital selbst zur Finanzierung des Vorhabens verwendet und das Bearbeitungsentgelt finanziert werden. Der Fremdkapitalbedarf beträgt dann nur noch EUR 9.996 (EUR 9.800 Darlehenssumme und davon 2 %, also EUR 196 Bearbeitungsentgelt) und die Zinsbelastung reduziert sich insgesamt auf EUR 636,69. Der effektive Jahreszins liegt mit 8,26 % bei der Mitkreditierung unter dem Wert der Einmalzahlung, was insbesondere auf das verhältnismäßig geringere Bearbeitungsentgelt zurückzuführen ist.

Der Berechnung zufolge führt die Mitfinanzierung einer Bearbeitungsgebühr zu geringeren Gesamtkosten, da sich die Höhe der Zinsen und des Entgeltes aufgrund des geringeren Kapitalbedarfs insgesamt reduzieren. Derselbe Effekt ergibt sich auch bei einem höheren Eigenkapitalanteil, da der Fremdkapitalbedarf gleichermaßen zurückgeht und der effektive Jahreszins unverändert bleibt.[987] Auch bei einem Darlehensnehmer ohne Eigenliquidität ist die Mitkreditierung des Entgeltes günstiger als die Beschaffung der Liquidität von dritter Seite.[988]

Dennoch kann man nicht von einem allgemeinen Vorteil auf der Seite des Kunden ausgehen, der der Indizwirkung des § 307 Abs. 2 Nr. 1 BGB entgegensteht.[989] Anders als bei der steuerlichen Abzugsfähigkeit des laufzeitunabhängigen Bearbeitungsentgeltes führt die Mitkreditierung nicht zu überindividuellen und generellen Begünstigungen des Kreditnehmers. Zwar wird man im Endkundengeschäft regelmäßig von einer Mitkreditierung der Entgelte ausgehen können, jedoch findet diese Art der Finanzierung im Bereich der Großkunden im Regelfall gerade nicht statt.[990] Die unterschiedliche praktische Handhabung belegen auch die Urteile vom 04.07.2017, da die Mitfinanzierung des Bearbeitungsentgeltes nur in einem der beiden Fälle vereinbart worden war.[991] Einer generalisierenden Betrachtung stehen aber auch die steuerlichen Implikationen entgegen. Denn die Mitkreditierung des Entgeltes führt letztlich dazu, dass die Einmalkosten nicht

987 *Casper/Möllers*, WM 2015, 1689, 1697.

988 Siehe zum weiteren Berechnungsbeispiel bei einem Darlehensnehmer ohne Eigenliquidität *Casper/Möllers*, WM 2015, 1689, 1697.

989 BGH, Urteile vom 04.07.2017 – XI ZR 562/15, BGHZ 215, 172 = NJW 2017, 2986 Rn. 52 und XI ZR 233/16, ZIP 2017, 1654 Rn. 58.

990 So selbst *Casper/Möllers*, WM 2015, 1689, 1696.

991 Mitkreditierung des Bearbeitungsentgeltes: BGH, Urteil vom 04.07.2017 – XI ZR 233/16, ZIP 2017, 1654 Rn. 58. Keine Mitkreditierung: BGH, Urteil vom 04.07.2017 – XI ZR 562/15, BGHZ 215, 172 = NJW 2017, 2986 Rn. 51, weshalb der BGH den Einwand der Revision in dieser Rechtssache als unerheblich einstufte.

auf einen Schlag zu Beginn des Vertrages anfallen und beim Betriebskostenabzug geltend gemacht werden können. Zudem beruht ein möglicher Vorteil der Mitkreditierung nicht auf der Ausgestaltung des Entgeltes als laufzeitunabhängige Komponente. Vielmehr ergibt sich mit Blick auf die Liquiditätsverhältnisse kein Unterschied zu dem Einpreisen des (laufzeitabhängigen) Entgeltes in den Zinssatz. Die Möglichkeit der Mitkreditierung des Entgeltes kann die Abweichung vom gesetzlichen Leitbild daher nicht rechtfertigen.[992]

## IV. Gewohnheiten und Gebräuche des Handelsverkehrs

Eine Wirksamkeit der Gebührenklausel kann sich aus der angemessenen Berücksichtigung der im Handelsverkehr geltenden Gewohnheiten und Gebräuche gem. § 310 Abs. 1 Satz 2 Halbs. 2 BGB ergeben. Nach dieser Vorschrift ist bei der Inhaltskontrolle von AGB zwischen Unternehmern auf die Gewohnheiten und Gebräuche des Handelsverkehrs Rücksicht zu nehmen und den Besonderheiten des kaufmännischen Geschäftsverkehrs angemessen Rechnung zu tragen.[993] In ihrer Funktion als Korrektiv des Prüfungsmaßstabes wiederholt die Bestimmung den für Kaufleute in § 346 HGB ohnehin niedergeschriebenen Grundsatz. Dennoch kommt ihr im Rahmen der Inhaltskontrolle eine eigenständige Bedeutung zu. Denn die Verkehrssitten des Handels können sich zwar gem. § 346 HGB gegen dispositive Regelungen durchsetzen, nicht aber gegen zwingendes Gesetzesrecht wie etwa § 307 BGB.[994] Demnach hat § 310 Abs. 1 Satz 2 Halbs. 2 BGB zur Folge, dass Handelsbräuche schon bei der Auslegung des § 307 BGB zu beachten sind und die Gebräuchlichkeit der Klausel im Geschäftskundenverkehr deren Wirksamkeit indizieren kann.[995]

In den Urteilen vom 04.07.2017 betont der BGH selbst, dass der kaufmännische Rechtsverkehr wegen der dort herrschenden Handelsbräuche, Usancen, Verkehrssitten und wegen der zumeist größeren rechtsgeschäftlichen Erfahrung der Beteiligten auf eine stärkere Elastizität der für ihn maßgeblichen vertragsrechtlichen

---

992 Ebenso BGH, Urteile vom 04.07.2017 – XI ZR 562/15, BGHZ 215, 172 = NJW 2017, 2986 Rn. 53 und XI ZR 233/16, ZIP 2017, 1654 Rn. 59.

993 BGH, Urteile vom 04.07.2017 – XI ZR 562/15, BGHZ 215, 172 = NJW 2017, 2986 Rn. 55 und XI ZR 233/16, ZIP 2017, 1654 Rn. 61; BGH, Urteil vom 14.05.2014 – VIII ZR 114/13, BGHZ 201, 230 = NJW 2014, 2708 Rn. 43; BGH, Urteil vom 27.09.1984 – X ZR 12/84, BGHZ 92, 200, 206 = NJW 1985, 426.

994 Insoweit wären sie als Missbrauch unbeachtlich BGH, Urteil vom 21.12.1973 – IV ZR 158/72, BGHZ 62, 71 = NJW 1974, 852, 855; *Basedow*, in: MüKo BGB § 310 Rn. 19; *Hopt*, in: Baumbach/Hopt HGB § 346 Rn. 1, 10; *Joost*, in: EBJS HGB § 346 Rn. 1; a.A. *von Westphalen*, BB 2017, 2051, 2056, der in der gleichlautenden Formulierung eine „Leerformel" sieht.

995 *Basedow*, in: MüKo BGB § 310 Rn. 18. Als Folge eines Handelsbrauchs fällt dem unternehmerischen Vertragspartner die Begründungslast dafür zu, dass die Klausel ihn gleichwohl unangemessen benachteiligt.

Normen angewiesen ist als der Letztverbraucher und gibt damit wortgleich die Beschreibung des AGBG-Gesetzgebers wieder.[996] Zu diesem Zwecke sind die branchentypischen Interessen der Vertragschließenden innerhalb des kaufmännischen Geschäftsverkehrs zu berücksichtigen.[997]

### *1. Bestehen eines Handelsbrauchs*

Der Handelsbrauch kann als Verkehrssitte des Handelsverkehrs bezeichnet werden.[998] Dessen Bestehen setzt voraus, dass die Vertragsparteien zum Zeitpunkt des Vertragsschlusses von einer allgemeinen Übung ausgehen, die auch ohne Abschluss einer gesonderten Vereinbarung gewisse Verpflichtungen begründet.[999] Die tatsächliche Übung muss sich ihrerseits innerhalb eines angemessenen Zeitraums bzw. mit einer entsprechenden Kontinuität herausgebildet haben und nach einer einheitlichen Auffassung von allen Beteiligten akzeptiert worden sein.[1000]

Geht man davon aus, dass es sich bei der Erhebung von Bearbeitungsentgelten im B2B-Verkehr um gängige Geschäftspraxis handelt, erscheint die Annahme einer gleichmäßigen und dauerhaften Übung nicht fernliegend.[1001] Denn die

---

996 BGH, Urteile vom 04.07.2017 – XI ZR 562/15, BGHZ 215, 172 = NJW 2017, 2986 Rn. 55 und XI ZR 233/16, ZIP 2017, 1654 Rn. 61; BT-Drucks. 7/3919, S. 14. Siehe dazu bereits oben „Entwicklung und Funktion von AGB“, S. 29 ff.

997 BGH, Urteil vom 14.05.2014 – VIII ZR 114/13, BGHZ 201, 230 = NJW 2014, 2708 Rn. 43; BGH, Urteil vom 06.04.2011 – VIII ZR 31/09, WM 2011, 1870 Rn. 31; BGH, Urteil vom 03.03.1988 – X ZR 54/86, BGHZ 103, 316, 326 f. = NJW 1988, 1785; BGH, Urteil vom 16.01.1985 – VIII ZR 153/83, BGHZ 93, 252, 260 f. = NJW 1985, 853; *Coester*, in: Staudinger BGB § 307 Rn. 111 f.; *Coester-Waltjen*, in: Staudinger BGB § 309 Nr. 1 Rn. 28; *Roloff*, in: Erman BGB § 305 Rn. 35; *Wurmnest*, in: MüKo BGB § 307 Rn. 82.

998 BGH, Urteil vom 03.12.1992 – III ZR 30/91, NJW 1993, 1798; BGH, Urteil vom 07.03.1973 – VIII ZR 214/71, WM 1973, 382 f.; BGH, Urteil vom 01.12.1965 – VIII ZR 271/63, NJW 1966, 502; *Joost*, in: EBJS HGB § 346 Rn. 1.

999 BGH, Urteile vom 04.07.2017 – XI ZR 562/15, BGHZ 215, 172 = NJW 2017, 2986 Rn. 57 und XI ZR 233/16, ZIP 2017, 1654 Rn. 63; BGH, Urteil vom 25.11.1993 – VII ZR 17/93, NJW 1994, 659, 660; OLG Köln, Urteil vom 28.02.1997 – 19 U 194–95, NJW-RR 1998, 926.

1000 Ursprünglich RG, Urteil vom 10.01.1925 – I 106/24, RGZ 110, 47, 48; BGH, Urteil vom 27.10.1951 – II ZR 102/50, NJW 1952, 257; *Basedow*, in: MüKo BGB § 310 Rn. 20; *Hopt*, in: Baumbach/Hopt HGB § 346 Rn. 12; *Joost*, in: EBJS HGB § 346 Rn. 6 f.

1001 So etwa LG Braunschweig, Urteil vom 30.09.2015 – 8 S 341/15, juris Rn. 17 f., weshalb die Wirksamkeit der Klausel indiziert sei; LG Hamburg, Urteil vom 20.08.2015 – 413 HKO 109/14, juris Rn. 25; LG Neubrandenburg, Urteil vom 30.06.2015 – 4 O 55/15, juris Rn. 52 f.; *Hanke/Adler*, WM 2015, 1313, 1319 sprechen von der Existenz einer Verkehrssitte; nach *Piekenbrock*, ZBB 2015, 13, 19 müsse die gelebte Praxis bei der Klauselkontrolle prima facie berücksichtigt werden; siehe zur Geschäftspraxis schon „Historische Entwicklung im Umgang mit Entgeltklauseln“, S. 48 ff.

formularmäßige Berechnung von Bankentgelten ist seit vielen Jahren anerkannt und wurde von der höchstrichterlichen Rechtsprechung des BGH bis zu einer vertretbaren Höhe durchgängig nicht beanstandet. Dass die Entgeltregelung in dem Darlehensvertrag schriftlich fixiert ist und damit genaugenommen auf einer Vereinbarung beruht, ist unschädlich. Die ausdrückliche Wiedergabe in AGB kann insbesondere auf der Vorstellung beruhen, dem Handelsbrauch folgen zu wollen oder ihn aus Gründen der Vollständigkeit oder der Beweissicherung festzuhalten.[1002] Zwar gelten Handelsbräuche nach § 346 HGB kraft gesetzlicher Verweisung und fallen an sich nicht unter das Regime der §§ 305 ff. BGB, jedoch sind AGB bislang nur vereinzelt als Handelsbrauch qualifiziert worden.[1003]

Auch in den vorliegenden Urteilen zweifeln die Richter an der tatsächlichen Ausprägung einer allgemeinen Übung.[1004] Dass eine Gebührenklausel in einer Vielzahl von gleichartigen Darlehensverträgen abgedruckt sei, könne die Existenz eines Handelsbrauchs allein nicht belegen. Entscheidend sei, dass die Beteiligten von einer Verpflichtung zur Zahlung einer Bearbeitungsgebühr ausgingen, auch wenn keine besondere Vereinbarung bestehe.

Davon kann jedoch in der Tat keine Rede sein. Die Annahme, dass gewerbliche Darlehensnehmer ein Bearbeitungsentgelt ohne besondere Vereinbarung innerhalb des Vertragswerkes bezahlen würden, ist unrealistisch. Es widerspräche auch der betriebswirtschaftlichen Wirklichkeit, wenn derartige Zahlungen allein aufgrund von Usancen oder der Verkehrssitte getätigt würden.[1005] Gerichtlich anerkannte Handelsbräuche betreffen vielmehr die Auswahl des Erfüllungsortes oder die Lieferungs- und Zahlungsbedingungen bestimmter Branchen, nicht jedoch die Zahlung eines Entgeltes.[1006] Ferner besteht auch kein Automatismus

---

1002 BGH, Urteil vom 25.11.1993 – VII ZR 17/93, NJW 1994, 659, 660; *Basedow*, in: MüKo BGB § 310 Rn. 20; *Joost*, in: EBJS HGB § 346 Rn. 9; *Basedow*, ZHR 150 (1986), 469, 482 ff.

1003 So etwa die Tegernseer Gebräuche BGH, Urteil vom 23.04.1986 – IVa ZR 209/84, NJW-RR 1987, 94, 95; *Hopt*, in: Baumbach/Hopt HGB § 346 Rn. 10; weite Beispiele finden sich bei *Ulmer/Habersack*, in: Ulmer/Brandner/Hensen AGB § 305 Rn. 181; ausführlich zum Handelsbrauch in der AGB-Kontrolle *Basedow*, ZHR 150 (1986), 469, 482 ff.

1004 Zu den nachfolgenden Erwägungen BGH, Urteile vom 04.07.2017 – XI ZR 562/15, BGHZ 215, 172 = NJW 2017, 2986 Rn. 56 ff. und XI ZR 233/16, ZIP 2017, 1654 Rn. 62 ff.

1005 Selbst die beklagten Darlehensgeber machten nicht geltend, dass die Bearbeitungsentgelte auch ohne ausdrückliche Vereinbarung gezahlt worden wären, BGH, Urteile vom 04.07.2017 – XI ZR 562/15, BGHZ 215, 172 = NJW 2017, 2986 Rn. 58 und XI ZR 233/16, ZIP 2017, 1654 Rn. 64.

1006 Etwa der Erfüllungsort im Weinhandel: LG Landau, Zwischenurteil vom 15.01.1951 – O 99/50, NJW 1952, 789, Verlustrisiko im Schmuckhandel: OLG Karlsruhe, Urteil vom 24.11.1981 – 8 U 5/80, BB 1982, 704, Gerichtsstandvereinbarung im Buchhandel: OLG Freiburg, Urteil vom 24.07.1952 – 1 U 166/51, NJW 1952, 1416; weitere Beispiele bei *Joost*, in: EBJS HGB § 346 Rn. 15.

zwischen einer mehrmaligen Verwendung einer Vertragsbedingung und der Entstehung eines Handelsbrauchs.[1007] Insofern kann von der Üblichkeit einer Klausel nicht auf das Bestehen einer Übung geschlossen werden.[1008] Ein die Wirksamkeit der Klausel begründender Handelsbrauch liegt nicht vor.

## *2. Besonderheiten des kaufmännischen Geschäftsverkehrs*

Im Rahmen der Interessenabwägung ist den Besonderheiten des geschäftlichen Verkehrs Rechnung zu tragen. Allein die Verwendung von Entgeltklauseln gegenüber Unternehmern begründet allerdings noch kein besonderes Charakteristikum des Geschäftsverkehrs, da laufzeitunabhängige Bearbeitungsentgelte bisweilen unterschiedslos im Rechtverkehr mit Verbrauchern und Unternehmer in Rechnung gestellt wurden.[1009] Ein Unterscheidungsmerkmal lässt sich daraus daher nicht ableiten. Gleichwohl kann sich ein geringeres Schutzniveau bereits aus der Stellung als Kaufmann selbst ergeben.

### *a. Geringeres Schutzbedürfnis aufgrund höherer Expertise*

Aufgrund ihrer Geschäftserfahrung und eines ausgeprägten wirtschaftlichen Verständnisses seien Unternehmer bei Abschluss von Darlehensverträgen gemeinhin weniger schutzbedürftig als Verbraucher. Das sei auch darauf zurückzuführen, dass Geschäftskunden im Gegensatz zu Verbrauchern fortwährend auf die Gewährung von Fremdkapital angewiesen sind.[1010] Der Abschluss von Darlehensverträgen gehöre somit zum Kerngeschäft unternehmerischer Tätigkeit, weshalb vergleichbare Klauselkonstellationen generell bekannt seien. Daher verfügten Kaufleute über einen ausgeprägten Wissensstand bei der Kreditaufnahme und

---

1007 Durch die Aufnahme in AGB könne kein neuer Handelsbrauch begründet, sondern nur ein bereits bestehender Handelsbrauch fixiert werden, *J. Koch*, WM 2016, 717, 721; nach *Joost*, in: EBJS HGB § 346 Rn. 29 sei die Aufnahme in AGB auch nicht als Anscheinsbeweis zu werten; gegen das Bestehen eines Handelsbrauchs auch *Fischer*, EWiR 2017, 3, 4; *Lang/Schulz*, WM 2015, 2173, 2175.

1008 BGH, Urteil vom 17.01.1989 – XI ZR 54/88, BGHZ 106, 259, 267 = NJW 1989, 582; BGH, Urteil vom 28.02.1973 – IV ZR 34/71, BGHZ 60, 243 = NJW 1973, 990, 991; ähnlich OLG Frankfurt a.M., Urteil vom 13.04.2016 – 19 U 110/15, ZIP 2016, 2057, 2059; das Bestehen eines Handelsbrauchs ablehnend *von Westphalen*, ZIP 2018, 1101, 1106.

1009 So BGH, Urteile vom 04.07.2017 – XI ZR 562/15, BGHZ 215, 172 = NJW 2017, 2986 Rn. 60 und XI ZR 233/16, ZIP 2017, 1654 Rn. 66 mit Verweis auf BGH, Urteile vom 13.05.2014 – XI ZR 405/12, BGHZ 201, 168 = NJW 2014, 2420 und XI ZR 170/13, WM 2014, 1325; *J. Koch*, WM 2016, 717, 721.

1010 OLG Hamburg, Urteil vom 27.04.2016 – 13 U 134/15, juris Rn. 34; LG Wiesbaden, Urteil vom 07.07.2016 – 9 S 28/15, juris Rn. 29; LG Braunschweig, Urteil vom 25.01.2016 – 8 S 299/15, BeckRS 2016, 03868 Rn. 28; LG Chemnitz, Urteil vom 13.06.2014 – 7 O 28/13, juris Rn. 29; *S. Weber*, WM 2016, 150, 153.

befänden sich im Vergleich zu Verbrauchern gegenüber den Kreditinstituten in einer stärkeren Verhandlungsposition.[1011] Zudem könne man von einem Unternehmer erwarten, dass er seine Kosten sorgfältig kalkuliert und deshalb einer ihm gegenüber verwendeten Preisklausel besondere Aufmerksamkeit schenkt.[1012] Eine sich aus verschiedenen Entgeltkomponenten ergebende Gesamtbelastung könne der Unternehmer folglich besser abschätzen.[1013] Vor dem Hintergrund des Schutzes vor situativer Unterlegenheit sei nach § 310 Abs. 1 Satz 2 Halbs. 2 BGB die Üblichkeit der Vereinbarung laufzeitunabhängiger Bearbeitungsentgelte im Geschäftskundenverkehr zu berücksichtigen.[1014]

Auch der systematischen Ausgestaltung der besonderen Vorschriften für Verbraucherdarlehensverträge (§§ 491 ff. BGB) könne entnommen werden, dass weitreichende Informationspflichten nur im B2C-Verkehr zu beachten sind.[1015] So müssen Kreditinstitute ihre gewerblichen Kunden vor Vertragsschluss nicht etwa über den effektiven Jahreszins unterrichten (vgl. § 491a Abs. 1 BGB i.V.m. Art. 247 § 3 Abs. 1 Nr. 3, Abs. 3 EGBGB). Das spreche dafür, dass ihnen ein solides wirtschaftliches Verständnis und die Fähigkeit zur eigenständigen Bewertung des Preis-Leistungsverhältnisses unterstellt wird.[1016] Der Gesetzgeber setze somit offenkundig voraus, dass ein Unternehmer schon aufgrund seiner Geschäftstätigkeit Erfahrung mit der Aufnahme von Krediten habe und sich über die marktüblichen Gepflogenheiten im Klaren sei.[1017] Daher könne man im Geschäftskundenverkehr *per se* nicht von einer Disparität der Kräfteverhältnisse der Vertragsparteien

---

1011 LG Braunschweig, Urteil vom 30.09.2015 – 8 S 341/15, juris Rn. 17; LG Cottbus, Urteil vom 18.06.2015 – 2 O 27/15, juris Rn. 28; LG Frankfurt a.M., Urteil vom 03.06.2015 – 2–19 O 285/14, WM 2015, 1714, 1715; *Hanke/Adler*, WM 2015, 1313, 1319.

1012 BGH, Urteil vom 14.05.2014 – VIII ZR 114/13, BGHZ 201, 230 = NJW 2014, 2708 Rn. 46; LG Kleve, Urteil vom 18.08.2015 – 4 O 13/15, NJW 2016, 258, 259; LG Frankfurt a.M., Urteil vom 31.07.2015 – 2/25 O 52/15, WM 2015, 2044, 2045; ähnlich *Stoffels*, AGB Rn. 423; *Kropf*, WM 2019, 1723, 1726.

1013 Häufig durch Hinzuziehen eines Steuerberaters, vgl. LG Saarbrücken, Urteil vom 29.05.2015 – 1 O 334/14, BeckRS 2015, 13513; *Guggenberger*, BKR 2017, 1, 6.

1014 *S. Weber*, WM 2016, 150, 153; *van Bevern/Schmitt*, BKR 2015, 323, 327; *Lang/Schulz*, WM 2015, 2173, 2175.

1015 LG Krefeld, Urteil vom 09.12.2016 – 1 S 47/16, juris Rn. 32; LG Stuttgart, Urteil vom 15.06.2016 – 4 S 194/15, juris Rn. 40; *van Bevern/Schmitt*, BKR 2015, 323, 327.

1016 LG Stuttgart, Urteil vom 15.06.2016 – 4 S 194/15, juris Rn. 40; *van Bevern/Schmitt*, BKR 2015, 323, 327; *Casper/Möllers*, WM 2015, 1689, 1695 weisen darauf hin, dass die Initiativlast zur Kostenberechnung aufgrund frei verfügbarer und einfach zu handhabender Programme sehr gering sei.

1017 LG Stuttgart, Urteil vom 15.06.2016 – 4 S 194/15, juris Rn. 41; LG Braunschweig, Urteil vom 30.09.2015 – 8 S 341/15, juris Rn. 17; LG Cottbus, Urteil vom 18.06.2015 – 2 O 27/15, juris Rn. 28; LG Augsburg, Urteil vom 16.12.2014 – 31 O 3164/14, juris Rn. 28; *S. Weber*, WM 2016, 150, 153; *van Bevern/Schmitt*, BKR 2015, 323, 327; ähnlich *Lang/Schulz*, WM 2015, 2173, 2175.

sprechen.[1018] Die unterschiedliche Schutzbedürftigkeit rechtfertige damit auch eine unterschiedliche Beurteilung im Hinblick auf Bearbeitungsentgelte.

### *b. Höheres Schutzbedürfnis aufgrund höherer Abhängigkeit*

Nach Ansicht des BGH übersehe diese Argumentation hingegen den Schutzzweck des § 307 BGB, wonach die Inanspruchnahme einseitiger Vertragsgestaltungsmacht auch gegenüber einem – informierten und erfahrenen – Unternehmer begrenzt werden müsse.[1019] Die Inhaltskontrolle von AGB-Klauseln solle vor Regelungen schützen, durch die das auf einen gegenseitigen Interessenausgleich gerichtete dispositive Gesetzesrecht außer Kraft gesetzt werde und die Grundsätze der Vertragsgerechtigkeit in nicht zu billigender Weise verletzt seien.[1020] Unbeachtlich sei dabei, ob die Vertragsgestaltungmacht auf der besonderen Geschäftserfahrung oder der wirtschaftlichen Überlegenheit des Verwenders beruhe. Denn die Gefahr der einseitigen Auferlegung von Vertragsbedingungen bestehe unabhängig von der konkreten Marktstellung des Verwenders.[1021]

Dass der Abschluss von Kreditverträgen zum Kerngeschäft des Unternehmers gehört und er bereits deshalb häufiger mit vergleichbaren Klauseln in Berührung kommt, ließe im Einzelfall allenfalls darauf schließen, dass der betroffene Unternehmer die Risiken einer Klausel besser einschätzen könne. Daraus könne sich jedoch nicht die Angemessenheit einer Klausel ergeben, da die Inhaltskontrolle anders als das Transparenzgebot nicht vor schwer durchschaubaren Entgeltvereinbarungen schütze, sondern vor dem unangemessenen Abweichen vom dispositiven Recht.[1022] Diesem Umstand komme bei einer übersichtlichen und ohne weitere

---

1018 *Hanke/Adler*, WM 2015, 1313, 1319; *Kropf/Habl*, BKR 2015, 316, 320 f., wonach Unternehmen i.d.R. über eine eigene Finanz- und Rechtsabteilung verfügten und daher eine „Waffengleichheit“ anzunehmen sei.

1019 BGH, Urteile vom 04.07.2017 – XI ZR 562/15, BGHZ 215, 172 = NJW 2017, 2986 Rn. 63 und XI ZR 233/16, ZIP 2017, 1654 Rn. 69.

1020 BGH, Urteile vom 04.07.2017 – XI ZR 562/15, BGHZ 215, 172 = NJW 2017, 2986 Rn. 64 und XI ZR 233/16, ZIP 2017, 1654 Rn. 70 mit Verweisen auf BGH, Urteil vom 13.05.2014 – XI ZR 405/12, BGHZ 201, 168 = NJW 2014, 2420 Rn. 60, BGH, Urteil vom 10.10.2013 – VII ZR 19/12, NJW 2014, 206, 208 Rn. 27 und BGH, Urteil vom 19.11.2009 – III ZR 108/08, BGHZ 183, 220 Rn. 13 = NJW 2010, 1277.

1021 BGH, Urteile vom 04.07.2017 – XI ZR 562/15, BGHZ 215, 172 = NJW 2017, 2986 Rn. 65 und XI ZR 233/16, ZIP 2017, 1654 Rn. 71 mit Verweisen auf BGH, Urteil vom 13.05.2014 – XI ZR 405/12, BGHZ 201, 168 = NJW 2014, 2420 Rn. 60, BGH, Urteil vom 10.10.2013 – VII ZR 19/12, NJW 2014, 206, 208 Rn. 27 und BGH, Urteil vom 17.02.2010 – VIII ZR 67/09, BGHZ 184, 259 = ZIP 2010, 628 Rn. 12.

1022 BGH, Urteile vom 04.07.2017 – XI ZR 562/15, BGHZ 215, 172 = NJW 2017, 2986 Rn. 67 und XI ZR 233/16, ZIP 2017, 1654 Rn. 73 mit Verweis auf BGH, Urteil vom 13.05.2014 – XI ZR 405/12, BGHZ 201, 168 = NJW 2014, 2420 Rn. 60.

Schwierigkeiten einzuordnenden Entgeltklausel – wie der vorliegenden – daher ohnehin keine Bedeutung zu.[1023]

Ferner gäbe es nach Ansicht des BGH auch keine Anhaltspunkte dafür, dass die situative Unterlegenheit von Unternehmern allgemein geringer einzustufen sei als im Verbraucherverkehr.[1024] Denn die Tatsache, dass Unternehmen weitaus häufiger und dringender auf Bankkredite angewiesen sind als Verbraucher, spreche vielmehr gegen eine geringere Schutzbedürftigkeit.[1025] Die Ausnutzung der Gestaltungsmacht könne in der wirtschaftlichen Situation von Unternehmern zu weitaus schwerwiegenderen Folgen führen. Da deren Geschäftserfolg von der Mittelgewährung abhinge, bestehe eine höhere Abhängigkeit von Kreditinstituten als bei Verbrauchern, die zumeist lediglich die Finanzierung eines Eigenheims oder von Konsumgütern erstrebten.[1026]

Abzustellen sei auf den Normalfall des gewerbetreibenden Bankkunden, der nach einer typisierenden Betrachtung dem eines mittelständischen Unternehmers entspreche und nicht dem eines Großunternehmers.[1027] Bei diesen Unternehmen sei ein größerer Sachverstand etwa in Form einer professionalisierten Rechtsabteilung regelmäßig nicht anzunehmen, weshalb sie sich bei der Kreditvergabe in einer durchaus mit Verbrauchern vergleichbaren Abhängigkeit befänden. Gerade die größere Abhängigkeit eines Unternehmers von einer Darlehensgewährung spreche für eine situative Unterlegenheit gegenüber der Bank und könne regelmäßig mit existenziellen Ängsten verbunden sein.[1028] Denn während durchschnittliche Verbraucher häufig in der Lage seien, ein Konsumbedürfnis ohne Existenzgefährdung fallenzulassen, können Unternehmen des Mittelstandes mitunter gezwungen

1023 BGH, Urteile vom 04.07.2017 – XI ZR 562/15, BGHZ 215, 172 = NJW 2017, 2986 Rn. 70 und XI ZR 233/16, ZIP 2017, 1654 Rn. 76. Gleiches gelte demnach für die Einschaltung eines Steuerberaters.

1024 BGH, Urteile vom 04.07.2017 – XI ZR 562/15, BGHZ 215, 172 = NJW 2017, 2986 Rn. 68 und XI ZR 233/16, ZIP 2017, 1654 Rn. 74.

1025 OLG Düsseldorf, Urteil vom 15.07.2016 – 7 U 109/15, WM 2016, 1983, 1984 f.

1026 BGH, Urteile vom 04.07.2017 – XI ZR 562/15, BGHZ 215, 172 = NJW 2017, 2986 Rn. 68 und XI ZR 233/16, ZIP 2017, 1654 Rn. 74 mit Verweisen auf OLG Düsseldorf, Urteil vom 15.07.2016 – 7 U 109/15, WM 2016, 1983, 1984 f.; OLG Frankfurt a.M., Urteil vom 13.04.2016 – 19 U 110/15, ZIP 2016, 2057, 2059; LG Erfurt, Urteil vom 17.06.2016 – 9 S 200/15, juris Rn. 26; LG Neuruppin, Urteil vom 24.09.2015 – 5 O 66/15, juris Rn. 33; LG Magdeburg, Urteil vom 13.08.2015 – 11 O 1887/14, BKR 2016, 159, 161.

1027 LG Erfurt, Urteil vom 17.06.2016 – 9 S 200/15, juris Rn. 26; LG Neuruppin, Urteil vom 24.09.2015 – 5 O 66/15, juris Rn. 33; LG Magdeburg, Urteil vom 13.08.2015 – 11 O 1887/14, BKR 2016, 159, 161.

1028 OLG Frankfurt a.M., Urteil vom 13.04.2016 – 19 U 110/15, ZIP 2016, 2057, 2059; LG Erfurt, Urteil vom 17.06.2016 – 9 S 200/15, juris Rn. 26.

sein, ein weiteres Darlehen aufzunehmen, um den Geschäftsbetrieb überhaupt aufrecht erhalten zu können.[1029]

Aufgrund der gebotenen überindividuellen und generalisierenden Betrachtungsweise sei es unerheblich, ob es der Verwendergegenseite aufgrund ihrer Verhandlungsmacht im Einzelfall möglich gewesen wäre, eine für sie günstigere Vereinbarungen zu treffen.[1030] Es sei keine Grundlage dafür gegeben, bei der Inhaltskontrolle der Gebührenklausel zwischen verschiedenen Gruppen von Unternehmern zu differenzieren.[1031] Im Hinblick auf eine Bearbeitungsentgeltklausel seien Unternehmer folglich nicht weniger schutzwürdig als Verbraucher.[1032]

### *c. Stellungnahme: Differenzierte Anwendung des § 307 BGB*

Die ausgeprägte Ausgestaltung der besonderen Schutzvorschriften und Informationspflichten für Verbraucherdarlehensverträge (§§ 491 ff. BGB) zeigt, dass der Gesetzgeber davon ausgeht, dass ein Unternehmer eine Gesamtbelastung aufgrund verschiedener Preiskomponenten mutmaßlich besser abschätzen kann als ein Verbraucher. Die Wirksamkeit eines laufzeitunabhängigen Entgeltes im B2B-Verkehr lässt sich daraus aber nicht unmittelbar ableiten. Vielmehr wird diesem Umstand nach der systematischen Konzeption der §§ 305 ff. BGB bereits dadurch Rechnung getragen, dass die Regelungen der §§ 305 Abs. 2 und 3 sowie 308, 309 BGB gem. § 310 Abs. 1 Satz 1 BGB nicht zur Anwendung gelangen.[1033] Der Schutzzweck der §§ 305 ff. BGB bleibt davon jedoch unberührt und ist gemeinhin auf das Vermeiden der Ausnutzung der faktischen Vertragsgestaltungsmacht zu Lasten des Kunden gerichtet.[1034] Mit dem Vorformulieren und einseitigen Auferlegen der Bedingungen fehlt es an der Richtigkeitsgewähr einer individualvertraglichen Vereinbarung. Diesem Marktversagen soll unabhängig davon, ob die betreffenden Vertragsbedingungen gegenüber einem Unternehmer oder einem Verbraucher verwendet werden, durch die Inhaltskontrolle entgegengewirkt werden.

---

1029 LG Neuruppin, Urteil vom 24.09.2015 – 5 O 66/15, juris Rn. 33; LG Magdeburg, Urteil vom 13.08.2015 – 11 O 1887/14, BKR 2016, 159, 161.

1030 BGH, Urteile vom 04.07.2017 – XI ZR 562/15, BGHZ 215, 172 = NJW 2017, 2986 Rn. 71 und XI ZR 233/16, ZIP 2017, 1654 Rn. 77 mit Verweis auf BGH, Urteil vom 10.10.2013 – VII ZR 19/12, NJW 2014, 206, 208 Rn. 27.

1031 BGH, Urteile vom 04.07.2017 – XI ZR 562/15, BGHZ 215, 172 = NJW 2017, 2986 Rn. 69 und XI ZR 233/16, ZIP 2017, 1654 Rn. 75.

1032 BGH, Urteile vom 04.07.2017 – XI ZR 562/15, BGHZ 215, 172 = NJW 2017, 2986 Rn. 66 und XI ZR 233/16, ZIP 2017, 1654 Rn. 72.

1033 So ausdrücklich OLG Hamburg, Urteil vom 27.04.2016 – 13 U 134/15, juris Rn. 32.

1034 Siehe zum Schutzzweck bereits oben „Schutzzweck des AGB-Rechts", S. 35 ff. und insbesondere die Nachweise in Fn. 127, 128.

### aa. Probleme einer überindividuellen und generalisierenden Betrachtungsweise

Vor dem Hintergrund dieses Schutzzwecks kann man nicht davon ausgehen, dass das Schutzniveau und die Kontrolldichte bei der Verwendung von AGB gegenüber Unternehmern durch § 310 Abs. 1 Satz 2 Halbs. 2 BGB grundlegend verändert bzw. pauschal verringert werden sollten.[1035] In dem Bericht des Rechtsausschusses zum Entwurf des AGBG heißt es zur Berücksichtigung der im Handelsverkehr geltenden Gewohnheiten und Gebräuche, dass „eine vom Verbrauchergeschäft differenzierte Anwendung der Generalklausel auf Geschäfte zwischen Kaufleuten namentlich dann geboten ist, wenn es um die Beurteilung von Vertragsbestimmungen geht, die bei Verwendung gegenüber Nichtkaufleuten ohne weiteres nach § 11 unwirksam wären."[1036]

Die gebotene „differenzierte Anwendung" des § 307 BGB soll damit eine größere Beweglichkeit und Flexibilität der Inhaltskontrolle ermöglichen und die Berücksichtigung der Eigentümlichkeiten des Handelsverkehrs innerhalb der Angemessenheitsprüfung ermöglichen.[1037] Zu den anerkannten Regelungsbedürfnissen des Handelsverkehrs zählen neben dem Vertrauensschutz insbesondere die reibungslose Abwicklung, Schnelllebigkeit und Flexibilität.[1038] Jedoch lässt sich weder aus diesen Gründen noch aus bestehenden Usancen, Verkehrssitten oder dem Ruf nach stärkerer Elastizität *per se* die Erhebung eines laufzeitunabhängigen Entgeltes für den gesamten Geschäftsverkehr rechtfertigen.[1039]

Als wesentliches Hindernis einer differenzierten Inhaltskontrolle ist die strenge überindividuelle und generalisierende Betrachtungsweise zu identifizieren. Für die Bewertung der Angemessenheit von AGB-Klauseln sei dabei nicht auf den individuellen Vertragsschluss abzustellen, sondern anhand von „objektiven Maßstäben, losgelöst von der zufälligen Gestaltung des Einzelfalles und den individuellen Vorstellungen der Vertragsparteien, unter Beachtung ihres wirtschaftlichen Zwecks und der gewählten Ausdrucksweise"[1040] zu prüfen. Durch das

1035 *Fuchs*, in: Ulmer/Brandner/Hensen AGB § 307 Rn. 373; *Stoffels*, AGB Rn. 553; *von Westphalen*, BB 2017, 2051, 2057; *J. Koch*, WM 2016, 717, 722; aufgrund eines geringeren Schutzbedürfnisses weitergehend *Pfeiffer*, in: Wolf/Lindacher/Pfeiffer AGB § 310 Abs. 1 BGB Rn. 3.

1036 BT-Drucks. 7/5422, S. 14; § 11 AGBG entspricht heute § 309 BGB.

1037 *Fuchs*, in: Ulmer/Brandner/Hensen AGB § 307 Rn. 372 f.; *Ulmer/Schäfer*, in: Ulmer/Brandner/Hensen AGB § 310 Rn. 7; *J. Koch*, WM 2016, 717, 722; *W. Müller*, NZM 2016, 185; *Dauner-Lieb/Axer*, ZIP 2010, 309, 314; *K. P. Berger*, ZIP 2006, 2149, 2151.

1038 *Fuchs*, in: Ulmer/Brandner/Hensen AGB § 307 Rn. 372; *Pfeiffer*, in: Wolf/Lindacher/Pfeiffer AGB § 310 Abs. 1 BGB Rn. 3 f.; *J. Koch*, WM 2016, 717, 722.

1039 *J. Koch*, WM 2016, 717, 722.

1040 BGH, Urteil vom 29.10.1956 – II ZR 64/56, BGHZ 22, 109 = NJW 1956, 1915; zur typisierenden Betrachtung im Individual- und Verbandsprozess: BGH, Urteile vom 04.07.2017 – XI ZR 562/15, BGHZ 215, 172 = NJW 2017, 2986 Rn. 71 und XI ZR 233/16, ZIP 2017, 1654 Rn. 77; BGH, Urteil vom 10.10.2013 – VII ZR 19/12, NJW 2014,

Verbot der individualisierenden Betrachtungsweise wird die AGB-Kontrolle aus Sicht des Großkonzerns bisweilen als zu scharf und unflexibel bezeichnet, während sie für kleinere Gewerbebetriebe gar nicht weit genug gehen kann. Denn wer einem Unternehmer i.S.d. § 14 BGB pauschal eine höhere Expertise unterstellt, der bezieht damit börsennotierte Gesellschaften gleichermaßen ein wie Freiberufler, Handwerker oder Existenzgründer.[1041]

### bb. Bereichsspezifische Abgrenzungen nach Interessenlage des Vertragspartners

Um die mit einer Bearbeitungsgebühr verbundene zusätzliche finanzielle Belastung zu begreifen, bedarf es zwar gemeinhin keiner außerordentlichen Geschäftserfahrung.[1042] Sofern die Fremdkapitalbeschaffung aber zum Kernbereich unternehmerischer Tätigkeit gehört, lassen sich die mit der Abweichung vom dispositiven Recht verbundenen Folgen und Risiken der Laufzeitunabhängigkeit besser abschätzen. Eine durchgängige Professionalität bzw. einen dahingehend ausgeprägten Wissenstand wird man jedoch nicht jedem gewerblichen Darlehensnehmer unterstellen können.

Die Orientierung an der typisierten Betrachtungsweise schränkt eine flexible Prüfung jedoch nicht vollständig ein. Da die Interessen der an einem Geschäft beteiligten Akteure sehr unterschiedlich ausfallen können, gewährte der BGH in seiner Rechtsprechung bisweilen eine gewisse Differenzierungsmöglichkeit. Werden AGB für verschiedene Arten von Geschäften oder gegenüber verschiedenen Verkehrskreisen verwendet, so sei die Interessenabwägung anhand der typischen Interessenlage der Vertragsparteien vorzunehmen und könne zu gruppentypisch unterschiedlichen Ergebnissen führen.[1043]

---

206, 208 Rn. 27; BGH, Urteil vom 03.04.1998 – V ZR 6/97, NJW 1998, 2600, 2602; zur typisierten Betrachtungsweise *Coester*, in: Staudinger BGB § 307 Rn. 109 ff.; *Fuchs*, in: Ulmer/Brandner/Hensen AGB § 307 Rn. 110 ff.; *Pfeiffer*, in: Wolf/Lindacher/Pfeiffer AGB § 307 BGB Rn. 78 ff.; *Stoffels*, AGB Rn. 552.

1041 *Mansel*, in: Jauernig BGB § 14 Rn. 2; *Micklitz/Purnhagen*, in: MüKo BGB, § 14 Rn. 1 sprechen von einem „janusköpfigen Gesicht" des Unternehmerbegriffs; *J. Koch*, WM 2016, 717, 722. Bei der Kreditaufnahme des Existenzgründers ist jedoch die Vorschrift des § 513 BGB zu beachten; zum Existenzgründer als Unternehmer siehe BGH, Beschluss vom 24.02.2005 – III ZB 36/04, BGHZ 162, 253 = NJW 2005, 1273.

1042 *Fischer*, EWIR 2017, 3, 4; *J. Koch*, WM 2016, 717, 722; *H. Schmidt*, LMK 2014, 361197, wonach eine höhere Professionalität des Unternehmers nicht zu einem anderen Ergebnis führte. Nach *Krepold*, in: Schimansky/Bunte/Lwowski, Bankrechts-Handbuch § 78 Rn. 118e unterstelle ein abweichendes Verständnis, dass ein Verbraucher nicht lesen könne und selbst eine unmissverständliche Vertragsregelung nicht verstehe.

1043 BGH, Urteil vom 09.02.1990 – V ZR 200/88, BGHZ 110, 241 = NJW 1990, 1601, 1602; siehe auch BGH, Beschluss vom 01.07.1987 – VIII ARZ 9/86, BGHZ 101, 253, 267 = WM 1987, 968; BGH, Urteil vom 31.10.1984 – VIII ZR 226/83, NJW 1985, 320

Dabei machten die Richter die Wirksamkeit einer Klausel über die Abtretung des Anspruchs auf Rückgewähr einer Sicherungsgrundschuld etwa davon abhängig, ob die Sicherungsgeber oder Dritte zugleich Eigentümer des haftenden Grundstücks waren.[1044] Obschon Einzelfallumstände stets außer Betracht bleiben müssten, seien die Interessen, Verhältnisse und Schutzbedürfnisse der Kundengruppen generell unterschiedlich gelagert und daher eine Differenzierung möglich. Anhand der Interessenlage des jeweiligen Vertragspartners könnten Untergruppen mit verschiedenen Prüfungsmaßstäben gebildet und bereichsspezifische Abgrenzungen vorgenommen werden.[1045] Jedoch müsse es sich um einen klar abgrenzbaren, objektiven Unterschied handeln und eine Aufsplitterung der Vertragspartner in eine Vielzahl nicht eindeutig homogener Gruppen vermieden werden.[1046]

Will man demzufolge bei Abschluss eines Unternehmerdarlehensvertrages auf den Durchschnittskunden abstellen, so ist die Vergleichsgruppe im Individualprozess nach Art des Geschäfts und der Person des Kunden durch den konkreten Vertragstyp definiert.[1047]

### 3. *Prüfungsmaßstab: Kerngeschäft der unternehmerischen Tätigkeit*

In den zugrunde liegenden Urteilen war die unangemessene Benachteiligung durch die Gebührenklausel anhand des Verkehrskreises bzw. der Kundengruppe eines in der Immobilienentwicklung tätigen Unternehmers zu beurteilen. Jedoch wird die Branche, in der ein Unternehmer schwerpunktmäßig tätig ist, lediglich indizielle Wirkung für die Beurteilung seiner Erfahrung bei der Kreditaufnahme haben können. Entscheidendes Kriterium muss daher sein, ob ähnliche Geschäfte

---

326 „ausgegliederte Gruppe von Geschäften" bei AGB im Möbelhandel; *Coester*, in: Staudinger BGB § 307 Rn. 111.

1044 BGH, Urteil vom 09.02.1990 – V ZR 200/88, BGHZ 110, 241 = NJW 1990, 1601 f.; *Coester*, in: Staudinger BGB § 307 Rn. 111 f.; *Fuchs*, in: Ulmer/Brandner/Hensen AGB § 307 Rn. 111, 374; *J. Koch*, WM 2016, 717, 723.

1045 *Coester*, in: Staudinger BGB § 307 Rn. 112; *Fuchs*, in: Ulmer/Brandner/Hensen AGB § 307 Rn. 373, 375; *Pfeiffer*, in: Wolf/Lindacher/Pfeiffer AGB § 307 BGB Rn. 196 sprechen sich für eine Differenzierung nach Unternehmensgröße, -funktion und Branche aus; *K. P. Berger/Kleine*, BB 2007, 2137, 2138 ff. schlagen eine Differenzierung anhand der typischen Schutzbedürftigkeit der Kundenschicht vor; *J. Koch*, WM 2016, 717, 723.

1046 BGH, Urteil vom 11.02.1992 – XI ZR 151/91, NJW 1992, 1097, 1098; *Fuchs*, in: Ulmer/Brandner/Hensen AGB § 307 Rn. 111; zur einheitlichen Behandlung von Emissionsbedingungen vgl. *Pfeiffer*, in: Wolf/Lindacher/Pfeiffer AGB § 307 BGB Rn. 85; *J. Koch*, WM 2016, 717, 723.

1047 OLG Hamburg, Urteil vom 27.04.2016 – 13 U 134/15, juris Rn. 31 (Vorinstanz zu BGH, Urteil vom 04.07.2017 – XI ZR 233/16); *Coester*, in: Staudinger BGB § 307 Rn. 113; *Schmid-Burgk*, BB 2018, 1799, 1801.

der betreffenden Art wiederkehrend abgeschlossen werden.[1048] Nur in diesem Fall wird man tatsächlich von einem Kerngeschäft unternehmerischer Tätigkeit und einem ausgeprägten Wissensstand bei der Kreditaufnahme ausgehen können. Erfahrung und Expertise rechtfertigen dann einen bereichsspezifisch gelockerten Prüfungsmaßstab für den in der Kreditaufnahme erfahrenen Verkehrskreis.

### *a. Kostenkalkulation als Kernbereich kaufmännischer Tätigkeit*

In der höchstrichterlichen Rechtsprechung lässt sich ein ähnliches Vorgehen bei der unterschiedlichen Beurteilung von Vereinbarungen zwischen dem Verbraucher- und Unternehmerverkehr nachvollziehen. In den Entscheidungen des VIII. Zivilsenats ist die Wirksamkeit einer Preisanpassungsklausel in den AGB eines Gasversorgers gegenüber Verbrauchern anders beurteilt worden als gegenüber Unternehmern. Die sog. Kopplungsklausel, nach der sich der Arbeitspreis der Gaslieferung ausschließlich in Abhängigkeit von der Preisentwicklung für Heizöl ändern sollte, wurde als Preisnebenabrede qualifiziert. Bei der Verwendung im Geschäftskundenverkehr[1049] hielt sie der Inhaltskontrolle stand, obgleich sie gegenüber Verbrauchern[1050] zuvor als unangemessene Benachteiligung eingestuft worden war.

Dieses Ergebnis basierte im Wesentlichen darauf, dass der BGH der Klauselkontrolle in den Entscheidungen aufgrund der Besonderheiten des kaufmännischen Geschäftsverkehrs und zumeist größeren rechtsgeschäftlichen Erfahrung der Beteiligten einen größeren Spielraum zugestanden hat.[1051] Der unternehmerische Verkehr sei auf eine stärkere Elastizität der für ihn maßgeblichen vertragsrechtlichen Normen angewiesen, weshalb die branchentypischen Interessen der Vertragschließenden zu berücksichtigen seien.[1052] Da Preisklauseln im Handelsverkehr

---

1048 BGH, Urteil vom 06.04.2005 – XII ZR 308/02, NJW 2005, 2007; *Basedow*, in: MüKo BGB § 310 Rn. 11 ff. spricht dabei von einer „Parallelwertung in der Unternehmersphäre"; *Fuchs*, in: Ulmer/Brandner/Hensen AGB § 307 Rn. 375; *Grüneberg*, in: Palandt BGB § 307 Rn. 39; *Pfeiffer*, in: Wolf/Lindacher/Pfeiffer AGB § 307 BGB Rn. 198 stellt auf den Kernbereich der Unternehmertätigkeit ab; *J. Koch*, WM 2016, 717, 723; *Dauner-Lieb/Axer*, ZIP 2010, 309, 314.

1049 BGH, Urteil vom 17.09.2014 – VIII ZR 258/13, NJW 2014, 3508; BGH, Urteile vom 14.05.2014 – VIII ZR 114/13, BGHZ 201, 230 = NJW 2014, 2708 und VIII ZR 116/13, NJW 2014, 2715.

1050 BGH, Urteile vom 24.03.2010 – VIII ZR 178/08, BGHZ 185, 96 = NJW 2010, 2789 und VIII ZR 304/08, NJW 2010, 2793.

1051 BGH, Urteil vom 17.09.2014 – VIII ZR 258/13, NJW 2014, 3508 Rn. 24; BGH, Urteil vom 14.05.2014 – VIII ZR 114/13, BGHZ 201, 230 = NJW 2014, 2708 Rn. 43.

1052 BGH, Urteil vom 14.05.2014 – VIII ZR 114/13, BGHZ 201, 230 = NJW 2014, 2708 Rn. 43 mit Verweis auf BT-Drucks. 7/3919, S. 14 und BT-Drucks. 14/6857, S. 54.

weit verbreitet seien, könne die Überprüfung der Wirksamkeit nicht denselben strengen Maßstäben unterworfen werden wie gegenüber Endverbrauchern.[1053]

Deutlicher wird die Sichtweise des Gerichts in folgender Urteilspassage: „Von einem gewerblichen Unternehmen [...] ist zu erwarten, dass es seine Kosten – auch auf dem Energiesektor – sorgfältig kalkuliert und deshalb einer ihm gegenüber verwendeten Preisanpassungsklausel besondere Aufmerksamkeit schenkt. Diese Kostenkalkulation gehört zum Kernbereich kaufmännischer Tätigkeit. Es ist deshalb in einer marktwirtschaftlichen Ordnung Aufgabe des Unternehmers, selbstverantwortlich zu prüfen und zu entscheiden, ob ein Gaslieferungsvertrag, der eine Bindung des Arbeitspreises für Erdgas an den Preis für leichtes Heizöl vorsieht, für ihn als Kunden akzeptabel ist. Es ist dagegen nicht Aufgabe der Gerichte, die unternehmerische Entscheidung für eine Ölpreisbindung darauf hin zu überprüfen, ob sie sachgerecht ist, und sie gegebenenfalls zu Gunsten des einen Unternehmens sowie zu Lasten des anderen zu korrigieren."[1054]

### *b. Unterscheidungskriterium: Kapitalintensivität des Unternehmens*

Dass eine sorgfältige Kostenkalkulation „auch auf dem Energiesektor" zu erwarten sei, legt den Schluss nahe, dass „auch auf dem Bankensektor" nichts anderes gelten kann. In anderen Branchen ist die selbstverantwortliche Prüfung einer Preisklausel ebenso dem Kernbereich der unternehmerischen Tätigkeit zuzuordnen, da aus kaufmännischer Sicht keinerlei Unterschiede bestehen.[1055] Wenn ein energieintensives Industrieunternehmen den Mechanismus und die Risiken von Preisklauseln erkennen muss,[1056] dann kann man dasselbe von kapitalintensiven Unternehmen im Hinblick auf Entgeltklauseln erwarten.

Zum Zwecke der Abgrenzung einer Kundengruppe kann man folglich zwischen kapitalintensiven Akteuren und bei der Kreditaufnahme weniger erfahrenen Unternehmen unterscheiden. Namentlich bei Kleinunternehmern und Existenzgründern führt die geringere Geschäftserfahrung in diesem Bereich zu einem ausgeprägten und mit dem Verbraucherrecht vergleichbaren Schutzbedürfnis.[1057] Bei

---

1053 BGH, Urteil vom 14.05.2014 – VIII ZR 114/13, BGHZ 201, 230 = NJW 2014, 2708 Rn. 44.

1054 BGH, Urteil vom 14.05.2014 – VIII ZR 114/13, BGHZ 201, 230 = NJW 2014, 2708 Rn. 46; mit ähnlichem Wortlaut BGH, Urteil vom 17.09.2014 – VIII ZR 258/13, NJW 2014, 3508 Rn. 30; ebenso OLG Frankfurt a.M., Urteil vom 12.10.2016 – 17 U 165/15, juris Rn. 62.

1055 Für eine Übertragung auf Bearbeitungsentgelte auch *W. Müller/Marchant/Eilers*, BB 2017, 2243, 2244; *von Westphalen*, BB 2017, 2051.

1056 BGH, Urteil vom 17.09.2014 – VIII ZR 258/13, NJW 2014, 3508 Rn. 30; BGH, Urteil vom 14.05.2014 – VIII ZR 114/13, BGHZ 201, 230 = NJW 2014, 2708 Rn. 47.

1057 *Coester*, in: Staudinger BGB § 307 Rn. 112; *Pfeiffer*, in: Wolf/Lindacher/Pfeiffer AGB § 307 BGB Rn. 187, 197; *Henze*, Entgeltklauseln, S. 65 spricht von „verbraucherähnlichen" Kleinunternehmern; *J. Koch*, WM 2016, 717, 723; ähnlich BGH, Urteil vom 06.04.2005 – XII ZR 308/02, NJW 2005, 2007.

einem in der Immobilienentwicklung tätigen Unternehmer wird man die Kapitalbeschaffung aufgrund des fortlaufenden Bedarfs dem Kernbereich der unternehmerischer Tätigkeit zuordnen können, sodass es nicht Aufgabe der Gerichte sein sollte, die unternehmerische Entscheidung für eine bekannte Entgeltstruktur auf ihre Sachgerechtigkeit hin zu überprüfen bzw. zu korrigieren.[1058]

Ob sich der BGH im Darlehensrecht aber einem solch bereichsspezifischen Prüfungsmaßstab öffnen mag, ist fraglich. Bei der Beurteilung einer Tilgungsverrechnungsklausel wurde die Differenzierung zwischen privaten Klein- und Großkreditnehmern aufgrund der durch das Anlageobjekt bestimmten Darlehenshöhe und dem daraus abgeleiteten subjektiven Schutzbedürfnis des konkreten Kreditnehmers abgelehnt.[1059] Demnach sei das Abstellen auf die Erkenntnisfähigkeiten des zu einer Sondergruppe der privaten Großkreditnehmer gehörenden Kaufmanns dem Gesetz fremd. Während es sich etwa bei der Eigentümerstellung eines Sicherungsgebers um einen klar abgrenzbaren und rechtlich bedeutsamen objektiven Unterschied handle, sei die Kredithöhe ungleich schwerer abzugrenzen und für die rechtliche Bewertung nicht relevant.[1060] Abzustellen sei vielmehr auf die Erwartungen und Erkenntnismöglichkeiten eines Durchschnittskreditnehmers. Auch in den Urteilen vom 04.07.2017 ist von einer differenzierten Anwendung der Inhaltskontrolle nicht die Rede. Aufgrund der gebotenen überindividuellen und generalisierenden Betrachtungsweise sei keine Grundlage dafür gegeben, bei der Inhaltskontrolle der Gebührenklausel zwischen verschiedenen Gruppen von Unternehmern zu differenzieren.[1061]

## 4. *Zwischenergebnis: Gruppentypisches Schutzbedürfnis des Verkehrskreises*

Die Untersuchung hat gezeigt, dass das Berufen auf die im Handelsverkehr geltenden Gewohnheiten und Gebräuche keinen Freibrief für eine vom Verbraucherrecht abweichende Interessenabwägung darstellt. Die Annahme eines Handelsbrauchs

---

1058 Ähnlich *W. Müller/Marchant/Eilers*, BB 2017, 2243, 2244, die die uneinheitliche Rechtsprechung der Zivilsenate monieren und eine Vereinheitlichung durch den Großen Zivilsenat anregen; ebenso *Maier-Reimer*, NJW 2017, 1; kritisch demgegenüber *von Westphalen*, NJW 2017, 2237, 2241, wonach die kaufmännische Kalkulation keine rechtliche Relevanz habe.

1059 BGH, Urteil vom 11.02.1992 – XI ZR 151/91, NJW 1992, 1097, 1098.

1060 BGH, Urteil vom 11.02.1992 – XI ZR 151/91, NJW 1992, 1097, 1098 mit Bezugnahme auf BGH, Urteil vom 09.02.1990 – V ZR 200/88, BGHZ 110, 241 = NJW 1990, 1601.

1061 BGH, Urteile vom 04.07.2017 – XI ZR 562/15, BGHZ 215, 172 = NJW 2017, 2986 Rn. 69, 71 und XI ZR 233/16, ZIP 2017, 1654 Rn. 75, 77; dem zustimmend *von Westphalen*, ZIP 2018, 1101, 1108, wonach die im Handelsverkehr geltenden Gewohnheiten und Gebräuche bei der Inhaltskontrolle von AGB-Klauseln im unternehmerischen Verkehr nach den Urteilen vom 04.07.2017 endgültig keine Funktion mehr entfalten würden.

entspricht nicht der betriebswirtschaftlichen Wirklichkeit, da Entgelte ohne vertragliche Verankerung von Unternehmern nicht allein aufgrund von Usancen oder einer Verkehrssitte gezahlt werden. Da auch kein Automatismus zwischen einer mehrmaligen Verwendung einer Vertragsbedingung und der Entstehung eines Handelsbrauchs besteht, begründet die Aufnahme einer Entgeltklausel in AGB keinen neuen Handelsbrauch, sondern vermag nur einen bereits bestehenden zu fixieren.

Auch die einschlägigen Regelungsbedürfnisse des Handelsverkehrs, der Vertrauensschutz, die reibungslose Abwicklung, Schnelllebigkeit und Flexibilität stellen keine allgemeingültige Begründung für die Erhebung eines laufzeitunabhängigen Entgeltes dar. Da der Schutzzweck der Inhaltskontrolle zwischen Verbrauchern und Unternehmern nicht divergiert, wird die Kontrolldichte bei der Verwendung von AGB gegenüber Unternehmern durch § 310 Abs. 1 Satz 2 Halbs. 2 BGB auch nicht pauschal verringert. Wer trotz dieser Erkenntnisse und der weitgehenden Gleichbehandlung von B2B und B2C in der Rechtsprechung davon ausgeht, dass sich die Inhaltskontrolle im Geschäftskundenverkehr in einer völlig anderen AGB-Welt abspielt, verkennt die rechtspraktische Realität.[1062]

Auch wenn „dem Unternehmer" eine ausgeprägte Geschäftserfahrung bei der Aufnahme von Krediten nicht *per se* unterstellt werden kann, sollte höhere Expertise jedenfalls dort berücksichtigt werden, wo sie auch tatsächlich gegeben ist. Während die Erwartungen und Erkenntnismöglichkeiten eines Durchschnittskreditnehmers für Verbraucher weitaus einheitlicher zu bestimmen sind, ist eine solche Pauschalisierung aufgrund der enormen Unterschiede von Art und Umfang unternehmerischen Handelns nicht sachgerecht.[1063] Zwar mag es im Hinblick auf Entgeltklauseln auch Unternehmer geben, die nicht weniger schutzwürdig sind als Verbraucher oder im Einzelfall ein durchaus höheres Maß von Abhängigkeit an einem Kreditinstitut aufweisen.[1064] Jedoch kann eine Inhaltskontrolle im unternehmerischen Verkehr aus diesem Grunde nicht durchweg strengeren Anforderungen unterliegen als bei Verbrauchern.[1065] Erforderlich ist eine bereichsspezifische Differenzierung, die trotz des Gebots der überindividuellen und generalisierenden Betrachtungsweise nach Rechtsprechung des BGH bereits *de lege lata* zulässig ist. Für die Abgrenzung der Verkehrskreise kommt es darauf an, ob

---

1062 *J. Koch*, WM 2016, 717, 722 spricht von einer „kognitiven Dissonanz".

1063 Zu Divergenzen beim Unternehmerbegriff siehe die Nachweise in Fn. 1041; dazu *J. Koch*, WM 2016, 717, 721; in diese Richtung auch *Krepold*, in: Schimansky/Bunte/Lwowski, Bankrechts-Handbuch § 78 Rn. 118e; auch *Henze*, Entgeltklauseln, S. 65, der aber eine Verwässerung der Unternehmereigenschaft fürchtet.

1064 So BGH, Urteile vom 04.07.2017 – XI ZR 562/15, BGHZ 215, 172 = NJW 2017, 2986 Rn. 66, 68 und XI ZR 233/16, ZIP 2017, 1654 Rn. 72, 74.

1065 *Etzbach/Janning*, DB 2017, 2275, 2277; *W. Müller/Marchant/Eilers*, BB 2017, 2243, 2244; *Kondring*, BB 2013, 73, 75 f.; a.A. wohl *von Westphalen*, ZIP 2018, 1101, 1108; *ders.*, BB 2017, 2051, 2056.

die Kreditaufnahme zum Kerngeschäft unternehmerischer Tätigkeit gehört und Wissensstand und Erfahrung somit zu berücksichtigen sind.

Der XI. Zivilsenat stellt hingegen fest, dass die Verwendung von Entgeltklauseln gegenüber Unternehmern aufgrund einer Abhängigkeitssituation regelmäßig zu weitaus schwerwiegenderen Folgen führen könne als bei Verbrauchern. Unabhängig davon, dass auch scheiternde Finanzierungsvorhaben von Verbrauchern (etwa eines Eigenheims) zu Existenznöten führen können, lehnt der BGH eine Unterscheidung zwischen Großkonzernen und Kleingewerbetreibenden somit gänzlich ab. Dadurch besteht die Gefahr, die speziell für einen Teilbereich geltenden Maßstäbe ausnahmslos auf den gesamten unternehmerischen Verkehr zu übertragen.[1066]

Trotz der gesetzlichen Verankerung und des praktischen Bedürfnisses des Handelsverkehrs nach größerer Beweglichkeit und Flexibilität bei der Inhaltskontrolle zieht der BGH die Möglichkeit einer differenzierten Anwendung des § 307 BGB in den hier untersuchten Urteilen nicht in Betracht. Auf die Notwendigkeit, „die Problematik der Erfassung der Kaufleute wenigstens tendenziell zu entschärfen"[1067], hatte seinerzeit zwar schon *Lieb* kurz nach Inkrafttreten des AGBG hingewiesen. Jedoch sei die Intention des Gesetzgebers und das Gebot der differenzierenden Inhaltskontrolle nach Inkrafttreten des AGBG weitgehend schlichtweg ignoriert worden.[1068] Sofern der Verweis auf „die im Handelsverkehr geltenden Gewohnheiten und Gebräuche“ im AGB-Recht nicht geeignet oder genügend ist, um den Besonderheiten des unternehmerischen Geschäftsverkehrs hinreichend Rechnung zu tragen, so ist mithin auch ein gesetzgeberischer Impuls in Erwägung zu ziehen.[1069]

1066 Kritisch *W. Müller/Marchant/Eilers*, BB 2017, 2243, 2244; *J. Koch*, WM 2016, 717, 721.

1067 *Lieb*, AcP 178 (1978), 196, 218 f. zur Orientierung des Geltungsbereichs von Schutznormen am Unrechtsgehalt der missbilligten Klauseln; darauf bezugnehmend *K. P. Berger*, ZIP 2006, 2149, 2153.

1068 Nach *K. P. Berger*, ZIP 2006, 2149, 2151 f. habe der BGH bereits vor Inkrafttreten des AGBG die Grundsätze der Inhaltskontrolle gleichermaßen auf Kaufleute, Nichtkaufleute und Verbraucher erstreckt und nicht von der Feststellung der individuellen Schutzbedürftigkeit des Vertragspartners abhängig gemacht; siehe etwa BGH, Urteil vom 07.07.1976 – IV ZR 229/74, NJW 1976, 2345.

1069 So die Begründung der *Frankfurter Initiative*, Gesetzgebungsvorschlag, S. 8 zur Anpassung des § 310 Abs. 1 Satz 2 BGB; ähnlich *Dauner-Lieb/Axer*, ZIP 2010, 309, 314; siehe auch *Kondring*, BB 2013, 73, 76, der sich in diesem Zusammenhang für eine konkret-individuelle Einzelfallprüfung durch die Anwendung des § 310 Abs. 3 Nr. 3 BGB im unternehmerischen Verkehr ausspricht; speziell zum AGB-Recht im Unternehmenskaufvertrag, *Maier-Reimer/Niemeyer*, NJW 2015, 1713 ff.

### 5. *Gesetzgebungsvorschläge*

Der Gedanke einer gesetzlichen Klarstellung bei der Anwendung des § 307 BGB im B2B-Verkehr ist keinesfalls neuartig. Im Zuge des Gesetzgebungsverfahrens des Schuldrechtsmodernisierungsgesetzes bat schon der Bundesrat im Jahre 2001 darum, bei der Gestaltung von Vertragsbeziehungen zwischen Unternehmen sicherzustellen, dass die gesetzlichen Neuregelungen nicht zu einer unangemessenen Beeinträchtigung der Vertragsfreiheit führten.[1070]

Grund der Besorgnis war, dass das Schuldrechtsmodernisierungsgesetz das dispositive Recht in erheblichem Umfang vor allem zugunsten der Käufer und Werkbesteller, zumeist also Verbraucher, verschärfen würde. Da sich die Überprüfung von AGB gem. § 307 BGB aber auch im unternehmerischen Verkehr an den wesentlichen Grundgedanken der gesetzlichen Regelung orientiert, stand zu befürchten, dass es auch zwischen Unternehmen zu einer Verschiebung des Kontrollmaßstabes kommen werde.[1071] Ein entsprechendes Schutzbedürfnis sei in diesem Bereich jedoch nicht vorhanden. Die Entwicklung der Kontrolldichte von AGB zwischen Unternehmen wurde von der deutschen Wirtschaft daher mit zunehmender Sorge betrachtet und erstmals auch ein Ausweichen auf ausländische Jurisdiktionen in Erwägung gezogen.[1072] Da diese Tendenz nicht das Ziel des deutschen Gesetzgebers sein könne, müsse in § 310 Abs. 1 Satz 2 BGB nach dem Wort „Gebräuche" ein Hinweis auf „die geringere Schutzbedürftigkeit" bei der Verwendung von AGB gegenüber Unternehmern eingefügt werden, so die Forderung.[1073]

Zu dieser wünschenswerten Klarstellung kam es bekanntlich nicht, da die Bundesregierung die Überprüfung von AGB zwischen Unternehmern unter dem Vorbehalt geringerer Schutzwürdigkeit seinerzeit für nicht geboten hielt.[1074] Demgemäß lasse § 310 Abs. 1 BGB hinreichend erkennen, dass beidseitige Handelsgeschäfte flexibleren Prüfungskriterien unterlägen als Verbrauchergeschäfte.[1075] Da an dieser Sichtweise in der Praxis erhebliche Zweifel bestehen, nahm das Spektrum der Fürsprecher einer gesetzlichen Anpassung in der Vergangenheit deutlich zu und

---

1070 Zum nachfolgenden Absatz insgesamt BT-Drucks. 14/6857, S. 17; siehe auch *K. P. Berger*, ZIP 2006, 2149, 2150 f.

1071 Dazu bereits *Dauner-Lieb*, JZ 2001, 8, 13, die schon vor Erlass des Schuldrechtsmodernisierungsgesetzes anmahnte, dass zwingendes Verbraucherrecht zum Regelrecht gemacht werden könnte und somit zum gesetzlichen Leitbild werde.

1072 BT-Drucks. 14/6857, S. 17; siehe dazu bereits oben „Kritik aus der gewerblichen Wirtschaft", S. 44 ff. und noch unten „Möglichkeit der Teilrechtswahl", S. 277 ff.

1073 BT-Drucks. 14/6857, S. 17. § 310 Abs. 1 Satz 2 Halbs. 2 BGB lautete dann „auf die im Handelsverkehr geltenden Gewohnheiten und Gebräuche sowie die geringere Schutzbedürftigkeit ist angemessen Rücksicht zu nehmen".

1074 BT-Drucks. 14/6857, S. 54.

1075 BT-Drucks. 14/6857, S. 54, wonach der Hinweis auf die Schutzbedürftigkeit von Unternehmern nur zu einer zusätzlichen Rechtunsicherheit führe.

forderte die praktische Umsetzung der für den Geschäftskundenverkehr notwendigen Elastizität.[1076]

## *a. Die Gegebenheiten des unternehmerischen Geschäftsverkehrs*

Eine den Forderungen des Bundesrates ähnliche Stoßrichtung verfolgt der Ansatz von *K. P. Berger*, wonach der bisherige § 310 Abs. 1 Satz 2 Halbs. 2 BGB zu einem eigenständigen Satz 3 umformuliert und wie folgt ergänzt werden solle:[1077]

> *„Im Handelsverkehr geltende Gewohnheiten und Gebräuche sowie Gegebenheiten des unternehmerischen Geschäftsverkehrs, insbesondere die im Vergleich zu Verbrauchern geringere Schutzbedürftigkeit bestimmter Unternehmer, sind zu beachten."*

So bliebe es bei der Anwendbarkeit des § 307 BGB und dem grundlegenden Aufbau des § 310 BGB, jedoch werde die Tragweite der Norm für die Inhaltskontrolle im B2B-Verkehr durch die Überführung in einen eigenen Satz und die Umformulierung deutlich hervorgehoben.[1078] Dies werde zum einen durch die Aufnahme des ausdrücklichen Differenzierungsgebotes der geringeren Schutzbedürftigkeit „im Vergleich zum Verbraucher" erreicht. Zum anderen solle die Anpassung der Formulierung von „Rücksicht nehmen" zu „beachten" deutlich machen, dass die Gegebenheiten des unternehmerischen Geschäftsverkehrs ein wesentliches und zwingendes Abwägungskriterium der Inhaltskontrolle darstellen. Auch unterhalb der Schwelle zum Handelsbrauch seien somit die faktischen Besonderheiten des B2B-Verkehrs zu beachten.

Durch diesen minimalinvasiven Eingriff würde die bereits in der Gesetzesbegründung zum AGBG angelegte Differenzierung zum privaten Letztverbraucher eine notwendige Klarstellung erfahren und einen „Verhaltensimpuls" für die Rechtsprechung setzen.[1079] Die geringere Schutzbedürftigkeit bestimmter Unternehmer könne anhand der Branchenüblichkeit der betreffenden Klauseln,

---

1076 Kritisch gegenüber der Rechtsprechung und mehr Flexibilität in der Inhaltskontrolle fordernd: *Herrmann/Lasch*, DRiZ 2018, 218, 221; *Maier-Reimer*, NJW 2017, 1; *W. Müller/Marchant/Eilers*, BB 2017, 2243; *W. Müller*, NZM 2016, 185; *Maier-Reimer/Niemeyer*, NJW 2015, 1713 (zum AGB-Recht im Unternehmenskaufvertrag); *Dauner-Lieb*, AnwBl 2013, 845; *K. P. Berger*, NJW 2010, 465; a.A. *von Westphalen*, ZIP 2018, 1101, 1106, der von einer verlässlichen Linie spricht.

1077 *K. P. Berger*, NJW 2010, 465, 469 spricht von einer Erweiterung des Vorschlags des Bundesrates. Als alternative Formulierung schlägt er auch die Formulierung „Anforderungen vernünftiger kaufmännischer Praxis" vor.

1078 Zu den nachfolgenden Erwägungen insgesamt *K. P. Berger*, NJW 2010, 465, 469.

1079 *K. P. Berger*, NJW 2010, 465, 469 f. mit Bezug auf BT-Drucks 7/3919, S. 43; kritisch dazu *von Westphalen*, ZIP 2018, 1101, 1108, für den die „Gegebenheiten des unternehmerischen Geschäftsverkehrs" nicht weiterführten, da aufgrund der einheitlichen Leitbildfunktion des dispositiven Rechts i.S.d. § 307 Abs. 2 Nr. 1 BGB keine „faktischen Besonderheiten" mehr festzustellen seien.

sonstiger branchentypischer Umstände oder dem Ausgleich bestehender Nachteile durch andere wirtschaftliche Vorteile bestimmt werden.[1080] Zudem könne auch die Unternehmensgröße der anderen Vertragspartei in die Wertung einbezogen werden und so etwa nach dem Vorbild des § 267 HGB zwischen kleinen, mittelgroßen und großen Unternehmen in Abhängigkeit von Bilanzsumme, Umsatzerlösen und Arbeitnehmerzahlen unterschieden werden.[1081] So könne die allseits geforderte Flexibilität mit einem Minimum an gesetzgeberischem Aufwand für den Fall erreicht werden, in dem sich die beteiligten Akteure im Geschäftsverkehr auf Augenhöhe begegnen und infolgedessen keines tiefgreifenden Schutzes bedürfen.[1082]

### *b. Einführung des Maßstabes der unternehmerischen Praxis*

Um das Erfordernis von Flexibilität bei der Bewertung kaufmännischer Lebenssachverhalte deutlicher zum Ausdruck zu bringen, schlägt die *Frankfurter Initiative* eine Neufassung des § 310 Abs. 1 Satz 2 BGB vor:[1083]

> *„§ 307 Abs. 1 Satz 1 und Abs. 2 findet in den Fällen des Satzes 1 mit der Maßgabe Anwendung, dass lediglich solche Vertragsbestimmungen unangemessen sind, die entgegen den Geboten von Treu und Glauben von guter unternehmerischer Praxis grob abweichen."*

Damit löst sich dieser Ansatz von den Gewohnheiten und Gebräuchen des Handelsverkehrs und beschränkt die Anwendung der Inhaltskontrolle auf das Abweichen von der guten unternehmerischen Praxis. Die Vergangenheit habe gezeigt, dass die gegenwärtige Ausgestaltung im Geschäftsverkehr keine Elastizität gewährleisten könne, zumal sich keinerlei anerkannte Handelsbräuche ausgebildet hätten.[1084] Bei der Beurteilung von Verträgen komme den Modalitäten des Geschäftsverkehrs eine zentrale Funktion zu, weshalb mit dem Hinweis auf Treu und Glauben und die gute unternehmerische Praxis ein materieller Gerechtigkeitswert

---

1080 *K. P. Berger*, in: FS von Westphalen 2010, 13, 25 ff.; *ders.*, NJW 2010, 465, 470, wonach im Rahmen der Inhaltskontrolle auch Paketlösungen zu beachten seien, dazu bereits oben „Paketlösungen", S. 133 ff.; BT-Drucks 7/3919, S. 39; BGH, Urteil vom 03.03.1988 – X ZR 54/86, BGHZ 103, 316, 326 f. = NJW 1988, 1785; *Ulmer/Schäfer*, in: Ulmer/Brandner/Hensen AGB § 310 Rn. 25; *Schmid-Burgk*, BB 2018, 1799, 1801; *Rabe*, NJW 1987, 1978, 1983.

1081 *K. P. Berger*, NJW 2010, 465, 470; ähnlich *W. Müller/Griebeler/Pfeil*, BB 2009, 2658, 2663; kritisch *von Westphalen*, ZIP 2018, 1101, 1108, der die Kriterien in Frage stellt, weil völlig offen und ungewiss sei, nach welchen Maßstäben im Einzelfall das Bestehen einer Schutzbedürftigkeit des Kunden gemessen werden solle.

1082 *K. P. Berger*, in: FS von Westphalen 2010, 13, 25 ff.; *ders.*, NJW 2010, 465, 470; *ders.*, ZIP 2006, 2149, 2156; ähnlich *Kondring*, BB 2013, 73, 76, der die Anwendung des § 310 Abs. 3 Nr. 3 BGB auf den unternehmerischen Verkehr ausweiten will.

1083 *Frankfurter Initiative*, Gesetzgebungsvorschlag, S. 8.

1084 Zu den nachfolgenden Erwägungen *Frankfurter Initiative*, Gesetzgebungsvorschlag, S. 8 f.

kodifiziert werde. Zwar gehe mit der Bezugnahme auf die grobe Abweichung von guter unternehmerischer Praxis auch der Umgang mit einem neuen, auslegungsbedürftigen Rechtsbegriff einher. Dieser öffne die Inhaltskontrolle jedoch für die Berücksichtigung praktisch anerkannter Standardbedingungen und folge zudem den Formulierungen des Vorschlags für ein Europäisches Vertragsrecht, des Vorschlags für ein gemeinsames Europäisches Kaufrecht und der Europäischen Zahlungsverzugsrichtlinie und trage damit zu einer europafreundlichen Entwicklung und Modernisierung des BGB bei.[1085]

Mit einem vergleichbaren Ansatzpunkt plädiert der Zivilrechtsausschuss des Deutschen Anwaltvereins für eine grundlegende Umstrukturierung des § 310 Abs. 1 BGB, dessen hier maßgebliche Änderung in § 310 Abs. 1 Nr. 3 BGB zu finden ist:[1086]

> *„Eine unangemessene Benachteiligung im Sinne des § 307 Abs. 1 und 2 liegt nicht vor, wenn die Bedingung unter Berücksichtigung des Gesamtinhalts des Vertrages und der den Vertragsschluss begleitenden Umstände sowie der Gegebenheiten des betroffenen Wirtschaftszweigs von vernünftiger unternehmerischer Praxis nicht erheblich abweicht.“*

Neben der Berücksichtigung der unternehmerischen Praxis sollen demzufolge auch der Gesamtinhalt des Vertrages, die den Vertragsschluss begleitenden Umstände sowie die Gegebenheiten des betroffenen Wirtschaftszweigs in den Kontrollmaßstab mit einbezogen werden.[1087] Sprachlich mache die negative Formulierung deutlich, dass es für eine unangemessene Benachteiligung zu einem tatsächlichen Abweichen von der unternehmerischen Praxis kommen müsse, wofür

---

1085 Darauf Bezug nehmend *Frankfurter Initiative*, Gesetzgebungsvorschlag, S. 9. Nach dem *Draft Common Frame of Reference* für ein Europäisches Vertragsrecht aus dem Jahr 2009 handelt es sich nach Art. II.-9: 405 um eine missbräuchliche Klausel, wenn *„its use grossly deviates from good commercial practice, contrary to good faith and fair dealing“*. Nach dem Vorschlag für eine Verordnung des Europäischen Parlamentes und des Rates über ein Gemeinsames Europäisches Kaufrecht vom 11.10.2011, KOM (2011), 635 gilt eine Vertragsbestimmung nach Art. 86 Abs. 1 lit. b als unfair, wenn sie „so beschaffen ist, dass ihre Verwendung unter Verstoß gegen das Gebot von Treu und Glauben und des redlichen Geschäftsverkehrs gröblich von der guten Handelspraxis abweicht“. Gem. Art. 7 Abs. 1 lit. a der Richtlinie 2011/7/EU des Europäischen Parlamentes und des Rates vom 16.02.2011 zur Bekämpfung von Zahlungsverzug im Geschäftsverkehr ist eine Vertragsklausel für den Gläubiger nachteilig bei einer „grobe[n] Abweichung von der guten Handelspraxis, die gegen den Grundsatz des guten Glaubens und der Redlichkeit verstößt“.

1086 Siehe zum gesamten Änderungsvorschlag *Zivilrechtsausschuss DAV*, Gesetzgebungsvorschlag; *ders.*, AnwBl 2012, 402 ff., der sowohl den Anwendungsbereich als auch den Maßstab der Inhaltskontrolle betrifft.

1087 Zum Folgenden *Zivilrechtsausschuss DAV*, Gesetzgebungsvorschlag, S. 17; ausführlich zum Merkmal der guten unternehmerischen Praxis *Kondring*, BB 2013, 73, 76 f.; kritisch hingegen *von Westphalen*, ZIP 2018, 1101, 1008 f.

der Verwender die Beweislast trage. Auf diese Weise würden die unterschiedlichen Usancen, Gegebenheiten und Sachzwänge verschiedener Branchen hinreichend gewürdigt.

### *c. Ausschluss der Inhaltskontrolle bei großvolumigen Verträgen*

Mit einem weitergehenden Ansatz spricht sich *Leuschner* für eine Reduktion des Anwendungsbereichs der AGB-Kontrolle aus. Durch die Einführung des nachfolgenden § 310 Abs. 1a BGB sollen besonders werthaltige Verträge von der Inhaltskontrolle ausgenommen werden, da eine Lockerung des Maßstabes von § 307 BGB nicht genügend sei:[1088]

> *„Wenn das Volumen des Vertrags mindestens eine Million Euro beträgt, finden auch die § 305c, § 307, § 308 Abs. 1a, b und § 309a auf Allgemeine Geschäftsbedingungen, die gegenüber einem Unternehmer, einer juristischen Person des öffentlichen Rechts oder einem öffentlich-rechtlichen Sondervermögen verwendet werden, keine Anwendung, es sei denn, dass der andere Vertragspartner aufgrund relativer Marktmacht des Verwenders von diesem abhängig ist. Steht das Vertragsvolumen bei Vertragsschluss nicht fest, kommt es auf die Erwartung der anderen Vertragspartei an."*

Durch das Anknüpfen an eine objektive Wertgrenze werde ein verlässliches, normatives Kriterium geschaffen, um umfangreiche Verträge ab einem Vertragsvolumen von einer Million Euro von der Inhaltskontrolle auszunehmen.[1089] Dieser Annahme liegt der Gedanke zugrunde, dass zwischen den Vertragsparteien ab einem bestimmten Transaktionsvolumen aus ökonomischer Sicht regelmäßig keine Informationsasymmetrien mehr bestehen.[1090] Da sich die ausführliche Auseinandersetzung mit Vertragsbedingungen eines solchen Stellenwerts für beide Parteien lohne, bedürfe es des maßgeblichen Kundenschutzes vor den Folgen einer situativen Unterlegenheit in dieser Gestaltung nicht.[1091] Ferner beinhaltet

---

1088 Dazu insgesamt *Leuschner*, AGB-Recht Abschlussbericht, S. 287 ff.; der nachfolgende Vorschlag findet sich bei *ders.*, ZIP 2015, 1045, 1047. Der aufgeführte § 309a BGB basiert auf einem weiteren Gesetzgebungsvorschlag *Leuschners*, der die summenmäßige Haftungsbeschränkung in AGB ermöglichen soll.

1089 *Leuschner*, ZIP 2015, 1045, 1049; mit einem ähnlichen Ansatz *Drygala*, JZ 2012, 983, 988, der durch die Wertgrenze aber nur die Anwendbarkeit des § 307 BGB ausschließen will; kritisch zur Einführung einer Wertgrenze insgesamt *von Westphalen*, ZIP 2015, 1316, 1317.

1090 *Leuschner*, ZIP 2015, 1045, 1049; *Wittuhn/Quecke*, NZG 2014, 131, 135; *Leyens/Schäfer*, AcP 210 (2010), 771. Zur „Transaktionskosten-Vertragswert-Relation" und den unterschiedlichen Ansätzen zur Herleitung der Höhe der Wertgrenze siehe bereits oben „Gegenstandswert der Transaktion", S. 123 ff.

1091 *Leuschner*, ZIP 2015, 1045, 1049; es fehlt an rationaler Apathie, vgl. *Miethaner*, AGB-Kontrolle versus Individualvereinbarung, S. 209 ff.; *Herrmann/Lasch*, DRiZ 2018, 218, 220, wonach die Ausgestaltung der Linie der Judikatur entspreche; *Miethaner*, NJW 2010, 3121, 3127; *Leyens/Schäfer*, AcP 210 (2010), 771, 791 f.

der Gesetzgebungsvorschlag eine Rückausnahme für die Fälle erheblicher wirtschaftlicher Überlegenheit des Verwenders, der an die relative Marktmacht i.S.d. § 20 Abs. 1 GWB anknüpft und dessen Grundsätzen folgen soll.[1092]

### *d. Stellungnahme: Vorzüge einer maßvollen gesetzlichen Klarstellung*

Die vorgenannten Änderungsvorschläge zielen mit unterschiedlich intensiven Eingriffen in die aktuelle Gesetzesfassung darauf ab, den Bedürfnissen des Geschäftsverkehrs nach hinreichender Flexibilität und einer differenzierten AGB-Kontrolle Rechnung zu tragen. Einschränkungen und Unsicherheiten des deutschen AGB-Rechts kämen insbesondere bei der Verwendung von Vertragsbedingungen im internationalen Geschäftsverkehr zum Vorschein und seien im grenzüberschreitenden Wettbewerb als materielle Schwäche des deutschen Vertragsrechts zu identifizieren.[1093] Um der vom Gesetzgeber geforderten, in der Rechtspraxis aber weitgehend ignorierten Unterscheidung von B2B und B2C eine funktionierende Grundlage zu geben, sei eine Korrektur erforderlich.[1094] Mit Blick auf den Untersuchungsschwerpunkt muss eine gesetzliche Anpassung in jedem Fall eine adäquate Grundlage für den Umgang mit Entgeltklauseln in Unternehmerdarlehensverträgen darstellen.

#### aa. Rechtsklarheit einer starren Wertgrenze

Zu diesem Zwecke besticht *Leuschners* Ansatz mittels der Orientierung an einer starren Wertgrenze durch die Schaffung von Rechtsklarheit für Verträge im Millionenbereich. Durch die pauschale Ausnahme großvolumiger Kontrakte besteht erst gar keine Notwendigkeit für den Gebrauch neuer Begrifflichkeiten, die ob ihrer Auslegungsbedürftigkeit zu rechtlichen Unsicherheiten führen könnten. Dagegenstehende, prinzipielle Einwände, die in einem fixen Gegenstandswert ein systemfremdes und willkürliches Mittel identifizieren, überzeugen schon deshalb nicht, weil Typisierungen in der Rechtswissenschaft ebenso üblich wie notwendig sind.[1095]

Die eigentliche Kehrseite der Gestaltung ist aber, dass der Vorschlag keine Grundlage für die Flexibilisierung des Handelsverkehrs unterhalb der

---

1092 *Leuschner*, ZIP 2015, 1045, 1051, wonach Verträge im Bereich der Absatzmittelung (Vertragshändler-, Franchise-, Handelsvertreterverträge) folglich ausgeschlossen seien; ebenso *Drygala*, JZ 2012, 983, 986 f.

1093 *Frankfurter Initiative*, Gesetzgebungsvorschlag, S. 9; *Zivilrechtsausschuss DAV*, AnwBl 2012, 402, 403.

1094 Für ein gesetzgeberisches Tätigwerden im Interesse der Rechtssicherheit auch *Herrmann/Lasch*, DRiZ 2018, 218, 221; *Schmid-Burgk*, BB 2018, 1799, 1801; *K. P. Berger*, ZIP 2006, 2149, 2156 mit Verweis auf BT-Drucks 7/3919, S. 39.

1095 Denkt man nur an die Mindestkapitalanforderungen einer Kapitalgesellschaft, die Verjährungsregelungen oder § 513 BGB; ausführlich zur Kritik und deren Widerlegung bereits oben „Gegenstandswert der Transaktion“, S. 123 ff.

Wertgrenze bereithält, der seinerseits mitunter ebenfalls auf eine stärkere Differenzierung angewiesen ist.[1096] Wie die vorstehende Analyse der Reichweite des § 310 Abs. 1 Satz 2 Halbs. 2 BGB gezeigt hat, bedarf es einer differenzierten Anwendung der Inhaltskontrolle, um dem gruppentypischen Schutzbedürfnis verschiedener Verkehrskreise hinreichend Rechnung zu tragen. Maßgabe für einen bereichsspezifisch gelockerten Prüfungsmaßstab ist die Bewertung, ob die Geschäfte der betreffenden Art wiederholend abgeschlossen werden und somit dem Kernbereich unternehmerischer Tätigkeit zuzuordnen sind. Der vereinfachten Handhabe dieser Differenzierung ist die Einführung einer Wertgrenze jedoch nicht weiter zuträglich.[1097]

Ferner ist fraglich, ob die Anwendbarkeitsregelungen der Inhaltskontrolle überhaupt den richtigen Ansatzpunkt darstellen, um die flexible Behandlung umfangreicher und werthaltiger Vertragswerke zutreffend zu regeln. Sofern die Rechtfertigung einer Wertgrenze darauf beruht, dass die Vertragsparteien eine Einigung nur mit beträchtlichem Aufwand und unter Zuhilfenahme juristischen Sachverstandes erzielen konnten, spricht diese eingehende Auseinandersetzung mit den Vertragsbedingungen vielmehr schon für das Vorliegen einer Individualabrede.[1098] Denn ab einem bestimmten Grenzwert lässt die wirtschaftliche Bedeutung eines Geschäfts regelmäßig darauf schließen, dass keine rationale Apathie besteht und ein Aushandeln i.S.d. § 305 Abs. 1 Satz 3 BGB stattgefunden hat.[1099] Daher stellt die Wertgrenze vielmehr ein geeignetes Indiz dafür dar, dass textlich unveränderte Vertragsbedingungen zwischen Unternehmern individuell ausgehandelt wurden und daher schon keine AGB darstellen.[1100]

### bb. Die „unternehmerische Praxis“ als unbekannter Rechtbegriff

Die Einführung des Maßstabes der guten oder vernünftigen unternehmerischen Praxis, wie ihn die *Frankfurter Initiative* und der Deutsche Anwaltverein vorschlagen, setzt mit einem weitgehend unbekannten Begriff hingegen auf ein neues Element der AGB-Kontrolle. Dabei erscheint es insbesondere erfolgsversprechend, an dem Gehalt des § 307 Abs. 1, Abs. 2 BGB anzuknüpfen, um den Maßstab der

---

1096 Das gesteht auch *Leuschner*, ZIP 2015, 1045, 1049 ein, der in diesem Nachteil den Preis sieht, um ein solches Vorhaben rechtspolitisch durchsetzen zu können.

1097 So auch *Leuschner*, ZIP 2015, 1045, 1051, der die Kernbereichsnähe im Vergleich zum Vertragsvolumen aber als nachrangigen Gesichtspunkt einordnet. Zum Kernbereich siehe die Nachweise in Fn. 1048.

1098 Ebenso *von Westphalen*, ZIP 2015, 1316, 1317; zur Problemanalyse *Leuschner*, ZIP 2015, 1045, 1048.

1099 Ebenso *Miethaner*, AGB-Kontrolle versus Individualvereinbarung, S. 209 ff.; *ders.*, NJW 2010, 3121, 3127; *Leyens/Schäfer*, AcP 210 (2010), 771, 791 f.

1100 In diese Richtung auch *von Westphalen*, ZIP 2015, 1316, 1317, der diesen Komplex auch eher der Individualabrede zuordnet; siehe dazu ausführlich bereits oben „Kriterienkatalog“, S. 118 ff.

Inhaltskontrolle zu modifizieren. Im Falle eines Abweichens von den wesentlichen Grundgedanken der gesetzlichen Regelung – dem gesetzlichen Leitbild gem. § 307 Abs. 2 Nr. 1 BGB – wäre künftig zusätzlich zu prüfen, ob damit auch eine grobe oder erhebliche Abweichung von der unternehmerischen Praxis einhergeht. Ist dies nicht der Fall, dann wäre eine unangemessene Benachteiligung von vornherein abzulehnen.

Unsicher ist jedoch, wie sich eine unternehmerische Praxis in der Rechtswirklichkeit darstellen und vor allem wie sie sich herausbilden soll. Allein die Rechtsprechung des BGH zu Bearbeitungsentgelten offenbart dabei Anwendungsprobleme, da gemeinhin unklar ist, wie die als unzulässig eingestuften Gebührenklauseln zu einer wirksamen Rechtspraxis avancieren sollen. Unklarheit bereitet auch der Umstand, dass zahlreiche Kreditgeber ihre Vertragsbedingungen an die geltende Rechtsprechung angepasst haben, einige Akteure jedoch weiterhin davon abweichen. Das Herausbilden einer einheitlichen Praxis wäre somit nach objektiven Kriterien kaum feststellbar.[1101] Ferner steht aber noch zu befürchten, dass sich die Instanzgerichtsbarkeit im Zweifelsfall zunächst an der hergebrachten Rechtsprechung des BGH orientieren wird, bis dieser selbst eine einheitliche Praxis festgestellt hat. Durch dieses Prozedere wäre ein kurzfristiger Zuwachs an Rechtssicherheit nicht zu erwarten.

Im Kontext der hier untersuchten Entgeltklausel spricht aber insbesondere das Fehlen eines einheitlichen Differenzierungskriteriums gegen das selbstständige Merkmal der guten unternehmerischen Praxis.[1102] Wie oben bereits analysiert wurde, soll es für die Abgrenzung von Verkehrskreisen darauf ankommen, ob die Kreditaufnahme zum Kerngeschäft unternehmerischer Tätigkeit gehört und daher Wissensstand und Erfahrung zu berücksichtigen sind. Eine als notwendig identifizierte Differenzierung nach dem Schutzbedürfnis des jeweiligen Verkehrskreises ist mit einer *einheitlichen* unternehmerischen Praxis aber gerade nicht vereinbar, solange die Gerichte auch hierbei den Maßstab einer generalisierenden Betrachtungsweise anlegen.

### cc. Klarstellung der geringeren Schutzbedürftigkeit bestimmter Unternehmer

Eine gewisse Differenzierung verspricht der Ansatz des Deutschen Anwaltvereins, der neben der unternehmerischen Praxis auch den Gesamtinhalt des Vertrages, die

1101 In diese Richtung, aber noch kritischer *von Westphalen*, ZIP 2018, 1101, 1008 f.

1102 Dies muss nicht zwangsläufig für Vertragsklauseln mit anderen Regelungsinhalten gelten, bei denen sich eine unternehmerische Praxis bereits ausgebildet hat. Diese sind aber nicht Schwerpunkt der hiesigen Untersuchung. Siehe zu anderen Geschäftstypen und Regelungsinhalten *Zivilrechtsausschuss DAV*, Gesetzgebungsvorschlag, S. 6 ff.; *ders.*, AnwBl 2012, 404 ff.; ausführlich zur Haftungsbeschränkung *Leuschner*, ZIP 2015, 1045, 1047 ff.

den Vertragsschluss begleitenden Umstände sowie die Gegebenheiten des betroffenen Wirtschaftszweigs mit in Bezug nimmt. Deutlicher wird eine bereichsspezifische Differenzierung aber bei *K. P. Berger*, dessen Vorschlag ganz ohne neue Begrifflichkeiten auskommt und daher den Charme einer maßvollen gesetzlichen Klarstellung besitzt. Dabei könnten nicht nur branchentypische Umstände Berücksichtigung finden, sondern durch den Verweis auf die „geringere Schutzbedürftigkeit bestimmter Unternehmer" auch klargestellt werden, dass die AGB-Kontrolle im B2B- und B2C-Verkehr unterschiedlichen Maßstäben unterliegt. Da die geringere Kontrolldichte nur für bestimmte Unternehmen gilt, ist eine echte Differenzierung zwischen schutzbedürftigen Freiberuflern, Handwerkern oder Existenzgründern und geschäftserfahrenen Großkonzernen möglich. Um deutlich zu machen, dass sich eine Differenzierung an dem Vorbild des § 267 HGB orientieren soll und Kleinunternehmen weiterhin einem dem Verbraucherverkehr vergleichbaren Schutzniveau unterfallen, wäre folgende Ergänzung in einem separaten Satz 4 denkbar:[1103]

*Satz 3 gilt nicht, wenn Allgemeine Geschäftsbedingungen gegenüber einem Kleinstunternehmen (entsprechend § 267a HGB) verwendet werden.*

Rechtstechnisch setzt dieser Ansatz insgesamt zwar nicht an der Reichweite einer unangemessenen Benachteiligung gem. § 307 Abs. 1, Abs. 2 BGB an, sodass Vertragsklauseln, die nach der Rechtsprechung des BGH vom gesetzlichen Leitbild abweichen, gem. § 307 Abs. 2 Nr. 1 BGB im Zweifelsfall auch weiterhin ein Indiz für eine Benachteiligung darstellen können. Ein Verstoß gegen die Leitbildfunktion des dispositiven Rechts ist rechtsdogmatisch jedoch keinesfalls gleichbedeutend mit der Unwirksamkeit oder Rechtswidrigkeit einer Klausel.[1104] Die Beachtung der Gegebenheiten des unternehmerischen Geschäftsverkehrs und insbesondere die im Vergleich zu Verbrauchern geringere Schutzbedürftigkeit bestimmter Unternehmer hätte letztlich zur Folge, dass sich die Interessenabwägung im Rahmen der Inhaltskontrolle für eine bereichsspezifische Differenzierung öffnet und eine Benachteiligung des betreffenden Vertragspartners abzulehnen sein kann.

1103 Diese Formulierung orientiert sich an dem Gesetzgebungsvorschlag der *Frankfurter Initiative* zur Einfügung eines Satz 4 und 5 in § 305 Abs. 1 BGB. Durch die Ergänzung ließe sich somit für die Voraussetzungen einer Individualabrede und die Kontrolldichte der Inhaltskontrolle ein paralleles Schutzniveau von Kleinunternehmern schaffen. Ferner entspricht die Ergänzung den Forderungen des Koalitionsvertrages zwischen CDU, CSU und SPD vom 12.03.2018, Rn. 6188–6190, zum fortbestehenden Schutz kleiner und mittelständischer Unternehmen.

1104 In diese Richtung aber *von Westphalen*, ZIP 2018, 1101, 1107 f., der aufgrund des gesetzlichen Leitbildes keine faktischen Besonderheiten des unternehmerischen Verkehrs anerkennt und Gegebenheiten, die von dem Standard rechtmäßiger AGB abweichen, schlichtweg für rechtswidrig hält.

## V. Bankbetriebswirtschaftliche und volkswirtschaftliche Implikationen

Die laufzeitunabhängige Entgeltklausel kann unter Berücksichtigung ökonomischer Aspekte zulässig sein. Im Rahmen der Interessenabwägung sind nämlich nicht nur die Belange des Kreditnehmers in Bezug zu nehmen. Vielmehr ist auch das Interesse des Verwenders an der Aufrechterhaltung einer Klausel zu berücksichtigen und zu überprüfen, welche Auswirkungen für die Parteien mit der Wirksamkeit bzw. Unwirksamkeit einer Vertragsbestimmung verbunden sind.[1105] Dabei lässt sich die Angemessenheit einer benachteiligenden AGB-Klausel zwar nicht allein auf die Erleichterung der Geschäftsabwicklung und Praktikabilitätserwägungen stützen. Jedoch eigne sich ein entgegenstehendes Interesse des Verwenders zur Rechtfertigung der Abweichung vom dispositiven Recht, sofern die vom Gesetz abweichenden Regelungen und die darauf basierenden Nachteile für den Kunden verhältnismäßig und zumutbar ausfielen.[1106]

Im Mittelpunkt steht die Überlegung, dass der Großteil der Verwaltungskosten schon vor Vertragsschluss entsteht und daher zum Zwecke einer gerechten Kostenverteilung auch unabhängig von der Laufzeit zu vergüten sein sollte. Darüber hinaus weisen die verschiedenen Arten gewerblicher Darlehen im Vergleich zum Verbraucherrecht wesentliche strukturelle Unterschiede auf, sodass die Erhebung von Einmalentgelten anders zu beurteilen ist als im Verbraucherdarlehensrecht.

### 1. *Zielbild einer gerechten Kostenverteilung*

Die bisherige Untersuchung hat gezeigt, dass die Aufteilung der Kreditkosten in eine laufzeitunabhängige Komponente für die Überlassung und einen laufzeitabhängigen Bestandteil für die Belassung der Darlehensvaluta von dem gesetzlichen Leitbild abweicht. Grund dafür ist, dass die dispositive Vorschrift des § 488 BGB als Leistungspflicht des Darlehensnehmers nur den Zins kennt. Die Erhebung laufzeitunabhängiger Einmalentgelte kann aber nicht allein deshalb als unzulässig oder unangemessen eingeordnet werden, da es das Wesen des dispositiven Rechts ist, dass von dessen Bestimmungen abgewichen werden kann.[1107] Mehr noch macht es § 307 Abs. 3 Satz 1 BGB überhaupt erst zu einer Voraussetzung

---

1105 *Fuchs*, in: Ulmer/Brandner/Hensen AGB § 307 Rn. 98, 102, 104; *Wurmnest*, in: MüKo BGB § 307 Rn. 35; *Fastrich*, Inhaltskontrolle, S. 306 ff.; *van Bevern/Schmitt*, BKR 2015, 323, 327.

1106 BGH, Urteil vom 14.01.2014 – XI ZR 355/12, BGHZ 199, 355 = BKR 2014, 159 Rn. 46; BGH, Urteil vom 10.01.1996 – XII ZR 271/94, NJW 1996, 988, 989; BGH, Urteil vom 16.11.1992 – II ZR 184/91, BGHZ 120, 216, 226 = NJW 1993, 2442, 2444; ebenso Fuchs, in: Ulmer/Brandner/Hensen AGB § 307 Rn. 104.

1107 Noch deutlicher ist die synonyme Bezeichnung als nachgiebiges oder abdingbares Recht; siehe grundlegend *Creifelds*, Stichwort: Recht, nachgiebiges Recht; *Fuchs*, in: Ulmer/Brandner/Hensen AGB § 307 Rn. 221.

der Inhaltskontrolle, dass die Klausel von Rechtsvorschriften abweicht oder diese ergänzt. Für das Abweichen von den wesentlichen Grundgedanken der gesetzlichen Regelung bedarf es dann aber eines sachlichen Grundes, da der Gerechtigkeitsgehalt des Gesetzes als Richtschnur für die Bewertung der Angemessenheit dient.[1108]

### a. *Entstehung wesentlicher Kosten zu Vertragsbeginn*

Einen sachlichen Grund kann man in den tatsächlichen wirtschaftlichen Gegebenheiten und Interessenlagen des gegenwärtigen Kreditgeschäftes erblicken. Schon vor über 40 Jahren erkannte *Canaris*, dass sich die Kreditvergabe für die Banken zunehmend dienstleistungs- und personalkostenintensiv darstellt.[1109] Aufwand und Kosten seien in Verbindung mit der Überlassung bzw. Hingabe der Valuta besonders hoch, sodass die Vereinbarung einer gesonderten Vergütung mit den bankbetriebswirtschaftlichen Gegebenheiten übereinstimme. Insbesondere für Darlehen über geringe Beträge oder kurze Laufzeiten stehe der Zinsertrag regelmäßig nicht in Relation zu dem anfangs entstandenen Arbeitsaufwand, weshalb sich die tatsächlichen Kosten mit einem Pauschalentgelt zutreffender darstellen ließen.[1110] Während die Banken im Verbraucherdarlehensrecht umfangreichen vorvertraglichen Informationspflichten nachkommen müssen, verursachen mitunter die Komplexität der zu finanzierenden Vorhaben, die Bewertung angebotener Sicherheiten oder eine präzise Bonitätsprüfung von Unternehmen wesentliche Kosten gewerblicher Darlehen.[1111] Ferner treiben die zunehmenden Anforderungen des Bankaufsichtsrechts und die Erfordernisse der Eigenkapitalunterlegung den anfänglichen Aufwand in die Höhe, wohingegen die Vertragsdurchführung durch automatisierte Abbuchungen von Darlehensraten nahezu keine Kosten mehr verursacht.[1112]

---

1108 BT-Drucks. 7/5422, S. 6; dazu *Fuchs*, in: Ulmer/Brandner/Hensen AGB § 307 Rn. 224.

1109 Zu den nachfolgenden Erwägungen *Canaris*, NJW 1978, 1891, 1892.

1110 Auch das RG, Urteil vom 29.01.1942 – II 118/41, RGZ 168, 284, 285 f. ging ursprünglich von der Möglichkeit dieser Kostenverteilung aus, wonach der Gebrauch und die Hingabe des Kapitals voneinander zu trennen seien.

1111 Die Untersuchung hatte bereits gezeigt, dass die genannten Kosten nicht als Sonder- oder Zusatzleistung zu qualifizieren sind und daher auch nicht dem Interessenbereich des Kunden zugeordnet werden können; siehe dazu bereits „Das Entgelt als Sonder- oder Zusatzleistung“, S. 173 ff.

1112 *Bitter/Linardatos*, ZIP 2018, 1203; *W. Müller/Marchant/Eilers*, BB 2017, 2243, 2244; *Bitter*, JZ 2015, 170, 172. Quantitative Liquiditätsanforderungen ergeben sich aus § 11 Abs. 1 Satz 1 KWG, wonach eine ausreichende Zahlungsbereitschaft (Liquidität) gewährleistet sein muss. Konkretisiert und verschärft wurden die Eigenkapitalanforderungen zuletzt im Rahmen der Basel III-Vorgaben durch die Kapitaladäquanzverordnung (EU) Nr. 575/2013 des Europäischen Parlaments und des Rates vom 26.06.2013 über Aufsichtsanforderungen an Kreditinstitute und Wertpapierfirmen (auch *Capital Requirements Regulation* oder CRR). Qualitative Liquiditätsanforderungen ergeben sich aus der Pflicht zur ordnungsgemäßen Geschäftsorganisation

Im Vergleich zu der Zeit der Entstehung des BGB hat sich die Kostenstruktur bei der Darlehensvergabe daher grundlegend verändert.[1113] Es ist anzunehmen, dass der historische Gesetzgeber am Ende des 19. Jahrhunderts vielmehr private Kreditkonstellationen regeln wollte, bei denen Kosten für Personal und die Kapitalbeschaffung keine Rolle spielten.[1114] Da die Darlehensvergabe Vertrauenssache war und die Kosten im Zusammenhang mit der Darlehenshingabe ohne das Stellen von Sicherheiten oder eine Bonitätsprüfung nicht weiter ins Gewicht fielen, stellte der Zins die geeignete Gegenleistung für die Kapitalüberlassung auf Zeit dar.[1115] Das sich daraus ergebende Leitbild des Darlehensvertrages kam weitgehend ohne die Notwendigkeit zusätzlicher Entgelte aus. Dies ist jedoch in Zeiten der Systemrelevanz von Banken, sowie gesteigerten Liquiditäts- und Risikoanforderungen nicht mehr zeitgemäß.[1116]

Dabei ist keinesfalls zu verkennen, dass sich *Canaris* ausdrücklich gegen eine Erstreckung des Zinsbegriffes auf laufzeitunabhängige Vergütungen ausspricht. Nach seinem Dafürhalten sei der Zins zu definieren als „gewinn- und umsatzunabhängige, laufzeitabhängige, in Geld oder anderen vertretbaren Sachen zu entrichtende Vergütung für die Möglichkeit des Gebrauchs eines Kapitals."[1117] Daran orientiert sich auch die höchstrichterliche Rechtsprechung, die in dem Zins die „gewinn- und umsatzunabhängige Vergütung für die Möglichkeit der Kapitalnutzung auf Zeit" sieht.[1118] Konstitutives Merkmal ist die laufzeitabhängige Vergütung der Gewährung des Kapitals. Jedoch waren sich *Canaris* und der III. Zivilsenat

nach § 25a Abs. 1 KWG und den *MaRisk*, Anlage 1: Erläuterungen zu den *MaRisk* in der Fassung vom 27.10.2017, BTR 3 Liquiditätsrisiken.

1113 *Bitter/Linardatos*, ZIP 2018, 1203; *W. Müller/Marchant/Eilers*, BB 2017, 2243, 2244; *Canaris*, NJW 1978, 1891, 1892. Vor der Schuldrechtsreform 2002 war das Darlehen in §§ 607 ff. BGB a.F. geregelt, jedoch hatte die Neuregelung in §§ 488 ff. BGB keine Auswirkungen auf die Zinszahlungs- und Rückerstattungspflicht des Darlehensnehmers, vgl. BT-Drucks. 14/6040, S. 253.

1114 *Canaris*, NJW 1978, 1891, 1892.

1115 Dazu *W. Müller/Marchant/Eilers*, BB 2017, 2243, 2244, die insgesamt für eine Weiterentwicklung des Leitbildes aufgrund der gesellschaftlichen Verhältnisse plädieren.

1116 Dass der Verwaltungsaufwand hauptsächlich zu Beginn anfalle und die Durchführung weitgehend EDV-basiert ablaufe, leugnet der BGH auch nicht, BGH, Urteile vom 04.07.2017 – XI ZR 562/15, BGHZ 215, 172 = NJW 2017, 2986 Rn. 73 und XI ZR 233/16, ZIP 2017, 1654 Rn. 79; BGH, Urteile vom 13.05.2014 – XI ZR 405/12, BGHZ 201, 168 = NJW 2014, 2420 Rn. 76 und XI ZR 170/13, WM 2014, 1325 Rn. 83; BGH, Urteil vom 07.11.2000 – XI ZR 27/00, BGHZ 146, 5, 15 = NJW 2001, 509.

1117 Nach *Canaris*, NJW 1978, 1891, 1892 wäre eine Erstreckung des Zinsbegriffes nur dann zu rechtfertigen, wenn deren Vereinbarung allgemein, d.h. unabhängig von den Besonderheiten des jeweiligen Einzelfalles als Umgehung oder Aushöhlung der gesetzlichen Vorschriften über Zinsen anzusehen wäre. Siehe zum Zinsbegriff bereits oben „Das Entgelt als Bestandteil des Preises", S. 160 ff.

1118 BGH, Urteile vom 13.05.2014 – XI ZR 405/12, BGHZ 201, 168 = NJW 2014, 2420 Rn. 43 und XI ZR 170/13, WM 2014, 1325 Rn. 52; BGH, Urteil vom 29.06.1979 – III

seinerzeit darüber einig, dass ein Darlehensgeber neben dem laufzeitabhängigen Zinssatz als Entgelt für die Nutzung des Kapitals auch eine laufzeitunabhängige Vergütung für die Überlassung des Kapitals berechnen dürfe.[1119] Das damit verbundene Abweichen von dem gesetzlichen Leitbild des § 488 BGB wurde als angemessen und sinnvoll hingenommen. Denn wem zu Beginn eines Vertrages hohe und während der Laufzeit niedrige Kosten entstehen, der soll die daraus resultierende Verteilung dementsprechend an seine Kunden weitergeben können.[1120]

An die vorstehende Zinsdefinition hält sich der BGH noch heute. Mit dem feinen, aber wesentlichen Unterschied, dass zusätzliche, laufzeitunabhängige Vergütungen nicht mehr wirksam vereinbart werden können.

### *b. Kernproblem: Prinzip der Kostenermäßigung*

Nach Sichtweise des BGH könnten bankbetriebswirtschaftliche Erwägungen die unangemessene Benachteiligung aufgrund des Abweichens vom gesetzlichen Leitbild nicht rechtfertigen und seien daher für die Beurteilung der Wirksamkeit laufzeitunabhängiger Entgeltklauseln nicht von Relevanz.[1121] Dabei verkenne der Senat nicht, dass der überwiegende Verwaltungs- und Kostenaufwand zu Vertragsbeginn entstehe. Jedoch sei nicht erkennbar, weshalb dieser bei Abschluss des Darlehensvertrages entstehende Aufwand die Erhebung eines laufzeitunabhängigen

---

ZR 156/77, NJW 1979, 2089, 2090; BGH, Urteil vom 09.11.1978 – III ZR 21/77, NJW 1979, 805, 806 mit Verweis auf *Canaris*; für Nachweise der Literatur siehe Fn. 765.

1119 Darin liegt der Grundsatz der gerechten Kostenverteilung. Das macht BGH, Urteil vom 09.11.1978 – III ZR 21/77, NJW 1979, 805, 806 besonders deutlich, wonach Vergütungen für die Kapitalbeschaffung und -überlassung und Entgelte für die Kapitalnutzung in ihrer belastenden Wirkung für den Darlehensnehmer gleichstehen. Daraus ergibt sich die Möglichkeit einer separaten Vergütung vorgelagerter Kosten. *Bitter/Linardatos*, ZIP 2018, 2249, 2250 sprechen von einer bewussten Trennung in zwei rechtlich zulässige Entgeltkomponenten.

1120 *Bitter/Linardatos*, ZIP 2018, 1203 sehen darin die Logik effizienter Preisgestaltung; ebenso *Bitter*, JZ 2015, 170, 171 f.; *ders.*, ZBB 2007, 237, 242; *Wimmer*, WM 2012, 1841 meint, dass die anfänglichen Kosten im Vergleich zu den Folgekosten dominierten; nach *Godefroid*, ZIP 2011, 947, 949 könne ein Darlehen ohne die pauschalen Einmalkosten nicht gewährt und ausgezahlt werden; nach *Canaris*, NJW 1978, 1891, 1892 entspreche das laufzeitunabhängige Entgelt den wirtschaftlichen Gegebenheiten weitaus besser als eine Erhöhung des Zinssatzes.

1121 BGH, Urteil vom 05.06.2018 – XI ZR 371/16, juris Rn. 15; BGH, Urteil vom 13.03.2018 – XI ZR 291/16, WM 2018, 1046 Rn. 32; BGH, Urteile vom 04.07.2017 – XI ZR 562/15, BGHZ 215, 172 = NJW 2017, 2986 Rn. 72 und XI ZR 233/16, ZIP 2017, 1654 Rn. 78 mit Verweisen auf BGH, Urteile vom 13.05.2014 – XI ZR 405/12, BGHZ 201, 168 = NJW 2014, 2420 Rn. 72 und XI ZR 170/13, WM 2014, 1325 Rn. 80; wie der BGH *Nobbe*, WM 2008, 185, 187, wonach es für die Beantwortung der Frage, ob eine Tätigkeit der Bank im Rechtssinne eine Dienstleistung für den Kunden darstelle, nicht auf die Sicht von Bankbetriebswirten ankommen könne.

und pauschalen Bearbeitungsentgeltes erfordere.[1122] Für den Kunden ergäben sich nicht bloß unerhebliche Nachteile bei der Vertragsabwicklung, da das laufzeitunabhängige Entgelt im Falle einer vorzeitigen Vertragsbeendigung vollständig bei dem Darlehensgeber verbleibe.[1123] Der Kunde bleibe demnach gerade bei kurzen Vertragslaufzeiten aufgrund einer vorzeitigen Ablösung des Darlehens auf den gesamten Kosten sitzen. Die sachgerechte Lösung, die auch dem Leitbild des § 488 Abs. 1 Satz 2 BGB entspreche, sei dem BGH zufolge, das Einpreisen der Kosten in den Zinssatz.[1124]

## aa. Keine Rückerstattung laufzeitunabhängiger Bearbeitungsentgelte

Durch diese Aussage wird nun aber deutlich, was der eigentliche Dorn im Auge des Gerichts ist. Im Mittelpunkt steht die Kernfrage, ob die Erhebung laufzeitunabhängiger Entgelte dem Prinzip der Kostenermäßigung bei vorzeitiger Beendigung eines Darlehensvertrages widerspricht.[1125] Im Falle der außerordentlichen Kündigung eines Darlehensvertrages entsteht ein Abwicklungsschuldverhältnis, in dessen Rahmen der Darlehensgeber neben der Rückzahlung der Darlehensvaluta auch die Gewährung von Verzugszinsen und eine Vorfälligkeitsentschädigung verlangen kann (§§ 488 Abs. 3 Satz 1, 490 Abs. 2 Satz 3 BGB). Dem Darlehensnehmer stehen im Gegenzug Ansprüche auf die Rückzahlung nicht verbrauchter Zinsvorauszahlungen (wie etwa einem Disagio) und im Voraus gezahlter, *laufzeitabhängiger* Kreditkosten zu.[1126] Die Kostenreduktion stellt daher einen

1122 BGH, Urteile vom 04.07.2017 – XI ZR 562/15, BGHZ 215, 172 = NJW 2017, 2986 Rn. 73 und XI ZR 233/16, ZIP 2017, 1654 Rn. 79; BGH, Urteile vom 13.05.2014 – XI ZR 405/12, BGHZ 201, 168 = NJW 2014, 2420 Rn. 76 und XI ZR 170/13, WM 2014, 1325 Rn. 83, wonach nicht dargelegt werde, dass die Fixkosten ein solches Entgelt tatsächlich verlangten; ähnlich BGH, Urteil vom 05.06.2018 – XI ZR 790/16, WM 2018, 1363 Rn. 10.

1123 BGH, Urteile vom 13.05.2014 – XI ZR 405/12, BGHZ 201, 168 = NJW 2014, 2420 Rn. 77, 79 und XI ZR 170/13, WM 2014, 1325 Rn. 84, 86.

1124 BGH, Urteil vom 16.10.2018 – XI ZR 593/16, WM 2018, 2183 Rn. 23; BGH, Urteile vom 04.07.2017 – XI ZR 562/15, BGHZ 215, 172 = NJW 2017, 2986 Rn. 77 und XI ZR 233/16, ZIP 2017, 1654 Rn. 85; BGH, Urteil vom 25.10.2016 – XI ZR 9/15, BGHZ 212, 329 = NJW 2017, 1018 Rn. 38.

1125 Als Kernproblem der Diskussion analysierte *Billing*, WM 2013, 1829, 1834 bereits die Frage danach, wann die Erhebung laufzeitunabhängiger Bearbeitungsentgelte § 501 BGB zuwiderlaufe. Die Vorschrift basiert auf der Richtlinie 2007/64/EG des Europäischen Parlaments und des Rates vom 13.11.2007 über Zahlungsdienste im Binnenmarkt und zählt zu den besonderen Vorschriften des Verbraucherdarlehensrechts. Jedoch ist sie auf einem allgemein anerkannten Rechtsgedanken des Darlehensrechts zurückzuführen und änderte an der Rechtslage vor ihrer Einfügung im Jahr 2009 nichts; siehe die Begründung zum Umsetzungsgesetz BT-Drucks. 16/11643, S. 86.

1126 Siehe zu diesem Rechtsgedanken etwa BGH, Urteil vom 17.05.1994 – IX ZR 232/93, NJW 1994, 1790; BGH, Urteil vom 12.10.1993 – XI ZR 11/93, NJW 1993, 3257; BGH,

„verallgemeinerungsfähigen Rechtssatz" des allgemeinen Darlehensrechts dar, der seine ausdrückliche Verankerung in § 501 BGB gefunden hat.[1127] Das Befolgen dieses Rechtsgrundsatzes sieht die Rechtsprechung bei der laufzeitunabhängigen Klauselgestaltung in Gefahr.

Prägnanter bringt es noch *Schmieder* zum Ausdruck, wenn sie herausstellt: „Nicht aber kann es [das Kreditinstitut] als Gegenleistung für den im eigenen Interesse und in Erfüllung gesetzlicher Pflichten angefallenen Bearbeitungsaufwand ein gesondertes Entgelt verlangen, das ihm – was erschwerend hinzu kommt – selbst bei vorzeitiger Vertragsauflösung, unabhängig vom tatsächlichen Aufwand, in voller Höhe verbleibt (vgl. § 501 BGB)."[1128] Augenscheinlich ausschlaggebend für die Beurteilung der unangemessenen Benachteiligung ist folglich die fehlende Möglichkeit der Rückerstattung von Bearbeitungsentgelten. Durch deren Einbehaltung steige der ursprüngliche effektive Jahreszins bei nur kurzen Vertragslaufzeiten beträchtlich an.[1129]

Damit kann aber nicht die Schlussfolgerung verbunden sein, die Erhebung laufzeitunabhängiger Entgelte grundsätzlich zu versagen. Denn in der Regierungsbegründung zur Umsetzung der Verbraucherkreditrichtlinie findet sich zur gewünschten Kostenreduktion, dass „es zu einer Ermäßigung der sonstigen Kosten [kommt], soweit diese im Vertrag laufzeitabhängig ausgestaltet wurden."[1130] Daraus geht die Wertung des Gesetzgebers hervor, dass auch die vertragliche Ausgestaltung laufzeitunabhängiger Kosten möglich sein muss, bei denen die anteilige Rückerstattung aufgrund ihres zwischenzeitlichen Verbrauchs ausscheidet.[1131] Infolgedessen soll den Kreditinstituten das verbrauchte Pauschalentgelt im Falle einer vorzeitigen Vertragsbeendigung verbleiben. Eine Umgehung des Prinzips der Kostenermäßigung stünde mithin nur dann zu befürchten, wenn laufzeitunabhängige Vertragskosten künstlich entwickelt würden, obwohl sie bei einer

---

Urteil vom 29.05.1990 – XI ZR 231/89, BGHZ 111, 287, 290, 294 = NJW 1990, 2250; *K. P. Berger*, in: MüKo BGB § 488 Rn. 242; *Weidenkaff*, in: Palandt BGB § 501 Rn. 1, 3.

1127 Dass darin keine Besonderheit des Verbraucherdarlehensrechts zu sehen ist, macht die Regierungsbegründung deutlich, BT-Drucks. 16/11643, S. 86. Danach ändere die Formulierung an der bestehenden Rechtslage nichts.

1128 *Schmieder*, WM 2012, 2358, 2663. Mit auffallend ähnlichem Wortlaut BGH, Urteile vom 13.05.2014 – XI ZR 405/12, BGHZ 201, 168 = NJW 2014, 2420 Rn. 79 und XI ZR 170/13, WM 2014, 1325 Rn. 86.

1129 BGH, Urteile vom 13.05.2014 – XI ZR 405/12, BGHZ 201, 168 = NJW 2014, 2420 Rn. 80 und XI ZR 170/13, WM 2014, 1325 Rn. 87; ebenso *Tiffe*, VuR 2012, 127, 130, 132.

1130 BT-Drucks. 16/11643, S. 86.

1131 *Billing*, WM 2013, 1829, 1835 in Bezug auf § 501 BGB, wonach die gesetzgeberische Entscheidung nicht durch das vorherige Herausfiltern bestimmter laufzeitunabhängiger Kosten umgangen werden dürfe; ebenso *Wimmer*, WM 2012, 1841, 1844 f. Dafür ist es Voraussetzung, dass derartige Einmalentgelte auch wirksam vereinbart werden können.

zutreffenden Analyse der wirtschaftlichen Gegebenheiten (zinsähnlich) von der Laufzeit abhängen müssten und aus diesem Grund bei vorzeitiger Vertragsbeendigung von dem Kreditnehmer anteilig zurückverlangt werden könnten.[1132]

## bb. Keine Ausbildung einer verschleierten Zinsabrede

Somit gleicht die Problematik der früher vieldiskutierten Fragestellung nach der rechtlichen Einordnung eines Disagios.[1133] Dabei stand in Streit, ob das Disagio als „verschleierte Zinsabrede" den laufzeitabhängigen Zinsen zugeordnet werden müsse.[1134] In seiner ursprünglichen Funktion sei das Disagio als Abgeltung der einmaligen Kreditbeschaffungskosten und des anfänglichen Verwaltungsaufwandes laufzeitunabhängig ausgestaltet gewesen. Jedoch habe sich dessen Rechtsqualität mit der Zeit dahingehend verändert, dass es regelmäßig zum integralen Bestandteil der Zinskalkulation geworden ist. Da die Höhe von Zinsen und Disagio wechselseitig voneinander abhing, sei ein Disagio zumeist als Zinsvorauszahlung und damit als laufzeitabhängiger Bestandteil zu qualifizieren. Der entstandene Verwaltungsaufwand konnte weiterhin in einmaligen Nebenkosten wie etwa einer Bearbeitungsgebühr ausgewiesen werden.

Gut drei Jahrzehnte nach diesem Judikat sollte es um das Bearbeitungsentgelt verblüffend ähnlich stehen. Erneut geht der BGH dem Verdacht nach, dass ihrem Wesen nach zinsähnliche und daher laufzeitabhängige Kosten zu Unrecht den von der Laufzeit unabhängigen Einmalkosten zugewiesen werden, die bei vorzeitiger Kündigung nicht der Kostenermäßigung unterliegen.[1135] Dieser Wertung ist jedoch entgegenzuhalten, dass ein Bearbeitungsentgelt anders als das Disagio gerade keine verschleierte Zinsabrede oder Zinsvorauszahlung darstellt. Es dient der Abgeltung des zu Vertragsbeginn einmalig entstandenen Aufwandes, der – was

---

1132 Zu dieser Schlussfolgerung gelangt auch *Billing*, WM 2013, 1829, 1835 hinsichtlich § 501 BGB; nach *Wimmer*, WM 2012, 1841, müssten Bearbeitungsentgelte zur Deckung von Fixkosten laufzeitunabhängig sein.

1133 Wegweisend BGH, Urteil vom 29.05.1990 – XI ZR 231/89, BGHZ 111, 287, 293 = NJW 1990, 2250 f.; grundlegend BGH, Urteil vom 02.07.1981 – III ZR 8/80, BGHZ 81, 124 = NJW 1981, 2180; mit demselben Befund *Billing*, WM 2013, 1829, 1835; vgl. ausführlich zum Disagio *Canaris*, NJW 1978, 1891, 1895.

1134 Zu den nachfolgenden Erwägungen BGH, Urteil vom 29.05.1990 – XI ZR 231/89, BGHZ 111, 287, 293 = NJW 1990, 2250 f. (m.w.N. zur Rechtsprechung); BGH, Urteil vom 02.07.1981 – III ZR 8/80, BGHZ 81, 124 = NJW 1981, 2180 (m.w.N. zum Streitstand).

1135 Das wird im Urteil sehr deutlich, wenn der Senat kritisiert, dass „die mit dem streitgegenständlichen Bearbeitungsentgelt bezahlten Leistungen nicht näher genannt werden" und nicht erkennbar sei „weshalb Verwaltungsaufwand, der bei Abschluss des Darlehensvertrages für den Kreditgeber hauptsächlich zu Beginn anfällt, die Erhebung eines laufzeitunabhängigen pauschalierten Bearbeitungsentgelts erfordert", BGH, Urteile vom 04.07.2017 – XI ZR 562/15, BGHZ 215, 172 = NJW 2017, 2986 Rn. 27, 73 und XI ZR 233/16, ZIP 2017, 1654 Rn. 36, 79.

die bisherige Analyse zeigen konnte – in der modernen Kreditwirtschaft äußerst vielschichtig und Folge einer zunehmenden Regulierung ist.[1136]

Deshalb ist es nicht verständlich, warum es für den Senat nicht erkennbar ist, weshalb der zu Beginn anfallende Verwaltungsaufwand die Erhebung eines laufzeitunabhängigen Pauschalentgeltes erfordert. Die Antwort liegt auf der Hand: Weil die anfänglich hohen Kosten auch am Anfang der Vertragsbeziehung beglichen werden sollten. Dass die Banken die entstandenen Kosten überhaupt nicht an ihre Kunden weitergeben, ist weder zu erwarten, noch entspricht es der wirtschaftlichen Realität.[1137]

Aber selbst wenn ein Kreditinstitut dazu bereit wäre, die Kosten durch das Einpreisen in den Zinssatz über die Laufzeit zu erstrecken, so soll doch gerade eine anteilige Rückerstattung bei vorzeitiger Vertragsbeendigung vermieden werden. Das hat nichts mit einer ungerechtfertigten Verlagerung oder künstlichen Entwicklung von Kosten zu tun, sondern ist gerade Ausdruck einer gerechten Kostenverteilung. Auch eine Umgehung des Prinzips der Kostenermäßigung steht dabei nicht zu befürchten, da die mit dem Entgelt abgegoltenen Verwaltungskosten bereits zu Vertragsbeginn überwiegend verbraucht werden und daher auch bei einer vorzeitigen Kündigung nicht erstattungsfähig sind.[1138] Darin liegen gerade Sinn und Zweck laufzeitunabhängiger Kosten.

### c. *Einpreisen in den Zinssatz: Folgen der Mischkalkulation*

Die Sinnhaftigkeit der Unterscheidung zwischen laufzeitabhängigen und laufzeitunabhängigen Kosten wird aufgrund einer zumeist kurzen Kündigungsfrist im Geschäftskundenverkehr noch deutlicher. Denn Verbraucher- und Unternehmerdarlehen unterscheiden sich in der Regel nicht nur in ihrem Umfang, sondern insbesondere auch in ihrer Zinsstruktur. Bei Verbraucherdarlehen steht für den Kunden meist ein kalkulierbares Risiko und somit eine langfristig gesicherte Zinshöhe im Vordergrund, sodass die Vereinbarung eines über mehrere Jahre festen

---

1136 Sofern das Entgelt prozentual von der Darlehenssumme abhängt, erscheint es zur Schaffung von Transparenz empfehlenswert, die interne Kalkulation der Bank offenzulegen und Kostenpositionen im Einzelnen aufzuschlüsseln; ähnlich *John*, EWiR 2018, 481, 482; kritisch *Jerger*, NJW 2019, 3752; *Canaris*, NJW 1978, 1891, 1892.

1137 Das vermag auch der BGH nicht anders zu sehen, wenn er als sachgerechte Lösung vorschlägt, die Kosten in den Zins einzupreisen und somit an den Kunden weiterzugeben, BGH, Urteile vom 04.07.2017 – XI ZR 562/15, BGHZ 215, 172 = NJW 2017, 2986 Rn. 77 und XI ZR 233/16, ZIP 2017, 1654 Rn. 85; BGH, Urteil vom 25.10.2016 – XI ZR 9/15, BGHZ 212, 329 = NJW 2017, 1018 Rn. 38.

1138 Es ist jedoch anzuerkennen, dass ein geringer Anteil der Verwaltungskosten, der für den Abwicklungsaufwand während der gesamten Vertragsdauer einbehalten wird, anteilig erstattungsfähig sein muss und daher den laufzeitabhängigen Kosten zuzurechnen ist.

Zinssatzes der Regelfall ist.[1139] Bei gewerblichen Darlehen werden hingegen – wie auch in den zugrunde liegenden Urteilen – regelmäßig Zinsanpassungsklauseln vereinbart, die den Sollzins an einen Referenzzinssatz wie den EURIBOR oder EONIA knüpfen und dadurch eine zusätzliche Bewegungsfreiheit ermöglichen.[1140]

## aa. Zunehmende Einschränkung des Verursacherprinzips

Während Darlehensverträge mit gebundenem Sollzins – vorbehaltlich einer außerordentlichen Kündigung oder vereinbarter Sonderkündigungsrechte – nur in den engen Grenzen des § 489 Abs. 1 BGB gekündigt werden können, kann der Darlehensnehmer Verträge mit veränderlichem Zinssatz jederzeit unter Einhaltung einer Kündigungsfrist von drei Monaten nach § 489 Abs. 2 BGB ordentlich kündigen. Auch bei Kreditkonstruktionen mit kurzfristiger, periodischer Zinsanpassung etwa anhand des 3-Monats-EURIBOR (sog. *Roll-Over*-Kredite) liegt zwar innerhalb der bestimmten Zeiträume ein gebundener Sollzins vor, gem. § 489 Abs. 1 Nr. 1 Halbs. 2 BGB ist eine ordentliche Kündigung jedoch stets zum jeweiligen Ende der Sollzinsbindung möglich.[1141]

Die gewählte Zinsstruktur wirkt sich daher maßgeblich auf die tatsächlich zu erwartende Gesamtlaufzeit eines Darlehens aus. Für das planvolle vorzeitige Ablösen eines Darlehens spricht im unternehmerischen Geschäftsverkehr aber auch das praktische Bedürfnis nach einem wirtschaftlichen Handlungsspielraum, etwa durch eine Umschuldung kurzfristig auf günstigere Zinskonditionen reagieren zu

---

1139 Das zeigt schon der Umstand, dass wesentliche Schutzvorschriften der §§ 491 ff. BGB auf die Vereinbarung eines gebundenen Sollzinssatzes abstellen. Die erstrebte Sicherheit gilt insbesondere für die Eigenheimfinanzierung. Über 90 % der grundpfandrechtlich gesicherten Verbraucherdarlehen in Deutschland werden mit einem Festzins zwischen fünf und zehn Jahre vereinbart. Anders war hingegen die Tendenz der US-amerikanischen Verbraucher vor der Finanzkrise 2008, die die hochpreisigen Immobilien häufig variabel finanziert haben und im Zeitpunkt steigender Zinsen ihre Kredite nicht mehr bedienen konnten, sodass die Immobilienpreise einbrachen, vgl. dazu *Krepold*, in: Schimansky/Bunte/Lwowski, Bankrechts-Handbuch § 79 Rn. 2.

1140 EURIBOR bzw. EONIA sorgen als Hauptrefinanzierungssätze der Europäischen Zentralbank für eine automatische Flexibilisierung des Zinssatzes, vgl. dazu *K. P. Berger*, in: MüKo BGB § 488 Rn. 171; *Krepold*, in: Schimansky/Bunte/Lwowski, Bankrechts-Handbuch § 78 Rn. 25, 71; zur Entwicklung der EURIBOR-Werte *Henze*, Entgeltklauseln, S. 7 ff.; *Weiß/Reps*, WM 2016, 1865; *van Bevern/Schmitt*, BKR 2015, 323, 327. In der Rechtssache XI ZR 562/15 wurde eine Zinsbindungsfrist nach dem 3-Monats-EURIBOR als Referenzzinssatz festgelegt, bei XI ZR 233/16 wurde der Zinssatz für die jeweilige Zinsperiode anhand des EURIBOR ermittelt.

1141 Ausdrücklich zur Erfassung von *Roll-Over*-Krediten BT-Drucks. 10/4741, S. 22; siehe auch *K. P. Berger*, in: MüKo BGB § 489 Rn. 9; *Krepold*, in: Schimansky/Bunte/Lwowski, Bankrechts-Handbuch § 79 Rn. 54 sieht darin bereits einen veränderlichen Zinssatz nach § 489 Abs. 2 BGB; *van Bevern/Schmitt*, BKR 2015, 323, 327 f.

können.[1142] Aus Bankensicht lässt sich daher keine gesicherte Vorhersage darüber treffen, ob der anfängliche Verwaltungsaufwand bis zum ungewissen Ende der Vertragsbeziehung durch das Einpreisen der Bearbeitungsgebühr in den Zinssatz auch tatsächlich abgegolten werden kann.[1143] Die mangelnde Gewissheit aufgrund einer kurzen Zinsbindungsfrist und das Risiko der Vertragskündigung identifiziert auch der BGH, erklärt dazu aber, dass diesen Unsicherheiten letztlich – dem gesetzlichen Leitbild entsprechend – durch eine Mischkalkulation begegnet werden könne.[1144]

Die dem Darlehensvertrag zugrunde liegende Entgelthöhe soll demzufolge nicht in Bezug auf jedes einzelne Geschäft separat kalkuliert werden, sondern bei einer Vielzahl von Geschäftsvorfällen als prognostizierte Gesamtkosten auf alle Kunden umgelegt werden.[1145] Damit folgen die Urteile vom 04.07.2017 einer fortschreitenden Tendenz, die die gesonderte Erhebung von Entgelten auf Einzelleistungen nach dem Verursacherprinzip zunehmend einschränkt.[1146] Das hat letztlich

---

1142 LG Stuttgart, Urteil vom 15.06.2016 – 4 S 194/15, juris Rn. 45; LG Braunschweig, Urteil vom 25.01.2016 – 8 S 299/15, BeckRS 2016, 03868 Rn. 37; LG München I, Urteil vom 22.08.2014 – 22 O 21794/13, juris Rn. 33; *van Bevern/Schmitt*, BKR 2015, 323, 327 f. weisen auf kurzfristig angelegte Bauträgerfinanzierungen hin, bei denen das Bauträgerdarlehen durch den Verkaufserlös zurückgeführt werden soll.

1143 Das gilt theoretisch auch im Verbraucherdarlehensrecht, das gem. § 500 Abs. 2 BGB ein jederzeitiges Ablösungsrecht des Darlehensnehmers garantiert, dazu *Billing*, WM 2013, 1829, 1835; eine Auswertung von *Wimmer*, WM 2012, 1841, 1850 zeigt, dass von den im Jahr 2009 abgeschlossenen Verbraucherdarlehensverträgen insgesamt 25,22 % innerhalb von 24 Monaten vorzeitig beendet wurden.

1144 BGH, Urteile vom 04.07.2017 – XI ZR 562/15, BGHZ 215, 172 = NJW 2017, 2986 Rn. 74, 77 und XI ZR 233/16, ZIP 2017, 1654 Rn. 84 mit Verweis auf BGH, Urteil vom 25.10.2016 – XI ZR 9/15, BGHZ 212, 329 = NJW 2017, 1018 Rn. 38 f.; ebenso BGH, Urteil vom 13.03.2018 – XI ZR 291/16, WM 2018, 1046 Rn. 32.

1145 Besonders deutlich BGH, Urteil vom 25.10.2016 – XI ZR 9/15, BGHZ 212, 329 = NJW 2017, 1018 Rn. 38 für den Fall geduldeter Überziehung.

1146 Siehe dazu *Kropf*, WM 2019, 1723, 1739; *Bitter*, in: FS Ott 2002, 153, 158 ff.; *ders.*, JZ 2015, 170, 171; *ders.*, ZBB 2007, 237, 240 f. Die Entscheidungen zur Unwirksamkeit von Gebührenklauseln betreffen insbesondere: Ein- und Auszahlungen am Bankschalter BGH, Urteil vom 30.11.1993 – XI ZR, NJW 1994, 318, 319; Bearbeitung von Freistellungsaufträgen BGH, Urteil vom 15.07.1997 – XI ZR 269/96, BGHZ 136, 261 = NJW 1997, 2752, 2753; Nichtausführung des Kundenauftrags mangels Deckung BGH, Urteil vom 21.10.1997 – XI ZR 5/97, BGHZ 137, 43 = NJW 1998, 309; Überwachung von Pfändungsmaßnahmen BGH, Urteil vom 18.05.1999 – XI ZR 219/98, BGHZ 141, 380 = NJW 1999, 2276, 2277; Benachrichtigungsleistung wegen fehlender Deckung BGH, Versäumnisurteil vom 13.02.2001 – XI ZR 197/00, BGHZ 146, 377 = NJW 2001, 1419, 1420 und BGH, Urteil vom 22.05.2012 – XI ZR 290/11, BGHZ 193, 238 = NJW 2012, 2571; Umwandlung eines Girokontos in ein Pfändungsschutzkonto BGH, Urteil vom 13.11.2012 – XI ZR 500/11, BGHZ 195, 298 = NJW 2013, 995, 996 f. und BGH, Urteil vom 16.07.2013 – XI ZR 260/12, NJW 2013, 3163.

zur Folge, dass die entstandenen Verwaltungskosten, die bei den vorzeitig kündigenden Bankkunden nicht gedeckt werden können, von den Darlehensnehmern getragen werden, die die vereinbarte Vertragslaufzeit einhalten. Die kostenverursachenden Kunden genehmigen sich eine derartige Flexibilität dementsprechend auf Rechnung und mit dem Geld der vertragstreuen und kosteneinsparenden Kunden.[1147]

### bb. Ressourcenfehlallokation und absehbare Preissteigerungen

Die Folgen eines solchen Umlagemodells untersuchte bereits *Wimmer* mit einer betriebswirtschaftlichen Analyse des Bearbeitungsentgeltes in Verbraucherdarlehen.[1148] Dabei betrachtete er die Auswirkungen einer vorzeitigen Vertragsbeendigung auf die vom Darlehensnehmer zu zahlenden Gesamtkosten in Abhängigkeit davon, ob die Bearbeitungsgebühr laufzeitabhängig oder laufzeitunabhängig ausgestaltet ist. Vorausgesetzt wird ein homogenes Darlehensportfolio von 10.000 Verträgen bei einem einheitlichen Verwaltungsaufwand von jeweils EUR 200, der durch ein entsprechendes Entgelt gedeckt werden soll. Unter der Annahme, dass 30 % der Darlehen vorzeitig zurückgezahlt werden, verbliebe dem Kreditinstitut bei einem laufzeitunabhängigen Entgelt zur Deckung der fixen EUR 2 Mio. Verwaltungsaufwand der volle Betrag. Die laufzeitabhängige Gestaltung würde hingegen zu einem Defizit von EUR 199.240 führen, da dieser Betrag an die frühzeitig kündigenden Darlehensnehmer zurückgeführt werden müsste oder im Falle des Einpreisens in den Zins nicht eingenommen worden wäre.[1149] Um in diesem Fall nicht auf dem Fehlbetrag sitzen zu bleiben, wäre eine Umlage auf die 10.000 Kreditnehmer erforderlich, die zu anteiligen Mehrkosten von EUR 19,92 führen würden. Die Analyse belegt mithin, dass die laufzeitabhängige Weitergabe der Kosten die

---

1147 Mit umfassenden Untersuchungen dazu *Krüger*, Rechtsfragen kreditwirtschaftlicher Preisgestaltung, S. 208 ff., 307; kritisch *Kropf*, WM 2019, 1723, 1730; *Bitter*, in: FS Ott 2002, 153, 157; *ders.*, JZ 2015, 170, 171; *ders.*, ZBB 2007, 237, 241 f. Anders hingegen BGH, Urteil vom 17.12.2013 – XI ZR 66/13, NJW 2014, 922 923 Rn. 25, wonach sich eine Quersubventionierung der Minderheit durch die überwiegende Mehrheit bei einer Kostenpauschale für nacherstellte Kontoauszüge nach § 675d Abs. 3 Satz 2 BGB verbiete. *Bitter/Linardatos*, ZIP 2018, 1203 beklagen daher die Inkonsistenz der Rechtsprechung.

1148 Zu der nachfolgenden Darstellung seiner Untersuchung *Wimmer*, WM 2012, 1841, 1849 f.

1149 Der Betrag basiert auf der Annahme, dass jedes vorzeitig zurückgezahlte Darlehen einen nachteiligen Betrag von EUR 66,41 verursacht; siehe zur ausführlichen Herleitung *Wimmer*, WM 2012, 1841, 1846 ff. Da aus den 3.000 vorzeitig beendeten Verträgen (30 %) nur jeweils EUR 133,59 (ursprünglich EUR 200 – EUR 66,41) Bearbeitungsgebühr hervorgehen, trägt sie zur Amortisierung der Fixkosten auch nur EUR 400.760 (ursprünglich EUR 600.000) bei. Daraus ergibt sich eine Differenz von eben EUR 199.240.

Bearbeitungsgebühr bei den gewählten Parametern für jeden Kreditnehmer auf insgesamt EUR 219,92 und somit um knapp 10 % erhöhen würde.[1150]

Eine derartige Preissteigerung trifft kleine und mittlere Unternehmen ganz besonders hart, deren Schutz der BGH vermutlich am ehesten im Blick hatte. Die Berechnung ist aber auch ein aussagekräftiger Beleg für das Ausmaß der Fehlallokation und wirtschaftlichen Verschwendung einer Mischkalkulation. Denn derjenige, der die Vorteile einer vorzeitigen Vertragsbeendigung genießt, die verursachten Kosten aber nicht vollständig zu begleichen braucht, hat erst überhaupt keine Veranlassung, den Darlehensvertrag über die gesamte Laufzeit aufrecht zu erhalten.[1151]

Geht man ferner davon aus, dass gerade Großunternehmen die Kapazitäten und Möglichkeiten haben, durch eine kurzfristige Umschuldung von günstigeren Zinskonditionen zu profitieren, dann tun sie das im Wesentlichen zulasten kleiner Unternehmer.[1152] Demnach ist es den wirtschaftlichen Gegebenheiten entsprechend weitaus praktikabler, ein laufzeitunabhängiges Einmalentgelt zu erheben als den Zinssatz aller Darlehensnehmer anzuheben.[1153] Gerade aufgrund der strukturellen Unterschiede im Unternehmerdarlehensrecht erscheint auch die Vorfälligkeitsentschädigung nicht dazu geeignet, bereits entstandenen Aufwand nachträglich zu bepreisen.

---

1150 Eine Verallgemeinerung hinsichtlich der Preissteigerung auf Basis dieses Beispiels verbiete sich indes nach *Wimmer*, WM 2012, 1841, 1850, da der konkrete Verlust je nach Vertragslaufzeit, dem individuellen Kündigungszeitpunkt und der Höhe der Bearbeitungsgebühr variiere.

1151 *Bitter*, in: FS Ott 2002, 153, 176; *ders./Linardatos*, ZIP 2018, 2249, 2252; *dies.*, ZIP 2018, 1203; *Bitter*, JZ 2015, 170, 171; *ders.*, ZBB 2007, 237, 242 f. spricht von einem zunehmenden „Zwang zum All inclusive" in der Rechtsprechung des XI. Zivilsenat und sieht in der Quersubventionierung einen Anreiz zu volkswirtschaftlicher Verschwendung. Zustimmend *Krepold*, in: Schimansky/Bunte/Lwowski, Bankrechts-Handbuch § 78 Rn. 118g; *Casper/Möllers*, WM 2015, 1689, 1692.

1152 Das scheint der BGH in Kauf zu nehmen, BGH, Urteile vom 13.05.2014 – XI ZR 405/12, BGHZ 201, 168 = NJW 2014, 2420 Rn. 82 und XI ZR 170/13, WM 2014, 1325 Rn. 89. In der Entscheidung zu Verbraucherdarlehen hieß es dazu, dass eine Entgeltklausel nicht deshalb angemessen sei, „weil etwaige Preiserhöhungen Kleinkreditnehmer und Kunden belasten könnten, die ihren Kredit vertragsgemäß bis zum Ende fortführen. Derartige preiskalkulatorische Erwägungen sind grundsätzlich ungeeignet, unangemessene Vertragsgestaltungen zu rechtfertigen."

1153 *Bitter*, in: FS Ott 2002, 153, 176; *ders./Linardatos*, ZIP 2018, 1203; *Tröger*, NJW 2017, 2994, 2995; *Bitter*, JZ 2015, 170, 171 f.; *Wimmer*, WM 2012, 1841; *Godefroid*, ZIP 2011, 947, 949; *Bitter*, ZBB 2007, 237, 242; *Canaris*, NJW 1978, 1891, 1892; differenzierend *J. Koch*, WM 2016, 717, 720, der auf den Charakter der Quersubventionierung bei einem Pauschalentgelt verweist.

## 2. *Strukturelle Unterschiede bei der Vorfälligkeitsentschädigung*

Wesentliche strukturelle Unterschiede ergeben sich zwischen Verbraucher- und Unternehmerdarlehen im Hinblick auf die Möglichkeiten zur vorzeitigen Vertragsbeendigung. Im Verbraucherdarlehensrecht gestattet § 500 Abs. 2 Satz 1 BGB dem Darlehensnehmer, seine Verbindlichkeiten aus dem Kreditvertrag jederzeit ganz oder teilweise zu erfüllen, sofern es sich nicht um einen Immobiliardarlehensvertrag handelt.[1154] Aus der vorzeitigen Tilgung resultiert dann zwar die Pflicht zur Zahlung einer angemessenen Vorfälligkeitsentschädigung gem. § 502 Abs. 1 Satz 1 BGB, die jedoch zugunsten des Kreditnehmers nach § 502 Abs. 3 Nr. 1 BGB auf 1 % bzw. 0,5 % des vorzeitig zurückgezahlten Betrages beschränkt ist.

### a. *Schwache Stellung des gewerblichen Darlehensnehmers*

In seinem Judikat zu Verbraucherdarlehensverträgen stützte der BGH seine Entscheidung mitunter darauf, dass der vollständige Einbehalt des laufzeitunabhängigen Entgeltes dem jederzeitigen Ablösungsrecht und den Wertungen der gedeckelten Vorfälligkeitsentschädigung zuwiderlaufe.[1155] Gewerblichen Darlehensnehmern steht hingegen kein vergleichbares Recht zur vorzeitigen Erfüllung der vertraglichen Verbindlichkeiten zu, weshalb es bei dem allgemeinen Verbot von Teilleistungen nach § 266 BGB bleibt. Auch nach § 488 Abs. 3 Satz 3 BGB ist eine Rückzahlung ohne vorherige Kündigung nur bei einem unverzinslichen Darlehen statthaft, sodass der Schuldner bei dem Regelfall des verzinslichen Darlehens grundsätzlich nicht vor Fälligkeit zur Bewirkung der Leistung berechtigt ist.[1156] Zusätzlich komme es durch die Deckelung der Vorfälligkeitsentschädigung zu einer weiteren Privilegierung des Verbraucherdarlehens und durch die gesetzliche Ausgestaltung daher insgesamt zu einer schwächeren Stellung des gewerblichen Darlehensnehmers, die in der Interessenabwägung Berücksichtigung finden müsste.[1157] Soweit der Senat die Unangemessenheit von Bearbeitungsentgelten im

---

1154 § 500 Abs. 2 Satz 1 BGB stellt somit eine Ausnahme von § 266 BGB dar, wonach der Schuldner zu Teilleistungen nicht berechtigt ist, *Möller*, in: BeckOK BGB § 500 Rn. 8 ff. Nach § 500 Abs. 2 Satz 2 BGB ist bei einem Immobiliar-Verbraucherdarlehensvertrag dafür ein berechtigtes Interesse erforderlich; abweichende Vereinbarungen sind nach § 512 Satz 1 BGB unzulässig.

1155 BGH, Urteile vom 13.05.2014 – XI ZR 405/12, BGHZ 201, 168 = NJW 2014, 2420 Rn. 79 f. und XI ZR 170/13, WM 2014, 1325 Rn. 86 f.; a.A. wegen der Wertung des § 501 BGB schon damals *Casper/Möllers*, BKR 2014, 59, 68; *Billing*, WM 2013, 1829, 1835; *Wimmer*, WM 2012, 1841, 1845.

1156 Die allgemeine Auslegungsregel des § 271 Abs. 2 BGB gilt daher nicht; siehe *K. P. Berger*, in: MüKo BGB § 488 Rn. 222; *Lorenz*, in: BeckOK BGB § 271 Rn. 25; *Casper/Möllers*, WM 2015, 1689, 1695.

1157 Ebenso *Henze*, Entgeltklauseln, S. 58; *J. Koch*, WM 2016, 717, 722 f.; *Casper/Möllers*, WM 2015, 1689, 1695; *Hanke/Adler*, WM 2015, 1313, 1318 f.; *Piekenbrock*, ZBB 2015, 13, 19.

Verbraucherverkehr auf die Gefährdung dieser Rechtspositionen stützte, dürfe diese Argumentation unter Kaufleuten keinen Bestand haben.[1158]

Nach Ansicht des BGH komme dem Umstand, dass das laufzeitunabhängige Bearbeitungsentgelt bei Unternehmerdarlehen nicht im Widerspruch zum jederzeitigen Ablösungsrecht stünde und den Darlehensnehmer somit auch nicht von einer vorzeitigen Rückzahlung abhalten könnten, keine entscheidende Bedeutung zu.[1159] Diese Erwägungen seien in der Rechtsprechung des BGH zu Verbraucherdarlehen nur ergänzend herangezogen worden. Das zeige eine andere Fallkonstellation, in der dem Darlehensnehmer kein vorzeitiges Lösungsrecht und keine Deckelung der Vorfälligkeitsentschädigung zugutekamen, die Unzulässigkeit der Entgeltklauseln aber ebenso festgestellt wurde.[1160]

### *b. Auswirkungen der Zinsstruktur gewerblicher Darlehen*

Jedoch lässt diese Sichtweise die Auswirkungen der tatsächlichen Zinsstruktur im gewerblichen Darlehensrecht weitgehend unberücksichtigt, was insbesondere die Reichweite der Vorfälligkeitsentschädigung betrifft. Im Falle der außerordentlichen Kündigung durch den Darlehensnehmer hat dieser dem Darlehensgeber den durch die vorzeitige Kündigung entstehenden Schaden nach § 490 Abs. 2 Satz 3 BGB zu ersetzen.[1161] Dabei darf das Kreditinstitut nur eine Entschädigung veranschlagen, die zum Ausgleich der Nachteile durch die vorzeitige Kreditablösung geeignet ist und den Erwartungen an der ursprünglichen Durchführung des

---

1158 OLG Frankfurt a.M., Urteil vom 12.10.2016 – 17 U 165/15, juris Rn. 43, 64 f.; OLG Hamburg, Urteil vom 27.04.2016 – 13 U 134/15, juris Rn. 35; LG Braunschweig, Urteil vom 25.01.2016 – 8 S 299/15, BeckRS 2016, 03868 Rn. 33; LG Stuttgart vom 15.06.2016 – 4 S 194/15, juris Rn. 40.

1159 BGH, Urteile vom 04.07.2017 – XI ZR 562/15, BGHZ 215, 172 = NJW 2017, 2986 Rn. 78 und XI ZR 233/16, ZIP 2017, 1654 Rn. 86. Für die Entscheidung galten §§ 500 Abs. 2, 500 Abs. 1 Nr. 1 BGB in jeweils in der bis zum 20.03.2016 gültigen Fassung, was auf den Gegenstand der Untersuchung jedoch keinen Einfluss hat.

1160 BGH, Urteile vom 04.07.2017 – XI ZR 562/15, BGHZ 215, 172 = NJW 2017, 2986 Rn. 79 und XI ZR 233/16, ZIP 2017, 1654 Rn. 87 mit Verweisen auf BGH, Urteile vom 28.10.2014 – XI ZR 348/13, BGHZ 203, 115 = NJW 2014, 3713 Rn. 2 und XI ZR 17/14, BKR 2015, 26 Rn. 2, wonach die Regelungen in § 500 Abs. 2 BGB a.F. und § 502 Abs. 1 Nr. 1 BGB a.F. gem. Art. 229 § 22 Abs. 2 EGBGB auf die Verträge vom 05.02.2008 und 08.12.2006 keine Anwendung fanden.

1161 Hier soll dahinstehen, ob es sich bei der legaldefinierten Vorfälligkeitsentschädigung aufgrund des Wortlauts um einen Schadensersatzanspruch handelt (so etwa BGH, Teilversäumnis- und Schlussurteil vom 19.01.2016 – XI ZR 103/15, BGHZ 208, 278 = NJW 2016, 1379 Rn. 24, 34; OLG Hamm, Urteil vom 06.12.2004 – 5 U 146/04, WM 2005, 1265; *Krepold*, in: Schimansky/Bunte/Lwowski, Bankrechts-Handbuch § 79 Rn. 67; *Weidenkaff*, in: Palandt BGB § 490 Rn. 8) oder wegen der fehlenden Rechtswidrigkeit einer Kündigung dogmatisch ein billiger Ausgleichsanspruch naheliegend ist (dazu *K. P. Berger*, in: MüKo BGB § 490 Rn. 34).

Darlehensvertrages entspricht.[1162] Maßgeblich ist dabei die rechtlich geschützte Zinserwartung, also der Zeitraum, in dem die Bank bis zur erstmaligen Möglichkeit der Kündigung oder Sondertilgung ihres Kunden auf den Fortbestand des Vertrages und die Verpflichtung zur Zinszahlung vertrauen konnte.[1163] Während sich diese Zinserwartung aufgrund der regelmäßig langfristigen Sollzinsbindung bei Verbraucherdarlehen auf einen mehrjährigen Zeitraum erstreckt, ist sie im unternehmerischen Verkehr häufig nur sehr verkürzt und kaum kalkulierbar. Wie die bisherige Untersuchung gezeigt hat, werden Unternehmerdarlehensverträge zumeist mit einem variablen Zinssatz oder in Form von *Roll-Over*-Krediten vereinbart, sodass nur eine kurze Kündigungsfrist von drei Monaten oder bis zum Ende der jeweiligen Sollzinsbindung gilt. Über diesen Zeitpunkt hinaus besteht keine gesicherte Zinserwartung und somit auch kein Anspruch auf Vorfälligkeitsentschädigung.[1164]

Gerade weil es in der unternehmerischen Praxis im Zuge planvoller Umschuldungen regelmäßig zu vorzeitigen Darlehensrückzahlungen kommt, stehen Kreditgeber umso häufiger ohne eine hinreichende Absicherung durch die Vorfälligkeitsentschädigung da. Weil sich der entstandene Verwaltungsaufwand somit auch nach Vertragsbeendigung nicht auf den Bankkunden umlegen lässt, liegt trotz der Deckelung der Vorfälligkeitsentschädigung ein wesentlicher struktureller Unterschied zum Verbraucherdarlehensverkehr vor. Dennoch sei die Erhebung eines laufzeitunabhängigen Entgeltes nach Sichtweise des BGH dadurch ebenfalls nicht zu rechtfertigen.[1165] Das Einpreisen des Verwaltungsaufwandes in den Zins ist aber stets mit dem Risiko verbunden, die tatsächlich zu Vertragsbeginn angefallenen Kosten nicht aus der Gegenleistung des Darlehensnehmers decken zu können.[1166]

---

1162 BGH, Urteile vom 01.07.1997 – XI ZR 267/96, BGHZ 136, 161 = NJW 1997, 2875, 2877 und XI ZR 197/96, NJW 1997, 2878, 2879.

1163 BGH, Urteil vom 19.01.2016 – XI ZR 388/14, BGHZ 208, 290 = NJW 2016, 1382 Rn. 26 f.; BGH, Urteil vom 07.11.2000 – XI ZR 27/00 = BGHZ 146, 5 = NJW 2001, 509, 510; BGH, Urteil vom 30.11.1989 – III ZR 197/88, NJW-RR 1990, 432, 433; *K. P. Berger*, in: MüKo BGB § 488 Rn. 70; *Krepold*, in: Langenbucher/Bliesener/Spindler, Bankrechts-Kommentar 14. Kapitel Rn. 85 ff.; *ders.*, in: Schimansky/Bunte/Lwowski, Bankrechts-Handbuch § 79 Rn. 74 f.; *Weidenkaff*, in: Palandt BGB § 488 Rn. 17.

1164 LG Stuttgart, Urteil vom 15.06.2016 – 4 S 194/15, juris Rn. 45; LG Braunschweig, Urteil vom 25.01.2016 – 8 S 299/15, BeckRS 2016, 03868 Rn. 36; *van Bevern/Schmitt*, BKR 2015, 323, 327 f.

1165 Das wird in der Rechtssache BGH, Urteil vom 04.07.2017 – XI ZR 562/15, BGHZ 215, 172 = NJW 2017, 2986 Rn. 75 f. auch damit begründet, dass die beklagte Bank in den Verträgen ein weiteres „Bearbeitungsentgelt bei Rückzahlung" vereinbart hatte; siehe zur Reichweite einer solchen Gestaltungsmöglichkeit noch „Anforderungen an ein „Entgelt bei Rückzahlung" bzw. „Rückzahlungsentgelt"", S. 272 ff.

1166 LG Stuttgart, Urteil vom 15.06.2016 – 4 S 194/15, juris Rn. 45; LG Braunschweig, Urteil vom 25.01.2016 – 8 S 299/15, BeckRS 2016, 03868 Rn. 36; *van Bevern/Schmitt*, BKR 2015, 323, 327 f. Die ursprünglich nicht geschuldeten Verwaltungskosten für

### 3. *Strukturelle Unterschiede besonderer Unternehmerdarlehensformen*

Aufgrund der vielfältigen Bedürfnisse verschiedener Wirtschaftsbereiche sind Unternehmer in der Regel auf besondere Darlehensformen angewiesen. Je nach Art und Umfang des zu finanzierenden Vorhabens weichen Kontokorrent-, Aval- und Konsortialkreditlinien in ihrer Kreditstruktur wesentlich von konventionellen Darlehensverträgen ab. Auch diese Unterschiede sind im Rahmen der umfassenden Interessenabwägungen zugunsten des Verwenders zu berücksichtigen.

#### *a. Kontokorrentkredite*

Ein strukturell anderer Darlehenstyp lag etwa der Rechtssache XI ZR 233/16 zugrunde. Der festgelegte Kreditbetrag konnte von dem Darlehensnehmer zunächst als Kontokorrentkredit in Anspruch genommen und später in Form von Termingeldern mit bis zu dreimonatiger Laufzeit genutzt werden.[1167] Auf Grundlage der mit der Pfandbriefbank getroffenen Parteivereinbarung bestand für beide Ausgestaltungen zu keiner Zeit eine Verpflichtung zur vollständigen oder teilweisen Inanspruchnahme der Darlehensvaluta.[1168]

In der Praxis bietet der Kontokorrentkredit eine flexible Handhabe, um mögliche Divergenzen zwischen Zahlungsverpflichtungen und Forderungen für einen vorübergehenden Zeitraum auszugleichen.[1169] Dabei kann der Kredit durchaus nur teilweise oder aber überhaupt nicht in Anspruch genommen werden, sodass kein Austausch der Hauptleistungen stattfindet und dem Kreditgeber somit auch kein Zinsertrag zufließt. Trotz dessen fällt bei der Bereitstellung einer Kreditlinie der Großteil der Verwaltungs- und Beschaffungskosten zu Vertragsbeginn an. Sofern der laufzeitabhängige Zins nicht nur die Gegenleistung für die Überlassung des Kapitals darstelle, sondern damit nach Ansicht des BGH zugleich interne Kosten

---

die vorzeitige Beendigung des Vertrages können jedoch im Rahmen einer Vorfälligkeitsentschädigung angesetzt werden, vgl. BGH, Urteil vom 01.07.1997 – XI ZR 197/96, NJW 1997, 2878; *Krepold*, in: Schimansky/Bunte/Lwowski, Bankrechts-Handbuch § 79 Rn. 126.

1167 BGH, Urteil vom 04.07.2017 – XI ZR 233/16, ZIP 2017, 1654 Rn. 1–5, 80.

1168 BGH, Urteil vom 04.07.2017 – XI ZR 233/16, ZIP 2017, 1654 Rn. 80. Rechtstechnisch handelt es sich somit um einen Krediteröffnungsvertrag, vgl. *K. P. Berger*, in: MüKo BGB Vor § 488 Rn. 57; *Canaris*, Bankvertragsrecht Rn. 1200 ff., 1350; zum Kontokorrentkredit: BGH, Urteil vom 22.01.2004 – IX ZR 39/03, BGHZ 157, 350, 355 = NJW 2004, 1444; *Thessinga*, in: EBJS HGB Bank- und Börsenrecht Rn. IV 265.

1169 *Canaris*, Bankvertragsrecht Rn. 1348; *Thessinga*, in: EBJS HGB Bank- und Börsenrecht Rn. IV 263; *Becher/Krepold*, BKR 2014, 45, 50 nennen umfangreiche Bauvorhaben als Beispiel. Für die reine Kapitalnutzungsmöglichkeit ist aber die Zahlung einer Bereitstellungsprovision anerkannt; siehe *Krepold*, in: Schimansky/Bunte/Lwowski, Bankrechts-Handbuch § 78 Rn. 118j, 125 und die Nachweise in Fn. 1178.

für die Vorbereitung des Vertragsschlusses abgegolten werden sollen,[1170] gingen Kreditinstitute in diesem Fall leer aus.

In solchen Konstellationen wird die Erhebung eines laufzeitunabhängigen Bearbeitungsentgeltes daher teilweise damit gerechtfertigt, dass der Darlehensgeber ansonsten keine Gewissheit darüber hätte, ob das Darlehen überhaupt bzw. wann und in welcher Höhe es in Anspruch genommen wird.[1171] Ohne Leistungsaustausch können die entstandenen Verwaltungskosten jedoch in Ermangelung einer Zinszahlung nicht gedeckt werden. Anders als bei Festdarlehen könne der Zinsertrag etwa bei der Vereinbarung eines Kreditrahmens für Bauträgerfinanzierungen kaum kalkuliert werden, da sich der Kontokorrentsaldo in Abhängigkeit von Darlehensrückführungen nach Immobilienverkäufen ständig ändern könne.[1172] Diese Gegebenheiten seien dem Darlehensnehmer bekannt und auch zu seinem Vorteil, da die Höhe des Kreditumfangs und somit auch die geschuldete Zinslast fortlaufend an den Finanzbedarf angepasst werden könne. Die Gewährung eines Kontokorrentkredites böte aufgrund der unsicheren Kostendeckung durch den Zins keinerlei Kalkulationssicherheit und komme daher einem Spekulationsgeschäft gleich.[1173] Insofern bestehe bei Kontokorrentkrediten eine abweichende Interessenlage zugunsten des Darlehensgebers, den zu Vertragsbeginn anfallenden Verwaltungsaufwand durch das Erheben eines von dem tatsächlich beanspruchten Kreditbetrag unabhängigen Pauschalentgeltes zu decken.[1174]

Diese Umstände könnten die Erhebung eines laufzeitunabhängigen Bearbeitungsentgeltes für die Darlehensgewährung nach Ansicht des BGH auch im

---

1170 BGH, Urteile vom 04.07.2017 – XI ZR 562/15, BGHZ 215, 172 = NJW 2017, 2986 Rn. 27, 33 und XI ZR 233/16, ZIP 2017, 1654 Rn. 36, 42; BGH, Urteil vom 28.10.2014 – XI ZR 348/13, BGHZ 203, 115 = NJW 2014, 3713; BGH, Urteile vom 13.05.2014 – XI ZR 405/12, BGHZ 201, 168 = NJW 2014, 2420 Rn. 50 und XI ZR 170/13, WM 2014, 1325 Rn. 60.

1171 Dazu OLG Nürnberg, Urteil vom 04.04.2017 – 14 U 612/15, juris Rn. 66; LG Ravensburg, Urteil vom 14.04.2016 – 2 O 218/15, juris Rn. 33; LG Itzehoe, Urteil vom 06.09.2016 – 7 O 129/15, juris Rn. 43 ff.; *Krepold*, in: Schimansky/Bunte/Lwowski, Bankrechts-Handbuch § 78 Rn. 118f f.; *S. Weber*, BKR 2017, 106 f.; *van Bevern/Schmitt*, BKR 2015, 323, 328; *Becher/Krepold*, BKR 2014, 45, 50.

1172 Zu diesem Gedanken OLG Nürnberg, Urteil vom 04.04.2017 – 14 U 612/15, juris Rn. 66. Der erkennende Senat macht dabei deutlich, dass ein formularmäßig vereinbartes Bearbeitungsentgelt in einem Festdarlehen der Inhaltskontrolle hingegen nicht standhalte; auch nach Ansicht des LG München I, Urteil vom 22.08.2014 – 22 O 21794/13, juris Rn. 33 bestünden bei (gewerblichen) Bauträgerkrediten eklatante Unterschiede; ebenso *Becher/Krepold*, BKR 2014, 45, 50.

1173 LG Ravensburg, Urteil vom 14.04.2016 – 2 O 218/15, juris Rn. 33; nach *van Bevern/Schmitt*, BKR 2015, 323, 328 bliebe das Kreditinstitut im Zweifel auf dem Kosten sitzen.

1174 LG Itzehoe, Urteil vom 06.09.2016 – 7 O 129/15, juris Rn. 45 f., wonach insbesondere die in jedem Fall entstandenen Kapitalbeschaffungskosten zu berücksichtigen seien; *S. Weber*, BKR 2017, 106, 107.

Geschäftsverkehr nicht rechtfertigen.[1175] Kosten, die im Falle einer zu Beginn unsicheren Höhe und Laufzeit des Darlehens anfallen, können unter Beachtung des gesetzlichen Leitbildes des Darlehensvertrages durch eine Erhöhung des Zinssatzes ausgeglichen werden.[1176] Dem Risiko der ungewissen Inanspruchnahme bzw. vorzeitigen Vertragsbeendigung sei im Wege einer Mischkalkulation zu begegnen. Sofern die Klausel einen Ausgleich für die Kosten der Nichtabnahme oder einer nicht geschützten Zinserwartung darstellen solle, spreche bereits der Wortlaut „Bearbeitungsgebühr" gegen eine solche Annahme.[1177]

Diese Sichtweise hat zur Folge, dass sich die Kosten eines Kontokorrentkredites durch eine Umlage für jeden einzelnen Darlehensnehmer erhöhen. Im Falle der Inanspruchnahme der Kreditlinie ist somit mit einem höheren Zinssatz zu rechnen. Auch dabei übernehmen die vertragstreuen Kunden die Kosten für den Aufwand derjenigen, die eine Kreditvereinbarung vorzeitig beenden. Da die Inanspruchnahme einer Kreditlinie im Gegensatz zu einem herkömmlichen Darlehen aber schon ihrem Wesen nach ungewiss ist, kann eine anteilige Preissteigerung mitunter noch drastischer ausfallen. Eine umfassende Quersubventionierung kann und sollte sich aber zugleich auf jene Kunden erstrecken, die eine Kreditlinie überhaupt nicht in Anspruch nehmen. In der Konsequenz müssten die Banken auch die jeweiligen Bereitstellungsprovisionen anheben, sodass die Bepreisung des Verwaltungsaufwands von einem pauschalen Einmalentgelt zu einer zusätzlichen (laufzeitunabhängigen) Provision verlagert würde.[1178] Es kann nur spekuliert werden, ob die Gerichte auch darin künftig eine unzulässige Klauselgestaltung erkennen werden. In diesem Fall verbliebe den Kreditinstituten für bereitgestellte, aber ungenutzte Kontokorrentkredite jedoch keine Option zur Vergütung des

---

1175 BGH, Urteil vom 04.07.2017 – XI ZR 233/16, ZIP 2017, 1654 Rn. 81 ff.; das OLG Düsseldorf, Urteil vom 15.07.2016 – 7 U 109/15, WM 2016, 1983, 1984 sieht darin keineswegs ein Spekulationsgeschäft.

1176 BGH, Urteil vom 04.07.2017 – XI ZR 233/16, ZIP 2017, 1654 Rn. 84 mit Verweis auf BGH, Urteil vom 25.10.2016 – XI ZR 9/15, BGHZ 212, 329 = NJW 2017, 1018 Rn. 38 f.

1177 BGH, Urteil vom 04.07.2017 – XI ZR 233/16, ZIP 2017, 1654 Rn. 82 f. mit Verweis auf BGH, Urteil vom 19.01.2016 – XI ZR 388/14, BGHZ 208, 290 = NJW 2016, 1382 Rn. 26 f. Danach sind Bestimmungen, die dem Darlehensgeber einen Ausgleich für eine nicht geschützte Zinserwartungen gewähren, unangemessen.

1178 Die Bereitstellungsprovision (auch Bereitstellungszins) unterfällt nicht dem herkömmlichen Zinsbegriff, da nicht die laufzeitabhängige Überlassung des Kapitals, sondern die Möglichkeit des Kreditabrufs als zusätzliche Leistung vergütet wird; siehe dazu BGH, Urteil vom 12.12.1985 – III ZR 184/84, NJW-RR 1986, 467, 468; BGH, Urteil vom 16.03.1978 – III ZR 112/76, BB 1978, 833, 834; *Canaris*, Bankvertragsrecht Rn. 1226; *Grüneberg*, in: Palandt BGB § 246 Rn. 6; *Krepold*, in: Schimansky/Bunte/Lwowski, Bankrechts-Handbuch § 78 Rn. 125; ausführlich zur Zulässigkeit von Bereitstellungszinsen in Immobiliardarlehen *Güngör*, VuR 2013, 410 ff.; siehe auch *Nobbe*, WM 2008, 185, 191.

Verwaltungsaufwandes, sodass der wirtschaftliche Mehrwert dieses Geschäftsmodells überhaupt in Frage stünde. Bereits heute werden Kontokorrentdarlehen außerhalb des Massengeschäftes mitunter nur noch zurückhaltend und mit einer Mindestlaufzeit von einem Jahr vereinbart, was ihrer ursprünglichen Konzeption widerspricht und gerade bei Bauträgerdarlehen eine signifikante Verteuerung nach sich zieht.[1179]

### *b. Avalkredite*

Auch wenn dem Kreditnehmer die Möglichkeit eröffnet wird, ein Darlehen in Form von Avalen nutzen zu können, rechtfertige dies nach Ansicht des BGH nicht die Erhebung eines laufzeitunabhängigen Bearbeitungsentgeltes.[1180] In einer ausdrücklichen Ergänzung der hier besprochenen Urteile wurde einem klagenden Immobilienprojektentwickler zusätzlich zu der Nutzung als Kontokorrentkredit oder Termingeld die Möglichkeit eröffnet, die Darlehen in Form von Avalen zu nutzen. Für die Avalkredite wurde eine Avalprovision in Höhe von 1,5 % p.a. auf den jeweils ausstehenden Bürgschaftsbetrag vereinbart und zusätzlich eine laufzeitabhängige Bearbeitungsgebühr in Höhe von EUR 60.000 festgelegt.[1181]

In einem herkömmlichen Avalkreditverhältnis übernimmt die Bank im Auftrag des Kunden Bürgschaften, Garantien oder sonstige Gewährleistungen für andere (Garantiegeschäft, § 1 Abs. 1 Satz 2 Nr. 8 KWG). Demnach handelt es sich grundsätzlich auch nicht um einen Darlehensvertrag, sondern um einen reinen Haftungskredit, der rechtlich einen Geschäftsbesorgungsvertrag darstellt.[1182] Bei der Beanspruchung des Kredits in Form von Avalen ergeben sich die Hauptleistungspflichten der Parteien daher aus § 675 BGB, wonach der gegenständlichen Geschäftsbesorgung des Kreditinstitutes (dem Garantiegeschäft) die Zahlung einer Avalprovision durch den Kunden gegenübersteht.[1183] Im Streitfall wurde zu diesem

---

1179 Dazu *Krepold*, in: Schimansky/Bunte/Lwowski, Bankrechts-Handbuch § 78 Rn. 118f. Die weitreichenden Kontrollpflichten der Makler- und Bauträgerverordnung (MaBV) führen bei Bauträgerkrediten zu komplexen und risikobehafteten Sonderleistungspflichten eines Kreditinstitutes, die eine Sonderbehandlung dieses Geschäftes rechtfertigen können, dazu *J. Koch*, WM 2016, 717, 724 f.; *Lang/Schulz*, WM 2015, 2173, 2178.

1180 BGH, Urteil vom 17.04.2018 – XI ZR 238/16, WM 2018, 1356.

1181 Dem Sachverhalt lag eine weitgehend parallele Konstellation zugrunde wie der Rechtssache XI ZR 233/16; siehe zur Sachverhaltsdarstellung bereits oben „Die Urteile vom 04.07.2017", S. 56 ff.

1182 BGH, Urteil vom 17.04.2018 – XI ZR 238/16, WM 2018, 1356 Rn. 24; BGH, Urteil vom 06.07.2000 – IX ZR 206/99, NJW-RR 2000, 1717, wonach der Gebrauch der Bezeichnung Avalkredit nicht auf den Abschluss eines Darlehensvertrages hindeute; BGH, Urteil vom 19.09.1985 – IX ZR 16/85, BGHZ 95, 375, 380 f. = NJW 1986, 310; *Pamp*, in: Schimansky/Bunte/Lwowski, Bankrechts-Handbuch § 75 Rn. 39.

1183 BGH, Urteil vom 17.04.2018 – XI ZR 238/16, WM 2018, 1356 Rn. 24; OLG Saarbrücken, Urteil vom 23.01.1981 – 4 U 99/80, WM 1981, 275, 277; *Bauer*, in: Kümpel/

Zwecke eine Provision in Höhe von 1,5 % auf den jeweils ausstehenden Bürgschaftsbetrag gesondert festgelegt. Für ein darüber hinausgehendes Entgelt sei nach Auffassung des BGH aber auch bei Avalkrediten kein Raum. Insoweit würde das Kreditinstitut Kosten für die Erfüllung der Hauptleistungspflicht und für Tätigkeiten, zu denen es gesetzlich oder nebenvertraglich verpflichtet ist bzw. die überwiegend im eigenen Interesse erbracht werden, auf den Kunden abwälzen.[1184] Demzufolge werde durch diese Abweichung von wesentlichen Grundgedanken der gesetzlichen Regelung eine unangemessene Benachteiligung des Vertragspartners indiziert.

Wie auch in den hier betrachteten Urteilen stellt der BGH abermals auf das Leitbild des Vertrages, hier folglich auf das eines Avalkreditvertrages, ab. Da es sich dabei aber nicht um einen herkömmlichen Darlehensvertrag, sondern auch nach Ansicht des Gerichts um einen Geschäftsbesorgungsvertrag handelt, kann das Leitbild des § 488 BGB grundsätzlich nicht herangezogen werden. Dennoch wird in den Entscheidungsgründen im Wesentlichen auf die Erwägungen der Urteile vom 04.07.2017 verwiesen – Ausführungen zum maßgeblichen Leitbild des § 675 BGB sucht man hingegen vergeblich.[1185] Unabhängig von diesen dogmatischen Bedenken sind Avalkredite aber ein weiteres Beispiel für die Sinnhaftigkeit der hergebrachten laufzeitunabhängigen Bepreisung von Verwaltungsaufwand. Denn bei Vertragsbeginn ist es nicht absehbar, ob es überhaupt zu einem Auftrag des Kreditnehmers zur Garantieübernahme durch die Bank und somit zur Pflicht zur Zahlung der Avalprovision kommt.[1186] Die Erstattung des anfänglich entstandenen

---

Mülbert/Früh/Seyfried, Bank- und Kapitalmarktrecht Rn. 7.24 f.; *Nobbe*, in: Schimansky/Bunte/Lwowski, Bankrechts-Handbuch § 92 Rn. 34 spricht von einem Geschäftsbesorgungsvertrag mit Werkvertragscharakter; *John*, EWiR 2018, 481, 482.

1184 Insbesondere werde durch die Bezeichnung als Bearbeitungsentgelt nicht deutlich, wofür das Entgelt im Einzelnen verlangt werde, dazu insgesamt BGH, Urteil vom 17.04.2018 – XI ZR 238/16, WM 2018, 1356 Rn. 27. Nach Ansicht von *Nobbe*, WuB 2018, 489, 492 sei gar die Bezeichnung als „Bearbeitungsentgelt" der einzige Kritikpunkt und die Erhebung eines laufzeitunabhängigen „Ausfertigungsentgeltes" ohne weiteres zulässig.

1185 Der BGH macht hingegen deutlich, dass sich eine Bearbeitungsgebühr auch nicht auf die Verpflichtung des Kunden zur Leistung von Aufwendungsersatz nach §§ 675 Abs. 1, 670 BGB stützen lasse. Denn Aufwendungsersatz könne nach § 670 BGB nur demjenigen zustehen, der eine fremdnützige Tätigkeit ausführt und dabei entweder nach Weisung im Rahmen eines Geschäftsbesorgungsvertrages (§§ 675, 665 BGB) oder Auftrags (§ 662 BGB) handelt oder zumindest im mutmaßlichen Fremdinteresse (§§ 677, 683 BGB) tätig wird. Nach Ansicht des BGH handle es sich bei Bearbeitungsentgelten jedoch um Vermögensopfer im eigenen Interesse, BGH, Urteil vom 17.04.2018 – XI ZR 238/16, WM 2018, 1356 Rn. 24; siehe auch *Bauer*, in: Kümpel/Mülbert/Früh/Seyfried, Bank- und Kapitalmarktrecht Rn. 7.24 f.; *Nobbe*, in: Schimansky/Bunte/Lwowski, Bankrechts-Handbuch § 92 Rn. 36.

1186 Nach *Schmid-Burgk*, BB 2018, 1799, 1801 seien unterschiedliche Preisgestaltungen bei Avalkrediten daher unumgänglich; ähnlich *John*, EWiR 2018, 481, 482. *Kropf*,

Verwaltungsaufwandes eines Kreditinstitutes lässt sich dann aber weder über eine laufzeitabhängige Provision, noch über die laufzeitunabhängige Gestaltung eines Entgeltes realisieren. Nach Sichtweise des BGH ließe sich dem bankseitigen Risiko einer Nichtinanspruchnahme von Avalen wiederum mit einer Mischkalkulation begegnen.[1187] Die Fehlallokation und Teuerung zulasten aller Kunden eines Darlehensportfolios wären als Folgen eines solchen Umlagemodells dann auch bei Avalkreditverträgen hinzunehmen.[1188]

### c. *Konsortialkredite*

Wesentliche strukturelle Unterschiede gegenüber herkömmlichen Darlehensverträgen weisen insbesondere auch syndizierte Großkredite auf. Zur Finanzierung umfangreicher Vorhaben ist es aufgrund einer üblichen Risikodiversifizierung und den gesetzlichen Liquiditätsanforderungen notwendig, die Gewährung der Kreditsumme auf ein Bankenkonsortium aufzuteilen.[1189] Mit der Syndizierung wird zumeist eine einzelne Investmentbank als Konsortialführer beauftragt, um die Koordination innerhalb des Konsortiums zu arrangieren.[1190] Da die Darlehensnehmer regelmäßig selbst auf die einschlägig marktbekannten Institute zugehen werden und über zahlreiche Einzelheiten der Verträge verhandeln, ist man in diesem Bereich des Kreditgeschäftes schnell dazu geneigt, von ausgehandelten Individualabreden ausgehen zu können.[1191] Dieser Schein trügt jedoch, weil die (laufzeitunabhängige) Struktur der erhobenen Bereitstellungsgebühren oder Arrangierprovisionen gerade nicht zur Disposition des Kunden steht. Die weitgehend einheitlich gestalteten Entgeltklauseln sind nämlich für eine Vielzahl von Verträgen vorformuliert und, obgleich deren Höhe sehr unterschiedlich ausfallen kann, deren Erhebung ist als solche gerade nicht verhandelbar.[1192]

---

BKR 2018, 423, 424 kritisiert, dass es an Ausführungen zum Leitbild des § 675 BGB und an einer eigenständigen Interessenabwägung fehlt.

1187 BGH, Urteil vom 17.04.2018 – XI ZR 238/16, WM 2018, 1356 Rn. 27 mit Verweis auf BGH, Urteile vom 04.07.2017 – XI ZR 562/15, BGHZ 215, 172 = NJW 2017, 2986 Rn. 39 und XI ZR 233/16, ZIP 2017, 1654 Rn. 47, 80 ff.

1188 Siehe zu den Folgen einer Mischkalkulation bereits „Einpreisen in den Zinssatz: Folgen der Mischkalkulation“, S. 237 ff. und zu einzelnen Gestaltungsmöglichkeiten „Kautelarjuristische Gestaltungsmöglichkeiten“, S. 266 ff.

1189 Siehe dazu insbesondere die Nachweise in Fn. 875 und 1112.

1190 Ausführlich *Josenhans/Danzmann/Lübbehüsen*, BKR 2018, 142 f.; *J. Koch*, WM 2016, 717, 724; *van Bevern/Schmitt*, BKR 2015, 323, 327; *R. Becker/Dreyer*, ZIP 2014, 2057.

1191 *Castor*, in: Langenbucher/Bliesener/Spindler, Bankrechts-Kommentar 16. Kapitel Rn. 64b; *Josenhans/Danzmann/Lübbehüsen*, BKR 2018, 142, 143 f. stellen darauf ab, dass die meisten Vertragsbedingungen zur Disposition gestellt seien; *van Bevern/Schmitt*, BKR 2015, 323, 327.

1192 Mit dem Hinweis zutreffend *R. Becker/Dreyer*, ZIP 2014, 2057; auch *Josenhans/Danzmann/Lübbehüsen*, BKR 2018, 142, 144 konstatieren, dass typische *Fee*-Strukturen eine Vorformulierung indizieren und daher Änderungen des Wortlautes

Selbst wenn keine Individualabrede vorliegt, ist nicht ernsthaft in Zweifel zu ziehen, dass die bepreisten Leistungen hauptsächlich im Interesse des Kreditnehmers erbracht werden und gerade nicht auf einer gesetzlichen Pflicht des konsortialführenden Institutes beruhen. Neben der Auswahl geeigneter Finanzierungspartner und der Koordination der Konsortialbanken zählt dazu etwa auch die Abwicklung der gesamten vertraglichen Dokumentation im Auftrag des Kunden, weshalb sich derartige Positionen der kontrollfreien Sonder- oder Zusatzleistung zuordnen lassen sollten.[1193] Dabei ist aber insbesondere auf eine exakte Bezeichnung des Entgeltgegenstandes zu achten, um dem Einwand zu begegnen, es werde lediglich der übliche Geschäftsaufwand auf den Darlehensnehmer verlagert.

### *d. Förderkredite*

Von gesteigertem Interesse erscheint auch der richterliche Umgang mit der Vergabe von Förderkrediten, bei denen der BGH die Zulässigkeit von Bearbeitungsentgelten im Rahmen der Interessenabwägung bisweilen ausdrücklich bejahte.[1194] In den entschiedenen Fällen wurde über die beklagte Haussparkasse ein Antrag auf Gewährung eines Wohnraum- bzw. Solarstromförderdarlehens bei der Kreditanstalt für Wiederaufbau (KfW) gestellt und dabei ein laufzeitunabhängiges Entgelt einbehalten. Mit dieser Gestaltung sei nach Ansicht der Richter zwar ebenso in unzulässiger Weise eigener Geschäftsaufwand auf den Kunden abgewälzt und damit von dem gesetzlichen Leitbild abgewichen worden, darin sei jedoch keine unangemessene Benachteiligung zu sehen gewesen.[1195] Das wird im Wesentlichen darauf zurückgeführt, dass mit dem Entgelt keine eigenwirtschaftlichen Zwecke des vermittelnden Kreditinstitutes verfolgt und gegen die Interessen des Darlehensnehmers durchgesetzt würden.[1196] Für beide Seiten bestehe grundsätzlich keine Möglichkeit, die Bedingungen der Kreditgewährung im Hinblick auf die Bearbeitungsgebühr mitzubestimmen, welche ihrerseits nach den „Allgemeinen

---

erforderlich seien. Siehe zu den einzelnen Voraussetzungen „Regelfall: Aushandeln durch Textänderung", S. 103 ff.

1193 Siehe zu diesem Ergebnis bereits „Gestaltungsmöglichkeit: Beratungsleistungen als echte Sonderleistungen", S. 181 ff. Explizit *Josenhans/Danzmann/Lübbehüsen*, BKR 2018, 142, 145; *van Bevern/Schmitt*, BKR 2015, 323, 327. Implizit *Kropf*, BKR 2018, 423, 424; *J. Koch*, WM 2016, 717, 724; *R. Becker/Dreyer*, ZIP 2014, 2057, 2058 ff.

1194 In BGH, Urteile vom 16.02.2016 – XI ZR 454/14, BGHZ 209, 71 = NJW 2016, 1875 Rn. 15, 22 ff. und XI ZR 63/15, BeckRS 2016, 06441 Rn. 21 ff. stellte der BGH fest, dass es sich bei den Entgeltklausel um eine vorformulierte Vertragsbedingung und keine der Inhaltskontrolle entzogene Sonderleistung handle.

1195 BGH, Urteile vom 16.02.2016 – XI ZR 454/14, BGHZ 209, 71 = NJW 2016, 1875 Rn. 39–42 und XI ZR 63/15, BeckRS 2016, 06441 Rn. 31–33.

1196 BGH, Urteile vom 16.02.2016 – XI ZR 454/14, BGHZ 209, 71 = NJW 2016, 1875 Rn. 46 und XI ZR 63/15, BeckRS 2016, 06441 Rn. 36 ff.; so lautete schon das Judiz von *Nobbe*, WM 2008, 185, 193 f.

Bestimmungen für Investitionskredite in der Fassung für das Vertragsverhältnis Hausbank – Endkreditnehmer" ausschließlich der „Abdeckung des Aufwands der KfW bei der Kreditbearbeitung und Geldbeschaffung" dienten.[1197] Da die Hausssparkasse die Gebühr somit nur durchgeleitet habe und ihr eigener Verwaltungsaufwand allein durch den Zinssatz gedeckt sei, rechtfertige die Interessenabwägung im Gesamtkontext der zugrunde liegenden Förderbedingungen eine abweichende Beurteilung.[1198]

Das erscheint auf den ersten Blick durchaus sachgerecht, bedenkt man, dass die KfW doch ohne Gewinnerzielungsabsicht handelt und ausschließlich wirtschaftspolitische Ziele verfolgt. Aus rechtsdogmatischer Perspektive bleibt hingegen offen, mit welcher Begründung allein lautere Motive eine Entgeltstruktur rechtfertigen sollen. Denn bei herkömmlichen Darlehen kritisiert der BGH mit Nachdruck, dass der Aufwand für den Vertragsschluss, die Bearbeitung oder Auszahlung des Darlehens nicht pauschal auf den Kunden abgewälzt werden dürfe.[1199] Dass dies bei der KfW anders zu beurteilen sein soll, kann jedoch nicht allein auf die günstigen Konditionen der Fördermittel und ihre zweckgebundene Verwendung gestützt werden. Konsequenterweise könnte auch dieser Aufwand in den Zins eingepreist bzw. im Wege einer Mischkalkulation auf alle Darlehensnehmer umgelegt und sodann weitergereicht werden, ohne den Förderungszweck zu vereiteln.[1200]

Für den Senat kommt es zur Beurteilung der unangemessenen Benachteiligung aber schließlich entschieden darauf an, dass es sich gerade um einen Kredit handelt, der nicht nach den kompetitiven Bedingungen des Kapitalmarktes vergeben wurde.[1201] Eine Übertragbarkeit dieser Privilegierung auf konventionelle Darlehen

---

1197 BGH, Urteile vom 16.02.2016 – XI ZR 454/14, BGHZ 209, 71 = NJW 2016, 1875 Rn. 46 und XI ZR 63/15, BeckRS 2016, 06441 Rn. 37.

1198 In diesem Vermittlungsverhältnis des dazwischengeschalteten Kreditinstitutes sehen *van Bevern/Schmitt*, BKR 2015, 323, 327 indessen eine Parallele zur Gestaltung des Konsortialkredites. In vergleichbarer Weise stehe der Gestaltung „Kreditnehmer – Investmentbank – Konsortium" dabei die Anordnung „Kreditnehmer – Hausbank – Förderbank" gegenüber. Jedoch wird man, selbst wenn die Bedingungen des Konsortiums in ähnlicher Weise vorgegeben sein sollten, stets auch von eigenwirtschaftlichen Zwecken des Konsortialführers ausgehen müssen.

1199 BGH, Urteile vom 04.07.2017 – XI ZR 562/15, BGHZ 215, 172 = NJW 2017, 2986 Rn. 27 und XI ZR 233/16, ZIP 2017, 1654 Rn. 36; BGH, Urteile vom 13.05.2014 – XI ZR 405/12, BGHZ 201, 168 = NJW 2014, 2420 Rn. 66 und XI ZR 170/13, WM 2014, 1325 Rn. 73.

1200 Ähnlich zu diesem Widerspruch *Billing*, WM 2013, 1829, 1836, der von einer offenkundig notwendigen, sachlich aber nicht zu rechtfertigenden Privilegierung der öffentlichen Hand spricht.

1201 BGH, Urteile vom 16.02.2016 – XI ZR 454/14, BGHZ 209, 71 = NJW 2016, 1875 Rn. 47 und XI ZR 63/15, BeckRS 2016, 06441 Rn. 37.

ließe sich infolgedessen selbst bei strukturellen Gemeinsamkeiten außerhalb der Reichweite staatlicher Förderung wohl kaum begründen.[1202]

### *4. Zwischenergebnis: Wirtschaftliches Bedürfnis pauschaler Entgeltklauseln*

Im Rahmen des modernen Kreditgeschäfts fallen wesentlicher Aufwand und Kosten zu Beginn der Vertragsbeziehungen an. Während die Vertragsdurchführung weitgehend automatisiert ist, treiben die Strukturierung komplexer Vorhaben, die Bewertung von Sicherheiten und Unternehmen sowie quantitative und qualitative Liquiditätsanforderungen den anfänglichen Verwaltungsaufwand insbesondere bei Unternehmerdarlehen in die Höhe. Nach den tatsächlichen wirtschaftlichen Gegebenheiten ist es Ausdruck einer gerechten Kostenverteilung, wenn anfängliche Kosten für die Überlassung und Hingabe der Darlehensvaluta auch bereits zu Vertragsbeginn mit einem gesonderten Einmalentgelt beglichen werden.

Die Untersuchung hat gezeigt, dass darin keine Verletzung des Prinzips der Kostenermäßigung zu sehen ist. Nach diesem allgemeinen Rechtsgrundsatz sind im Falle einer vorzeitigen Vertragsbeendigung nur die nicht verbrauchten Zinsvorauszahlungen und die im Voraus geleisteten, laufzeitabhängigen Kreditkosten anteilig zu erstatten. Zu einer Ermäßigung der laufzeitunabhängigen Verwaltungskosten kann es aber aufgrund ihres zwischenzeitlichen Verbrauchs gerade nicht kommen. Eine Umgehung der Kostenermäßigung ist darin nicht zu erkennen, da das Bearbeitungsentgelt anders als das Disagio keine verschleierte Zinsabrede oder Zinsvorauszahlung darstellt, sondern der Abgeltung des zu Beginn entstandenen Aufwandes dient.

Der XI. Zivilsenat stellte hingegen bereits in mehreren Entscheidungen darauf ab, dass die Entstehung der Kosten bzw. die Notwendigkeit ihrer pauschalen Erhebung zum Vertragsbeginn nicht hinreichend dargelegt wurden.[1203] Geht man davon aus, dass die mangelnde Offenlegung der internen Kostenkalkulation der Banken maßgeblich zu dieser richterlichen Würdigung beiträgt, ist den Kreditinstituten nur zu raten, ihre Kosten transparent zu gestalten und die Positionen einzeln aufzuschlüsseln. Doch unabhängig davon, ob die Banken überhaupt bereit wären, ihren internen Etat offenzulegen, so erscheint schon der separate Ausweis von Grundkosten etwa für Verwaltung oder Personal wiederum nur in Form von

---

1202 So wurden auch die einmaligen Gebühren eines Bauspardarlehens trotz der vorgebrachten Besonderheiten dieses Vertragstypus und den Implikationen des Gesetzes über Bausparkassen (BSpkG) für unwirksam erklärt, BGH, Urteil vom 08.11.2016 – XI ZR 552/15, BGHZ 212, 363 = NJW 2017, 1461 Rn. 11 ff.

1203 BGH, Urteil vom 13.03.2018 – XI ZR 291/16, WM 2018, 1046 Rn. 27; BGH, Urteile vom 04.07.2017 – XI ZR 562/15, BGHZ 215, 172 = NJW 2017, 2986 Rn. 73 und XI ZR 233/16, ZIP 2017, 1654 Rn. 79; BGH, Urteil vom 25.10.2016 – XI ZR 9/15, BGHZ 212, 329 = NJW 2017, 1018 Rn. 38.

Pauschalen praktikabel.[1204] Unklar bleibt zudem, ob diese Maßnahme allein den entscheidenden Ausschlag für die Zulässigkeit der betreffenden Bearbeitungsentgelte geben könnte.

Mit dem alternativ geforderten Umlagemodell folgt der BGH der Tendenz, die Bepreisung von Einzelleistungen nach dem Verursacherprinzip weiter einzuschränken. Die Mischkalkulation führt nach einer betriebswirtschaftlichen Betrachtung von *Wimmer* zu anteiligen Mehrkosten für jeden Darlehensnehmer in Höhe von etwa 10 %.[1205] Im unternehmerischen Darlehensgeschäft dürften die Preissteigerungen indessen noch höher ausfallen, da die vorzeitige Vertragsbeendigung eine weitaus größere Rolle spielt. Anstatt eines langfristig gebundenen Sollzinses spricht ein wirtschaftliches Bedürfnis des Geschäftsverkehrs zumeist für die Vereinbarung variabler Zinssätze oder regelmäßiger Zinsanpassungen. Die damit einhergehenden kurzen Kündigungsfristen haben weitaus höhere Rückzahlungsquoten zur Folge.[1206]

Aus Sicht eines Kreditinstitutes lässt sich durch das Einpreisen der Bearbeitungsgebühr in den Zinssatz kaum prognostizieren, ob der anfängliche Verwaltungsaufwand bis zum vorzeitigen Vertragsende auch tatsächlich abgegolten werden kann. Dazu tragen auch strukturelle Unterschiede des Unternehmerdarlehens bei. Die vorherrschende Zinsstruktur hat zur Folge, dass der entstandene Bearbeitungsaufwand mangels einer rechtlich geschützten Zinserwartung nicht im Wege der Vorfälligkeitsentschädigung ersetzt verlangt werden kann. Für den einzelnen Darlehensnehmer führt dies nach dem Berechnungsbeispiel von *Wimmer* zu einer Teuerung der Bearbeitungsgebühr von ursprünglich EUR 200 auf EUR 219,92, um die von den vorzeitig kündigenden Kunden verursachten Verwaltungskosten aufzufangen. Diese Preissteigerung trifft dabei kleine und mittlere Unternehmen in doppelter Hinsicht. Zum einen schlägt die Mehrbelastung bei wirtschaftlich schwächeren Unternehmern stärker zu Buche als bei liquiden Großkonzernen. Zum anderen sind es aber gerade Letztere, die es aufgrund ihrer Bonität und des finanziellen Handlungsspielraums eher werden bewerkstelligen können, durch vorzeitige Kündigung und Umschuldung auf günstigere Kapitalmarktkonditionen zu reagieren. Infolgedessen wird der Verwaltungsaufwand der

---

1204 Insofern könnte eine Aufteilung in pauschale Grundkosten und individuelle Einzelfallkosten einen probaten Lösungsansatz darstellen; nach *John*, EWiR 2018, 481, 482 müssten Banken ihre Kosten daher im Einzelnen aufschlüsseln; zu einzelnen Praktikabilitätsgesichtspunkten *Canaris*, NJW 1978, 1891, 1892.

1205 Zur Berechnung auf Grundlage des Verbraucherdarlehensverkehrs, *Wimmer*, WM 2012, 1841, 1849 f. Unter der Annahme einer vorzeitigen Rückzahlungsquote von 30 % sähe sich ein Kreditinstitut bei einem fiktiven Portfolio von 10.000 Darlehensverträgen und eingepreister Bearbeitungsgebühr mit einem Defizit von EUR 199.240 konfrontiert.

1206 Siehe dazu insbesondere die Nachweise in Fn. 1040 und 1042.

kostenverursachenden Darlehensnehmer von zumeist wirtschaftlich schwächeren Kunden getragen, die die vereinbarte Vertragsdauer einhalten.

Ferner zeigt auch eine Untersuchung verschiedener Darlehenstypen des unternehmerischen Geschäftsverkehrs, inwiefern die Notwendigkeit einer flexiblen Bepreisung einmaligen Aufwandes besteht. Da Höhe, Laufzeit und die Inanspruchnahme einer Kontokorrentkreditlinie naturgemäß ungewiss sind, führt die Mischkalkulation in diesem Fall zu noch deutlicheren Preissteigerungen als bei herkömmlichen Unternehmerdarlehen.[1207] Auch am Beispiel von Avalkrediten ist deutlich zu erkennen, dass laufzeitunabhängige Einmalentgelte eine unentbehrliche Preisgestaltungsmöglichkeit darstellen, da zu Vertragsbeginn nicht sicher ist, ob es überhaupt zum Eintritt eines Garantiefalles kommt.[1208] Rechtsdogmatisch streiten daher nicht nur die Interessen des Verwenders für die Aufrechterhaltung der laufzeitunabhängigen Klauselgestaltung. Die mit deutlichen Preissteigerungen verbundenen Konsequenzen einer Mischkalkulation sind selbst aus der Perspektive der Bankkunden kaum als angemessen zu bezeichnen.

Somit ist es nicht nur aus einer bankbetriebswirtschaftlichen Perspektive, sondern auch aus gesamtwirtschaftlichen Gesichtspunkten sinnvoll, den tatsächlich zu Beginn entstehenden Bearbeitungsaufwand auch durch ein laufzeitunabhängiges Einmalentgelt zu bepreisen.[1209] Dies gilt jedoch nicht für einen geringen Teil der Kosten, der für den Abwicklungsaufwand während der Vertragslaufzeit, etwa im Zusammenhang mit der Tilgung oder Kundenbetreuung, einbehalten wird. Sofern es sich um unverbrauchte Kosten für die laufende Verwaltungstätigkeit handelt, ist die Annahme des Senats zutreffend, dass diese im Falle der vorzeitigen Vertragskündigung auch anteilig zurückverlangt werden können. Denn diese Kosten hängen von der Vertragslaufzeit ab und lassen sich daher zutreffend als zinsähnlicher Kostenbestandteil darstellen.[1210]

---

1207 Nichts anderes gelte nach Ansicht des BGH, Urteil vom 04.07.2017 – XI ZR 233/16, ZIP 2017, 1654 Rn. 85 für Pfandbriefbanken. Eine solche hatte in dem Urteil für sich eine Sonderstellung reklamiert, weil ihre Refinanzierungsmöglichkeit über Pfandbriefe mit besonders hohen laufzeitunabhängigen Kosten verbunden sei. Dabei handle es sich nach Ansicht des BGH jedoch gleichermaßen um Verwaltungsaufwand, der durch den Zins ausgeglichen werden könne.

1208 Ausdrücklich in diese Richtung *Schmid-Burgk*, BB 2018, 1799, 1800.

1209 Die Berechnung ist daher ein Beleg für die Fehlallokation und volkswirtschaftliche Verschwendung einer Mischkalkulation. Ähnlich OLG Nürnberg, Urteil vom 04.04.2017 – 14 U 612/15, juris Rn. 66; *Krepold*, in: Schimansky/Bunte/Lwowski, Bankrechts-Handbuch § 78 Rn. 118g; *Bitter/Linardatos*, ZIP 2018, 2249, 2251; *dies.*, ZIP 2018, 1203; *Bitter*, JZ 2015, 170, 171; *ders.*, ZBB 2007, 237, 242 f.; *Casper/Möllers*, WM 2015, 1689, 1692; zur Praktikabilität eines Einmalentgeltes schon *Canaris*, NJW 1978, 1891, 1892; a.A. *Nobbe*, WM 2008, 185, 187.

1210 Sollten auch diese Kosten im Rahmen eines Einmalentgeltes erhoben worden sein, so ist bei vorzeitiger Kündigung eine Erstattung notwendig. Nach *Wimmer*, WM 2012, 1841, 1846 sei für die Quantifizierung der laufenden Verwaltungskosten eine pauschalierende Betrachtungsweise möglich, wobei ein Betrag von etwa EUR 5

## C. Ergebnis

Die rechtliche Prognose, dass eine Klausel der Inhaltskontrolle im unternehmerischen Verkehr noch weitaus eher wird standhalten können, entspringt zwar einem im Kern zutreffenden Judiz, entspricht aber allgemein nicht mehr der rechtlichen Wirklichkeit. Die Analyse der einzelnen Ansatzpunkte hat ergeben, dass eine unangemessene Benachteiligung durch laufzeitunabhängige Bearbeitungsentgelte aufgrund der gegenseitigen Interessenlagen mit guter Begründung abzulehnen gewesen wäre. Da eine höchstrichterliche Entscheidung damit aber gefallen ist, lässt sich für zahlreiche weitere Entgeltklauseln des Kreditgeschäfts ableiten, wie es in absehbarer Zeit um deren Existenz steht.

Die Betrachtung konnte zeigen, dass einer unangemessenen Benachteiligung nicht der Regelungsgehalt des § 312a Abs. 3 BGB entgegensteht, der auf europarechtlichen Vorgaben beruht und als verbraucherschützende Vorschrift keine generelle Aussage über die Zulässigkeit von Entgeltklauseln trifft. Ferner lassen sich Bearbeitungsentgelte nicht allein durch die Möglichkeit der Weitergabe von Kosten auf nachgelagerte Handelsstufen rechtfertigen, da sich die Auswirkungen dieser Gestaltung aus einem Rechtsverhältnis mit einem Dritten ergeben und daher in keiner Wechselbeziehung zu der fraglichen Vertragsbestimmung des Darlehensgebers stehen. Während die Mitkreditierung von Entgelten für gewerbliche oder selbständige Darlehensnehmer nur im Einzelfall vorteilhaft ist, konnte die Analyse zeigen, dass die Vereinbarung eines laufzeitunabhängigen Entgeltes infolge der steuerlichen Abzugsfähigkeit in aller Regel mit finanziellen Vorzügen verbunden ist. Bei gleichem effektiven Jahreszins erweist sich diese Darlehensvariante im Vergleich zu einer Erhöhung des Zinssatzes nach einer überindividuellen und generalisierenden Betrachtung als liquiditätsschonend und betriebswirtschaftlich effizient. Dass die Parteiinteressen somit durchaus in Einklang gebracht werden könnten, verneint der BGH nur deshalb, weil die Begünstigungen der steuerlichen Situation allein von Seiten des Fiskus gewährt würden und somit nicht auf ein Entgegenkommen des Klauselverwenders zurückzuführen seien.

Äußerst kritisch zu sehen ist der Umstand, dass der Senat die bankbetriebswirtschaftliche Sinnhaftigkeit eines laufzeitunabhängigen Bearbeitungsentgeltes weitgehend ausblendet.[1211] Umfangreiche Liquiditäts- und Risikoanforderungen führen dazu, dass der Großteil der wesentlichen Kostenpositionen in der modernen Bankwirtschaft zu Vertragsbeginn entsteht. Demnach ist es Ausdruck einer

---

pro Rate und somit etwa EUR 20–60 p.a. banküblich seien. Nach Ansicht des BGH, Urteil vom 07.11.2000 – XI ZR 27/00, BGHZ 146, 5 = NJW 2001, 509, 511 sind die ersparten Verwaltungsaufwendungen dabei nicht als prozentuale Abschläge, sondern als absolute, von der Darlehenssumme unabhängige Beträge anzugeben.

1211 Auch nach nachfolgenden Urteilen konnten bankbetriebswirtschaftliche Erwägungen nicht durchdringen und eine unangemessene Benachteiligung nicht rechtfertigen: BGH, Urteil vom 05.06.2018 – XI ZR 371/16, juris Rn. 15; BGH, Urteil vom 13.03.2018 – XI ZR 291/16, WM 2018, 1046 Rn. 32.

gerechten Kostenverteilung, diesen anfänglich entstehenden Verwaltungsaufwand auch schon zu Vertragsbeginn an seine Kunden weiterzugeben. Allein der geringfügige Verwaltungskostenanteil für die Dauer, in der das Darlehen bei dem Kreditnehmer verbleibt, ist wirklich laufzeitabhängig und daher in Übereinstimmung mit der Rechtsauffassung des BGH in den Zins einzupreisen. Alle weitergehenden Befürchtungen, diese Gestaltung führe im Falle der vorzeitigen Vertragsbeendigung bei gewerblichen Darlehensnehmern zu einer Umgehung des Prinzips der Kostenermäßigung, sind nicht berechtigt. Vielmehr zeigt eine Folgenbetrachtung, dass eine Mischkalkulation zu einer Erhöhung der Kosten für jeden einzelnen Kreditnehmer und somit zu einer Ressourcenverschwendung und wirtschaftlichen Fehlallokation führt. Das gilt insbesondere vor dem Hintergrund der strukturellen Unterschiede der Vorfälligkeitsentschädigung und der besonderen Unternehmerdarlehensformen.

Mit ungleich weitreichenderen Folgen muss man aber auch zur Kenntnis nehmen, dass die Urteile vom 04.07.2017 die vermeintlich letzten Unterschiede einer Inhaltskontrolle im Unternehmerverkehr gegenüber den verbraucherrechtlichen Kontrollmaßstäben eingeebnet haben. Die nach § 310 Abs. 1 Satz 2 Halbs. 2 BGB zu berücksichtigenden Gewohnheiten und Gebräuche des Handelsverkehrs scheinen in der bankrechtlichen Anwendungspraxis zumeist nicht mehr zu sein als ein inhaltsleeres Relikt früherer Zeit.[1212] Nach den zentralen Passagen der Entscheidungsgründe seien „im Hinblick auf die im Streit stehende Klausel Unternehmer nicht weniger schutzwürdig als Verbraucher."[1213] „Vielmehr kann die wirtschaftliche Situation von Unternehmern, deren Geschäftserfolg von der Darlehensgewährung abhängt, durchaus ein höheres Maß von Abhängigkeit von dem Kreditinstitut aufweisen, als das bei Verbrauchern der Fall ist."[1214] Rechtsdogmatisch ist den Aussagen zwar durchaus zuzugeben, dass sich das Bestehen eines Handelsbrauchs mit Blick auf die betriebswirtschaftliche Wirklichkeit trotz der Üblichkeit von Entgeltklauseln nicht ohne Weiteres begründen lässt. Und auch der bloße Verweis auf die Besonderheiten des unternehmerischen Geschäftsverkehrs ist nicht *per se* dazu geeignet, eine unangemessene Benachteiligung ohne weitere Differenzierung zu rechtfertigen. Jedoch ist es nicht sinnvoll, alle Unternehmer und jede Größe von Unternehmen für die Zwecke der AGB-Kontrolle mit dem Verbraucher gleichzustellen. Während sich ein einheitliches Bild „des Verbrauchers" zeichnen lässt, ist dies im pluralistischen Geschäftsverkehr kaum möglich.

---

1212 Kritisch gegenüber der weitgehenden Gleichbehandlung *Basedow*, in: MüKo BGB § 310 Rn. 12; *Fuchs*, in: Ulmer/Brandner/Hensen AGB § 307 Rn. 373; *Schmid-Burgk*, BB 2018, 1799, 1800; *von Westphalen*, NJW 2018, 1520, 1521; *K. P. Berger/Kleine*, BB 2007, 2137, 2138 ff.; *K. P. Berger*, ZIP 2006, 2149, 2156.

1213 BGH, Urteile vom 04.07.2017 – XI ZR 562/15, BGHZ 215, 172 = NJW 2017, 2986 Rn. 66 und XI ZR 233/16, ZIP 2017, 1654 Rn. 72.

1214 BGH, Urteile vom 04.07.2017 – XI ZR 562/15, BGHZ 215, 172 = NJW 2017, 2986 Rn. 68 und XI ZR 233/16, ZIP 2017, 1654 Rn. 74.

Was es für das Erzielen sachgerechter Ergebnisse bedarf, ist eine differenzierte Anwendung des § 307 BGB. Prüfungsmaßstab muss dabei sein, ob ähnliche Geschäfte der betreffenden Art wiederkehrend abgeschlossen werden und somit zum Kerngeschäft unternehmerischer Tätigkeit zählen. Für die Beurteilung von Entgeltklauseln kann daher kapitalintensiven (Groß-) Unternehmen, die regelmäßig mit der Kreditaufnahme befasst sind, weitaus eher ein ausgeprägter Wissenstand und eine stärkere Verhandlungsposition bescheinigt werden. Das Mehr an Erfahrung führt dann zu einem geringeren Schutzbedürfnis. Die für den B2B-Verkehr dadurch eröffneten Wertungsspielräume ermöglichen auch im Rahmen einer überindividuellen Betrachtung gruppen- und branchentypische Differenzierungen anhand der typischen Interessenlagen der Vertragsparteien. Soweit der BGH einer solchen Unterscheidung in früheren Judikaten zugeneigt war, tendiert er heute zu einer weitgehenden Gleichbehandlung von Geschäfts- und Privatkunden.[1215] Da sich das AGB-Recht im unternehmerischen Geschäftsverkehr aber langfristig nicht als „Einbruchsstelle für den Verbraucherschutz“[1216] erweisen darf, erscheint ein gesetzgeberischer Impuls zunehmend erforderlich. Schon durch eine geringfügige gesetzliche Klarstellung, die auf die „Gegebenheiten des unternehmerischen Geschäftsverkehrs und insbesondere die im Vergleich zu Verbrauchern geringere Schutzbedürftigkeit bestimmter Unternehmer“[1217] abstellt, ließen sich branchentypische Umstände und unterschiedliche Kontrollmaßstäbe hinreichend berücksichtigen.

Die Urteile sind aber auch ein Beispiel für den zunehmend zwingenden Charakter des dispositiven Rechts. Denn dass die Erhebung von Bearbeitungsentgelten gesetzlich nicht geregelt ist und somit eine Abweichung von den wesentlichen Grundgedanken der gesetzlichen Regelung darstellt, führt nach § 307 Abs. 3 Satz 1 BGB zwar zur Kontrollfähigkeit einer Klausel, ist aber nicht gleichbedeutend mit ihrer Unwirksamkeit.[1218] Es fehlt an einer stärkeren Differenzierung zwischen der Kontrollfähigkeit einer Entgeltklausel und deren Angemessenheit, da es gerade Wesen der nachgiebigen Vorschriften ist, dass diese von den Parteien abbedungen und nach ihren eignen Vorstellungen ausgestaltet werden.[1219]

---

1215 Siehe dazu früher BGH, Urteil vom 09.02.1990 – V ZR 200/88, BGHZ 110, 241 = NJW 1990, 1601, 1602; BGH, Beschluss vom 01.07.1987 – VIII ARZ 9/86, BGHZ 101, 253, 267 = WM 1987, 968; BGH, Urteil vom 31.10.1984 – VIII ZR 226/83, NJW 1985, 320 326.

1216 So bereits *K. P. Berger*, ZIP 2006, 2149, 2156, wonach sich der Gesetzgeber bewusst für eine Differenzierung zwischen B2B und B2C entschieden habe und Wertungsdifferenzen daher systemimmanent seien.

1217 So der Gesetzgebungsvorschlag von *K. P. Berger*, NJW 2010, 465, 469.

1218 Siehe nur BT-Drucks. 7/3919, S. 22.

1219 *Coester*, in: Staudinger BGB § 307 Rn. 322; *Fuchs*, in: Ulmer/Brandner/Hensen AGB § 307 Rn. 84; *Henze*, Entgeltklauseln, S. 68; *C. Weber*, BKR 2013, 450, 452 f.; deutlich *Dauner-Lieb/Axer*, ZIP 2010, 309, 314; *Godefroid*, ZIP 2011, 947, 949; *Canaris*, AcP 200 (2000), 273, 333 f. Anders *von Westphalen*, NJW 2018, 1520, 1523, wonach damit jedoch eine Vereinfachung der Rechtsanwendung einherginge.

Denn das in den Urteilen viel zitierte und sorglos missachtete Leitbild des § 488 BGB kann nur die vertragstypischen Hauptleistungspflichten benennen, ohne dabei mit dem laufzeitabhängigen Zinssatz eine abschließende Aussage über den Pflichtenkatalog der Parteien zu treffen.[1220] Die Wertungen des BGH verleihen der Leitbildfunktion des dispositiven Rechts somit einen zwingenden Charakter. Darüber hinaus sollte sich die umfassende Inhaltskontrolle für anderweite Kostengestaltungen aufgrund steuerlicher, kaufmännischer oder wirtschaftlicher Besonderheiten weiterhin offen zeigen, um den gegenwärtigen Anforderungen und Innovationen der Bankwirtschaft begegnen zu können und die Flexibilität des BGB beständig zu gewährleisten.[1221]

1220 Sehr anschaulich LG Nürnberg-Fürth, Urteil vom 27.12.2013 – 10 O 5948/13, juris Rn. 44; *Bitter/Linardatos*, ZIP 2018, 2249, 2252; ähnlich sogar *von Westphalen*, BB 2017, 2051, 2057, wonach der Schutzzweck der AGB-rechtlichen Kontrolle und die Leitbildfunktion des dispositiven Rechts zur Klauselkontrolle im Kern identisch seien; nach *Piekenbrock/Ludwig*, WM 2012, 2349, 2351 wolle der Gesetzgeber nur dem „Regelfall der Entgeltlichkeit des Darlehens" Rechnung tragen.

1221 Exemplarisch dafür *Bitter*, ZBB 2007, 237, 238: „Es ist die Ökonomie, die uns in dieser Situation weiterhilft, weil sie – jedenfalls im Wirtschaftsrecht – Maßstäbe liefern kann, wo das Recht lückenhaft ist."

# Kapitel 4 Folgen der Urteile und deren Umgang in der Praxis

Die praktischen Folgen der Urteile vom 04.07.2017 sind erheblich. Dabei stellen sich nicht nur Fragen in Bezug auf den weiteren Umgang mit der Erhebung diverser Einmalentgelte, sondern insgesamt auch hinsichtlich der voranschreitenden Verschärfung der AGB-Kontrolle im unternehmerischen Verkehr. Es ist davon auszugehen, dass sich die im Rahmen der Interessenabwägung beleuchteten Maßstäbe und Grundsätze der höchstrichterlichen Rechtsprechung gleichsam auf andere Entgeltbestimmungen der Finanzwirtschaft übertragen lassen. Die hier untersuchten Urteile können gewissermaßen als Muster- oder Grundsatzentscheidung verstanden werden, an der die künftige Beurteilung von Entgeltklauseln im unternehmerischen Geschäftsverkehr vorgenommen werden kann.

## A. Zinscap-Prämien und Zinssicherungsgebühren

Eine vergleichbare Entscheidung und zugleich ein geeignetes Beispiel für die Anwendung der nunmehr gesetzten Rechtsprechungsmaßstäbe ist die Rechtssache XI ZR 790/16 vom 05.06.2018. Im Zuge dieser erklärte der BGH die formularmäßige Vereinbarung von laufzeitunabhängigen Zinscap-Prämien und Zinssicherungsgebühren in Verbraucherdarlehensverträgen mit einem variablen Zinssatz für unwirksam.[1222] Dabei gaben die Richter einem klagenden Verbraucherschutzverband recht, der in der Verwendung derartiger Gebührenklauseln eine unangemessene Benachteiligung sah. Bei Zinssicherungsgebühren handelt es sich um ein laufzeitunabhängiges Einmalentgelt für eine Zinshöchstsatzvereinbarung (auch *Rate Cap Agreement*). Der Verkäufer des Zinscaps (zumeist das Kreditinstitut) verpflichtet sich, seinem Kunden einen Ausgleich für den Fall zu leisten, dass der variable Zinssatz die vertraglich vereinbarte Zinsobergrenze während der Laufzeit überschreitet.[1223] Derartige Zinsbegrenzungsgeschäfte

1222 Zur nachfolgenden Wiedergabe des Sachverhalts BGH, Urteil vom 05.06.2018 – XI ZR 790/16, WM 2018, 1363 Rn. 1–4; siehe dazu auch die Entscheidung der Vorinstanz, OLG Düsseldorf, Urteil vom 01.12.2016 – I-6 U 56/16, juris. Die Begriffe „Zinscap-Prämie" und „Zinssicherungsgebühr" sind indes inhaltlich gleichbedeutend.

1223 Dazu insgesamt *Jahn/Reiner*, in: Schimansky/Bunte/Lwowski, Bankrechts-Handbuch § 114 Rn. 16. Die Höhe des Ausgleichs berechne sich aus dem Nominalbetrag, dem Berechnungszeitraum und der Differenz zwischen dem variablen Satz im Berechnungszeitpunkt und dem Höchstsatz und mindert den zu zahlenden Zinsbetrag des Kunden.

werden Bankkunden angeboten, um dem Risiko eines steigenden Referenzzinses zu begegnen.[1224]

Um die Absicherungskosten nach oben zu reduzieren, wird in der Praxis regelmäßig eine Kombination von Zinshöchstsatz- und Zinsmindestsatzvereinbarung, *Cap* und *Floor*, vereinbart.[1225] Durch die Vereinbarung eines sog. Zinskorridors (auch Zinskollar) kann der variable Darlehenszins einen Mindest- und Höchstsatz nicht unter- bzw. überschreiten, sodass sich die Vertragsparteien gegenläufig eine Ober- und Untergrenze zu ihren Gunsten sichern.[1226] Aus Sicht des Kunden sorgt diese Struktur für die Gewissheit eines weitgehend stabilen und kalkulierbaren Zinssatzes während der gesamten Vertragslaufzeit.

## I. Deutliche Absage an Individualvereinbarung und Sonderleistung

Obgleich sich jeder Kunde freiwillig für oder gegen den Abschluss eines Zinsbegrenzungsgeschäfts entscheiden kann, handelt es sich nach Ansicht des BGH regelmäßig nicht um eine ausgehandelte Individualvereinbarung. Dass die Konditionen bereits vorgegeben seien, spreche dafür, dass die Gebühr insgesamt nicht zur Disposition stehe.[1227] Wie die Untersuchung eines der Urteile vom 04.07.2017 bereits zeigte, kann das Verhandeln über Inhalt oder Höhe keine Individualabrede begründen, solange sich die Änderungsbereitschaft des Verwenders nicht auf den Kerngehalt der streitigen Klausel und somit auf die Laufzeitunabhängigkeit der Gebühr erstreckt.[1228] Damit festigt der BGH seine Rechtsprechung, dass eine

---

1224 *Jahn/Reiner*, in: Schimansky/Bunte/Lwowski, Bankrechts-Handbuch § 114 Rn. 14, 16, wonach der Käufer Schutz vor steigenden Zinsen suche; *K. P. Berger*, in: MüKo BGB § 488 Rn. 172; zur Praxisrelevanz von Zinscaps bei Immobiliendarlehen siehe *Billing*, WM 2013, 1829, 1835; *Rösler*, WM 2000, 1930, 1932.

1225 So auch hier BGH, Urteil vom 05.06.2018 – XI ZR 790/16, WM 2018, 1363 Rn. 3, 9; *Rösler*, WM 2000, 1930, 1932. Der Zinssatz-*Floor* (oder *Rate Floor Agreement*) ist als Art umgekehrter Zinscap zur Absicherung gegen fallende Zinsen zu verstehen, vgl. *Jahn/Reiner*, in: Schimansky/Bunte/Lwowski, Bankrechts-Handbuch § 114 Rn. 17.

1226 *Kessal-Wulf*, in: Staudinger BGB § 491 Rn. 49; *Jahn/Reiner*, in: Schimansky/Bunte/Lwowski, Bankrechts-Handbuch § 114 Rn. 19; *Rösler*, WM 2000, 1930, 1932. Die Reduktion der Absicherungskosten für den Darlehensnehmer rührt daher, dass der für die Bank regelmäßig nachteilige (und daher für den Kunden teure) Zinscap durch einen gegenläufigen Zinsfloor ergänzt wird, der dem Kreditinstitut bei fallenden Zinsen einen Zinsmindestsatz sichert. Durch die zusätzliche Vereinbarung des *Floors* werden die Gesamtkosten des Zinsbegrenzungsgeschäfts gesenkt.

1227 BGH, Urteil vom 05.06.2018 – XI ZR 790/16, WM 2018, 1363 Rn. 11; OLG Düsseldorf, Urteil vom 01.12.2016 – I-6 U 56/16, juris Rn. 46.

1228 BGH, Urteil vom 05.06.2018 – XI ZR 790/16, WM 2018, 1363 Rn. 34. Siehe bereits „Der gesetzesfremde Kerngehalt“, S. 96 ff. und „Verhandlung über die Höhe des Entgeltes“, S. 110 ff.

Entgeltklausel nur eine Individualabrede darstellen kann, wenn ihre Erhebung als solche zur Disposition des Kunden steht.

Gute Gründe sprechen aber dafür, Zinscap-Klauseln als echte Sonder- oder Zusatzleistung einzuordnen. Denn anders als bei Bearbeitungsentgelten, bei denen eine Gegenleistung nur mit dem Mehrwert einer Bonitätsprüfung, der Beratung oder Strukturierung des Darlehens begründet werden kann, ist das Zinsbegrenzungsgeschäft von vornherein dem Interessenkreis des Darlehensnehmers zuzuordnen. Denn letztlich sichert die Gebühr dessen Zins gegen einen steigenden Referenzzinssatz ab und stellt sich aus Sicht eines durchschnittlichen Darlehensnehmers daher am ehesten als separates Entgelt für eine zusätzliche Leistung dar.[1229]

Der BGH hält dem herkömmlich gestalteten Zinsbegrenzungsgeschäft aber entgegen, dass es sich dabei gar nicht um einen eigentliches *Cap*, sondern vielmehr um einen beidseitig begrenzten Zinskollar handle, der bei fallenden Zinsen auch mit Nachteilen für den Kunden verbunden sei.[1230] Ferner diene die Erhebung einer Zinssicherungsgebühr für den Fall des Überschreitens der festgelegten Obergrenze als Ausgleich für entgangene Zinsmehreinnahmen der Bank und stelle daher einen Bestandteil der Zinskalkulation dar.[1231] Durch das Zusammenwirken von variablem Zinssatz und Zinskollar liege eine Regelung über die Höhe der Gegenleistung i.S.v. § 488 Abs. 1 Satz 2 BGB vor.[1232] Im Rahmen ihrer Preiskalkulation berechne

---

1229 So lautete auch die Darlegung der beklagten Bank in BGH, Urteil vom 05.06.2018 – XI ZR 790/16, WM 2018, 1363 Rn. 15, 36; ebenso *Bausch*, NJW 2018, 2953; *Rodi*, EWiR 2018, 449. Dafür spricht, dass weder das Angebot des Zinsbegrenzungsgeschäfts seitens der Bank noch dessen Annahme durch den Kunden auf einer rechtlichen Verpflichtung beruhen. Zudem hängen die Kosten eines Zinskollars nicht linear von dessen Laufzeit ab.

1230 BGH, Urteil vom 05.06.2018 – XI ZR 790/16, WM 2018, 1363 Rn. 43. Diesem Gedanken ist zuzugeben, dass die Begrifflichkeit des Zinscap irreführend sein kann, weil es sich tatsächlich um einen beidseitig begrenzten Zinskollar handelt. Dies hätte jedoch nur bei gleichem Marktwert von Zinssatz-*Cap* und -*Floor* zur Folge, dass sich die gegenläufigen Zinsbegrenzungen wertmäßig ausgleichen und überhaupt keine Prämie zu entrichtet wäre (*Zero-Cost-Collar*); siehe dazu *Kessal-Wulf*, in: Staudinger BGB § 491 Rn. 49; *Jahn/Reiner*, in: Schimansky/Bunte/Lwowski, Bankrechts-Handbuch § 114 Rn. 19; *Rösler*, WM 2000, 1930, 1932. Im Regelfall sorgt die Kombination lediglich dafür, dass sich die Kosten der Zinssicherung für den Darlehensnehmer verringern.

1231 Sehr deutlich BGH, Urteil vom 05.06.2018 – XI ZR 790/16, WM 2018, 1363 Rn. 37 ff.; siehe die bemerkenswerte Ähnlichkeit der Argumentation im Hinblick auf die Rechtsqualität eines Disagios BGH, Urteil vom 29.05.1990 – XI ZR 231/89, BGHZ 111, 287, 293 = NJW 1990, 2250 f.

1232 BGH, Urteil vom 05.06.2018 – XI ZR 790/16, WM 2018, 1363 Rn. 39; so schon *Weiß/Reps*, WM 2016, 1865, 1868 f. Nach Rn. 40 f. des Urteils wird deutlich, dass sich die Einschätzung des Senats sowohl auf reine Zinscaps als auch auf Zinskollar mit beidseitiger Begrenzung erstreckt; dazu *Rodi*, EWiR 2018, 449, 450.

die Bank im Vorfeld ihr Risiko, im Falle eines Zinsanstiegs auf Zinseinnahmen verzichten zu müssen.[1233] Daraus ergebe sich ein einmaliger Betrag (die Zinscap-Prämie), der sicherstelle, dass der Kunde für die Kapitalüberlassung einen aus Bankensicht gewinnbringenden Zinssatz zahle. Die Zinssicherungsgebühr sei somit als zusätzliches Teilentgelt für die Kapitalüberlassung zu qualifizieren, weshalb eine laufzeitunabhängige Ausgestaltung einmal mehr vom gesetzlichen Leitbild des Darlehensvertrages abweiche.[1234]

Die Annahme, ein Durchschnittskunde würde die für ein (freiwilliges) Zinsbegrenzungsgeschäft geforderte Gebühr von sich aus dem Preis für die Kapitalgewährung zuordnen, mag man als realitätsfern bezeichnen. Jedoch geht es dem BGH auch nicht um eine möglichst realitätsnahe Deutung, sondern unter Beachtung von § 305c Abs. 2 BGB um die kundenfeindlichste Auslegung.[1235] Parallel zu den hier besprochenen Urteilen hat die Kontrollfähigkeit der Klausel sodann zugleich deren Unwirksamkeit zur Folge. Das mag zum einen daran liegen, dass sich die „umfassende Interessenabwägung" zur Frage der unangemessen Benachteiligung des Darlehensnehmers in dem Judikat auf nur eine Randnummer beschränkt.[1236] Zum anderen zeigt die Analyse der hiesigen Inhaltskontrolle aber schon, dass etwa auch bedeutsame bankbetriebswirtschaftliche Erwägungen der Klauselgestaltung nicht zu ihrer Wirksamkeit verhelfen konnten. Bei Zinscap-Klauseln sind es kapitalmarktrechtliche Implikationen und die Funktionsweise von Zinsbegrenzungsgeschäften, die für das Bedürfnis einer laufzeitunabhängigen Ausgestaltung streiten.

## II. Missachtung der Bepreisungsmethodik derivativer Sicherungsgeschäfte

Ein Kreditinstitut wird das Risiko einer Zinsänderung während der Vertragslaufzeit nur in den seltensten Fällen selbst tragen und das erhobene Entgelt tatsächlich als Ausgleich für entgangene Zinsmehreinnahmen verwenden. Es ist marktüblich, dass die Banken die mit einem Zinsbegrenzungsgeschäft verbundenen Risiken ihres aus einer Vielzahl von einzelnen Verträgen bestehenden Kreditportfolios selbst mit einem weiteren Sicherungsgeschäft (*Makrohedge*) absichern.[1237] Für

---

1233 Zu diesem Gedanken ausdrücklich OLG Düsseldorf, Urteil vom 01.12.2016 – I-6 U 56/16, juris Rn. 63; LG Düsseldorf, Urteil vom 07.11.2014 – 22 O 208/12, juris Rn. 99.

1234 BGH, Urteil vom 05.06.2018 – XI ZR 790/16, WM 2018, 1363 Rn. 38 f.; OLG Düsseldorf, Urteil vom 01.12.2016 – I-6 U 56/16, juris Rn. 63.

1235 Ausdrücklich BGH, Urteil vom 05.06.2018 – XI ZR 790/16, WM 2018, 1363 Rn. 36; ähnlich für die Klausel „individuell erbrachte Beratungsleistung(en)" BGH, Urteil vom 19.02.2019 – XI ZR 562/17, ZIP 2019, 698, 700 Rn. 23; siehe dazu auch die Nachweise in Fn. 772. Kritisch gegenüber deren Reichweite *Kropf*, WM 2019, 1723, 1728; *Bausch*, NJW 2018, 2953; *Rodi*, EWiR 2018, 449.

1236 BGH, Urteil vom 05.06.2018 – XI ZR 790/16, WM 2018, 1363 Rn. 46.

1237 *Rösler*, WM 2000, 1930, 1933. Begrenzungsgeschäfte werden daher als Aneinanderreihung von Optionen oder Swapgeschäften begriffen, *K. P. Berger*, in: MüKo BGB

diese Verlagerung des Zinsänderungsrisikos auf einen Dritten (den Verkäufer oder Stillhalter) wird am Kapitalmarkt aber eine einmalige und sofort fällige Gebühr verlangt, die unter Einsatz der gezahlten Zinscap-Prämien beglichen wird.[1238] Die Funktionsweise dieses wechselseitigen Weiterreichens von Risikoposition und Aufwand verdankt ihren reibungslosen Ablauf freilich der laufzeitunabhängigen Ausgestaltung der Zinssicherungsgebühr. Ordnet man die Gebühr nämlich den laufzeitabhängigen Kosten der Kapitalüberlassung zu, ist das beschriebene System gestört. Dem Darlehensnehmer wird dann ermöglicht, die Kosten der Zinssicherung als laufzeitabhängigen Bestandteil zahlen zu können, während sich der Aufwand der Risikoverlagerung für die Bank als laufzeitunabhängiger Pauschalpreis darstellt.

Weitaus schwerwiegendere Probleme zeigen sich – wiederum parallel zu Bearbeitungsentgelten – bei der vorzeitigen Vertragsbeendigung durch den Kunden. Konstruiert man Zinscap-Prämien nach den Erwägungen des BGH als laufzeitabhängige Einmalkosten, wäre die Gebühr bei vorzeitiger Vertragsbeendigung als nicht verbrauchte Zinsvorauszahlungen anteilig an den Darlehensnehmer zurückzuführen.[1239] Aus Sicht der Banken lässt sich die Zinscap-Prämie eines Einzelkunden aus der Vielzahl der in einem *Makrohedge* zusammengefassten und gemeinsam gesicherten Prämien jedoch nicht mehr separat herauslösen.[1240] Zwar ließe sich der vom Kunden gezahlten und an den Stillhalter im Wege des Gegengeschäfts weitergereichten Prämie unter Umständen anhand von Marktdaten ein wirtschaftlicher Wert zuordnen. Jedoch sind die Gegenparteien am Kapitalmarkt regelmäßig nicht dazu bereit, Erstattungen für die Auflösung von Einzelpositionen zu leisten.[1241] Selbst wenn die Bank die Zinscap-Prämien als gesonderten *Mikrohedge* an einen Stillhalter weitergeben würde, wäre ein Zeitwert der Prämie wohl kaum erstattungsfähig.[1242]

Bei der vorzeitigen Beendigung eines Darlehens mit Zinssicherungsvereinbarung verbleibt den Kreditinstituten somit in der Regel kein wirtschaftlicher Gegenwert, der als unverbrauchte Zinsvorauszahlung an die Darlehensnehmer

---

§ 488 Rn. 172; *Krämer*, in: NK BGB § 488 Rn. 18; *Jahn/Reiner*, in: Schimansky/Bunte/Lwowski, Bankrechts-Handbuch § 114 Rn. 14.

1238 *Rösler*, WM 2000, 1930, 1933, vgl. auch *Jahn/Reiner*, in: Schimansky/Bunte/Lwowski, Bankrechts-Handbuch § 114 Rn. 15.

1239 Siehe dazu bereits „Kernproblem: Prinzip der Kostenermäßigung“, S. 233 ff.

1240 *Rösler*, WM 2000, 1930, 1933. Das ist darauf zurückzuführen, dass der Handel mit *Caps* und *Floors* am Kapitalmarkt erst bei einem Nominalvolumen im Millionenbereich marktüblich ist.

1241 So *Rösler*, WM 2000, 1930, 1933. Die laufzeitabhängige Gestaltung eines Zinscaps mit vorgesehener Rückerstattungsmöglichkeit verspricht daher keine Abhilfe, vgl. dazu *B. Westermann*, WuB 2018, 492, 495.

1242 *Rösler*, WM 2000, 1930, 1933. Da die Kosten eines Zinskollar nicht linear verlaufen, würde sich für die aufgelöste Option aufgrund ihres geringen Nominalvolumens zumeist kein Käufer finden, sodass sie wertlos verfiele.

zurückgeführt werden kann. Wie schon bei Bearbeitungsentgelten handelt es sich nach der hier vertretenen Auffassung auch gewiss nicht um eine künstliche Zuordnung der Zinssicherungsgebühr zu den laufzeitunabhängigen Kosten, sondern vielmehr um eine Konsequenz der wirtschaftlichen Konventionen des Kapitalmarktes. Sofern man den Bankkunden den Zugang zum Kapitalmarkt mit all seinen Vorteilen ermöglichen will, ist es daher auch erforderlich, die herkömmliche Bepreisungsmethodik derivativer Sicherungsmittel zu akzeptieren.

Da die Entscheidungsgründe weitgehend ohne Rückgriff auf verbraucherschutzrechtliche Erwägungen auskommen, liegt die Vermutung nahe, dass ein zu erwartendes Judikat im unternehmerischen Geschäftsverkehr ähnlich ausfallen würde. Versteht man die Urteile vom 04.07.2017 als Muster für die aktuelle Linie der höchstrichterlichen Rechtsprechung, verspricht auch die Interessenabwägung keine abweichende Beurteilung. So konnten mannigfaltige Argumente zu den Gewohnheiten und Gebräuchen des Handelsverkehrs und bankbetriebswirtschaftlichen Erwägungen den BGH doch auch in dem hier betrachteten Judikat schon nicht überzeugen.[1243]

## B. Kautelarjuristische Gestaltungsmöglichkeiten

Im Rahmen ihrer Möglichkeiten werden sich Kreditinstitute für die künftige Verwendung diverser Entgeltklauseln überlegen müssen, wie sie den Anforderungen der neuen Rechtslage begegnen können. Denn klar ist, dass sie auf die höchstrichterliche Rechtsprechung reagieren sollten, da Passivität mitunter zur Schadensersatzpflicht gegenüber dem Vertragspartner führen kann.[1244] Nach ständiger Rechtsprechung verletzt der Verwender von AGB mit der Nutzung unwirksamer Klauseln seine vorvertraglichen Pflichten zur Rücksichtnahme gem. § 311 Abs. 2 BGB, wonach sich die Vertragsbedingungen in einem rechtlich zulässigen Rahmen halten müssen.[1245]

In erster Reaktion auf die Urteile vom 04.07.2017 wurde in der Praxis dazu geraten, die betreffenden Klauseln individuell auszuhandeln oder aber den Aufwand, der mit der Beratung und Strukturierung eines Kredits verbunden ist, eindeutig

---

1243 *B. Westermann*, WuB 2018, 492, 495 erkennt in einer unangemessenen Benachteiligung geschäftlicher Kunden einen Erst-Recht-Schluss; *Bausch*, NJW 2018, 2953, 2954 hält ein anderes Ergebnis bei unternehmerischen Zinssicherungsgebühren hingegen für zwingend.

1244 Mit diesem Hinweis auch *Löhnig/Jerger*, GWR 2013, 239, 242.

1245 Nach BGH, Urteil vom 27.05.2009 – VIII ZR 302/07, BGHZ 181, 188 = NJW 2009, 2590 sei ein Verschulden nur anzunehmen, wenn die unwirksame Klausel zum Zeitpunkt des Vertragsschlusses gerichtlich bereits beanstandet worden ist; BGH, Urteil vom 12.03.2008 – XII ZR 147/50, NJW 2008, 2254, 2256 (zur Gewerberaummiete); BGH, Urteil vom 28.05.1984 – III ZR 63/83, NJW 1984, 2816, 2817 (zur AGB einer Sparkasse); ausführlich zu den Anforderungen an den Schaden des Kunden *Roloff*, in: Erman BGB Vor § 307 Rn. 19.

dem Interessenkreis des Darlehensnehmers zuzuordnen.[1246] Die Untersuchung hat aber gezeigt, dass dieses Vorhaben nach der gegenwärtigen Rechtsprechung mitunter mit großem Aufwand und geringen Erfolgsaussichten bei der rechtlichen Begründung einer Individualabrede bzw. Sonder- oder Zusatzleistung verbunden sein kann. Nach Sichtweise des BGH bestehe die für die Zukunft vorzugswürdige Bepreisung bekanntlich aus einer Umlage der Kosten auf den Zinssatz. Denn den Kreditinstituten bleibe es weiterhin unbenommen, den mit der Kreditgewährung verbundenen Verwaltungsaufwand durch eine entsprechende Zinskalkulation innerhalb der Grenzen des § 138 BGB frei bestimmen zu können.[1247] Darin muss man im Umgang mit Bearbeitungsgebühren aber nicht zwangsläufig die einzige Gestaltungsmöglichkeit sehen.[1248]

## I. Kostendeckung durch entsprechende Zinskalkulation

Schon jetzt ist klar: Die rechtssicherste Bepreisung von zu Vertragsbeginn tatsächlich entstandenem Aufwand liegt künftig in der Umlage der betreffenden Kosten auf den Zinssatz über die gesamte Laufzeit. Durch den ausdrücklichen Hinweis in den Entscheidungsgründen kann sich dieser Lösungsansatz zwar der rechtlichen Billigung des BGH sicher sein, mit dem wirtschaftlichen Zielbild einer gerechten Kostenverteilung ist er aber nicht in Einklang zu bringen.

### *1. Keine Effizienzsteigerung durch laufzeitabhängige Bepreisungsmodelle*

Durch den Zwang zu einer bestimmten Entgeltform wird dem Einpreisen aller Kosten in den Zins mitunter eine bessere Vergleichbarkeit zwischen den

1246 So etwa exemplarisch *Etzbach/Janning*, DB 2017, 2275, 2277; *W. Müller/Marchant/Eilers*, BB 2017, 2243, 2247.

1247 BGH, Urteil vom 16.10.2018 – XI ZR 593/16, WM 2018, 2183 Rn. 23; BGH, Urteile vom 04.07.2017 – XI ZR 562/15, BGHZ 215, 172 = NJW 2017, 2986 Rn. 83 und XI ZR 233/16, ZIP 2017, 1654 Rn. 91 mit Verweis auf BGH, Urteil vom 13.05.2014 – XI ZR 405/12, BGHZ 201, 168 = NJW 2014, 2420 Rn. 86.

1248 Dabei geht die Untersuchung nicht weiter der Fragestellung nach, ob in der Beschränkung der Freiheit der Kreditinstitute, ein Entgelt für die erbrachten Leistungen nach eigener betriebswirtschaftlicher Verantwortung festzulegen, ein nicht zu rechtfertigender Eingriff in den Schutzbereich des Art. 12 Abs. 1 Satz 1 GG i.V.m. Art. 19 Abs. 3 GG zu sehen ist. Nach Ansicht des BGH bilde § 307 BGB eine taugliche Schranke zur Rechtfertigung eines Eingriffes in die Berufsfreiheit und sorge im Sinne praktischer Konkordanz für die erforderliche Waffengleichheit zwischen Klauselverwendern und deren Vertragspartnern, BGH, Urteile vom 04.07.2017 – XI ZR 562/15, BGHZ 215, 172 = NJW 2017, 2986 Rn. 82 und XI ZR 233/16, ZIP 2017, 1654 Rn. 90; zustimmend *von Westphalen*, NJW 2018, 1520, 1521. Mit erheblichen Zweifeln an der Rechtfertigung des Grundrechtseingriffes *W. Müller/Marchant/Eilers*, BB 2017, 2243, 2245; *van Bevern/Schmitt*, BKR 2015, 323, 329 f.; *H. Berger/Rübsamen*, WM 2011, 1877, 1880 (jeweils m.w.N.).

Wettbewerbern und eine gesteigerte Transparenz der unterschiedlichen Kreditkonditionen bescheinigt.[1249] So könne die Vergütung nicht in „inkommensurable Komponenten“ aufgespalten und die vollrationale Beurteilung des Preises seitens des Darlehensnehmers wieder allein auf den Zinssatz fokussiert werden.[1250]

Bedenken gegenüber einer Aufspaltung in den Vertragszins und ein fest vereinbartes Entgelt erscheinen aber nicht zwingend, da letztlich auch das Einpreisen dazu führen kann, dass sich innerhalb des Zinses eine zunehmende Anzahl von Kosten versteckt, die zuvor ausdrücklich einzeln aufgeschlüsselt wurden.[1251] Für ausreichende Transparenz sorgt zudem bereits der effektive Jahreszins, der regelmäßig auch im unternehmerischen Verkehr zur Veranschaulichung der Gesamtbelastung angegeben wird und bereits die zu zahlenden Zinsen sowie weitere Entgeltbestandteile beinhaltet.[1252] Gerade bei Kontokorrentdarlehen mit einem variablen Saldo und einer unsicheren Dauer der Verzinsung oder bei der ungewissen Inanspruchnahme eines Haftungskredites würde der Zinsanteil für den Bearbeitungsaufwand von externen Faktoren beeinflusst werden, die mit dem tatsächlich erbrachten Aufwand nicht in Relation stehen.[1253]

Näher käme einer gerechten Kostenverteilung womöglich die Strukturierung eines laufzeitabhängigen Einmalentgeltes, welches ähnlich einem Disagio pauschal zu Vertragsbeginn zu zahlen ist. Zwar findet diese Gestaltung in den Entscheidungsgründen keine ausdrückliche Erwähnung, jedoch entspricht die Erhebung laufzeitabhängiger Kosten dem allgemeinen Prinzip der Kostenermäßigung und dürfte vor dem Hintergrund der Disagio-Rechtsprechung des BGH einer rechtlichen Überprüfung standhalten.[1254] Dafür wäre es in jedem Fall erforderlich, den laufzeitabhängigen Charakter der Klausel hinreichend und deutlich zum Ausdruck zu bringen, um einer gerichtlichen Interpretation als (unzulässige) laufzeitunabhängige Entgeltklausel vorzubeugen.[1255] Aus Bankensicht bestünde der Vorteil jedenfalls darin, den zu Vertragsbeginn anfallenden Aufwand auch tatsächlich zu Vertragsbeginn gegenüber dem Kunden bepreisen zu können. Allerdings hat die Laufzeitabhängigkeit der Entgeltklausel zur Folge, dass dem Darlehensnehmer im Falle einer vorzeitigen Vertragsbeendigung ein Anspruch auf Rückzahlung nicht

---

1249 *Tröger*, NJW 2017, 2994, 2995.

1250 So *Tröger*, NJW 2017, 2994, 2995, der in dem vom BGH befürworteten Ergebnis auch verhaltenswissenschaftliche Gründe erkennt, da der Zins als ein die Entscheidung des Darlehensnehmers bestimmender „Anker“ verstanden werde, hinter welchem andere Entgeltkomponenten ansonsten zurücktreten würden.

1251 Ebenso OLG Nürnberg, Urteil vom 04.04.2017 – 14 U 612/15, juris Rn. 66; mit deutlicher Kritik an dem „Zwang zum All inclusive“ bereits *Bitter*, JZ 2015, 170, 171 f.

1252 Siehe dazu bereits „Gesetzliche Systematik“, S. 167 ff.

1253 Bei OLG Nürnberg, Urteil vom 04.04.2017 – 14 U 612/15, juris Rn. 66 ist die Rede von dem Risiko einer Fehlallokation.

1254 Siehe dazu ausführlich „Kernproblem: Prinzip der Kostenermäßigung“, S. 233 ff.

1255 Eine unmissverständliche Formulierung könnte etwa lauten: „einmalige, sofort fällige, laufzeitabhängige Bearbeitungsgebühr“ und um den Zusatz ergänzt

verbrauchter Zinsvorauszahlungen und im Voraus gezahlter, laufzeitabhängiger Kreditkosten zusteht.[1256] Ebenso wie bei dem Einpreisen der Kosten in den Zinssatz bliebe die Bank auf dem Teil der Verwaltungskosten der frühzeitig kündigenden Kunden sitzen.

Mehr noch führt jede Abkehr von einer verursachungsgerechten Bepreisung zu der Notwendigkeit einer Preiserhöhung zulasten aller Kunden – der BGH nennt das „Mischkalkulation".[1257] Ferner wird den Geschäftskunden der Zugang zu effizienten Steuervorteilen verwehrt, da gewerbliche Darlehensnehmer nur das laufzeitunabhängige Einmalentgelt vollständig als steuerlich abzugsfähigen Position geltend machen können.[1258]

### *2. Rechtliche Risiken einer Zinsstaffelung*

Als kautelarjuristische Gestaltungsoption könnte sich daher die Struktur eines gestaffelten Zinses anbieten. Dabei wird vertraglich ein zu Beginn der Laufzeit höherer Zinssatz vereinbart, der dann im weiteren Verlauf der Vertragsdauer wieder auf ein niedrigeres Niveau absinkt. Durch die Zinsstaffelung könnten die anfänglichen Vertragskosten unmittelbar abgegolten werden, soweit der zu Beginn erhöhte Zinssatz bei vorzeitiger Kündigung des Darlehensnehmers bei dem Kreditinstitut verbleiben kann.

#### *a. Auffälliges Missverhältnis anfänglich erhöhter Zinsen?*

Ob die vorübergehende Erhöhung des Zinssatzes aber einer gerichtlichen Überprüfung standhielte, ist sogleich mit mehreren Unsicherheiten verbunden. Allein aufgrund der Begrenzung des § 138 BGB können die Zinsen für einen kurzen Zeitraum nicht unbegrenzt angehoben werden.[1259] Die Sittenwidrigkeit nach § 138 Abs. 1 BGB wird bei Gelddarlehensverträgen bereits dann angenommen,

---

werden: „die laufzeitabhängige Bearbeitungsgebühr wird bei vorzeitiger Vertragsbeendigung anteilig zurückerstattet".

1256 Zu diesem Rechtsgedanken BGH, Urteil vom 17.05.1994 – IX ZR 232/93, NJW 1994, 1790; BGH, Urteil vom 12.10.1993 – XI ZR 11/93, NJW 1993, 3257; BGH, Urteil vom 29.05.1990 – XI ZR 231/89, BGHZ 111, 287, 290, 294 = NJW 1990, 2250; *K. P. Berger*, in: MüKo BGB § 488 Rn. 242; *Weidenkaff*, in: Palandt BGB § 501 Rn. 1, 3.

1257 Siehe dazu ausführlich „Einpreisen in den Zinssatz: Folgen der Mischkalkulation", S. 237 ff.

1258 Das laufzeitabhängige Einmalentgelt ist als Zinsvorauszahlung zu qualifizieren, bei der der für die Folgejahre vorausgezahlte Anteil bilanziell als Vermögensgegenstand aktiviert werden muss. Steuerlich wäre zu Vertragsbeginn nur der Teil eines Entgeltes absetzbar, der auf das betreffende Jahr entfällt. Siehe dazu LG Itzehoe, Urteil vom 06.09.2016 – 7 O 129/15, juris Rn. 36 f. und bereits oben „Steuerliche Behandlung des Bearbeitungsentgeltes", S. 197 ff.

1259 Das konstatiert auch *Krepold*, in: Schimansky/Bunte/Lwowski, Bankrechts-Handbuch § 78 Rn. 118f; instruktiv zur Grenze des § 138 BGB auch BGH, Urteile vom

wenn zwischen der Hauptleistung des Darlehensgebers, der Kapitalgewährung auf Zeit, und dem vereinbarten Zinssatz als Gegenleistung des Darlehensnehmers ein auffälliges Missverhältnis besteht.[1260] Bei einer Gegenüberstellung des effektiven Vertragszinses mit dem marktüblichen Vergleichszins wird ein auffälliges Missverhältnis nach Rechtsprechung des BGH dabei regelmäßig bejaht, wenn der Vertragszins den Vergleichszins relativ um 100 % oder absolut um 12 % übersteigt.[1261] Dies gilt nicht nur für Verbraucherdarlehensverträge, sondern gleichermaßen für gewerbliche Kredite, sofern sich ein entsprechender Vergleichszins feststellen lässt.[1262] Obgleich es sich aufgrund der Volatilität der Kapitalmärkte und der der Sittenwidrigkeitsprüfung immanenten Gesamtwürdigung dabei nicht um starre Grenzwerte handelt,[1263] ließe sich eine anfängliche Zinsstaffelung mit möglichst moderatem Anfangssatz wohl ohnehin innerhalb der richterrechtlich gesetzten Zinsdifferenzen strukturieren und somit bereits dem Vorwurf des objektiven Sittenwidrigkeitsmerkmals begegnen.

Ferner reicht die Überschreitung der gesetzten Grenzwerte allein ohnehin nicht für die Annahme der Sittenwidrigkeit eines Darlehensvertrages aus, da es neben dem objektiven Tatbestand des auffälligen Missverhältnisses auch einer subjektiven Komponente, der bewussten Ausnutzung der schwächeren Lage des Darlehensnehmers und dessen Unterlegenheit bei der Festlegung der Vertragsbedingungen,

---

04.07.2017 – XI ZR 562/15, BGHZ 215, 172 = NJW 2017, 2986 Rn. 83 und XI ZR 233/16, ZIP 2017, 1654 Rn. 91.

1260 So übereinstimmend das objektive Tatbestandsmerkmal nach BGH, Urteil vom 11.01.1995 – VIII ZR 82/94, BGHZ 128, 255 = NJW 1995, 1019, 1020; BGH, Urteil vom 12.03.1981 – III ZR 92/79, BGHZ 80, 153 = NJW 1981, 1206 f.; BGH, Urteil vom 30.01.1981 – V ZR 7/80, WM 1981, 404; *K. P. Berger*, in: MüKo BGB § 488 Rn. 106; *Freitag*, in: Staudinger BGB, § 488 Rn. 132 ff.

1261 BGH, Urteil vom 13.03.1990 – XI ZR 252/89, BGHZ 110, 336, 340 = NJW 1990, 1595; BGH, Urteil vom 24.03.1988 – III ZR 30/87, BGHZ 104, 102, 104 f. = NJW 1988, 1659; BGH, Urteil vom 10.07.1986 – III ZR 133/85, BGHZ 98, 174, 176 = NJW 1986, 2564; exemplarisch OLG Schleswig, Beschluss vom 05.09.2012 – 2 W 19/12, DNotZ 2013, 132, wo die Eintragung einer Grundschuld mit einem Zinssatz von 48 % p.a. bei einem Vergleichszins von unter 10 % im Hinblick auf § 138 BGB abgelehnt wurde.

1262 BGH, Urteil vom 11.01.1995 – VIII ZR 82/94, BGHZ 128, 255, 266 f. = NJW 1995, 1019; BGH, Urteil vom 19.02.1991 – XI ZR 319/89, NJW 1991, 1810. Dabei wurde jedoch zum Teil ein „besonders grobes Missverhältnis" von im Bereich einer relativen Marktzinsüberschreitung von 200 % gefordert, BGH, Urteil vom 08.02.1994 – XI ZR 77/93, NJW 1994, 1275; BGH, Urteil vom 08.07.1982 – III ZR 1/81, NJW 1982, 2767, 2768.

1263 Siehe etwa zur Vergleichszinsberechnung in der Niedrigzinsphase (Richtwert 110 %), BGH, Urteil vom 11.12.1990 – XI ZR 69/90, NJW 1991, 834; bei zusätzlich belastenden Kreditbedingungen relativ auch zwischen 90 % und 100 %, BGH, Urteil vom 15.01.1987 – III ZR 217/85, BGHZ 99, 333, 336 = NJW 1987, 944. Siehe zur Kasuistik ausführlich *K. P. Berger*, in: MüKo BGB § 488 Rn. 114.

bedarf.[1264] Anders als bei Verbraucherdarlehensverträgen besteht dabei keine widerlegliche Vermutung für das Vorliegen der subjektiven Tatbestandsvoraussetzungen, sodass die Darlegungs- und Beweislast vollumfänglich den gewerblichen Kreditnehmer trifft.[1265] Je nach Art und Größe des Unternehmers wird sich weder eine Schwächesituation noch eine Unterlegenheit begründen lassen. Ähnliches sollte für den Wuchertatbestand nach § 138 Abs. 2 BGB gelten, an den die Rechtsprechung noch höhere Anforderungen dergestalt stellt, dass etwa die Ausbeutung einer Zwangslage gegeben sein muss.[1266]

### *b. Umgehungsverbot und kundenfeindlichste Auslegung*

In der Gestaltung einer Zinsstaffelung sollte zudem kein Verstoß gegen das Umgehungsverbot des § 306a BGB zu erkennen sein,[1267] da die Vorschriften des Abschnittes über die Gestaltung rechtsgeschäftlicher Schuldverhältnisse durch AGB demgemäß lediglich für den Fall anwendbar bleiben sollen, in dem sie durch anderweitige Gestaltungen umgangen werden. Durch das Umlegen der Kosten auf den laufzeitabhängigen Zinssatz kann von einer Umgehung aber gerade nicht die Rede sein, da es sich dabei um den vom BGH selbst präferierten Lösungsweg handelt. Auch die mit der Staffelung verbundene kurzzeitige Erhöhung wäre insoweit kein Fall von § 306a BGB, da der Zins als Preishauptabrede ohnehin keiner AGB-Kontrolle unterläge.[1268]

---

1264 So ausdrücklich zum subjektiven Tatbestandsmerkmal BGH, Urteil vom 12.03.1981 – III ZR 92/79, BGHZ 80, 153, 160 ff. = NJW 1981, 1206; weitere Nachweise in Fn. 1261, 1262.

1265 Tatsächliche Vermutung im Verbraucherverkehr: BGH, Urteil vom 24.03.1988 – III ZR 30/87, BGHZ 104, 102, 107 = NJW 1988, 1659; Wegfall der Vermutung im Geschäftskundenverkehr: BGH, Urteil vom 11.01.1995 – VIII ZR 82/94, BGHZ 128, 255, 268 = NJW 1995, 1019, 1022.

1266 Zu den strengen Anforderungen exemplarisch BGH, Urteil vom 12.03.1981 – III ZR 92/79, BGHZ 80, 153, 160 = NJW 1981, 1206, 1207; *Armbrüster*, in: MüKo BGB § 138 Rn. 143 ff.; *K. P. Berger*, in: MüKo BGB § 488 Rn. 106; *Ellenberger*, in: Palandt BGB § 138 Rn. 25, 65 spricht von geringer praktischer Bedeutung; *Looschelders*, in: NK BGB § 138 Rn. 355; *Mansel*, in: Jauernig BGB § 138 Rn. 19 hält § 138 Abs. 2 BGB wegen der Nichtigkeit aus § 134 BGB i.V.m. § 291 StGB gar für gegenstandslos; *Wendtland*, in: BeckOK BGB § 138 Rn. 40.

1267 Ein solcher Vorwurf könne nach *Josenhans/Danzmann/Lübbehüsen*, BKR 2018, 142, 147 je nach Ausgestaltung der kurzzeitigen Erhöhung der Marge aber nicht ausgeschlossen werden.

1268 Siehe dazu bereits ausführlich „Die kontrollfreie Preishauptabrede“, S. 159 ff. Ebenso betonte der erkennende Senat selbst, dass der Zins innerhalb der Grenzen des § 138 BGB frei bestimmt werden kann, BGH, Urteile vom 04.07.2017 – XI ZR 562/15, BGHZ 215, 172 = NJW 2017, 2986 Rn. 83 und XI ZR 233/16, ZIP 2017, 1654 Rn. 91.

Ein materielles Risiko besteht jedoch dahingehend, dass der zu Vertragsbeginn erhöhte Zinssatz gerichtlich als Zinsvorauszahlung eingeordnet wird. Nach der kundenfeindlichsten Auslegung könnte der vorübergehend angehobene Zinsanteil den sonstigen laufzeitabhängigen Kosten des Darlehens zugeordnet werden, sodass im Falle einer vorzeitigen Vertragsbeendigung wiederum eine Rückerstattungspflicht bestünde. Ähnlich wie bei der Struktur eines laufzeitabhängigen Einmalentgeltes ließe sich ein Teil der Kosten somit nicht dauerhaft an den Kunden weitergeben – gegenüber einer Quersubventionierung wäre nichts gewonnen. Ganz im Gegenteil besteht für das Kreditinstitut sogar die zusätzliche Gefahr, dass die Vereinbarung der Zinsstaffelung im Streitfall doch als unzulässige Klauselkonstruktion verworfen werden könnte und somit die Wirksamkeit der gesamten Zinsvereinbarung betreffen würde.[1269] In diesem Fall bliebe es bei dem nach der Staffelung niedrigsten Zinssatz für die gesamte Vertragsdauer, sodass die zu Anfang entstandenen Kosten überhaupt nicht auf den Darlehensnehmer umgelegt werden könnten.

## II. Anforderungen an ein „Entgelt bei Rückzahlung" bzw. „Rückzahlungsentgelt"

Anstatt die Bepreisung des anfänglichen Verwaltungsaufwandes ursachengerecht zu Vertragsbeginn vorzunehmen, besteht zumindest denklogisch auch die Möglichkeit der Erhebung eines zusätzlichen Entgeltbestandteiles bei Beendigung der Vertragsbeziehung. In der Rechtssache XI ZR 562/15 hatte sich die beklagte Bank zusätzlich zu dem in Streit stehenden Bearbeitungsentgelt für Vertragsschluss ein weiteres „Bearbeitungsentgelt bei Rückzahlung" ausbedungen.[1270] Dieses laufzeitunabhängige Einmalentgelt wäre für den Fall zu zahlen gewesen, dass eine Ablösung des Darlehens vor Ablauf von vier Jahren vorgenommen worden wäre.

### *1. Üblichkeit sog. Vorfälligkeitsentgelte bei einvernehmlicher Vertragsaufhebung*

Nach Ansicht des BGH seien mit dieser zusätzlichen Entgeltbestimmung sämtliche Nachteile des Kreditinstitutes im Zusammenhang mit einer vorzeitigen Rückzahlung der Valuta abgegolten.[1271] Die kumulative Verwendung beider Klauseln (jeweils ein Entgelt zu Vertragsschluss und bei Rückzahlung) führe dabei jedoch zu einem doppelten Ausgleich der enttäuschten Zinserwartung. Einen Hinweis darauf, wie es – separat betrachtet – um die Wirksamkeit der Entgeltbestimmung

1269 Ebenso *Josenhans/Danzmann/Lübbehüsen*, BKR 2018, 142, 147.

1270 BGH, Urteil vom 04.07.2017 – XI ZR 562/15, BGHZ 215, 172 = NJW 2017, 2986 Rn. 75.

1271 BGH, Urteil vom 04.07.2017 – XI ZR 562/15, BGHZ 215, 172 = NJW 2017, 2986 Rn. 75.

bei Rückzahlung steht, erteilte der Senat allerdings nicht. Denn es sei nicht von Bedeutung, ob die zusätzliche Entgeltklausel schon allein unwirksam sei oder sich eine unangemessene Benachteiligung des Kreditnehmers erst aus dem Zusammenwirken beider Bestimmungen ergebe.[1272] Auszuwählen, welche von zwei Klauseln Bestand haben solle, sei nicht Sache des Gerichts. Damit ist zumindest nicht ausgeschlossen, dass die Erhebung eines solchen Entgeltes bei Rückzahlung einer Inhaltskontrolle standhalten könnte.

Sog. Vorfälligkeitsentgelte sind im Bankrecht bei einer vorzeitigen Vertragsbeendigung keinesfalls unüblich. Insbesondere für den Fall, dass dem Darlehensnehmer in Ermangelung einschlägiger Gründe kein ordentliches oder außerordentliches Kündigungsrecht zusteht, können die Vertragsparteien den Kreditvertrag auch im Wege einer einvernehmlichen Übereinkunft aufheben.[1273] Dabei kann die Bank die Zustimmung zur vorzeitigen Vertragsbeendigung und die Rücknahme der Darlehensvaluta, wozu sie im Geschäftskundenverkehr nicht verpflichtet ist, von der Zahlung eines einmaligen Vorfälligkeitsentgeltes abhängig machen. Sofern es sich bei einem solchen Aufhebungsvertrag nicht bereits um eine Individualvereinbarung handelt, sollte ein darin vereinbartes Entgelt zumindest eine der Inhaltskontrolle entzogene Preisabrede darstellen.[1274] Das Vorfälligkeitsentgelt lässt sich dabei bis zu der Grenze des § 138 BGB frei vereinbaren und sollte erst dann ein objektiv auffälliges Missverhältnis begründen können, wenn es den Wert einer der Bank hypothetisch zustehenden Vorfälligkeitsentschädigung relativ um 90–100 % übersteigt.[1275]

Aufgrund der herkömmlichen Zinsstruktur ist für den unternehmerischen Geschäftsverkehr dadurch aber wenig gewonnen. Durch die Verwendung von variablen Zinssätzen, Zinsanpassungsklauseln oder *Roll-Over*-Kreditmodellen ist eine vorzeitige Vertragsbeendigung durch ordentliche Kündigung regelmäßig möglich.[1276] Eine Aufhebungsvereinbarung wird aufgrund der ohnehin kurzen Kündigungsfristen und insbesondere wegen der dafür notwendigen Zugeständnisse des Darlehensnehmers im B2B-Verkehr eine Ausnahme darstellen. Soweit

---

1272 BGH, Urteil vom 04.07.2017 – XI ZR 562/15, BGHZ 215, 172 = NJW 2017, 2986 Rn. 76 mit Verweis auf BGH, Urteil vom 05.12.2006 – X ZR 165/03, NJW 2007, 997 Rn. 27; BGH, Beschluss vom 26.10.1994 – VIII ARZ 3/94, BGHZ 127, 245, 254 = NJW 1995, 254.

1273 *Krepold*, in: Schimansky/Bunte/Lwowski, Bankrechts-Handbuch § 79 Rn. 69; *Rösler/Wimmer*, WM 2000, 164, 167.

1274 *Krepold*, in: Schimansky/Bunte/Lwowski, Bankrechts-Handbuch § 79 Rn. 68 f. macht deutlich, dass die Vorfälligkeitsentschädigung davon begrifflich streng zu trennen sei; *Rösler/Wimmer*, WM 2000, 164, 167.

1275 *Wimmer/Rösler*, WM 2005, 1873, 1880; *dies.*, WM 2000, 164, 167; siehe dazu die Nachweise in Fn. 1261. Zusätzlich müssten auch die subjektiven Tatbestandsmerkmale der Sittenwidrigkeit vorliegen.

1276 Siehe dazu ausführlich „Einpreisen in den Zinssatz: Folgen der Mischkalkulation", S. 237 ff.

ein Aufhebungsentgelt oder ein „Bearbeitungsentgelt bei Rückzahlung“ jedoch wie in dem zugrunde liegenden Fall schon bei Vertragsschluss vorgesehen ist, handelt es sich nicht mehr um eine kontrollfreie Preisabrede.

## *2. Entschädigung für die Kosten der vorzeitigen Rückzahlung*

Wie die Untersuchung zeigte, hält der BGH dem Leitbild des Darlehensvertrages entsprechend als vertragstypische Gegenleistung nur laufzeitabhängige Vergütungsbestandteile für zulässig, sodass ein laufzeitunabhängiges, einmaliges Aufhebungsentgelt zumindest der Inhaltskontrolle unterläge. Sofern mit diesem Entgelt dann auch noch der Zweck verfolgt würde, den anfänglichen Verwaltungsaufwand im Nachhinein an den vorzeitig kündigenden Darlehensnehmer weiterzugeben, steht aber auch dessen Unwirksamkeitserklärung zu befürchten. Andernfalls würden die Wertungen der Urteile vom 04.07.2017 unterlaufen – denn die Unzulässigkeit eines laufzeitunabhängigen Bearbeitungsentgeltes bei Vertragsschluss kann schlichtweg nicht dadurch umgangen werden, dass es zum Vertragsende erhoben wird.

Anders könnten die Dinge jedoch liegen, wenn ein Bearbeitungsentgelt tatsächlich allein bezweckt, das Risiko einer kurzfristigen Kündbarkeit oder das Bestehen zusätzlichen Aufwandes auszugleichen. Zur Reichweite der Vorfälligkeitsentschädigung im Verbraucherdarlehensrecht machte der Gesetzgeber deutlich, dass darin insbesondere eine Entschädigung für die Kosten der Refinanzierung des Darlehens, die entgangenen Zinsansprüche und auch die Bearbeitung für die vorzeitige Rückzahlung abgedeckt seien.[1277] Obgleich der Darlehensnehmer zwar jederzeit mit einer vorzeitigen Rückzahlung rechnen muss, geht daraus die Wertung hervor, dass er grundsätzlich nicht auf dem erhöhten Aufwand der Abwicklung des Vertrages sitzen bleiben soll.[1278] In der Praxis erscheint es dann jedenfalls von gesteigerter Bedeutung, das Entgelt hinreichend deutlich als „Entgelt bei Rückzahlung“ oder auch „Rückzahlungsentgelt“ zu bezeichnen, da der BGH die Reichweite einer Klausel zuvorderst an ihrer Bezeichnung und ihrem Wortlaut bewertet. So heißt es etwa in der Rechtssache XI ZR 233/16, dass „der Annahme, die streitige Gebühr solle der Beklagten einen Ausgleich für Kosten gewähren, die sie bei Nichtabnahme oder vorzeitiger Rückzahlung des Darlehens aus den Zinsen nicht decken

---

1277 BT-Drucks. 16/11643, S. 87, wonach diese Posten im Verbraucherdarlehensrecht von der Vorfälligkeitsentschädigung nach § 502 BGB mitumfasst seien. Daraus lässt sich dann aber schließen, dass diese Kosten auch im Wege eines Abschlussentgeltes erstattungsfähig sein sollten.

1278 *Jungmann*, in: Schimansky/Bunte/Lwowski, Bankrechts-Handbuch § 81 Rn. 614, wonach Verwaltungs- und Refinanzierungskosten im Zusammenhang mit der vorzeitigen Rückzahlung im Gegensatz zu Allgemeinkosten zu ersetzen seien; *Knops*, NJW 2018, 1505, 1509 f.

könne, steht bereits [...] der Wortlaut der streitigen Klausel entgegen, die der Senat selbstständig auszulegen hat."[1279]

Für den AGB-Verwender lässt sich daraus ableiten, dass ein Rückzahlungs- oder Vorfälligkeitsentgelt bereits bei Vertragsschluss vereinbart werden kann und dabei durchaus mit den richterlichen Anforderungen der Inhaltskontrolle in Einklang zu bringen ist.[1280] Jedoch darf damit weder explizit, noch implizit anfänglicher Verwaltungsaufwand lediglich auf das Vertragsende verschoben werden, sondern es muss vielmehr eine zusätzliche Kostenposition für die Beendigung des Darlehensvertrages bepreist werden.

## III. Grenzen rechtlich isolierter Entgeltvereinbarungen

Wenig erfolgsversprechend erscheint es indessen, der gerichtlichen Inhaltskontrolle entgehen zu wollen, indem die Erhebung einer Bearbeitungsgebühr in eine von dem eigentlichen Darlehensvertrag rechtlich isolierte Entgeltvereinbarung verlagert wird. Denn auch wenn die Regelung der Hauptleistungspflichten des § 488 BGB im Kreditvertrag belassen und lediglich laufzeitunabhängige Entgeltbestandteile in einer Zusatzvereinbarung geregelt werden, ließe dies die Kontrollfähigkeit der betreffenden Klausel unberührt.

In dieser Gestaltung könnte auf den ersten Blick hin durchaus ein Verstoß gegen das Umgehungsverbot des § 306a BGB zu erkennen sein. Das Vorliegen des Umgehungstatbestandes nahm der BGH dabei beispielsweise für eine bankinterne Anweisung an, „wenn damit die Absicht verfolgt wird, Allgemeine Geschäftsbedingungen zu vermeiden, der Inhaltskontrolle nach § 307 BGB zu entgehen und ebenso effizient wie bei der Stellung Allgemeiner Geschäftsbedingungen eine AGB-rechtlich unzulässige Gebühr zu erheben."[1281] Jedoch erscheint der Rückgriff

1279 BGH, Urteil vom 04.07.2017 – XI ZR 233/16, ZIP 2017, 1654 Rn. 82. In der Rechtssache BGH, Urteil vom 05.06.2018 – XI ZR 371/16, juris Rn. 15 findet sich ein ähnlicher Passus, wonach Motive oder betriebswirtschaftliche Zwecke „weder im Wortlaut der Klausel noch in der Systematik der Vertragsbedingungen einen Niederschlag gefunden" hätten.

1280 Dabei ist jedoch zu beachten, dass Pauschalen für die Berechnung einer Vorfälligkeitsentschädigung gegen §§ 309 Nr. 5 lit. b, 308 Nr. 7 lit. b, 307 Abs. 1, Abs. 2 Nr. 1 BGB verstoßen können. Mit diesem Hinweis etwa *Knops*, NJW 2018, 1505, 1510; vgl. auch OLG Frankfurt a.M., Urteil vom 17.04.2013 – 23 U 50/12, WM 2013, 1351 (rechtskräftig durch Revisionsrücknahme der beklagten Bank, BGH, Beschluss vom 14.01.2014 – XI ZR 180/13, BeckRS 2014, 1128); kritisch demgegenüber *Wimmer/Rösler*, WM 2016, 1821, 1825 f.

1281 BGH, Urteil vom 08.03.2005 – XI ZR 154/04, BGHZ 162, 294 = NJW 2005, 1645, 2. Leitsatz. In der Gestaltung stellte die bankinterne Anweisung – ein Rundschreiben an nachgeordnete Geschäftsstellen – keine vorformulierte Vertragsbedingung dar, die die Bank als Verwender ihren Kunden stellt. Zu einer ähnlichen Gestaltung OLG Düsseldorf, Urteil vom 13.02.2014 – I-6 U 84/13, NJW-RR 2014, 729.

auf § 306a BGB nicht einmal zwingend, da auch eine vom Darlehen isolierte Entgeltvereinbarung als für eine Vielzahl von Verträgen vorformulierte Vertragsbedingung gem. § 305 Abs. 1 Satz 1 BGB gerichtlich kontrollfähig ist.[1282] Sobald die Kreditinstitute also dazu übergehen wollten, mit dem Darlehen zusammenhängende Gebühren vermehrt in Zusatzvereinbarung zu überführen, wäre darin wiederum eine zur mehrfachen Verwendung vorgesehene Formularvereinbarung zu sehen.[1283] Auch rechtlich isolierte Entgelte würden somit vor dem Hintergrund des gesetzlichen Leitbildes des § 488 BGB ausgelegt werden und für den Fall ihrer Laufzeitunabhängigkeit im Darlehensvertragsrecht zu einer unangemessenen Benachteiligung führen.

Am ehesten ließe sich der Einwand einer gestalterischen Umgehung wohl abseits des Leitbildes des Darlehensvertrages zurückweisen. Sofern die vertragliche Hauptleistung dabei etwa als Geschäftsbesorgung eingeordnet werden kann, bestimmen sich die anwendbaren Regelungen vordergründig nach den vertraglichen Parteivereinbarungen, dem Auftrags-, Dienst- und Werkvertragsrecht.[1284] Ein durch die Gerichte vorgeprägtes, gesetzliches Leitbild, welches der laufzeitunabhängigen Struktur einer Entgeltvereinbarung entgegenstehen könnte, ist im Rahmen von § 675 Abs. 1 BGB nämlich weder anerkannt, noch rechtlich sinnvoll.[1285] Auch und gerade bei Zinsbegrenzungsgeschäften bietet sich eine vollständige Isolierung vom Kreditvertrag an, um der Gefahr zu begegnen, dass Gerichte derartige Maßnahmen nach dem Judikat vom 05.06.2018 der Zinskalkulation zuordnen.[1286] Durch die Verwendung eines zusätzlichen Sicherungsvertrages *sui generis* i.S.d.

---

1282 Siehe näher zu den Anforderungen einer Formularvereinbarung und zu den möglichen Regelungsorten „Für eine Vielzahl von Verträgen vorformulierte Vertragsbedingungen", S. 66 ff.

1283 Durch die Verwendung unbestimmter Rechtsbegriffe in den §§ 305–310 BGB lassen sich bereits nahezu alle Umgehungsversuche erfassen, sodass eine Umgehung „durch anderweitige Gestaltungen" i.S.d. § 306a BGB nur in Ausnahmefällen denkbar ist. Der Anwendungsbereich des Umgehungsverbot sei daher sehr beschränkt, so einhellig *Basedow*, in: MüKo BGB § 306a Rn. 3 f.; *H. Schmidt*, in: Bamberger/Roth BGB § 306a Rn. 4; *Harry Schmidt*, in: Ulmer/Brandner/Hensen AGB § 306a Rn. 5; *Stoffels*, AGB Rn. 92.

1284 *Sprau*, in: Palandt BGB § 675 Rn. 7; *Kropf*, BKR 2018, 423, 425. So etwa beim Avalkreditvertrag; siehe dazu bereits „Avalkredite", S. 248 ff.

1285 Unter dem Leitbild des Geschäftsbesorgungsvertrages müsste sich ein laufzeitunabhängiger Preisbestandteil folglich auch ohne Zusatzvereinbarung rechtswirksam gestalten lassen, ebenso *Kropf*, BKR 2018, 423, 425; *Nobbe*, WuB 2018, 489, 492. Dem steht in gewisser Weise aber die Entscheidung des BGH, Urteil vom 17.04.2018 – XI ZR 238/16, WM 2018, 1356 zur Unwirksamkeit von Bearbeitungsentgelten in Avalkrediten entgegen, da es sich bei diesen Haftungskrediten auch um Geschäftsbesorgungsverträge handelt.

1286 Siehe dazu bereits „Zinscap-Prämien und Zinssicherungsgebühren", S. 261 ff.

§ 311 BGB besteht regelmäßig keine rechtliche Verbindung zwischen Darlehensvertrag und dem Sicherungsgeschäft des Kapitalmarktes.[1287]

Ein Restrisiko, dass die Gerichte auch darin kontrollfähige Vereinbarungen oder unzulässige Umgehungsgeschäfte sehen, verbleibt jedoch bei all diesen Gestaltungen.[1288] Sobald eine zusätzliche Entgeltvereinbarung als unwirksam verworfen wird, bleibt es als Gegenleistung für die Kapitalgewährung allein bei dem konventionellen Zins. Aber auch die hilfsweise Erklärung eines für die gesamte Darlehenslaufzeit anteilig erhöhten Zinses für den Falle der nachträglichen Unwirksamkeit einer rechtlich isolierten Entgeltvereinbarung stößt auf Bedenken.[1289] Mit einer solchen Ersetzungsverpflichtung würde letztlich die Rechtsfolge des § 306 Abs. 2 BGB abbedungen, wonach sich der Inhalt des Vertrages nach den gesetzlichen Vorschriften zu richten hat, soweit Bestimmungen nicht Vertragsbestandteil geworden oder unwirksam sind.[1290] Daher ist anzunehmen, dass subsidiär geltende Ersatzklauseln einer Inhaltskontrolle regelmäßig nicht standhalten.[1291] Andernfalls würde letztlich das mit der Verwendung vorformulierter Vertragsbedingungen verbundene Risiko einer nachträglichen Unwirksamkeit minimiert und der Klauselverwender zunehmend ermutigt, seine Vertragsbestimmungen stets am Rande des rechtlich Zulässigen zu formulieren.[1292]

## IV. Möglichkeit der Teilrechtswahl

In der Kautelarpraxis wird vor dem Hintergrund der begrenzten Möglichkeiten des deutschen Rechts mitunter dazu geraten, den gesamten Vertrag, nur die betreffenden Gebührenklausel oder zumindest eine separate Entgeltvereinbarung einer anderen Rechtsordnung zu unterstellen.[1293] In zahlreichen ausländischen

---

1287 *Jahn/Reiner*, in: Schimansky/Bunte/Lwowski, Bankrechts-Handbuch § 114 Rn. 16, 143; *Weiß/Reps*, WM 2016, 1865, 1869; instruktiv auch *Rösler*, WM 2000, 1930, 1932.

1288 So auch *Rodi*, EWiR 2018, 449, 450 mit Blick auf isolierte Zinsbegrenzungsvereinbarungen.

1289 In diese Richtung aber wohl *Josenhans/Danzmann/Lübbehüsen*, BKR 2018, 142, 147.

1290 Nach *Basedow*, in: MüKo BGB § 306 Rn. 43 gelte dies auch für die Verpflichtung, eine für unwirksam erklärte Vertragsbestimmung durch eine Regelung zu ersetzen, die dem wirtschaftlichen Sinn der ursprünglichen Bestimmung möglichst nahekommt.

1291 BGH, Versäumnisurteil vom 22.11.2001 – VII ZR 208/00, NJW 2002, 894, 895; KG, Urteil vom 28.05.1997 – Kart U 5068/96, NJW 1998, 829, 831; OLG Celle, Urteil vom 12.01.1994 – 2 U 28/93, WM 1994, 885, 893; *Harry Schmidt*, in: Ulmer/Brandner/Hensen AGB § 306 Rn. 39 f.; *Roloff*, in: Erman BGB § 306 Rn. 21 f.; a.A. *Michalski/Römermann*, NJW 1994, 886, 890 die von der Nachgiebigkeit des § 6 Abs. 2 AGBG (§ 306 Abs. 2 BGB) ausgehen.

1292 Siehe dazu BGH, Urteil vom 29.11.1989 – VIII ZR 228/88, BGHZ 109, 240 = NJW 1990, 716, 718; ausführlich *Harry Schmidt*, Vertragsfolgen, S. 230 f.

1293 Siehe dazu etwa *Josenhans/Danzmann/Lübbehüsen*, BKR 2018, 142, 147 (England oder Luxemburg) speziell für Konsortialkredite; *Schmid-Burgk*, BB 2018, 1799, 180

Jurisdiktionen sei ein vergleichbar strenges AGB-Recht für den B2B-Verkehr nicht kodifiziert und die Verwendung vorformulierter Entgeltklauseln daher ohne nachträgliche Kontrolle möglich.[1294]

### *1. Grundsatz und Einschränkung der Rechtswahlfreiheit*

Reichweite und Grenzen der freien Rechtswahl bestimmen sich gem. Art. 3 Nr. 1 lit. b EGBGB nach der Rom I-VO über das auf vertragliche Schuldverhältnisse anzuwendende Recht.[1295] Demnach steht es den Vertragsparteien nach Art. 3 Abs. 1 Satz 1, 3 Rom I-VO grundsätzlich frei, den ganzen Vertrag oder auch nur einen Teil dessen einer anderen Rechtsordnung zu unterstellen. Dabei sind sie in der Wahl einer neutralen Rechtsordnung frei, auch wenn überhaupt keine inhaltliche Beziehung zum Vertragsverhältnis besteht.[1296] Für die Teilrechtswahl wird aber zusätzlich gefordert, dass es sich um einen abspaltbaren und selbständigen Komplex des Vertrages handelt, um widersprüchliche Ergebnisse zu vermeiden.[1297] Für die Beurteilung von Bankentgelten sollten sich dabei jedoch keine Schwierigkeiten ergeben, da sich separate Entgeltvereinbarungen ebenso wie einzelne Gebührenklauseln hinreichend vom Darlehensvertrag trennen lassen. Dafür spricht insbesondere, dass laufzeitunabhängige Einmalentgelte nicht den synallagmatischen Hauptleistungspflichten zuzuordnen sind und sich somit auch im

(Schweiz oder England); *W. Müller/Marchant/Eilers*, BB 2017, 2243, 2246; *Meyer*, WM 2014, 980, 982 (Schweiz); *Lenkaitis/Löwisch*, ZIP 2009, 441, 444; *Lischek/Mahnken*, ZIP 2007, 158, 163 (Schweiz).

1294 Insbesondere das schweizerische Zivilrecht sei wesentlich zurückhaltender konstruiert, beruhe teilweise noch auf Richterrecht und sei im Umgang mit Individualabreden und Paketlösung im Unternehmerverkehr deutlich liberaler, so *Meyer*, WM 2014, 980, 982; *Pfeiffer*, in: FS von Westphalen 2010, 555, 556; *Lischek/Mahnken*, ZIP 2007, 158, 163. Siehe für eine kursorische Darstellung der Regelungssystematik weiterer Rechtsordnungen *W. Müller/Schilling*, BB 2012, 2319, 2320 ff. (England, Schweiz, USA, Japan, Brasilien, Spanien, Österreich).

1295 Verordnung (EG) Nr. 593/2008 des Europäischen Parlaments und des Rates vom 17.06.2008 über das auf vertragliche Schuldverhältnisse anzuwendende Recht (Rom I-VO).

1296 *Ferrari*, in: Ferrari/Kieninger/Mankowski, Internationales Vertragsrecht Art. 3 Rom I-VO Rn. 49; *Martiny*, in: MüKo BGB Art. 3 Rom I-VO Rn. 22; *Kysel*, WM 2018, 2266, 2267.

1297 *Ferrari*, in: Ferrari/Kieninger/Mankowski, Internationales Vertragsrecht Art. 3 Rom I-VO Rn. 39 f.; *Martiny*, in: MüKo BGB Art. 3 Rom I-VO Rn. 68; *Mankowski*, in: FS Martiny 2014, 449, 459. Siehe dazu auch den ausführlichen Bericht zum Übereinkommen über das auf vertragliche Schuldverhältnisse anzuwendende Recht von *Giuliano/Lagarde*, BT-Drucks. 10/503, S. 33, 49.

Falle einer Teilunwirksamkeit des Vertrages unter einer anderen Rechtsordnung beurteilen ließen.[1298]

Eine Einschränkung der Rechtswahlfreiheit sieht jedoch Art. 3 Abs. 3 Rom I-VO für reine Binnensachverhalte vor. Soweit kein Element der betreffenden Fallkonstellation einen Bezug zu dem gewählten Recht des anderen Staates aufweist, findet demnach das zwingende Recht des Staates des Binnensachverhaltes Anwendung, um eine künstliche Rechtsflucht und die Umgehung der lokalen Vorschriften zu vermeiden.[1299] Insofern bliebe es bei der Anwendung des zwingenden deutschen AGB-Rechts, sodass sich durch die Rechtswahl für innerdeutsche Darlehensverträge überhaupt kein Mehrwert ergäbe.[1300] Daher ist es erforderlich, dass der Vertrag objektive Anknüpfungsmerkmale zu der gewünschten Rechtsordnung des anderen Staates aufweist. Ein beidseitig bekundetes Interesse der Vertragspartner an der Anwendung des ausländischen Rechts reicht dabei freilich nicht.[1301] Dahingegen sollte ein enger rechtlicher Zusammenhang zu der gewählten Jurisdiktion bereits ausreichend sein.[1302] Dieser Auslandsbezug kann sich mitunter aus einem im Ausland belegenen Ort der Hauptverwaltung (i.S.v. Art. 19 Abs. 1 Rom I-VO), einer Zweigniederlassung (i.S.v. Art. 19 Abs. 2 Rom I-VO) oder durch den Vertragsgegenstand bzw. im Ausland vorzunehmende Erfüllungshandlungen ergeben.[1303] Teilweise wird aber auch dazu geraten, den Vertragsschluss selbst im Ausland

1298 Mit gleicher Einschätzung *Josenhans/Danzmann/Lübbehüsen*, BKR 2018, 142, 148; im Hinblick auf eine *„Prepayment Fee“ Henze*, Entgeltklauseln, S. 36 ff. Da das Gesetz keine Kriterien nenne, seien zudem auch keine übermäßigen Anforderungen zu stellen, *Martiny*, in: MüKo BGB Art. 3 Rom I-VO Rn. 69. Siehe zum Synallagma des Darlehensvertrages bereits „Das Entgelt als Bestandteil des Preises“, S. 160 ff.

1299 *Martiny*, in: MüKo BGB Art. 3 Rom I-VO Rn. 89 f.; *Henze*, Entgeltklauseln, S. 37; *Kysel*, WM 2018, 2266, 2267.

1300 *Josenhans/Danzmann/Lübbehüsen*, BKR 2018, 142, 148; *Kysel*, WM 2018, 2266, 2267; zum zwingenden Charakter der §§ 305 ff. BGB *Meyer*, WM 2014, 980, 982; zum EGBGB *Lenkaitis/Löwisch*, ZIP 2009, 441, 443.

1301 *Ferrari*, in: Ferrari/Kieninger/Mankowski, Internationales Vertragsrecht Art. 3 Rom I-VO Rn. 55; *Martiny*, in: MüKo BGB Art. 3 Rom I-VO Rn. 90; *Spickhoff*, in: Bamberger/Roth BGB Art. 3 Rom I-VO Rn. 36.

1302 So *Ferrari*, in: Ferrari/Kieninger/Mankowski, Internationales Vertragsrecht Art. 3 Rom I-VO Rn. 55; nach *W. Müller/Marchant/Eilers*, BB 2017, 2243, 2246 reiche hingegen schon ein enger wirtschaftlicher Zusammenhang. Nicht ausreichend sei jedenfalls eine fremde Vertragssprache oder Währung, *Kysel*, WM 2018, 2266, 2269.

1303 *Ferrari*, in: Ferrari/Kieninger/Mankowski, Internationales Vertragsrecht Art. 3 Rom I-VO Rn. 51 f. (m.w.N. zum betreffenden Meinungsstand); *Martiny*, in: MüKo BGB Art. 3 Rom I-VO Rn. 90; *Josenhans/Danzmann/Lübbehüsen*, BKR 2018, 142, 148; *Kysel*, WM 2018, 2266, 2268 f.

vorzunehmen, da durch den Aufenthaltsort ein unabweisbarer Auslandsbezug hergestellt werde.[1304]

Großbanken sollte der Nachweis eines Auslandsbezuges daher ohne größere Schwierigkeiten gelingen, etwa wenn sie das betreffende Kreditgeschäft vollständig und ausschließlich über eine ausländische Zweigniederlassung oder Tochtergesellschaft abwickeln.[1305] Auch bei Konsortialkreditfinanzierungen dürften sich regelmäßig hinreichende Verbindungen zum ausländischen Recht finden, wenn Teile des Konsortiums von ausländischen Banken besetzt sind.[1306] Die körperliche Anwesenheit beider Parteien zum Zwecke des Vertragsschlusses im Ausland erscheint hingegen allein wegen der damit verbundenen Kosten und Umstände nicht sinnvoll.

## *2. Absolute Grenze: Eingriffsnormen und Ordre Public*

Diese Gestaltungsmöglichkeit wird auch nicht von Art. 9 Abs. 2 Rom I-VO eingeschränkt, wonach ursprüngliche Eingriffsnormen trotz der Wahl einer anderen Rechtsordnung anwendbar bleiben. Unter solchen Eingriffsnormen versteht Art. 9 Abs. 1 Rom I-VO zwingende Vorschriften, deren Einhaltung von einem Staat als so entscheidend für die Wahrung seines öffentlichen Interesses, insbesondere seiner politischen, sozialen oder wirtschaftlichen Organisation, angesehen wird, dass sie ungeachtet des nach Maßgabe dieser Verordnung auf den Vertrag anzuwendenden Rechts auf alle Sachverhalte anzuwenden sind, die in ihren Anwendungsbereich fallen. Die Vorschriften des deutschen AGB-Rechts sind aber gerade nicht als Eingriffsnormen zu qualifizieren, da sie nur dem Schutz und Ausgleich widerstreitender Interessen der Vertragsparteien und somit Individualbelangen dienen.[1307] Insbesondere im Geschäftskundenverkehr sollten sie daher gerade keine fundamentalen, öffentlichen Gemeinwohlinteressen verfolgen.[1308] Ebenso wenig

---

1304 Insbesondere *Meyer*, WM 2014, 980, 983; *Lenkaitis/Löwisch*, ZIP 2009, 441, 444 („auch-körperliche Rechtsflucht") mit Verweis auf BGH, Urteil vom 19.03.1997 – VIII ZR 316/96, BGHZ 135, 124 = NJW 1997, 1697, 1699, wo die Abgabe des Vertragsangebotes im Ausland als ausreichend betrachtet wurde.

1305 *Henze*, Entgeltklauseln, S. 38; *Kysel*, WM 2018, 2266, 2269 konstatiert, dass ein hinreichender Auslandsbezug bei der Betätigung inländischer Niederlassungen für ausländische Kreditinstitute wohl nicht gegeben sei.

1306 Dazu *Josenhans/Danzmann/Lübbehüsen*, BKR 2018, 142, 148; kritischer *Kysel*, WM 2018, 2266, 2269, wonach zumindest ein objektiv beachtlicher Bezug zum Ausland erforderlich ist.

1307 Ausdrücklich BGH, Urteil vom 09.07.2009 – Xa ZR 19/08, BGHZ 182, 24 = NJW 2009, 3371, 3373 f.; *Martiny*, in: MüKo BGB Art. 9 Rom I-VO Rn. 89; *Josenhans/Danzmann/Lübbehüsen*, BKR 2018, 142, 148; *Meyer*, WM 2014, 980, 983; *Pfeiffer*, NJW 2012, 1169.

1308 *Hau*, in: Wolf/Lindacher/Pfeiffer AGB, Internationaler Geschäftsverkehr Rn. 33; *Kysel*, WM 2018, 2266, 2267. Dennoch bestehen gewisse Rechtsunsicherheiten, da der EuGH den Begriff der Eingriffsnorm in jüngster Vergangenheit zunehmend

ist in der Teilrechtswahl ein Verstoß gegen den *Ordre-Public*-Vorbehalt des Art. 21 Rom I-VO zu erkennen. Denn dafür müsste eine offensichtliche Unvereinbarkeit des gewählten fremden Rechts mit den grundlegenden Wertvorstellungen des deutschen Rechts zu erwarten sein, die in dem individuellen Fall zu einem untragbaren Resultat führen würde.[1309] Dieser Einwand dürfte daher nur in den seltensten Fällen durchgreifen und gerade in Rahmen von unternehmerischen Geschäftsbeziehungen keine tragende Rolle spielen.[1310]

Für Fälle, die bereits an grenzüberschreitende Sachverhalte anknüpfen, kann sich die Vereinbarung einer ausländischen Rechtsordnung somit durchaus anbieten. Es ist aber nicht von der Hand zu weisen, dass dadurch ein zusätzlicher Beratungsbedarf für das ausländische Recht entsteht, was allgemein zu einem Anstieg der Transaktionskosten führen kann.[1311] Insofern sollten auch nur die betreffenden Entgeltklauseln einer anderen Jurisdiktion unterstellt werden, nicht aber das gesamte Vertragswerk.[1312] Bei der Kreditvergabe an kleine und mittlere Unternehmen, die ausschließlich in Deutschland tätig sind, kann aber selbst diese Teilrechtswahl eine abschreckende Wirkung entfalten und einen Vertragsschluss verhindern. Denn insgesamt ist auch diese Gestaltungsoption nur dazu geeignet, den Folgeerscheinungen der höchstrichterlichen Rechtsprechung vorübergehend aus dem Weg zu gehen, ohne dabei eine nachhaltige Lösung im Umgang mit Entgeltklauseln bieten zu können.[1313]

---

extensiver auslegte, vgl. EuGH, Urteil vom 17.10.2013 – C-184/12 (Unamar), EuZW 2013, 956.

1309 *Martiny*, in: MüKo BGB Art. 21 Rom I-VO Rn. 3; *Schulze*, in: Ferrari/Kieninger/Mankowski, Internationales Vertragsrecht Art. 21 Rom I-VO Rn. 7 f.

1310 Dafür spricht auch der Erwägungsgrund (37) der Verordnung (EG) Nr. 593/2008 des Europäischen Parlaments und des Rates vom 17.06.2008 (Rom I-VO), wonach die Vorbehaltsklausel nur unter „außergewöhnlichen Umständen" anzuwenden sei; zur praktischen Seltenheit eines solches Verstoßes *Martiny*, in: MüKo BGB Art. 21 Rom I-VO Rn. 4; *Josenhans/Danzmann/Lübbehüsen*, BKR 2018, 142, 148 stellen zudem fest, dass die Teilrechtswahl keine rechtsmissbräuchliche Gesetzesumgehung darstelle; ebenso *Kysel*, WM 2018, 2266, 2270.

1311 Siehe insbesondere *Renner/Leidinger*, BKR 2015, 499, 505; *Josenhans/Danzmann/Lübbehüsen*, BKR 2018, 142, 147 weisen darauf hin, dass Rechtsanwälte der betreffenden ausländischen Rechtsordnung in der Konsortialkreditfinanzierung aber im Regelfall ohnehin beteiligt seien.

1312 Siehe zu den Vorzügen der Teilrechtswahl als rechtswirksames Alternativmodell in Bezug auf Akquisitionsfinanzierungen auch *Ballo*, Akquisitionsfinanzierung, S. 379.

1313 Kritisch auch *Axer*, AGB-Kontrolle, S. 159 f. Siehe auch zum Ansatz eines branchenspezifischen Kontrollmaßstabes bei der AGB-Kontrolle standardisierter Kreditverträge der *Loan Market Association (LMA)*, *Renner/Leidinger*, BKR 2015, 499.

## V. Vereinbarung eines schiedsrichterlichen Verfahrens

Als womöglich milderes Mittel, um laufzeitunabhängige Entgeltklauseln von der AGB-Kontrolle auszunehmen, könnte sich eine Schiedsvereinbarungen anbieten.[1314] Mittels einer solchen Vereinbarung können die Parteien alle oder einzelne Streitigkeiten in Bezug auf ein bestimmtes Rechtsverhältnis der Entscheidung durch ein Schiedsgericht unterwerfen (§ 1029 Abs. 1 ZPO).

### 1. *Mögliche Vorzüge einer einfachen Schiedsvereinbarung*

Schiedsfähig ist nach § 1030 Abs. 1 Satz 1 ZPO jeder vermögensrechtliche Anspruch,[1315] sodass allgemeine Streitigkeiten aus einem Darlehensvertrag ebenso wie besondere Streitigkeiten in Bezug auf eine Entgeltbestimmung grundsätzlich Gegenstand einer Schiedsvereinbarung sein können.[1316] Diese kann nach § 1029 Abs. 2 ZPO dann entweder in Form einer selbstständigen Vereinbarung (Schiedsabrede) oder in Form einer Klausel in einem Vertrag (Schiedsklausel) geschlossen werden. Wie sich die Wahl des schiedsgerichtlichen Verfahrens dann auf den Ausgang der Streitigkeit auswirkt, hängt nicht zuletzt von der konkreten Ausgestaltung der Schiedsvereinbarung ab.

Soweit die Parteien die anzuwendenden Rechtsvorschriften nicht selbst bestimmt haben, hat das Schiedsgericht das Recht des Staates anzuwenden, mit dem der Verfahrensgegenstand die engsten Verbindungen aufweist (§ 1051 Abs. 2 ZPO). Bei innerdeutschen Vertragskonstellationen käme es folglich auch zu einer Anwendung der §§ 305 ff. BGB. Trotz dessen kann eine solche „einfache Schiedsvereinbarung“ für den Verwender bereits vorteilhaft sein, da die Schiedsgerichte bisweilen weitere Spielräume bei der Reichweite einer Individualabrede gewähren und im Rahmen der Inhaltskontrolle zu einer eindeutigen Differenzierung zwischen Unternehmer- und Verbraucherverkehr tendieren.[1317] Insofern seien die

---

1314 Dazu raten etwa *Josenhans/Danzmann/Lübbehüsen*, BKR 2018, 142, 149; *W. Müller/Marchant/Eilers*, BB 2017, 2243, 2247; *Meyer*, WM 2014, 980, 983; grundsätzlich dazu *Kondring*, ZIP 2017, 706; *Pfeiffer*, NJW 2012, 1169; *ders.*, in: FS von Westphalen 2010, 555.

1315 Vermögensrechtlich sind dabei alle Ansprüche und Rechtsverhältnisse, die aus Vermögensrechten abgeleitet werden oder die eine vermögenswerte Leistung zum Gegenstand haben, grundlegend BGH, Urteil vom 22.06.1954 – I ZR 225/53, BGHZ 14, 72 = NJW 1954, 1568; BGH, Urteil vom 27.02.1954 – II ZR 17/53, BGHZ 13, 5, 7 f. = NJW 1954, 833. Zu den geringen Anforderungen an dieses Tatbestandsmerkmal *Münch*, in: MüKo ZPO § 1030 Rn. 13.

1316 Die Zulässigkeit von Schiedsvereinbarungen bei Konsortialkreditverträgen sowohl im Zusammenhang mit den Finanzierungsverträgen, als auch mit den Gebührenvereinbarungen bejahend *Josenhans/Danzmann/Lübbehüsen*, BKR 2018, 142, 149; zu weiteren inhaltlichen Anforderungen *K. P. Berger*, in: FS von Westphalen 2010, 13, 14 f.; *Meyer*, WM 2014, 980, 983.

1317 So etwa Internationaler Schiedsgerichtshof der ICC, Zwischen- und Teilschiedsspruch vom 29.01.2001 – Schiedsverfahren Nr. 10279, SchiedsVZ 2005, 108, 110 f.;

Schiedsrichter in der Regel nicht dazu geneigt, die strenge BGH-Rechtsprechung unreflektiert zu übernehmen, sondern sorgten innerhalb der AGB-Kontrolle im unternehmerischen Verkehr durchaus für einen Zuwachs an Vertragsfreiheit.[1318]

## 2. *Modifikation der anwendbaren Rechtsvorschriften*

Wem die Erfolgsaussichten einer solchen einfachen Schiedsvereinbarung jedoch zu gering erscheinen, für den kann es sich anbieten, die anwendbaren Rechtsvorschriften zu modifizieren und etwa den Kontrollmaßstab der §§ 305 ff. BGB einzuschränken oder gar ganz auszuschließen.[1319] Bei Vertragskonstellationen mit ausschließlichem Inlandsbezug wird die Abbedingung zwingenden Rechts zwar mitunter kritisch betrachtet,[1320] jedoch fehlt es in den Vorschriften zum schiedsrichterlichen Verfahren an einer Parallelvorschrift zu Art. 3 Abs. 3 Rom I-VO, die die Rechtswahlfreiheit für reine Binnensachverhalte einschränkt.[1321]

Ganz im Gegenteil hat das Schiedsgericht gem. § 1051 Abs. 1 Satz 1 ZPO die Streitigkeit in Übereinstimmung mit den Rechtsvorschriften zu entscheiden, die von den Parteien als auf den Inhalt des Rechtsstreits anwendbar bezeichnet worden sind. Daraus, dass § 1051 Abs. 1 Satz 2 ZPO eine Sonderregelung für die Bezeichnung des Rechts oder der (gesamten) Rechtsordnung eines bestimmten Staates statuiert, lässt sich schließen, dass die Parteien auch nur einzelne Rechtsvorschriften für anwendbar bzw. unanwendbar erklären können.[1322] Da § 1051 Abs. 3 Satz 1 ZPO dem Schiedsgericht ferner die Entscheidungsfindung nach Billigkeit und somit gar ohne Gesetzesbindung ermöglicht, sollte der Ausschluss von Teilen der

---

dazu ausführlich *K. P. Berger*, in: FS von Westphalen 2010, 13, 17 f.; ebenso *Meyer*, WM 2014, 980, 983; *Lenkaitis/Löwisch*, ZIP 2009, 441, 448; *Lischek/Mahnken*, ZIP 2007, 158, 163.

1318 *K. P. Berger*, in: FS Elsing 2015, 15, 26 f.; *W. Müller/Marchant/Eilers*, BB 2017, 2243, 2247; weiter noch *Pfeiffer*, NJW 2012, 1169, 1173, der eine Beachtung der §§ 305 ff. BGB nicht für zwingend und eine maßvolle Kontrolle auf der Grundlage von § 242 BGB für ausreichend hält.

1319 *Josenhans/Danzmann/Lübbehüsen*, BKR 2018, 142, 149; *W. Müller/Marchant/Eilers*, BB 2017, 2243, 2247; mit Formulierungsvorschlägen zu weiteren Gestaltungsmöglichkeiten *Pfeiffer*, NJW 2012, 1169, 1174.

1320 Kritisch insbesondere *Valdini*, ZIP 2017, 7, 9 f. hinsichtlich einer rechtsmissbräuchlichen Umgehung; differenzierend *Münch*, in: MüKo ZPO § 1051 Rn. 22.

1321 Art. 3 Abs. 3 Rom I-VO gilt nach Art. 1 Abs. 2 lit. e Rom I-VO nicht für Schieds- und Gerichtsstandsvereinbarungen. Nach *Pfeiffer*, NJW 2012, 1169, 1171 spiegele sich dieses Verständnis auch in der tatsächlichen Rechtsanwendungspraxis der Schiedsgerichte wider.

1322 Das ergibt sich auch aus der Gesetzesbegründung zum Entwurf eines Gesetzes zur Neuregelung des Schiedsverfahrensrechts, BT-Drucks. 13/5274, S. 52; ebenso *Richter*, AGB im B2B-Verkehr, S. 22; *Josenhans/Danzmann/Lübbehüsen*, BKR 2018, 142, 149; *W. Müller/Marchant/Eilers*, BB 2017, 2243, 2247; *Pfeiffer*, NJW 2012, 1169, 1173; *Hanefeld/Wittinghofer*, SchiedsVZ 2005, 217, 221 f.

deutschen Rechtsordnung erst recht zulässig sein.[1323] Auch ein Verstoß gegen den *Ordre-Public*-Vorbehalt des § 1059 Abs. 2 Nr. 2 lit. b ZPO, dessen Folge die Aufhebung eines Schiedsspruches sein kann, erscheint eher fernliegend. Denn allein die Abbedingung der §§ 305 ff. BGB kann nach überwiegender Ansicht nicht zu einer Unvereinbarkeit mit den grundlegenden Wertvorstellungen des deutschen Rechts führen, zumal eine grundlegende Vertragskontrolle nach §§ 138, 242 BGB weiterhin möglich ist.[1324]

Anstatt nur die betreffenden Bestimmungen des AGB-Rechts auszuschließen, obliegt es freilich der Disposition der Parteien, die Streitigkeit einer gänzlich anderen Rechtsordnung zu unterstellen. Insbesondere bei Sachverhalten mit Auslandsbezug bestehen gegen eine solche Vereinbarung keine Bedenken, da die Parteien nach dem Kollisionsrecht ohnehin die Anwendbarkeit einer anderen Jurisdiktion bestimmen könnten.[1325] Dennoch verbleibt auch bei Schiedsvereinbarungen ein Restrisiko, da separate Schiedsabreden ebenso wie Schiedsklauseln im Darlehensvertrag als vorformulierte Vertragsbedingungen der richterlichen Inhaltskontrolle unterliegen und je nach Ausgestaltung eine unangemessene Benachteiligung darstellen können.[1326] In Relation zu Größe und Umfang des zu finanzierenden Vorhabens können auch schon die Kosten oder die Dauer eines Schiedsverfahrens gegen eine Abwahl der staatlichen Gerichtsbarkeit sprechen.[1327] Anders als bei grenzüberschreitenden Großfinanzierungen werden sich Schiedsklauseln in der

---

1323 *W. Müller/Marchant/Eilers*, BB 2017, 2243, 2247; *Pfeiffer*, NJW 2012, 1169, 1171; a.A. *Valdini*, ZIP 2017, 7, 9 f. Zu einer Billigkeitsentscheidung bei einem reinen Inlandssachverhalt OLG München, Beschluss vom 22.06.2005 – 34 Sch 10/05, SchiedsVZ 2005, 308.

1324 *Josenhans/Danzmann/Lübbehüsen*, BKR 2018, 142, 149; *Kondring*, ZIP 2017, 706 f.; *W. Müller/Marchant/Eilers*, BB 2017, 2243, 2247; *Pfeiffer*, NJW 2012, 1169, 1172, wonach das deutsche AGB-Recht im B2B-Verkehr keinen international zwingenden Geltungsanspruch erhebe. Mit der grundlegenden Mahnung zur Zurückhaltung bei der Anwendung des globalen Staatsvorbehalts *Münch*, in: MüKo ZPO § 1059 Rn. 41.

1325 *Josenhans/Danzmann/Lübbehüsen*, BKR 2018, 142, 149; für Auslandssachverhalte ebenso *Valdini*, ZIP 2017, 7, 8; *Pfeiffer*, NJW 2012, 1169, 1170 f. Zur hinreichenden Herstellung eines Auslandsbezuges reiche die Schiedsklausel alleine hingegen nicht aus *Kysel*, WM 2018, 2266, 2269.

1326 Dieses Risiko benennt auch *Axer*, AGB-Kontrolle, S. 159. Siehe exemplarisch etwa BGH, Urteil vom 01.03.2007 – III ZR 164/06, NJW-RR 2007, 1466; BGH, Urteil vom 13.01.2005 – III ZR 265/03, BGHZ 162, 9 = NJW 2005, 1125, 1126; BGH, Urteil vom 10.10.1991 – III ZR 141/90, BGHZ 115, 324 = NJW 1992, 575 576. Eine Schiedsvereinbarung als solche verstößt nicht gegen § 307 Abs. 1 BGB, da diese Form der Streitschlichtung durch den Gesetzgeber anerkannt ist, dazu umfassend *Hanefeld/Wittinghofer*, SchiedsVZ 2005, 217, 222 f.

1327 *Josenhans/Danzmann/Lübbehüsen*, BKR 2018, 142, 149 raten daher dazu, die Schiedsklausel im *Fee Letter* zu vereinbaren und somit nur die Entgeltklausel der Schiedsgerichtsbarkeit zu unterstellen. Dabei bestehen jedoch Bedenken im Hinblick auf

alltäglichen Praxis der nationalen Kreditvergabe daher gegenüber zahlreichen Unternehmern regelmäßig nicht durchsetzen lassen.[1328]

## C. Rückforderung von Entgelten und Anspruchsverjährung

Als Folge der unangemessenen Benachteiligung einer Entgeltklausel nach § 307 Abs. 1 Satz 1, Abs. 2 Nr. 1 BGB steht dem klagenden Kunden dem Grunde nach gem. § 812 Abs. 1 Satz 1 Fall 1 BGB ein Rückforderungsanspruch aus ungerechtfertigter Bereicherung zu,[1329] sofern diesem keine Einwendungen oder Einreden entgegenstehen. Solange laufzeitunabhängige Bearbeitungsentgelte daher von gewerblichen Darlehensnehmern verlangt wurden, stellt sich insbesondere für Altfälle im Zeitraum vor den Urteilen vom 04.07.2017 die Frage nach der Verjährung der Rückforderungsansprüche. Aber auch nach den Urteilen werden nicht alle Kreditinstitute umgehend auf die Rechtsprechungsänderung reagiert oder sich eben solcher Gestaltungsmöglichkeiten bedient haben, die ihrerseits einer AGB-rechtlichen Kontrolle nicht standhalten. Für all diese Neufälle stellt sich neben ihrer Verjährung auch die Frage nach dem Bestehen rechtshindernder Einwendungen.

### I. § 814 BGB – Kenntnis der Nichtschuld

Von Amts wegen zu berücksichtigen hat das Gericht die rechtshindernde Einwendung des § 814 BGB, die einem tatbestandlich gegebenen Bereicherungsanspruch entgegensteht, wenn der Leistende von dem Fehlen des Rechtsgrundes wusste.[1330] Noch zu der Unzulässigkeit von Entgeltklauseln in Verbraucherdarlehen äußerte der XI. Zivilsenat, dass keine positive Kenntnis der Nichtschuld vorläge, wenn der

§ 1059 Abs. 2 Nr. 1 lit. c ZPO. Siehe zu der Verursachung einzelner Kosten *Hanefeld/ Wittinghofer*, SchiedsVZ 2005, 217, 223 ff.

1328 Zu einer empirischen Untersuchung der deutschen Schiedsverfahrenspraxis *Leuschner*, AGB-Recht Abschlussbericht, S. 137 ff.; *Leuschner/Meyer*, SchiedsVZ 2016, 156. Danach betreffe die überwiegende Anzahl der Schiedsverfahren großvolumige Verträge; Fragen des AGB-Rechts spielten in nahezu jedem dritten Verfahren eine Rolle.

1329 Zu unterschiedlichen Entgeltklauseln BGH, Urteil vom 16.10.2018 – XI ZR 593/16, WM 2018, 2183 Rn. 28; BGH, Urteil vom 13.03.2018 – XI ZR 291/16, WM 2018, 1046 Rn. 6; BGH, Urteile vom 04.07.2017 – XI ZR 562/15, BGHZ 215, 172 = NJW 2017, 2986 Rn. 9 und XI ZR 233/16, ZIP 2017, 1654 Rn. 17; BGH, Urteil vom 13.05.2014 – XI ZR 170/13 = WM 2014, 1325 Rn. 9.

1330 *Lorenz*, in: Staudinger BGB § 814 Rn. 1 f.; *Schwab*, in: MüKo BGB § 814 Rn. 1; *Sprau*, in: Palandt BGB § 814 Rn. 1.

Leistende nur auf die Unwirksamkeit einer Klausel hoffe oder diese erwarte.[1331] Demnach sei zu dieser Zeit allein die mögliche Kenntnis des Kunden von den divergierenden oberlandesgerichtlichen Entscheidungen nicht ausreichend, um nach einer Parallelwertung in der Laiensphäre zu einer zutreffenden rechtlichen Schlussfolgerung zu gelangen. Vor dem Hintergrund der zurückliegenden BGH-Rechtsprechung, in der Entgeltklauseln über viele Jahre unbeanstandet geblieben sind, könne von einer gesicherten Kenntnis – wie es der Wortlaut des § 814 Fall 1 BGB verlange – keine Rede sein.[1332]

### 1. *Kenntnis der Urteile kann Rückforderung entgegenstehen*

Diese Wertung änderte sich für den unternehmerischen Geschäftsverkehr jedoch am 04.07.2017. Mit dem Richterspruch zur Unwirksamkeit von Bearbeitungsentgelten wurde die bestehende Ungewissheit im Geschäftsverkehr beseitigt. Da diese aufsehenerregenden Urteile schon allein aufgrund ihres unmittelbaren Bezugs zum Preis nicht an Unternehmern vorbeigegangen sein sollten, ist eine positive Kenntnis von der Unwirksamkeit laufzeitunabhängiger Bearbeitungsgebühren durchaus naheliegend. In einer vergleichbaren Konstellation kam das Amtsgericht (AG) München zu der Erkenntnis, dass die Kosten für die Arbeiten, die aufgrund einer unwirksamen Vertragsklausel durch den Mieter durchgeführt wurden, wegen § 814 BGB nicht erstattungsfähig seien.[1333] Zwar sei die betreffenden Schönheitsreparaturenklausel unwirksam und ein Kondiktionsanspruch somit grundsätzlich gegeben, jedoch könne der Klägerin die einschlägige BGH-Rechtsprechung zur Unwirksamkeit der Verwendung starrer Fristen für Endrenovierungsklauseln nicht entgangen sein.[1334] Aufgrund der ausführlichen medialen Berichterstattung über das Judikat ab August 2009 sei es ausgeschlossen, dass der Mieter die Rechtsprechung bei der Vornahme der Leistungen am 01.02.2010 nicht kannte.

Die Berichterstattung in Sachen Entgeltklauseln steht jener in Endrenovierungsfristen in nichts nach, bedenkt man nur, wie facettenreich und vielschichtig das Thema in der Rechtwissenschaft diskutiert wurde und wird. Daraus ließe

---

1331 BGH, Urteil vom 13.05.2014 – XI ZR 170/13 = WM 2014, 1325 Rn. 109; vgl. OLG Hamm, Urteil vom 16.07.2013 – 19 U 19/13, BeckRS 2013, 16321 mit ausführlichen Nachweisen zur Rechtsprechung.

1332 BGH, Urteil vom 13.05.2014 – XI ZR 170/13 = WM 2014, 1325 Rn. 109 f.; BGH, Urteil vom 25.01.2008 – V ZR 118/07, WM 2008, 886 Rn. 13; BGH, Beschluss vom 26.06.1986 – III ZR 232/85, juris Rn. 2.

1333 AG München, Schlussurteil vom 02.09.2010 – 432 C 13289/10, BeckRS 2013, 16436; zur Unwirksamkeit starrer Schönheitsreparaturfristen BGH, Urteil vom 23.06.2004 – VIII ZR 361/03, NJW 2004, 2586.

1334 AG München, Schlussurteil vom 02.09.2010 – 432 C 13289/10, BeckRS 2013, 16436. Nach Ansicht des BGH, Urteil vom 09.12.1971 – III ZR 58/69, juris Rn. 35 genügt jedoch das Kennenmüssen nicht, selbst wenn die Unkenntnis auf grober Fahrlässigkeit beruht.

sich für zahlreiche Konstellationen durchaus ableiten, dass Bearbeitungsentgelte, die von Geschäftskunden in Kenntnis der Urteile vom 04.07.2017 gezahlt wurden, aufgrund von § 814 BGB zunächst nicht zurückgefordert werden könnten. Auch die Unzulässigkeit von Entgeltklauseln oder die gerichtliche Feststellung deren Unwirksamkeit würde daran nichts ändern, da es allein auf die Kenntnis des Kunden ankommt, nicht zur Leistung verpflichtet zu sein.[1335] Vereinzelt wird daher dazu geraten, formularmäßige Bearbeitungsgebühren mit dem Hinweis zu kombinieren, dass „diese Vereinbarung in Kenntnis der BGH-Rechtsprechung zur Unwirksamkeit von Bearbeitungsentgelten geschlossen wird“[1336]. Dadurch könne man die Kenntnis der Nichtschuld seitens des Kunden unmissverständlich dokumentieren.

## *2. Grenze eines unbilligen Kenntnisverschaffungstatbestands*

Jedoch ist bei solchen Konstruktionen Vorsicht geboten. Nach Ansicht des AG Hamburg-Blankenese etwa ist eine AGB von vornherein unwirksam, wenn es ihr einziger Zweck ist, dem Kunden die notwendige Kenntnis der Nichtschuld i.S.d. § 814 BGB zu verschaffen.[1337] In dem Fall, der eine nach dem Gesetz zur Regelung der Wohnungsvermittlung (WoVermRG) unzulässig erhobene Maklerprovision betraf, hielt das Gericht die betreffende Vertragsbestimmung für einen unbilligen und unwirksamen „Kenntnisverschaffungstatbestand“. Dieser könne nicht dazu dienen, die Voraussetzungen des § 814 BGB zugunsten des Klauselverwenders zu begründen und einen Verstoß gegen den Schutzgehalt des § 2 Abs. 2, 5 WoVermRG und die Wertungen von §§ 305c, 307 BGB zu rechtfertigen.

In der Tat liefe eine solche Konstruktion Gefahr, die gesamten Wertungen der Inhaltskontrolle zu unterlaufen und die Rechtsfolgen zwingender Vorschriften (§§ 305 ff. BGB) außer Kraft zu setzen. Hypothetisch ließe sich jede Rückforderung aufgrund einer unzulässigen Vertragsbedingung mit der Aufnahme eines formularmäßigen Hinweises auf die Kenntnis der Unwirksamkeit verhindern. Darin kann man aber regelmäßig ein widersprüchliches Verhalten des Verwenders sehen, der seine Forderung auf der einen Seite auf einen selbstständigen Entgeltanspruch stützt und auf der anderen Seite eine Zahlung seines Kunden in Kenntnis des fehlenden Rechtsgrundes behauptet.[1338] Ferner ist dann selbst die Kenntnis des Schuldners unschädlich, wenn die Leistung nicht freiwillig, sondern unter

1335 In diese Richtung *Schwab*, in: MüKo BGB § 814 Rn. 18; *Schmid-Burgk*, BB 2018, 1799, 1801.

1336 *Schmid-Burgk*, BB 2018, 1799, 1801; zusätzlich als Absicherung einer Sonderleistung *Bitter/Linardatos*, ZIP 2018, 2249, 2253.

1337 Zu den nachfolgenden Erwägungen des Absatzes AG Hamburg-Blankenese, Urteil vom 11.11.2014 – 532 C 237/14, BeckRS 2015, 12098.

1338 Darauf abstellend AG Hamburg-Blankenese, Urteil vom 11.11.2014 – 532 C 237/14, BeckRS 2015, 12098.

gewissem Druck oder Zwang erfolgte.[1339] Davon wird man durchaus ausgehen können, wenn der Darlehensgeber seinen Kunden lediglich anheimstellt, einen Kreditvertrag mit der vorgenannten Vereinbarung oder gar nicht abzuschließen. Jedenfalls erscheint eine solche Wertung des BGH nicht ausgeschlossen, weil er das Schutzbedürfnis eines gewerblichen Kunden bisweilen höher einstuft als im Verbraucherverkehr.[1340] Letztlich gehen alle verbleibenden Zweifel an den Voraussetzungen des § 814 BGB zu Lasten des Leistungsempfängers.[1341] In Abgrenzung zur fahrlässigen Unkenntnis des leistenden Kreditnehmers muss die Bank daher sowohl die Kenntnis als auch das Nichtbestehen einer Zwangslage darlegen und beweisen.

Von den rechtlichen Bedenken abgesehen ist eine derartige Geschäftspraxis, die sich zumindest am Rande der Treuwidrigkeit bewegt, keinem Kreditinstitut zu empfehlen – jedenfalls nicht unter der Voraussetzung, die bestehenden Kundenbeziehungen langfristig erhalten zu wollen. Die Aufnahme eines Hinweises auf die Kenntnis der einschlägigen BGH-Rechtsprechung erscheint daher nur als Bestandteil der Dokumentation einer Individualabrede von gesteigerter Relevanz. Mit einer handschriftlichen Einfügung könnte zumindest der Nachweis einer ernsthaften Änderungsbereitschaft erleichtert werden, indem der Bankkunde der Gebührenklausel trotz ihres gesetzesfremden Kerngehalts zustimmt.[1342] Dann kommt es aber gar nicht erst zu einer Klauselkontrolle, sodass sich die Problematik des Rückforderungsausschlusses überhaupt nicht stellt.

## II. Einrede der Verjährung

Nach dem Eintritt der Verjährung ist der Schuldner gem. § 214 Abs. 1 BGB dazu berechtigt, die Leistung zu verweigern. Insbesondere für Entgelte, die vor den Urteilen vom 04.07.2017 erhoben wurden, stellt sich daher auch aus einer betriebswirtschaftlichen Perspektive die Frage nach dem Eintritt der Verjährung.

---

1339 BGH, Urteil vom 05.03.2015 – IX ZR 133/14, BKR 2015, 510, 515 Rn. 44; BGH, Urteil vom 24.10.2002 – I ZR 3/00, BGHZ 152, 233 = NJW 2003, 2014, 2017 (Leistung zur Abwendung der Zwangsvollstreckung); BGH, Urteil vom 12.07.1995 – XII ZR 95/93, NJW 1995, 3052, 3054 (Leistung für das Zustandekommen eines Vertrages); *Buck-Heeb*, in: Erman BGB § 814 Rn. 9; *Lorenz*, in: Staudinger BGB § 814 Rn. 9; *Schwab*, in: MüKo BGB § 814 Rn. 10; *Wendehorst*, in: BeckOK BGB § 814 Rn. 10.

1340 Siehe die Nachweise in Fn. 1026 und insgesamt oben „Höheres Schutzbedürfnis aufgrund höherer Abhängigkeit“, S. 210 ff.

1341 BGH, Urteil vom 05.03.2015 – IX ZR 133/14, BKR 2015, 510, 515 Rn. 45; BGH, Urteil vom 17.10.2002 – III ZR 58/02, NJW 2002, 3772, 3773; OLG Köln, Urteil vom 07.05.2010 – 19 U 106/09, BeckRS 2011, 05572; *Lorenz*, in: Staudinger BGB § 814 Rn. 9; *Sprau*, in: Palandt BGB § 814 Rn. 1.

1342 Siehe zu den einschlägigen Beweiserleichterungen und der Reichweite der Bestätigungslösung oben „Umgehungsmöglichkeiten und Beweiserleichterungen“, S. 146 ff.

Grundsätzlich verjähren Bereicherungsansprüche nach der dreijährigen Regelverjährung des § 195 BGB,[1343] wobei die entscheidende Frage die Feststellung des exakten Zeitpunktes des Verjährungsbeginns betrifft. Nach § 199 Abs. 1 BGB beginnt die regelmäßige Verjährungsfrist grundsätzlich mit Schluss des Jahres, in dem der Anspruch entstanden ist (Nr. 1) und der Gläubiger von den anspruchsbegründenden Umständen Kenntnis erlangt hat oder ohne grobe Fahrlässigkeit erlangen musste (Nr. 2). Während sich das Entstehen des Rückforderungsanspruches auf den Zeitpunkt der Zahlung wegen einer unwirksamen Klausel zurückführen lässt, war der subjektive Anknüpfungspunkt, die Kenntnis der den Anspruch begründenden Umstände, zunächst unsicher.[1344]

Zwar hatte der BGH am 13.05.2014 die Erhebung von Bearbeitungsentgelten im Verbraucherverkehr für unzulässig erklärt, jedoch galt eine Übertragung dieser Rechtsprechung auf den unternehmerischen Geschäftsverkehr keinesfalls als sicher, was auch die hiesige Untersuchung deutlich gemacht hat. Mit Blick auf die Zumutbarkeit der Klageerhebung wurde als entscheidungserhebliches Datum neben dem Judikat zum Verbraucherdarlehensrecht[1345] auch auf den streitauslösenden Aufsatz von *Nobbe* aus dem Jahr 2008[1346] abgestellt. Ebenso wurde vertreten, dass die dreijährige Verjährungsfrist aufgrund der fehlenden höchstrichterlichen Rechtsprechung im B2B-Verkehr noch gar nicht zu laufen begonnen habe und mithin die zehnjährige Höchstfrist nach § 199 Abs. 4 BGB[1347] gelte.

Zur Überraschung vieler datierte der BGH die Zumutbarkeit der Klageerhebung aber bereits auf das Jahr 2011, sodass die Verjährung mit Ende eben jenes Jahrs zu laufen begann. Denn bereits in 2011 habe sich eine gefestigte Sichtweise der Oberlandesgerichte ausgebildet, wonach Klauseln über Bearbeitungsentgelte in Abweichung von der vorausgegangenen höchstrichterlichen Rechtsprechung unwirksam seien.[1348] Die Besonderheit dieser Auffassung liegt vor allem darin,

---

1343 BGH, Urteile vom 04.07.2017 – XI ZR 562/15, BGHZ 215, 172 = NJW 2017, 2986 Rn. 85 und XI ZR 233/16, ZIP 2017, 1654 Rn. 93; ausführlich zu diesem Thema *Harnos*, WM 2015, 1658 ff.

1344 Dazu BGH, Urteile vom 04.07.2017 – XI ZR 562/15, BGHZ 215, 172 = NJW 2017, 2986 Rn. 88 f. und XI ZR 233/16, ZIP 2017, 1654 Rn. 96 f. Dabei ist es unerheblich, ob das betreffende Entgelt separat erhoben oder bei Auszahlung mit der Valuta verrechnet wird; siehe nur BGH, Urteil vom 28.10.2014 – XI ZR 348/13, BGHZ 203, 115 = NJW 2014, 3713 Rn. 25.

1345 So die Vorinstanz OLG Celle, Urteil vom 02.12.2015 – 3 U 113/15, BeckRS 2015, 122024 Rn. 56 f.

1346 Bis zu diesem Zeitpunkt habe eine gefestigte höchstrichterliche Rechtsprechung bestanden, *Barlitz*, ZBB 2014, 233, 239 f.

1347 LG Erfurt, Urteil vom 17.06.2016 – 9 S 200/15, juris Rn. 30 f.; *Lammeyer/Singbartl*, GWR 2016, 482, 484.

1348 BGH, Urteile vom 04.07.2017 – XI ZR 562/15, BGHZ 215, 172 = NJW 2017, 2986 Rn. 95 und XI ZR 233/16, ZIP 2017, 1654 Rn. 103; ebenso BGH, Urteil vom 19.03.2019 – XI ZR 95/17, NJW 2019, 2162 Rn. 28 ff.; kritisch dazu *John*, EWIR 2019, 481, 482. Siehe zur Verjährung von etwaigen Ansprüchen gegen Volkswagen im Zusammenhang

dass sich die vermeintlich gefestigte Sichtweise seinerzeit allein auf Verbraucherdarlehensverträge bezog.[1349] Jedoch erfassten die betreffenden Erwägungen nach Ansicht des BGH gleichermaßen Rückforderungsansprüche von Unternehmen, da es ab diesem Zeitpunkt auch für Unternehmerdarlehensverträge zweifelhaft gewesen sei, ob laufzeitunabhängige Entgelte in AGB wirksam vereinbart werden könnten.[1350] Demzufolge habe ein rechtskundiger Dritter mit Ablauf des Jahres 2011 damit rechnen müssen, dass von dieser Rechtsprechungsänderung auch Entgeltklauseln im unternehmerischen Verkehr betroffen sein könnten. Diese praktische Gleichbehandlung bei der Bestimmung der kenntnisabhängigen Verjährungsfrist kann einmal mehr als deutlicher Anhaltspunkt für einen umfassenden Gleichklang der Inhaltskontrolle im B2C- und B2B-Verkehr gewertet werden.[1351]

Für die Praxis lässt sich daraus ableiten, dass jegliche Rückgewähransprüche auf Entgelte, die im Jahr 2011 oder früher erhoben und gezahlt wurden, bereits zum 01.01.2015 verjährt sind.[1352] Zum Zeitpunkt der Urteilsverkündung am 04.07.2017 waren bereits nur noch Rückforderungen von im Jahr 2014 oder später erhobenen Bearbeitungsentgelten möglich, sodass im Vergleich zum Verbraucherdarlehensverkehr wohl nicht von einer buchstäblichen Erstattungswelle gesprochen werden kann.[1353] Dennoch wurden die Auswirkungen dieser Rechtsprechung durchaus kritisch betrachtet. So führen grundsätzliche Änderungen der höchstrichterlichen Rechtsprechung nicht nur dazu, dass die betroffenen Schuldner von den Folgen einer solchen Entscheidung für die Zukunft überrascht werden.[1354] Vielmehr besteht auch immer das Risiko, dass Ansprüche aus weit zurückliegenden

mit der Diesel-Abgasaffäre OLG München, Hinweisbeschluss vom 03.12.2019 – 20 U 5741/19; LG Landshut, Urteil vom 06.09.2019 – 54 O 691/19.

1349 Siehe dazu BGH, Urteil vom 28.10.2014 – XI ZR 348/13, BGHZ 203, 115 = NJW 2014, 3713 Rn. 44 ff. Durch den Verjährungsaufschub bis zum Ende des Jahres 2014 kam es nach dem Urteil vom 28.10.2014 zu einer Vielzahl von Erstattungsanträgen im Verbraucherdarlehensverkehr, dazu *G. Müller*, WM 2018, 741, 743.

1350 Dazu insgesamt BGH, Urteile vom 04.07.2017 – XI ZR 562/15, BGHZ 215, 172 = NJW 2017, 2986 Rn. 99 und XI ZR 233/16, ZIP 2017, 1654 Rn. 107. Nach *John*, EWIR 2019, 481, 482 sei entscheidend, dass mindestens zwei Entscheidungen von Oberlandesgerichten in Abkehr von einer bisherigen höchstrichterlichen Rechtsprechung eine Klageerhebung zumutbar machten.

1351 So auch *von Westphalen*, NJW 2018, 1520, 1522.

1352 Somit sind Rückforderungen von bis einschließlich im Jahr 2015 erhobener Entgelte zum 01.01.2019 grundsätzlich verjährt. Rückforderungen von Entgelten, die im Jahr 2017 vor oder nach den hier betrachteten Urteilen erhoben wurden, verjähren grundsätzlich zum 01.01.2021. Zur Aufrechnung eines verjährten Rückforderungsanspruchs mit dem Darlehensrückzahlungsanspruch einer Bank *Krepold*, BKR 2019, 417, 418 ff.

1353 So sprechen *Lammeyer/Singbartl*, BKR 2017, 462 von einer „goldenen Brücke“ für die Banken, wodurch die Wirkungen des Urteils abgemildert würden; ähnlich *Tröger*, NJW 2017, 2994, 2995.

1354 Zu den nachfolgenden Erwägungen *Schwab*, in: MüKo BGB § 812 Rn. 531.

Sachverhalten geltend gemacht werden, deren absolute Verjährungsfrist nur durch § 199 Abs. 4 BGB begrenzt ist und vor deren Entstehung die bisherige Linie der Rechtsprechung gerade einen zuverlässigen Schutz geboten haben sollte.[1355] Da es jedoch an einem „allgemeinen rechtsstaatlichen Vertrauensschutzes in den Fortbestand höchstrichterlicher Rechtsprechung" fehlt,[1356] wird man sich nach der gegenwärtigen Rechtslage auch künftig auf derartige Ergebnisse einstellen müssen.

## D. Ergebnis

Der herausragende Stellenwert der hier untersuchten Rechtsprechung als Musterentscheidung für vergleichbare Entgeltklauseln der Bankwirtschaft wird in der Rechtssache XI ZR 790/16 vom 05.06.2018 besonders deutlich. In der Entscheidung zur Unwirksamkeit von Zinscap-Prämien und Zinssicherungsgebühren in Darlehensverträgen mit Verbrauchern konkretisiert und verschärft der erkennende Senat seine Rechtsprechung noch weiter.

Wenig überraschend ist indessen, dass der BGH an den hohen Anforderungen für das Bestehen einer Individualabrede festhält und die Verhandelbarkeit der Höhe der betreffenden Gebühr kein Aushandeln i.S.v. § 305 Abs. 1 Satz 3 BGB begründen konnte. Bemerkenswert erscheint hingegen die Verneinung des Bestehens einer Sonderleistung, obwohl der Zins zugunsten des Kunden gegen einen steigenden Referenzzinssatz abgesichert wird und sich das Geschäft daher dem Interessenkreis des Darlehensnehmers zuordnen lässt. Die Zinssicherungsgebühr diene aber nach der kundenfeindlichsten Auslegung als Ausgleich für entgangene Zinsmehreinnahmen des Kreditinstitutes und stelle daher einen Bestandteil der Zinskalkulation dar.[1357] Somit ordnet der BGH die Entgeltklausel als zusätzliches Teilentgelt für die Kapitalüberlassung ein, sodass ihre laufzeitunabhängige Ausgestaltung als Einmalentgelt dem gesetzlichen Leitbild des Darlehensvertrages widerspricht. Damit folgt auch dieses Judikat der Tendenz, die gesonderte Erhebung von Entgelten auf Einzelleistungen nach dem Verursacherprinzip zunehmend einzuschränken.[1358]

Ferner bestätigt sich, dass Abweichungen vom gesetzlichen Leitbild nach der gegenwärtigen Rechtsprechung unvermittelt die unangemessene Benachteiligung der Vertragsbedingung zur Folge haben. Eine Interessenabwägung konnte auch in dieser Rechtssache nicht zu einer möglichen Kurskorrektur führen, da dahingehende Umstände nach Ansicht des Senates weder vorgetragen noch sonst ersichtlich gewesen seien.[1359] Jedoch ist gerade die zugrunde liegende Konstellation ein

---

1355 Somit verlören die höchstrichterlichen Urteile ihren Wert als Orientierungsposten, *Harnos*, WM 2015, 1658, 1659; sehr kritisch auch *Bitter*, JZ 2015, 170, 174 f.

1356 So *Schwab*, in: MüKo BGB § 812 Rn. 531; ähnlich *Harnos*, WM 2015, 1658, 1659.

1357 BGH, Urteil vom 05.06.2018 – XI ZR 790/16, WM 2018, 1363 Rn. 37 ff.

1358 Siehe dazu bereits „Einpreisen in den Zinssatz: Folgen der Mischkalkulation", S. 237 ff. und insbesondere die Nachweise in Fn. 1146.

1359 BGH, Urteil vom 05.06.2018 – XI ZR 790/16, WM 2018, 1363 Rn. 46.

Paradebeispiel für die gebotene Berücksichtigung bankbetriebswirtschaftlicher Gesichtspunkte, da Zinsbegrenzungsgeschäfte am Kapitalmarkt ausschließlich laufzeitunabhängig strukturiert sind. Diese Verwerfungen haben insbesondere aufgrund vorzeitiger Vertragsbeendigungen eine signifikante Teuerung derivativer Sicherungsmittel zur Folge. Soweit die höchstrichterliche Rechtsprechung die Konventionen kapitalmarktrechtlicher Geschäfte nicht berücksichtigt, steht weiter zu befürchten, dass die Banken ihren Kunden derartige Produkte künftig überhaupt nicht mehr anbieten werden. Vor dem Hintergrund der hiesigen Ergebnisse gilt für den unternehmerischen Verkehr nichts anderes, für den sich die Kreditinstitute in absehbarer Zukunft ebenfalls auf eine Umstrukturierung der laufzeitunabhängigen Zinscap-Prämien einstellen dürften.

Die kautelarjuristischen Gestaltungsmöglichkeiten sind dabei jedoch begrenzt. Die Analyse hat gezeigt, dass die Kostendeckung durch eine entsprechende Zinskalkulation – nach der Empfehlung des BGH – keine Effizienzsteigerungen gegenüber einer laufzeitunabhängigen Bepreisung mit sich bringt. Eine Zinsstaffelung sollte zwar den Grenzen einer Sittenwidrigkeitsprüfung standhalten und sich auch nicht als Verstoß gegen das Umgehungsverbot darstellen, es besteht aber die Gefahr, dass der zu Vertragsbeginn erhöhte Zinssatz gerichtlich als Zinsvorauszahlung eingeordnet wird. In diesem Falle käme es bei vorzeitiger Vertragsbeendigung des Darlehensnehmers doch wieder zu einer Rückerstattungspflicht des Kreditinstitutes.

Für die Bepreisung anfänglichen Aufwands ungeeignet erscheint indes die Erhebung eines Entgeltes bei Rückzahlung. Die Strukturierung als Vorfälligkeitsentgelt ist dabei nur für Fälle anerkannt, in denen Darlehensnehmern in Ermangelung einschlägiger Gründe kein ordentliches oder außerordentliches Kündigungsrecht zusteht und die Parteien den Vertrag im Wege einer einvernehmlichen Übereinkunft aufheben. Ein bereits in der Vertragsdokumentation vorformuliertes Rückzahlungsentgelt eignet sich hingegen nur dafür, zusätzlichen Verwaltungsaufwand im Zusammenhang mit der Beendigung eines Darlehensvertrages zu bepreisen. Sofern weitere Kostenpositionen in einem Rückzahlungsentgelt untergebracht werden, die mit dessen Zweck und Bezeichnung aber offensichtlich nicht in Einklang zu bringen sind, wird auch diese Bepreisung einer gerichtlichen Inhaltskontrolle zum Opfer fallen. Auch die Verlagerung der Bepreisung in rechtlich isolierte Entgeltvereinbarungen ist wenig aussichtsreich, da sie als vorformulierte Vertragsbedingungen selbst wiederum der gerichtlichen Kontrolle unterliegen. Sofern sich die Vertragsbestimmungen dabei dem gesetzlichen Leitbild des Darlehensvertrages zuordnen lassen und nicht etwa § 675 Abs. 1 BGB unterfallen, ließen sich laufzeitunabhängige Entgelte wohl kaum wirksam vereinbaren.

Zur Absicherung gegen das Risiko der Unwirksamkeit kautelarjuristischer Gestaltungen versprechen auch subsidiär geltende Ersatzklauseln keine Abhilfe. Die für den Falle der Unzulässigkeit hilfsweise erklärte Erhöhung des Zinssatzes läuft letztlich der Rechtsfolge des § 306 Abs. 2 BGB zuwider und würde einer AGB-Kontrolle daher regelmäßig nicht standhalten. Daher lässt sich zuletzt eine zunehmende Anhängerschaft ausmachen, die mit Blick auf die Vereinbarung von laufzeitunabhängigen Einmalentgelten zu einer Abwahl der deutschen Rechtsordnung tendiert oder die Vereinbarung eines schiedsrichterlichen Verfahrens empfiehlt.[1360] Die Untersuchung hat gezeigt, dass die ganze oder teilweise Wahl einer anderen Jurisdiktion rechtlich grundsätzlich möglich ist, jedoch bei reinen Binnensachverhalten gleichermaßen gewissen Unsicherheiten begegnet. Je nach Größe und Umfang des zu finanzierenden Projektes sollte somit ein hinreichender Auslandsbezug bestehen, der insgesamt aber zu einem signifikanten Anstieg der Transaktionskosten führen kann und sich gegenüber kleinen und mittleren Darlehensnehmern kaum durchsetzen lassen wird.

Allein die Diskussion darüber, AGB-rechtliche Sachverhalte der deutschen Gerichtsbarkeit zu entziehen, zeigt aber schon, dass der gesetzlichen und gerichtlichen Realität ein offensichtlicher Missstand zugrunde liegt. Wenn die Praxis bemüht ist, innerdeutsche Sachverhalte zunehmend ausländischen Jurisdiktionen[1361] zu unterstellen, dann offenbart das deutsche Rechtssystems im Bereich des Kreditgeschäfts offensichtliche Standortnachteile.[1362] Denn im Vergleich zu anderen Rechtsordnungen, in denen eine gerichtliche Kontrolle von Verträgen im B2B-Verkehr entweder überhaupt nicht angelegt ist oder aber die Gestaltung laufzeitunabhängiger Einmalentgelte nicht als unangemessene Benachteiligung angesehen wird, erleiden die deutschen Kreditinstitute einen signifikanten Standortnachteil.[1363] Das ist mitunter auch darauf zurückzuführen, dass die Richtlinie 93/13/EWG über missbräuchliche Klauseln ausschließlich auf Verbraucherverträge beschränkt ist und es somit aufgrund der fehlenden Harmonisierung zu einer unterschiedlichen Behandlung von Unternehmen quer durch die Mitgliedsstaaten kommt.[1364] Gegenüber der Kreditvergabe durch europäische Mitbewerber kann dieser Umstand letztlich auch zu wirtschaftlichen Nachteilen deutscher Banken bis hin zu einer Verzerrung des Wettbewerbs führen.[1365]

---

1360 Siehe dazu die Nennungen in Fn. 1293 und Fn. 1314.

1361 Ausführlich zum Vergleich zwischen dem Recht Deutschlands, Englands und der Schweiz in Bezug auf die Möglichkeit einer Individualabrede, die Einbeziehung von AGB in den Vertrag und die Reichweite der Inhaltskontrolle, *Richter*, AGB im B2B-Verkehr, S. 32 ff., 69 ff., 95 ff.

1362 Vgl. zur aufkeimenden Kritik etwa auch *Haag*, FAZ vom 29.03.2018, 7 „International abgehängt – Das deutsche AGB-Recht schafft Rechtsunsicherheit".

1363 Ausländische Anbieter unterliegen bei der Kreditvergabe in Deutschland hingegen gleichermaßen dem deutschen Recht, dazu *Bitter*, JZ 2015, 170, 172; *Casper/Möllers*, BKR 2014, 59, 60; *Piekenbrock/Ludwig*, WM 2012, 2349.

1364 *Pfeiffer*, in: Wolf/Lindacher/Pfeiffer AGB § 310 Abs. 1 BGB Rn. 5 stellt etwa darauf ab, dass die AGB-Kontrolle in den Niederlanden, Österreich, Portugal und Spanien auf den B2B-Verkehr ausgeweitet wurde, in Frankreich und Polen hingegen nicht. Mit weiterer Analyse der betreffenden Rechtsordnungen *W. Müller/Griebeler/Pfeil*, BB 2009, 2658, 2663.

1365 *Pfeiffer*, in: Wolf/Lindacher/Pfeiffer AGB § 310 Abs. 1 BGB Rn. 5.

# Schlussbetrachtung

Die Urteile des BGH zur Unwirksamkeit von Bearbeitungsentgelten in Unternehmerdarlehensverträgen vom 04.07.2017 sind für die künftige Vereinbarung von Entgeltklauseln im Bankgeschäft von historischer Bedeutung. Nachgelagerte Judikate legen nahe, dass der erkennende Senat an den ausgearbeiteten Grundsätzen in Zukunft festhalten wird und die hier untersuchten Entscheidungsgründe dafür als Muster- oder Grundsatzentscheidung verstanden werden können. Im Nachgang bekräftigte der Senat in der Rechtssache XI ZR 238/16 vom 17.04.2018, dass die formularmäßige Erhebung von Bearbeitungsentgelten in Avalkrediten mit Unternehmern eine unangemessene Benachteiligung darstelle und weitete die Rechtsprechung somit auch auf Haftungskredite aus.[1366] Am 13.03.2018 konkretisierte und verschärfte der BGH seine Rechtsprechung zur Individualabrede und machte deutlich, dass das Eröffnen einer Wahlmöglichkeit zwischen mehreren vorformulierten Vertragsbedingungen grundsätzlich keine Individualabrede begründen könne, weil eine Gebührenklausel dadurch inhaltlich nicht ernsthaft zur Disposition gestellt werde.[1367] In der Entscheidung XI ZR 790/16 vom 05.06.2018 fielen der richterlichen Inhaltskontrolle ferner laufzeitunabhängige Zinscap-Prämien und Zinssicherungsgebühren in Verbraucherdarlehensverträgen zum Opfer[1368] – eine Übertragung dieser Rechtsprechung auf den Geschäftskundenverkehr steht zu erwarten.

Die Auswirkungen der zugrunde liegenden Urteile treffen die Kreditinstitute daher hart, konnten sie sich doch seit vielen Jahren auf eine wohlwollende Rechtsprechung verlassen, die Bearbeitungsgebühren zwischen 1 % und 3 % der Darlehensvaluta durchweg als banküblich ansah. Dass aber auch weiterhin ein praktisches Bedürfnis für die rechtssichere Vereinbarung von einmaligen Entgelten besteht, zeigen die dienstleistungs- und personalkostenintensiven Gegebenheiten des gegenwärtigen Kreditgeschäfts. Insbesondere im Umfeld niedriger Zinsen stechen Aufwand und Kosten im Zusammenhang mit der Kapitalüberlassung besonders hervor. Zudem treiben die regulatorischen Liquiditäts- und Risikoanforderungen des Bankaufsichtsrechts die anfänglichen Kosten in die Höhe, wohingegen die automatisierte Vertragsdurchführung nahezu keine Kosten verursacht. Da die Zinsstruktur unternehmerischer Kredite regelmäßig kurze bzw. unvorhersehbare Vertragslaufzeiten zur Folge hat, lässt sich anfänglicher Verwaltungsaufwand verursachungsgerecht am ehesten mit einem laufzeitunabhängigen Pauschalentgelt bepreisen: Dies ist Ausdruck gerechter Kostenverteilung.

---

1366 BGH, Urteil vom 17.04.2018 – XI ZR 238/16, WM 2018, 1356.
1367 BGH, Urteil vom 13.03.2018 – XI ZR 291/16, WM 2018, 1046.
1368 BGH, Urteil vom 05.06.2018 – XI ZR 790/16, WM 2018, 1363.

Sicher ist jedenfalls, dass die Kreditinstitute die entstandenen Verwaltungskosten auch künftig an ihre Kreditnehmer weitergeben werden. Etwas anderes vermag der BGH selbst nicht zu erwarten, wenn er klarstellt, dass es der beklagten Bank unbenommen bleibe, „ihren mit der Darlehensgewährung verbundenen Bearbeitungsaufwand während der Vertragslaufzeit durch entsprechende Kalkulation des Zinses zu decken“[1369]. Das dadurch geforderte Umlagemodell schränkt die Bepreisung von Einzelleistungen nach dem Verursacherprinzip weiter ein. Die Mischkalkulation führt nach einer betriebswirtschaftlichen Betrachtung folglich abstrakt zu einer Ressourcenfehlallokation und konkret zu anteiligen Mehrkosten für jeden Darlehensnehmer in Höhe von zumindest 10 %.[1370] Die Preissteigerung macht sich bei kleinen und mittleren Unternehmen besonders bemerkbar – jenen Unternehmen, die durch die Rechtsprechung ursprünglich geschützt werden sollten.

Die Untersuchung zeigt ferner, dass in der laufzeitunabhängigen Entgeltgestaltung kein Verstoß gegen das Prinzip der Kostenermäßigung zu erkennen ist.[1371] Bearbeitungsentgelte stellen gerade keine verschleierte Zinsabrede oder Zinsvorauszahlung dar und dienen allein der Abgeltung des zu Beginn entstandenen Aufwandes. Der Sinn und Zweck laufzeitunabhängiger Kosten liegt darin, dass mit dem Entgelt Kostenpositionen abgegoltenen werden, die bereits zu Vertragsbeginn überwiegend verbraucht und daher auch bei einer vorzeitigen Kündigung nicht erstattungsfähig sind. Trotz dessen werden sich Kreditgeber nun mit den Folgen der ergangenen Urteile abfinden müssen. Der Wandel der Rechtsprechung kam jedenfalls nicht ganz überraschend und deutete sich bereits ab dem Jahr 2008 in mehreren Aufsätzen aus dem Umfeld des BGH an. Er verdichtete sich zunehmend in der Abkehr einzelner Oberlandesgerichte von ihrer eigenen Rechtsprechung und führte letztlich am 13.05.2014 zur Erklärung der Unwirksamkeit von Bearbeitungsentgelten in Verbraucherdarlehensverträgen. Die wirkliche Überraschung lag dann aber in der Übertragung dieser Rechtsprechung auf den unternehmerischen Geschäftsverkehr, die nach der hier vertretenen Auffassung in vielerlei Hinsicht Anlass zu einer abweichenden Beurteilung geboten hätte.

Erkenntnis der Analyse ist, dass die Klausel „Bearbeitungsentgelt bei Vertragsschluss“ oder ähnlich lautende Vertragsbedingungen nicht zwangsläufig eine kontrollfähige AGB darstellen müssen. Zwar lässt sich die Vorformulierung für den Regelfall der Wiederverwendung eines Textbausteines in einem bankinternen

---

1369 BGH, Urteile vom 04.07.2017 – XI ZR 562/15, BGHZ 215, 172 = NJW 2017, 2986 Rn. 83 und XI ZR 233/16, ZIP 2017, 1654 Rn. 91; ebenso BGH, Urteil vom 16.10.2018 – XI ZR 593/16, WM 2018, 2183 Rn. 23.

1370 *Wimmer*, WM 2012, 1841, 1849 f. Im unternehmerischen Darlehensgeschäft dürften die Preissteigerungen aufgrund der Zinsstruktur und kurzen Kündigungsfrist indessen noch höher ausfallen, dazu „Einpreisen in den Zinssatz: Folgen der Mischkalkulation“, S. 237 ff.

1371 Siehe dazu „Kernproblem: Prinzip der Kostenermäßigung“, S. 233 ff.

Vertragsmuster nicht ernsthaft in Zweifel ziehen, jedoch ist nicht von einem Stellen von Vertragsbedingungen zu sprechen, wenn eine vorformulierte Formularvereinbarung beidseitig zurechenbar ist. Nach den Grundsätzen zur „freien Entscheidung"[1372] wird Vertragsgestaltungsmacht nicht einseitig in Anspruch genommen, wenn die andere Vertragspartei in der Auswahl der in Betracht kommenden Vertragstexte frei ist und die Gelegenheit erhält, alternativ eigene Textvorschläge mit der effektiven Möglichkeit ihrer Durchsetzung in die Verhandlungen einzubringen. Eine praxisnahe Auslegung führt zu dem Ergebnis, dass dazu nicht zwangsläufig ein rechtlich neutrales Klauselwerk eines Dritten erforderlich sein muss. Liegen diese Voraussetzungen vor, wäre nach der hier vertretenen Auffassung allein entscheidend gewesen, dass die andere Vertragspartei ihrer Obliegenheit zur Beanstandung der Vertragsbedingungen nicht nachgekommen ist. Frei nach der Maxime „wer weiß, was er unterschreibt, kann grundsätzlich hinterher nicht den Richter zu Hilfe rufen"[1373], wären die Vertragsbedingungen nicht als „gestellt" zu qualifizieren.

Wem das zu weitgehend ist, der findet einen weiteren Lösungsansatz in der Begründung einer Individualabrede. Obgleich der Regelfall dafür eine Textänderung erfordert, ist der BGH (zumindest in der Theorie) auch im Sonderfall einer unveränderten Klausel dazu bereit, unter „besonderen Umständen" ein Aushandeln anzunehmen.[1374] Zwar fehlt es bislang an einer abschließenden Konkretisierung dieses Merkmales, jedoch finden sich zu seiner Ausfüllung bereits eine ganze Reihe an Kriterien. So können umfangreiche und langwierige Verhandlungen im Einzelfall ebenso als Indiz für besondere Umstände dienen wie das Hinzuziehen rechtskundiger Berater. In den Urteilen vom 04.07.2017 hätten sich die besonderen Umstände aber jedenfalls aus dem jeweiligen Gegenstandswert ergeben können, der in beiden Verfahren über EUR 1 Mio. lag, sodass sich aufgrund der Transaktionsvolumina keine Informationsasymmetrien ergaben.

Insgesamt visualisiert die Untersuchung aber, dass die Anforderungen an eine Individualabrede nach der derzeitigen Lesart der Rechtsprechung besonders hoch sind. Obwohl es nach der hier vertretenen Auslegung nicht zwangsläufig einer Gesetzesänderung bedarf, ist auch ein zeitlich unbegrenztes Zuwarten auf eine Anpassung der Rechtsprechung für die Wirtschaft keine befriedigende Lösung. Für die Diskussion über den notwendigen gesetzgeberischen Impuls sei daher auf den Gesetzgebungsvorschlag der *Frankfurter Initiative zur Fortentwicklung des AGB-Rechts* (*Frankfurter Initiative*)[1375] verwiesen, der den hier verfolgten Lösungsansätzen durch eine gesetzliche Klarstellung gewiss zu mehr Rechtssicherheit verhelfen könnte.

---

1372 Siehe dazu „Die freie Entscheidung als beidseitiger Einbeziehungsvorschlag", S. 76 ff.

1373 *Dauner-Lieb*, AnwBl 2013, 845, 846.

1374 Siehe dazu „Sonderfall: Aushandeln ohne Textänderung", S. 114 ff.

1375 *Frankfurter Initiative*, Gesetzgebungsvorschlag.

Gelangt man hingegen mit dem BGH zu der Kontrollfähigkeit der betreffenden Entgeltklauseln, steht dem auch nicht der Preischarakter der Vertragsbedingung entgegen. Die Ausarbeitung zeigt, dass Entgelte oder Gebühren für herkömmlichen Bearbeitungsaufwand nicht als Preisabrede qualifiziert werden können.[1376] Nach dem gesetzlichen Leitbild des Darlehensvertrages lässt sich der Zins als laufzeitabhängige Vergütung für die Hingabe von Kapital beschreiben, sodass sich ein laufzeitunabhängiges Bearbeitungsentgelt darunter nicht subsumieren lässt. Wird über den gesetzlichen Pflichtenkanon hinaus ferner keine gesonderte Beratungsleistung erbracht, ist auch die Annahme einer kontrollfreien Sonder- oder Zusatzleistung kaum vorstellbar. Das Abweichen vom gesetzlichen Leitbild ist aber mit der Unwirksamkeit einer Klausel nicht gleichbedeutend, ist es nach § 307 Abs. 3 Satz 1 BGB doch überhaupt erst Voraussetzung für eine AGB-Kontrolle. Abweichungen können und müssen nach einer umfassenden Inhaltskontrolle auch weiterhin möglich sein. Nach den Wertungen der Urteile wird der Leitbildfunktion des dispositiven Rechts aber ein zunehmend zwingender Charakter zugewiesen.

Die Analyse der Urteile zeigt ferner, dass sich Unterschiede in der Inhaltskontrolle im Unternehmerverkehr gegenüber den verbraucherrechtlichen Kontrollmaßstäben tatsächlich kaum noch bemerkbar machen.[1377] Nach den aufsehenerregenden Passagen der Entscheidungsgründe seien „im Hinblick auf die im Streit stehende Klausel Unternehmer nicht weniger schutzwürdig als Verbraucher" und könnten sogar „durchaus ein höheres Maß von Abhängigkeit von dem Kreditinstitut aufweisen".[1378] Demnach sind Unternehmer künftig zwar nicht *per se* schutzwürdiger als Verbraucher, sie sind aber auch nicht minder schutzwürdig. Denn es ist deutlich geworden, dass der Verweis auf die im Handelsverkehr geltenden Gewohnheiten und Gebräuche nicht *ipso iure* dazu führt, dass eine Vertragsbestimmung der AGB-Kontrolle standhält. Der Schutzzweck der Inhaltskontrolle ist nicht für alle Unternehmer pauschal verringert und die Regelungsbedürfnisse des Handelsverkehrs sind gemeinhin keine allgemeingültige Begründung für die Erhebung eines laufzeitunabhängigen Entgeltes. Es bedarf daher eines differenzierten Verständnisses des Unternehmerbegriffs nach branchentypischer Geschäftserfahrung und Expertise. Denn es ist wenig zielführend, den Unternehmern jedweder Couleur – vom Existenzgründer über den Mittelständler bis zum internationalen Großkonzern – für die Zwecke der AGB-Kontrolle mit dem Verbraucher gleichzustellen. Während sich ein einheitliches Bild „des Verbrauchers" zeichnen lässt, ist dies im pluralistischen Geschäftsverkehr kaum möglich.

Eine differenzierte Anwendung des § 307 BGB mit der maßgeblichen Frage, ob ähnliche Geschäfte der betreffenden Art wiederkehrend abgeschlossen werden und somit zum Kerngeschäft unternehmerischer Tätigkeit zählen, ist bereits nach

---

1376 Siehe dazu „Das gesetzliche Leitbild des § 488 Abs. 1 Satz 2 BGB", S. 158 ff.
1377 Siehe dazu „Gewohnheiten und Gebräuche des Handelsverkehrs", S. 205 ff.
1378 BGH, Urteile vom 04.07.2017 – XI ZR 562/15, BGHZ 215, 172 = NJW 2017, 2986 Rn. 66, 68 und XI ZR 233/16, ZIP 2017, 1654 Rn. 72, 74.

heutiger Gesetzeslage möglich. Die Wertungsspielräume ermöglichen im Rahmen einer überindividuellen Betrachtung gruppen- und branchentypische Differenzierungen anhand der typischen Interessenlagen der Vertragsparteien. Nach dieser Auslegung wäre eine unangemessene Benachteiligung der Darlehensnehmer in dem zugrundliegenden Fall abzulehnen gewesen. Da das AGB-Recht im unternehmerischen Geschäftsverkehr langfristig nicht zu einer „Einbruchsstelle für den Verbraucherschutz“[1379] werden darf, ist auch an dieser Stelle eine gesetzliche Anpassung in Erwägung zu ziehen. Schon durch eine geringfügige gesetzliche Klarstellung, die auf die „Gegebenheiten des unternehmerischen Geschäftsverkehrs und die im Vergleich zu Verbrauchern geringere Schutzbedürftigkeit bestimmter Unternehmer“[1380] abstellt, ließen sich branchentypische Umstände und unterschiedliche Kontrollmaßstäbe hinreichend berücksichtigen. Wer von der Inhaltskontrolle im Geschäftskundenverkehr *de lege lata* aber weiterhin grundlegend andere Kontrollmaßstäbe erwartet, dem steht in dieser Hinsicht ein unangenehmes Rendezvous mit der Realität bevor.

Wollen Kreditinstitute auch in Zukunft an laufzeitunabhängigen Bearbeitungsentgelten festhalten, so bietet das geltende Recht dafür nur begrenzte Möglichkeiten. Kautelarjuristische Gestaltungen wie eine Zinsstaffelung, ein Rückzahlungsentgelt oder eine vom Darlehensvertrag isolierte Entgeltvereinbarung tragen stets das Risiko eines Umgehungsversuchs in sich.[1381] Rechtlich einwandfrei lassen sich derartige Entgelte am ehesten in einer Individualabrede oder in einer Sondervereinbarung ausbedingen – mit den hier dargestellten Hindernissen und Hürden. Es bleibt die Möglichkeit der Abwahl der deutschen Rechtsvorschriften oder die Vereinbarung eines schiedsrichterlichen Verfahrens. Wer die Bundesrepublik Deutschland aber als verlässlichen und leistungsfähigen Rechtsstandort kennt und schätzt, der tut nicht gut daran, Lösungen in anderen Jurisdiktionen zu suchen und die damit verbundenen Probleme nur zu verlagern. Die Auseinandersetzung muss auf dem Fundament des deutschen Rechts stattfinden, welches in seiner abstrahierenden und generalisierenden Methodik eine Vielzahl geeigneter Auslegungsmöglichkeiten bereithält – auch wenn es zu ihrer wirkungsvollen Entfaltung bisweilen eines gesetzgeberischen Impulses bedarf.

---

1379 *K. P. Berger*, ZIP 2006, 2149, 2156.

1380 Nach dem Gesetzgebungsvorschlag von *K. P. Berger*, NJW 2010, 465, 469; siehe dazu „Gesetzgebungsvorschläge“, S. 221 ff.

1381 Siehe dazu „Folgen der Urteile und deren Umgang in der Praxis“, S. 261 ff.

# Literaturverzeichnis

*Abels, Michael / Lieb, Manfred (Hrsg.)*: AGB und Vertragsgestaltung nach der Schuldrechtsreform – AGB-Symposium 2004, Baden-Baden 2005 (zitiert: *Autor*, in: AGB-Symposium, nach S.).

*Abels, Michael*: Anmerkung zu BGH, Urteil vom 17.02.2010 – VIII ZR 67/09, BB 2010, S. 918–919 (zitiert: *Abels*, BB 2010, 918).

*Acker, Wendelin / Bopp, Claudia*: Führt eine zu enge Anwendung des AGB-Rechts zu Nachteilen unserer Rechtsordnung im internationalen Rechtsverkehr?, BauR 2009, S. 1040–1049 (zitiert: *Acker/Bopp*, BauR 2009, 1040).

*Adams, Michael*: Ökonomische Begründung des AGB-Gesetzes, BB 1989, S. 781–788 (zitiert: *Adams*, BB 1989, 781).

*Axer, Constantin*: Rechtfertigung und Reichweite der AGB-Kontrolle im unternehmerischen Geschäftsverkehr, Frankfurt a.M. 2012 (zitiert: *Axer*, AGB-Kontrolle, nach S.).

*Ballo, Emanuel H. F.*: Die AGB-Kontrolle von Kreditverträgen in der Akquisitionsfinanzierung: eine Untersuchung am Beispiel des Senior Multicurrency Term and Revolving Facilities Agreement, Frankfurt a.M. 2010 (zitiert: *Ballo*, Akquisitionsfinanzierung, nach S.).

*Bamberger, Heinz Georg / Roth, Herbert / Hau, Wolfgang / Poseck, Roman (Hrsg.)*: Beck'scher Online-Kommentar zum Bürgerlichen Gesetzbuch, 53. Edition, Stand: 01.02.2020, München 2020 (zitiert: *Bearbeiter*, in: BeckOK BGB, nach §§ und Rn.).

*Bamberger, Heinz Georg / Roth, Herbert / Hau, Wolfgang / Poseck, Roman (Hrsg.)*: Kommentar zum Bürgerlichen Gesetzbuch, Band 1 §§ 1–480, 4. Auflage, München 2019; Band 5 §§ 1922–2385, CISG, IPR, EGBGB, 4. Auflage, München 2020 (zitiert: *Bearbeiter*, in: Bamberger/Roth BGB, nach §§ und Rn.).

*Barlitz, David*: Die Verjährung des Anspruchs auf Rückerstattung des Bearbeitungsentgelts, ZBB 2014, S. 233–243 (zitiert: *Barlitz*, ZBB 2014, 233).

*Basedow, Jürgen*: Handelsbräuche und AGB-Gesetz – Spontane Regelbildung im Zeitalter kodifizierter Usancen, ZHR 150 (1986), S. 469–491 (zitiert: *Basedow*, ZHR 150 (1986), 469).

*Baumbach, Adolf (Begr.) / Hopt, Klaus J. / u.a. (Hrsg.)*: Handelsgesetzbuch Kommentar, 38. Auflage, München 2018 (zitiert: *Bearbeiter*, in: Baumbach/Hopt HGB, nach §§ und Rn.).

*Bausch, Stephan*: Anmerkung zu BGH, Urteil vom 05.06.2018 – XI ZR 790/16, NJW 2018, S. 2953–2954 (zitiert: *Bausch*, NJW 2018, 2953).

*Becher, Johann G. G. / Krepold, Hans-Michael*: Gesetzgebung und Rechtsprechung – Das Bearbeitungsentgelt im Spannungsfeld von Privatautonomie und AGB-Recht, BKR 2014, S. 45–58 (zitiert: *Becher/Krepold*, BKR 2014, 45).

*Becker, Felix*: Die Reichweite der AGB-Inhaltskontrolle im unternehmerischen Geschäftsverkehr aus teleologischer Sicht, JZ 2010, S. 1098–1106 (zitiert: *F. Becker*, JZ 2010, 1098).

*Becker, Roman A. / Dreyer, Lisa*: AGB-rechtliche Zulässigkeit von Gebührenklauseln in Konsortialkreditverträgen, ZIP 2014, S. 2057–2067 (zitiert: *R. Becker/ Dreyer*, ZIP 2014, 2057).

*Berger, Henning / Rübsamen, Katrin*: Verfassungsrechtliche Grenzen der gerichtlichen Kontrolle von Klauseln über Bearbeitungsentgelte in Verbraucherkreditverträgen, WM 2011, S. 1877–1882 (zitiert: *H. Berger/Rübsamen*, WM 2011, 1877).

*Berger, Klaus Peter / Kleine, Lucas*: AGB-Gestaltung und Transparenzgebot – Beispiele aus der jüngeren BGH-Rechtsprechung zum unternehmerischen Geschäftsverkehr, NJW 2007, S. 3526–3530 (zitiert: *K. P. Berger/Kleine*, NJW 2007, 3526).

*Berger, Klaus Peter / Kleine, Lucas*: AGB-Kontrolle im unternehmerischen Geschäftsverkehr, BB 2007, S. 2137–2141 (zitiert: *K. P. Berger/Kleine*, BB 2007, 2137).

*Berger, Klaus Peter*: Abschied von der Privatautonomie im unternehmerischen Geschäftsverkehr? Zum Differenzierungsgebot im AGB-Recht, ZIP 2006, S. 2149–2156 (zitiert: *K. P. Berger*, ZIP 2006, 2149).

*Berger, Klaus Peter*: Aushandeln von Vertragsbedingungen im kaufmännischen Geschäftsverkehr, NJW 2001, S. 2152–2154 (zitiert: *K. P. Berger*, NJW 2001, 2152).

*Berger, Klaus Peter*: Die (fehlende) Bindung des Schiedsrichters an die höchstrichterliche Rechtsprechung, in: Ebke, Werner F. / Olzen, Dirk / Sandrock, Otto (Hrsg.), Festschrift für Siegfried H. Elsing, Frankfurt a.M. 2015, S. 15–28 (zitiert: *K. P. Berger*, in: FS Elsing 2015, 15).

*Berger, Klaus Peter*: Einbeziehung von AGB in B2B-Verträge, ZGS 2004, S. 415–422 (zitiert: *K. P. Berger*, ZGS 2004, 415).

*Berger, Klaus Peter*: Für eine Reform des AGB-Rechts im Unternehmerverkehr, NJW 2010, S. 465–470 (zitiert: *K. P. Berger*, NJW 2010, 465).

*van Bevern, Marcus / Schmitt, Ramona*: Bearbeitungsentgelte bei gewerblichen Darlehensverträgen – ist die BGH-Rechtsprechung zu Verbraucherdarlehen übertragbar?, BKR 2015, S. 323–330 (zitiert: *van Bevern/Schmitt*, BKR 2015, 323).

*Biciste, Astrid*: Unwirksamkeit einer Klausel über Bearbeitungsentgelte für Abschluss und Vollzug von Darlehensverträgen mit Unternehmern, Anmerkung zu BGH, Urteil vom 19.02.2019 – XI ZR 562/17, EWiR 2019, S. 547–548 (zitiert: *Biciste*, EWiR 2019, 547).

*Billing, Tom*: Die Bedeutung von § 307 III 1 BGB im System der AGB-rechtlichen Inhaltskontrolle, München 2006 (zitiert: *Billing*, § 307 III 1 BGB, nach S.).

*Billing, Tom*: Zur AGB-rechtlichen Zulässigkeit eines Bearbeitungsentgeltes bei Darlehensverträgen (Teil I), WM 2013, S. 1777–1785 (zitiert: *Billing*, WM 2013, 1777).

*Billing, Tom*: Zur AGB-rechtlichen Zulässigkeit eines Bearbeitungsentgeltes bei Darlehensverträgen (Teil II), WM 2013, S. 1829–1838 (zitiert: *Billing*, WM 2013, 1829).

*Bitter, Georg / Linardatos, Dimitrios*: Der Banksenat des BGH hat gesprochen: Ende der Vertragsfreiheit und Zwang zur Ineffizienz im Darlehensrecht!, ZIP 2018, S. 1203 (zitiert: *Bitter/Linardatos*, ZIP 2018, 1203).

*Bitter, Georg / Linardatos, Dimitrios*: Erdachte Leitbilder im Darlehensrecht – Von Holzwegen und rhetorischen Tricks in der Rechtsprechung des XI. Zivilsenats des BGH, ZIP 2018, S. 2249–2254 (zitiert: *Bitter/Linardatos*, ZIP 2018, 2249).

*Bitter, Georg*: Aufschub des Verjährungsbeginns bei unklarer und klarer Rechtslage? – Grenzen der Rückforderung von Abschlussentgelten beim Darlehen, JZ 2015, S. 170–177 (zitiert: *Bitter*, JZ 2015, 170).

*Bitter, Georg*: Bankpraxis zwischen Recht und Wirtschaft, ZBB 2007, S. 237–257 (zitiert: *Bitter*, ZBB 2007, 237).

*Bitter, Georg*: Wer schützt den Verbraucher vor dem Verbraucherschutz? Bankentgelte und „Verursacherprinzip“ in juristisch-ökonomischer Betrachtung, in: Schäfer, Hans-Bernd / Lwowski, Hans-Jürgen (Hrsg.), Festschrift für Claus Ott, Wiesbaden 2002, S. 153–181 (zitiert: *Bitter*, in: FS Ott 2002, 153).

*Bora, Alfons*: Rechtliches Risikomanagement. Form, Funktion und Leistungsfähigkeit des Rechts in der Risikogesellschaft, Berlin 1999 (zitiert: *Bearbeiter*, in: Bora, Risikomanagement, nach S.).

*Bubrowski, Helene*: AGB im B2B-Verkehr: Alles nur Schaulaufen?, AnwBl 2012, S. 980–981 (zitiert: *Bubrowski*, AnwBl 2012, 980).

*Buck-Heeb, Petra*: Kreditberatung, Finanzierungsberatung, BKR 2014, S. 221–236 (zitiert: *Buck-Heeb*, BKR 2014, 221).

*von Caemmerer, Ernst / Friesenhahn, Ernst / Lange, Richard (Hrsg.)*: Rechtsgeschäft und Privatautonomie, Hundert Jahre Deutsches Rechtsleben, Festschrift zum hundertjährigen Bestehen des Deutschen Juristentages, Band I, Karlsruhe 1960 (zitiert: *Autor*, in: FS 100 Jahre DJT, nach S.).

*Cahn, Andreas*: Inhaltskontrolle von Überziehungsentgelten in Banken-AGB, WM 2010, S. 1197–1207 (zitiert: *Cahn*, WM 2010, 1197).

*Canaris, Claus-Wilhelm*: Bankvertragsrecht, Erster Teil, 3. Auflage, Berlin/New York 1988 (zitiert: *Canaris*, Bankvertragsrecht, nach Rn.).

*Canaris, Claus-Wilhelm*: Der Zinsbegriff und seine rechtliche Bedeutung, NJW 1978, S. 1891–1898 (zitiert: *Canaris*, NJW 1978, 1891).

*Canaris, Claus-Wilhelm*: Verstöße gegen das verfassungsrechtliche Übermaßverbot im Recht der Geschäftsfähigkeit und im Schadensersatzrecht, JZ 1987, S. 993–1004 (zitiert: *Canaris*, JZ 1987, 993).

*Canaris, Claus-Wilhelm*: Wandlung des Schuldvertragsrechts – Tendenzen zu einer „Materialisierung", AcP 200 (2000), S. 273–364 (zitiert: *Canaris*, AcP 200 (2000), 273).

*Casper, Matthias / Möllers, Caroline*: Kennt der Darlehensvertrag nur Zinsen? – Überlegungen anlässlich der aktuellen Debatte um die AGB-rechtliche Zulässigkeit von Bearbeitungsentgelten, BKR 2014, S. 59–69 (zitiert: *Casper/Möllers*, BKR 2014, 59).

*Casper, Matthias / Möllers, Caroline*: Zulässigkeit von Bearbeitungsentgelten bei gewerblichen Darlehensverträgen, WM 2015, S. 1689–1699 (zitiert: *Casper/Möllers*, WM 2015, 1689).

*Coester-Waltjen, Dagmar*: Die Inhaltskontrolle von Verträgen außerhalb des AGBG, AcP 190 (1990), S. 1–33 (zitiert: *Coester-Waltjen*, AcP 190 (1990), 1).

*Creifelds, Carl (Begr.) / Weber, Klaus (Hrsg.)*: Rechtswörterbuch, 23. Auflage, München 2019 (zitiert: *Creifelds*, nach Stichwort).

*Damm, Reinhard*: Verbraucherrechtliche Sondergesetzgebung und Privatrechtssystem, JZ 1978, S. 173–180 (zitiert: *Damm*, JZ 1978, 173).

*Dauner-Lieb, Barbara / Axer, Constantin*: Quo vadis AGB-Kontrolle im unternehmerischen Geschäftsverkehr?, ZIP 2010, S. 309–314 (zitiert: *Dauner-Lieb/Axer*, ZIP 2010, 309).

*Dauner-Lieb, Barbara / Heidel, Thomas / Ring, Gerhard (Gesamthrsg.)*: Nomos-Kommentar zum Bürgerlichen Gesetzbuch, Band 1: §§ 1–240 Allgemeiner Teil, EGBGB, 3. Auflage, Baden-Baden 2016; Band 2/1: §§ 241–610 Schuldrecht, 3. Auflage, Baden-Baden 2016 (zitiert: *Bearbeiter*, in: NK BGB, nach §§ und Rn.).

*Dauner-Lieb, Barbara*: Die geplante Schuldrechtsmodernisierung – Durchbruch oder Schnellschuß?, JZ 2001, S. 8–18 (zitiert: *Dauner-Lieb*, JZ 2001, 8).

*Dauner-Lieb, Barbara*: Verbraucherschutz durch Ausbildung eines Sonderprivatrechts für Verbraucher: systemkonforme Weiterentwicklung oder Schrittmacher der Systemveränderung?, Berlin 1983 (zitiert: *Dauner-Lieb*, Verbraucherschutz, nach S.).

*Dauner-Lieb, Barbara*: Vertragsfreiheit zwischen Unternehmen: AGB-Recht ihr Garant oder ihr Totengräber?, AnwBl 2013, S. 845–849 (zitiert: *Dauner-Lieb*, AnwBl 2013, 845).

*Drygala, Tim*: Die Reformdebatte zum AGB-Recht im Lichte des Vorschlags für ein einheitliches europäisches Kaufrecht, JZ 2012, S. 983–992 (zitiert: *Drygala*, JZ 2012, 983).

*Dylla-Krebs, Corinna*: Schranken der Inhaltskontrolle allgemeiner Geschäftsbedingungen: eine systematische Abgrenzung kontrollfreier von kontrollunterworfenen Klauseln, Baden-Baden 1990 (zitiert: *Dylla-Krebs*, Schranken der Inhaltskontrolle, nach S.).

*Ebenroth, Carsten Thomas / Boujong, Karlheinz / Joost, Detlev (Begr.) / Strohn, Lutz (Hrsg.)*: Handelsgesetzbuch Kommentar, Band 1 §§ 1–342e, 4. Auflage, München 2020; Band 2 §§ 343–475h, 3. Auflage, München 2015 (zitiert: *Bearbeiter*, in: EBJS HGB, nach §§ und Rn.).

*Etzbach, Peter / Janning, Johannes*: Darlehensverträge mit Unternehmen: Unwirksame Bearbeitungsentgelte in AGB, DB 2017, S. 2275–2278 (zitiert: *Etzbach/Janning*, DB 2017, 2275).

*von Falkenhausen, Kurt H.*: Zur Auslegung des AGB-Gesetzes, BB 1977, S. 1124–1128 (zitiert: *von Falkenhausen*, BB 1977, 1124).

*Fandrich, Andreas / Karper, Ines (Hrsg.)*: Münchener Anwalts Handbuch Bank- und Kapitalmarktrecht, 2. Auflage, München 2018 (*Bearbeiter*, in: MAH Bank- und Kapitalmarktrecht, nach §§ und Rn.).

*Fastrich, Lorenz*: Richterliche Inhaltskontrolle im Privatrecht, München 1992 (zitiert: *Fastrich*, Inhaltskontrolle, nach S.).

*Ferrari, Franco / Kieninger, Eva-Maria / Mankowski, Peter u.a.*: Internationales Vertragsrecht, 3. Auflage, München 2018 (zitiert: *Bearbeiter*, in: Ferrari/Kieninger/Mankowski, Internationales Vertragsrecht, nach Art. und Rn.).

*Fischer, Reinfrid*: Unwirksamkeit formularmäßiger Bearbeitungsentgelte auch in Darlehensverträgen mit Unternehmern, EWiR 2017, S. 3–4 (zitiert: *Fischer*, EWiR 2017, 3).

*Fleischer, Holger*: „Gegriffene Größen" in der aktienrechtlichen Spruchpraxis, in: Heldrich, Andreas / Prölss, Jürgen / Koller, Ingo u.a. (Hrsg.), Festschrift für Claus-Wilhelm Canaris, Band II, München 2007, S. 71–89 (zitiert: *Fleischer*, in: FS Canaris 2007, 71).

*Flume, Werner*: Allgemeiner Teil des Bürgerlichen Rechts: Zweiter Band: Das Rechtsgeschäft, Berlin/Heidelberg 1992 (zitiert: *Flume*, Rechtsgeschäft, nach S.).

*Frankenberger, Anke*: AGB im B2B-Geschäft: Wenn die Wirklichkeit das Recht überholt, AnwBl 2012, S. 318–319 (zitiert: *Frankenberger*, AnwBl 2012, 318).

*Frankfurter Initiative zur Fortentwicklung des AGB-Rechts*: Gesetzgebungsvorschlag zur Änderung des AGB-Rechts im unternehmerischen Geschäftsverkehr, Stand: Juni 2018, abrufbar unter www.zvei.org/themen/maerkte-recht/recht/allgemeine-geschaeftsbedingungen-im-unternehmerischen-geschaeftsverkehr, zuletzt abgerufen am 01.03.2020 (zitiert: *Frankfurter Initiative*, Gesetzgebungsvorschlag, nach S.).

*Früh, Andreas*: Vergütungsanspruch von Banken bei gesetzlich auferlegten Pflichten, WM 1998, S. 63–66 (zitiert: *Früh*, WM 1998, 63).

*Genzow, Christian F. / Grunewald, Barbara / Schulte-Nölke, Hans*: Zwischen Vertragsfreiheit und Verbraucherschutz, Festschrift für Friedrich Graf von Westphalen, Köln 2010 (zitiert: *Autor*, in: FS von Westphalen 2010, nach S.).

*von Gierke, Otto Friedrich*: Die Soziale Aufgabe des Privatrechts, Vortrag vom 05.04.1889 in der Juristischen Studiengesellschaft zu Wien, 2. Auflage, Berlin/Heidelberg 1948 (zitiert: *von Gierke*, Die Soziale Aufgabe des Privatrechts, nach S.).

*Godefroid, Christoph*: Zulässigkeit von Bearbeitungsgebühren bei Verbraucherkreditverträgen, ZIP 2011, S. 947–950 (zitiert: *Godefroid*, ZIP 2011, 947).

*Guggenberger, Leonid*: Nebenentgelte im Bankgeschäft, AGB-Kontrolle und Markttransparenz, BKR 2017, S. 1–7 (zitiert: *Guggenberger*, BKR 2017, 1).

*Güngör, Volkan*: Die Zulässigkeit von Bereitstellungszinsen bei Immobiliardarlehen, VuR 2013, S. 410–415 (zitiert: *Güngör*, VuR 2013, 410).

*Habersack, Mathias*: Der Vorbehalt der Individualabrede (§ 305 Abs. 1 S. 3 BGB) – Zu den Anforderungen an das Aushandeln von Vertragsbedingungen, insbesondere im unternehmerischen Verkehr –, in: Alexander, Christian / Bornkamm, Joachim / Buchner, Benedikt u.a. (Hrsg.), Festschrift für Helmut Köhler, München 2014, S. 209–220 (zitiert: *Habersack*, in: FS Köhler 2014, 209).

*Hanefeld, Inka / Wittinghofer, Mathias A.*: Schiedsklauseln in Allgemeinen Geschäftsbedingungen, SchiedsVZ 2005, S. 217–229 (zitiert: *Hanefeld/Wittinghofer*, SchiedsVZ 2005, 217).

*Hanke, Stefan / Adler, Angela*: Keine Gleichbehandlung von Unternehmern und Verbrauchern bei der Rückforderung von Bearbeitungsentgelten, WM 2015, S. 1313–1319 (zitiert: *Hanke/Adler*, WM 2015, 1313).

*Hannemann, Thomas R.*: AGB: Der Maßstab der Inhaltskontrolle und der Wille des Gesetzgebers, AnwBl 2012, S. 314–317 (zitiert: *Hannemann*, AnwBl 2012, 314).

*Harnos, Rafael*: Zumutbarkeit der Klageerhebung und Verjährungsbeginn im Bankrecht, WM 2015, S. 1658–1663 (zitiert: *Harnos*, WM 2015, 1658).

*Heinrichs, Helmut / Löwe, Walter / Ulmer, Peter (Hrsg.)*: Zehn Jahre AGB-Gesetz, Köln 1987 (zitiert: *Autor*, in: 10 Jahre AGB-Gesetz, nach S.).

*Heinrichs, Helmut*: Umsetzung der EG-Richtlinie über mißbäuchliche Klauseln in Verbraucherverträgen durch Auslegung – Erweiterung des Anwendungsbereichs der Inhaltskontrolle, NJW 1995, S. 153–159 (zitiert: *Heinrichs*, NJW 1995, 153).

*Henze, Markus*: Entgeltklauseln in Unternehmenskreditverträgen – Die Wirksamkeit der Entgelterhebung durch Kreditgeber, Wiesbaden 2018 (zitiert: *Henze*, Entgeltklauseln, nach S.).

*Herberger, Maximilian / Martinek, Michael / Rüßmann, Helmut u.a. (Hrsg.)*: Juris Praxiskommentar BGB, Band 2 Schuldrecht, Teil 1 §§ 241–432, Teil 2 §§ 433–630h,

8. Auflage, Saarbrücken 2017 (zitiert: *Bearbeiter*, in: jurisPK BGB, nach §§ und Rn.).

*Herresthal, Carsten*: Zur Unwirksamkeit einer formularmäßigen Klausel über eine Bearbeitungsprovision in Unternehmerdarlehen, Anmerkung zu BGH, Urteil vom 16.10.2018 – XI ZR 593/16, EWiR 2019, S. 1–2 (zitiert: *Herresthal*, EWiR 2019, 1).

*Herrmann, Ulrich / Lasch, Thomas*: AGB-Recht für Unternehmen auf dem Prüfstand, DRiZ 2018, S. 218–221 (zitiert: *Herrmann/Lasch*, DRiZ 2018, 218).

*Herweg, Christina / Fürtjes, Katharina*: Bearbeitungsentgeltklauseln von Banken gegenüber Unternehmern, ZIP 2015, S. 1261–1269 (zitiert: *Herweg/Fürtjes*, ZIP 2015, 1261).

*Horn, Norbert*: Die richterliche Kontrolle von Entgeltklauseln nach dem AGB-Gesetz am Beispiel der Kreditwirtschaft, WM 1997, Sonderbeilage Nr. 1, S. 1–23 (zitiert: *Horn*, WM 1997, Sonderbeilage 1, 1).

*Höche, Thorsten*: „Ein neuer Aufbruch für Europa" – Überblick zum Koalitionsvertrag zwischen CDU, CSU und SPD aus Sicht der Kreditwirtschaft, WM 2018, S. 497–502 (zitiert: *Höche*, WM 2018, 497).

*Jaeger, Wolfgang*: „Stellen" und „Aushandeln" vorformulierter Vertragsbedingungen, NJW 1979, S. 1569–1575 (zitiert: *Jaeger*, NJW 1979, 1569).

*Jansen, Nils*: Klauselkontrolle im europäischen Privatrecht – Ein Beitrag zur Revision des Verbraucheracquis, ZEuP 2010, S. 69–106 (zitiert: *Jansen*, ZEuP 2010, 69).

*Jauernig, Othmar (Begr.) / Stürner, Rolf (Hrsg.)*: Kommentar zur Bürgerlichen Gesetzbuch, 17. Auflage, München 2018 (zitiert: *Bearbeiter*, in: Jauernig BGB, nach §§ und Rn.).

*Jerger, Christoph*: Kontrolle und Unwirksamkeit von Preisnebenabreden, NJW 2019, S. 3752–3755 (zitiert: *Jerger*, NJW 2019, 3752).

*John, Pascal*: Beginn der Verjährungsfrist für bereicherungsrechtlichen Anspruch auf Rückzahlung eines Bearbeitungsentgelts auch bei Bauspardarlehen mit Schluss des Jahres 2011, Anmerkung zu BGH, Urteil vom 19.03.2019 – XI ZR 95/17, EWIR 2019, S. 481–482 (zitiert: *John*, EWIR 2019, 481).

*John, Pascal*: Unwirksamkeit einer Klausel über ein Bearbeitungsentgelt für Avalkredit an Unternehmer in Banken-AGB, Anmerkung zu BGH, Urteil vom 17.04.2018 – XI ZR 238/16, EWiR 2018, S. 481–482 (zitiert: *John*, EWiR 2018, 481).

*Josenhans, Michael / Danzmann, Max / Lübbehüsen, Georg*: Kautelarjuristische Gestaltungsoptionen bei Gebührenvereinbarungen für Konsortialkreditfinanzierungen – Implikationen der BGH-Rechtsprechung zu AGB-Bearbeitungsentgelten, BKR 2018, S. 142–149 (zitiert: *Josenhans/Danzmann/Lübbehüsen*, BKR 2018, 142).

*Kappus, Andreas*: Abgrenzung von Individual- und Formularverträgen Möglichkeiten und Grenzen der Mietvertragsgestaltung, NZM 2010, S. 529–543 (zitiert: *Kappus*, NZM 2010, 529).

*Kappus, Andreas*: Der „steinige Weg" des AGB-Verwenders zur Individualvereinbarung Mietverträge im Fokus, NJW 2016, S. 33–36 (zitiert: *Kappus*, NJW 2016, 33).

*Kästle, Florian*: M&A-Verträge unterliegen nicht der AGB-Kontrolle, NZG 2014, S. 288–296 (zitiert: *Kästle*, NZG 2014, 288).

*Kaufhold, Sylvia*: AGB-Anschein trotz Verhandlungsbestätigung – Ist der Individualvertrag im Unternehmerverkehr noch zu retten?, NJW 2014, S. 3488–3492 (zitiert: *Kaufhold*, NJW 2014, 3488).

*Kaufhold, Sylvia*: Anmerkung zu BGH, Urteil vom 17.02.2010 – VIII ZR 67/09, ZIP 2010, S. 631–635 (zitiert: *Kaufhold*, ZIP 2010, 631).

*Kaufhold, Sylvia*: „Echte" und „unechte" AGB in der Klauselkontrolle, BB 2012, S. 1235–1241 (zitiert: *Kaufhold*, BB 2012, 1235).

*Kessel, Christian / Jüttner, Andreas*: Der Vorbehalt der Individualabrede im unternehmerischen Geschäftsverkehr, BB 2008, S. 1350–1355 (zitiert: *Kessel/Jüttner*, BB 2008, 1350).

*Kessel, Christian / Stomps, Andreas*: Haftungsklauseln im Geschäftsverkehr zwischen Unternehmern – Plädoyer für eine Änderung der Rechtsprechung, BB 2009, S. 2666–2675 (zitiert: *Kessel/Stomps*, BB 2009, 2666).

*Kessel, Christian*: AGB oder Individualvereinbarung – Relevanz und Reformbedarf, AnwBl 2012, S. 293–300 (zitiert: *Kessel*, AnwBl 2012, 293).

*Kessel, Christian*: Zur Frage einer Reform des AGB-Rechts im unternehmerischen Verkehr, Sitzungsbericht I zum 69. Deutschen Juristentag, München 2013 (zitiert: *Kessel*, 69. DJT, Sitzungsbericht I, nach S.).

*Kieninger, Eva-Maria*: AGB bei B2B-Verträgen: Rückbesinnung auf die Ziele des AGB-Rechts, AnwBl 2012, S. 301–307 (zitiert: *Kieninger*, AnwBl 2012, 301).

*Knops, Kai-Oliver*: „Vorfälligkeitsentschädigung" nach Maßgabe der Wohnimmobilienkredit-Richtlinie, NJW 2018, S. 1505–1510 (zitiert: *Knops*, NJW 2018, 1505).

*Koch, Eckhart / Stübing, Jürgen*: Kommentar zum Gesetz zur Regelung des Rechts der Allgemeinen Geschäftsbedingungen, Neuwied 1977 (zitiert: *E. Koch/Stübing*, AGBG, nach §§ und Rn.).

*Koch, Jens*: Bearbeitungsentgelte im Kreditgeschäft – ein Blick nach vorn, WM 2016, S. 717–726 (zitiert: *J. Koch*, WM 2016, 717).

*Koch, Raphael*: Das AGB-Recht im unternehmerischen Verkehr: Zu viel des Guten oder Bewegung in die richtige Richtung?, BB 2010, S. 1810–1815 (zitiert: *R. Koch*, BB 2010, 1810).

*Köndgen, Johannes*: Die Entwicklung des privaten Bankrechts in den Jahren 1992–1995, NJW 1996, S. 558–570 (zitiert: *Köndgen*, NJW 1996, 558).

*Kondring, Jörg*: § 1051 Abs. 1 ZPO und die Abwahl einfach zwingenden Rechts bei Binnensachverhalten, ZIP 2017, S. 706–710 (zitiert: *Kondring*, ZIP 2017, 706).

*Kondring, Jörg*: Die „gute unternehmerische Praxis" in einem möglichen künftigen AGB- Recht für den unternehmerischen Rechtsverkehr, BB 2013, S. 73–78 (zitiert: *Kondring*, BB 2013, 73).

*Kötz, Hein*: Welche gesetzgeberischen Maßnahmen empfehlen sich zum Schutze des Endverbrauchers gegenüber Allgemeinen Geschäftsbedingungen und Formularverträgen?, Gutachten A zum 50. Deutschen Juristentag, Band I München 1974 (zitiert: *Kötz*, 50. DJT, Gutachten A, nach S.).

*Kräft, David*: Formularmäßig vereinbarte laufzeitunabhängige Bearbeitungsentgelte sind in Darlehensverträgen auch gegenüber Unternehmern unwirksam, GWR 2017, S. 377 (zitiert: *Kräft*, GWR 2017, 377).

*Krepold, Hans-Michael*: Bearbeitungsentgelt – Aufrechnung eines verjährten Rückforderungsanspruchs mit dem Darlehensrückzahlungsanspruch einer Bank, BKR 2019, S. 417–420 (*Krepold*, BKR 2019, 417)

*Kropf, Christina / Habl, Rouben*: Aktuelle Entwicklungen zur Zulässigkeit von Bankentgelten, BKR 2015, S. 316–322 (zitiert: *Kropf/Habl*, BKR 2015, 316).

*Kropf, Christian*: § 312a Abs. 3 BGB n.F. – Anwendungsbereich bei Verträgen über Finanzdienstleistungen von Banken?, BKR 2014, S. 309–314 (zitiert: *Kropf*, BKR 2014, 309).

*Kropf, Christian*: Anmerkung zu BGH, Urteil vom 17.04.2018 – XI ZR 238/16, BKR 2018, S. 423–425 (zitiert: *Kropf*, BKR 2018, 423).

*Kropf, Christian*: Was von der Privatautonomie übrig blieb – die BGH-Rechtsprechung zu Bankentgelten in AGB, WM 2019, S. 1723–1731 (zitiert: *Kropf*, WM 2019, 1723).

*Krüger, Thomas / Bütter, Michael*: Recht der Bankentgelte: Nebenentgelte im Kreditgeschäft, WM 2005, S. 673–681 (zitiert: *Krüger/Bütter*, WM 2005, 673).

*Krüger, Wolfgang / Rauscher, Thomas*: Münchener Kommentar zur Zivilprozessordnung mit Gerichtsverfassungsgesetz und Nebengesetzen, Band 3 §§ 946–1117, 5. Auflage, München 2017 (zitiert: *Bearbeiter*, in: MüKo ZPO, nach §§ und Rn.).

*Krüger, Thomas*: Rechtsfragen kreditwirtschaftlicher Preisgestaltung, Stuttgart 2000 (zitiert: *Krüger*, Rechtsfragen kreditwirtschaftlicher Preisgestaltung, nach S.).

*Kümpel, Siegfried (Begr.) / Peter O. Mülbert / Früh, Andreas / Seyfried, Thorsten (Hrsg.)*: Bank- und Kapitalmarktrecht, 5. Auflage, Köln 2019 (zitiert: *Bearbeiter*, in: Kümpel/Mülbert/Früh/Seyfried, Bank- und Kapitalmarktrecht, nach Rn.).

*Kysel, Nadejda*: Rechtswahl bei Entgeltvereinbarungen im Zusammenhang mit einem Darlehen – Möglichkeiten und Grenzen, WM 2018, S. 2266–2271 (zitiert: *Kysel*, WM 2018, 2266).

*Lammeyer, Philipp / Singbartl, Jan*: Anmerkung zu BGH vom 04.07.2017 – XI ZR 562/15, BKR 2017, S. 462–463 (zitiert: *Lammeyer/Singbartl*, BKR 2017, 462).

*Lammeyer, Philipp / Singbartl, Jan*: Ansprüche von Darlehensnehmern auf Erstattung von durch AGB erhobenen Bearbeitungs-/Wertermittlungsgebühren bei gewerblichen Darlehensverträgen?, GWR 2016, S 482–485 (zitiert: *Lammeyer/ Singbartl*, GWR 2016, 482).

*Lang, Volker / Schulz, Stephan*: Bearbeitungsentgelt bei gewerblichen Darlehen, WM 2015, S. 2173–2181 (zitiert: *Lang/Schulz*, WM 2015, 2173).

*Langenbucher, Katja / Bliesener, Dirk H. / Spindler, Gerald (Hrsg.)*: Bankrechts-Kommentar, 2. Auflage, München 2016 (zitiert: *Bearbeiter*, in: Langenbucher/Bliesener/Spindler, Bankrechts-Kommentar, nach §§ und Rn.).

*Lehmann-Richter, Arnold*: Mietvertragsbedingungen und ihre AGB-rechtliche „Verwendung" – „Stellen", „Aushandeln" und „Verbrauchervertrag" oder: Die Lehren aus der „Gebrauchtwagen"-Entscheidung BGH, NJW 2010, 1131, NZM 2011, S. 57–62 (zitiert: *Lehmann-Richter*, NZM 2011, 57).

*Lenkaitis, Karlheinz / Löwisch, Stephan*: Zur Inhaltskontrolle von AGB im unternehmerischen Geschäftsverkehr: Ein Plädoyer für eine dogmatische Korrektur, ZIP 2009, S. 441–450 (zitiert: *Lenkaitis/Löwisch*, ZIP 2009, 441).

*Leuschner, Lars / Meyer, Frederik*: Zur Bedeutung der §§ 305 ff. BGB in Schiedsverfahren: Ergebnisse einer empirischen Untersuchung durch Befragung von Experten der Schiedsgerichtsbarkeit, SchiedsVZ 2016, S. 156–160 (zitiert: *Leuschner/Meyer*, SchiedsVZ 2016, 156).

*Leuschner, Lars*: AGB-Kontrolle im unternehmerischen Verkehr, JZ 2010, S. 875–884 (zitiert: *Leuschner*, JZ 2010, 875).

*Leuschner, Lars*: AGB-Recht für Verträge zwischen Unternehmen – Unter besonderer Berücksichtigung von Haftungsbeschränkungen, Abschlussbericht vom 30.09.2014, abrufbar unter www.bmjv.de/SharedDocs/Downloads/DE/Fachinformationen/Abschlussbericht-AGB-Forschungsprojekt, zuletzt abgerufen am 01.03.2020 (zitiert: *Leuschner*, AGB-Recht Abschlussbericht, nach S.).

*Leuschner, Lars*: Die Kontrollstrenge des AGB-Rechts – Empirische Belege für eine systematische Fehleinschätzung in der unternehmerischen Praxis, NJW 2016, S. 1222–1225 (zitiert: *Leuschner*, NJW 2016, 1222).

*Leuschner, Lars*: Gebotenheit und Grenzen der AGB-Kontrolle, AcP 207 (2007), S. 491–529 (zitiert: *Leuschner*, AcP 207 (2007), 491).

*Leuschner, Lars*: Reformvorschläge für die AGB-Kontrolle im unternehmerischen Rechtsverkehr; ZIP 2015, S. 1045–1052 (zitiert: *Leuschner*, ZIP 2015, 1045).

*Leyens, Patrick C. / Schäfer, Hans-Bernd*: Inhaltskontrolle allgemeiner Geschäftsbedingungen – Rechtsökonomische Überlegungen zu einer einheitlichen Konzeption von BGB und DCFR, AcP 210 (2010), S. 771–803 (zitiert: *Leyens/Schäfer*, AcP 210 (2010), 771).

*Lieb, Manfred*: Schutzbedürftigkeit oder Eigenverantwortlichkeit?, DNotZ 1989, S. 274–297 (zitiert: *Lieb*, DNotZ 1989, 274).

*Lieb, Manfred*: Sonderprivatrecht für Ungleichgewichtslagen? Überlegungen zum Anwendungsbereich der sogenannten Inhaltskontrolle privatrechtlicher Verträge, AcP 178 (1978), S. 196–226 (zitiert: *Lieb*, AcP 178 (1978), 196).

*Lischek, Jan / Mahnken, Volker*: Vertragsverhandlungen zwischen Unternehmen und AGB – Anmerkungen aus der Sicht der Praxis, ZIP 2007, S. 158–163 (zitiert: *Lischek/Mahnken*, ZIP 2007, 158).

*Löhnig, Martin / Jerger, Christoph*: Von Sozietäten entworfene Verträge – maßgeschneidert oder doch AGB?, GWR 2013, S. 239–242 (zitiert: *Löhnig/Jerger*, GWR 2013, 239).

*Löwe, Walter*: Voraussetzungen für ein Aushandeln von AGB, NJW 1977, S. 1328–1330 (zitiert: *Löwe*, NJW 1977, 1328).

*Maier-Reimer, Georg / Niemeyer, Christoph*: Unternehmenskaufvertrag und AGB-Recht, NJW 2015, S. 1713–1719 (zitiert: *Maier-Reimer/Niemeyer*, NJW 2015, 1713).

*Maier-Reimer, Georg*: AGB-Recht im unternehmerischen Rechtsverkehr – Der BGH überdreht die Schraube, NJW 2017, S. 1–6 (zitiert: *Maier-Reimer*, NJW 2017, 1).

*Mankowski, Peter*: Besondere Arten der Rechtswahl in Verträgen, in: Witzleb, Normann / Ellger, Reinhard / Mankowski, Peter u.a. (Hrsg.), Festschrift für Dieter Martiny, Tübingen 2014, S. 449–474 (zitiert: *Mankowski*, in: FS Martiny 2014, 449).

*Mehringer, Wolfgang*: Keine Individualabrede bei Wahl zwischen zwei vorformulierten Varianten für einen Darlehensvertrag, Anmerkung zu BGH, Urteil vom 13.03.2018 – XI ZR 291/16, EWiR 2018, S. 451–452 (zitiert: *Mehringer*, EWiR 2018, 451).

*Meyer, Susanne*: „Gleichschritt-Rechtsprechung“ und individuelles Aushandeln, WM 2014, S. 980–985 (zitiert: *Meyer*, WM 2014, 980).

*Michalski, Lutz / Römermann, Volker*: Die Wirksamkeit der salvatorischen Klausel, NJW 1994, S. 886–890 (zitiert: *Michalski/Römermann*, NJW 1994, 886).

*Michalski, Lutz / Römermann, Volker*: Inhaltskontrolle von Einzelvereinbarungen anhand des AGB-Gesetzes, ZIP 1993, S. 1434–1446 (zitiert: *Michalski/Römermann*, ZIP 1993, 1434).

*Miethaner, Tobias*: AGB oder Individualvereinbarung – die gesetzliche Schlüsselstelle „im Einzelnen ausgehandelt“, NJW 2010, S. 3121–3127 (zitiert: *Miethaner*, NJW 2010, 3121).

*Miethaner, Tobias*: AGB-Kontrolle versus Individualvereinbarung, Tübingen 2010 (zitiert: *Miethaner*, AGB-Kontrolle versus Individualvereinbarung, nach S.).

*Mülbert, Peter O.*: Das verzinsliche Darlehen, AcP 192 (1992), S. 447–515 (zitiert: *Mülbert*, AcP 192 (1992), 447).

*Müller, Gerda*: Bankentgelte im Schlichtungsverfahren, WM 2018, S. 741–751 (zitiert: *G. Müller*, WM 2018, 741).

*Müller, Werner / Griebeler, Carsten / Pfeil, Julia*: Für eine maßvolle AGB-Kontrolle im unternehmerischen Geschäftsverkehr, BB 2009, S. 2658–2664 (zitiert: *W. Müller/Griebeler/Pfeil*, BB 2009, 2658).

*Müller, Werner / Marchant, Kathrin / Eilers, Frieso*: Gestaltungsmöglichkeiten bei der Vereinbarung von laufzeitunabhängigen Bearbeitungsentgelten bei Unternehmerdarlehen, BB 2017, S. 2243–2247 (zitiert: *W. Müller/Marchant/Eilers*, BB 2017, 2243).

*Müller, Werner / Schilling, Alexander*: AGB-Kontrolle im unternehmerischen Geschäftsverkehr – eine rechtsvergleichende Betrachtung, BB 2012, S. 2319–2324 (zitiert: *W. Müller/Schilling*, BB 2012, 2319).

*Müller, Werner*: Endlich! Die AGB-Kontrolle im unternehmerischen Geschäftsverkehr steht auf dem Prüfstand, BB 2018, Heft 26, Umschlagteil I (zitiert: *W. Müller*, BB 2018, Heft 26, Umschlagteil I).

*Müller, Werner*: Plädoyer für eine weniger starre AGB-Kontrolle im unternehmerischen Geschäftsverkehr am Beispiel des Gewerberaummietrechts, NZM 2016, S. 185–192 (zitiert: *W. Müller*, NZM 2016, 185).

*Nobbe, Gerd*: Anmerkung zu BGH vom 17.04.2018 – XI ZR 238/16, WuB 2018, S. 489–492 (zitiert: *Nobbe*, WuB 2018, 489).

*Nobbe, Gerd*: Zulässigkeit von Bankentgelten, WM 2008, S. 185–194 (zitiert: *Nobbe*, WM 2008, 185).

*Palandt, Otto (Begr.)*: Kommentar zum Bürgerlichen Gesetzbuch, 79. Auflage, München 2020 (zitiert: *Bearbeiter*, in: Palandt BGB, nach §§ und Rn.).

*Pawlowski, Hans-Martin*: Bemerkungen zur Auslegung des AGB-Gesetzes, BB 1978, S. 161–164 (zitiert: *Pawlowski*, BB 1978, 161).

*Pfeiffer, Thomas*: Aushandeln und Verhandeln von Vertragsklauseln im Unternehmensverkehr: Die Korrekturbedürftigkeit des deutschen AGB-Begriffs, ZGS 2004, S. 401 (zitiert: *Pfeiffer*, ZGS 2004, 401).

*Pfeiffer, Thomas*: BGH: Unwirksamkeit darlehensvertraglicher Bearbeitungsentgeltklauseln im Unternehmensverkehr, Anmerkung zu BGH, Urteil vom 04.07.2017 – XI ZR 562/15, LMK 2017, 394827 (zitiert: *Pfeiffer*, LMK 2017, 394827).

*Pfeiffer, Thomas*: Die Abwahl des deutschen AGB-Rechts in Inlandsfällen bei Vereinbarung eines Schiedsverfahrens, NJW 2012, S. 1169–1174 (zitiert: *Pfeiffer*, NJW 2012, 1169).

*Pfeiffer, Thomas*: Verbraucherrecht mit vielen Säulen – Auf der Suche nach funktionsgerechten Konstruktionsprinzipien eines Rechtsgebiets, NJW 2012, S. 2609–2613 (zitiert: *Pfeiffer*, NJW 2012, 2609).

*Piekenbrock, Andreas / Ludwig, Thomas*: Laufzeitunabhängige Bearbeitungsentgelte bei Verbraucherdarlehensverträgen aus deutscher und europäischer Sicht, WM 2012, S. 2349–2358 (zitiert: *Piekenbrock/Ludwig*, WM 2012, 2349).

*Piekenbrock, Andreas*: Die Rechtsprechung des BGH zu Bearbeitungsentgelten für Darlehensverträge – Rück- und Ausblick, ZBB 2015, S. 13–25 (zitiert: *Piekenbrock*, ZBB 2015, 13).

*Prütting, Hanns / Wegen, Gerhard / Weinreich, Gerd (Hrsg.)*: Kommentar zum Bürgerlichen Gesetzbuch, 14. Auflage, München 2019 (zitiert: *Bearbeiter*, in: Prütting/Wegen/Weinreich BGB, nach §§ und Rn.).

*Rabe, Dieter*: Die Auswirkungen des AGB-Gesetzes auf den kaufmännischen Verkehr, NJW 1987, S. 1978–1985 (zitiert: *Rabe*, NJW 1987, 1978).

*Raiser, Ludwig*: Das Recht der allgemeinen Geschäftsbedingungen, Hamburg 1935 (zitiert: *Raiser*, AGB, nach S.).

*Rehbinder, Manfred*: Das Kaufrecht in den Allgemeinen Geschäftsbedingungen der deutschen Wirtschaft, 2. Auflage, Berlin 1979 (zitiert: *Rehbinder*, Kaufrecht in AGB, nach S.).

*Renner, Moritz / Leidinger, Andreas*: Zur AGB-Kontrolle standardisierter Unternehmenskreditverträge, BKR 2015, S. 499–505 (zitiert: *Renner/Leidinger*, BKR 2015, 499).

*Richter, Bettina Charlotte*: Allgemeine Geschäftsbedingungen im B2B-Verkehr in Deutschland, der Schweiz und England – unter besonderer Berücksichtigung von Haftungsklauseln in Kaufverträgen und der ökonomischen Analyse des Rechts, Diss. jur., Köln 2013 (zitiert: *Richter*, AGB im B2B-Verkehr, nach S.).

*Rodi, Daniel*: Zu Preisklauseln für Zinscap-Prämie bzw. Zinssicherungsgebühr, Anmerkung zu BGH, Urteil vom 05.06.2018 – XI ZR 790/16, EWiR 2018, S. 449–450 (zitiert: *Rodi*, EWiR 2018, 449).

*Rösler, Patrick / Wimmer, Konrad*: Zahlungsverpflichtungen und Zahlungsströme bei vorzeitiger Beendigung von Darlehensverträgen, WM 2000, S. 164–181 (zitiert: *Rösler/Wimmer*, WM 2000, 164).

*Rösler, Patrick*: Forward-Darlehen und Darlehen mit Zins-Cap, WM 2000, S. 1930–1933 (zitiert: *Rösler*, WM 2000, 1930).

*Säcker, Franz Jürgen / Rixecker, Roland / Oetker, Hartmut / Limperg, Bettina (Hrsg.)*: Münchener Kommentar zum Bürgerlichen Gesetzbuch, Band 1 Allgemeiner Teil §§ 1–240, 8. Auflage, München 2018; Band 2 Schuldrecht – Allgemeiner Teil I §§ 241–310, 8. Auflage, München 2019; Band 4 Schuldrecht – Besonderer Teil I §§ 433–534, 8. Auflage, München 2019; Band 6 Schuldrecht – Besonderer Teil IV §§ 705–853, 7. Auflage, München 2017, Band 12 Internationales Privatrecht II, Internationales Wirtschaftsrecht, 7. Auflage, München 2018 (zitiert: *Bearbeiter*, in: MüKo BGB, nach §§ und Rn.).

*Schiffer, Jack / Weichel, Mario*: AGB-Kontrolle im Rahmen von Unternehmenskaufverträgen?, BB 2011, S. 1283–1290 (zitiert: *Schiffer/Weichel*, BB 2011, 1283).

*Schimansky, Herbert / Bunte, Hermann-Josef / Lwowski, Hans-Jürgen (Hrsg.)*: Bankrechts-Handbuch, Band I-II; 5. Auflage, München 2017 (zitiert: *Bearbeiter*, in: Schimansky/Bunte/Lwowski, Bankrechts-Handbuch, nach §§ und Rn.).

*Schmid-Burgk, Klaus*: Das Bearbeitungsentgelt in Darlehensverträgen im Lichte der Rechtsprechung zum AGB-Recht, BB 2018, S. 1799–1802 (zitiert: *Schmid-Burgk*, BB 2018, 1799).

*Schmidt-Kessel, Martin*: AGB im unternehmerischen Geschäftsverkehr: Marktmacht begrenzen, AnwBl 2012, S. 308–313 (zitiert: *Schmidt-Kessel*, AnwBl 2012, 308).

*Schmidt-Rimpler, Walter*: Grundfragen einer Erneuerung des Vertragsrechts, AcP 147 (1941), S. 130–216 (zitiert: *Schmidt-Rimpler*, AcP 147 (1941), 130).

*Schmidt, Harry*: Vertragsfolgen der Nichteinbeziehung und Unwirksamkeit von Allgemeinen Geschäftsbedingungen, Heidelberg 1986 (zitiert: *Harry Schmidt*, Vertragsfolgen, nach S.).

*Schmidt, Hubert*: BGH: Formularmäßige Bearbeitungsentgelte beim Abschluss von Privatkreditverträgen, Anmerkung zu BGH, Urteil vom 13.05.2014 – XI ZR 405/12, LMK 2014, 361197 (zitiert: *H. Schmidt*, LMK 2014, 361197).

*Schmidt, Joachim*: Vom „Stellen" und „Aushandeln" von AGB – Konsequenzen für die (gewerbliche) Mietvertragspraxis aus BGH, NZM 2016, 214, NZM 2016, S. 377–380 (zitiert: *J. Schmidt*, NZM 2016, 377).

*Schmidt, Karsten (Hrsg.)*: Münchener Kommentar zum Handelsgesetzbuch, Band 4 – Drittes Buch, Handelsbücher §§ 238–342e, 3. Auflage, München 2013; Band 5 – Viertes Buch, Handelsgeschäfte §§ 343–406, CISG, 4. Auflage, München 2018 (zitiert: *Bearbeiter*, in: MüKo HGB, nach §§ und Rn.).

*Schmidt, Ludwig (Begr.) / Weber-Grellet, Heinrich (Hrsg.)*: Einkommensteuergesetz Kommentar, 38. Auflage, München 2019 (zitiert: *Bearbeiter*, in: Schmidt EStG, nach §§ und Rn.).

*Schmieder, Sandra*: Formularmäßig erhobene Bearbeitungsgebühren bei Verbraucherdarlehen, WM 2012, S. 2358–2364 (zitiert: *Schmieder*, WM 2012, 2358).

*Schmoeckel, Mathias*: Auf der Suche nach der verlorenen Ordnung – 2000 Jahre Recht in Europa, Köln 2005 (zitiert: *Schmoeckel*, Auf der Suche nach der verlorenen Ordnung, nach S.).

*Servais, Kilian*: Anmerkung zu BGH, Urteil vom 04.07.2017 – XI ZR 562/15, BKR 2017, S. 462 (zitiert: *Servais*, BKR 2017, 462).

*Sonnenschein, Jürgen*: Formularmietverträge im Anwendungsbereich des AGB-Gesetzes, NJW 1980, S. 1489–1494 (zitiert: *Sonnenschein*, NJW 1980, 1489).

*Spatz, Julian*: Die Insiderinformation bei Unvorhersehbarkeit der Richtung der Kursauswirkung, Berlin 2019 (zitiert: *Spatz*, Die Insiderinformation, nach S.).

*Stackmann, Nikolaus*: Aktuelle Rechtsprechung im Bankrecht, NJW 2018, S. 2366–2370 (zitiert: *Stackmann*, NJW 2018, 2366).

*von Staudinger, Julius (Begr.)*: Kommentar zum Bürgerlichen Gesetzbuch, Buch 2: Recht der Schuldverhältnisse §§ 305–310; UKlaG (Recht der Allgemeinen Geschäftsbedingungen), 4. Auflage, Berlin 2013; Buch 2: Recht der Schuldverhältnisse §§ 488–490; §§ 607–609 (Darlehensrecht), 15. Auflage, Berlin 2015;

Buch 2: Recht der Schuldverhältnisse §§ 812–822 (Ungerechtfertigte Bereicherung), 15. Auflage, Berlin 2007 (zitiert: *Bearbeiter*, in: Staudinger BGB, nach §§ und Rn.).

*Steuer, Stephan*: Die höchstrichterliche Rechtsprechung des Bundesgerichtshofes zu Preisen und Entgelten – Eine kritische Bestandsaufnahme, in: Häuser, Franz / Hammen, Horst / Hennrichs, Joachim u.a. (Hrsg.), Festschrift für Walther Hadding, Berlin 2004, S. 1169–1190 (zitiert: *Steuer*, in: FS Hadding 2004, 1169).

*Stoffels, Markus*: AGB-Recht, 3. Auflage, München 2015 (zitiert, *Stoffels*, AGB, nach Rn.).

*Stoffels, Markus*: Schranken der Inhaltskontrolle, JZ 2001, S. 843–849 (zitiert: *Stoffels*, JZ 2001, 843).

*Strube, Hartmut / Fandel, Stefanie*: Unzulässige Bearbeitungsentgelte bei Darlehensverträgen – Streitfragen und Praxishinweise, BKR 2014, S. 133–144 (zitiert: *Strube/Fandel*, BKR 2014, 133).

*Stübing, Jürgen*: Tatsachenbestätigungen und Fiktionen in AGB, NJW 1978, S. 1606–1611 (zitiert: *Stübing*, NJW 1978, 1606).

*Stumpf, Herbert*: Sand im Getriebe des unternehmerischen Handelns – Eine kritische Betrachtung anhand einiger Beispiele aus der jüngeren Rechtsprechung zum AGB-Gesetz, BB 1985, S. 963–965 (zitiert: *Stumpf*, BB 1985, 963).

*Tiffe, Achim*: Die Zulässigkeit von Bearbeitungsgebühren bei Verbraucherdarlehen, VuR 2012, S. 127–133 (zitiert: *Tiffe*, VuR 2012, 127).

*Tröger, Tobias*: Anmerkung zu BGH, Urteil vom 04.07.2017 – XI ZR 562/15, NJW 2017, S. 2994–2995 (zitiert: *Tröger*, NJW 2017, 2994).

*Ulmer, Peter / Brandner, Hans Erich / Hensen, Horst-Diether (Hrsg.)*: AGB-Recht – Kommentar zu den §§ 305–310 BGB und zum UKlaG, 12. Auflage, Köln 2016 (zitiert: *Bearbeiter*, in: Ulmer/Brandner/Hensen AGB, nach §§ und Rn.).

*Ulmer, Peter*: Welche gesetzgeberischen Maßnahmen empfehlen sich zum Schutze des Endverbrauchers gegenüber Allgemeinen Geschäftsbedingungen und Formularverträgen?, Sitzungsbericht H zum 50. Deutschen Juristentag, Band II München 1974 (zitiert: *Ulmer*, 50. DJT, Sitzungsbericht H, nach S.).

*Valdini, Daniel*: Gesetzesreform durch die Hintertür?: Die Abwahl zwingenden Rechts durch Schiedsabreden bei Inlandssachverhalten, ZIP 2017, S. 7–17 (zitiert: *Valdini*, ZIP 2017, 7).

*Wackerbarth, Ulrich*: Unternehmer, Verbraucher und die Rechtfertigung der Inhaltskontrolle vorformulierter Verträge, AcP 200 (2000), S. 45–90 (zitiert: *Wackerbarth*, AcP 200 (2000), 45).

*Weber, Christoph Andreas*: Inhaltskontrolle von Bearbeitungsentgelten im Kreditgeschäft – von der Dogmatik zur Interessenlage und zurück, BKR 2013, S. 450–456 (zitiert: *C. Weber*, BKR 2013, 450).

*Weber, Sebastian*: Bearbeitungsentgelte für Kredit im Kontokorrent, BKR 2017, S. 106–109 (zitiert: *S. Weber*, BKR 2017, 106).

*Weber, Sebastian*: Nochmals: Bearbeitungsentgelte in öffentlich refinanzierten Darlehensverträgen, WM 2016, S. 150–155 (zitiert: *S. Weber*, WM 2016, 150).

*Weiß, Daniel / Reps, Markus*: Zinsbegrenzungsvereinbarungen und -prämien in AGB – Zugleich Besprechung LG Frankfurt a.M. vom 16.9.2015 (2–19 O 41/15), WM 2016, S. 1865–1874 (zitiert: *Weiß/Reps*, WM 2016, 1865).

*Westermann, Benjamin*: Anmerkung zu BGH, Urteil vom 05.06.2018 – XI ZR 790/16, WuB 2018, S. 492–496 (zitiert: *B. Westermann*, WuB 2018, 492).

*Westermann, Harm Peter / Grunewald, Barbara / Maier-Reimer, Georg (Hrsg.)*: Erman Handkommentar zum Bürgerlichen Gesetzbuch, Band I §§ 1–761, 15. Auflage, Köln 2017; Band II §§ 762–2385, 15. Auflage, Köln 2017 (zitiert: *Bearbeiter*, in: Erman BGB, nach §§ und Rn.).

*von Westphalen, Friedrich Graf / Thüsing, Georg (Hrsg.)*: Vertragsrecht und AGB-Klauselwerke, 44. Ergänzungslieferung, München November 2019 (zitiert: *Bearbeiter*, in: von Westphalen/Thüsing, nach Teil, Abschnitt und Rn.).

*von Westphalen, Friedrich Graf*: 30 Jahre AGB-Recht – eine Erfolgsbilanz, ZIP 2007, S. 149–158 (zitiert: *von Westphalen*, ZIP 2007, 149).

*von Westphalen, Friedrich Graf*: AGB-Recht im Jahr 2011, NJW 2012, S. 2243–2250 (zitiert: *von Westphalen*, NJW 2012, 2243).

*von Westphalen, Friedrich Graf*: AGB-Recht im Jahr 2016, NJW 2017, S. 2237–2245 (zitiert: *von Westphalen*, NJW 2017, 2237).

*von Westphalen, Friedrich Graf*: AGB-Recht im ersten Halbjahr 2017, NJW 2018, S. 205–208 (zitiert: *von Westphalen*, NJW 2018, 205).

*von Westphalen, Friedrich Graf*: AGB-Recht im zweiten Halbjahr 2017, NJW 2018, S. 1520–1523 (zitiert: *von Westphalen*, NJW 2018, 1520).

*von Westphalen, Friedrich Graf*: AGB-Recht im ersten Halbjahr 2018, NJW 2018, S. 2238–2242 (zitiert: *von Westphalen*, NJW 2018, 2238).

*von Westphalen, Friedrich Graf*: AGB-Recht im zweiten Halbjahr 2018, NJW 2019, S. 275–278 (zitiert: *von Westphalen*, NJW 2019, 275).

*von Westphalen, Friedrich Graf*: AGB-Recht im ersten Halbjahr 2019, NJW 2019, S. 2214–2217 (zitiert: *von Westphalen*, NJW 2019, 2214).

*von Westphalen, Friedrich Graf*: AGB-Recht im zweiten Halbjahr 2019, NJW 2020, S. 280–283 (zitiert: *von Westphalen*, NJW 2020, 280).

*von Westphalen, Friedrich Graf*: AGB-rechtliche Schutzschranken im unternehmerischen Verkehr: Rückblick und Ausblick, BB 2011, S. 195–200 (zitiert: *von Westphalen*, BB 2011, 195).

*von Westphalen, Friedrich Graf*: Fallstricke bei Verträgen und Prozessen mit Auslandsberührung, NJW 1994, S. 2113–2120 (zitiert: *von Westphalen*, NJW 1994, 2113).

*von Westphalen, Friedrich Graf*: Reformvorhaben der Koalition zum AGB-Recht bei innovativen Geschäftsmodellen auf dem Prüfstand, ZIP 2018, S. 1101–1113 (zitiert: *von Westphalen*, ZIP 2018, 1101).

*von Westphalen, Friedrich Graf*: Schwellenwert und Neuregelung einer vertraglichen Haftungsbegrenzung – ist das der „Königsweg" einer Reform des AGB-Rechts?, ZIP 2015, S. 1316–1326 (zitiert: *von Westphalen*, ZIP 2015, 1316).

*von Westphalen, Friedrich Graf*: Stellen vs. Aushandeln von AGB-Klauseln im unternehmerischen Geschäftsverkehr – der BGH weist die Lösung, ZIP 2010, S. 1110–1115 (zitiert: *von Westphalen*, ZIP 2010, 1110).

*von Westphalen, Friedrich Graf*: Trennlinie zwischen AGB-Klauseln im Verbraucherrecht und im unternehmerischen Bereich, BB 2017, S. 2051–2058 (zitiert: *von Westphalen*, BB 2017, 2051).

*von Westphalen, Friedrich Graf*: Wider die angebliche Unattraktivität des AGB-Rechts, BB 2010, S. 195–202 (zitiert: *von Westphalen*, BB 2010, 195).

*von Westphalen, Friedrich Graf*: Wider einen Reformbedarf beim AGB-Recht im Unternehmerverkehr, NJW 2009, S. 2977–2983 (zitiert: *von Westphalen*, NJW 2009, 2977).

*Wimmer, Konrad / Rösler, Patrick*: Vorfälligkeitsentschädigung bei vorzeitiger Beendigung von Darlehensverträgen, WM 2005, S. 1873–1881 (zitiert: *Wimmer/Rösler*, WM 2005, 1873).

*Wimmer, Konrad / Rösler, Patrick*: Vorfälligkeitsentschädigung: Kehraus?, WM 2016, S. 1821–1826 (zitiert: *Wimmer/Rösler*, WM 2016, 1821).

*Wimmer*, Konrad: Bearbeitungsentgelt bei Verbraucherdarlehen – eine betriebswirtschaftliche Analyse, WM 2012, S. 1841–1851 (zitiert: *Wimmer*, WM 2012, 1841).

*Wittuhn, Georg / Quecke, Justus*: Unternehmenskaufverträge und das Recht der Allgemeinen Geschäftsbedingungen, NZG 2014, S. 131–137 (zitiert: *Wittuhn/Quecke*, NZG 2014, 131).

*Wolf, Manfred / Lindacher, Walter F. / Pfeiffer, Thomas (Hrsg.)*: Kommentar zum AGB-Recht, 6. Auflage, München 2013 (zitiert: *Bearbeiter*, in: Wolf/Lindacher/Pfeiffer AGB, nach §§ und Rn.).

*Wolf, Manfred*: Gesetz und Richterrecht bei Allgemeinen Geschäftsbedingungen, JZ 1974, S. 465–470 (zitiert: *Wolf*, JZ 1974, 465).

*Zivilrechtsausschuss des Deutschen Anwaltvereins (DAV)*: Änderung der AGB-Rechts im unternehmerischen Rechtsverkehr, Deutsches Recht stärken – Stellungnahme des Zivilrechtsausschusses des Deutschen Anwaltvereins, AnwBl 2012, S. 402–407 (zitiert: *Zivilrechtsausschuss DAV*, AnwBl 2012, 402).

*Zivilrechtsausschuss des Deutschen Anwaltvereins (DAV)*: Vorschlag des Deutschen Anwaltvereins durch seinen Zivilrechtsausschuss zur Verbesserung der Wettbewerbsfähigkeit deutschen Rechts durch Änderung des AGB-Rechts für den unternehmerischen Rechtsverkehr, Stellungnahme Nr. 23/2012, Stand: März 2012, abrufbar unter www.anwaltverein.de/de/newsroom/id-2012-23, zuletzt abgerufen am 01.03.2020 (zitiert: *Zivilrechtsausschuss DAV*, Gesetzgebungsvorschlag, nach S.).

*Zöllner, Wolfgang*: Regelungsspielräume im Schuldvertragsrecht: Bemerkungen zur Grundrechtsanwendung im Privatrecht und zu den sogenannten Ungleichgewichtslagen, AcP 196 (1996), S. 1–36 (zitiert: *Zöllner*, AcP 196 (1996), 1).

www.ingramcontent.com/pod-product-compliance
Ingram Content Group UK Ltd.
Pitfield, Milton Keynes, MK11 3LW, UK
UKHW021130041026
8980IPUK00034B/1508

9 783631 824290